普通高等院校"十二五"规划教材

汽车机械结构与基础

主编　唐德修　徐　燕

主审　袁　新

西南交通大学出版社
·成　都·

内容提要

本教材共 4 篇 17 章,以汽车机械结构为主线介绍了汽车基础、汽车发动机、汽车底盘及汽车空调的基础知识,同时围绕这条主线介绍了机械设计基础知识,内容涉及机械制图、理论力学、材料力学、机械制造基础、金属材料及热处理、机械原理、机械零件、公差与配合、液压传动、机械设计常识等课程。

本教材适合于高等院校汽车相关专业使用,也可供对汽车有兴趣的人士学习汽车常识时参考。

图书在版编目(CIP)数据

汽车机械结构与基础 / 唐德修,徐燕主编. —成都:西南交通大学出版社,2014.2(2015.12 重印)
普通高等院校"十二五"规划教材. 汽车专业
ISBN 978-7-5643-2870-2

Ⅰ.①汽… Ⅱ.①唐… ②徐… Ⅲ.①汽车 - 机械学 - 高等学校 - 教材 Ⅳ.①U463

中国版本图书馆 CIP 数据核字(2014)第 022681 号

普通高等院校"十二五"规划教材——汽车专业

汽车机械结构与基础

主编　唐德修　徐　燕

责 任 编 辑	孟苏成
封 面 设 计	墨创文化
出 版 发 行	西南交通大学出版社 (四川省成都市金牛区交大路 146 号)
发 行 部 电 话	028-87600564　028-87600533
邮 政 编 码	610031
网　　　　址	http://press.swjtu.edu.cn
印　　　　刷	成都中铁二局永经堂印务有限责任公司
成 品 尺 寸	185 mm × 260 mm
印　　　　张	29.75
字　　　　数	743 千字
版　　　　次	2014 年 2 月第 1 版
印　　　　次	2015 年 12 月第 2 次
书　　　　号	ISBN 978-7-5643-2870-2
定　　　　价	58.00 元

前　言

本教材的前身是两版（2008—2013 年）多次印刷的《现代汽车机械基础》，《现代汽车机械基础》的前身是 11 次印刷的内部教材，内部教材的前身是多位教师的教案汇编，这个过程历时 15 年，可以说本教材是伴随着教育教学改革的步伐逐步成熟的。

很多初次使用本教材的老师都要问，为什么要把这么多内容放入一本教材中？经过几轮教学过程后，使用本教材的师生都体会到这么编写教材的科学性、优越性，尝到融会贯通知识的乐趣与甜头。

人类制造了汽车，汽车改变着人类，现代汽车正向着安全型、环保型、经济型、舒适型、智能型方向飞速发展，中国也开始了由汽车大国向汽车强国迈进的步伐。如何快速、正确地理解现代汽车这个集机、电、液、光于一体的高科技产物，这是汽车教育、科研、生产、使用、维修等产业链条上所有环节都十分重视并苦苦追求的目标，一部能适应汽车最新发展要求、有教学改革力度的教材的产生就成为生产力发展的必然。

进行教学体系改革的关键是要转变教学观念。好比修房屋，由一块砖一块砖地沿最底层向上修的旧式建筑，到先修"整体框架，再砌细节"的现代建筑，方式的改变是生产力提高的结果，反应到成果上就有质的飞跃：旧式建筑最多只能修建小高层，而现代建筑却可以修建摩天大楼。教学改革也要像现代建筑一样，实行"快速构筑框架，按需补砌细节"的人才培养法，可以快速地把人才送到一个高层次上。

本教材就是为实践这种教学理念而编写的。

旧的教学理念过分追求知识的完整性、理论性、系统性，使得设置的每门课都是一个"庙门"，每个教师岗位都是一尊"菩萨"，尽管每个"庙门"里念的"经"都是真理，但并不一定是企业需要的，学生被动地把每一个"庙门"都"拜到"，当然就没有时间接受社会的教育了。故欲建立与"以市场需求为导向，以学生成才为目标"的教育教学观相一致的教学体系必须要拆"庙门"，搬"菩萨"，对知识体系进行大的整合，保证知识既不遗漏，也不重复，沿着自己专业的主线，快速构建必备知识框架，使学生在有限的时间内快速掌握市场需要的知识体系。

"拆庙门，搬菩萨"，不是不要知识，也不是不要教师，而是要转变教学观念，对"庙门"和"菩萨"提出更高的要求。"拆庙门"的意义就是要打破以前的课程体系，把有关知识融汇成一个框架，让学生先掌握这个框架，以后根据工作需要再去修砌不同的细节，这就是"快速构筑框架，按需补砌细节"的人才培养法；搬"菩萨"的意义在于把只会照本宣科的单一型教师变成综合型教师，使教师至少具有多学科综合授课能力和把企业需要的东西挖掘、加工、提炼到课堂上的能力。单一型教师就像低生产力修建房屋一样，必然面临被淘汰的局面；综合型教师犹如修建现代化高楼大厦的大师，尽快地、艺术地把学科的知识框架展现在学生面前，并指导学生在今后的工作中完善知识细节，这才是"融汇综合学科，善于提炼创新"的合格高校教师。

本教材在兼顾知识完整和学时有限的前提下，尽可能地让教师讲得完，学生读得懂，以讲汽车的机械基本结构为主线，系统简洁地介绍机械设计基础知识的内容（在教材内用☆标出），涉及机械制图、理论力学、材料力学、机械制造基础、金属材料及热处理、机械原理、机械零件、公差与配合、液压传动等基础学科知识，它们共同构成了与汽车机械学科相适应的完整知识框架。

本教材适用于汽车本科、专科相关专业使用，可以根据学制、专业的不同灵活掌握讲授内容。本书机械设计基础知识内容对单独开设了这些课程的专业可以作为复习总结用，对有些专业则可以不讲，对未单独开设、但学生又应当掌握的专业可结合教学进程，插入相关内容，使学生在学习汽车机械知识的同时，能结合机械设计基础知识加深理解。这部分内容在保持完整性的同时，尽量简略，目的是让读者对机械设计基础知识有一个整体认识，同时又"够用为度"，不在上述课程形成的"书山"前望而却步，这部分内容讲解的深度由教师掌握。

以岗位需求建立的课程体系，受企业欢迎、为学生接受，对教师提出了更高的要求。实践证明，随着教学改革进程的深入，教师们都从这种大力度的改革中逐渐体会到学校教学与市场需求相结合的重要性，咬牙使用过本教材的教师为自己知识扩展带来的发展空间扩大高兴，增强了积极参与教学教育改革的信心。

本教材各章节独立，讲授时不一定受章节顺序限制，使用本教材的教师可根据专业要求和课时情况，做适当增删，以适应不同专业的具体情况。

书后附录收集了汽车英语常用单词和缩写，附录一是按字母顺序排列，以便于查找。附录二是按章节排列，并注明了音标，以便于使用本教材的读者查询。

本教材由唐德修任主编，徐燕任第二主编，袁新任主审，徐生明、陈清、颜伟、陈飚、廖洪清、徐纯厚、罗伟伟、黄春梅、黄明明等老师对本书的改进与完善提出了许多宝贵与中肯的意见，在此一并表示感谢。欢迎对教材中的错误提出批评及建议。

编　者

邮箱：779480211@qq.com

2014 年 2 月于成都

目　录

第一篇　汽车基础

第二篇　汽车发动机

☆　可根据课时灵活掌握。

第四篇　汽车空调

第一篇　汽车基础

　　车轮驱动，具备在陆上自行能力，主要供运输或由此派生出的具有某种特殊用途的无轨车辆称为汽车。截至 2013 年，世界上最大的自卸车载质量为 400 t（我国目前可制造载质量为 300 t 的自卸车），最小的有人驾驶汽车仅可容驾驶员 1 人。

　　现代汽车是集当今世界最新科技成果于一体的高科技产物，其中最主要的突破是在电子技术的应用上，汽车上运用最广泛的电子技术有传感器技术、微处理机技术、软件新技术、智能汽车技术、智能交通系统（ITS）技术、多通道传输技术、数据传输载体电子新技术、车载电子网络技术、集成化制造技术等九大类。最新科技成果在汽车上的应用，极大地改善了汽车的性能，现代汽车与以前的汽车相比较已经不是同一概念了。无人驾驶汽车更是将汽车的概念推向一个新的领域，本书只讨论传统意义上的汽车。

第一章 绪 论

现代汽车越来越深入人们的生活，汽车是怎样生产出来的，我们从何入手去认识汽车、了解汽车，这是本章要解决的问题。

第一节 认识汽车

一、汽车的发展历史

现代汽车以卓越的性能，多种多样的用途渗透到了人类活动的各个领域，并以日趋完美的内部设施、方便的功能、优美的艺术造型深受人们的喜爱，成为现代社会必不可少的，灵活、快速、便捷、高效的运输工具。现代汽车为人类社会带来了巨大而深刻的变革，已成为现代文明的重要标志。

现代汽车是人类智慧的结晶。德国机械工程师卡尔·奔驰（Karl Benz）于1886年1月29日获得制造煤气机的专利，这一天被确定为世界第一辆汽车的诞生日。1886年7月3日，由这位伟大的工程师主持制造的世界上第一台使用汽油发动机的三轮汽车（0.85马力，约为0.63 kW）成功开动。同年，他的同胞、工程师高特里勃·戴姆勒（Daimler）制造出了使用汽油发动机的四轮汽车。

汽车诞生100多年以来，人类总是在为汽车的完善与发展不懈努力，许多杰出人士因为作出了重要贡献而名留汽车发展青史，更多的人则默默无闻地为汽车的发展奋斗多年甚至终身。正是无数能人志士的努力，才汇成了汽车的高速发展。在这个历史进程中，公认的有三次技术革命：

1914年美国人亨利·福特（Henry Ford）建立了世界上第一条汽车生产流水线，使福特车的生产速度达到平均9.49 s/辆，成本大幅度下降，这被称之为世界汽车工业史上的第一次革命。第二次世界大战以后，欧洲汽车工业空前繁荣，取得了许多有决定意义的高科技成果（主要是在机械方面），这被称之为世界汽车工业的第二次革命。20世纪60年代开始，日本领导了世界汽车工业的第三次革命，生产出大批量价廉物美、性能优越（电控方面有特色）、省油舒适的现代轿车，改变了世界汽车市场格局。现在，以安全、环保、节能、智控、舒适为核心，新一轮的汽车技术革命已经拉开了序幕，人类对汽车的依赖将会进一步加强。

我国现代汽车工业诞生的标志是1956年7月14日长春第一汽车制造厂第一辆解放牌

汽车的下线。60 多年来汽车工业的发展速度让世界瞩目，汽车工业已经成为国家的支柱产业之一，2009 年，中国汽车产量首次跃居世界第一位。目前，我国正在为由汽车大国向汽车强国转变而奋斗。

截至 2011 年底，世界汽车保有量已达 10 亿多辆，并且还在以每年 20% 的速度增长。根据公安部交管局发布的最新数据，截至 2011 年 8 月底，全国机动车保有量达到 2.19 亿辆。其中，摩托车占 54.12%，约为 1.19 亿辆。汽车保有量占机动车总量的 45.88%，超过 1 亿辆。汽车工业已经成为衡量一个国家综合国力的标准之一。从表 1.1 中可以看出，我国汽车工业的发展保持了很好的势头，在世界汽车行业中已占据了一席之地。

表 1.1　近年世界汽车产量　　（单位：万辆）

	2004 年	2005 年	2006 年	2007 年	2008 年	2009 年	2010 年	2011 年	2012 年
世界	6 462	6 700	6 834	7 307	7 052.7	6 099	7 760	8 010	8 414
中国	507（233）	550（340）	728（387）	888（629）	935（673）	1 379（1 038）	1 826（958）	1 842（1 449）	1 927（1 552）
排名	4	4	3	3	2	1	1	1	1

注 1：表中括号内数字是乘用车产量。注 2：以上数据均来源于中国汽车工业协会公布的相关资料

汽车的发展还拉动了相关行业的发展，我国加入 WTO 以来，注重了汽车行业标准与世界标准接轨的工作。

二、汽车的标准

为了与国际接轨，以适应加入 WTO 后的形势，我国从 2001 年开始执行新的国家标准及行业标准。

1. 1988 年的汽车国家标准

我国 1988 年颁布的国家标准 GB 9417—88《汽车产品型号编制规则》规定了汽车产品的有关标准，现已作废。

2. 2001 年的汽车国家标准（GB/T 3730.1—2001）

新标准规定了各种车型的具体术语和定义，适用于为在道路上运行而设计的汽车、挂车和汽车列车 3 大类车辆。

三、与车辆有关的术语

1. 与汽车（motor vehicle）有关的术语

汽车是由动力驱动，具有 4 个或 4 个以上车轮的非轨道承载车辆。主要用于载运人员或货物，牵引载运人员或货物，以及其他特殊用途。

汽车包括：①与电力线相连的车辆，如无轨电车；②整车整备质量超过 400 kg 的车辆。

汽车分为乘用车（passenger car）（乘员不超过9人）和商用车（commercial vehicle）两大类。

第一类汽车：乘用车，如图1.1所示。

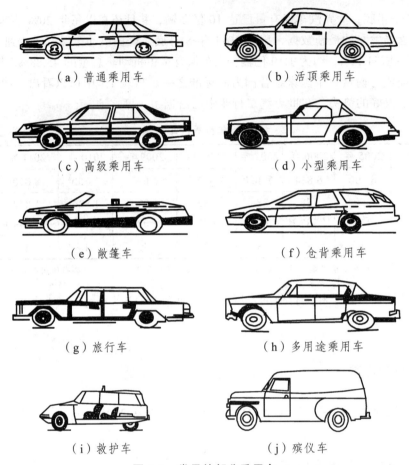

（a）普通乘用车　　　　　　　　　　（b）活顶乘用车

（c）高级乘用车　　　　　　　　　　（d）小型乘用车

（e）敞篷车　　　　　　　　　　　　（f）仓背乘用车

（g）旅行车　　　　　　　　　　　　（h）多用途乘用车

（i）救护车　　　　　　　　　　　　（j）殡仪车

图1.1　常见的部分乘用车

乘用车主要用于载运乘客及其随身行李和临时物品，包括驾驶员座位在内最多不超过9个座位。它也可以牵引一辆挂车。

（1）普通乘用车（saloon sedan）。车身：封闭式；座位：4个或4个以上。

（2）活顶乘用车（convertible saloon）。车身：具有固定侧围框架可开启式车身，可以通过使用一个或数个硬部件或合拢软顶将开启的车身关闭；座位：4个或4个以上，至少两排。

（3）高级乘用车（pullman saloon）。车身：封闭式；车顶：硬顶，有的顶盖一部分可开启；座位：4个或4个以上，至少两排。

（4）小型乘用车（coupe）。车身：封闭式；车顶（顶盖）：固定式，硬顶，有的顶盖部分可开启；座位：2个或2个以上。

（5）敞篷车（convertible 或 open toner）。车身：可开启式；座位：2个或2个以上；车门：有2个或4个侧门；车窗：有2个或2个以上侧窗。

（6）仓背乘用车（hatchback）。车身：封闭式；座位：4个或4个以上，至少两排。后座椅可折叠或移动，以形成一个装载空间；车门：有2个或4个侧门，车身后部有一舱门。

（7）旅行车（station wagon）。车身：封闭式；车顶：有的顶盖可以部分开启；座位：4个或4个以上，至少两排；车门：有2个或4个侧门，并有一后开启门。

（8）多用途乘用车（multipurpose passenger car）。只有单一车室载运乘客及其行李或物品的乘用车。但是如果这种车辆同时具有下列两个条件，则不属于乘用车而属于货车：

① 除驾驶席以外座位数不超过6个；

② $P-(M+N\times 68)>N\times 68$。

式中，P 为最大设计总质量；M 为整车整备质量与1位驾驶员质量之和；N 为除驾驶席以外的座位数。

（9）短头乘用车（for warcontrol passenger car）。其一半以上的发动机长度位于车辆前风窗玻璃最前点以后，并且方向盘的中心位于车辆总长的前1/4部分内。

（10）越野乘用车（off road passenger car）。允许在非道路上行驶的一种乘用车，在设计上其所有车轮能同时驱动。

（11）专用乘用车（social purpose passenger car）。运载乘员或物品并完成特定功能的乘用车，它具备完成特定功能所需的特殊车身或装备。

① 旅居车（motor caravan）。旅居车是一种至少具有下列生活设施结构的乘用车：座椅、桌子、睡具（可由座椅转换而来）、炊事设施、储藏设施。

② 防弹车（armored passenger car）。用于保护所运送的乘员和物品，并符合装甲防弹要求的乘用车。

③ 救护车（ambulance）。用于运送病人或伤员并为此目的配有专用设备的乘用车。

④ 殡仪车（hearse）。用于运送死者并为此目的而配有专用设备的乘用车。

第二类汽车：商用车辆，如图1.2所示。

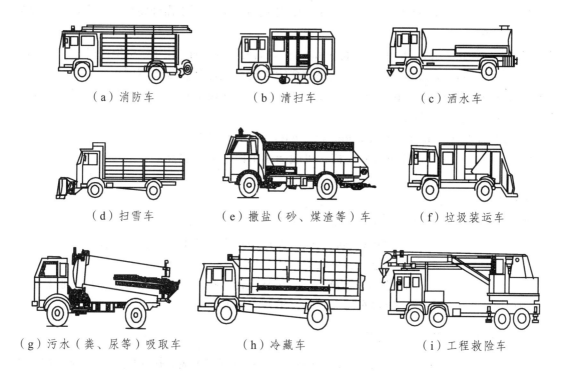

（a）消防车　　　　　（b）清扫车　　　　　（c）洒水车

（d）扫雪车　　　　（e）撒盐（砂、煤渣等）车　　　　（f）垃圾装运车

（g）污水（粪、尿等）吸取车　　　　（h）冷藏车　　　　（i）工程救险车

 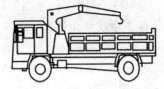 

（j）混凝土搅拌车　　　　　（k）装卸式货车　　　　　（l）液（气等）罐式汽车

图 1.2　常见的部分商用车辆

在设计和技术特性上用于运送人员和货物的汽车，并且可以牵引挂车。

（1）客车（bus）。在设计和技术特性上用于载运乘客及其随身行李的商用车辆，包括驾驶员座位在内座位数超过 9 座。客车有单层的或双层的，也可牵引挂车。

① 小型客车（mini bus）。用于载运乘客，除驾驶员座位外，座位数不超过 16 座的客车。

② 城市客车（city bus）。一种为城市内运输而设计的客车。这种车辆设有座椅及供乘客站立的位置，并有足够的空间供频繁停站时乘客上下车走动用。

③ 长途客车（enterer ban coach）。一种为长途客运而设计和装备的客车。这种车辆没有专供乘客站立的位置。

④ 旅游客车（touring coach）。一种为旅游而设计和装备的客车。这种车辆的布置要确保乘客的舒适性，不载运站立的乘客。

⑤ 铰接客车（articulated bus）。一种由两节刚性车厢铰接组成的客车。在这种车辆上，两节车厢是相通的，乘客可通过铰接部分在两节车厢之间自由走动。

⑥ 无轨电车（trolley bus）。一种经架线由电力驱动的客车。

⑦ 越野客车（off road bus）。所有车轮能同时驱动，允许在非道路上行驶的乘用车。

⑧ 专用客车（special bus）。在其设计和技术特性上只适用于需经特殊布置安排后才能载运人员的车辆。

（2）半挂牵引车（semi trailer towing vehicle）。装备有特殊装置，用于牵引半挂车的商用车辆。

（3）货车（goods vehicle）。一种主要为载运货物而设计和装备的商用车辆。

① 普通货车（general purr posegoods vehicle）。一种在敞开（平板式）或封闭（厢式）载货空间内载运货物的货车。

② 多用途货车（multipart posegoods vehicle）。在其设计和结构上主要用于载运货物，但在驾驶员座椅后带有固定或折叠式座椅，可载运 3 个以上乘客的货车。

③ 全挂牵引车（trailer towing vehicle）。一种牵引杆式挂车的货车，它本身可在附属的载运平台上运载货物。

④ 越野货车（off roadgoods vehicle）。所有车轮可同时驱动，允许在非道路上行驶的货车。

⑤ 专用作业车（special goods vehicle）。设计和技术特性上用于特殊工作的货车，例如消防车、救险车、垃圾车、应急车、街道清扫车、扫雪车、清洁车等。

⑥ 专用货车（specialized goods vehicle）。在其设计和技术特性上用于运输特殊物品的货车，例如罐式车、乘用车、运输车、集装箱运输车、自卸车等。

2. 与挂车（trailer）有关的术语

挂车是需由汽车牵引才能正常使用的一种无动力的道路车辆，用于载运人员或货物。

（1）牵引杆挂车（draw bartrailer）。

① 客车挂车（bus trailer）。

② 牵引杆货车挂车（goods draw bar trailer）。

③ 通用牵引杆挂车（general purpose draw bar trailer）。

④ 专用牵引杆挂车（special draw bar trailer）。

（2）半挂车（semi trailer）。

① 客车半挂车（bus semi tailor）。

② 通用货车半挂车（general pose goods semi trailer）。

③ 专用半挂车（special semi trailer）。

④ 旅居半挂车（caravan semi trailer）。

（3）中置轴挂车（centre atletrailer）。

（4）旅居挂车（caravan）。

3. 与汽车列车（combination vehicles）有关的术语

汽车列车是由汽车或牵引车和挂车组成的车列。挂车有两种：全挂车和半挂车。挂车的总重量由它自身承受的称为全挂车；挂车的总重量一部分由牵引车承受的称为半挂车。通常全挂车也简称挂车。

（1）乘用车列车（passenger/car trailer combimation）。

（2）客车列车（bus road train）。

（3）货车列车（goods road train）。

（4）牵引杆挂车列车（draw bartractor combimation）。

（5）铰接列车（articulated vehicle）。

（6）双挂列车（double road train）。

（7）双半挂列车（double semi trailer road train）。

（8）平板列车（platform road train）。

四、车辆识别规则

汽车识别系统有多种方式，目前世界上常用的是由 VIN 条形识别码、车辆铭牌及特定含义号码 3 种识别方式组成的汽车识别系统。

1. VIN 条形识别码

我国的机动车身份条形（Vehicle Identification Number，缩写为 VIN）识别码是与国际接轨的系统，全国所有验车部门都配备了电子 VIN 条形码识别工具。

VIN 是由一组字母及阿拉伯数字组成的 17 位代码，又叫 17 位码，它能够全面、准确、规范地反映车辆信息，保证 30 年周期内在全世界范围唯一地识别每一辆车。VIN 条形码的普及，使车辆使用与管理的各个环节能快速、方便地采集数据，检索车辆信息，有效地协助追踪涉嫌犯罪案件和打击车辆盗窃、拼装、伪冒等违法活动。17 位码的第一个字母代表国家，我国的代表字母是 L。

车辆识别代号应由 3 个部分组成：第一部分，世界制造厂识别代号（WMI）；第二部分，车辆说明部分（VDS）；第三部分，车辆指示部分（VIS）。车辆识别代号编码各部分的具体内容如下：

VIN 的每一位代码代表着汽车某一方面的信息参数。按照识别代码顺序，从 VIN 中可以识别出该车的生产国家、制造公司或生产厂家、车的类型、品牌名称、车型系列、车身形式、发动机型号、车型年款（属哪年生产的年款型车）、安全防护装置型号、检验数字、装配工厂名称和出厂顺序号码等。

2. 车辆铭牌

除条形识别码外，一些汽车制造厂家根据本国法规或企业标准，常在车辆的某一位置设有汽车的车型铭牌。常见车型铭牌的主要内容包括：车型代号、发动机型号、变速器型号、车身颜色代号等。

3. 特定含义号码组

除车型铭牌外，在车辆的主要部件上，还常设有铭牌或直接刻印有具有特定含义的号码，如发动机号码、底盘号码及其他零部件号码等。

有选择地给某些部件刻上车辆识别代号（VIN）和零件编号，目的就是帮助追查失窃的汽车，回收失窃的部件，减少车辆失窃。此编号永久性地固定在部件的表面上，其上有 VIN 码，在更换的部件上有字母"R"，制造厂标识和符号"DOT"。

五、汽车的总体构造

现代汽车种类虽然很多，但对以内燃机为动力装置的汽车而言，它们都是由发动机、底盘、车身、电气设备和附属设备五大部分组成。在普通的汽车底盘上可改装特种用途的车身或加装上某种机构成为特殊用途的汽车，图 1.3、图 1.4、图 1.5 分别表示一般货车底盘构造、轿车的总体构造与大小比较以及货车的基本结构。

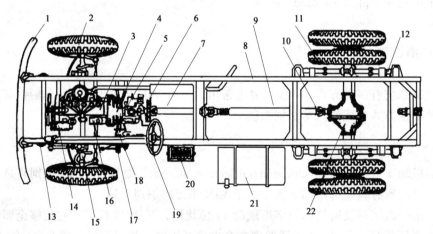

图 1.3　货车底盘构造

1—前保险杠；2—转向轮；3—发动机；4—离合器；5—变速器；6—驻车制动器；7—前传动轴；8—车架；9—传动轴；10—万向节；11—驱动车轮；12—后悬架；13—前悬架；14—发电机；15—前桥；16—起动机；17—离合器踏板；18—制动踏板；19—方向盘；20—蓄电池；21—油箱；22—后驱动桥

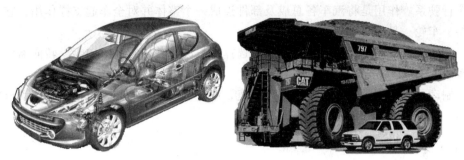

图 1.4　轿车的总体构造与大小比较

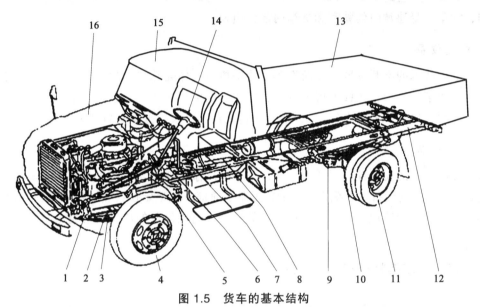

图 1.5　货车的基本结构

1—发动机；2—前轴；3—前悬架；4—转向轮；5—离合器；6—变速器；7—驻车制动器；
8—传动轴；9—驱动桥；10—后悬架；11—驱动车轮；12—车架；
13—车厢；14—方向盘；15—驾驶室；16—车前钣制件

1. 发动机

发动机是汽车的动力装置，作用是将燃料燃烧所产生的热能转变为机械能，并通过底盘传到地面，在地面摩擦反力的作用下，驱动汽车行驶。现代汽车的动力装置主要选用往复活塞式内燃机，所用燃料以汽油和柴油为主，以新型能源为动力的汽车正在不断研发并投入使用，这是今后汽车发展的主要方向。

2. 底　盘

底盘是汽车装配与行驶的主体，主要作用是支撑、安装发动机、车身及其他总成和部件，形成汽车的整体造型，接受发动机输出的动力，使汽车产生运动且保证汽车正常行驶。

在普通的汽车底盘上可改装特种用途的车身或加装上某种机构成为特殊用途的汽车（见图 1.2）。汽车底盘由 4 部分组成：

（1）传动系。作用是将发动机的动力传递给驱动车轮，它包括离合器、变速器、传动轴、驱动桥等总成件。

（2）行驶系。作用是将汽车各总成及部件连成一个整体并对全车起支撑作用，它包括车架、车桥、车轮、悬架等部件。

（3）转向系。作用是保证汽车按驾驶员选择的方向行驶，它由方向盘、转向器和转向传动机构等组成。

（4）制动系。作用是控制汽车，实现减速、停车以及可靠停驻，包括制动传动机构、车轮制动器、驻车制动器等部件。

3. 车　身

车身安装在底盘的车架上，供驾驶员、乘客乘坐或装载货物。轿车和客车车身一般为整体结构，货车车身通常由驾驶室和货箱两部分组成。

4. 电气设备

随着电子技术的不断发展，以及汽车工业中机电一体化趋势的加快，汽车的电气设备越来越先进，越来越复杂，大体上可划分为：电源、用电设备（主要包括发动机的点火系、起动系以及照明、信号、辅助电器等）、电子控制装置、仪表与报警装置4大部分。

5. 附属设备

为了提高汽车的安全性、舒适性，现代汽车上增添了科技含量越来越高的附属设备，如安全气囊、音响影视设备、冷藏设备、加热设备、通信及卫星定位设备、智能交通管理设备、车载办公设备等，随着现代汽车高科技技术的发展，这些设备的比重将会越来越大。

六、汽车的结构特征和技术参数

为了便于使用、维护和管理车辆，通常用以下主要结构特征和技术参数来反映汽车的结构和使用性能，主要结构参数见图1.6。

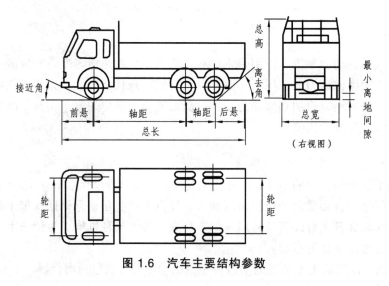

图1.6　汽车主要结构参数

1. 质量参数（单位：kg）

（1）整车装备质量。车辆装备齐全，加足燃油、润滑油和冷却液，并带齐随车工具、备胎及其他规定应带的备品，符合正常行驶要求时的质量。

（2）最大装载质量。设计允许的最大装载货物质量。

（3）最大总质量。汽车满载时的总质量。最大总质量 = 整车装备质量 + 最大装载质量。

（4）最大轴载质量。汽车满载时各轴所承载的质量。

2. 主要尺寸参数（单位：mm）

（1）总长。车体纵向的最大尺寸（前后最外端间的距离）。

（2）总宽。车体横向的最大尺寸。

（3）总高。车体最高点到地面间的距离。

（4）轴距。相邻两轴中心线之间的距离。

（5）轮距。同一车桥左右轮胎胎面中心线（沿地面）间的距离，双胎结构则为双胎中心线间的距离。

（6）前悬。汽车最前端至前轴中心线间的距离。

（7）后悬。汽车最后端至后轴中心线间的距离。

（8）最小离地间隙。满载状态下，底盘下部（车轮除外）最低点到地面间的距离。这个参数是表征汽车通过性能的重要参数，离地间隙越大，通过性能越好。

（9）接近角。车体前部突出点向前轮引的切线与地面间的夹角。

（10）离去角。车体后端突出点向后轮引的切线与地面间的夹角。

3. 性能参数（动力性参数与经济性参数两类）

（1）最高车速。汽车在平直良好的道路上行驶，所能达到的最大车速（km/h）。

（2）最大爬坡度。车辆满载时在良好的路面上用 1 挡时的最大爬坡度（%）。

（3）最小转弯半径。方向盘转至极限位置时，外侧转向轮中心平面在地平面上移动的轨迹圆半径（m）。

（4）百公里平均燃油消耗量。汽车行驶 100 km 消耗的燃油量（单位：L/100 km）。

（5）驱动方式。用"车轮总数"×"驱动轮数"或"车轴总数"×"驱动轴数"来表示。例：4×2 表示共有 4 轮，2 轮驱动（即有两个驱动轮）。

（6）汽车的寿命是有限的，国家规定了各种汽车的使用寿命。

（7）通过性能，表征汽车通过各种道路的能力。

*七、汽车行驶基本原理

从动力学的角度看，物体运动状态的改变，取决于物体所受力的变化。观察汽车的运动过程，不难发现，当外界给汽车施加足够大的推动力时，汽车就会克服阻力的影响由静止开始运动（起步），并随着所加推动力的增加而加速运行；当推动力减小或消失（失去动力）时，汽车便会减速直至停止运行。通常把这种推动汽车运动的力称为驱动力（或牵引力），把阻碍汽车运动的各种力统称为阻力。

1. 驱动力的产生

驱动力产生的原理如图 1.7 所示。发动机所输出的转矩经传动系统传至驱动车轮，作用在驱动轮上的驱动力矩 M_t 力图使驱动轮转动。由于车轮与路面间的附着作用，在 M_t 的作用下，车轮边缘对路面作用一圆周力 F_0，F_0 方向与汽车行驶方向相反，大小为

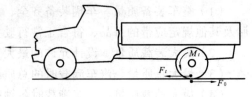

图 1.7　驱动力产生的原理

$$F_0 = \frac{M_t}{r} \qquad (1.1)$$

式中　r——车轮的滚动半径。

根据作用力与反作用力定律可知，路面必然同时给车轮一反作用力 F_t，F_t 与 F_0 大小相等，方向相反。F_t 就是汽车行驶的驱动力，当驱动力增大到足以克服汽车静止状态的最大阻力时，汽车便开始起步行驶。故地面是推动汽车前进的施力体，汽车是受力体，地面通过驱动力推动汽车前进。

2. 影响汽车运行的主要阻力

汽车在匀速行驶中，所受到的阻力主要有滚动阻力、空气阻力和上坡阻力。

（1）滚动阻力。车轮滚动时轮胎与路面产生的变形以及轮胎与路面之间的摩擦、车轮轴承内部的摩擦所形成的阻力称为滚动阻力，用 F_f 表示。滚动阻力的大小与汽车的总质量、轮胎结构与气压、路面性质等因素有关。

（2）空气阻力。汽车行驶时，车身表面与空气相互摩擦，同时车身前部受迎面空气的压力，而尾部出现真空，产生压力差。由此而形成的阻力称为空气阻力，用 F_w 表示。空气阻力与车身迎风面积大小以及车身造型、表面质量有关，与汽车和空气间相对速度的平方呈正比。因此，随着车速的提高，空气阻力会显著增加。

（3）上坡阻力。汽车上坡时，车辆的总重力沿路面方向的分力，方向与汽车行驶方向相反，即为上坡阻力，用 F_i 表示。其值取决于汽车的总质量和纵向坡度的大小。

3. 汽车运动状态分析

汽车行驶中，运行情况取决于驱动力与总阻力之间的相对变化。

（1）当各种阻力之和等于驱动力时，即 $\sum F = F_f + F_w + F_i = F_t$ 时，汽车将匀速行驶。水平路段上坡阻力 $F_i = 0$。

（2）当各种阻力之和小于驱动力时，即 $\sum F = F_f + F_w + F_i < F_t$ 时，汽车将加速行驶。此时，汽车的动能也将增加。但随着车速的增高，空气阻力亦随之增大，当驱动力与总阻力达到新的平衡时，车速便不再增加，此后汽车便以较高的速度匀速行驶。

（3）当各种阻力之和大于驱动力时，即 $\sum F = F_f + F_w + F_i > F_t$ 时，汽车将减速行驶直至停止行驶。

加大节气门开度或换入低挡可以增大驱动力，反之，驱动力会减小。

4. 附着力及其对驱动力的限制

汽车所能获得的驱动力，不仅取决于发动机的输出转矩和底盘传动系传动比的大小，而且还受轮胎与路面间附着性能的限制。比如汽车在泥泞道路或冰雪路面上行驶，当出现打滑时，若继续加大节气门开度，只会使驱动车轮加速滑转，而驱动力并没有增加，其原因就是因附着性能过低。

轮胎与路面间附着性能的好坏，取决于两者间摩擦力的大小和路面的抗剪切能力。在汽车理论中，把轮胎与路面间的相互摩擦以及轮胎花纹与路面凸起部分的相互作用综合在一起，称为附着作用。由附着作用所决定的阻碍车轮打滑的路面反力的最大值称为附着力，用 F_φ 表示，即

$$F_\varphi = G \cdot \varphi \qquad (1.2)$$

式中 G ——附着重力，即汽车总重力分配到驱动轮上的部分，形成对地面的法向力；

φ ——附着系数，其值取决于轮胎与路面间的性质，由试验测定。

显然，汽车所能获得的驱动力受附着力的限制，可用下式表示

$$F_t \leqslant F_\varphi = G \cdot \varphi \qquad (1.3)$$

车辆通过冰雪路段，给驱动轮加装防滑链，链条嵌入冰雪中能使附着系数显著增加，增大了附着力，从而提高了驱动力，可防止车轮打滑。越野汽车全轮驱动可利用车辆的全部重力增加附着力。

☆第二节　机械识图常识

一、概　述

汽车是众多机械中的一种，在工程实践中，设计、制造、安装、使用汽车，都离不开各种机械图纸。图纸是表达工程意图的工程语言，学会看懂各种常用的机械图纸是工程人员的基本功。无论是哪种类型的机器，都是由若干零件组装而成，零件是构成机器的基本单元。零件的形状和质量要求（包括零件的尺寸精度、形状精度、位置精度、材料、热处理及合理的结构等）是由零件在机器中所承担的任务和所起的作用决定的，这些都要用图纸表达出来。从制造角度看，零件是机械的制造单元。

1. 看懂机械图纸包括 3 个方面的基本内容

（1）正投影的基本知识及各种视图的画法。

（2）机械零件加工制造的工艺知识和机械部件装配的工艺知识。

（3）机械设计和制图国家标准方面的知识。

现代制图一般都采用计算机绘图，故机械工程技术人员应掌握一门计算机绘图软件。

不管是制图或是识图都要遵守标准的规定，图纸才能起到正确交流的作用。我国的图纸

要符合国家标准（GB），特殊情况也可以遵守企业或行业有关标准，图纸上没有任何可以不遵守标准而随意确定的东西。其他国家的图纸遵守的标准也许与我国不一样，这时要注意它们的不同点，不要混淆。

机械图纸包括零件图和装配图两大类，由文字（含符号）和图形两种形式表达设计者的意愿和要求。生产者应按设计者的要求制造设备，使用者应按设计者的要求使用设备，图纸起到了把三者关系、责任明确起来的技术文件作用。

在正确表达零件形状尺寸的前提下，希望使用的视图越少越好，常用主视图、左视图、俯视图组成的三视图来表达，如果还不能表达清楚，还可以增加视图。

机械部件是由若干零件组装而成，在整个机器中起一定独立作用的零件组（也可称为总成），它还可以与其他部件和零件再组装成更大的部件，最后组装成机器。

2. 学习机械识图的重点

若已有实物，就应用视图正确表达实物的技术参数；若已有视图，就应根据视图想象出实物的正确形状，这是学习机械识图的两个重点。

图纸幅面是指制图时所采用图纸幅面的大小，图纸幅面及图框格式、比例、字体、线形等也要符合有关标准，图纸及其相关技术文件中书写的汉字应采用国家正式公布推行的简化字，并写成长仿宋字体。汉字、数字和字母，都必须做到字体工整、笔画清楚、间隔均匀、排列整齐。字体的号数即字的高度（单位 mm），分为：1.8、2.5、3.5、5、7、10、14、20 八种。书写长仿宋体字的要领是：横平竖直、注意起落、结构均匀、填满方格。

二、投　影

1. 正投影与三视图

投影概念是从日常生活中抽象出来的，太阳或灯光照射物体所得到的影子都可以看做是物体在平面上的投影。平行投影法的特点是所有的投影线均互相平行，在平行投影法中，投影线垂直于投影面的投影称为正投影。由于正投影能正确地表达物体的真实形状和大小（表达零件真实形状与大小的条件是零件平行于投影面且正投影），作图也比较简便，所以机械视图大多是采用这种方法绘制的。

在机械制图中，物体正投影得到的图形称为视图。

三视图是设 3 个互相垂直的平面作为投影面，它们分别是正垂直投影面 V——简称正面；水平面投影面 H；侧垂直投影面 W——简称侧面。将物体正放在其中（正放指将物体的主要表面与投影面平行），然后用正投影法分别向 3 个投影面进行投射，得到同一物体的一组视图，即主视图、俯视图和左视图，统称三视图。

主视图——由前向后投射，在 V 面上得到的视图。

俯视图——由上向下投射，在 H 面上得到的视图。

左视图——由左向右投射，在 W 面上得到的视图。

三视图之间应有长对正，高平齐，宽相等的"三等关系"，是画图和看图中必须遵守的基本规律。这里要强调的是"三等关系"不仅适用于整个物体，也适用于物体的每一条线、每一个面、每一局部的投影。

2. 6个基本视图与向视图

只采用3个视图往往不能完整、清楚地表达出形状比较复杂物体的内、外形状，因此，必须增加更多的投影面以得到更多的视图。

按照国家标准规定，采用正六面体的6个面作为基本投影面，将物体放在其中，从上、下、左、右、前、后6个方向分别向基本投影面进行投射，就得到6个基本视图，如图1.8所示。除前面已介绍过的主视图、俯视图和左视图外，还有：由右向左投射——右视图；由下向上投射——仰视图；由后向前投射——后视图。

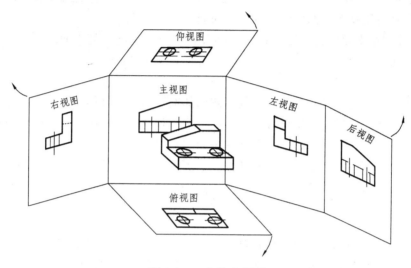

图1.8　6个基本视图

在同一张图纸上，6个基本视图按图1.8所示位置放置时，可以不标注视图名称。不按图示位置放置的视图就称为向视图。向视图是可以自由放置的视图，在向视图的上方标注"×向"（"×"代表大写英文字母如K向），在相应视图附近用箭头指明投射方向，并标注相同的字母。

三、剖　视

看零件内部情况需要剖视，得到的视图称为剖面视图，简称剖视图。剖切迹线（沿什么地方剖的批示线）、剖面线（剖面上的符号）、与不剖部分的分界线是剖视图的三线。

1. 剖视图

包括"剖"和"视"两个过程。"剖"就是用一个假想的剖切平面P，在物体某个位置将其剖开；"视"就是移去剖切平面和观察者之间的部分，将剩下的部分向投影面投影，并在剖切平面与物体相接触的断面上画出剖面符号，这就得到了剖视图，如图1.9所示。

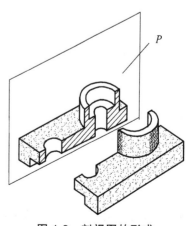

图1.9　剖视图的形成

（1）画剖视图应注意的几个问题：

① 假想与实际。剖切是假想的，而实际物体是完整的，因此当物体的某个视图被画成剖视图时，其他不剖的视图仍应按完整的物体画出。

② 视图独立。根据所表达物体结构形状的需要确定剖视图的数量。可以同时在几个视图上画剖视图，各剖视图之间是相互独立的。

③ 不剖与要剖。筋板、轮辐、轴、销、螺丝等零件，如需沿纵向剖切，都作不剖处理，并用粗实线将它们与邻接部分分开；沿横向剖切时则要剖，并按正常剖切处理。

④ 剖面符号不能随意画。按国家标准《技术制图》规定画剖面符号，在同一张图纸上，同一物体在各剖视图上剖面线的方向和间隔应保持一致。

⑤ 勿丢掉剖切平面后的可见轮廓线。在画剖视图时，应将剖切平面后面的可见轮廓线全部画出，切勿丢掉。

（2）全剖、半剖和局部剖。

用剖切平面完全地剖开、对称一半剖开或局部剖开物体，可得全剖、半剖和局部剖三种剖视图。将零件剖开后的倾斜部分绕某一中心线旋转到与基本投影面平行的位置再进行投影得到的剖视图称为旋转剖。用几个不在同一平面但互相平行的剖切平面将同一物体剖开后再投影在一个视图上得到的剖视图称为阶梯剖。用不平行于任何基本投影面的剖切平面将物体剖开后进行投影的方法称为斜剖。

2．断面图

与剖视图不同，断面图只画物体被剖切后的断面形状，而剖视图除了画出断面形状外，还需画出物体上位于剖切平面后面的形状。断面图还可分为移出断面图和重合断面图，其余与剖视图一样。

3．简化画法

在不妨碍将机件的结构和形状表达完整、清晰的前提下，为力求制图简便、看图方便，要尽量用规定的简化表达方法绘制图纸。

4．放大与缩小

用大于或小于原图形所采用的比例画出机件局部结构的图形，称为放大或缩小图。

四、零件图与装配图

任何机器或部件都由零件装配而成，根据零件的结构特点，大体上可分为轴套、轮盘、叉架和壳体等四类零件。表达单个零件的图纸称为零件图，它是指导零件加工制造和检验的技术资料；表达装配关系的图称为装配图，它是组装机械的技术资料。

1．零件图包括的内容

零件图是加工、制造机器零件的依据。设计者对零件的要求，用零件图的形式表达出来，生产部门再按照图纸进行制造和检验。

零件图应具有标题栏、名称、材料、比例、技术要求、加工要求、视图及尺寸等内容，它们中的每一样都是不可缺少的。加工的技术要求用文字写在适当的位置，如在图上注明铸造圆角半径及材料热处理要求等。

（1）一组图形。用视图、剖视、断面等一组图形来完整、清晰地表达出零件的内外各部分结构形状。

（2）尺寸。标注出零件的全部尺寸（定形和定位尺寸），用以确定零件各部分结构形状的大小和相对位置。零件尺寸的大小，由尺寸线、尺寸界线、数字和箭头四要素组成。在有些尺寸数字的后面带有正负小数或零，这是对零件加工尺寸的精度要求。在零件图上，尺寸标注和形状表达是最重要的，对尺寸标注的要求是：尺寸齐全，标注清晰、合理。

（3）技术要求。图上还要有标准规定的各种符号，用来注明加工零件的制造要求，或检验零件的技术要求，一般包括：零件表面加工要求，即表面粗糙度；尺寸精度要求，即尺寸公差；零件几何形状和位置精度要求，即形位公差。

这三项要求统称加工精度要求，除此之外还有材料及热处理要求等。其他技术要求用文字形式按顺序注写在图纸标题栏上方。

2. 装配图的表达方法

表达部件装配关系的图纸称为部件装配图，表达机器装配关系的图称为总装图，二者统称装配图。装配图用来表达机器构造、性能、工作原理、各组成零件之间的装配关系以及主要零件的结构形状。在机器制造过程中，需要按照装配图所表达的装配关系和技术要求，把零件组装成部件、机器。在使用机器设备时，通过阅读装配图来了解机器或部件，从而正确地使用机器或进行维修。

装配图就是要表达零件间的装配关系，表达零件所使用的视图、剖视图、断面图等，都同样适用于装配图。零件表面间的配合性质直接影响机器或部件的工作性能，在装配图上要进行标注，看图时要搞清配合尺寸中配合代号的意义。

要看懂一张装配图，就要搞清它的整个装配关系，分析和想象每一个零件的结构形状，所以看图中的这一步是一个多次重复的过程，每次的反复都会对装配体有进一步的了解。

另外，有时机械制图中还要用到立体图。立体图称为轴测图，常用的轴测图有正等轴测和斜二轴测两种。

五、识图三字经

为了帮助读者掌握识图的要领，编写了以下三字经，可在识图实践中加深理解。

看懂图，并不难，可速成。正投影，守标准，知工艺。三视图，主俯左，互垂直。

长对正，高平齐，宽相等。画线形，粗细虚，不乱用。基本体，柱棱锥，相组合。

叠加形，找基体，可拆分。截切形，面切交，三类型。相贯形，重表面，抓共有。

顾三视，想形体，看懂图。复杂体，加视图，右仰后。向视图，很灵活，标清楚。

看内部，剖视图，勿丢失。如何剖，看需要，全半局。移出剖，旋转剖，重全剖。

剖迹线，剖面线，分界线。不剖件，筋轴杆，有方向。断面图，垂直剖，一个面。

简易画，经常用，方式多。局部图，简画图，缩放图。加工件，轴盘箱，焊接件。零件图，细节多，有标准。标清晰，错缺浑，难加工。标尺寸，四部分，要完整。互换性，粗糙度，形位差。选材料，热处理，定工艺。标准件，画法省，尽量用。装配图，表关系，明配合。明细表，标题栏，说明栏。对实物，勤练习，会联想。

为了掌握绘图技术，建议读者学习使用计算机绘图软件，两样知识配合，对快速、全面掌握机械制图知识是有益的。

六、关于计算机辅助绘图

随着计算机辅助设计（Computer Aided design，CAD）技术的迅速发展，计算机绘图的应用越来越普遍。使用计算机绘图是现代技术人员必须掌握的基本技能，计算机绘图软件有很多种，目前在我国应用较广泛的主要有两种：有我国自主知识产权的 CAXA 系统和有美国知识产权的 AutoCAD 系统。

使用计算机绘图的关键是熟练，人们常感叹"会者按键点鼠标，不会者寸步难行"，故想掌握计算机绘图这门现代科技技术，就要多练习，多实践。掌握了任意一种绘图软件就从图板、丁字尺和绘图笔中解放出来了，绘图既快又漂亮。

思 考 题

1. 世界公认的汽车是在什么时候诞生的？
2. 叙述世界汽车工业三次大革命的简况。
3. 中华人民共和国的第一辆汽车是什么时候、在什么地方、哪个厂家生产的？
4. 汽车是由哪几个基本部分组成的？
5. 按 GB/T 3730.1—2001 规定，汽车分成哪两大类？它们的英文表示法是什么？
6. 汽车的驱动力是怎样产生的？哪个是推动汽车行驶的施力体？
7. 汽车的主要结构特征包括哪些内容？
8. 汽车主要的性能参数是什么？
9. 影响汽车运行的阻力有哪些？
10. 什么叫附着力？
11. 表达零件真实形状与大小的条件是什么？
12. 机械识图的"三等关系"是什么？

第二章　能源与汽车

第一节　能　源

一、概　述

汽车在运行过程中总是要消耗能源的，是地球上能源消耗大户，传统汽车消耗的能源主要是汽油和柴油，这一类汽车统称为燃油汽车。燃油汽车除消耗能源外，还向大气排放有害气体，产生噪声、电磁波、温室效应、光化学烟雾等多种污染。不使用燃油、不造成污染（或有很轻微的污染）的汽车称为清洁能源汽车。

二、汽油车

1. 汽油车简介

汽油车的动力装置是汽油发动机，简称汽油机。汽油机是以极易挥发的车用汽油（motor gasoline）为燃料，在气缸外的汽化器中与空气混合形成可燃性混合气体，进入气缸后由电火花点燃的发动机，所以汽油发动机也称为点燃式发动机（spark ignition engine）。现代汽油发动机广泛采用汽油缸内直接喷射技术，空气与汽油在发动机内部形成混合气体，大大地改善了汽油发动机的性能。根据汽油机的工作条件，汽油应具备下列各种使用性能：

（1）适当的蒸发性能和可靠的燃料供给性能。

（2）燃烧时没有爆震、噪声和早燃现象。

（3）良好的抗氧化安定性。

（4）不含水分和机械杂质，对发动机和金属设备没有腐蚀作用。

2. 汽油的蒸发性能

汽油必须与空气充分混合形成均匀的、浓度合适的混合气并在气缸中经点火后才能燃烧，它的蒸发完全程度、与空气混合的均匀程度，都与汽油的蒸发性能有关，直接影响到汽油的燃烧速度和燃烧完全程度，从而影响发动机的动力性和经济性。现代汽油机燃料蒸发与空气混合的时间极短，约为 $0.005 \sim 0.05$ s，可见汽油的蒸发性能对发动机是很重要的。

汽车在行驶中，发动机可能处于起动，低、高速运转和高、中、低负荷等不同的工作状态。汽油的蒸发性能必须保证发动机在不同温度下易于起动，且起动后迅速进入正常运行状态，并保证发动机能在不同工作状态平稳转化以及不稀释润滑油。如果汽油的蒸发性能太强，在到达汽化器前的供油管路中就会蒸发，形成气阻，使汽油不能顺利进入汽化器，严重时还会中断供油，使发动机停止工作。如果汽油的蒸发性能太差，汽油中不易蒸发的重质部分，在混合气中会呈液滴状，液滴附着在导管壁上形成液膜，慢慢流入气缸中，使得混合气中油的含量减少，成分分布不均匀，致使发动机运转不稳定。液膜流入气缸后，会冲去气缸壁上的润滑油，并流入润滑油箱稀释润滑油，导致发动机磨损加剧、功率下降、燃料消耗量增大，不完全燃烧后会形成积碳，影响发动机的性能。

3. 汽油的抗爆性

汽油的燃烧性能是指燃烧的平稳性，也称为汽油的抗爆性。汽油的抗爆性用辛烷值表示，辛烷值越高，抗爆性越好，但价格也越高。

汽油机压缩终了的压力对发动机的经济性影响最大，它是由发动机的压缩比决定的。压缩比越大汽油机的功率和经济性越好，但对汽油机的要求和汽油辛烷值的要求也越高。

4. 爆　震

引起汽油机发生爆震（detonation，也称爆燃）的主要原因有：汽油性质，发动机压缩比，气缸温度，点火提前角不合适等。

内燃机的热功效率与它的压缩比直接有关，压缩比大的发动机，动力性和经济性好。压缩比过大，容易引起爆震，爆震是燃油在气缸内由多点燃烧引起的一种不正常燃烧现象，表现为气缸温度猛烈升高，发出金属敲击声，排出大量黑色烟雾状废气，发动机功率下降，耗油量增加，严重时出现气缸零件烧坏，轴承震裂，活塞开裂，轴瓦破裂，火花塞绝缘体击穿，气缸垫冲破等机件损坏，所以，应当避免爆震。

发动机发生爆震后，发动机的压缩比虽然高，但热效率却不升反降。

压缩比过高，会导致爆震和表面点火现象的发生，破坏发动机的正常工作，严重时还会造成发动机早期损坏。因此，必须加以控制。

图 2.1 是正常燃烧与爆震燃烧过程的比较。正常燃烧过程：在火花塞点火后，火焰由点火中心向外传播，依次完成燃烧过程。

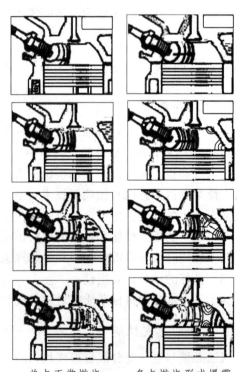

单点正常燃烧　　　多点燃烧形成爆震

图 2.1　正常燃烧与爆震燃烧过程的比较

而爆燃破坏了上述正常的燃烧顺序，末端混合气在火焰前锋未传到之前出现了自燃点，形成了多个燃烧中心，使燃烧过程发生对撞，形成爆震。

有良好抗爆性的汽油，即使在高压缩比的汽油机中工作，也不会产生爆震现象。因此，不同压缩比的汽油机，必须使用与之相匹配牌号的汽油，才不会出现爆震现象。正常燃烧时，汽油与空气形成可燃混合气，进入气缸后，被气缸壁和活塞头加热，温度达 200 ℃ 以上。当火花塞跳火后，火花塞周围的混合气开始燃烧，出现火焰，火焰呈球面以 20 ~ 40 m/s 的正常速度向前推进。燃烧物向前膨胀，未燃气体受压缩，并受火焰辐射，温度迅速上升，当火焰前峰到达时开始燃烧。正常燃烧时火焰传播速度大致不变，燃烧平稳，气缸内温度压力均衡上升。

如果在火焰尚未到达区域中的混合气受热，温度超过自燃点时开始自燃，未燃气体中出现多个燃烧中心，使得火焰传播速度突增到 1 000 m/s 以上，此时燃烧以爆炸形式进行，温度和压力急剧上升，气缸中瞬间压力为正常压力的 2 ~ 4 倍，瞬间局部温度甚至可达 3 000 ℃，就出现爆震。

发动机在即将发生爆震，又没有发生爆震状态下工作，动力性和经济性都能达到最佳。使发动机总是在最佳状态下工作是人们盼望已久的愿望，电喷发动机技术的核心就是自动跟踪这个状态，随时调节发动机的工作参数，使其在任何工况下都始终处于最佳工作状态。

5. 汽油的牌号

汽油的燃烧平稳性即抗爆震性用辛烷值含量衡量，市场上用辛烷值含量来标注汽油的牌号，如 93# 汽油表示其辛烷值含量为 93%，抗爆性等于由 93% 的异辛烷、7% 的正庚烷组成的标准燃料的抗爆震性。

车用汽油牌号目前主要有 93# 和 97# 两个，一般汽车用 93# 汽油，高档车用 97# 油。必须严格按出厂要求使用合格牌号、合格品质的汽油，否则将损坏发动机。现在我国已能生产 98# 车用汽油，并已上市供应汽车使用了。

三、柴油车

柴油是柴油发动机（简称柴油机）的燃料，柴油机是压燃式发动机（compresor ignition engine），根据转速不同可分为高速、中速和低速柴油机。高速柴油机使用轻柴油（light diesel oil），中速和低速柴油机以重柴油（heavy diesel oil）为燃料。

1. 柴油机对燃料的要求

轻柴油主要使用性能有以下几个方面：
（1）具有良好的燃烧性能，保证柴油机平稳工作，经济性好。
（2）具有良好的燃料供给性。
（3）具有良好的雾化性能。
（4）具有良好的热安定性和储存安定性。
（5）对机件没有磨损和腐蚀性。

2. 柴油的燃烧性能

柴油燃烧性能是指燃烧平稳性，也称为柴油的抗爆性，用十六烷值来衡量。柴油经喷油器喷入气缸后在高温高压空气中迅速雾化、蒸发，形成混合气，自燃着火，开始燃烧。柴油喷入气缸后，从开始压缩到着火燃烧要经历一段时间，这段时间称为滞燃期。自燃点低的柴油，滞燃期短，发动机工作平稳、柴油的燃烧性好。柴油自燃点高，滞燃期长，开始自燃时气缸内压力增大、温度急剧增高。自燃相对困难，易导致自燃时间不同步，出现敲击气缸的声音、发动机过热等问题，即产生爆震。

3. 柴油机与汽油机爆震的比较

柴油机和汽油机的爆震现象似乎相同，但产生的原因却不同，汽油机爆震是由于燃料自燃点低，火花塞点火后，火焰前锋尚未到达，混合气体便已多点自燃，多点燃烧的结果，形成爆震。柴油机的爆震原因恰恰相反，由于燃料自燃点过高，一部分燃油迟迟不能自燃，要靠已燃烧的柴油来点燃，形成多点燃烧，产生爆震。爆震结果使发动机功率下降，零件磨损增加，损坏机件等。因此，为了避免爆震的产生，汽油机要求使用自燃点相对较高的燃料，柴油机则要求使用自燃点相对较低的燃料。

4. 早燃与后燃

另外，汽油燃点过低还会引起提前燃烧（也称早燃），柴油燃点过高会产生滞后燃烧（也称后燃），二者属于气缸表面温度不适引起的非正常燃烧。这两种燃烧与多点燃烧引起的爆震有区别，由于燃烧时刻改变，也要影响发动机的工作性能，故选择合适燃点的燃油对保证发动机正常工作是至关重要的，如图 2.2 所示。

图 2.2 表面燃烧现象

5. 柴油的牌号

柴油的品级有优级品、一级品、合格品，牌号有 0#、10#、20#、35#、50#。其中数字表示凝点的零下温度，数字越大，凝点越低，越适用于低温度场合，价格也越高，如 20# 柴油表示凝点是零下 20℃。必须严格按要求使用合格牌号和合格品质的柴油，否则将损坏发动机。

柴油机的燃油直接喷入气缸内，汽油机的燃油是在气缸外与空气混合后进入气缸的，这是柴油机优于汽油机的地方，现代柴油机克服了传统柴油机的其他弱点，具备了非常优良的性能，已经广泛用到了高级轿车上。缸内直接喷射燃油技术现在已经成熟地运用到汽油发动机上。

四、清洁能源汽车

汽车从诞生之时起就"喝油"，人们一直认为这是天经地义的事，直到 20 世纪 60 年代，污染、环保等问题以尖锐的形式摆到人类面前时，人们才意识到"喝油"的汽车原来污染很严重，为了保证国民身体健康，各国纷纷制定了汽车排放标准，而且越来越严格，这就引发了一场汽车技术革命。刚开始人们是从把燃油的排放污染降下来的方向去思考问题，发明了许多高新技术，但逐渐发现要实现燃油汽车零污染排放是不可能的，加上能源危机的爆发，人们终于认识到开拓新能源的重要性。

从 20 世纪后期开始，人类生存已经离不开汽车了。当今世界汽车保有量已超过 10 亿辆，每年向大气层排放 3 亿吨以上的有害气体，占大气污染总量的 63% 以上，而且还在以每年 20% 以上速度增长着。望着无处不在、到处奔跑的汽车，有识之士不禁要思考，地球内部的石油抽完了人类怎么生存？众多汽车日夜排出的尾气中的有毒物质不断积累，是否会有在地球生态圈内引起不能平衡的那一天？尾气中的二氧化碳气体引起的温室效应会把地球变成不适宜人类生存的死球吗？如何才能消除汽车对生态环境的污染，实现无污染排放？人类如何才能既享受汽车带来的幸福，又不被自己造出的汽车"消灭"？

根据世界权威机构预测，地球上石油储量就整体而言只能维持人类不超过 50 年的需求。必须找到干净、方便、可再生的能源以取代石油，为了让这个能引起战争、污染环境、储量有限、只能在上帝关照的地方才有的、独一无二的石油，退出显赫的地位，各国都投入了大量的资金争先开展清洁能源研究，并取得了辉煌的成就，这就是以再生能源为代表的新能源。

用于汽车的新能源可以分成两大类：以甲醇为代表的随车燃烧清洁能源（使用这类燃料的汽车叫清洁能源汽车）和以电能为代表的随车不燃烧清洁能源（使用电能的汽车称为电动汽车）。清洁能源汽车用清洁能源替代燃油汽车的传统燃料，电动汽车用新的动力系统替代燃油汽车的传统动力系统。

1. 随车燃烧的清洁能源汽车

这一类清洁能源汽车的特点是车上有内燃机，依靠燃烧清洁能源，把化学能转变成机械能。它们共同的不足是使用有机燃料，不可避免地会产生 CO_2，对降低温室效应没有贡献，从这点上说它们还不是真正的清洁能源内燃机。只有燃烧氢气的内燃机才是严格意义上的清洁能源内燃机，但直接高温燃烧氢气是很危险的，现在通常是走低温燃烧氢气的燃料电池这条路，实现用氢气作为燃料。也许某一天，直接高温燃烧氢气的技术难题被攻克，真正意义上的随车燃烧清洁能源汽车就诞生了。希望攻克这一难题的勇士是使用本教材的学子。

（1）液体类。植物通过光合作用把太阳能变成化学能，经发酵处理植物，得到甲醇（CH_3OH）、乙醇（C_2H_5OH）液体。以这些液体为燃料的汽车，燃烧燃料，使化学能转化为机械能，这类燃料是可以再生的。

（2）气体类。天然气是大家最熟悉的气体类燃料，其他可燃性气体从理论上讲都可以作为能源使用，如煤气（CO）、沼气（以甲烷为主的混合气体）等。

天然气汽车已经得到广泛使用，天然气汽车的分类如图 2.3 所示。

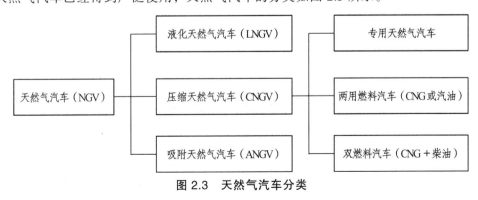

图 2.3　天然气汽车分类

用沼气代替汽油、柴油作发动机燃料的效果也很好。我国和世界上一些发达国家，正在进行利用厌氧微生物消化农作物秸秆生产甲烷的较大规模试验，英国已建立了生产甲烷的自动化工厂。

2. 随车不燃烧的清洁能源车

电能驱动的汽车，大致可分为可充电的蓄电池电动汽车、燃料电池电动汽车、太阳能电动汽车等。这3种汽车的共同点是有电动机，没有内燃机。世界上很多城市已普遍使用电动公交车，在韩国发明了不停车充电的公交车更是使电动机公交车的使用有了很大的空间。

（1）充电蓄电池电动汽车（electric vehicle）。蓄电池电动汽车，是以蓄电池和电动机为动力装置，经机械传动系驱动车轮的一种汽车，一般用于市区运输。目前电动车的行驶车速可达 30 ~ 60 km/h，连续行驶里程为 30 ~ 80 km。电动车的优点是以电代油，可节省石油燃料，无污染、噪声小。电动汽车目前存在的弱点是蓄电池的比能量低，因而自身质量大而承载质量小，车速和连续行驶里程受限制，运输成本高。改进途径是研制高比能、低成本的蓄电池。

还有一类专用电动车，如电动搬运车，叉式电动车等，只能在车站、码头、厂区内作短途运输使用，通过电缆直接将工业电输送给车上电动机驱动车辆工作。

（2）太阳能电动汽车（solar power vehicle）。太阳能电动汽车是以太阳能为动力源的汽车。这种车辆上装有太阳能吸收装置和储能装置，太阳能直接转变成电能，驱动汽车运行，这类汽车的关键技术还有待完善。

（3）燃料电池电动汽车（fuel-cell move vehicle）。燃料电池电动汽车以氢为燃料，在反应堆中，氢离子在氧气中低温缓慢"燃烧"产生电能，供给动力系统驱动汽车行驶，排出的"尾气"只有水蒸气，不含二氧化碳和其他有害气体。燃料电池电动汽车本身不会给环境带来任何污染，堪称零排放的理想环保车，用它来代替汽油车、柴油车是人们追求的梦想，燃料电池原理示意如图 2.4 所示。

尽管电动汽车是靠电能驱动的汽车，但获得电能的方式是不同的，充电电动汽车以充电方式把电能储藏在蓄电池中，以电得电；太阳能电动汽车则是以光得电，燃料电池电动汽车是靠低温缓慢燃烧氢离子，以"燃"得电，这3种电动汽车各有特色，均有良好的发展前景。

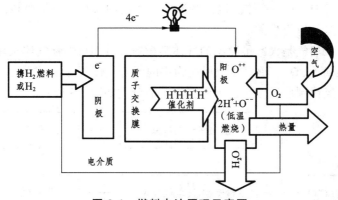

图 2.4 燃料电池原理示意图

五、混合动力汽车

混合动力汽车是将小型燃油发动机-发电机系统和电池-电动机系统装在同一辆汽车上。

传统发动机尽量做小，承担发电的任务和一部分驱动任务，让一部分动力由电池-电动机系统承担。这种混合动力装置既发挥了发动机持续工作时间长、动力性好的优点，又可以发挥电动机无污染、低噪声的长处，二者"并肩战斗"，取长补短，汽车的热效率可提高10%以上，废气排放可减少30%以上。目前，混合动力汽车已上路行驶。

为了彻底解决能源短缺和污染问题，人类还在不断研究新的、高效率的新型发动机和使用新的能源，今后这方面的高科技产物将会更多。我们有理由相信，高性能的清洁能源汽车将会以比人们预计快得多的速度进入我们的生活。既要享受汽车带给人类的幸福，又不必为能源短缺和环境污染而烦恼的时代离我们已经不远了。

☆第二节　汽车常用的非金属材料

汽车是用材料建起来的，汽车使用的材料分为非金属材料和金属材料两大类。

汽车使用的非金属材料除了前面所说的燃油类外，还有润滑类，如润滑油、润滑脂；特种液体类，如制动液、冷却液、防冻液、减振液；橡胶制品类，如橡胶油封、传动胶带、轮胎；合成材料类，如摩擦材料、尼龙、皮革、玻璃、塑料、油漆、木材、布料等。

大多数非金属材料都是非晶体材料，除玻璃、碳等少数几种无机材料外，大部分是有机化合物，不含杂质的有机化合物的一般特点是：易燃、难溶于水、热稳定性相对较差、绝缘性好、通常条件下化学反应速度慢。

汽车用非金属材料对提高汽车的安全性、动力性、经济性、舒适性、环保性都发挥了重要作用。随着汽车工业的快速发展，对车用材料无论是从品种、规格、型号、形状以及加工工艺上都提出了越来越高的要求，汽车工业的发展带动了材料工业的革命性发展，新材料、新工艺、高性能、高可靠性的新产品又支持了汽车工业的发展，使得汽车设计工程师们的许多奇思妙想得以实现。可以预见，大批高效率、低能耗、多功能、长寿命、有奇特性能的现代材料将会不断提高现代汽车的综合性能，不断给人们带来美的享受。

☆第三节　汽车常用的金属材料及热处理

一、汽车常用的金属材料

汽车常用的金属材料有黑色金属和有色金属两类。铁碳合金称为黑色金属，除黑色金属以外的所有金属统称为有色金属，如铜、铝、铬、锌等。决定金属材料性能的因素一是成分（金属中所含别的材料的比例），二是组织（金属内部晶粒大小、形态和分布）。除水银外几乎所有的金属都是晶体物质，组成晶体最小的单位是晶格，晶格的大小和排列情况直接影响着晶体物质的性能，故利用改变晶格大小和排列情况的方法来改变金属性能是金属材料热处理的理论基点，将固态金属或合金用适当的方式进行加热、保温、冷却以获得所需要组织、结构与性能的工艺称为金属的热处理。

二、熟铁、钢、生铁

汽车上用得最多的金属材料是黑色金属，即铁与碳的合金，铁碳合金是人们最熟悉的铁和钢的总称。图 2.5 所示的铁碳合金状态图表示了这类合金的成分关系。

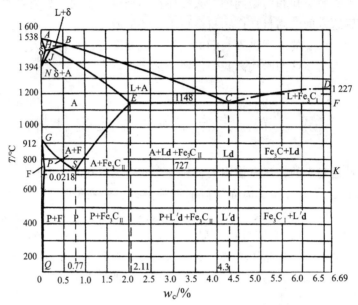

图 2.5 铁碳合金状态图

F—铁素体；A—奥氏体；L—液体；Fe₃C—渗碳体；L'd—低温莱氏体；Ld—高温莱氏体

常态下含碳量少于 0.021 8% 的铁碳合金是铁素体（F），俗称熟铁，工业上称为工业纯铁，工业纯铁磁滞性小，常用于制造电磁铁的衔铁；含碳量在 0.021 8% ~ 2.11% 的铁碳合金称为钢，在汽车上钢类零件主要有连杆、活塞销、凸轮轴、传动链、螺纹、键、滚动轴承、弹簧等；含碳量在 2.11% ~ 6.69% 的铁碳合金称为铸铁，俗称生铁，在汽车上铸铁类零件主要有气缸体与变速箱箱体。含碳量的多少是决定铁碳合金性能的决定性因素，含碳量哪怕有非常微小的变化，也会使铁碳合金的性能产生很大的差别，含碳量决定了铁碳合金的用途。

三、热处理是影响铁碳合金性能的另一重要因素

热处理是提高和改善金属材料性能，实现物尽其用的重要手段，特别是铁碳合金对热处理的反应很敏感，不同的热处理方法可以极大地改变钢和铸铁的性能，使同一成分的材料具有更加合乎不同使用场合的性能。汽车上 60% ~ 70% 以上的零件经过了热处理，金属的热处理工艺很多，有些还很复杂和精密，本书只能简介以下几种主要的热处理工艺，要提醒初学者注意的是，以下介绍的每一种热处理工艺都还可细分为很多种不同的热处理方法，每一种热处理方法又有很多套不同的工艺参数，每一个工艺参数的改变都可以影响热处理后的金属材料性能。图 2.6 所示的热处理组织转变 C 曲线很好地解释了这个复杂的转变过程，这是一个很庞杂的知识体系，有兴趣的读者可以参阅专门的著作。

1. 退 火

将钢加热到适当温度，保温一定时间，然后缓慢冷却的热处理工艺。

目的：

（1）降低硬度、利于切削。

（2）消除应力、防变形和开裂。

（3）消除缺陷、均匀成分、细化晶粒、为进一步加工做准备。

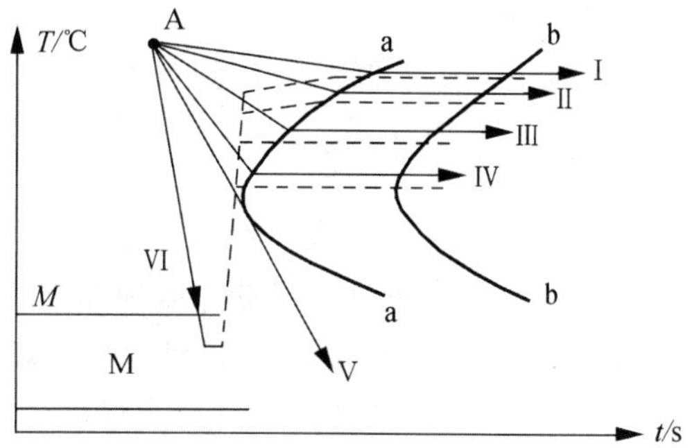

2. 正 火

将钢加热到 A_{c3} 以上或 A_{ccm} 以上 30~50 ℃，保温适当的时间后，在静止的空气中冷却的热处理工艺。目的：

（1）提高硬度、改善切削性能。

（2）细化晶粒、提高机械性能。

（3）消除网状渗碳体，为淬火作组织准备。

图 2.6　热处理 C 曲线

a—转变开始线；b—转变结束线；Ⅰ—回火索氏体转变线；
Ⅱ—回火屈氏体转变线；Ⅲ—上贝体转变线；
Ⅳ—下贝氏体转变线；Ⅴ—转变临界线；
Ⅵ—淬火冷却线；A—奥氏体

3. 淬 火

将钢加热至 A_{c3} 或 A_{c1} 以上某一温度，保持一定时间，然后以适当速度冷却，获得马氏体和贝氏体组织的热处理工艺。目的：

通过淬火可获得马氏体或贝氏体组织，提高强度、硬度及耐磨性，但脆性增加，不能直接应用，经淬火后紧接着通过在不同温度下的回火，可获得不同的回火组织及相应性能，满足不同工作条件下的性能要求。

4. 回 火

将钢淬火后再加热至 A1 以下某一温度，保持一定时间，然后冷却至室温的一种热处理工艺。目的：

（1）降低脆性。

（2）消除应力。

（3）获得稳定组织。

（4）稳定尺寸。

5. 调 质

淬火加高温回火的热处理工艺称为调质。目的：

获得强度、塑性、韧性等综合机械性能都较好的材质，改善切削性能。调质处理后再进行加工的重要零件往往需要进行表面热处理。

6. 表面热处理

利用快速加热使零件表面迅速达到淬火温度，不等热量传到心部，迅速予以冷却而使零件表面获得马氏体组织，心部没有发生组织转变，且不改变表面化学成分的表面热处理工艺方法。

目的：

获得表面硬、内部韧性好的零件。

7. 表面化学热处理

在钢表面渗入一种或几种元素，以改变其化学成分、组织和性能的热处理。

（1）渗碳。将钢件在渗碳介质中加热和保温，使碳原子渗入表层的化学热处理工艺。

渗碳分气体渗碳（滴入有机渗碳剂如煤油、丙酮、甲醇等，在高温下分解为活性炭气体，被零件表面吸收）、固体渗碳（将零件埋入固体渗碳剂）、催渗剂渗碳（碳酸盐）等，渗碳后的零配件要进行表面淬火、回火处理才能发挥作用。

（2）氮化。向钢的表层渗入氮原子的工艺过程，其特点是低温、不需热处理。氮化分气体氮化、辉光氮离子氮化、软氮化等。

（3）其他化学热处理的方法还很多，在此不再叙述。

四、金属材料的性能

工程上注重金属材料的工艺性能与使用性能。工艺性能是指金属材料在加工制造过程中所表现出来的性能，包括铸造性能、压力加工性能、焊接性能、热处理性能以及切削加工性能等；使用性能包括物理性能、化学性能和机械性能。金属的机械性能是指金属材料在受到外力作用时表现出来的特性，如强度、刚度、塑性、硬度、冲击韧性、抗疲劳性等。

金属材料在外力作用下，会发生尺寸与形状的改变，称为变形。金属材料在外力作用下抵抗塑性变形和破坏的能力称为强度；抵抗弹性变形的能力称为刚度。

由于载荷的类型主要有拉伸、压缩、弯曲、剪切、扭转五种，故强度对应分为抗拉强度、抗压强度、抗剪强度、抗扭强度和抗弯强度五种，刚度也对应分为抗拉刚度、抗压刚度、抗剪刚度、抗扭刚度和抗弯刚度五种。

载荷同时还分为静载荷（力的大小和方向基本不变的载荷）和交变载荷（力的大小和方向显著变化的载荷）两大类，故与之对应的就有静载荷下的拉伸、压缩、弯曲、剪切、扭转和交变载荷下的拉伸、压缩、弯曲、剪切、扭转之分，并由此产生了相应的强度和刚度问题。工程中考虑得更多的是交变载荷作用下的强度和刚度问题，即防止金属疲劳破坏的问题。

对受压缩载荷作用的细长杆件，工程上还要研究它的稳定性问题。

思 考 题

1. 如何评价燃油汽车的功与过？
2. 什么叫爆震？汽油机与柴油机的爆震有什么不一样？

3. 汽油牌号与柴油牌号中的数字分别代表什么意义？

4. 人类克服能源危机的根本出路是什么？

5. 到网上查阅清洁能源的种类和可能的获得方法，写出书面报告。

6. 汽车使用的材料有哪些？

7. 什么叫黑色金属？什么叫钢？

8. 主要的金属热处理工艺有哪些？

9. 金属的机械性能有哪些？

第三章 汽车的一般布置及车身

第一节 汽车的一般布置

汽车发动机的安装位置、安装方向、与驱动轮之间的相对关系称为汽车布置，汽车的布置在很大程度上受制于发动机的布置，同时要考虑到车身的装载质量或乘客数以及通风、暖气和冷气等附属设备的安装位置。不同用途的汽车总体布置也不一样。

发动机与驱动轮布置形式如表3.1所示。

表 3.1 发动机与驱动轮布置形式

发动机 驱动轮	前置（front）		中置（middle）		后置（rear）	
	横向布置（transverse）	纵向布置（vertical）	横向布置（transverse）	纵向布置（vertical）	横向布置（transverse）	纵向布置（vertical）
前轮（front）	FFT	[FFV]	MFT	[MFV]	[RFT]	[RFV]
后轮（rear）	[FRT]	FRV	MRT	MRV	RRT	RRV

注：有方括号者为不常用。

一、货 车

目前，绝大多数货车发动机均布置在汽车的前部。按发动机与驾驶室的相对位置分，货车的布置一般有三种形式，如图3.1所示。

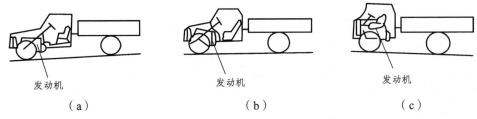

（a）　　　　　　　　　　（b）　　　　　　　　　　（c）

图 3.1 货车的一般布置

第一种布置形式如图3.1（a）所示，驾驶室布置在发动机之后。优点是驾驶员工作条件较好，发动机维修方便；缺点是在同样汽车总体积下，货箱尺寸较小，在运输轻质货物时，往往不能充分发挥汽车的承载能力，视野较差。

第二种布置形式如图 3.1（b）所示，驾驶室一部分布置在发动机的上方。优点是增大了货箱尺寸；缺点是驾驶员工作条件较差，发动机维修不方便。

第三种布置形式如图 3.1（c）所示，整个驾驶室布置在发动机上方。优点是相同轴距和总长条件下，货厢尺寸最大，自重较轻，机动性及视野好；缺点是驾驶室较热，发动机维修不方便，汽车总高度较大。

二、客 车

客车多采用双轴或多轴底盘、后轮驱动，根据发动机布置，一般有 3 种形式，如图 3.2 所示。

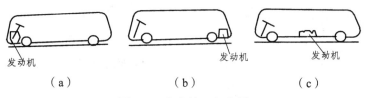

图 3.2　客车的一般布置

第一种布置形式如图 3.2（a）所示，发动机布置于车身前方的内部，是发动机纵向前置后驱动的传统布置方案。优点是面积利用率高；缺点是发动机前置使前轮胎负荷增大，驾驶员工作条件差。

第二种布置形式如图 3.2（b）所示，发动机置于车身后方的内部。它具有第一种布置形式的优点，同时轴负荷分配合理，车身较低；缺点是发动机冷却条件差，发动机和传动系统的操作机构复杂。

第三种布置形式如图 3.2（c）所示，发动机布置于车身中部底板的下面。其优点是面积利用率高，轴负荷分配合理；缺点是发动机维修困难、冷却条件差、车身底板高、发动机噪声大、热量能进入车厢，故较少采用。

三、轿 车

几乎所有的轿车都采用了两轴底盘。轿车的一般布置按发动机与驱动轮的相对位置分为 3 种形式，如图 3.3 所示。

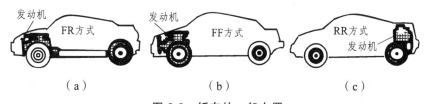

图 3.3　轿车的一般布置

第一种如图 3.3（a）所示，发动机纵向前置，后轮驱动，此布置形式最常见。优点是增加了车身的有效载客面积，前、后轴负荷分配合理，舒适性较好。

第二种如图 3.3（b）所示，发动机横向前置或纵向前置、前轮驱动。优点是传动系统布置紧凑，车身下面没有万向传动装置，汽车重心下降、稳定性提高，侧滑可能性小；发动机横置，排气歧管布置在发动机的后部，缩短了排气装置的长度，从而可以更快地预热催化净化器，这种布置还具有平缓尾气流的作用。缺点是汽车上坡时，前桥负荷减小，打滑的可能性增加；汽车下坡时，前桥负荷加大，稳定性下降，前桥结构较复杂。

第三种如图 3.3（c）所示，发动机后置，后轮驱动。优点是传动系统布置紧凑，汽车重心较低，能较好地隔绝发动机噪声；缺点是发动机冷却效果降低，还需要一套远距离操纵机构，前后桥负荷合理分配较困难。

第二节　汽车车身

汽车车身是驾驶员的工作场所，也是容纳乘客和货物的场所。

汽车车身结构主要包括：车身壳体、车门、车窗、车前钣金件、车身内外装饰件、车身附件、座椅以及通风、暖气、冷气、空气调节装置等。载货汽车还包括货箱和其他装备。

车身的作用是为驾驶员提供便利的工作条件，对乘员提供舒适的乘坐条件，保护他们免受汽车行驶时的振动、噪声，废气的侵袭以及外界恶劣气候的影响，并保证完好无损地运载货物且装卸方便。汽车车身上的一些结构措施和设备还有助于安全行车和减轻事故的后果。

车身还保证汽车具有合理的外部形状，在汽车行驶时能有效地引导周围的气流，以减少空气阻力和燃料消耗。此外，车身还应有助于提高汽车行驶稳定性和改善发动机的冷却条件，并保证车身内部良好的通风。

汽车车身应以合理、明晰的雕塑形体、优雅、安全的装饰件和内部覆饰材料以及悦目的色彩使人获得美的感受，以获得车主的喜爱。

车身壳体是一切车身部件的安装基础，由纵、横梁和支柱等主要承力元件以及与它们相连接的钣件共同组成的刚性空间结构。客车车身设计有坚固的骨架，以保证安全；轿车车身大多没有明显的骨架，货车车身按用途不同而有自己特殊的设计。车身壳体还包括敷设的隔音、隔热、防振、防腐、密封等材料及涂层。

车门结构较复杂，通过铰链安装在车身壳体上，是保证车身的使用性能的重要部件。

钣件：钣制制件是形成容纳发动机、车轮等部件空间的主要构件。

车身外部装饰件包括装饰条、车轮装饰罩、标志、浮雕式文字、散热器面罩、保险杠、灯具以及后视镜等附件，它们还兼有装饰的作用。

车内装饰件包括仪表板、顶篷、侧壁、座椅、窗帘、地毯、室内照明灯及其他装饰美化的设施。在轿车上广泛采用天然纤维或合成纤维的纺织品、人造革或多层复合材料、连皮泡沫塑料等表面覆饰材料；在客车上则大量采用纤维板、纸板、工程塑料板、铝板、花纹橡胶板以及复合装饰板等覆饰材料。

车身附件有：门锁、门铰链、玻璃升降器、各种密封件、风窗刮水器、风窗洗涤器、遮阳板、后视镜、拉手、点烟器、烟灰盒等。在现代汽车上常常装有无线电收放音机和杆式天线，在有的汽车车身上还装有无线电话机、电视机或加热食品的微小炉和小型电冰箱等附属设备。

专用车上还有更多的附属设备及设施，如房车内就有生活所需的一切必需品，消防车上配有消防水泵和其他消防器材。

一、载货汽车的车身

货车车身（goods vehicle body）包括驾驶室（cab）和货箱。

东风 EQ1092 和解放 CA1092 型汽车驾驶室采用骨架式非承载车身结构，驾驶室通常以三点支承在车架上，其中两点采用弹簧或橡胶衬垫连接，以减少驾驶室振动和车架歪扭变形对驾驶室的影响。现代汽车的驾驶室，按照驾驶室与发动机相对位置不同，结构类型可分为：位于发动机之后的长头式驾驶室、与发动机并列的短头式驾驶室、位于发动机之上的平头式驾驶室。

按照运载货物的不同种类，货车车厢可以是普通栏板式结构、平台式结构、倾卸式结构、闭式车厢、气、液罐以及运输散粒货物（谷物、粉状物等）所采用的气体压力吹卸专用容罐或者是适于公路、铁路、水路、航空联运和国际联运的各种标准规格的集装箱，如图 3.4 所示。

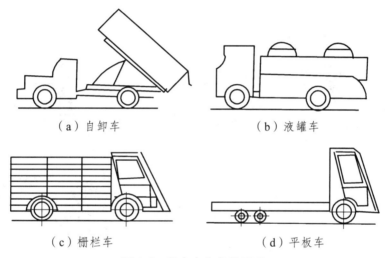

（a）自卸车 　　　　　　　　　（b）液罐车

（c）栅栏车 　　　　　　　　　（d）平板车

图 3.4　货车车身各种形式

货箱一般为木质或钢质结构，用螺栓与车架连接固定。为装卸货物方便，后栏板及两侧栏板可制成活动的。

自卸汽车倾卸式货箱有向后倾卸及向两侧倾卸两种。卸货时，货箱在举升机构的作用下自动倾斜，实现卸货。

二、客车的车身

轻便客车车身有闭式和可开式两种结构形式。闭式车身刚性好、质量小、舒适性好。可开式车身上部可以打开或卸下，具有刚性窗框和门框，固定的车顶横梁和折叠式或活动式车顶。轻便客车车身要求具有较好的流线型，以减少行驶中的空气阻力。

中型客车均采用闭式的厢形车身，以提高有效载客面积。

公共汽车车身采用整体承载式车身骨架，厢式外形，尺寸较大，形状规则，构成完整的受力空间，如图 3.5 所示。

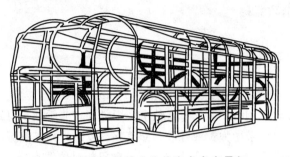

图 3.5　整体承载式公共汽车车身骨架

三、轿车的车身

轿车车身（saloon body）大多为无骨架或半骨架形式，如图 3.6 所示。

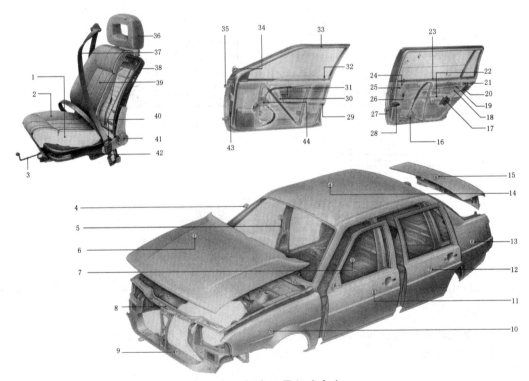

图 3.6　轿车无骨架式车身

1—坐垫支座；2—坐垫；3—坐垫前后左右位置调节手柄；4—前柱；5—中柱；6—引擎盖；7—地板；
8—挡泥板和前纵梁；9—前围；10—前翼；11—前门车；12—后车门；13—后翼子板；14—顶盖；
15—行李箱盖；16—后车门玻璃升降电机；17—后集控门锁电机；18—后车门开锁拉杆；
19—长锁杆；20—门锁；21—外拉手开启销；22—窗玻璃条槽；23—车窗外侧密封条；
24—短锁杆；25—角度杠杆；26—电动摇窗机开关；27—后车门铰链；28—后车门开度限位器；
29—门锁内扳手；30—内拉手；31—内扶手；32—门锁锁定按钮；33—前车门焊接总成；
34—后视镜；35—前车门铰链；36—头枕；37—安全带；38—靠背骨架；
39—座椅靠背；40—安全带锁扣；41—靠背角度调节按钮；
42—坐垫前后左右位置调节机构；43—前车门开度限位器；
44—前车门玻璃升降电机

高级轿车为了保证良好的乘坐舒适性以及减轻底盘振动和噪声对车身的影响，多采用非承载式车身（chassis frame and body construction），车身借助橡胶软垫装在车架上。中级轿车车身有采用非承载式的，以减轻轿车的自重，降低车身高度，也有采用承载式（chassis and body integral construction）结构的。普通轿车（saloon）和微型轿车（mini car）则广泛采用承载式车身。

轿车非承载式车身的底座通过挠性软垫固装在单独的车架上，整个车身装焊后，只承受乘客的重量。承载式车身的底座地板与用来加强的短纵梁和横纵梁焊成一体，前端包括纵梁前部，前围板、挡泥板与前大灯支架形成刚性框架，车身壳体与梁上支承座焊接后，形成一组承载的空间受力系统。

第三节　汽车的通风装置

为了提高汽车的舒适性，车身内部的通风、采暖、制冷以及空气调节装置是维持车内正常环境、保证驾驶员和乘客安全舒适的重要装置。汽车空调系统包括制冷装置、采暖装置、通风换气装置、空气净化装置四部分。

一、自然通风

利用车外迎面气流进行车内空气循环的办法称为自然通风。在汽车行驶过程中，既要保证通风，又要避免正面风对驾驶员和乘客的影响，最简单的自然通风是依靠通风阀以及前后车门上的通风窗（见图 3.7）通风。通风阀一般装在挡风玻璃前面或前围两侧，由通风阀进入的空气先经过滤清器或滤网后再进入车厢。通风窗可以绕垂直轴线或倾斜轴线转动，打开通风窗，新鲜空气进入车厢并将污浊的空气排出。由于只在通风窗附近产生空气涡流，车厢内不产生影响驾驶员和乘客舒适性的对流风。

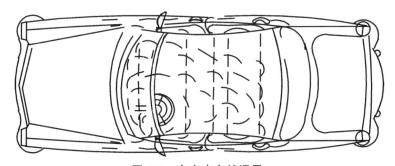

图 3.7　车身内自然通风

二、取暖装置

汽车的取暖装置按热量的来源方式不同可分为非独立式和独立式两类。

1. 非独立式取暖方式

非独立式取暖方式由发动机提供热源，如水冷式发动机的冷却热水直接与该装置的加热器相连，除去管道输送损失的热量外，在车身密封良好的情况下，能足够供给轿车取暖之用，如图 3.8 所示。

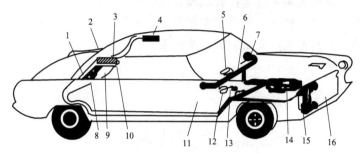

图 3.8 轿车取暖装置

1—后膨胀阀；2—后中冷风口；3—后左鼓风机；4—后左冷风口；5—前中冷风口；6—前取暖器；
7—前左冷风口；8—后右鼓风机；9—后右冷风口；10—后取暖器；11—前右冷风口；
12—前鼓风机；13—前膨胀阀；14—压缩机；15—储液罐；16—冷凝器

取暖装置暖气散热器的外壳空腔分别与三个通风电机相通，需要供暖时，将发动机气缸出冷却液管上水阀手柄旋开，热水则沿出水软管经暖气总进冷却液管分别进入左、右暖气散热器的上储水室，流经室内进冷却液管、前座下暖气散热器、室内回冷却液管，最后流入回冷却液管。所有流入回冷却液管的水，再经总回冷却液管流回发动机冷却液泵进水口。暖气散热器中的热水对流经散热器的空气加热，即把暖气送入车内。通风电机开关与暖风操纵手柄配合，可控制热空气流向，如放在"除霜"位，热空气即被强制从除霜出风口吹出，对挡风玻璃加温、除霜、除雾。

2. 独立式取暖装置

独立式取暖装置有独立热源，不依赖发动机供暖，称为独立式取暖装置。大型公共汽车和长途公共汽车，利用发动机热源远远不能满足供热要求，需另设一套独立取暖装置，此装置取暖要消耗能源。

图 3.9 所示为大型公共汽车上采用的独立式通风取暖装置，由装在一圆筒内的电动机、鼓风机、燃油泵、燃油喷射器和热交换器等组成，圆筒上装有自动操纵取暖装置的机构，当接通取暖装置时，电火花塞点燃混合气不断燃烧，从而加热交换器中的空气，向车内供应暖气。停止其燃料供应后，可作通风设备使用。

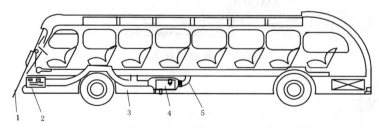

图 3.9 大型公共汽车上采用独立式通风取暖装置

1—挡风玻璃加热器；2—空气滤清器；3—节气门；4—取暖器；5—空气导管

第四节　汽车的附属设备和装置

一、车门、车窗

1. 车　门

车门是车身上重要部件之一。按其开启方式可分为顺开式、逆开式、水平移动式、上掀式和折叠式等几种。

顺开式车门即使在汽车行驶时仍可借气流的压力关上，比较安全，而且便于驾驶员在倒车时向后观察，故被广泛采用。逆开式车门在汽车行驶时若关闭不严就可能被迎面气流冲开，因而用得较少，一般只是为了改善上下车方便性及适于迎宾礼仪需要的情况下才采用。水平移动式车门的优点是车身侧壁与障碍物距离较小的情况下仍能全部开启。

上掀式车门广泛用作轿车及轻型客车的后门，也应用于低矮的汽车。折叠式车门则广泛应用于大、中型客车上。

在有些大型客车上，还备有加速乘客撤离事故现场以及便于救援人员进入的安全门。

轿车、货车驾驶室的车门以及客车驾驶员出入的车门通常由门外钣、门内钣、窗框（有的车上还装有三角窗）等组成。门内钣是各种附件的安装基体。在其上装有：门铰链、升降玻璃及其导轨、玻璃升降器、门锁、车门开度限位器等附件。有的轿车门内还布置有暖气通风管道和立体声收放音机的扬声器等等。

车门借铰链安装在车身壳体上。在汽车行驶时，车身壳体将产生反复扭转变形。为避免在此情况下车门与门框摩擦产生噪声，车门与门框之间留有较大的间隙，橡胶密封条将间隙密封。

现代汽车车门控制都采用中央控制门锁，主要特点是：

（1）中央控制：当驾驶员锁住其身边的车门时，其他车门也同时锁住，驾驶员可通过门锁开关同时打开各个车门，也可单独打开某个车门。

（2）速度控制：当行车速度达到设定值时，各个车门能自行锁上，防止乘员误操作车门把手而导致车门打开。

（3）单独控制：除在驾驶员身边车门以外，还在其他门设置单独的弹簧锁开关，可独立地控制一个车门的打开和锁住，有的车还有防儿童开锁功能。

中央控制门锁都附送无线遥控装置，不用把钥匙键插入锁孔中就可以远距离开门和锁门，不管白天黑夜，无需探明锁孔，可以远距离、方便地进行开、闭锁。有的汽车中央控制系统还有自动关玻璃窗、自动落锁的功能。其工作原理是：车主用钥匙发出微弱电波，由汽车天线接收该信号，经过车载计算机识别信号代码，再由该系统的执行器执行启/闭锁的动作。该系统主要由发射机和接收机两个部分组成。

高档汽车还有远程发动发动机功能，用于提前起动暖机有很好的作用。

中央控制门锁可以是出厂配备，也可以由车主选装。

2. 车　窗

现代汽车的车窗玻璃必须使用安全玻璃，目前风窗玻璃应尽可能采用 HPR 夹层玻璃。汽车正面或侧面碰撞时，乘员头部往往撞击风窗玻璃或侧窗玻璃而受伤，并且玻璃碎片还会使脸部和眼睛受伤。目前在汽车上广泛应用的安全玻璃有两种：钢化玻璃与夹层玻璃。钢化玻璃是在炽热状态下使其表层骤冷收缩从而产生预应力的强度较高的玻璃，其落球冲击强度是普通玻璃的 6~9 倍。普通夹层玻璃有 3 层，总厚度约 4 mm，其中间层厚度为 0.38 mm。汽车用的夹层玻璃的中间层则加厚 1 倍，达 0.76 mm，故具有较高的冲击强度，称为高抗穿透性（HPR）夹层玻璃。国产的车用夹层玻璃的中间层材料通常要用性能较好的聚乙烯醇缩丁醛。钢化玻璃受冲击而损坏时，整块玻璃出现网状裂纹，脱落后则分成许多无锐边的碎片。HPR 夹层玻璃损坏时内、外两层玻璃的碎片仍然黏附在中间层上。中间层有较大的韧性，在承受撞击时拱起从而吸收一部分冲击能量，起缓冲作用。大量的事故调查表明，钢化玻璃与 HPR 夹层玻璃相比，前者有较高的伤亡率，其碎片致使眼睛重伤的比率也较高。采用钢化玻璃的前风窗破裂成细小网状裂纹后，还会严重地影响驾驶员前方的视野。

车窗玻璃能够自动升降或方便操纵升降，并有防震、防晒、防划伤、严密防水和降噪性能。车窗玻璃升降机构主要有叉臂式、绳轮式和软轴式 3 种，如图 3.10 所示。大多为电动驱动，也有手动驱动的。车窗玻璃升降除了平滑，无噪音外，另一重要性能是防夹手，基本原理是阻力传感器感觉到关窗阻力大于允许值后会通过 ECU 命令电机反转，达到保护防夹的目的。

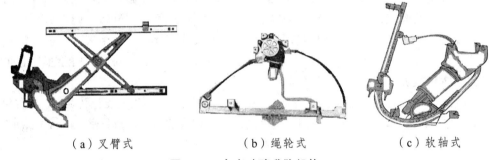

（a）叉臂式　　　　　（b）绳轮式　　　　　（c）软轴式

图 3.10　车窗玻璃升降机构

二、门锁与防盗系统

传统车门锁结构有舌式、转子式和凸轮式，现在已有了智能电子防盗门锁。

汽车都装了带钥匙的门锁，最早的汽车门锁是机械式门锁，用于汽车行驶时防止车门自动打开而发生意外，只起行车安全作用，不起防盗作用，随科学技术的发展，现代汽车都装上了防盗系统，如图 3.11 所示。

汽车防盗系统由电子控制的遥控器或钥匙、电子控制电路、报警装置和执行机构等组成。

汽车防盗器通过将防盗器与汽车电路配接在一起，达到防止车辆被盗的目的，目前防盗器按结构可分 4 大类：机械式、芯片式、电子式和网络式。

1. 机械式防盗器

机械式防盗装置是最简单最廉价的一种防盗器形式，只是将方向盘和控制踏板或挡柄锁住，如图 3.12 所示。优点是价格便宜，安装简便；缺点是防盗不彻底，每次拆装麻烦，不用时还要找地方放置。机械式防盗装置比较常见的有：

图 3.11　汽车防盗系统

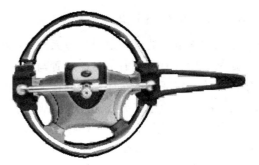

图 3.12　机械式方向盘防盗器

（1）方向盘锁。

方向盘锁靠坚固的金属结构锁住汽车的操纵部分，使汽车无法开动。方向盘锁将方向盘与制动踏板连接在一块，或者直接在方向盘上加上限位铁棒使方向盘无法转动。

转向锁与点火锁设在一起，安装在方向盘下，它用钥匙控制。即点火锁切断点火电路使发动机熄火后，将点火钥匙再左旋至极限位置的挡位，锁舌就会伸出嵌入转向轴槽内，将汽车转向轴机械性的锁止。有的汽车设计用另外一个拐杖锁锁止方向盘，使方向盘不能转动，也可起到防盗作用。有的汽车在变速器上设有机械锁将变速器操纵杆锁止，使盗窃者不能挂挡而使汽车不能移动。点火开关锁也起到了一定的防盗作用。近年来多数轿车上都安装了中央门锁，即汽车上的车门门锁和行李厢锁实现了集中控制。

（2）可拆卸式方向盘。

（3）排挡锁。

上述机械式防盗装置结构比较简单，占用空间，不隐蔽，每次使用都要用钥匙开锁，比较麻烦，而且不太安全。因此，随着电子技术在汽车上的应用，电子式防盗装置就应运而生。

2. 芯片式防盗器

芯片式数码防盗器的基本原理是锁住汽车的发动机，电路和油路，在没有芯片钥匙的情况下无法起动车辆。目前，芯片式防盗已经发展到第四代电子防盗系统，它除了比以往的电子防盗系统更有效的起到防盗效果外，还能保证系统在任何情况下都能正确地识别驾驶者，在驾驶者接近或远离车辆时可以自动识别其身份，自动打开或关闭车锁。

3. 电子式防盗装置

电子防盗装置给车锁加上电子识别功能，开锁配钥匙都需要输入十几位密码后才能进行，这种汽车防盗方式具有遥控功能，是随着电子技术的发展而迅速发展起来的一种防盗方式，如图 3.13 所示。电子式防盗器有如下四大功能：

（1）防盗报警功能，（2）车门未关安全提示功能，（3）寻车功能，（4）遥控中央门锁功能。

图 3.13　电子式防盗装置

4. 北斗星（或 GPS）卫星定位

北斗星是我国自己的全球卫星定位系统，GPS 是美国开发的全球卫星定位系统，它们的工作原理是利用接收卫星发射信号的装置与地面监控设备及北斗星（或 GPS）信号接收机组成全球定位系统，保证车辆在地球上的任何地点、任何时刻都至少能收到卫星发出的信号。北斗星（或 GPS）靠锁定点火或起动来达到防盗的目的，同时还可将报警车辆所在位置无声地传送到报警中心。因此，只要每辆移动车辆上安装的北斗星（或 GPS）车载机能正常的工作，再配上相应的信号传输线路（如 GSM 移动通信网络和电子地图），建一个专门接收和处理各个移动目标发出的报警和位置信号的监控室，就可形成一个卫星定位的移动目标监控系统。北斗星（或 GPS）卫星定位汽车防盗系统有如下 5 大功能：

（1）定位功能；（2）通信功能；（3）监控功能；（4）停驶功能；（5）调度功能。

三、座　椅

座椅是车身内部重要装置之一。座椅由骨架、坐垫、椅背和调节机构等组成。坐垫和椅背应具有一定的弹性。调节机构可使座位前后或上下移动以及调节坐垫和椅背的倾斜角度。大型汽车的座椅还有弹性悬架和减振器，可对其弹性悬架加以调节以便在驾驶员们不同的体重作用下仍能保证坐垫离地板的高度适当。在某些货车驾驶室和客车车厢中还设置适应夜间长途行车需要的卧铺。高档汽车的座椅还由电脑控制，有记忆功能，目前高档汽车的座椅上有 11 个自由度，可以记忆多名驾驶员对座椅的不同调节尺寸。

保证行车安全是对座椅和重要性能要求，现代汽车座椅上有采用对乘员施加约束的安全带、头枕、安全气囊以及汽车碰撞时防止乘员受伤的各种缓冲和保护装置，还可在成人座椅上配套安装儿童安全座椅。

四、风窗玻璃刮水器

为了提高汽车在雨天和雪天行驶时驾驶员的能见度，风窗玻璃刮水器的作用是清除驾驶室风窗玻璃上面妨碍驾驶员视线的雨水、雪花及尘土。风窗玻璃刮水器有压力式和电动式两种，大量使用的是电动式。

1. 压力式刮水器

压力式换向阀刮水器工作是利用压力流体（油或气体）轮流进入齿条式活塞的两端压力腔，推动齿条活塞来回往复运动，齿条带动驱动一个齿轮轴往复转动运动，刮水片通过螺栓与该齿轮轴做成一体，刮水片被齿轮轴驱动左右摆动，清除风窗玻璃上的雨水和灰尘。这种刮水器机构结构复杂，密封件容易损坏，现已很少使用。

2. 电动式刮水器

电动蜗轮蜗杆式刮水器是目前使用最多的刮水器，如图 3.14 所示。电动机驱动蜗杆蜗轮传动副旋转，通过连接在蜗轮上的曲柄连杆机构带动摇杆往复摆动，使固定在摇杆上的刮水片在挡风玻璃上往复摆动，清除除风窗玻璃上的雨水和灰尘。控制器上有几个挡位可以控制通过控制电机的转速与转动方式来控制刮水器的运动速度和运动方式。

现代汽车上已安装了电控智能自动刮水器，可以通过自动判断雨水大小来决定刮水器的动作快慢。驾驶员将轿车点火钥匙拔出后，用手碰一下前挡风玻璃窗的刮水器手柄，刮水器就会垂直竖起来，以便能够容易地放置前挡风玻璃保护覆盖件，防止冻坏刮水器刮片。

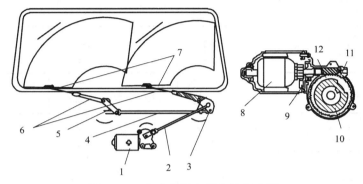

图 3.14　电动式风窗刮水器示意图

1—刮水器电机；2、4—连杆；3—扇形臂；5—枢轴；6—刮水器臂；7—刮水片；
8—转子；9—电刷；10—凸轮盘；11—蜗杆蜗轮装置；12—触点

五、汽车仪表

为了使驾驶员能够随时掌握汽车及各系统的工作信息，在汽车驾驶室前面，正对驾驶员视线的地方设计有仪表组件，装有多种指示仪表及报警装置，全面反映各系统情况，如图 3.15 所示。其中主要的有车速里程表（speedometer and odometer）、发动机转速表、水温表（water temperature gauge）、水温报警灯、燃油油位指示器、低油位报警装置、电流表（ammeter）、充电指示灯、机油压力表、机油低油位报警装置、车内外照明的控制装置及指示信号装置（详情参阅汽车电气控制内容）。现代汽车的电气设备和仪表比较多，而且实现了电子显示化，常常在汽车驾驶室的适当位置用醒目形象的识别符号和灯光自动显示出来，常用标志符号如图 3.16 所示。还可以显示其他很多信息，如轮胎气压与温度，各门窗是否关好等。

图 3.15　汽车仪表

41

名称	符号	名称	符号	名称	符号	名称	符号
喇叭		危险信号		发动机罩		高低挡选择	
电源总开关		驻车制动		行李箱罩		下坡缓行器	
灯总开关		制动器故障		前窗刮水		轮间差速器	
远光		空滤器堵塞		间歇刮水		轴间差速器	
近光		机滤器堵塞		前窗洗涤器		起动	
前照灯水平操纵		电池充电		前窗洗涤刮水器		暖风	
远照灯		无铅汽油		后窗刮水		冷气	
前雾灯		汽(柴)油		后窗洗涤		风扇	
后雾灯		冷却水温		后窗洗涤刮水器		腿部出风口	
后照灯		机油温度		大灯清洗器		右出风口	
示廓灯		机油压力		阻风门		左出风口	
车厢灯		安全带		手油门		左右出风口	
顶灯		点烟器		百叶窗		全部出风口	
停车灯		门开警报		起动预热		坐垫暖风	
转向灯		驾驶锁止		熄火		前后除霜	

注：红色表示危险,暖风用红色;黄色表示注意,冷气用蓝色;绿色表示安全,行驶灯光用蓝色。

图3.16　常用标志符号

现代"控制器区域网络"轿车,有高速控制器区域网络,也有低速控制器区域网络,这两种控制器区域网络的网关模块位于仪表板下。

六、汽车的其他设施

1. 后视镜

汽车后视镜反映汽车后方、侧方和下方的情况，使驾驶者可以间接看清楚这些位置的情况。汽车后视镜起着"第二只眼睛"的作用，扩大了驾驶者的视野范围，如图3.17所示。汽车后视镜属于重要安全件，后视镜的质量及安装都有相应的行业标准。

1）汽车后视镜分类

后视镜以安装位置划分，有外后视镜、下后视镜和内后视镜；以用途划分，外后视镜反映汽车后侧方，下后视镜反映汽车前下方，内后视镜反映汽车后方及车内情况。用途不一样，镜面结构也会有所不同。主要有两种，一种是表面曲率半径 R 无穷大的平面镜，可得到与目视大小相同的映像，这种平面镜常用做内后视镜。另一种是凸面镜，镜面呈球面状，具有大小不同的曲率半

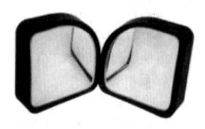

图 3.17　汽车后视镜

径，它的映像比目视小，但视野范围大，好像相机"广角镜"的作用，这种凸面镜常用做外后视镜和下后视镜。轿车及其他轻型乘用车一般装配外后视镜和内后视镜，大型商用汽车（大客车和大货车）一般装配外后视镜、下后视镜和内后视镜。

2）汽车后视镜的调整

汽车后视镜的调整分为中央后视镜调整，左侧后视镜调整，右侧后视镜调整，大型车辆还有后部后视镜调整。现代汽车的后视镜调整是通过电动控制的，每个后视镜都有多个自由度，由相应的电机带动，驾驶员只需按动按钮就可以方便的调整了。

汽车起步前、转变前、变道前、倒车前，驾驶员必须通过汽车后视镜观察侧后方有无来车跟进和后方其他交通情况，方能迅速作出准确的判断和处理，如果盲目驾驶，就有可能引发事故。

2. 倒车雷达

倒车雷达（Parking Distance Control）全称叫"倒车防撞雷达"，也叫"泊车辅助装置"，是汽车泊车或者倒车时的安全辅助装置，能以声音或者更为直观的图像显示告知驾驶员周围障碍物的情况，解除了驾驶员泊车、倒车和起动车辆时前后左右探视所引起的困扰，并帮助驾驶员扫除了视野死角和视线模糊的缺陷，提高驾驶的安全性。

（1）原理：倒车雷达探测原理是根据蝙蝠在黑夜里高速飞行而不会与任何障碍物相撞的原理设计开发的。探头装在后保险杠上（图3.18中保险杠上黑点），根据不同价格和品牌，有2、3、4、6、8、10、12只探头不等，大多安装在后保险杠上。探头能够以最大水平120°垂直70°范围辐射，上下左右搜寻目标。它最大的好处是能探索到那些低于保险杠而司机从后窗难以看见的障碍物，并报警，如花坛、路肩、蹲在车后玩耍的小孩等。倒车雷达的显示器装在仪表盘或后视镜上，它不停地提醒司机车距后面物体还有多少距离，到危险距离时，蜂鸣器就开始鸣叫，以鸣叫的间断/连续急促程度，提醒

图 3.18　倒车雷达安位置

司机对障碍物的靠近，及时停车。挡位杆挂入倒挡时，倒车雷达自动开始工作，测距范围达0.2～2 m。倒车雷达就相当于超声波探头，目前较为常用的是压电式超声波发生器，它有两个电晶片和一个共振板，当两极外加脉冲信号，它的频率等于压电晶片的固有震荡频率时，压力晶片将会发生共振，并带动共振板振动，将机械的能转为电信号的这一过程，这就成了超声波探头的工作原理。

这种原理用在一种非接触检测技术上，用于测距来说其计算简单，方便迅速，易于做到实时控制，距离准确度达到工业实用的要求。倒车雷达用于测距上，在某一时刻发出超声波信号，在遇到被测物体后的射回信号波，被倒车雷达接收到，得用在超声波信号从发射到接收回波信号这一个时间而计算出在介质中的传播速度，这就可以计算出探头与被探测到的物体的距离。

（2）缺点：雷达有以下盲区不能被探测到：过于低矮的障碍物，低于探头中心 10～15 cm以下的障碍物就有可能被探头所忽视，而且障碍物距离车位距离越近，这一高度值也就会随之增高，危险性也随之增大；过细的障碍物，由于雷达探头发射的声波信号较窄，因此在探测较细的障碍物是存在着较大的盲区，一些道路上用来阻隔车辆的隔离桩，电线杆上的斜拉钢缆都是危险物品；沟坎，雷达是用来探测障碍物的，对于低于路面的沟坎，雷达不会做出反应，这时倒车视频的优点就显露出来了。

（3）组成：倒车雷达由超声波传感器（用于发射以及接收超声波信号，通过超声波传感器可以测量距离），主机（发射正弦波脉冲给超声波传感器，并处理其接收到的信号，换算出距离值后，将数据与显示器通信），显示器或蜂鸣器（接收主机距离数据，并根据距离远近显示距离值和提供不同级别的距离报警音）组成。

3. 安全保险带

上车一定要正确使用安全带，如图 3.19 所示。紧急收紧式安全带（PRETENSIONER SEAT BELT）也称预缩式安全带。这种安全带的特点是当汽车发生碰撞事故的一瞬间，乘员尚未向前移动时它会首先拉紧织带，立即将乘员紧紧地绑在座椅上，然后锁止织带防止乘员身体前倾，有效保护乘员的安全。紧急收紧式安全带中起主要作用的卷收器与普通安全带不同，除了普通卷收器的收放织带功能外，还具有当车速发生急剧变化时，能够在 0.1 s 左右加强对乘员的约束力，因此它还有控制装置和紧急收紧装置。安全带作用过程是：首先及时收紧，在事故发生的第一时刻迅速把人捆绑在座椅上。然后适度放松，待冲击力峰值过去，或人已能受到气囊的保护时，即适当放松安全带。避免因拉力过大而使人肋骨受伤。最先进的安全带都带有预收紧装置和拉力限制器

1）安全带紧急收紧器

当事故发生时，人向前冲，此时如果安全带过松。乘员

图 3.19　正确使用安全带

就有可能从安全带下面滑出去，或者人已碰到了气囊，安全带未能及时绷紧吸收一部分冲力，全部冲击负荷都由安全气囊承担。这两种情况都有可能导致乘员严重受伤。故及时收紧是安全带的重要指标之一。

乘员在汽车正常行驶时是不能被安全带紧紧地捆绑在座椅上的，遇到事故时，才应该及

时尽量消除安全带的松动余量，安全带紧急收紧装置负责瞬间适度绷紧安全带。作用过程是：探头负责收集撞车信息，然后释放出电脉冲，该脉冲传递到气体发生器上，引爆气体。爆炸产生的气体在管道内迅速膨胀，压向活塞式球链，使球链在管内运动，带动棘爪盘转。棘爪盘带动与之连成一体轴转动，轴就将安全带绕在轴上的安全带迅速收紧，瞬间实现了安全带的紧急收紧功能。从感知事故到完成安全带紧急收紧的全过程仅持续千分之几秒。

2）安全带放松功能

事故发生后，安全带在紧急收紧器的作用下，已经绷紧了。在受力峰值过去后，安全带的张紧力度应当马上降低，以减小乘员受力，这就由安全带拉力限制器来完成：在安全带装置底部卷绕着安全带。它的轴芯里有一根钢质扭转棒。当负荷达到预定情况时，扭转棒即开始扭曲，这样就在一定程度上放松了安全带，实现了安全带的拉力限制功能。

在安全带紧急收紧器和安全带拉力限制器的共同作用下，安全带的保护能力达到了理想状态，先进的安全带确实能给乘员提供可以信赖的安全保护。

4. 安全气囊

出现撞击等事故时自动保护乘员安全，如图 3.20 所示。

安全气囊是现代轿车上引人注目的新技术装置。为了减小汽车发生正面碰撞时由于巨大的惯性力所造成的对驾驶员和乘员的伤害，现代汽车在驾驶员前端方向盘中央普遍装有安全气囊系统，有些汽车在驾驶员副座前也装有安全气囊系统。

为了在短暂瞬间防止对乘员的伤害，必须设置安全装备，目前主要有安全带、防撞式车身和安全气囊防护系统 SupplementalInflatableRestraintSystem，简称 SRS）等。

安全气囊属于被动安全保护设施，使用方便，效果显著，造价不高，得到了迅速的发展和普及。

工作原理：

当激烈制动或碰撞引起减速度超过设定值时，安全气囊电脑立即接通充气元件中的电爆管电路，点燃电爆管内的点火介质，火焰引燃点火药粉和气体发生剂，产生大量气体，在 0.03 s 的时间内即将气囊充气，使气囊急剧膨胀，冲破方向盘上装饰盖板，使驾驶员和乘员的头部和胸部压在充满气体的气囊上，缓冲对驾驶员和乘员的冲击，随后又将气囊中的气体放出，如图 3.21 所示。气囊中 78% 的气体是氮气，稳定且不含毒性，对人体无害；爆出时带出的粉末是维持气囊在折叠状态下不粘在一起的润滑粉末，对人体亦无害。

图 3.20　安全气囊保护乘员安全

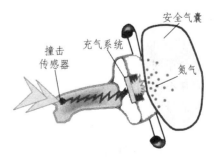

图 3.21　安全气囊工作原理

安全气囊可将撞击力均匀地分布在头部和胸部，防止脆弱的乘客肉体与车身产生直接碰撞，大大减少受伤的可能性。安全气囊对于在遭受正面撞击时，的确能有效保护乘客，即使未系上安全带，防撞安全气囊仍足以有效减低伤害。

但安全气囊同样也有它不安全的一面，据计算，若汽车以 60 km 的时速行驶，突然的撞击会令车辆在 0.2 s 之内停下，而气囊则会以大约 300 km/h 的速度弹出，而由此所产生的撞击力约有 180 kg，这对于头部、颈部等人体较脆弱的部位就有造成伤害的可能。因此，如果安全气囊弹出的角度、力度稍有差错，就有可能制造新的伤害。

在汽车行驶中，3 个传感器不断将车速变化的信息输入到 ECU 中，经 ECU 计算、分析、比较和判断，并随时准备发出指令。

当汽车和前面的固定物冲撞时，汽车行驶的速度越快，制动时的减速度就越大，传感器接受到的力就越大。若将前方传感器和中央传感器预设定的力分为上、下限，即前方传感器的预定冲撞速度在小于 30 km/h 的下限值，并且相应的安全传感器预设值也是下限值，则汽车发生低速冲撞时，电子控制器只使安全带紧急收紧器引爆。中央传感器预设值为上限，则汽车高速冲撞时，前方传感器，中央传感器和安全传感器同时向电子控制器输出冲撞信号，电子控制器使所有的电雷管引爆，则安全带拉紧，气囊张开。

从发生冲撞、传感器发出信号到控制器判断引爆电雷管，大约需要 10 ms 时间。引爆后，气体发生器产生大量氮气，迅速吹胀气囊。从发生冲撞到气囊形成，进而到安全带拉紧，全过程所需时间为 30 ~ 35 ms，所以气囊系统的保护是有效果的。

当气囊引爆后，由于产生的气体大量涌进气囊，使气囊的压力增高，不利吸收冲撞能量，所以，在气囊的后面有 2 个排泄压力的气体排放孔，有利于保护驾乘人员的安全。

安全气囊在近几年得到了飞速的发展，价格大幅度下降，从过去只在中高级轿车设置转向中低级轿车中也安装的方向发展。高档轿车还安装了乘客用的多安全气囊系统，乘客用的安全气囊与驾车者用的安全气囊相似，只是气囊的体积要大些，所需的气体也多一些而已。

5. 照明及信号装置

照明装置是给驾驶员自己看的，信号装置是给别的人或车看的。

照明装置的功用是用以照明道路，照明车厢内部及仪表指示和夜间检修等供驾驶员使用，如图 3.22 所示。

前大灯主要是照明道路的灯具，可发出远光和近光两种光束。远光在无对方来车的道路上以较高速度行驶时使用；近光在会车时和市区明亮的道路上

图 3.22　汽车的照明
1—前大灯；2—前小灯

使用。车内在不同位置配有便于车内人员使用的多种照明灯。

汽车的信号装置，包括转向前小灯、转向信号灯、蜂鸣器、夜行信号灯、制动信号灯、倒车信号灯、故障停车信号灯等等。前小灯主要用以在夜间会车行驶时，使对方能判断本车的外廓宽度，所以还叫做示宽灯，前小灯也可以作为近距离照明使用。另外，位于车辆前后方有多组转向灯，大多数车在后视镜上也有转向灯，在车的夜行后灯及制动灯为红色，便于

后方行驶车辆的驾驶者判断前车的位置和状态，以免发生追尾事故。为雾天安全行行，还设有雾灯等。仪表盘上还有很多功能性的灯，用于方便驾驶员寻找开关、判断汽车状态、操纵车内相关设备。

6. 车内音像设备

音像设施供乘员休闲使用，轿车音响的发展史也是电子技术的发展史，电子技术的每项重大的技术进步都推动着轿车音响的发展。

汽车音响向大功率、多路输出、多喇叭环回音响、多碟式激光 CD 等方向发展，针对轿车的特殊环境，充分考虑车厢的音响效果，采用高新技术制造轿车音响设备，播送的音响效果完全能与家用音响相媲美，如图 3.23 所示。日本凌志 LS400 型轿车的 AM/FM 音响系统就有 5 个放大器，配有 7 个分频喇叭，包括 2 个拱形高频喇叭，4 个宽频带喇叭和一个后装式 8 英寸低频喇叭，使整个车厢充满了立体音的环回感受。令人愉快的音乐欣赏室，给人以美的享受。

汽车的运行环境十分恶劣，振动、高温、噪音、电磁波都会干扰车内电子设备的正常工作，轿车专用音响设备从设计和制造的要求都比家用音响严格，轿车专用音响设备都具有极高的性能。

图 3.23 汽车的音箱

总之，汽车的电器设置越来越多，对汽车内外环境进行监控和调节，使车内小环境更加舒适、对不安全因素提前发出报警，与外界交流，自动控制车况，自动驾驶等等，各种信号与照明开关越来越复杂，内部电子控制越来越复杂，形成一个完整的，功能强大的局域网，这些知识本书不能一一介绍，有兴趣的读者可参阅有关专著。

七、货箱举倾机构

（1）自卸汽车货箱自动举倾机构一般都是液压驱动的。
（2）车厢锁紧机构可以方便车厢后栏板的自动开启和锁紧。

八、专用汽车的专用设备

汽车现在的功能越来越多，各种专用汽车层出不穷，如消防车、运钞车、救护车、特种物品运输车、抢险车、各种军用汽车等，上面都配置了许多特殊的专用设备与设施，本书就不能一一介绍了。

☆第五节　材料力学是一门美丽而有用的科学

认识材料力学不是人类的专利，只要是生物，对材料力学就有自己的认识。快速生长的植物如小麦、水稻、竹子的秆总是空心的，就是要用最少的物资尽快建成主要用来抗拒负荷的生存支柱；而慢速生长的植物有足够的时间通过光合作用为自己的树干准备建筑材料，故都是实心的，而且很结实，就是为以后漫长的生长周期内抵御各种载荷和参与争取生存空间而做准备。风和日丽时的鸟儿选树枝筑巢就必须考虑在各种情况下是否"抗得住"的问题，否则急风暴雨来临时，所选树枝不能承受风负荷而断裂就将面临巢倾卵覆、雏鸟夭折的严重后果；猴子欲从一棵树枝跳到另一棵树枝，必须考虑对面的树枝能否"抗得住"，不考虑这个重要问题的冒失鬼迟早都会面临枝断坠落、粉身碎骨的悲惨结局。

人类对材料能否"抗得住"，即安全问题的认识是其他生物不能比的，人类在生存和生产劳动过程中很早就对材料力学有了深刻的认识，总结出了诸如"木挂寸，石挂分"，"立木承千斤"的经验。所以人类首先认识的是材料力学，即首先考虑的是安全问题。在物资极为丰富，而材料消耗量又很少的古代，往往都用过安全的办法来解决安全问题，即经济问题不考虑或不作为重要问题来考虑。随着生产力的发展，人们才开始考虑经济问题，如何能确定在工程中既能确保安全又能用料最少（即最经济），这就是材料力学的精髓。经过对这个问题的长期思考和不断探索，一门新的学科逐渐形成了。

1638 年，伟大的意大利科学家伽利略在总结前人科技成果，分析研究了船只、水闸横梁等构件受力变形破坏的基础上，发表了《关于两种新科学的叙述与数学证明》，标志着美丽而有用的科学——材料力学诞生了。说它美丽是因为这一科学理论第一次以严格数学计算的方法把人类在与自然作斗争中总结出的经验定量地正确表示出来了；说它有用是因为这样的计算排除了实际中一些不十分重要的因素，紧紧抓住主要矛盾，成功解决了实际工程安全性与经济性的对立与统一问题。近四百年来，无数科学家在此基础上不断完善和发展了伽利略理论，并与牛顿经典力学结合，创造了更多更新的有关材料的力学科学理论，这使人类在改造自然的生产实践中，能够借助这些成果在越来越多的领域，越来越准确地找到安全性与经济性的最佳结合点，这对人类生产实践活动有十分重要的意义，特别是在大规模建设的现代社会，这种结合点已成为企业经济效益优劣的重要支承之一。

人类认识力就是从材料力学开始的，材料力学是人类生产活动经验总结的产物，是研究在外力作用下物体变形（即力的内效应）引起的内力对安全的影响的科学。

材料力学研究物体在外力作用下的拉、压、剪、扭、弯及它们的组合变形所带来的安全性与经济性的对立与统一问题。

一、材料力学的任务

人类从诞生之时起就在生产实践活动中思考使用材料能否"抗得住"和"尽量省"的问题，逐渐总结出诸如"木挂寸、石挂分"，"柱圆、梁方、檩扁"等经验。随着生产力的发展，人类已不再满足于经验。科学界从生产实践出发，给材料力学规定了如下任务：在保证满足安全性与经济性要求的前提下，为构件选择适宜的材料、确定合理的形状和尺寸，为设计构件提供必要的理论基础和计算方法。所谓安全性问题，就是构件在载荷作用下，必须满足以下 3 点：

（1）构件不发生破坏，即应具有足够的强度。

（2）构件所产生的变形不超过允许的范围，即应具有足够的刚度。

（3）构件不失去原有的平衡形式，即构件要满足稳定性的要求。

所谓经济性就是在满足安全性的前提下，让构件的形状、尺寸、结构及制成构件的材料等都处于最理想的状态，从而物尽其用，花最少的钱，获取最大的经济效益。设计构件时必须符合安全性与经济性相结合的原则，合理地解决安全与经济之间的矛盾。正是这一矛盾，促使材料力学不断地向前发展。

材料力学的研究是建立在工作能力计算准则和系数修正法两个思维方法上的。所谓工作能力计算准则就是一个不等式，不等式的左边是用材料力学的公式计算出来的零件实际工作中最薄弱环节的最大计算量（应力或应变），不等式右边是制成这个零件的材料在上述工作条件下的许用量，即用材料在上述条件下的极限值除以相应的安全系数。只要不等式的左边小于或等于不等式的右边（常用典型的式子 $\sigma \leqslant [\sigma]$ 作代表），那么这个零件在上述条件下工作就是安全的。所谓系数修正法就是这样一种思路：为了让在实验室得到的或理论推导出的公式能够适应千变万化的工程实际，就用各种修正系数对上述公式进行修正，只要能确定出相应的修正系数，对理论公式计算的结果进行修正，那么理论计算的结果就可以适用于各种工程实践。从理论上讲，对于任意一个受力问题都应该建立一个工作能力计算准则，由于受力、结构、形状、材质等的复杂性，那么工作能力计算准则和修正系数就会有无穷多个，这显然是不行的。为此材料力学将庞杂的工程问题归纳为强度、刚度、稳定性 3 大类，针对各类工程中的典型受力建立起有限个工作能力计算准则和考虑主要矛盾影响的修正系数，从而使解决实际问题成为可能。工作能力计算准则及与之相适应的修正系数可以用来解决设计零件、校核零件、确定最大载荷、选取材质、计算安全储备量等一系列工程实际问题，材料力学的美丽和有用就在于此！

二、材料力学研究杆件以下基本形式的变形

材料力学研究杆件以下基本形式的变形，如图 3.24 所示。

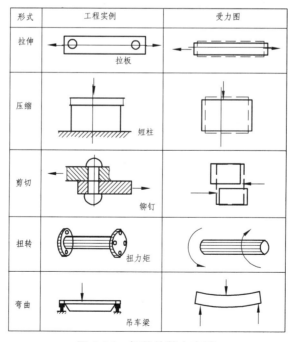

形式	工程实例	受力图
拉伸	拉板	
压缩	短柱	
剪切	铆钉	
扭转	扭力矩	
弯曲	吊车梁	

图 3.24　杆件的基本变形

（1）轴向拉伸。

（2）压缩。

（3）剪切。

（4）扭转。

（5）弯曲。

（6）以上两种或多种基本变形形成的组合变形。

思 考 题

1. 什么叫汽车的布置？

2. 货车的发动机有哪几种布置方式？

3. 客车的发动机有哪几种布置方式？

4. 汽车车身包括哪些主要部件？

5. 为什么要考虑汽车的通风？通风包括了哪些内容？

6. 刮水器有什么功能和形式？

7. 简述电子防盗装置的结构及优缺点。

8. 现代汽车的典型配置有哪些主要项目？

9. 在工程上要保证结构构件安全、正常工作必须满足哪 3 个方面的要求？

10. 材料力学的任务是什么？

第二篇 汽车发动机

发动机具有热效率高、结构紧凑、体积小、便于装车、起动性能好等优点。发动机的出现是汽车诞生的先决条件。

发动机将燃油（或燃气）的化学能转变为机械能的充要条件是液体或气体燃料与空气混合后形成的可燃混合气体能够在发动机内部燃烧产生热能，再转变为机械能。良好的可燃混合气体能够在发动机内部适时、准确、完全地燃烧这个课题是汽车100多年发展史所追求的主要目标之一，这个课题中的难题一个个被解决的历史就是发动机的发展史，这个课题的研究必将继续发展下去，直至汽车不再使用发动机，如电动汽车。

发动机为非电动汽车提供动力，是非电动汽车的心脏。车架支撑着发动机，现代汽车采用电液控支撑技术，使发动机支撑质量有很大的改进，提高了汽车的安全性与舒适性。

现代汽车发动机主要采用往复活塞式发动机（reciprocation piston engine），简称发动机，经过一个多世纪的不断革新，技术上已相当完善和成熟。除此之外，还有旋转活塞式发动机（rotary piston engine），这种发动机尽管出现较晚，但有很好的发展前景。

第四章　汽车发动机总体构造与工作原理

第一节　发动机分类、一般构造及常用术语

一、发动机分类与一般构造

汽车发动机种类繁多，可按以下不同特征来加以分类：

1. 汽油机和柴油机

按使用的燃料进行分类，发动机可以分为汽油机和柴油机，为克服能源危机，近年来使用甲醇、乙醇等生物燃料的发动机，使用天然气、液化石油气的发动机也得到大量的使用，本书主要研究汽油机和柴油机。

汽油和柴油都是石油精炼后的液体产品，化学成分相似，性质不完全相同。

汽油沸点低，容易气化和点燃。因此，汽油机采用高压电火花点火，使空气和汽油混合形成的可燃混合气燃烧做功，汽油机（gasoline engine）的基本结构如图 4.1 所示。

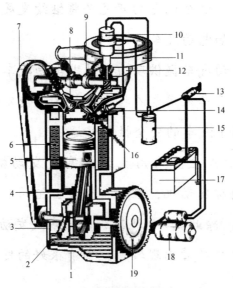

图 4.1　汽油机结构图

1—油底壳；2—润滑油；3—曲轴；4—连杆；5—活塞；6—冷却液；7—正时皮带（或正时链条）；8—排气门；
9—凸轮轴；10—分电器；11—空气滤清器；12—化油器；13—点火开关；14—火花塞；15—点火线圈；
16—进气门；17—蓄电池；18—起动机；19—飞轮兼起动齿轮

柴油比汽油的密度大，不易气化和点燃。但柴油在高温、高压下的自燃温度低，因此，柴油机采用压缩空气的办法提高压力和温度，先使压缩空气温度超过柴油的自燃温度，然后喷入高压柴油，经短暂的油气混合后自行发火燃烧。柴油机是德国人狄塞尔发明的，所以柴油机又叫狄塞尔发动机（diesel engine），基本结构原理如图 4.2 所示。

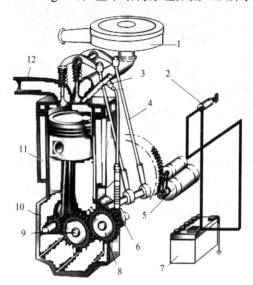

图 4.2　柴油机结构简图

1—空气滤清器；2—起动开关；3—喷油器；4—配气机构；5—起动机；6—燃油喷油泵；7—蓄电池；
8—喷油正时齿轮；9—惰轮；10—曲轴正时齿轮；11—冷却液；12—排气系统

按点火方式不同，发动机可分为点燃式和压燃式两类，前面介绍的汽油发动机属于点燃式发动机（spark-ignition engine），柴油机则属于压燃式发动机（compression ignition engine），点火方式的比较如图 4.3 所示。

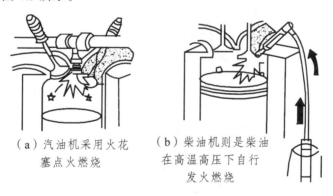

（a）汽油机采用火花塞点火燃烧　　（b）柴油机则是柴油在高温高压下自行发火燃烧

图 4.3　汽油机与柴油机点火方式的比较

2. 四冲程发动机与二冲程发动机

按完成一个工作循环所需活塞的行程数来分类，发动机可分为四冲程发动机和二冲程发动机。曲轴转两圈，活塞上下往复四个冲程完成一个工作循环的发动机，称为四冲程发动机，其结构原理见图 4.4。曲轴转一圈，活塞上下往复两个冲程即完成一个工作循环的发动机，则称为二冲程发动机，其结构原理见图 4.5。

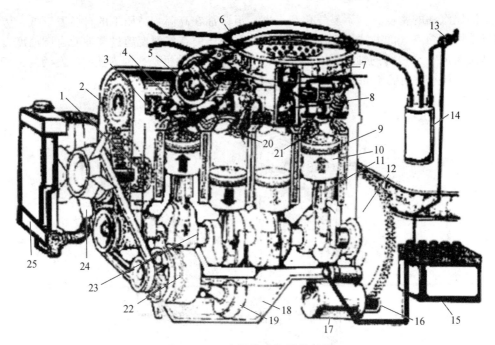

图 4.4　四冲程发动机结构简图

1—冷却液泵；2—正时皮带；3—凸轮轴；4—火花塞；5—分电器；6—空气滤清器；7—空气滤清器内芯；8—化油器；
9—冷却液；10—活塞；11—连杆；12—飞轮；13—点火开关；14—点火线圈；15—蓄电池；16—起动机齿轮；
17—起动机；18—油底壳；19—机油滤清器；20—进气门；21—排气门；22—交流发电机；
23—曲轴；24—冷却风扇；25—散热器

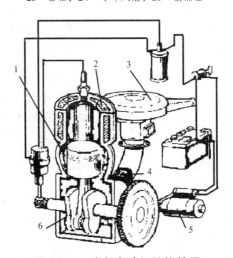

图 4.5　二冲程发动机结构简图

1—扫气孔；2—排气孔；3—空气滤清器及化油器；4—进气歧管；5—起动机；6—曲轴箱预压室

3. 水冷式发动机和风冷式发动机

按冷却方式的不同，又可分为水冷式发动机和风冷式发动机，如图 4.6 所示。现代汽车发动机绝大多数采用水冷方式，并且用冷却液代替水作冷却介质。冷却液是水和乙二醇的混合液，既可防止发动机过热，又可防止冬季结冰损坏发动机。风冷发动机主要特点是外壳上有冷却翼片，当空气流过翼片时，将热量带走，实现冷却。

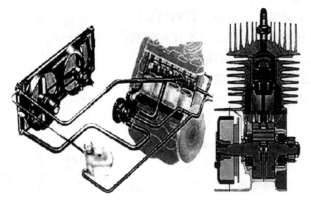

图 4.6　水冷发动机和风冷发动机

4. 转子发动机

转子发动机的三角形转子相当于活塞，在壳体内作行星运动，以保证始终保持与壳体内壁的 3 点接触密封，形成 3 个室，它们分别是进气压缩室、燃烧做功室、排气室，如图 4.7 所示。转子发动机就是活塞作回转运动的发动机，直接将可燃混合气的燃烧膨胀力矩转化为发动机的输出转矩，转子转一圈，做功 3 次，平稳性大大优于往复活塞式发动机，转子发动机的外形如图 4.8 所示。随着技术问题的进一步解决，转子发动机将会得到推广。

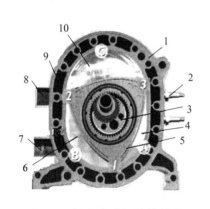

图 4.7　转子发动机结构简图

1—转子发动机外壳；2—火花塞；3—行星轮机构；
4—燃烧做功室；5—转子；6—排气室；
7—排气管；8—进气管；9—冷却液通道；
10—进气压缩室

图 4.8　转子发动机外形

和往复活塞式发动机相比，转子发动机具有结构紧凑、质量小、回转平稳、噪声小等许多优点。

二、常用术语

如图 4.9 所示，发动机的常用术语有：

上止点（top dead centre）：活塞上行到达最高点处的位置，称为活塞上止点。此时，连杆与曲柄拉伸共线，活塞顶部距曲轴回转中心最远。

下止点（bottom dead centre）：活塞下行到达最低点处的位置，称为活塞下止点。此时，连杆与曲柄重合共线，活塞顶部距曲轴回转中心最近。

活塞行程（piston stroke）：活塞在上、下止点间的运行距离，称为活塞行程，用 S 表示。

发动机冲程：从能量转换角度对发动机工况的描述，如进气冲程、压缩冲程、做功冲程、排气冲程。

发动机工作过程：从时间角度对发动机工况的描述，如进气过程、压缩过程、点火过程、做功过程、排气过程。

活塞行程由机械结构决定，不能调整，而发动机工作过程可以通过调整提前角或滞后角进行调整。

曲柄半径（crank radius）：曲轴上连杆轴颈的轴线到曲轴主轴颈轴线（曲轴回转中心）间的距离，称为曲柄半径，用 R 表示。曲柄半径也叫曲柄回转半径。

活塞行程与曲柄半径之间的关系：结构设计中曲柄半径决定活塞行程，活塞行程也随曲柄半径的增大而加长，随曲柄半径的减小而缩短，活塞行程 S 等于曲柄直径。

燃烧室容积（combustion chamber volume）：活塞在上止点时，活塞顶与气缸盖之间的容积，称为燃烧室容积，用 V_c 表示，这是气缸中的最小容积。

气缸总容积（maximum cylinder volume）：活塞在下止点时，活塞顶上方整个空间的容积，称为气缸总容积，用 V_a 表示，这是气缸中的最大容积。

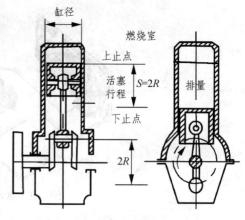

总容积=燃烧室容积+排量（工作容积）
排量=活塞面积×行程

图 4.9　发动机常用术语

三、主要结构参数

按照国际惯例，通常以发动机排量来划分等级，1.8 L、2 L 指的就是发动机排量。

1. 排量的含义与计算公式

气缸排量也叫工作容积（cylinder capacity），指活塞一个行程所扫过的容积，用 V_h 表示。多缸发动机所有气缸工作容积之和，称为发动机的工作容积或发动机排量，用 V_i 表示。发动机排量的计算公式是

$$V_i = V_h i = \frac{\pi D^2}{4} S \times 10^{-6} (\text{L}) \cdot i$$

式中　D——气缸直径（mm）；

　　　S——活塞行程（mm）；

　　　i——气缸数目。

发动机的排量取决于缸径、活塞行程及气缸数，缸径和活塞行程是发动机的两个基本结

构参数，两者的比值对发动机的性能有很大的影响。缸径与行程相等的发动机叫做等径程发动机。丰田3S发动机缸径和行程均为86 mm，BJ492QA型4缸汽油机的缸径和行程均为92 mm。实际生产中，等径程发动机较少，多数发动机不是行程大就是缸径大，行程大于缸径的发动机称为长行程发动机，行程小于缸径的发动机称为短行程发动机。

2. 短行程发动机和长行程发动机

短行程（short stroke）发动机和长行程（long stroke）发动机如图4.10所示。发动机排量一定时，缸径越大，活塞也越大，从而导致活塞上下运动的行程变短。反之，缸径越小，活塞也越小，导致活塞行程加长。

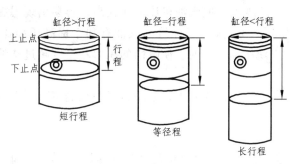

图 4.10　缸径与行程

当活塞上下移动的速度一定时，短行程的发动机转速高，单位时间里做功的次数也多。长行程发动机转速低，单位时间做功次数少。

短行程发动机具有以下优点：

（1）行程短，转速高，有利于提高发动机的功率。

（2）缸径大，活塞顶部面积大，相等压力下，活塞产生的推力大，还可以增大气缸盖头直径，有利于采用多气门布置形式。增加充气量，提高进、排气效益，排气时残留气少，有利于提高发动机的功率。

短行程发动机的突出优点就在于转速高、功率大。因此，赛车和跑车多选用这种发动机。短行程、大活塞发动机的不足之处是活塞等零件的热负荷和机械负荷大，对强度和刚度的要求相对较高。此外，缸径大活塞易过热，容易产生爆震等异常燃烧现象。因此，行程、缸径比必须适度。

长行程发动机和短行程发动机相比的优点是：活塞小，燃烧室结构紧凑，有利于实现快速燃烧，所以能够降低比油耗。同时作用在活塞上的载荷较小，从而降低了发动机的振动和噪声，一般经济型轿车多选用长行程发动机。

（3）压缩比（compression ratio）。要想使混合气在最短的时间里快速燃烧，产生最大膨胀压力，必须在做功前对混合气进行压缩。通常用压缩比来反映气体被压缩的程度，如图4.11所示。

活塞处在下止点时活塞顶上方的容积与活塞到达上止点时活塞上方容积的比值称为气缸的压缩比，也就是气缸最大

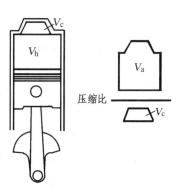

图 4.11　压缩比示意图

容积（总容积）与最小容积（燃烧室容积）之比，用 ε 表示。

$$\varepsilon = \frac{V_a}{V_c} = \frac{V_h + V_c}{V_c} = 1 + \frac{V_h}{V_c} = \frac{V_{max}}{V_{min}}$$

式中 　V_a——气缸总容积（cylinder total volume）；

　　　　V_h——气缸工作容积（气缸排量）（cylinder swept volume）；

　　　　V_c——燃烧室容积（combustion volume）。

压缩比反映了活塞由下止点运动到上止点时，气缸内的气体被压缩的程度。压缩比越大，压缩终了时气缸内的压力和温度就越高，燃烧过程便越快，燃烧后产生的膨胀压力也越大。所以说，压缩比越高，功率越大。但汽油机压缩比太高，容易出现爆震燃烧。

汽油机的压缩比为 7 ~ 10。选用高标号的汽油有利于提高压缩比。柴油机的压缩比为 15 ~ 22，高于汽油机，以便压缩终了时，使缸内的压力和温度超过柴油的自燃温度而迅速着火燃烧。

燃烧室的结构直接影响压缩比的大小，采用紧凑型燃烧室有利于提高发动机的压缩比。

第二节　四冲程发动机工作原理

往复活塞式发动机（reciprocating piston engine）依靠曲柄连杆机构将活塞的直线运动转变为曲轴的回转运动，工作原理如图 4.12 所示。

为方便读者记忆，四冲程发动机的工作原理可以简单地用"二一四五一"来概括：

二（曲轴转两周（720°））、一（做一次功）、四（进气、压缩、做功和排气四个冲程）、五（进气、压缩、点火、做功和排气 5 个过程）、一（完成一次燃油化学能转化成机械能的循环）。

本节着重介绍四冲程汽油机和四冲程柴油机的工作过程和原理。

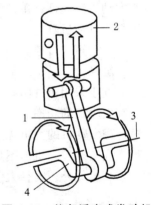

图 4.12　往复活塞式发动机

1—连杆；2—活塞；3—曲轴
回转中心；4—曲轴

一、四冲程汽油机的工作原理

1. 进气、压缩、做功和排气 4 个冲程

四冲程汽油机的工作过程可分为进气冲程、压缩冲程、做功冲程和排气冲程，各冲程的工作过程如图 4.13 所示。

（1）进气冲程（intake stroke）。此时进气门打开，排气门关闭，活塞下行。由于活塞下行在气缸内产生很大的真空度，在真空吸力作用下汽油和空气混合成可燃混合气后被吸入气缸。

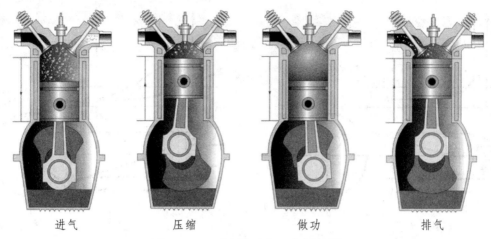

进气　　　　　　压缩　　　　　　做功　　　　　　排气

图 4.13　四冲程汽油机工作原理图

进入缸内的可燃混合气，受气缸壁、活塞顶等高温机件的热传导和上一循环高温残余废气的混合，温度升高。

（2）压缩冲程（compression stroke）。压缩冲程进气门、排气门关闭，活塞上行，混合气进一步混合、气化。随着活塞的上行，可燃混合气被压缩，当活塞接近压缩上止点时，缸内可燃混合气的密度加大，温度升高，压力增大，为点火燃烧做好了准备。

前节已经介绍了压缩比的概念，压缩比愈大，压缩终了时缸内可燃混合气的压力和温度就愈高，点火后燃烧速度也愈快，因而发动机发出的功率就愈大。但压缩比过大，则会出现爆燃和表面点火等不正常燃烧现象，对此必须加以控制。

（3）做功冲程（power stroke）。做功冲程也叫燃烧膨胀冲程。活塞到达压缩上止点之前，火花塞点火，可燃混合气开始剧烈燃烧，高压膨胀气体推动活塞下行，驱动曲轴旋转对外做功。当活塞下行到达下止点时，做功冲程结束。

（4）排气冲程（exhaust stroke）。活塞到达下止点前，排气门打开，燃烧后的废气从排气道喷出，此后随着活塞的上行将废气挤出气缸。前期可看做是自由排气阶段，后期则属强制排气阶段。

燃烧室占有一定的容积，排气终了也不可能将废气全部排出，剩余的废气称为残余废气。

2. 示功图

示功图又叫 p-V 图，p 代表压力（pressure），V 代表容积（volume）。示功图表示出了每个冲程活塞处在不同位置时气缸内压力的变化情况。pV 表示功，$+pV$ 表示盈功，$-pV$ 表示亏功，通过对示功图的分析有助于详细了解发动机的工作过程与工作状况。

四冲程汽油机示功图如图 4.14 所示，横轴表示容积 V，纵轴表示气缸压力 p，T 表示活塞上止点，oT 表示燃烧室容积，B 点表示活塞下止点，TB 表示气缸工作容积，除以活塞面积等于活塞行程 S，oB 表示气缸总容积。

随着活塞的上下运动，每个行程的缸内压力、容积变化情况用曲线分析如下：

图 4.14（a）：曲线 ab 表示进气冲程缸内压力变化曲线，曲线位于大气压力线 p_a 之下部分，表示气缸内有真空度 b 点压力约为 0.095 MPa 左右，在真空度的作用下将空气和雾状汽油形成的可燃混合气吸入气缸。曲线 $abBT$ 围成的面积表示发动机在进气冲程中做的亏功。

59

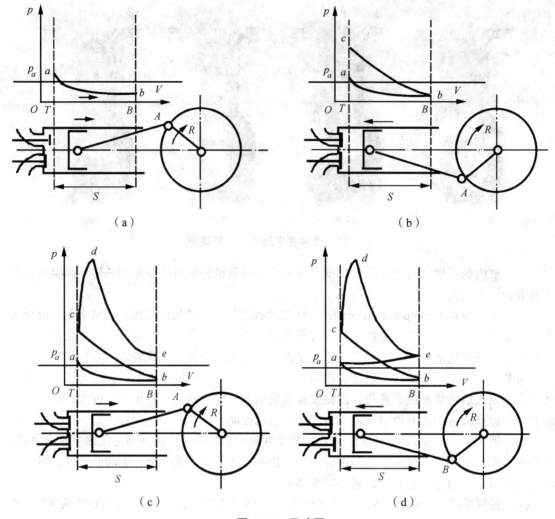

图 4.14　示功图

图 4.14（b）：曲线 bc 表示压缩冲程缸内压力变化曲线，压缩终了时，活塞到达上止点 T，可燃混合气全都被压入燃烧室之中。缸内压力 p_c 升高到了 0.6～1.2 MPa，温度 330～430 ℃。曲线 cbBT 围成的面积表示发动机在压缩冲程中做的亏功。

图 4.14（c）：曲线 cde 表示做功冲程缸内压力变化曲线，活塞到达压缩上止点前火花塞点火，可燃混合气迅速燃烧，此时活塞处在上止点附近，瞬时速度较低，如图 4.15 所示，容积变化较慢，所以曲线 cd 段斜率很大，表明缸内压力迅速提升，压力可高达 3～5 MPa，温度 1 930～2 530 ℃。de 段表示随着活塞下行，容积增大，压力和温度降低。做功冲程终了点 e 的压力降至 0.3～0.5 MPa，温度 1 030～1 330 ℃。曲线 cdeBT 围成的面积表示发动机做的盈功。

图 4.14（d）：曲线 ea 表示排气冲程缸内压力变化曲线，排气通道存在一定的排气阻力，故排气终点 a 的缸内压力稍高于大气压力，为 0.105～0.115 MPa。排气终了时，残余废气温度为 630～930 ℃。曲线 aeBT 围成的面积表示发动机做的亏功。盈功与所有亏功之差为净功，即有用功。

四冲程汽油机经过进气、压缩、做功和排气 4 个冲程完成一个工作循环。4 个冲程中，只有做功冲程是输出能量的冲程，其余 3 个冲程都是辅助冲程，靠消耗飞轮储备的能量来完成。发动机的连续运转，是当上一工作循环中的排气冲程结束后，靠曲轴和飞轮的惯性作用又进入下一循环的进气冲程，如此周而复始地持续进行，使发动机连续不断地运转并对外做功。

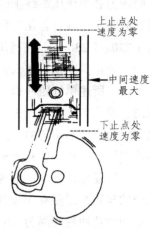

图 4.15　活塞移动速度

3. 四冲程汽油机的工作特点

（1）在一个工作循环中，曲轴旋转两周（720°），活塞上下往复运行 4 个行程，依次完成进气、压缩、做功、排气 4 个冲程。一个循环进气门、排气门定时各开闭一次。

（2）所有 4 个冲程中，只有做功冲程是有效冲程，其余都是辅助冲程，靠消耗飞轮储备的能量来完成。

（3）可燃混合气在气缸外形成，靠电火花点火燃烧。

（4）发动机的运转，开始起动时必须靠外力转动曲轴，带动活塞完成进气、压缩冲程，转入做功冲程之后靠飞轮储备的能量使发动机持续工作。

二、四冲程柴油机工作原理

四冲程柴油机与四冲程汽油机一样，每个工作循环也包括进气、压缩、做功和排气 4 个冲程。但由于柴油和汽油性质不同，柴油黏度大，不易蒸发，燃点比汽油低（柴油燃点 220 ℃，汽油燃点 470 ℃），柴油机在可燃混合气的形成及着火方式等方面与汽油机有较大的区别。

四冲程柴油机工作过程如图 4.16 所示。柴油机进气冲程吸入的是纯空气，柴油经喷油泵将油压提高到 10 MPa 以上，在压缩冲程接近终了时，通过喷油器向气缸内喷入高压柴油，在很短时间内与压缩后的高温空气混合，柴油发动机的可燃混合气是在气缸内形成的。

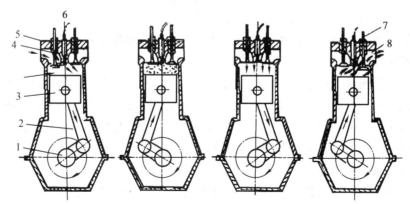

图 4.16　四冲程柴油机工作原理示意图

1—曲轴；2—连杆；3—活塞；4—排气门；5—气缸盖；6—喷油嘴；7—进气门；8—进气通道

由于柴油机的压缩比高，所以压缩终了时气缸内的温度和压力都比汽油机高，压力可达 2.5 ~ 3.5 MPa，甚至更高，温度高达 480 ~ 720 ℃，大大超过了柴油的燃点温度 220 ℃。柴油的压力必须比压缩终了时的缸内压力还要高很多才能喷入缸内，喷入缸内的柴油与空气在很短的时间内混合雾化后便立即自行发火燃烧。气缸内气压急速上升，高达 6 ~ 9 MPa，温度达 1 730 ~ 2 230 ℃。在高压气体的推动下，活塞向下运动并带动曲轴旋转而做功，废气经排气管、催化器净化后排入大气。

以上所述单缸四冲程汽、柴油机循环的 4 个冲程中，只有一个冲程做功，其余 3 个都是辅助。因此单缸发动机工作时，做功冲程曲轴的转速比其余 3 个冲程内曲轴的转速要大，所以曲轴转速是不均匀的，这种速度波动称为周期性速度波动，它只能通过飞轮来降低波动，不能消除。多缸发动机比单缸发动机的速度波动要小，现代汽车都采用多缸发动机。

多缸发动机每个气缸内的工作过程都是相同的，但各缸的做功时刻是错开的。四缸发动机曲轴每转半周便有 1 个气缸在做功，曲轴每转两周，4 个气缸轮流做功 1 次，多缸发动机各缸的做功冲程间隔为 $720°/n$（n 为气缸数）。气缸数越多，发动机工作便越平稳。但发动机缸数增多，会使其结构复杂、尺寸增大和质量增加。

三、汽油机与柴油机的比较

四冲程汽油机与柴油机的工作过程进行比较可以得知，两者的工作原理基本相似，但不完全相同，其主要区别在于：

（1）着火方式不同。柴油机压缩比高，压缩终了时混合气温度超过柴油的自燃温度即自行着火，故柴油机为压燃式发动机。汽油机则靠火花塞点火燃烧，称为点燃式发动机，这是二者最本质的区别。因此，汽油机有点火系，柴油机则没有。

（2）所用燃料不同。

（3）混合气形成方式不同。柴油机进气冲程进入气缸的是纯空气，压缩冲程接近终了时，喷入的柴油在气缸内与空气混合形成可燃混合气。汽油机的可燃混合气在气缸外形成，进气冲程进入气缸的是可燃混合气，现在，缸内喷射汽油的直喷式汽油发动机机得到越来越广泛的使用，油气在缸内混合，克服了发缸外混合的缺点。

（4）压缩比高低不同。柴油机的压缩比高于汽油机。柴油机压缩比一般为 15 ~ 22，汽油机压缩比一般为 7 ~ 10。

由于汽、柴油机在工作原理与结构上都存在一定的差异，因而在使用性能与特性方面亦有所不同。汽油机具有转速高（目前轿车用汽油机最高转速达 5 000 ~ 6 000 r/min，货车用汽油机也高达 4 000 r/min 左右）、质量小、工作噪声小、容易起动、制造和维修费用较低等优点，故在小轿车和中小型货车以及军用越野车上得到了广泛的使用。其不足之处是燃油消耗量较大，因而燃油经济性较差。

柴油机压缩比高，燃油消耗率平均比汽油机低 30% 左右，柴油价格较低，所以燃油经济性好。重型货车、矿山专用车等都选用柴油机。柴油机的缺点是转速较低、工作噪声大、结构笨重、制造与维修费用高。随着汽车工业技术的进步，上述缺点正不断得到解决，小型高速共轨柴油机已开始大量用于轿车和中、轻型车辆，有的轿车用高速柴油机转速已达 5 000 r/min 以上。

第三节　二冲程发动机工作原理

二冲程发动机的结构与工作原理不同于四冲程发动机。

二冲程发动机的活塞上下运动两个行程，曲轴旋转一周，发动机做功一次，完成一个工作循环。二冲程汽油发动机没有专门的气门机构，而是在气缸体上开有排气孔和扫气孔（一般有一个排气孔，数个扫气孔），靠活塞的上下运动，开启或关闭进排气通道。

二冲程发动机工作中的进气、压缩、做功、排气过程与四冲程发动机相比有较大差异。二冲程发动机的进气过程较为复杂，混合气不能像四冲程发动机那样直接进入气缸，而是先进入曲轴箱，然后通过扫气孔才能进入气缸。

一、二冲程汽油机工作原理简介

二冲程汽油机的工作原理如图 4.17 所示。

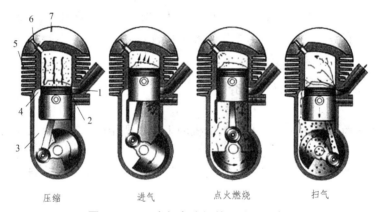

图 4.17　二冲程汽油机的工作原理图

1—排气孔；2—进气孔；3—曲轴箱；4—扫气孔；5—散热片；6—火花塞；7—缸盖

1. 进气、压缩冲程

当活塞由下止点向上运动时，曲轴箱容积增大，产生较大的真空吸力，在真空吸力的作用下，可燃混合气被吸入曲轴箱内。与此同时，上一循环进入气缸内的可燃混合气则被压缩到燃烧室。当活塞由下向上运动时，活塞下方曲轴箱内在进气的同时，活塞上方气缸内正在进行压缩。因此，把这一冲程叫做进气、压缩冲程。

2. 做功、扫气冲程

当上述活塞下方吸气、上方压缩的双重作用结束时，燃烧室内被压缩的可燃混合气由火花塞点火后爆发，推动活塞向下运动，对外输出动力。

活塞下行接近下止点前，一直被活塞堵着的排气孔开始打开，废气便从排气孔喷出。活塞再稍许下降，扫气孔被露出，因活塞下行曲轴箱内被压缩的可燃混合气便从扫气孔进入气缸。扫气—排气这一过程称为换气过程。新鲜混合气冲入气缸时有一定的角度，可以直冲燃烧室，并在碰到燃烧室壁面时发生反转，对废气有驱逐作用，扫气作用如图 4.18 所示。

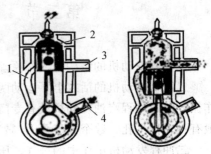

3. 常见二冲程发动机进气道的结构与控制方式

（1）活塞控制方式。气缸体下部的进气孔靠活塞上下运动来控制。

（2）舌簧阀控制方式。进气道直接与曲轴箱相连，靠舌簧阀来控制，舌簧阀是一个单向阀。

（3）活塞、舌簧阀控制方式是上面两种控制方式的复合形式。

图 4.18 扫气过程

1—扫气孔；2—燃烧室；3—排气孔；4—舌簧阀

4. 二冲程汽油机的优缺点

（1）曲轴每转一周就有一次做功过程，做功频率是四冲程汽油机的 2 倍。

（2）不需要专门的气门式配气机构，因而结构简单、质量小、制造成本低、使用维护简便。

（3）由于结构上的原因，二冲程汽油机存在两大缺陷：一是排气不彻底，废气残余量大；二是换气过程存在新鲜可燃混合气的损失，经济性较差。

二、二冲程柴油机工作原理简介

二冲程柴油机的工作原理与二冲程汽油机的工作原理相似，图 4.19 所示为带扫气泵的二冲程柴油机工作示意图。

空气由扫气泵加压之后，经过气缸外部的空气室和气缸壁上的多个进气小孔进入气缸，废气从气缸盖上的排气门排出。

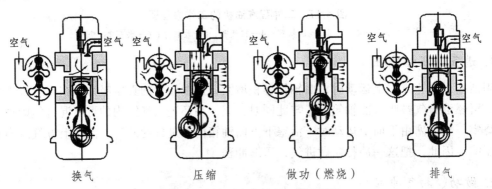

换气　　　　　　压缩　　　　　做功（燃烧）　　　　排气

图 4.19 二冲程柴油机工作原理

1. 第一冲程——换气、压缩冲程

活塞从下止点向上止点移动，冲程开始前进气孔和排气门均已开启。此时，利用扫气泵的进气流（压力约为 0.12～0.14 MPa）使气缸换气。当活塞继续向上移动，进气孔被活塞遮盖而关闭。排气门也随之关闭，开始对空气进行压缩。

2. 第二冲程——做功、换气冲程

当活塞接近上止点时，缸内气压增至约 3 MPa，温度升高到大约 480 ~ 720 ℃。此时，柴油经喷油器喷入气缸，迅速与高温、高压空气混合并自行着火燃烧。活塞受燃烧气体膨胀作用自上止点向下止点运动而做功。当活塞下行到 2/3 行程时排气门打开，排出废气，缸内压力迅速降低，稍后进气孔开启，进行换气。换气一直持续到下一冲程活塞上移约 1/3 行程，进气孔被完全遮盖为止。

二冲程柴油机在换气过程中，利用进入气缸的纯空气扫除废气，没有燃油损失，比二冲程汽油机经济性好。

第四节　发动机总体构造及型号编制规则

一、发动机的总体构造

现代汽车发动机以四冲程汽油机和四冲程柴油机应用最为广泛。下面主要介绍目前轿车中最常用的四冲程水冷式汽油机和柴油机的总体构造。

1. 汽油机总体构造

四冲程汽油机构造可以简单地用"二一二五一"来概括：

二：两套传动装置：① 开式传动的附件传动装置；② 闭式传动的正时传动装置。

一个机体：机体由罩、盖、体、箱、壳 5 大部分组成。

二：两大机构：配气机构、曲柄连杆机构。

五大系：起动系、点火系、燃油供给系、润滑系、冷却系。

一个飞轮：没有飞轮，发动机不能正常工作。

图 4.20 是发动机的结构简图。

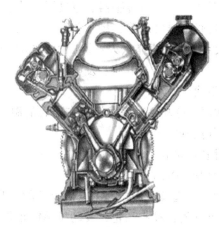

直列式　　　　　　　　　　　　V 型式

图 4.20　发动机结构简图

（1）两大传动装置：

① 附件传动装置。附件传动装置安装在发动机最前面，由曲轴驱动，标准配置是两机（发电机、空调压缩机）两泵（冷却液泵、助力油泵），其中发电机和冷却液泵是必配置的，不同车型还可以根据需要加配其他部件，附件传动装置不需准确传动，也不需润滑和密封，故采用开式传动，揭开引擎盖就能看见，常用三角皮带或楔形皮带传动，附件传动装置不需要精确传动。

② 正时传动装置。将曲柄连杆机构、配气机构、点火系、供给系连成一个协同工作整体，由三轴加一轴组成。三轴是指曲轴（保证活塞位置正确）、凸轮轴（保证气门开闭正确）和断电器轴（保证火花塞跳火正确），三轴连成一个整体后发动机才能正常工作。加一轴是指润滑油泵轴，润滑油泵本身不属于正时传动链上的部件，但因为润滑太重要了，用正时传动装置驱动才能保证只要发动机工作，润滑油泵就要供油。正时传动装置安装在发动机前面，附件传动装置后面，由曲轴准确驱动，常用链条传动或齿形皮带传动，早期还用过齿轮传动，以保证它们精确传动。为保证润滑及防尘，都采用闭式传动，故不经拆卸，是看不到的。

（2）机体组：

一个机体：机体由罩、盖、体、箱、壳5大部分组成，5大部分围成3个空间。

两个常压腔：上常压腔内有配气机构；下常压腔内有曲柄连杆机构。

一个变压腔：围成变压腔的7大件：上3件（盖、阀、火花塞）、下3件（体、环、活塞）中间1个气缸垫。

（3）两大机构：

① 配气机构。配气机构的作用是根据发动机工作过程和各缸的工作次序的要求，适时地开闭进、排气门。由气门组件、凸轮轴、液压挺柱、气门传动机构等零部件组成。

② 曲柄连杆机构。曲柄连杆机构是发动机实现热功转换的核心机构，由活塞、连杆、曲轴和飞轮等组成。

（4）五大系统：

① 供给系。供给系包括燃油供给与空气供给两部分。燃油供给系由汽油箱、汽油泵、汽油滤清器、燃油压力调节装置、喷油器、电控喷油控制单元、油管及附件组成；空气供给系由空气滤清器、空气流量传感器、空气温度传感器、节气门体，怠速装置、进气软管、进气总管、进气歧管、排气歧管、排气总管、三元催化器、消声器、排气管等装置组成。

② 点火系。汽油机靠点火系统产生的高压电火花适时、准确、能量足够地点燃气缸内的可燃混合气。点火系由蓄电池、发电机、断电器、分电器、点火线圈、火花塞、点火开关、线束及附件组成。

③ 冷却系。冷却系确保发动机在适宜的温度下工作，由冷却液泵、散热器、风扇、循环冷却液套、分液管等组成。

④ 润滑系。润滑系的作用是润滑运动副，由润滑油泵、集滤器、限压阀、油道、机油滤清器和机油冷却器等组成。

⑤ 起动系。起动系包括起动电机及其附属装置，作用是起动发动机。

（5）一个飞轮：没有飞轮，发动机不能正常工作，飞轮有储存能量、连接起动机、连接传动系、降低周期性速度波动、调整冷态正时5大作用。

2. 柴油机总体构造

四冲程水冷式柴油机由机体组、两大机构、四大系统和两大传动装置组成，柴油机的燃料供给系与汽油机不同，此外，柴油机没有点火系。图 4.21 是柴油机结构简图。

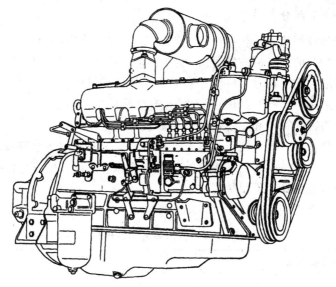

图 4.21　柴油机结构简图

车用四冲程柴油机供给系由柴油箱、柴油滤清器、输油泵、喷油泵、喷油器、调速器、喷油提前角调节器等组成；空气供给系由空气滤清器、空气温度传感器、怠速装置、进气软管、进气总管、进气歧管、排气歧管、排气总管、消声器、排气管等组成。增压柴油机进气系统还装有废气涡轮增压器，利用排放废气驱动涡轮旋转，涡轮与进气系统中的空气压缩机联为一体，带动压缩机工作，通过增加进气量来提高发动机的功率。目前，广泛采用的废气涡轮增压器可以使发动机的功率提高 20% ~ 30%。

二、内燃机型号编制规则

为了便于内燃机的生产管理和使用，各国颁布了相关标准。我国加入 WTO 后，重视与国际标准接轨的工作，正陆续制定与国际标准一致的新标准。GB/T 725—2008《内燃机产品名称和型号编制规则》规定内燃机的标记如下：

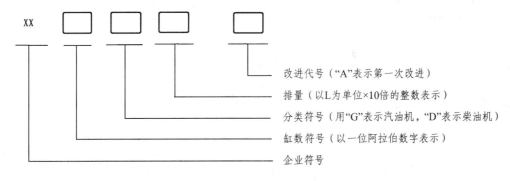

改进代号（"A"表示第一次改进）

排量（以L为单位×10倍的整数表示）

分类符号（用"G"表示汽油机，"D"表示柴油机）

缸数符号（以一位阿拉伯数字表示）

企业符号

示列：××4G24　表示为××牌4缸排量2.4 L的汽油机。

鉴于以 GB/T 725—1991《内燃机产品名称和型号编制规则》标注的内燃机目前大量存在，故将该标准的主要内容简介如下：

1. 型号由下列4部分组成

（1）首部：产品特征代号，包括产品的系列代号，换代代号（缸径不变，技术参数及结构与原产品有很大差异的产品标志符号），地方、企业代号。每种符号用 1~2 个字母表示。

（2）中部：由缸数数字符号、气缸布置形式符号（无符号表示多缸直列及单缸，V 表示 V 型，P 表示平卧型）、冲程符号和缸径符号（毫米数取整）组成。

（3）后部：结构特征符号和用途特征符号如表 4.1 所示。

（4）尾部：区分符号，同系列产品需要区分时，按规定选用适当符号表示。

内燃机的型号应简明，中、后部规定的符号必须标示；首、尾符号根据具体情况允许不标出，同一产品型号应一致，不得随意改动。

由国外引进的内燃机产品，若保持原结构性能不变，允许保留原产品型号。

表 4.1　结构特征符号及用途特征符号

结构特征符号		用途特征符号	
无符号	水　冷	无符号	通用型及固定动力
F	风　冷	T	拖拉机
N	凝汽冷却	M	摩托车
S	十字头式	G	工程机械
Z	增　压	Q	汽　车
Z_1	增压中冷	J	铁路机车
D_Z	可倒转	D	发电机组
		C	船用主机右机基本型
		C_Z	船用主机左机基本型
		Y	农用运输车
		L	林业机械

2. 型号表示方法

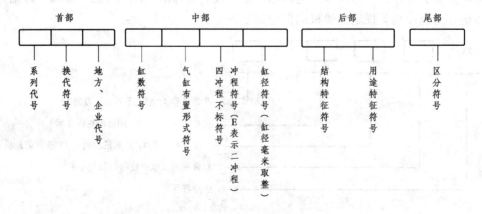

3. 型号示例

（1）柴油机型号：

① 165F——单缸，四冲程，缸径 65 mm。风冷、通用型。

② YZ6102Q——6 缸直列、四冲程、缸径 102 mm，水冷、车用（YZ 扬州柴油机厂代号）。

（2）汽油机型号：

① 1E65F——单缸、二冲程、缸径 65 mm，风冷、通用型。

② 492QA——4 缸、四冲程、缸径 92 mm，水冷、汽车用（A 为区分符号）。

4. 发动机的性能

（1）动力性（vehicle dynamic quality）：汽车动力性是指汽车在良好路面上直线行驶时由汽车受到的纵向外力决定的、所能达到的平均行驶速度，是汽车各性能中最基本、最重要的性能。其主要由最高车速、加速时间、最大坡度 3 方面指标来评价。汽车的最高车速指汽车在良好的水平路面上汽车能达到的最高行驶速度。汽车的加速时间表示汽车的加速能力。原地起步加速时间是指汽车由一挡或者二挡起步，并以最大的加速强度（包括选择恰当的换挡时机）逐步由某一较低车速全力加速至某一高速的时间。超车加速时间是指用最高挡或者次高挡某一速度全力加速至某一较高速所需的时间。因为汽车超车是与被超车车辆并行，容易发生安全事故，所以超车加速能力强，并行行驶的时间就短，行程也短，行驶就安全。常用 0～400 m 的秒数来表明汽车原步起步能力，对超车加速能力还没有一致的规定，采用较多的 0～100 km/h 所需的时间来描述加速能力。

汽车爬坡能力是用满载或者一部分负载的汽车在良好路面上的最大爬上坡度表示的。越野车的最大爬坡度大概都是 60%，也就是角度制的 31°左右。以上的 3 个方面应该都是在无风，或者微风的条件下测定的。

（2）汽车燃油经济性（Fuel economy in automobiles）：是汽车在保证动力性的基础上，以尽可能少的燃油消耗行驶的能力。它表征的是机动车辆使用单位容量燃料（汽油、轻油等）可行走的距离，也可以说是一定距离下耗费多少燃料才能完成的一项指标。测量数值会因为使用的燃料、胎压、路面状况、引擎油种类、承载质量、行驶方式等产生变化。

燃油经济性通常用一定运行工况下汽车行驶百公里的燃油消耗量[以"升"（L）为计量单位]或一定燃油量使汽车行驶的里程来衡量。

（3）排放标准（automobile emissions standards）：汽车排放是指从废气中排出的 CO（一氧化碳）、HC + NO$_x$（碳氢化合物和氮氧化物）、PM（微粒，碳烟）等有害气体的含量。从 2008 年 7 月起，北京正式实施国家 Ⅲ 号标准，严格控制废气排放量。

☆第五节 材料力学的研究方法

一、材料力学的解题思路

材料力学的理论基础是经典力学和理论力学，它的规范解题思路是用经典力学和理论力学的知识对构件进行受力分析，计算出所有外力和支反力后，再用材料力学的知识建立工作能力计算准则来解决工程实际中的最薄弱环节的安全问题。简而言之可以说成：利用外力求内力，通过内力求应力（或应变），再代入工作能力计算准则中进行判断，这就是材料力学的解题思路。

构件的强度、刚度和稳定性问题均与所用材料有关。例如，载荷和尺寸都相同的木构件和钢构件相比，木构件容易变形，也容易破坏，这说明不同材料对变形和破坏的抵抗能力是不同的。因此，要确定载荷作用下构件变形的大小或判断它是否破坏，还必须研究材料本身固有的抵抗变形或破坏的能力，即材料的机械性能（或简称力学性能）。材料的机械性能需通过实验来测定。所以，实验研究和理论分析同等重要，都是完成材料力学任务所必需的手段。

二、变形固体及其基本假设

理论力学是研究物体在外力作用下的运动规律的学科。由于物体在外力作用下形状和尺寸发生微小变化对物体的运动规律来讲是一个次要因素，可以不考虑，因此在理论力学中把物体当作"刚体"，使问题的研究得到简化。材料力学是研究物体在外力作用下的内部效应的学科。即研究物体的强度、刚度和稳定性问题，物体在外力作用下产生的变形就是一个主要因素，必须加以考虑。因此材料力学中所研究的一切物体都称为变形固体，即在外力作用下产生变形的固体。

变形固体的性质是很复杂的，为了使问题的研究得以简化，在材料力学中常采用如下基本假设，作为理论分析的基础。

1. 均匀连续性假设

均匀连续性假设认为变形固体的力学性质在固体各处都是一致的，而且物质是毫无空隙地充满了固体的整个几何体积。事实上，从微观看固体的构造，固体是由许多粒子或晶粒组成，它们之间并不连续，性质也不均匀。但由于材料力学中所研究的尺寸，比微观结构尺寸要大得多，因此，就整个固体来讲，可以认为是均匀连续的。实践证明，在工程计算所要求的精度范围内，这一假设所得出的理论结果，对于钢、铜、铝等金属材料相当符合，对于砖、石、木材等的符合程度稍差点，但在一般情况下也能满足要求。

根据这个假设，可以从固体中取出微小部分来研究受力状态，也可以将较大尺寸试件在实验中所获得的材料性质应用到微小部分上去。由于将变形固体看成连续介质，因此，可以运用数学方法处理各种问题。

2. 各向同性假设

各向同性假设认为变形固体在各方向上具有相同的力学性质。实际上有些材料在各方向上的力学性质有很大的不同。如木材、复合材料等，各方向的力学性质是不相同的，这些材料叫各向异性材料。各方向上的力学性质完全相同，称为各向同性材料。工程上常用的金属，就其每一个晶粒来讲，力学性能是有方向性的，但由于构件中所包含的晶粒特别多，且晶粒又是错综复杂地排列着，因此，在大多数情况下，可认为金属材料是各向同性材料。根据这个假设，在研究了材料任一方向上的力学性质后，就可以认为结论也适用于其他方向。

3. 小变形假设

小变形假设认为变形固体在外力作用下所产生的变形与固体本身尺寸相比较是很微小的。根据这个假设，在研究构件的平衡运动时，就可以忽略构件的变形，按构件变形前的尺寸进行计算分析。

4. 完全弹性假设

认为材料在载荷作用下的变形，在撤去载荷后可全部消失。

概括以上所说，为简化问题，我们忽略材料的微观性质和缺陷，把所研究的构件都看成是材质均匀连续、各向同性的、完全弹性体的理想模型，并且主要研究几何特征是等直的杆件。

三、外力及其分类

作用于构件上的外力（包括载荷力和支反力），按其作用部位可分为体积力和表面力两种。体积力连续分布于物体内部各点，例如，物体自身的重力，运动物体中的惯性力等都是体积力。体积力的单位是牛/米^3，记为 N/m^3。表面力是作用于物体表面上的力，表面又可分为分布力和集中力。连续作用于物体表面某一面积上的力称为分布力，例如作用于油缸内壁的油压力，作用于物体上的水压力等都是分布力。分布力的单位是牛/米^{2}或兆牛/米^2，分别记为 N/m^2 和 MN/m^2。有些沿构件轴线分布力的强弱程度以沿轴线每单位长度内作用多少力来度量，计算单位是牛/米或千牛/米，分别记为 N/m 和 kN/m。若外力分布的面积远小于物体的整体尺寸，或者沿构件轴线的尺寸，就可以看做是作用于一点的集中力，例如火车车轮作用于钢轨上的压力，天平刀口的支承力等。集中力的单位是牛或千牛，分别记为 N 和 kN。

按作用于构件上的载荷随时间变化情况，又可以分为静载荷和动载荷。静载荷是指慢慢加在物体上的载荷，它的数值从零逐渐地增加到某一定值后，就不再发生改变或改变不显著。静载荷不会使平衡物体产生明显的加速度，承受静载荷的物体各部分处于相对平衡状态。例如，把机器慢慢地安装到基础上时，机器的重力对基础的作用便是静载荷。动载荷是大小和方向两要素中至少有一个随时间变化的载荷，动载荷能使即便平衡的物体也产生明显的附加加速度，例如，起重机以某一加速度起吊重物时，吊绳所受的载荷等于物体重量（没有产生加速度之前是与吊绳平衡的静载荷）加上产生加速度的附加动载荷。动载荷又可分为交变载荷和冲击载荷。

由于在静载荷和动载荷作用下，材料所表现出来的性能是不相同的，因此，两种载荷作用下的分析方法也是不相同的。静载荷问题比较简单，在静载荷下建立的理论和分析方法，又是解决动载荷问题的基础，所以我们首先研究静载荷问题。

按作用的效应不同，力学把载荷分成力、力偶矩和力矩 3 种。力作用的外效应是使构件产生加速度，内效应是使物体发生拉伸或压缩变形，力的单位是牛（N）；力偶矩作用的外效应是使构件产生角加速度，内效应是使构件发生剪切、弯曲、扭转、倾翻中的一种变形；力矩的外效应是使构件既产生加速度又产生角加速度，内效应除了与力偶矩的内效应有相同之处外，还可以使构件发生多种形式的变形组合而成的组合变形，力偶矩和力矩的单位都是牛[顿]米（$N \cdot m$）。

理论力学研究力的外效应，材料力学研究力的内效应。

思 考 题

1. 发动机在汽车上起何作用？
2. 发动机如何分类？比较四冲程与二冲程发动机的异同，简述它们的工作过程。
3. 发动机由哪些机构和系统组成？各自有何功能？
4. 汽油机与柴油机的最大区别是什么？它们的压缩比为什么不同？
5. 记住常用术语和国产内燃机型号编制规则。
6. 材料力学为研究方便，对材料作了哪些基本假设？为什么要作这些假设？
7. 作用在构件上的外力有哪几种？它们的单位是什么？
8. 材料力学的研究方法是什么？

第五章　机体组与曲柄连杆机构

　　曲柄连杆机构的作用是在做功冲程时，将燃料燃烧后施加在活塞顶上的膨胀压力转变为推动曲轴旋转的转矩，向外输出动力，其他冲程时将飞轮储存的旋转能量转换成推动活塞往复运动的能量。机体组是发动机的安装基体，与曲柄连杆机构都是往复活塞式发动机的核心装置，为了叙述简洁，本书把二者放在一个章节中介绍。

　　发动机能量转换过程简述如下：

燃料 ──燃烧──▶ 产生膨胀压力 ──做功──▶ 活塞直线运动 能量与运动
化学能　　　　　 热能　　　　　　　　 机械能（推力）形式均转换

曲轴旋转运动 ──输出──▶ 车轮向后推动地面 ──驱动──▶ 汽车向前行驶
机械能（转矩）　　　　　底面反作用力向前

第一节　概　　述

　　汽车发动机大多为多缸发动机，多缸发动机曲柄连杆机构的结构形状取决于气缸数量与气缸的布置形式，曲柄连杆机构安装在机体组上。

　　通常在排量相等的条件下，气缸数越多，气缸的直径就越小，燃烧室结构越紧凑，相关零部件尺寸也越小，为了提高发动机的功率，就必须增加气缸的数量。气缸数量过多会造成发动机结构复杂，零部件数量增多，制造成本上升等问题。通常中小型汽车发动机多采用 4 缸、6 缸和 8 缸，少数特种车辆有采用 12 缸的，它们的布置形式对发动机的结构与性能影响很大。

一、气缸的布置形式

　　多缸发动机气缸的布置形式通常有直列式、V 型式和水平对置式 3 种类型，布置特点如下：

1. 直列式发动机

　　直列式发动机气缸体排成一列，垂直布置，有时为了降低发动机的高度，气缸体也可以倾斜或水平布置。直列发动机的气缸和曲轴等主要部件结构简单，可以采用一个气缸盖，因而使用十分广泛。

发动机前置、前轮驱动的轿车（气缸排量 1～2 L）大都采用直列 4 缸发动机，如图 5.1 所示。这种形式的发动机除了结构简单，制造成本低和燃油经济性好等优点外，还具有低速转矩特性好的优点。

直列 6 缸发动机纵向尺寸较长，适合于发动机前置，后轮驱动的汽车。直列 6 缸发动机最大的特点在于运转平稳，中高级轿车选用直列 6 缸发动机的较多。

直列发动机纵向长度和高度方向的尺寸较大。

图 5.1 直列式发动机

2. V 型发动机

V 型发动机气缸排成两列，两列气缸中心线夹角 $\gamma < 180°$，如图 5.2 所示。V 型结构大大缩短了发动机的纵向长度，并降低了高度，气缸体刚度增加，结构紧凑，质量减轻，最大优点是通用性强，增加气缸数量可以提高功率，缸径与行程等结构参数相同，活塞连杆组件通用。但发动机宽度增大，气缸体形状复杂，加工难度大，必须使用两个气缸盖。因而，V 型发动机制造成本较高。

常见的 V 型发动机多为 V6、V8、V12 三种机型。中高级轿车多采用 V6 发动机。V6 发动机两列气缸间采用 60° 夹角时动平衡效果较好。而 V8 发动机采用 90° 夹角可使整机获得最好的动平衡效果。从整机的平衡角度来看，V10 发动机不好，因而一般轿车不采用 V10 发动机。在赛车上，当 V8 的功率达不到要求，而 V12 尺寸过大难以布置时，也有采用 V10 发动机的，如本田汽车厂的 F1 发动机就采用了 V10 布置，排量为 3.5 L。赛车发动机追求大功率，相对而言对振动问题要求不太严格。

图 5.2　V6 发动机结构示意图

图 5.3　水平对置发动机结构示意图

3. 水平对置发动机

V 型发动机气缸中心线夹角变为 180° 时，就成为水平对置发动机，如图 5.3 所示。水平对置发动机气缸体是两个，结构比 V 型发动机更复杂，高度更低，宽度更宽，重心低，这种布置最大的优点是活塞布置对称，运动件的惯性力相互平衡，因而不会出现因不平衡而引起的振动问题。

二、气缸偏置

对做功冲程活塞的受力情况进行分析可知，如图 5.4 所示，如果发动机气缸中心线与曲轴中心线相交，作用在活塞销上的膨胀压力产生的分力通过活塞作用于气缸壁，通常叫做侧压力。在膨胀压力 F_p 一定的情况下，侧压力 $F_{p2} = \tan \alpha F_p$，也就是说侧压力与倾斜角 α 的大小成正比，倾斜角越大，侧压力越大。侧压力产生的负面影响很大，不但会加剧气缸磨损，而且会引起发动机的振动。为了解决这一问题，将气缸中心线与曲轴中心线错开，减小做功行程连杆倾斜角，使侧压力减小。通常把这一布置称为气缸偏置，如图 5.5 所示。偏移量一般控制在几毫米以内，过大会引起其他问题。

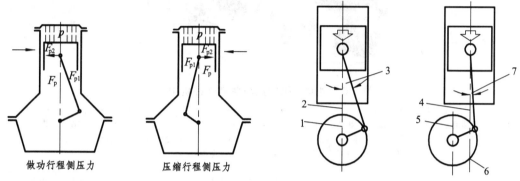

图 5.4　活塞曲柄受力分析　　　　　图 5.5　对称布置与气缸偏置

1、4—气缸中心线；2、5—曲轴中心线；3—倾斜角大；
6—偏置；7—倾斜角小

三、工作条件

在发动机做功时，气缸内的温度高达 2 200 ℃ 以上，最高压力可达 3 ~ 9 MPa；现代汽车发动机转速高达 3 000 ~ 6 000 r/min，即活塞每秒钟要完成约 100 ~ 200 个行程，可见活塞往复直线运动时的线速度是很大的。此外，与可燃混合气和燃烧废气接触的机件（如气缸、气缸盖、活塞组等）还将受到化学腐蚀。因此，曲柄连杆机构是在高温、高压、高速运动、重载、摩擦以及有化学腐蚀的条件下工作的。

四、曲柄连杆机构的组成

曲柄连杆机构由活塞连杆组和曲轴飞轮组两部分组成，根据发动机气缸数量、布置形式、冷却方式、燃烧室结构的不同，曲柄连杆的结构也有所不同。

如图 5.6 所示，直列 4 缸发动机是常用的发动机，由气缸体、气缸盖、气缸垫、油底壳、活塞、活塞环、活塞销、连杆、曲轴、飞轮等零件组成。

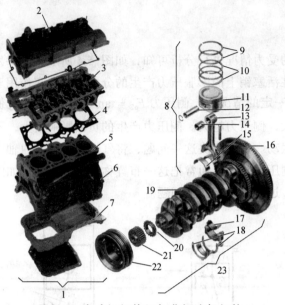

图 5.6 发动机机体组与曲柄连杆机构

1—机体组；2—气缸盖罩；3—气缸盖；4—气缸垫；5—气缸体；6—曲轴箱；7—油底壳；8—活塞组；9—活塞气环；
10—活塞油环；11—活塞；12—活塞销；13—连杆；14—连杆小头轴承；15 连杆大头轴承—；16—飞轮；
17—曲轴主轴颈轴承；18—曲轴止推垫；19—曲轴；20—润滑油泵驱动链轮；21—曲轴正时齿形皮带轮；
22—附件传动装置皮带轮；23—曲轴飞轮组

　　活塞位于气缸之中，并通过活塞销与连杆小头相连接，连杆大端装在曲轴上，曲轴安装在气缸体下部的曲轴箱中，活塞环安装在活塞的活塞环槽内。在燃烧膨胀压力作用下，活塞在气缸中作往复直线运动，连杆推动曲轴旋转向外输出转矩。

　　曲轴的后端装有飞轮，飞轮的转动惯量大，可以降低发动机的速度波动。

　　拆卸时要按图 5.7 顺序松气缸盖各紧固螺栓，装配时按反顺序拧紧坚固螺栓到规定力矩。解体后的零件如图 5.8 所示。

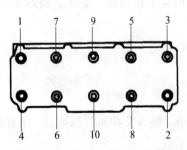

图 5.7 气缸盖螺栓拆卸顺序

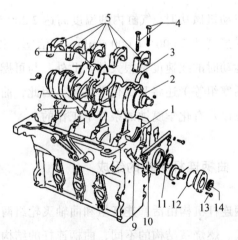

图 5.8 曲轴的拆卸

1、3、6、7—轴瓦；2—主轴颈轴承；4—螺栓；5—主轴承盖；
8—挡圈；9—气缸体；10—端盖；11—调整垫；
12—O 形圈；13—螺钉；14—油封

第二节 机体组

机体组由气缸盖罩、气缸盖、气缸体、曲轴箱和油底壳五大部件及一些附件组成。气缸体是发动机各工作机构和附件的装配基体，气缸盖装在气缸体的上部，气缸体的下部是曲轴箱，机体组上五大部件围成两个常压腔，一个变压腔。气缸盖罩与气缸盖之间、曲轴箱与油底壳之间形成两个常压腔，都有换气管与进气管道相通，以防止窜到常压腔的有害气体排放到大气中。气缸盖、气缸体与活塞顶部的空间构成燃烧室（即变压腔），燃料在其中燃烧产生热能。变压腔由"上三件（气缸盖、气门、火花塞或喷油器）、下三件（气缸体、活塞、活塞环），中间一个气缸垫"7个元件组成。变压腔压力变化依机型不同而，一般低压在 0.095 MPa 左右，汽油机高压为 3~5 MPa，柴油机高压在 6~9 MPa。

常压腔与变压腔之间应有良好的密封，否则相互串气就会造成污染，降低发动机的燃油经济性和动力性。

一、气缸体

气缸体是发动机各个机构和系统的装配体，也是发动机的基体，是发动机中最重要的一个部件，由铸造后机加工获得。

气缸体的工作条件十分苛刻，既要承受燃烧过程中的膨胀压力产生的周期性交变载荷的作用，又要承受活塞在缸内作高速变速运动过程中产生的惯性力和侧压力等的作用。

1. 气缸体必须具备的性能

（1）有足够的刚度，在工作时不变形。

（2）有良好的冷却性能，即缸体的导热性能要好，高速大负荷下工作时发动机不过热。

（3）有良好的耐磨性，气缸的耐磨性直接关系到气缸的工作寿命。

（4）在保证刚度的情况下，尽可能降低气缸体的质量，气缸体质量过大，会影响整车前后轴载荷的分配，并将给汽车的操纵稳定性和牵引性带来负面影响。气缸体质量轻、刚度好是一对矛盾的要求，只能两者平衡，使综合性能达到最佳。

为了解决上述问题，多采用薄壁轻型气缸体，同时在有些部位增设加强筋，以保证在不过多增加质量的前提下，提高气缸体的刚度。

2. 水冷式气缸体的结构形式与构造

水冷式发动机的气缸体与曲轴箱铸为一体，成为一个整体，称为气缸体曲轴箱，简称气缸体。气缸体上部排列出所有气缸，气缸体周围的空腔相互连通构成冷却液套。下半部分是支承曲轴的曲轴箱，其间还有润滑油通道。

（1）气缸体的结构。气缸体有直列、V 型和水平对置 3 种形式，目前 3 L 以下的发动机多采用直列式气缸体，结构简单，成本较低；3 L 以上多采用 V 型气缸体，结构紧凑，特别是纵向长度短，便于整车布局。相对于前两种形式而言，水平对置式气缸体使用较少。

直列、V 型气缸体的具体结构如图 5.9 所示。

直列4缸   直列6缸   V型6缸

图5.9　气缸体结构

（2）气缸体下部曲轴箱的结构。气缸体下部曲轴箱的结构有一般式、龙门式和隧道式3种形式，如图5.10所示。

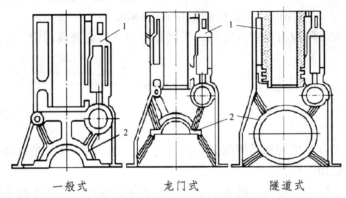

一般式   龙门式   隧道式

图5.10　气缸体（曲轴箱）三种结构形式
1—气缸体；2—曲轴箱

一般式：气缸体的下端面与曲轴轴线在一个平面内，较为紧凑，便于加工。缺点是刚度和强度较低，常用于小型汽油机。

龙门式：气缸体下端面移至曲轴轴线以下，刚度和强度较好，多用于中型发动机。

隧道式：主轴承座孔为整体结构，刚度更高，多用于安装滚动式主轴颈轴承和组合式曲轴。

3. 风冷式发动机气缸体

风冷式发动机的气缸体和曲轴箱多采用分体式结构，气缸体和曲轴箱分开铸造，再装配在一起，气缸盖与气缸体外表面铸有散热片，以增加散热面积，保证散热充分，其结构如图5.11所示。

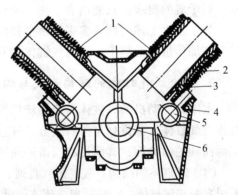

4. 气缸壁与气缸套

（1）气缸壁。由于气缸工作表面直接与高温、高压燃气相接触，而且当活塞在其中作高速往复运动时，又要承受很大的侧压力，承受交变载荷的周期作用。所以，气缸壁必须能耐高温、耐磨损、耐腐蚀以及具备较高的疲劳强度。为了满足上述要求，

图5.11　风冷式发动机气缸体
1—气缸体；2—散热片；3—支承平面；
4—上曲轴箱；5—凸轮轴轴承座孔；
6—主轴承座孔

78

一般可通过改进缸体材料，提高缸壁表面加工精度，采用表面强化工艺，改进结构等措施来实现。缸体材料多采用优质灰铸铁或优质合金铸铁，为了提高缸体材料的耐磨、耐高温等性能，给灰铸铁中加入各种金属元素，如镍、铬、磷等形成优质合金铸铁，以提高材料的使用性能，满足气缸的工作需要。

（2）气缸套。采用优质材料制造气缸体，在提高了气缸体使用性能的同时也使制造成本增加。为了节约材料，降低成本，在结构设计中广泛采用缸体内镶入气缸套的办法。气缸套采用耐磨性好的优质合金铸铁或合金钢来制造，而缸体则可用价格较低的普通铸铁或密度较小的合金材料来制造。这样既保证了气缸壁工作表面具有较高耐高温、耐磨损、耐腐蚀和耐疲劳强度的性能，又节约了材料，降低成本。铝合金气缸体的优点是质量轻、传热性能好，缺点是材料费用高。铝合金气缸体必须加装合金铸铁气缸套。气缸套有干式和湿式两种，如图 5.12 所示。

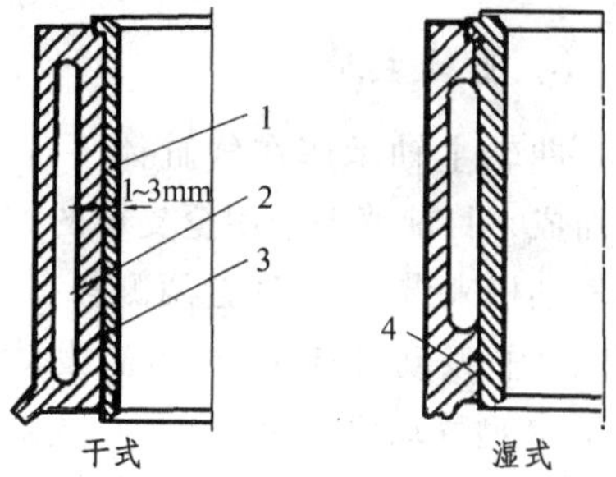

① 干式。干式气缸套外表面不直接与冷却液接触，壁厚一般为 1~3 mm。为了获得与缸体间足够的实际接触面积，保证缸套的散热和定位，缸套的外表面和与其装配的气缸体支承孔的内表面都有一定的加工精度，二者采用过盈配合。

干式缸套的优点是不会引起漏水漏气现象，缸体结构刚度大、缸心距小，整体结构紧凑。

图 5.12 气缸套

1—气缸套；2—冷却液套；
3—气缸体；4—橡胶密封圈

② 湿式。湿式缸套外表面直接与冷却液接触，冷却效果好。壁厚比干式缸套厚，一般为 5~9 mm。为了防止漏水，湿式缸套的定位、密封和安装均有特殊要求。缸套定位包括径向定位和轴向定位两部分，如图 5.13 所示。依靠缸套外表面上的圆环带 A 和 B 来实现径向定位，A 称为上支承定位带，B 称为下支承密封带。利用缸套上部凸缘的下平面 C 实现轴向定位。为了防止漏气、漏水，有的缸套凸缘下平面处还加装有紫铜垫片，以增强缸套的密封性。为了便于装配，缸套上支承定位带直径略大，与支承孔配合较紧；而下支承密封带直径略小，与座孔配合较松，必须加装 1~3 道橡胶密封圈来封水。常见的密封形式有胀封式和压封式两种，如图 5.14 所示。

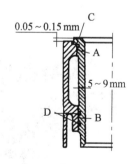

图 5.13 缸套的定位

A—上支承定位带；B—下支承密封带；
C—缸套凸缘下平面；D—橡胶密封圈

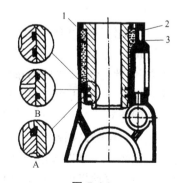

图 5.14

A—压封式；B—胀封式；1—气缸体；
2—气缸套；3—冷却液套

缸套装入座孔后，缸套顶面略高出气缸上平面 0.05 ～ 0.15 mm。这样，当拧紧缸盖螺栓时，可以将气缸垫压得更紧，以保证气缸的密封，防止漏水、漏气现象的发生。湿式缸套的优点是简化了缸体冷却液套结构，散热效果好，维修中便于更换。缺点是降低了缸体的刚度，易出现漏气、漏水现象。湿式缸套多用于柴油发动机。

5. 分冷却液套

如果气缸内不设分冷却液套，容易造成各缸冷却强度不均，进水口一端的气缸冷却效果好，而远离进水口一端的气缸冷却效果差。为了解决这一问题，通常采用给气缸体内增设分冷却液套的办法，为每个气缸提供一个冷却液旁通通路，以保证各缸均匀冷却。

6. 曲轴主轴承座

曲轴主轴承座在气缸体下部曲轴箱中加工而成，目前普遍采用全支承的方式。对于直列发动机来讲，每个气缸两侧各有一个主轴承，所以 4 缸发动机有 5 个，6 缸发动机有 7 个。对于 V 型发动机来说，每一对气缸两侧各有一个主轴承，那么 V6 发动机有 4 个，V8 发动机有 5 个。相比之下，V 型发动机主轴承数量较少，为了使主轴承的载荷不致过大，必须加大主轴承的直径和宽度尺寸。

以前采用单个轴承盖，即每个轴承各有一个轴承盖。现代汽车为了增强主轴承的支承刚度，采用梯形梁的结构形式，把所有主轴承盖连成一体，如图 5.15 所示。

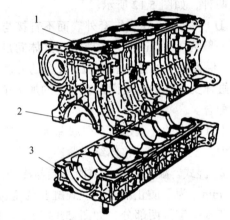

图 5.15　直列 6 缸发动机曲轴箱与主轴箱盖

1—气缸体；2—曲轴箱；3—梯形式轴承盖

二、气缸盖与气缸垫

1. 气缸盖

气缸盖的主要作用是封闭气缸上部，与活塞顶部的气缸壁一起构成燃烧室。气缸盖的结构取决于发动机的冷却方式、燃烧室的形状以及气门的布置形式等影响因素。一般水冷式发动机气缸盖内铸有冷却液套，缸盖下端面与缸体上端面间所对应的冷却液套是相通的，利用水的循环来冷却燃烧室壁等高温部分。风冷式发动机气缸盖上则铸有许多散热片，靠增大散热面积来降低燃烧室的温度。顶置气门式发动机的气缸盖结构较复杂，除了内有冷却液套（或外有散热片）之外，还有燃烧室，进、排气通道和进、排气门等，如图 5.16 所示。

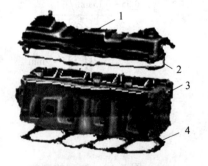

图 5.16　气缸盖的结构

1—气缸盖罩；2—压条；3—气缸盖；4—气缸垫

80

汽油机气缸盖有火花塞座孔，柴油机气缸盖上有专门用于安装喷油器的座孔。为了便于制造和维修，缸径较大，气缸数量较多的发动机，多采用分段式气缸盖。缸径较小，气缸数量较少的发动机则采用整体式气缸盖。气缸盖一般多采用灰铸铁或合金铸铁铸造而成。小型汽油机也有采用铝合金气缸盖的，铝合金密度小，质量轻，但铝合金气缸盖刚度低，使用中易变形。

2. 汽油机燃烧室

汽油机燃烧室由活塞顶部（指上止点时）与缸盖上相应的凹坑组成。燃烧室的形状对发动机的工作和性能影响很大。因此，要求燃烧室：① 结构要紧凑，冷却面积要小（即面容比 S/V 要小），以利于减少热量损失，缩短火焰行程，控制爆震发生；② 应能够提高换气效率，促使进气产生涡流和挤气，以便利用压缩行程终了时的涡流运动来加快混合气的燃烧速度，充分燃烧；③ 应能够将火花塞布置在燃烧室的中间，以利于火焰向四周传播，快速、充分燃烧。

图 5.17　进气涡流和挤气的形成

利用切向进气道或螺旋进气道，在进气过程中形成旋转的气流称为进气涡流，进气涡流能促使燃油与空气很好地混合。利用燃烧室的特殊结构，在换气过程中使可燃混合气尽快充满燃烧室，废气尽快排出，收到进气充分、排气彻底的效果，这样的技术称为挤气。

进气涡流和挤气的形成如图 5.17 所示。

汽油机燃烧室形状主要有以下几种，如图 5.18 所示。

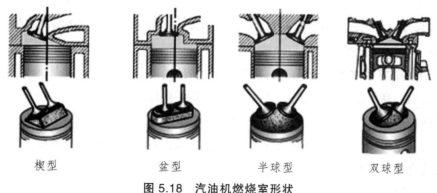

楔型　　　　　盆型　　　　　半球型　　　　　双球型

图 5.18　汽油机燃烧室形状

（1）楔型燃烧室。楔型燃烧室结构紧凑；气门斜置，气道导流效果较好，充气效率高，易形成挤气涡流。动力性和经济性都比较高，并有利于减少 CO 和 HC 化合物的排放。

（2）盆型燃烧室。盆型燃烧室结构比较紧凑，能产生挤气涡流，但盆的形状狭窄，气门尺寸受到限制，气道弧线较差，影响换气效果。因而，动力性与经济性均不如楔型燃烧室。

（3）半球型燃烧室。半球型燃烧室气门成横向 V 型排列，有利于增大气门头部直径，换气效率高；火花塞多位于燃烧室的中部，火焰行程短，燃烧速度快，不易产生爆燃，结构紧凑，散热面积小，因而动力性和经济性都很好。此结构气门排成双列，配气机构较为复杂，半球型燃烧室多用于高速发动机。

扁球型燃烧室，如图 5.19 所示。扁球型燃烧室与半球型燃烧室相近，结构也很紧凑，但气门仍排成一列，不影响配气机构结构。

（4）双球型燃烧室。这种结构是在半球型燃烧室的基础上演变而成，进、排气门采用不同的尺寸和位置，形成了两个球形空间，如图 5.20 所示。

（5）四气门浅篷型燃烧室。结构紧凑，挤气效果强，火花塞布置在燃烧室的中央，火焰传播速度快，热效应高，如图 5.21 所示。

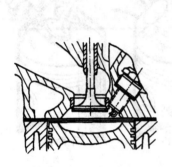 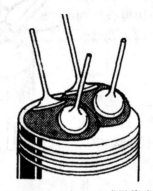 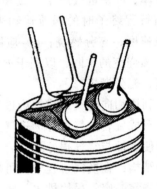

图 5.19　扁球型燃烧室　　图 5.20　四气门双球燃烧室　　图 5.21　浅篷型燃烧室

柴油机燃烧室的结构将在"柴油机供给系"一章中讨论。

3. 气缸垫

气缸盖与气缸体之间装有气缸衬垫，简称气缸垫，作用是保证气缸盖与气缸体间的密封，防止燃烧室漏气、冷却液套漏水。

（1）气缸垫的工作条件十分苛刻，应满足下列要求：

① 在高温、高压燃气作用下有足够的强度，不易损坏。

② 耐热和耐腐蚀，即在高温、高压燃气或有压力的机油和冷却液的作用下不烧损或变质。

③ 具有一定的弹性，能补偿接合面的不平度，以保证可靠密封，寿命长。

④ 拆装方便，气缸垫都不重复使用，拆装后应更换新的。

（2）气缸垫的分类。

气缸垫的结构如图 5.22 所示，属一次使用的零件，主要有 3 种：

① 金属-石棉垫。石棉中间夹有金属丝或金属屑，外裹铜片或钢片。水孔和燃烧室孔周围用金属镶边予以加强，以防被高温燃气烧坏。这种衬垫压紧厚度为 1.2 ~ 2.0 mm，有很好的弹性和耐热性。

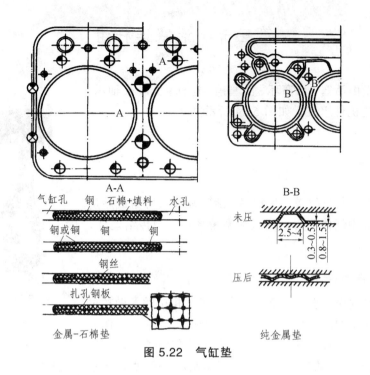

图 5.22　气缸垫

② 金属骨架-石棉垫。用金属网或带孔的钢板（冲有带毛小孔的钢板）做骨架，外覆石棉及橡胶黏结剂压制而成，表面涂以石墨粉等光滑剂，只在缸口、油道口和水道孔处用金属包边。这种缸垫弹性更好，但易黏结。

③ 纯金属垫。一些强化发动机采用纯金属气缸垫，由单层金属片（铜、铝或低碳钢）制成。为了保证密封，在缸口、油、水道孔处冲有弹性凸筋。

随着新型密封材料的研制，一些发动机开始使用单层金属片加耐热密封胶，或只用耐热密封胶，彻底取代了气缸垫。使用耐热密封胶或纯金属垫的发动机，对缸体与缸盖结合面的加工精度要求较高。

三、油底壳

油底壳的主要作用是储存机油、散热并封闭曲轴箱。油底壳受力小，采用薄钢板冲压而成，如图 5.23 所示。形状取决于发动机的总体布置和机油的容量。为了保证发动机在纵向倾斜情况下，润滑油泵仍能吸到机油，油底壳后部一般较深，且在壳内设有挡油板，防止汽车颠簸时油面波动过大。底部设有放油塞，有的放油塞用磁性材料制成，能吸附机油中的金属屑，以减少发动机运动零件的磨损。

有的发动机为了有利于油底壳内机油散热，采用铝合金铸造油底壳，并在壳的底部加铸散热片。

油底壳与曲轴箱之间必须加装衬垫，以防漏油。近几年来，也有用密封胶取代衬垫的，防漏效果不错。

图 5.23　油底壳

第三节　活塞连杆组

活塞连杆组由活塞、活塞环、活塞销、连杆、大小头轴承、连接螺杆等主要机件组成，如图 5.24 所示。

一、活　塞

活塞的作用是与气缸盖、气缸壁、活塞环等共同组成燃烧室，并承受气缸中气体压力，通过活塞销将作用力传给连杆，连杆推动曲轴旋转。

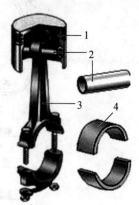

图 5.24　活塞连杆组

1—活塞；2—活塞销；
3—连杆；4—合金轴承

1. 工作条件与要求

活塞在工作过程中直接与高温、高压燃气相接触，做功过程活塞顶部承受 1 730℃ 以上高温燃气的冲刷，活塞的工作温度迅速升高。在进气时，流经活塞顶面的混合气温度又极低，一般在 50℃ 以下。发动机每完成一个工作循环活塞就要经受一次剧烈的冷热冲击，高温和冷热冲击的反复作用会使活塞的强度显著下降。发动机工作时的燃烧膨胀过程是在瞬间完成，作用在活塞顶部的燃气膨胀压力是一种瞬时冲击载荷。汽油机的瞬时膨胀压力峰值约为 3 ~ 5 MPa，柴油机的膨胀压力峰值高达 6 ~ 9 MPa，强化、增压发动机的膨胀压力峰值会更高。活塞顶部受到这种交变冲击载荷的作用后必然会产生变形和疲劳损伤，同时气体作用力产生的侧压力会加速活塞与缸体间的磨损。

活塞在气缸内每分钟往复运动几千次，其瞬时速度在零和最大值之间不断变化，活塞运动的特点是反复地加速和减速，活塞的运动必将产生很大的惯性力，使曲柄连杆机构各机件承受很大的附加载荷。由以上分析可知：活塞工作在高温、高压、高速及润滑和散热均比较困难的条件下。因此，对活塞有以下几个方面的要求：

（1）要有足够的强度、刚度和耐冲击载荷的能力。

（2）质量要轻，以降低惯性力与附加载荷。

（3）热膨胀系数要小，高温下不易变形，导热性要好，散热能力强。

（4）与缸壁间的摩擦系数要小，耐磨损。

目前，汽车发动机广泛采用铝合金制造活塞。铝合金活塞具有质量轻（约为同样结构铸铁活塞的 50% ~ 70%），导热性好（约为铸铁的 3 倍）的优点。缺点是热膨胀系数较大，高温下强度和硬度下降较快。为了克服这些缺点，在结构设计、机械加工和热处理方面采取各种措施加以弥补。

活塞用的铝合金中，硅铝合金膨胀系数较小，且耐磨性能良好，应用较为广泛。铜镍镁铝合金强度高耐热性能好，多用于高负荷发动机上。近年来，柴油机活塞重新选用优质灰铸铁，发挥灰铸铁的优势（价格低，耐热性能好且膨胀系数小）。为了减轻活塞质量，在结构设计中采用薄顶、楔形单销座，只保留侧压力方向的裙部等措施。

2. 结　构

活塞的基本结构可以分为头部、环槽部和裙部 3 部分，如图 5.25 所示。

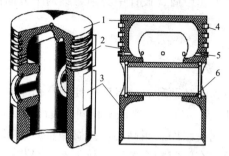

图 5.25　活塞结构图

1—头部；2—环槽部；3—裙部；4—活塞环；5—回油孔；6—活塞销座

（1）活塞头部。活塞头部是燃烧室的组成部分，因而其形状取决于燃烧室的形式。常见的头部形状有以下几种，如图 5.26 所示。

平顶活塞　　　　　凹顶活塞　　　　　凸顶活塞

图 5.26　活塞头部形状

① 平顶活塞。平顶活塞结构简单、吸热面积小，便于制造加工，且有利于缸内混合气流动和燃烧过程中的火焰传播，因而在汽油机上得到了广泛的使用。

② 凹顶活塞。凹顶活塞构成扁球形燃烧室，能够改善混合气流动性能，改善燃烧过程，并有利于增大气门升程，防止活塞顶碰撞气门。

③ 凸顶活塞。采用凸顶活塞能够提高压缩比，特别是在发动机技术改造过程中，为了提高压缩比，多改用凸顶活塞，这样缸盖等复杂零件可以不改动。

④ 气门让坑。当气门升程比较大时，为了不使活塞和气门的运动出现干涉，在活塞顶平面上加工出了气门让坑。气门让坑不能过深，否则会影响混合气的运动，从而影响燃烧过程。

（2）活塞环槽。活塞环安装在活塞环槽内。汽油机一般有 3 道环槽，上面 1 ~ 2 道用来安装气环，实现气缸的密封，最下面的一道用来安装油环。在油环槽底面上钻有许多径向回油小孔，当活塞向下运动，油环把气缸壁上多余的机油刮下来经回油孔流回油底壳。环槽的断面形状与活塞环的断面形状相一致，一般为矩形或梯形。第一道环工作温度较高，且容易产生积炭，易出现过热卡死现象。因而，有的活塞在第一道环槽上部切了一道较窄的隔热槽，阻止（减缓）对第一环槽的热传递。大型发动机的活塞环数量超过 3 道。

（3）活塞裙部。裙部指油环槽以下的部分。活塞在气缸内上下往复运动过程中靠活塞裙部起导向作用，以控制活塞头部的摆动，并承受侧压力。因而，裙部要有一定的长度，以保证可靠导向；要有足够的面积，以防活塞对气缸壁单位面积压力过大，破坏润滑油膜，加大磨损。另外，从减轻活塞质量的要求来看，则应尽量缩短活塞裙部的长度。这与上述增加长度，保证导向控制摆动的要求相矛盾，设计中必须兼顾两个方面的要求。

二、活塞环

活塞环按用途分为气环和油环两种，两者配合使用。由于它们的作用及工作要求各不相同，因而其结构形式、所用材质、安装位置也不相同。表征活塞环性能的指标有端隙、侧隙、背隙、弹性、平直度 5 个。同时耐磨、耐高温、抗腐蚀也是活塞环必须具备的特性。活塞环径向断面四周与相邻零件间都有间隙配合关系，故都有密封与磨损这一对矛盾存在。

1. 活塞环的工作条件

活塞环是在高温、高压、高速以及润滑困难和化学腐蚀严重的条件下工作的。高温下，润滑油膜容易被破坏，润滑油也容易变质，故活塞环在工作中的润滑十分困难。工作中活塞环的运动情况也比较复杂，既有环与缸壁间相对高速运动引起的滑动摩擦，也存在环与环槽上下侧面的撞击，以及由于环的径向张缩（环在气缸中上下往复运动时，沿径向会产生一张一缩的运动）与环槽间所产生的相对摩擦。因此，活塞环是发动机中磨损最快的零件之一。

此外，在高温热负荷的持续作用下，会引起环的弹性下降，密封作用降低，造成高温燃气直接从气环外表面漏入曲轴箱，严重时会导致活塞和环同时被烧坏。

活塞环严重磨损、失去弹力或密封面烧蚀失去密封作用时，将造成发动机起动困难，动力下降，曲轴箱压力升高，排气冒蓝烟，燃烧室、活塞等表面严重积炭等不良现象。

2. 气　环

气环也叫压缩环，作用是保证活塞与气缸壁之间的密封，防止气缸内的高温、高压燃气大量窜入曲轴箱；并将活塞所承受的热量传递给气缸，再由冷却液或空气带走，如图 5.27 所示。在密封和导热两大作用中，密封作用是主要的，密封是导热的前提。

气环为带切口的环状结构，但不同发动机所采用的气环的切口形状、断面形状以及密封特性各不相同。

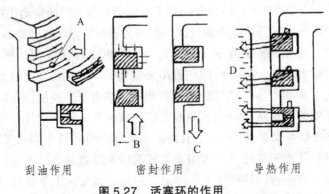

图 5.27　活塞环的作用

A—回油孔；B—油膜；C—活塞动作；D—冷却液套

（1）密封特性。环在自由状态下，切口张开呈不标准的圆环形；当环随着活塞一起装入气缸后，环受到压缩，切口合拢，靠自身产生的弹力紧贴在气缸壁上。发动机工作过程中，活塞环在燃气压力的作用下，压紧在环槽的下端面上，于是燃气便绕流到环的背面，并发生膨胀，使环更紧地贴在气缸壁上。当压力下降的燃烧气体从第一道气环的切口漏到第二道气环的上端面时，又会使第二道气环紧贴在环槽的下端面上，于是，燃烧气体又绕流到这道环的背面，在膨胀压力作用下使环紧压在缸壁上，气压再次下降。如此继续进行下去，从最后一道气环漏出来的燃气，压力和流速已大大减小，因而泄漏的燃气量也就很少了。这种由切口相互错开 180 ℃ 的几道气环所构成的"迷宫式"封气装置，足以对气缸中的高压燃气进行有效的密封，如图 5.28（a）所示。

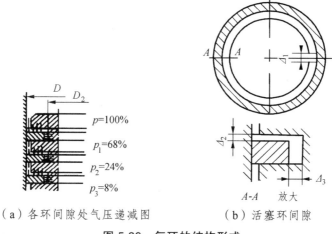

（a）各环间隙处气压递减图　　　　（b）活塞环间隙

图 5.28　气环的结构形式

大多数汽油机活塞有两道气环，柴油机有 3 道气环，在保证密封可靠的前提下气环数少有利。

（2）活塞环的间隙是保证活塞环无论在何种工况下都不能卡死的必要条件，有 3 种气环间隙，如图 5.28（b）所示，其值各厂家有规定，应严格按维修说明调整气环间隙。

① 端隙 Δ_1。也称开口间隙，指活塞环随活塞装入气缸后切口端面间的间隙，大小一般为 0.25 ~ 0.50 mm，柴油机端隙略大于汽油机。

② 侧隙 Δ_2。也称边隙，指环高度方向与槽之间的间隙，大小一般为 0.03 ~ 0.07 mm。

③ 背隙 Δ_3。也称槽隙，指活塞环随活塞装入气缸后，环内圆柱面与活塞槽底处圆柱面间的间隙，大小为 0.03 ~ 0.35 mm。为了便于测量，以环的径向厚度与环槽的深度之差来表示背隙。

3. 油　环

油环的作用是刮除气缸壁上多余的润滑油，并在气缸壁上形成一层均匀的油膜。此外，油环也能起到辅助性的密封作用，通常发动机装 1 ~ 2 道油环。

油环按结构分为普通油环和组合式油环两类，如图 5.29 所示。

（1）普通油环。普通油环为一整体结构，故也称为整体式油环，即外圆柱面的中部切有一道凹槽，凹槽底部开有若干个回油用的小孔或狭隙。普通油环一般用耐磨合金铸铁制造。

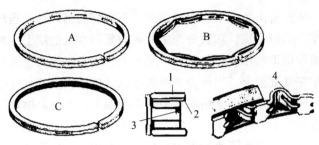

图 5.29　油环的结构

A—普通型油环；B—带胀圈油环；C—带卷簧胀圈油环
1—刮片；2—镀铬；3—隔片；4—衬簧

（2）组合式油环。组合式油环由刮油钢片和产生轴向、径向弹力作用的衬簧组成。刮油钢片因结构的不同，可分别采用 2 片、3 片或 4 片。组合式油环的合金钢片采用表面镀铬工艺，以减少磨损。

组合式油环的优点：① 环片很薄，对壁缸的比压大，因而刮油作用强；② 几个刮油片各自独立，故对缸的适应性好；③ 质量小；④ 组合式油环装合后没有侧隙，隔断了经背隙、侧隙窜油的通道，且回油通路大，故回油能力强。组合式油环的刮油效果好于普通油环，在高速发动机上广泛使用。

组合式油环的制造成本高于普通油环。

三、活塞销

活塞销的作用是连接活塞和连杆小头，将活塞所受的气体作用力传给连杆，推动连杆下行或将曲轴的推力经连杆传给活塞推动活塞上行。

活塞销在高温下承受很大的周期性冲击剪切载荷，润滑条件较差（一般靠飞溅润滑），因而要求有足够的刚度和强度，表面耐磨，质量小。

1. 结　构

活塞销的结构通常为空心圆柱体，有时也按等强度要求做成截面管状结构，如图 5.30 所示。活塞销一般采用低碳钢或低碳合金钢制造。

2. 连接方式

活塞销与活塞销座孔和连杆小头衬套孔的连接方式有以下两种：

（1）全浮式。全浮式连接是指在发动机正常工作过程中，活塞销与活塞销座孔及连杆小头衬套之间有适量的配合间隙，活塞销可以在孔内自由转动。采用全浮式连接，活塞销的磨损比较均匀，使用寿命较长。

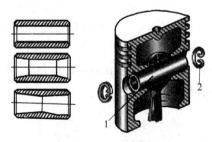

活塞销结构形状　　　活塞销的连接

图 5.30　活塞销及连接方式

1—活塞销；2—卡簧

当采用铝活塞时，活塞销座的热膨胀量大于钢制活塞销。为了保证高温下工作时有正常的配合间隙（0.01 ~ 0.02 mm），在冷态装配时两者间为过渡配合。装配时，必须先对活塞进行加热，即把活塞放入 70～90 ℃ 的水中加热后，再将活塞销装入。为了防止活塞销工作中发生轴向窜动而刮伤气缸壁，在销座两端还应加装卡簧。

（2）半浮式。半浮式连接是活塞销与活塞销座孔和连杆小头孔之间，一处固定（过盈配合），一处浮动（间隙配合）。通常销与连杆小头之间为过盈配合，工作中不发生相对转动。活塞销与活塞销座孔之间为间隙配合。半浮式连接，连杆小头孔内无衬套，不会发生窜轴现象，故活塞销座孔两端无需装轴向限位卡簧。这种连杆方式结构简单，适用于轻型高速发动机。

四、连　杆

连杆的作用是将活塞承受到的力传给曲轴，使活塞的往复直线运动转变为曲轴的旋转运动或将曲轴的力传给活塞，使曲轴的旋转运动变为活塞的往复直线运动。发动机工作中，活塞作往复直线运动，曲轴作旋转运动，处于两者之间的连杆的运动状态较为复杂，运动学中把连杆的运动方式称为平面复合运动。

连杆由连杆体、连杆盖、连杆螺栓和连杆轴瓦等零件组成，如图 5.31 所示。

1. 连杆体与连杆盖

（1）基本结构。连杆体与连杆盖的基本结构分为三个组成部分：小头、杆身和大头。小头用来安装活塞销，以连接活塞。采用全浮式连杆方式的连杆小头孔内装有（过盈配合）青铜衬套或铁基粉末冶金衬套，运动副间的润滑方式有两种：一种是在连杆小头开有集油槽或集油孔，靠收集曲轴旋转时飞溅起来的机油来润滑，通常把这种润滑方式称为飞溅润滑；另一种是在连杆杆身内钻有纵向压力油道，采用压力润滑方式。杆身通常做成"工"或"H"形断面，以求在满足强度和刚度要求的前提下减小质量，连杆大头与曲轴的连杆轴颈相连。为了便于安装，加工成分开式，与杆身切开的一半称为连杆盖，二者靠连杆螺栓连接为一体。连杆大头的剖切面有两种形式：

① 平切口。剖切面与杆身中心线垂直，如图 5.32 所示。一般汽油机连杆大头的尺寸都小于气缸直径，故多采用平切口。

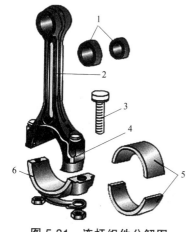

图 5.31　连杆组件分解图

1—连杆衬套；2—连杆体；3—连杆螺栓；4—连杆大头；
5—连杆轴瓦；6—连杆盖

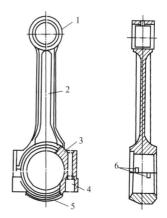

图 5.32　平切口连杆及其定位方式

1—连杆小头；2—连杆杆身；3—连杆大头；4—连杆螺栓；
5—连杆盖；6—轴瓦定位槽

② 斜切口。柴油机大功率发动机大头尺寸较大，为了便于拆卸、装配时杆身从气缸中通过，多采用斜切口。剖切面与杆身中心线一般成 30° ~ 60° 夹角（以 45° 夹角最常见）。

连杆大头的装合有严格的定位要求，常见的定位方式如图 5.33 所示，有以下几种：

a. 连杆螺栓定位。依靠连杆螺栓上的精加工圆柱凸台或光圆柱部分与经过精加工的螺栓孔来定位。这种方式定位精度较差，一般用于平切口连杆。

b. 锯齿形定位。依靠锯齿形接合面实现定位。这种方式定位可靠，结构紧凑。

c. 套筒（或销）定位。依靠定位套筒或定位销来定位。这种方式可实现多向定位，定位可靠。

d. 止口定位。这种方式结构简单。

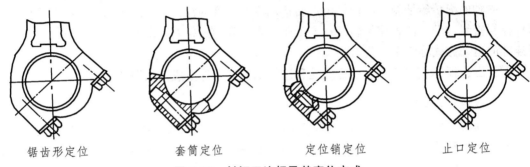

锯齿形定位　　　　　套筒定位　　　　　定位销定位　　　　　止口定位

图 5.33　斜切口连杆及其定位方式

上述后 3 种方式多用于斜切口连杆。

（2）V 型发动机的连杆结构。V 型发动机气缸排成两列，两列相对两缸的连杆装在同一连杆轴颈上，其结构有以下 3 种形式：

① 并列连杆式。相对应两缸的连杆其结构与尺寸是完全一样的，且一前一后地装在同一个连杆轴颈上。这种形式的优点是连杆结构相同，互换性好。其缺点是曲轴较长，刚度较低，发动机纵向尺寸稍大。

② 主副连杆式。如图 5.34 所示，一列气缸的连杆为主连杆，其大头直接安装在曲轴的连杆轴颈上；另一列气缸的连杆为副连杆，其大头与对应的主连杆大头上的两个凸耳作铰链连接。这种形式结构紧凑，其不足之处是主、副连杆不同，不能互换。

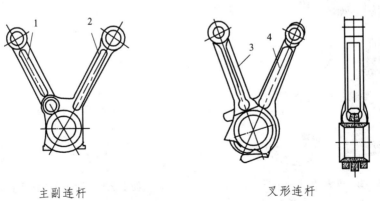

主副连杆　　　　　　　　　　　叉形连杆

图 5.34　主副连杆与叉形连杆的结构

1—副连杆；2—主连杆；3—叉形连杆；4—片形连杆

③ 叉形连接式。左右两列对应的两个连杆，一个制作成叉形，另一个制成薄片形，叉形连杆的大头装在片形连杆大头的两端。这种结构的优点是：两列气缸活塞连杆组的运动规律相同；左右对应的两个气缸中心线在同一纵向平面内，发动机结构紧凑。其缺点是叉形连杆大头结构和制造工艺比较复杂。

由于连杆受交变载荷的周期性作用，容易产生疲劳破坏，故对连杆的强度、刚度和抗疲劳性有比较高的要求。为了满足这些要求，选用优质中碳钢或中碳合金钢制作连杆，并用表面喷丸处理等工艺来提高强度。

2. 连杆轴承

连杆轴承采用薄壁滑动轴承，俗称连杆轴瓦。连杆轴承安装在连杆大头孔座中，与曲轴上的连杆轴颈装合在一起，是发动机中最重要的运动副之一。其工作情况对发动机的机械效率、工作可靠性以及使用寿命都有很大影响。

（1）汽车发动机轴承采用的减摩合金，主要有白合金、铜铅合金和铝基合金。

① 白合金。白合金又叫巴氏合金，有锡基和铅基两种，应用较多的是锡基白合金，其主要成分是锡，同时含有锑、铜等金属成分。锡基合金减摩性好，但机械强度较低，耐热性不高，故多用于中小型汽油机连杆轴承和主轴承。

② 铜铅合金。铜铅合金一般由 30% 左右的铅和 70% 左右的铜组成。其主要特点是机械强度高，承载能力大，耐热性好，故多用于高负荷的柴油发动机。铜铅合金的减摩性能较差，为改善此缺陷，常在其表面电镀一层厚约 0.02 ~ 0.03 mm 的软金属（如铅锡、铅锡铜等），制成"钢背-铜铅合金-表层" 3 层结构的轴瓦。

③ 铝基合金。铝基合金有铝锑镁合金、低锡铅铝合金、高锡铅铝合金 3 种。前两种合金机械性能好，负载能力强，但减摩性相对稍差，主要用于柴油机。高锡铅铝合金具有较好的机械性能，同时又有比较好的减摩性能，应用较广。

（2）轴承（轴瓦）的结构。发动机轴瓦采用剖分成两半的滑动轴承，其结构如图 5.35 所示，是在 1 ~ 3 mm 厚的钢背内圆柱面上浇铸 0.3 ~ 0.7 mm 厚的减摩合金制成。按照材料不同有两层结构和 3 层结构。

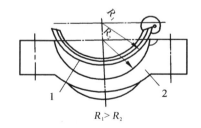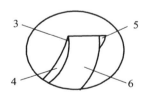

图 5.35　轴瓦结构

1—轴瓦；2—连杆盖；3—倒角；4—减摩合金层；5—定位唇；6—钢背

轴瓦在自由状态下的曲率半径略大于孔座的半径，且轴瓦的背面应具有高的表面粗糙度，以保证轴瓦装入座孔后，靠自身产生的张紧力紧贴座孔。为了防止工作中轴瓦在座孔内发生转动或轴向移动，分别在轴瓦的剖分面和座孔的结合端制有定位唇和定位槽，以确保装配中准确定位。

有些发动机主轴承和连杆轴承均采用钢背铜基结构，靠钢背的一层为铅锡铜底层，其上为很薄的镍层，上表层为巴氏合金。使用中不允许对轴承的合金层表面进行刮削或镗削等，以免破坏轴承的表面质量，减小合金层的厚度，缩短其使用寿命。

第四节　曲轴飞轮组

曲轴飞轮组由曲轴和飞轮及其他不同作用的零件和附件组成，零件和附件的种类和数量取决于发动机的结构和性能要求，图5.36是直列4缸发动机曲轴飞轮组的组成立体图。曲轴飞轮组的主要作用是改变运动形式，即在做功冲程，将活塞直线运动变成曲轴的旋转运动，其他冲程将曲轴的旋转运动变成活塞的直线运动，同时它还有储存能量及连接传递能量的作用。

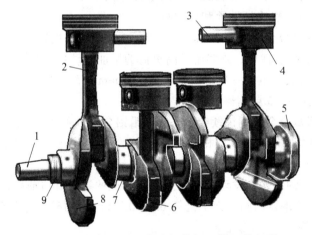

图 5.36　直列 4 缸发动机曲柄飞轮组的组装

1—曲轴前端附件传动装置驱动轮轴颈；2—活塞连杆；3—活塞销；4—活塞；5—曲轴后端法兰盘；
6—连杆轴承盖；7—主轴轴颈；8—平衡重；9—曲轴前端正时传动装置驱动轮轴颈

一、曲　轴

曲轴（crankshaft）是发动机最重要的器件之一，作用是将活塞连杆组传来的推力转变成使曲轴旋转的力矩向外输出；并驱动发动机的配气机构及其他辅助装置（如发电机、冷却液泵、风扇、润滑油泵、柴油机喷油泵、空调压缩机等）工作。

1. 曲轴的结构

车用发动机曲轴有整体式和组合式两种结构，如图5.37和图5.38所示。

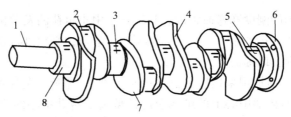

图 5.37　整体式曲轴

1—曲轴前段附件传动装置驱动轮轴颈；2—连杆轴颈；3—主轴颈；4—平衡重；5—后段轴；
6—法兰盘；7—曲柄；8—曲轴前段正时传动装置驱动轮轴颈

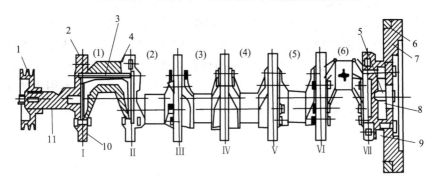

图 5.38　组合式曲轴

1—皮带盘；2—滚动轴承；3—连接螺杆；4—曲柄；5—后段轴；6—齿圈；7—飞轮；
8—后端凸缘；9—挡油圈；10—主轴颈；11—前段轴

曲轴由前段轴、曲拐、后段轴 3 部分组成。

（1）前段轴与后段轴。

① 前段轴。前段轴上有安装驱动附件传动装置的皮带轮轴颈，用来驱动冷却液泵、助力油泵、空调压缩机、发电机等附属机构；还有安装正时装置（齿轮、链轮或齿形带轮）的轴颈，有些货车曲轴前端部还有人工起动爪等。

② 后段轴。后段轴上有安装法兰盘的轴颈，用以连接飞轮。

③ 前后段的密封。曲轴前后段均伸出了曲轴箱，为了防止润滑油沿轴颈外漏，在曲轴的前后段均设有防漏密封装置。常见的密封装置有挡油盘、填料油封、自紧油封、回油螺纹等。一般发动机多采用两种以上防漏装置组成复合式防漏结构。

（2）曲拐。每个连杆轴颈与两端的曲柄及主轴颈共同构成一个曲拐，直列式发动机曲轴的曲拐数等于发动机的气缸数，V 型发动机曲轴的曲拐数是气缸数的一半。

① 连杆轴颈。连杆轴颈在曲轴上，与连杆大头通过连杆轴承装配在一起。在直列发动机上，连杆轴颈数与气缸数相等；在 V 型发动机上，一个连杆轴颈上安装二个连杆（推动相对的两个气缸），连杆轴颈数为气缸数的一半。连杆轴颈内部有润滑滑道与主轴颈内部的润滑油道相通。

② 主轴颈。主轴颈是曲轴的支承部分。根据主轴颈的设置，可以把曲轴的支承方式分为：全支承和非全支承。全支承曲轴每个连杆轴颈两边各有一个主轴颈为支承点，故主轴颈数总是比连杆轴颈数多一个。这种支承方式刚性好，工作中曲轴不易变形，且有利于减轻主轴承的载荷，但容易使机体纵向长度增加。非全支承曲轴主轴颈数等于或少于连杆轴颈数，结构

较紧凑，但会降低曲轴的刚度和弯曲强度，只适合于中小负荷的发动机。主轴颈和连杆轴颈是发动机中最关键的滑动运动副。为了提高轴颈的耐磨性，必须进行表面淬火，轴颈过渡圆角处还须进行滚压处理，以提高抗疲劳强度。

③ 曲柄和平衡重。曲柄用来连接主轴颈和连杆轴颈。平衡重的作用是将连杆、连杆轴颈和曲柄等质心不在曲轴转动中心上的结构引起的偏离了转动中心的曲轴质心平衡回转动中心，使发动机运转平稳。图 5.39 所示是一根直列 4 缸机曲轴受力分析图。（a）图中，惯性力 F_1、F_2 与 F_3、F_4 形成的力矩 $M_{1\text{-}2}$、$M_{3\text{-}4}$，对曲轴平稳运转构成了很大的影响。（b）图，增加平衡重之后，附加载荷（$M_{1\text{-}2}$、$M_{3\text{-}4}$）消失。加平衡重有两种方式，一种是与曲轴制为一体（整体式）；另一种是制成单独的平衡重块，再用螺钉固定在曲柄上（装配式）。加平衡重会增加曲轴质量，使材料消耗增多，制造工艺复杂，成本上升。因而，曲轴是否加平衡重，要视具体情况而定。有的 6 缸发动机各曲拐的离心力和离心力矩本身可以平衡，虽然存在局部弯曲影响，但由于采用了全支承的方式，曲轴本身刚度较大，就不用再增加平衡重。有的发动机曲轴采用非全支承，曲轴刚性较弱，为了减轻主轴承的载荷，增设平衡重是完全必要的。

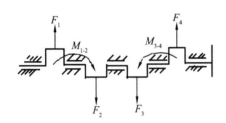 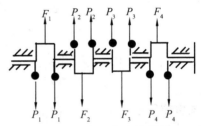

F_1、F_2、F_3、F_4 为活塞曲柄组的惯性离心力 P_1、P_2、P_3、P_4 为平衡重的惯性离心力
（a）未加平衡重的受力分析图   （b）加平衡重后的受力分析图

图 5.39　曲轴受力分析图

曲轴在装配前必须经过动平衡校验，对不平衡的曲轴，常在偏重的一侧平衡重或曲柄上钻去一部分质量，以达到平衡的要求。

2. 曲拐的布置与发动机工作循环表

（1）曲拐的布置主要取决于气缸数、气缸排列方式（直列、V 型）和各缸的工作顺序，并应遵循以下原则：

① 各缸的做功间隔角应均衡，以使发动机运转平衡。四冲程直列发动机做功间隔角为 $720°/i$（i 为气缸数），即：4 缸机间隔角为 $720°/4 = 180°$，6 缸机间隔角为 $720°/6 = 120°$。

② 连续做功的两个气缸应尽量远一些，以减轻主轴承载荷，同时避免相邻两缸进气门同时开启而出现进气重叠现象。

③ V 型发动机两列气缸应交替做功。

④ 曲拐布置应尽可能对称、均衡。

（2）常见的多缸发动机曲拐布置与工作循环表。

四冲程直列 4 缸发动机曲轴曲拐布置如图 5.40 所示。做功间隔为 180°，4 个曲拐布置在同一平面内。发火顺序有两种可能：1—3—4—2 和 1—2—4—3，它们的工作循环见表 5.1 和表 5.2。

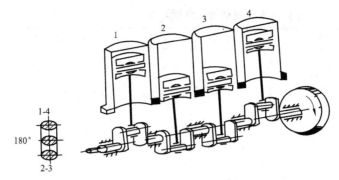

图 5.40 直列 4 缸发动机曲轴曲拐布置

表 5.1 四冲程直列 4 缸发动机工作循环表（工作顺序 1—3—4—2）

曲轴转角/（°）	第一缸	第二缸	第三缸	第四缸
0 ～ 180	做功	排气	压缩	进气
180 ～ 360	排气	进气	做功	压缩
360 ～ 540	进气	压缩	排气	做功
540 ～ 720	压缩	做功	进气	排气

表 5.2 四冲程直列 4 缸发动机工作循环表（工作顺序 1—2—4—3）

曲轴转角/（°）	第一缸	第二缸	第三缸	第四缸
0 ～ 180	做功	压缩	排气	进气
180 ～ 360	排气	做功	进气	压缩
360 ～ 540	进气	排气	压缩	做功
540 ～ 720	压缩	进气	做功	排气

四冲程直列 6 缸发动机，曲轴曲拐布置如图 5.41 所示。做功间隔角为 120°，做功顺序为 1—5—3—6—2—4，曲拐均匀地分布在互成 120° 夹角的 3 个平面内，相邻工作两缸的曲拐夹角为 120°，其工作循环见表 5.3。

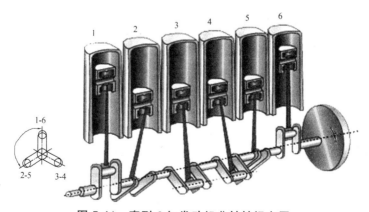

图 5.41 直列 6 缸发动机曲轴轴拐布置

表 5.3　四冲程直列 6 缸发动机工作循环表（工作顺序 1—5—3—6—2—4）

曲轴转角/(°)		第一缸	第二缸	第三缸	第四缸	第五缸	第六缸
0~180	60	做功	排气	进气	做功	压缩	进气
0~180	120	做功	排气	进气	排气	压缩	进气
0~180	180	做功	进气	压缩	排气	做功	进气
180~360	240	排气	进气	压缩	排气	做功	压缩
180~360	300	排气	进气	做功	进气	做功	压缩
180~360	360	排气	压缩	做功	进气	排气	压缩
360~540	420	进气	压缩	做功	进气	排气	做功
360~540	480	进气	压缩	排气	压缩	排气	做功
360~540	540	进气	做功	排气	压缩	进气	做功
540~720	600	压缩	做功	排气	压缩	进气	排气
540~720	660	压缩	做功	进气	做功	进气	排气
540~720	720	压缩	排气	进气	做功	压缩	排气

四冲程 V 型 8 缸发动机，做功间隔角为 90°。通常 V 型发动机 4 个曲拐的布置有两种方式，一种是 4 个曲拐布置在同一平面内，与直列 4 缸发动机曲拐布置完全一样；另一种是 4 个曲拐分别布置在互为 90° 的两个平面内，如图 5.42 所示，这样的布置有利于发动机的平衡。表 5.4 列出了 V8 型发动机的工作循环表。

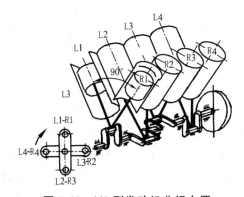

图 5.42　V8 型发动机曲拐布置

表 5.4　V8 型发动机工作循环表（工作顺序 R1—L1—R4—L4—L2—R3—L3—R2）

曲轴转角/(°)		R1 缸	R2 缸	R3 缸	R4 缸	L1 缸	L2 缸	L3 缸	L4 缸
0~180	0~90	做功	做功	排气	压缩	压缩	进气	排气	进气
0~180	90~180	做功	排气	进气	压缩	做功	进气	排气	压缩
180~360	180~270	排气	排气	进气	做功	做功	压缩	进气	压缩
180~360	270~360	排气	进气	压缩	做功	排气	压缩	进气	做功
360~540	360~450	进气	进气	压缩	排气	排气	做功	压缩	做功
360~540	450~540	进气	压缩	做功	排气	进气	做功	压缩	排气
540~720	540~630	压缩	压缩	做功	进气	进气	排气	做功	排气
540~720	630~720	压缩	做功	排气	进气	压缩	排气	做功	进气

利用工作循环表可以帮助人们分析某一时刻各缸所处的工作状态。

3. 曲轴的轴向定位和径向定位

（1）轴向定位。发动机工作时，离合器通过飞轮作用于曲轴上的轴向力有使曲轴产生轴向窜动的趋势，曲轴的轴向窜动将破坏曲柄连杆机构各零件正确的轴向位置，故必须采用轴向限位措施限制轴向间隙，以控制轴向窜动量。

曲轴的轴向定位采用止推片或翻边轴瓦，如图 5.43 所示。定位装置可以装在前端第一道主轴承处或中部某主轴承处。为了保证曲轴在受热膨胀或冷却时能够自由伸缩，曲轴只能设置一个轴向定位装置。

有的发动机采用全支承锻制曲轴，在第三道主轴承两端装止推片实现轴向定位，有的发动机曲轴第一道主承轴座两端加装环状整体止推片实现轴向定位。

（2）径向定位。曲轴径向定位的任务由主轴承（俗称大瓦）担任，主轴承的基本结构与连杆轴承相同，主轴承把曲轴与机体连接在一起，将曲轴承受的全部载荷传给机体组。主轴承开有周向油槽和主油孔，在装配时两片轴瓦不能装错。

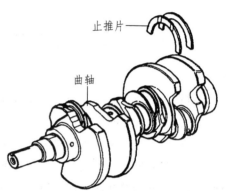

图 5.43　曲轴的轴向定位

（3）发动机工作时，曲轴受燃烧气体作用力、往复惯性力和旋转惯性力的共同作用，会同时形成扭转变形和弯曲变形。因此，曲轴必须具有足够的刚度和强度，工作表面有较高的耐磨性能。

为满足上述要求，选用强度高、耐冲击韧性和耐磨性好的优质中碳结构钢、优质中碳合金钢或高强度球墨铸铁来制造曲轴。制造方法有锻造（模锻）、铸造等。

锻造曲轴多采用 45 优质碳素结构钢或 40Cr、38CrMo 等中碳合金钢。

铸造曲轴多采用高强度稀土球墨铸铁，采用全支承结构，以保证刚度。

为了提高曲轴的耐磨性，轴颈表面要经高频淬火或氮化处理，并进行精磨加工，以达到要求的精度和粗糙度。

二、飞　轮

飞轮安装在曲轴后段的法兰盘上，是一个转动惯量很大的圆盘，有 5 大作用：

（1）储存做功冲程的能量（为非做功冲程提供动力，使发动机能够克服短时间的动力中断而连续工作下去）。

（2）使曲轴旋转均匀，减小速度波动。

（3）连接起动机，通过飞轮上的齿圈起动发动机。

（4）冷态下校准发动机的点火时刻或喷油时刻。

（5）连接汽车传动系的摩擦式离合器或液力变矩器，内燃机没有飞轮就不能正常工作。

飞轮多采用灰铸铁铸造，为了确保转动惯量足够大，质量尽可能小，飞轮应采用外厚内薄的结构，尽量使较多的质量沿轮边缘分布。飞轮外缘上压有一个齿圈，与起动机的驱动齿轮啮合，供起动发动机时使用。

飞轮上通常还刻有第一缸点火正时记号，以便校准点火时刻。

多缸发动机的飞轮应与曲轴一起进行动平衡试验，否则会造成旋转时不平衡而产生附加载荷，造成发动机运转不平衡。为了保证在拆装过程中，不破坏飞轮与曲轴间的装配关系，采用定位销或不对称螺栓布置方式，安装时应加以注意。

☆第五节　杆件及杆件变形的基本形式

材料力学所研究的主要构件多属杆件，所谓杆件指纵向（长度方向）尺寸大于横向（垂直于长度方向）尺寸的构件。如连杆、传动轴、立柱、吊钩等都可以看做是杆件。杆件有两个主要的几何因素，即横截面和轴线。横截面是指沿垂直于长度方向、垂直于轴线的截面，轴线则为所有横截面形心的连线，如图 5.44 所示。轴线为直线的杆称为直杆。若直杆的横截面大小形状不变，则称为等截面直杆，简称为等直杆。材料力学中所研究的杆件多数为等直杆。

作用在杆件上的外力是多种多样的，因此杆件的变形也是不相同的。杆件变形的基本形式如前所述有 4 种，对应的应力类型和工作能力计算准则也各有 4 种：

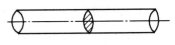

图 5.44　横截面示意图

1. 拉伸或压缩

$$\sigma_{\max} = \frac{N}{A} \leqslant [\sigma],\ [\sigma] = \frac{\sigma_{\lim}}{S} \tag{5.1}$$

式中，A 为杆件受力面积；S 为安全系数；N 为轴力；$\sigma_{\lim}$ 为极限应力。

2. 剪　切

$$\tau = \frac{Q}{A} \leqslant [\tau],\ [\tau] = \frac{\tau_{\lim}}{S} \tag{5.2}$$

式中，A 为杆件受剪面积；S 为安全系数；Q 为剪力；$\tau_{\lim}$ 为剪切极限应力。

3. 扭　转

（1）强度条件

$$\tau_{\max} = \frac{T}{W_{\mathrm{T}}} \leqslant [\tau],\ [\tau] = \frac{\tau_{\lim}}{S} \tag{5.3}$$

式中，T 为扭矩；W_{T} 为抗扭截面模量；$\tau_{\lim}$ 为剪切极限应力；S 为扭转安全系数。

（2）刚度条件

$$\theta_{\max} = \frac{T}{GI_{\mathrm{T}}} \cdot \frac{180}{\pi} \leqslant [\theta]$$

式中，$\theta_{\max}$ 为扭转角；T 为扭矩；G 为抗剪弹性模量；I_{T} 为截面极惯性矩。

4. 弯 曲

$$\sigma_{\max} = \frac{M}{W} \leqslant [\sigma] = \frac{\sigma_{\lim}}{S}, \ [\sigma] = \frac{\sigma_{\lim}}{S} \tag{5.4}$$

式中，M 为弯矩；W 为抗弯截面模量；$\sigma_{\lim}$ 为极限应力；S 为弯曲安全系数。

从以上常见杆件的几种变形工作能力计算准则（对强度而言可称为强度计算公式）可以看出规律性：不等式左边都是用材料力学的计算公式求出杆件上最危险截面上的最大计算量（应力），这个计算量（应力）只与杆件的几何尺寸和受到的载荷大小类型有关，与制成杆件的材料无关；而右边都是用制成这些杆件的材料在同一工作条件下的极限量除以安全系数，得到许用量，材料不同，极限量（极限应力）就不同，所以许用量（许用应力）与材料性质和安全系数都有关系，二者比较就得到工作能力计算准则。

更复杂的变形形式可以看做是上面几种基本变形形式的组合，称为组合变形。通常是首先分别讨论基本变形形式，然后再把它们组合起来就成为组合变形的问题。

上面每种变形后的计算公式是强度计算公式，刚度计算公式未列出，有兴趣的读者可以阅读有关著作。刚度计算公式的基本思路与强度计算公式一样，不同的是公式左边是用刚度计算方法计算最大变形量，这个变形量与杆件的几何尺寸、载荷大小和类型、制成杆件的材料都有关系，公式的右边仍然是极限变形量除以安全系数。刚度计算公式比较复杂，为了便于设计者使用，很多设计手册都把这些公式编入，使用者只需套用就行了，有了计算机辅助设计，这些公式的计算就更加简捷。

压杆稳定问题只对细长杆件有意义，在此不再讨论。

思 考 题

1. 发动机机体组由哪些主要部件组成？气缸体有几种布置形式？
2. 曲柄连杆机构的组成与功用是什么？
3. 什么是干式缸套？什么是湿式缸套？发动机缸体镶嵌气缸套有何意义？
4. 气缸垫有何作用？对其有何要求？
5. 活塞环如何分类？各自的作用是什么？
6. 了解发动机的工作顺序。
7. 曲轴为什么需要在轴向定位？怎样定位？可用几处定位？
8. 曲轴上的平衡重起什么作用？为什么有的曲轴上没有平衡重？
9. 什么叫飞轮？有何作用？发动机上不加飞轮能正常工作吗？
10. 飞轮上为什么要有点火正时记号？外缘上的齿圈有何作用？
11. 发动机为什么要作动平衡试验？
12. 杆件有哪些基本变形形式？试举例说明。
13. 各种强度计算公式的规律是什么？

第六章　配气机构

发动机的机械设备、电气设备正常是发动机能够工作的基本条件；气路、油路、电路正常是发动机能够正常工作的基本条件；活塞、气门配合位置正确，喷油器喷油时刻准确（电喷汽油机和柴油机），火花塞点火时刻准确（仅限汽油机），是发动机良好工作的基本条件。这个良好工作的基本条件称为正时条件，简称正时。正时条件靠正时装置保证。

使曲轴、凸轮轴和做功信号轴（对汽油机而言是断电器轴、对柴油机而言是喷油泵凸轮轴，对无分电器的电喷发动机而言则是点火信号轴）三者准确传动的装置称为正时传动装置，简称正时装置。实际使用的正时传动装置由三轴（上述三轴）加一轴（润滑油泵轴）组成，需要说明的是润滑油泵本身不属于正时装置，但润滑太重要了，这样配置的目的就可保证发动机转动时润滑油泵一定随之转动。正时传动装置的传动方式有正时齿轮（timing gear）传动、正时链（timing chain）传动、正时齿形皮带（timing toothed belt）传动 3 种。

正时传动装置采用闭式传动方式，安装在发动机前面，在正时传动装置前面是采用开式传动的附件传动装置，附件传动装置采用矩形皮带（轻型车）或 V 型皮带（重型车）传动，用来驱动冷却液泵、助力油泵、空调压缩机、发电机等附件。

正时传动装置和附件传动装置都由曲轴驱动。

配气机构是正时装置中的一个环节，作用是确保准时、准确地开启或关闭进、排气门，满足发动机工作顺序和工作循环的要求，实现密封可靠，进气充分，排气彻底的理想效果。配气机构是发动机的两大核心机构之一，其结构和性能的优劣直接影响发动机的总体性能。现代汽车普遍采用正时工作轮（齿轮、皮带轮、链轮）与凸轮轴传动角度可调技术（丰田系列用 VVT-i 表示）、高低转速双气门轴技术、气门行程智能可调技术，有效地改善了发动机对各种工况的适应性。现代最新式汽车的配气机构已经取消了凸轮轴，改用液压系统与 ECU 或电磁控制与 ECU 组成的自动控制系统控制气门的开闭时刻及气门行程，大大地改善了发动机的性能。

进、排气门安装在气缸盖上，分别控制进气通道和排气通道的通断。曲轴通过正时传动机构驱动凸轮轴，凸轮轴上的凸轮控制气门的打开，气门弹簧控制气门的关闭。配气机构的结构形式较多，是发动机的两大核心机构之一。

第一节　概　述

四冲程车用发动机的气门式配气机构，结构形式多种多样。按气门布置形式不同，可分为侧置气门式和顶置气门式；按照凸轮轴布置形式的不同，可分为下置式、中置式和顶置式，现代汽车普遍采用凸轮轴和气门顶置式尽量缩短传动链尺寸；按发动机每缸气门数量可分为

2气门、3气门、4气门、5气门配气机构，每缸超过2气门的发动机称为多气门发动机。

一、气门的布置形式

1. 侧置气门式配气机构

侧置气门式配气机构的结构形式如图6.1所示。

这种结构形式的配气机构具有结构简单、造价低、维修方便等优点。但由于气门侧置造成燃烧室结构不紧凑，导致发动机动力性与高速性较差、经济性不高，已基本不采用了。

2. 顶置气门式配气机构

顶置气门式配气机构是由侧置气门式配气机构演化而来的，其结构形式如图6.2所示。

顶置气门、下置凸轮轴

图 6.1 侧置气门式配气机构　　　　图 6.2 顶置气门式配气机构

（1）结构特点。气门安装在气缸盖中，处于气缸的顶部，燃烧室容积大小决定压缩比的高低。采用半球形、楔形或盆形燃烧室，结构紧凑，压缩比高，改善了燃烧过程，减少了热量损失，提高了热效率。因而，有利于提高发动机的动力性和经济性。

（2）工作原理。发动机工作时曲轴通过正时齿轮驱动凸轮轴旋转，当凸轮的凸起部分顶起挺柱时，挺柱推动推杆一起上行，作用于摇臂上的推动力驱使摇臂绕轴转动，摇臂的另一端压缩气门弹簧使气门下行，打开气门，如图6.3（a）所示。随着凸轮轴的继续转动，当凸轮的凸起部分离开挺柱时，气门便在气门弹簧张力的作用下上行，关闭气门，如图6.3（b）所示。

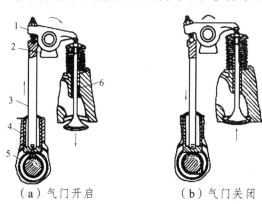

（a）气门开启　　　　　　（b）气门关闭

图 6.3 配气机构工作原理图

1—摇臂；2—摇臂轴支座；3—推杆；4—挺柱；5—凸轮轴；6—气门

（3）传动比。四冲程发动机每完成一个工作循环，曲轴旋转两周，各缸的进、排气门各开启一次，凸轮轴只旋转一周。因此，曲轴与凸轮轴间的传动比应为 2：1。

二、凸轮轴的布置形式

根据凸轮轴在机体中安装位置的不同，可分为下置式、中置式和顶置式 3 种。3 种布置形式都可用于顶置气门式配气机构，侧置气门式配气机构则只能采用下置凸轮轴。现代传动技术成功解决了远距离准确传递问题，故普遍采用顶置凸轮轴的布置形式，这样的好处是缩短配气机构传动链，提高气门动作精度，改善发动机性能；减少机械磨损，降低噪声，增长寿命，提高机械效率；简化发动机机体加工，增加机体强度和刚度，降低制造成本；方便安装与维修，降低维修成本，提高车辆使用率。

1. 下置凸轮轴与中置凸轮轴的比较

下置凸轮轴、顶置气门式配气机构的结构形式如图 6.2 所示。

下置式凸轮轴的凸轮轴与气门相距较远，气门传动组的零部件较多，特别是细而长的推杆容易变形，冷机运转噪声大，往复运动质量大，影响发动机转速的提高，已不再使用。

为了消除下置凸轮轴存在的缺陷，将凸轮轴的安装位置移到气缸体的上部，这种形式称为凸轮轴中置式，结构形式如图 6.4 所示，也已很少使用。

2. 凸轮轴顶置式

顶置凸轮轴、顶置气门式配气机构的结构形式如图 6.5 所示。

顶置气门、中置凸轮轴

图 6.4　凸轮轴中置式结构　　　　图 6.5　顶置凸轮轴、顶置气门式配气机构

（1）结构特点。凸轮轴和气门都布置在气缸的顶部，气门装在气缸盖之中，凸轮轴则安装在气缸盖的上端面上。凸轮轴直接通过摇臂驱动气门，凸轮轴与气门之间没有了挺柱和推杆等中间传动机件，使配气机构往复运动质量大大减小，此结构多用于高速发动机。

由于凸轮轴与曲轴相距较远，必须采用链传动或齿形带传动来取代正时齿轮传动。

（2）工作原理。发动机工作时，曲轴通过链条或齿形带机构驱动凸轮轴旋转。在进气行程开始时，进气凸轮凸起部分开始推动摇臂绕轴转动，摇臂的另一端则克服气门弹簧的弹力推动气门离开气门座圈下行，使进气门打开；随着凸轮轴的继续旋转，当凸轮的凸起部分离开摇臂时，气门在气门弹簧弹力的作用下上行而落座，使进气门关闭。同样，在排气行程，由凸轮轴上的排气凸轮驱动排气门打开。四冲程发动机顶置凸轮轴式配气机构的工作过程如图6.6所示。

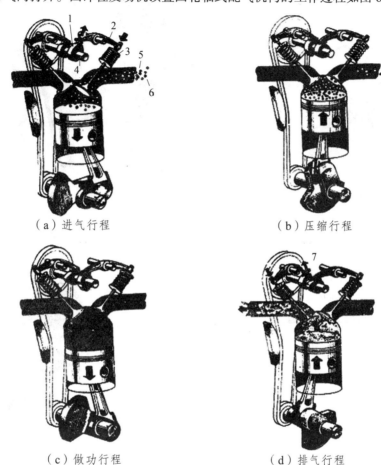

（a）进气行程　　　　　　　　　　　　（b）压缩行程

（c）做功行程　　　　　　　　　　　　（d）排气行程

图 6.6　凸轮轴顶置式配气机构工作原理

1—进气凸轮；2—摇臂；3—气门弹簧；4—凸轮轴；5—空气；6—汽油；7—排气门打开

顶置凸轮轴的另一种形式是用凸轮轴来直接驱动气门，去掉了摇臂机构，使气门传动机构更加简练。其结构形式如图6.7所示。

三、凸轮轴的传动方式

曲轴与凸轮轴间的传动方式有：齿轮传动、链传动和齿形带传动3种方式。

图 6.7　凸轮轴直接驱动式气门机构

凸轮轴下置式、中置式配气机构采用增设中间齿轮传动，如图 6.8 所示。

齿轮传动正时精度高，传动阻力小且无需张紧机构，但不适合顶置凸轮轴配气机构。顶置凸轮轴采用链传动或齿形带传动，如图 6.9、图 6.10 所示。

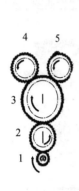

图 6.8　正时齿轮传动

1—曲轴正时齿轮；2、3—惰轮；
4、5—凸轮轴正时齿轮

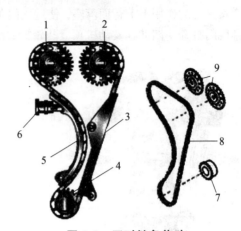

图 6.9　正时链条传动

1—进气凸轮轴链轮；2—排气凸轮轴链轮；3—链条导板；
4、7—曲轴链轮；5—链条张紧导板；6—链条张紧器；
8—链条；9—凸轮轴正时链轮

链传动的传动性能主要取决于链条的制造质量。齿形带传动与链传动相比，传动平稳，噪声小，不需要润滑，且制造成本低，广泛应用于中高速发动机上。齿形带的缺点是寿命相对链传动要低。

无论哪种传动方式，曲轴与凸轮轴之间均必须保证 2∶1 的传动比。

现代汽车为了实现气门正时智能可调，在正时链条与凸轮轴的连接处设置了自动调节装置，使凸轮轴与曲轴的转动角度可以适当自动调节，原来的固定正时就变成可以智能调节，如丰田车的 VVT-i 系统。

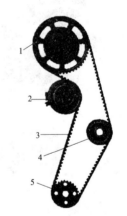

图 6.10　正时齿形带传动

1—凸轮轴带轮；2—张紧轮；3—齿形带；
4—中间轴齿轮；5—曲轴带轮

四、多气门发动机配气机构

从 20 世纪 80 年代开始，世界各大汽车厂商竞相开发多气门发动机，先后推出了 3 气门、4 气门和 5 气门等多气门发动机配气机构，其气门排列形式如图 6.11 所示。

1. 顶置双凸轮轴发动机

在多气门发动机中尤以四气门发动机配气机构技术最完善，动力性和经济性最好，使用最广泛，目前处于主流地位。其原因是：

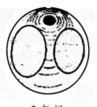   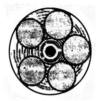

2气门　　　　　3气门　　　　　4气门　　　　　5气门

图 6.11　发动机气门排列形式

（1）气门数量的增加提高了发动机的进、排气效率。

（2）单个气门尺寸缩小、质量减轻有利于发动机高速化的要求。

（3）可以将火花塞布置在燃烧室的中心位置，能够改善燃烧过程，提高压缩比，有利于提高发动机的功率和降低燃油消耗量。

①　结构特点。四气门发动机配气机构一般采用顶置双凸轮轴式结构，结构形式如图 6.12 所示，双凸轮轴的传动方式如图 6.13 所示。

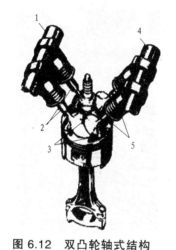

图 6.12　双凸轮轴式结构

1—进气凸轮轴；2—进气门；3—气门让坑
4—排气凸轮轴；5—排气门

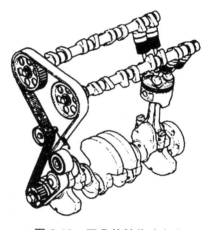

图 6.13　双凸轮轴传动方式

②　驱动方式。顶置双凸轮轴驱动气门的方式有两种：（a）直接驱动方式；（b）摇臂驱动方式。图 6.14 是凸轮直接驱动进、排气门式配气机构结构图。图 6.15 是凸轮通过摇臂间接地驱动气门运动，因而称为摇臂驱动方式。

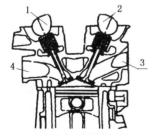

图 6.14　凸轮直接驱动气门

1—排气凸轮；2—进气凸轮；3—进气道；4—排气道

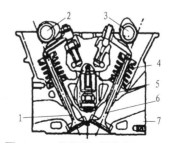

图 6.15　凸轮通过摇臂驱动气门

1—排气门；2—排气凸轮轴；3—进气凸轮轴；4—气门弹簧；
5—气门导管；6—进气门；7—气缸盖

105

有些轿车采用了 4 缸 20 气门（每缸 5 气门）发动机，结构形式如图 6.16 所示。

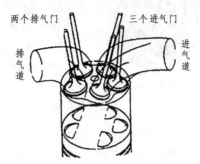

图 6.16　5 气门发动机气门结构形式

2. V 型多气门发动机

图 6.17 是 V 型 6 缸 4 气门发动机结构图。V6 型发动机采用前横置、前轮驱动布局，从安装位置来看，6 个气缸可分为前排和后排；前排气缸装有两根凸轮轴，一根进气凸轮轴和一根排气凸轮轴。后排气缸与前排气缸完全一样，同样有两根凸轮轴。因此，V 型 4 气门发动机有两套顶置双凸轮轴气门驱动系统，4 根凸轮轴用一副齿形带来传动。

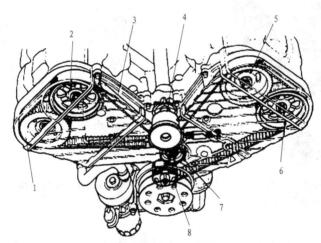

图 6.17　V 型 6 缸 4 气门发动机配气机构结构图

1—后排气缸的排气凸轮轴齿形带轮；2—后排气缸的进气凸轮轴齿形带轮；3—齿形带；4—冷却液泵皮带轮；
5—前排气缸的进气凸轮轴齿形带轮；6—前排气缸的排气凸轮轴齿形带轮；7—张紧轮；8—曲轴齿形带轮

五、气门间隙

发动机是在冷态下安装调试，在高温高压状态下工作，气门及其传动件将因温度升高而膨胀，调试时必须在气门传动组与气门组之间留有一定间隙，以补偿气门受热后的膨胀量，这个间隙称为气门间隙。气门间隙过大过小都不利于发动机工作。如图 6.18 所示。

气门间隙的大小由发动机制造厂家根据试验确定。一般冷态下，进气门间隙为 0.25 ~ 0.30 mm，排气门间隙为 0.30 ~ 0.35 mm。气门间隙过小，气门受热膨胀会造成密封不严，产生漏气现象，导致功率下降，甚至烧坏气门；气门间隙过大，会降低换气效率，产生噪声。

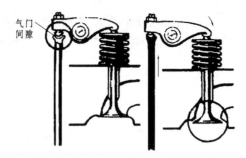

无气门间隙或间隙过小时，推杆等受热膨胀造成气门关闭不严

图6.18　气门间隙

　　现代汽车普遍采用在气门传动组与气门组之间安装一个液压挺柱来解决气门间隙问题，同时还能消除因凸轮旋转施加在气门杆上的横向力，使气门杆只受轴向力，避免了气门导管与气门杆之间的横向摩擦，提高了这对运动副的使用寿命。液压挺柱可自动调整挺柱长度，随时补偿气门的热膨胀量，故不需要预留气门间隙。

第二节　配气机构的主要零部件

　　配气机构（valve mechanism）由气门组和气门传动组组成。配气机构结构形式不同，零件也完全不同。图6.19中与曲轴轴线垂直的一组零件（气门锁片向下到气门）是气门组零件，与曲轴轴线平行的一组零件（从螺栓向右到凸轮轴，含液压挺柱），是气门传动组零件。

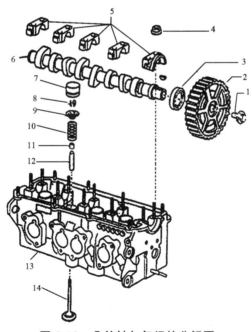

图6.19　凸轮轴与气门的分解图

1—螺栓；2—凸轮轴齿带轮；3—密封圈；4—轴承盖螺母；5—轴承盖；6—凸轮轴；7—液压挺柱；8—气门锁片；9—气门弹簧座；10—气门弹簧；11—密封圈；12—气门导管；13—气缸盖；14—气门

气门传动组通过凸轮推动气门按预先设定的运动规律运动，曲轴通过正时传动装置驱动凸轮轴按正时规律转动，凸轮轴有上置、中置、下置3种，现代汽车多采用上置（也称顶置）。

一、气门组主要零件

气门组包括进气门、排气门及其附属零件。组成情况如图6.20所示。

气门组件的作用是保证实现对气缸的可靠密封及气门可靠开闭，工作中要求：① 气门头部接触带与气门座接触带贴合严密；② 气门导管对气门杆的往复运动导向良好；③ 气门弹簧两端面与气门杆中心线相互垂直，保证气门头在气门座上不偏斜；④ 气门弹簧的弹力足以克服气门及其传动件的运动惯性力，使气门能迅速闭合，能保证气门关闭时紧压在气门座上，密封严密。

1. 气 门

气门分进气门和排气门两种。进、排气门结构相似，都由头部和杆部两部分组成，如图6.21所示，为保证进气充分、排气彻底，进气门直径大于排气门直径。

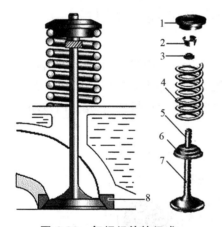

图 6.20 气门组件的组成

1—弹簧座；2—分开式气门锁片；3—油封；4—气门弹簧；
5—气门导管；6—气门弹簧下座圈；7—气门；8—气门座

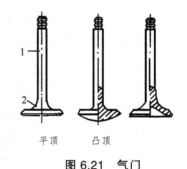

图 6.21 气门

1—气门杆；2—气门头

（1）气门头部。气门头部的形状有3种形式：

① 平顶。结构简单，受热面积小，便于制造。进、排气门都可以采用，目前应用最广。

② 凸顶。呈球面形，中央加厚，强度增加，适用于排气门。与平顶气门相比，受热面积大，质量增加，较难加工。

③ 凹顶。呈喇叭形，头部与杆部过渡曲线呈流线型，进气阻力小，适用于进气门，凹顶受热面积最大，不宜用于排气门。

（2）气门锥角。为了保证气门与气门座贴合紧密，常将气门密封面做成锥面。通常把气门密封锥面的锥角称为气门锥角。一般排气门锥角为45°，进气门锥角为30°，如图6.22所示。在气门升程一定的情况下，减小气门锥角，可以增大气流通道断面，减小进气阻力。但锥角减小会引起气门头部边缘厚度变薄，致使气门的密封和导热性变差。因此，多数发动机，进气门用小锥角，而排气门采用大锥角。

气门与气门座密封锥面相接触时形成的环状密封带，也叫接触带，应位于气门密封锥面的中部，其宽度应符合厂家的设计要求。桑塔纳 JV 发动机规定：进气门为 2 mm，排气门为 2.40 mm。接触带过窄散热效果差，影响气门通过接触面向气门座圈传递热量；过宽则会降低接触面上的比压值，使气门的密封性下降。

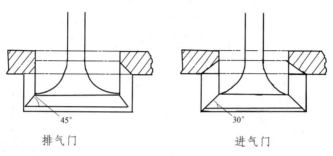

图 6.22　气门锥角

为了保证气门与气门座之间密封良好，二者需经过配对研磨，形成连续、均匀、宽度符合要求的接触环带，研磨后的气门不能互换。

（3）气门杆部。气门在导管中上下运动，全靠气门杆部起导向和传热作用。因而，对气门杆部表面加工精度和耐磨性有比较高的要求，使气门与气门导管之间有合理的间隙，以保证精确导向和进排气时不沿导管间隙泄漏气体。

气门杆尾端的形状取决于气门弹簧座的固定方式。如图 6.23 所示，锁片式在气门杆尾部加工有环槽用来安装锁片，锁销式则在气门杆尾端钻有一个径向孔用来安装锁销。

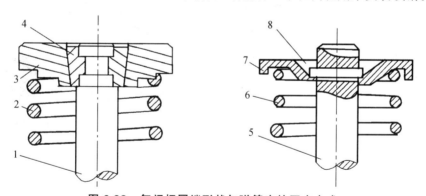

图 6.23　气门杆尾端形状与弹簧座的固定方式

1、5—气门杆；2、6—气门弹簧；3、7—弹簧座；4—锁片；8—锁销

为了保证在高温条件下工作可靠，要求气门必须要有足够的强度、刚度、耐磨性和耐热不易变形的性能，且质量要尽可能地轻。因此，进气门采用合金钢（如铬钢或镍铬钢）制作，排气门则采用特种耐热合金钢（如硅铬钢等）制作。有的发动机进气门采用铬镍钴合金钢整体锻造而成，排气门则采用双金属结构，头部用耐热、耐蚀的合金钢制造，杆部与进气门材料相同。为了提高气门寿命，在气门密封锥面上堆焊了一层铬镍钨钴高强度合金，如图 6.24所示。

109

2. 气门导管

气门导管有导向、密封、散热 3 大作用，保证气门做上下往复运动时不发生径向摆动，准确落座，与气门座正确贴合；防止气体窜向上常压腔；将气门杆的热量经气门导管传给缸盖及冷却液套。

气门导管用耐磨性和导热性较高的材料制作，以过盈配合方式压入气缸盖或气缸体中。一般在导管的上端装有骨架式氟橡胶气门油封。为了防止导管在使用过程中松动脱落，有的发动机在气门导管的中部加装定位卡环，如图 6.25 所示。

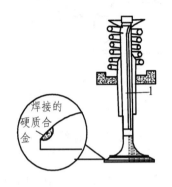

图 6.24 气门密封锥面的高强度合金

1—气门

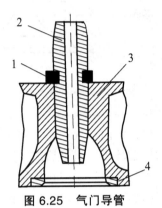

图 6.25 气门导管

1—卡环；2—气门导管；3—气缸盖；4—气门座

3. 气门座

气门座有两种：一种是在气缸盖上直接镗削加工而成；另一种是用合金铸铁或奥氏体钢单独制作成气门座圈，用冷缩法镶入气缸盖中，如图 6.26 所示。镶入式气门座导热性差，加工精度要求高，如果镶入时公差配合选择不当，高温下工作中易脱落，容易导致重大事故。因此，优质灰铸铁或合金铸铁气缸盖多采用直接加工法，铝合金气缸盖则必须采用镶入法镶入耐磨性好的材料单独制成的气门座圈。

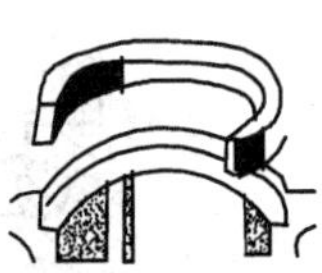

图 6.26 气门座圈

4. 气门弹簧

气门弹簧的作用是关闭气门，靠弹簧张力使气门压在气门座上，克服气门和气门传动组件所产生的惯性力，防止各传动件彼此分离而不能正常工作。

气门弹簧采用圆柱形螺旋弹簧，如图 6.27 所示。为了防止弹簧发生共振，可采用变螺距圆柱弹簧。现代高速发动机多采用同心安装的内外两根气门弹簧，这样既提高了气门弹簧工作的可靠性，又能有效地防止共振的发生。安装时，内外弹簧的螺旋方向应相反，以防止折断的弹簧圈卡入另一个弹簧圈内。

5. 气门锁块（片）

气门锁块安装在气门杆尾部的沟槽中，每个气门杆上有两个瓦片状的气门锁块，用来固定气门杆、弹簧座和弹簧，使气门组形成一个整体，如图 6.23 所示。

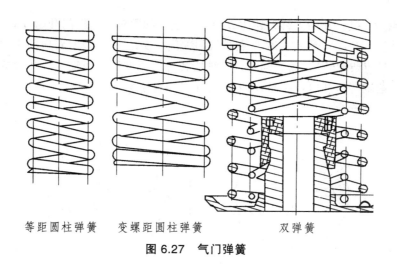

等距圆柱弹簧　　变螺距圆柱弹簧　　　　双弹簧

图 6.27　气门弹簧

二、气门传动组主要零部件

气门传动组包括：正时装置、凸轮轴、凸轮、挺柱、推杆和摇臂机构等零部件。

1. 凸轮轴

凸轮轴的作用是驱动凸轮，通过凸轮的工作轮廓曲线控制气门按设定的规律运动。有的发动机还依靠凸轮轴来驱动汽油泵、润滑油泵和分电器等装置。

（1）凸轮轴的结构。凸轮轴主要由凸轮和轴颈两部分组成。

单根凸轮轴将进气凸轮和排气凸轮布置在同一根凸轮轴上，这种凸轮轴称为异名凸轮轴，结构如图 6.28 所示。双顶置凸轮轴配气机构有两根凸轮轴，一根是进气凸轮轴，上面布置有各缸的进气凸轮；另一根是排气凸轮轴，上面分布有各缸的排气凸轮，这种凸轮轴称为同名凸轮轴，结构如图 6.29 所示。

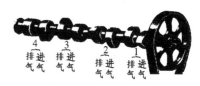

图 6.28　单凸轮轴的结构

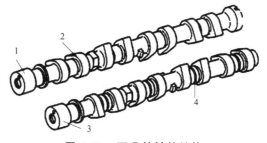

图 6.29　双凸轮轴的结构

1—进气凸轮轴；2—凸轮；3—排气凸轮轴；4—润滑油槽

凸轮的形状：气门的开闭时刻及运动规律取决于凸轮工作轮廓曲线。凸轮轮廓形状如图 6.30 所示，O 为凸轮旋转中心（也是凸轮轴的轴心），优弧 EA 为凸轮的基圆，AB 和 DE 为过渡段，BCD 为凸轮的工作段。当凸轮按图中箭头方向转过 EA 时，挺柱不动，气门关闭；

凸轮转过 A 点后，挺柱开始上移，到达 B 点时，气门间隙消除，气门开始开启；凸轮转到 C 点时，气门升程（开度）最大；到 D 点时气门关闭。BCD 工作段所对应的夹角 φ，称为凸轮气门开启角，对应凸轮转过 φ 角的同时，曲轴所转过的角度称为曲轴气门开启持续角 ψ，根据传动比可知，曲轴气门开启持续角 ψ＝2 凸轮气门开启角 φ。

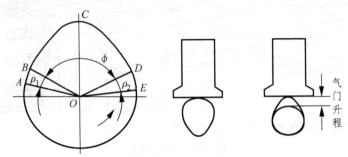

图 6.30 凸轮轮廓形状

凸轮工作轮廓曲线 BCD 段的形状决定了气门升降过程的运动规律。

同名凸轮间的相对角位置：凸轮轴上各缸同名凸轮相对角位置的排列与凸轮轴的转动方向、各缸的工作顺序和做功间隔角有关。上海桑塔纳 JV 发动机，凸轮轴逆时针转动（从前向后看）工作顺序为 1—3—4—2，做功间隔角为：720°/4 = 180°（曲轴转角）。由于曲轴与凸轮轴间的传动比为 2∶1，所以，表现在凸轮轴上同名凸轮间的夹角为 180°/2 = 90°，如图 6.31 所示。东风 EQ6100Q-1 型汽油机，凸轮轴逆时针转动，工作顺序为 1—5—3—6—2—4，做功间隔角为 720°/6 = 120°（曲轴转角），同名凸轮间的夹角为 120°/2 = 60°，同名凸轮位置排列如图 6.32 所示。

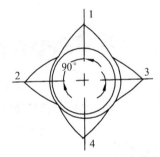

图 6.31　4 缸发动机同名凸轮排列

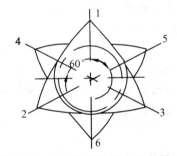

图 6.32　6 缸发动机同名凸轮排列

异名凸轮的相对角位置：同一气缸进、排气（异名）凸轮间的相对角位置排列取决于凸轮轴的转动方向和发动机的配气相位。按照四冲程发动机工作原理分析，排气和进气只相差一个行程，即曲轴转角 180°，反应到凸轮轴上排气凸轮和进气凸轮间的相对角位置为 180°/2 = 90°。但由于气门早开晚闭，且进、排气门早开角与晚闭角不等，造成了凸轮间的夹角不再是 90°。

凸轮轴轴颈：凸轮轴轴颈用以安装支承凸轮轴，轴颈数量取决于凸轮轴的支承方式。

① 全支承——对应每个气缸间设有一道轴颈，支承点多，能有效防止凸轮轴变形对配气相位的影响。

② 非全支承——每隔两个（或多个）气缸设置一个轴颈，工艺简单，成本降低，但支承刚性较差。

凸轮轴用优质钢模锻或者合金铸铁、球墨铸铁铸造而成，并对凸轮和轴颈工作表面进行高频淬火（中碳钢）或渗碳淬火（低碳钢）处理。

（2）凸轮轴的轴向定位。

为了防止凸轮轴轴向窜动，常采用止推垫实现轴向定位，结构形式如图 6.33 所示。

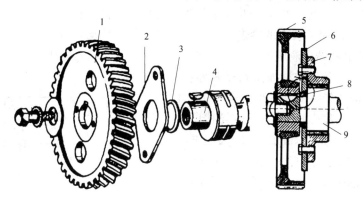

图 6.33　凸轮轴的轴向定位

1、5—正时齿轮；2、6—止推垫；3、8—定位环；4、9—凸轮轴；7—机体

2. 挺　　柱

挺柱的作用是将凸轮轴旋转时产生的推动力传给推杆（下、中置凸轮轴）或气门（顶置凸轮轴）。挺柱用耐磨合金钢或合金铸铁等材料制造。

（1）普通挺柱。常见的挺柱主要有蘑菇形、筒形和滚轮式 3 种，其结构形式如图 6.34 所示。通常把挺柱底部工作面设计为球面，并且将凸轮制作成锥形，使两者的接触点偏离挺柱轴线，当挺柱被凸轮顶起时，接触点间的摩擦力使挺柱绕自身轴线旋转，以实现均匀磨损。

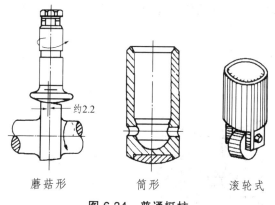

约2.2

蘑菇形　　　　筒形　　　　滚轮式

图 6.34　普通挺柱

蘑菇形挺柱顶部装有气门间隙调节螺钉，可以用来调节气门间隙。筒形挺柱质量较轻，一般和推杆配合使用。滚轮式挺柱结构较为复杂，但其与凸轮间的摩擦阻力小，适合于中速大功率柴油机。

挺柱可直接安装在气缸体一侧的导向孔中，或安装在可拆卸的挺柱架中。

（2）液压挺柱。前面谈到了采用预留气门间隙的方法，可以解决气门传动组件受热膨胀可能给气门工作带来的不利影响。但气门间隙的存在，会使配气机构在工作过程中出现撞击而产生噪声。为了消除这一弊端，现代发动机采用了液压挺柱。

① 液压挺柱的作用：自动补偿气门间隙，并使气门只受轴向力，不受径向力。它有以下优点：

a. 取消了调整气门间隙的零件，使结构大为简化。

b. 不用调整气门间隙，极大地简化了装配、使用和维修过程。

c. 消除了由气门间隙引起的冲击和噪声，减轻了气门传动组件之间的摩擦。

② 液压挺柱的构造。液压挺柱由挺柱体、油缸、柱塞、单向球阀、单向阀弹簧和柱塞回位弹簧等部件组成，具体结构如图 6.35 所示。

挺柱体：是液压挺柱的基础件，外圆柱面上加工有环形油槽，顶部内侧加工有环形油槽，中部内圆柱面用来安装油缸。机油通过缸盖上的主油道及专门设计的量孔、斜油孔进入挺柱体环形油槽，再经环形油槽进入柱塞上部的低压油腔。这样缸盖主油道与液压挺柱的低压油腔之间便形成了一个通路。

油缸与柱塞：油缸、柱塞、单向球阀和单向阀弹簧装配到一起，便构成了气门间隙补偿偶件。球阀将油缸下部和柱塞上部分隔为两个油腔。当球阀关闭时，上部为低压油腔，下部为高压油腔；当球阀打开时，上、下油腔连通。

③ 液压挺柱工作原理。液压挺柱装在气缸

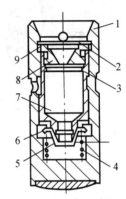

图 6.35 液压挺柱

1—挺柱体；2—推杆座；3—油缸；4—柱塞回位弹簧；
5—单向阀；6—单向阀弹簧；7—柱塞；
8—限流阀；9—弹簧卡环

盖挺柱孔内，挺柱顶面与凸轮接触，油缸底面则与气门杆端接触，如图 6.36 所示。当凸轮的升程段与挺柱顶面接触时，挺柱受凸轮推动力和气门弹簧力的作用，挺柱下移，高压腔内的机油被压缩，单向球阀在压力差和单向阀弹簧的作用下关闭，高、低压油腔被分隔开。由于液体的不可压缩性，油缸与柱塞成为一刚性整体推动气门打开。

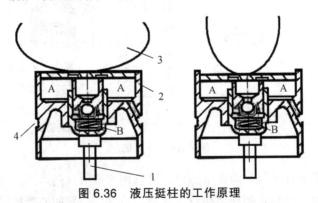

图 6.36 液压挺柱的工作原理

1—气门杆；2—液压挺柱；3—凸轮；4—润滑油道门；A—低压油腔；B—高压油腔

随着凸轮的转动，当凸轮降程结束，挺柱与凸轮基圆段接触时，气门落座，挺柱不再受凸轮推动力和气门弹簧力的作用，高压油腔中的压力油与回位弹簧推动柱塞上行，高压油腔的压力下降，单向球阀打开，低压油腔中的机油流入高压油腔，使两腔连通。这时，液压挺柱的顶面仍然和凸轮基圆接触，从而达到补偿气门间隙的作用。

凸轮轴的中心线与液压挺柱的中心线也错开了 1.5 mm，凸轮稍带锥度，使接触点偏离挺柱中心线，挺柱在工作过程中，在摩擦力的作用下绕其轴线旋转，有利于实现均匀磨损。

3. 推　杆

下置凸轮轴配气机构中有细而长的推杆，推杆的作用是将挺柱传来的凸轮推动力传递给摇臂机构。推杆的结构如图 6.37 所示。

4. 摇　臂

摇臂的作用是将推杆或凸轮传来的力改变方向后传给气门，使其开启。

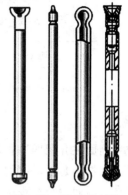

图 6.37　推杆的结构

摇臂组件主要有：摇臂、摇臂轴、支承座、气门间隙调整螺钉等，如图 6.38 所示。

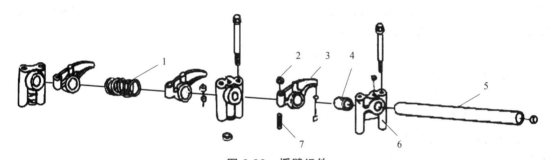

图 6.38　摇臂组件

1—定位弹簧；2—锁紧螺母；3—摇臂；4—衬套；5—摇臂轴；
6—支座；7—气门间隙调整螺钉

摇臂是一个以中间轴孔为支点的双臂杠杆，短臂一侧装有气门间隙调整螺钉，长臂一端有一圆弧工作面用来推动气门。为了提高其工作寿命，长臂圆弧工作面需经淬火处理。

现代汽车为了简化结构，采用凸轮直接推动气门运动的传动形式，尽量不使用摇臂装置。

第三节　配气相位

进气门、排气门的实际工作时刻与时段称为配气相位。精确的配气相位称为气门正时，用曲轴转角表示配气相位的图称为配气相位图，如图 6.39 所示，横坐标为发动机转角，横坐标以下是机械角度，一次循环四个冲程，720° 是固定不变的，横坐标以上是相位角度，一次循环 4 个冲程的角度为 $\alpha + 720° + \delta$，是可以调整变化的，现代汽车由 ECU 根据车况自动调节。

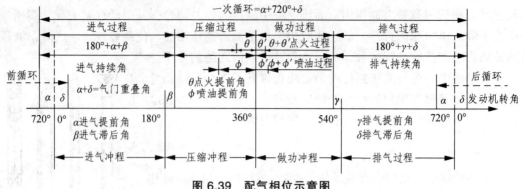

图 6.39 配气相位示意图

前面在介绍四冲程发动机工作原理时，为了便于理论分析与阐述，简单地把进、排气过程分别看做是在活塞的一个行程即曲轴转动 180° 内完成的。实际上，由于汽车发动机的转速较高，因而一个行程所占的时间很短。例如，当四冲程发动机以 3 000 r/min 的转速运转时，一个行程的时间仅 0.01 s，况且凸轮驱动气门开启也需要一个过程，气门全开的时间就更短了。在这样短的时间内难以做到进气充分，排气彻底。为了改善换气过程，气门的开启和关闭时刻已不在上下止点处，采用提前打开和滞后关闭的办法来延长进、排气时间，使发动机的实际进、排气行程所对应的曲轴转角均大于 180°。

一、进气过程

1. 进气提前角

在排气行程接近终了，活塞到达上止点之前，进气门便提前开启。从进气门开启至活塞到达上止点间所对应的曲轴转角，叫做进气提前角，用 α 表示。进气门提前开启，保证了进气行程开始阶段气门已有较大的开度，有利于提高充气量。α 角一般为 3° ~ 20°。

2. 进气滞后角

活塞越过进气下止点，上行（压缩行程开始）一段后，关闭进气门。从活塞到达下止点延迟至进气门关闭所对应的曲轴转角 β 称为进气滞后角。延迟进气门关闭时刻，能够充分利用进气行程结束前缸内存在的压力差和较高的气流惯性继续进气。下止点过后，随着活塞的上行，气缸内的压力逐渐增大，进气气流速度也逐渐减小。理论上当气缸内外压力差消失，流速接近零时，关闭进气门，此时对应的 β 角最佳。若 β 角过大，会引起进气倒流，β 角一般为 35° ~ 80°。

以上进气门持续开启相位用曲轴转角来表示，即进气持续角应为 $\alpha + 180° + \beta$；用时间表示，这段时间就称为进气过程，这个过程是可以通过调节 α、β 的大小来调整的，而进气冲程始终保持活塞从上止点运动到下止点曲轴转过的 180°。

二、压缩过程

进气过程结束后，进气门和排气门都关闭，活塞向气门方向运动，变压腔压力不断升高，直到火花塞开始跳火期间的相位用曲轴转角表示为 $180°-\beta-\theta$（汽车机为点火提前角，柴油机为喷油提前角），用时间表示，称为压缩过程，这个过程是可以通过调节 β、θ 的大小来调整的，而压缩冲程始终保持活塞从下止点到上止点曲轴转过的 $180°$。

三、做功过程

压缩过程结束后，进气门和排气门继续关闭，混合气体着火，变压腔压力突然大幅升高，产生巨大推力，推动活塞向曲轴方向运动，直到排气门打开，这个期间的相位用曲轴转角表示为 $180°-\gamma$，用时间表示，则称为做功过程，这个过程是可以通过调节 γ（排气提前角）的大小来调整的，而做功冲程始终保持活塞从上止点到下止点曲轴转过的 $180°$。

四、排气过程

1. 排气提前角

在做功行程后期，活塞到达下止点之前，排气门提前打开。从排气门打开至活塞到达下止点间所对应的曲轴转角 γ 称为排气提前角。排气门适当提前打开，虽然损失了一定的做功行程和功率，但可以利用较高缸内压力将大部分燃烧废气迅速排出，待活塞上行时缸内压力已大大下降，可以使排气行程所消耗的功率大为减少。此外，高温废气提前排出也有利于防止发动机过热，γ 角一般为 $30° \sim 60°$。

2. 排气滞后角

活塞越过排气上止点，延迟一定时刻后再关闭排气门。从活塞到达上止点到排气门关闭所对应的曲轴转角 δ 称为排气滞后角。δ 角一般为 $1° \sim 35°$。由于活塞到达上止点时，气缸内的压力仍高于大气压，且废气气流有一定的惯性，适当延迟排气门关闭时刻可以利用此压力和气流惯性使废气排得较干净。

以上排气门持续开启相位若用曲轴转角来表示，即排气持续角应为 $\gamma+180°+\delta$；若用时间表示，这段时间就称为排气过程，这个过程是可以通过调节 γ、δ 的大小来调整的，而进气冲程始终保持活塞从下止点运动到上止点曲轴转过的 $180°$。

五、气门的叠开

分析图 6.39 可知，在两次循环交替处，进气门在上止点前开启，排气门在上止点后关闭，这就出现了在上止点附近，同一段时间内，进、排气门同时开启，进气道、燃烧室、排气道三者联通的现象，称为气门叠开。对应的曲轴转角（$\alpha+\delta$），称为气门重叠角。叠开期间进、排气门的开度均比较小，且由于进气气流和排气气流的惯性较大，短时间内不会改变流向，因而只要气门重叠角选择适当，不会出现废气倒流入进气管和新鲜气体随同废气排出的问题。若选择不当，重叠角过大，发动机小负荷运转时则会出现上述问题，致使发动机换气质量下降。

六、点火（喷油）过程

混合气体必须燃烧才能产生能量交换对外做功，从图 6.39 知，汽油机点火过程由点火提前和点火延续两部分组成，点火过程对应的曲轴转角为点火持续角（$\theta+\theta'$），点火提前过程对应的曲轴转角是点火提前角 θ。

同理，柴油机点火过程由喷油提前和喷油持续两部分组成，混合气体着火时刻稍迟于喷油开始时刻。

合理的配气相位由制造厂家根据发动机结构和性能要求的不同，通过反复试验来确定。表 6.1 列出了常见车型配气相位参数，供参考。

表 6.1　常用车型配气相位参数一览表

车　款	发动机型号	进　气		排　气	
		进气提前角（α）	进气滞后角（β）	排气提前角（γ）	排气滞后角（δ）
夏利 7100U	3760	19°	51°	51°	19°
桑塔纳 LX	JV	10°	37°	42°	2°
富康 ZX	TU3-2/K	15°	41°26′	51°28′	1°14′
奥迪 100	JW	3°	41°	33°	5°
东风 EQ1092	EQ6100	20°	56°	38.5°	20.5°
CA1092	CA6102	15°	45°	45°	15°
BJ2021	I-4	12°	78°	56	34°
依维柯	8140.07	8°	48°	48°	8°
依维柯	8140.27	8°	37°	48°	8°

七、汽车发动机的气门"三可调节"驱动技术

传统发动机的配气相位与配气正时都是固定不变的，现代汽车在这方面作了较大的改进。

气门运动规律对发动机交换气过程的控制有重大影响，是保证发动机工作可靠、耐久的重要因素。气门驱动机构按照一定规律控制气门开启相位、开启持续角度和气门升程，为适应现代汽车发动机的高性能，气门运动规律必须做到精确、迅速地三可调节：气门启闭时刻可调节、气门启闭持续时长可调节和气门升程可调节，只有这样，才能满足现代发动机进气充分、排气彻底的要求，从而提高发动机的工作效率、改善发动机的排放。

1. 不可调式配气相位的气门驱动

传统的不可调节式气门传动机构是由曲轴通过正时链条（或正时齿形皮带）带动凸轮轴转动，再驱动气门启闭的，如图 6.40 所示。由于凸轮的工作轮廓曲线、凸轮轴、曲轴三者相

对位置固定，气门正时和气门升程都不能改变，故这种气门驱动机构无法保证发动机机在不同转速下都能得到最佳的配气相位。

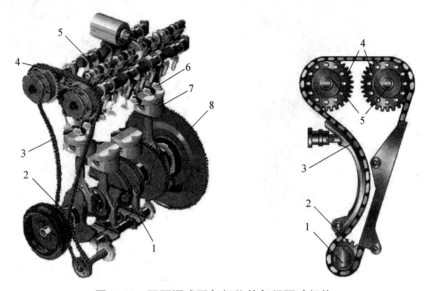

图 6.40　不可调式配气相位的气门驱动机构

1—曲轴；2—曲轴正时链轮 ；3—正时链条；4—凸轮轴正时链轮；
5—凸轮轴；6—气门；7—活塞；8—飞轮

2. 可调式配气相位的气门驱动

如果发动机的配气相位固定不变，就只能与发动机某一工况实现最佳配合，在其他工况条件下，发动机工作情况就比较勉强，工况变化频繁的发动机当然希望配气相位能动态地随时处于最佳，为此，可调式配气相位的气门驱动技术得以发展，这种技术分为有凸轮和无凸轮两种，广泛应用于现代汽车上。这套控制装置由传感器、电子控制单元 ECU 和执行元件 3 大部分组成。

（1）有凸轮可调节式配气相位的气门驱动装置

有凸轮可调节式配气相位气门驱动凸轮的工作轮廓曲线、凸轮轴、曲轴三者的相对位置不再固定不变，而是根据发动机的转速和工况可以适时地自动调节，进而控制气门正时、气门升程的调节。

1）调节气门正时的气门驱动装置

调节气门正时的气门驱动装置是在传统发动机气门驱动系统之上，通过在凸轮轴传动端加装一套液压控制机构，利用由 ECU 控制的液压系统调整凸轮轴与正时齿轮间的相对转角，实现凸轮轴在一定范围内的角度调节，改变了（提前或滞后）凸轮的运动时刻，达到调整配气相位的目的。由于该气门驱动装置的凸轮工作轮廓曲线固定，凸轮轴相对曲轴的转角可调节，故可调节气门正时不能调节气门升程。这种气门驱动的典型代表是丰田的 VVT-i 技术，如图 6.41 所示。

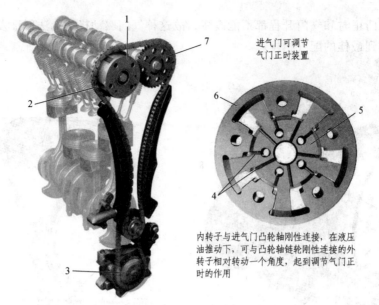

图 6.41 丰田 VVT-i 系统气门驱动装置

进气门可调节气门正时装置

内转子与进气门凸轮轴刚性连接，在液压油推动下，可与凸轮轴链轮刚性连接的外转子相对转动一个角度，起到调节气门正时的作用

1—进气凸轮轴正时链轮（内有可调节装置）；2—正时链条；3—曲轴正时链轮；4—液压油通道；
5—与凸轮轴连接的内转子；6—与凸轮轴正时链轮相连的外转子；
7—没有可调节装置的排气凸轮轴及链轮之间的刚性连接

2）调节气门升程的气门驱动装置

调节气门升程的气门驱动装置是通过改变凸轮轮廓工作曲线或改变摇臂结构，实现气门升程调节，这就是多凸轮技术和多摇臂技术。多凸轮技术是让有不同工作轮廓曲线的凸轮分别参与驱动气门的工作，改变气门运动规律。它根据发动机工况的变化自动变换驱动气门的凸轮，由于提供了两种以上的凸轮工作曲线，故可以自动选择不同凸轮对气门升程进行调节，它的缺点是调节不连续。多摇臂技术通过改变摇臂结构控制气门升程，这类气门驱动装置通过改变摇臂结构实现对气门升程的连续调节。

凸轮和摇臂也不能太多，否则结构就会很复杂。

① 通过动力件和传动销对 3 根摇臂和 3 个凸轮控制，实现气门升程的可调节，如图 6.42 所示。

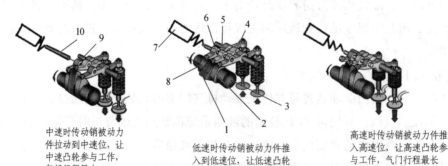

中速时传动销被动力件拉到中速位，让中速凸轮参与工作，气门行程居中

低速时传动销被动力件推入到低速位，让低速凸轮参与工作，气门行程最短

高速时传动销被动力件推入高速位，让高速凸轮参与工作，气门行程最长

图 6.42 3 气门驱动装置

1—高速凸轮；2—低速凸轮；3—凸轮轴；4—低速摇臂；5—高速摇臂；6—中速摇臂；
7—动力件（可以是液压活塞、步进电机、电磁阀等）；8—中速凸轮；
9—摇臂轴；10—传动销

动力件 7 可以是液压缸、步进电机或电磁阀，为传动销 10 的运动提供动力，3 个凸轮一般是控制两个凸轮工作，其中一个仅起提供动力的作用，但也可以分别控制 3 根摇臂实现 3 种凸轮工作轮廓曲线轮流工作。

② 通过电磁制动器控制凸轮切换，实现气门升程的调节。凸轮轴上的螺旋沟槽套筒在没有被制动时，随凸轮轴转动不移动。当在电磁制动器的控制下不转动时，套筒就会在凸轮轴上沿轴向移动，尽管凸轮轴总是一个方向转动，由于两个螺旋沟槽是反向的，故不同的电磁制动器可制动不同方向的螺旋沟槽，套筒就会沿不同方向轴向移动，推动凸轮到达有效工作位置，让有不同凸轮工作轮廓曲线的凸轮参与工作，如图 6.43 所示。

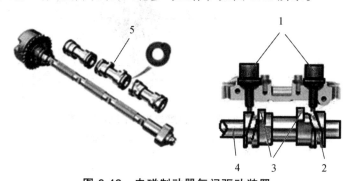

图 6.43　电磁制动器气门驱动装置

1—电磁制动器；2—斜沟槽；3—不同工作轮廓曲线的凸轮；
4—凸轮轴；5—螺旋沟槽套筒

③ 通过伺服电机、偏心轴和中间推杆实现凸轮切换。如图 6.44 所示，电机通电时，系统借由步进电机驱动偏心轴旋转，通过中间推杆和摇臂控制气门启闭，由于偏心轴旋转的角度不同，气门的升程也会不同。ECU 根据发动机工况变化控制电机通电时间的长短，决定偏心轴的旋转角度，实现气门升程的连续调节。这种结构除了简单外，还有可连续调整和反应灵敏的优点。

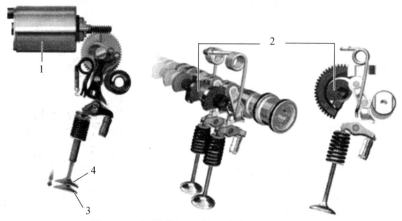

图 6.44　伺服电机加偏心轮气门驱动装置

1—伺服电机；2—偏心凸轮轴；3—高速气门开度；4—低速气门开度

④ 在传统的气门驱动装置上加装步进电机和螺旋副，实现气门正时调节，如图 6.45 所

示。螺母由连杆与控制杆连接，摇臂通过偏心轮套在控制杆上。发动机工作时，ECU 信号控制电机带动螺杆转动，螺母则带动摇臂驱动气门，从而实现气门升程的快速、连续可调。

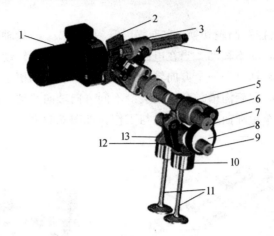

图 6.45　步进电机加螺旋副气门驱动装置

1—直流电机；2—位置传感器；3—螺母；4—螺杆；5—摇臂；6—linkA；7—控制杆；8—偏心凸轮；
9—驱动杆；10—气门挺柱；11—气门；12—linkB；13—输出凸轮

（2）无凸轮可调节式配气相位的气门驱动装置

有凸轮可调气门配气相位装置的发展受到凸轮副特性的限制，无法克服凸轮副带来的一系列弊病，无凸轮可调配气相位的气门驱动装置的出现成为科技发展的必然。

现代汽车对配气机构作了革命性的改变，这就是利用电液控制系统或电磁控制系统来控制气门的开闭，这种系统没有了凸轮，用液压柱塞或电磁阀动作来控制气门的开闭，使得气门正时调整变得十分方便和简单，可以预计，这样的控制气门正时方式将会得到广泛运用。

无凸轮可调配气相位的气门驱动取消了传统气门驱动装置中的凸轮轴和从动件，气门通过电磁、电液或其他方式来直接驱动。由于取消了凸轮轴，气门运动不再受凸轮轮廓曲线的限制，使得气门运动规律精确、迅速地三可调节变得简单、容易了。

1）电磁式气门驱动装置

电磁式气门驱动装置选用两个相同的电磁铁，通过 ECU 给电磁线圈通电产生的电磁力直接驱动气门。发动机控制电脑自动改变电磁线圈的通电和断电时刻控制气门的开启始点和开启持续期，并可方便地通过调节衔铁的行程来调节气门的升程，如图 6.46 所示。

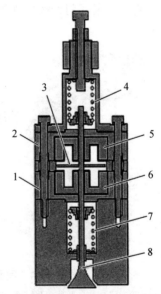

图 6.46 电磁式气门驱动装置

1—开启铁心；2—关闭铁心；3—衔铁；4—弹簧；5—关闭线圈；
6—开启线圈；7—弹簧；8—气门

2）电液式气门驱动装置

电液式气门驱动装置每个气门都有连接一个液压缸，液压缸工作油液的流入和流出通过电磁阀来控制，油液压力的变化推动液压活塞，控制凸轮运动，轻松实现气门三可调节控制，如图 6.47 所示。

随着汽车技术的发展，汽车发动机的气门驱动技术也在日益更新，从传统有凸轮不可调节式配气相位的气门驱动到无凸轮可调节配气相位的气门驱动把汽车的气门精确控制提升到了一个崭新的台阶。不管是哪一种气门驱动技术，要解决的关键问题都是保证进气充分、排气彻底，以动态地保证发动机在不同的工况下都能良好工作。要满足现代发动机进气充分、排气彻底的要求，提高发动机的性能，这就必须让气门的运动规律做到精确、迅速地三可调节（即：开闭时刻可变，持续时长可调节，开启升程可调节）。目前，无凸轮可调配气相位的气门驱动由于取消了凸轮轴，突破了传统气门驱动装置的局限，能够在由机、电、液所组成的自动控制技

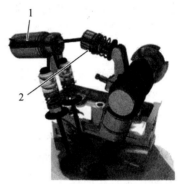

图 6.47　电液式气门驱动装置
1—电磁阀；2—驱动凸轮的液压缸

术装置的帮助下，随时动态跟踪汽车工作状态，智能地自动连续调节气门正时和气门升程，实现了气门驱动的"三可调节"，极大地提高了汽车的动力性、经济性和环保性，现已成为各个厂家争相开发和应用的一项关键技术。

☆第四节　机械与机械零件

一、机器与机械

1. 机器的组成

一般机器主要由 4 个基本部分组成，即动力部分、执行部分、传动部分及控制部分，如图 6.48 所示。

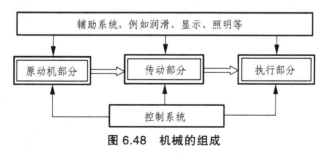

图 6.48　机械的组成

2. 机器的特征

（1）它们都是人为的实物组合。
（2）它们的各部分之间具有确定的相对运动。
（3）它们能代替或减轻人类的劳动，以完成有用的机械功或转换机械能。

机构仅具有机器的前两个特征，机器是由机构组成的。

3. 零件、构件和部件

零件是机器组成中不可拆的最小单元，是机器的制造单元，可分为通用零件和专用零件。构件是机器的运动单元，构件可以是一个零件，也可能是若干个零件的刚性组合体。部件是由若干个零件组成的装配体，是机器的装配单元，汽车行业习惯上称部件为总成。

二、平面机械运动简图

1. 名词解释

（1）机构运动简图：用简单的线条和规定的符号表示机构最本质的运动特征、最本质的连接特性和与运动有关的几何尺寸的图形，图 6.49 是内燃机的机构运动简图。如果没有第三条，即不考虑与运动有关的几何尺寸的图形称为机构示意图。

（2）平面机构：所有构件都在相互平行的平面内运动的机构称为平面机构。

（3）构件的自由度：构件独立运动的数目。平面运动的物体有 3 个自由度，空间运动的物体有 6 个自由度。

（4）约束：对独立运动所加的限制。

（5）运动副：两构件直接接触，并能产生一定相对运动的连接。图 6.50 是常用的运动副及其机构运动简图。

图 6.49　内燃机机构运动简图

1—机架；2—滑块（活塞）；3—连杆；4—曲柄；
5—曲轴正时齿轮；6—配气正时齿轮；
7—凸轮轴；8—推杆

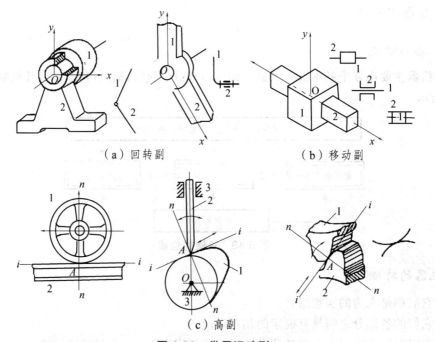

（a）回转副　　　　　　（b）移动副

（c）高副

图 6.50　常用运动副

124

（6）低副：面接触的运动副。特点：约束两个自由度，应力小，润滑好，寿命长，制造简单。

① 回转副：构件只能围绕某转动中心相互转动的运动副，即铰链。

② 移动副：使被连接的构件沿某运动轨迹相对移动的运动副。

（7）高副：点接触或线接触的运动副。特点：引入一个约束，接触应力大，运动复杂。

（8）主动件：运动规律已知的构件，在机构简图中用箭头标出主动件。

（9）机架：相对于机器主体不运动的构件，在机构简图中用几根斜线表示机架。

（10）从动件：机器中除主动件与机架外的构件，从动件的运动规律由主动件与运动副决定。

2. 自由度的计算

$$F = 3n - 2P_\mathrm{L} - P_\mathrm{h}$$ （6.1）

式中　F——机构的自由度数；

　　　n——活动构件数；

　　　P_L——低副数；

　　　P_h——高副数。

机构的自由度：

$$F = 所有自由度总数 - 约束总数$$

机构具有相对运动的条件：$F > 0$。

机构具有确定的相对运动条件：$F = Y > 0$，其中 F 为机构的自由度数，Y 为原动件数。

三、常用的机构

1. 平面连杆机构

平面连杆机构由若干个刚性构件用低副连接而成。最常见的平面连杆机构由 4 个构件组成，又称平面四杆机构或简称四杆机构。四杆机构分为铰链四杆机构和滑块四杆机构。

（1）铰链四杆机构。铰链四杆机构的基本形式：

构件中全部用转动副组成的四杆机构称为铰链四杆机构。固定不动的构件称为机架。用转动副与机架相连接的构件称为连架杆。不与机架直接连接的构件称为连杆。其中相对机架能作整周转动的连架杆称为曲柄，仅能在小于 360° 范围内往复摆动的连架杆称为摇杆。

曲柄摇杆机构：两连架杆中，一个为曲柄，另一个为摇杆的铰链四杆机构称为曲柄摇杆机构，如图 6.51 所示。

双曲柄机构：两连架杆均为曲柄的铰链四杆机构称为双曲柄机构。

双摇杆机构：两连架杆均为摇杆的铰链四杆机构称为双摇杆机构，如图 6.52 所示。

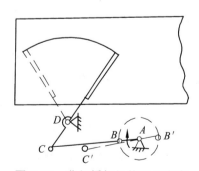

图 6.51　曲柄摇杆机构用于汽车前窗刮水器

（2）滑块四杆机构。凡含有移动副的四杆机构，称为滑块四杆机构。可分为单滑块机构和双滑块机构。

曲柄滑块机构：曲柄滑块机构可看成是由曲柄摇杆机构演变而来的，如图6.53所示。

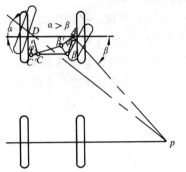

图 6.52　双摇杆梯形机构用于汽车转向轮操纵

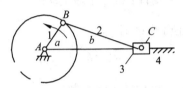

图 6.53　曲柄滑块机构用于活塞连杆机构

导杆机构：分为转动导杆机构和摆动导杆机构。

摇块机构：滑块成了只能绕 C 点作往复摆动的摇块，称为摇块机构。

定块机构：在曲柄滑块机构中，若取滑块为机架，则为定块机构。

（3）四杆机构的基本性质。

① 急回特性。当摇杆处于两极限位置时，曲柄在两相应位置所夹的锐角 θ 称为极位夹角。空回行程比工作行程的平均速度较大的运动特性称为急回特性。

② 死点特性。在曲柄摇杆机构中，若取摇杆为原动件，曲柄为从动件，当曲柄与连杆共线时，原动件不论用多大的力都不能使从动件运动（这种现象称为机构的自锁），这种特性称为曲柄摇杆的死点特性，该位置称为机构的死点位置。

（4）压力角和传动角。机构上某点受到的力的方向与该点绝对速度之间所夹的锐角 α 称为压力角，压力角 α 的余角 γ 称为传动角。

2. 凸轮机构

凸轮的工作轮廓曲线驱使从动件（在汽车配气机构上是气门）作有规律的往复直线运动，从而使气门按设计的要求开闭，并保证开闭的时间和开度，如图6.54所示。

凸轮机构的优点是：可使从动件获得所需的运动规律，结构简单、紧凑、设计方便、工作可靠。缺点是接触应力较大，易磨损。

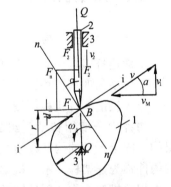

图 6.54　凸轮机构用于汽车配气机构

3. 间歇运动机构简介

将原动件的连续运动转换成从动件周期性的、时动时停的运动机构，称为间歇运动机构。常用的间歇运动机构主要有棘轮机构和槽轮机构。

（1）棘轮机构的特点与应用。棘轮机构具有结构简单、制造方便和运动可靠等特点。利用其单向间歇运动特性，常用于机构的送进、制动和超越。棘轮机构的缺点，是在其运动开始和终止的瞬间存在刚性冲击，运动平稳性差，噪声较大。

（2）槽轮机构。槽轮机构的工作原理：它是由具有径向槽的槽轮、带有圆柱的拨盘和机架三个基本构件组成。槽轮的特点与应用：槽轮机构的结构简单、工作可靠，在进入和退出啮合时的运动要比棘轮平稳。槽轮一般用于转速较高、要求间歇地转过一定角度的分度装置中。

4. 联接件

被联接件之间能作相对运动的联接称为动联接；被联接件之间固定不动的联接称为静联接，静联接可分为不可拆联接和可拆联接。

（1）键联接。键联接主要用做轴与轴上零件之间的周向固定以传递转矩，如图6.55、图6.56所示。键联接可分为松键联接和紧键联接。松键联接靠键的两侧面来传递转矩，主要有：

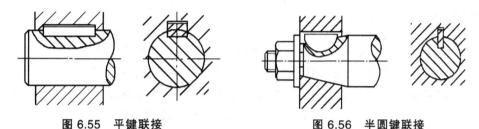

图 6.55　平键联接　　　　图 6.56　半圆键联接

平键、半圆键联接。平键可分为普通平键、导向平键和滑键。普通平键用于静联接，导向平键和滑键用于动联接；半圆键的底面为半圆形，工作时也是靠两侧面受挤压而传递转矩的。紧键联接靠键的上下两面来传递转矩，分为楔键联接和切向键联接。楔键的一个面是斜面，装配时将键打入有斜度的键槽，靠上下工作面将轴与轮毂楔紧；切向键要成对使用，两块键的上、下两工作面互相平行，接触面有斜度，装配时将键自两边打入，将轴与轮毂楔紧。

花键联接。花键联接是由带多个键齿的花键轴和带键槽齿的轮毂所组成。花键主要用于对定心精度要求高、载荷大的静联接或动联接，如图6.57所示。

（2）螺纹联接。螺纹的类型：

按螺纹线的旋向，分为右旋螺纹和左旋螺纹。按螺旋线数目，分为单线螺纹、双线螺纹和三线螺纹。按其牙型分为普通螺纹、圆柱管螺纹、矩形螺纹、梯形螺纹和锯齿形螺纹。

主要参数：

① 大径：螺纹的最大直径。

② 小径：螺纹的最小直径。

③ 中径：轴向剖面内螺纹牙宽度和牙槽宽度相等处的假想圆柱的直径。

④ 螺距：相邻两螺纹牙上对应点间的轴向距离。

⑤ 导程：螺纹上任一点沿一条螺旋线旋转一周所移动的轴向距离。

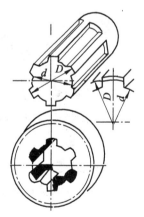

图 6.57　花键联接

⑥ 螺纹升角：螺旋线的切线与垂直于轴线的平面形成的夹角。

⑦ 牙型角：在螺纹的轴向剖面内，螺纹牙型两侧边的夹角。

螺纹联接包括：螺栓联接、双头螺柱联接、螺钉联接和紧定螺钉联接，如图6.58～6.61所示。

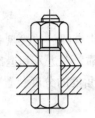 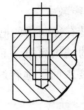 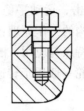 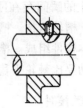

图 6.58　螺栓联接　图 6.59　双头螺柱联接　图 6.60　螺钉联接　图 6.61　紧定螺钉联接

5. 螺旋传动简介

螺旋传动是利用螺杆与螺母组成螺旋副来实现传动要求的，按用途可分为 3 类：传力螺旋、传导螺旋、调整螺旋。

6. 挠性件传动

（1）带传动。带传动是由主动轮、从动轮和紧套在两轮上的传动带所组成，它的特点是传动带富有弹性，能缓冲、吸振，使运转平稳，无噪声；起安全保护的作用；使用维护方便，成本低；传动效率低，使用寿命短，对轴的作用力大；不宜用于高温、水淋、易燃等工作场合。带传动的主要类型：平带传动；V 形带传动；多楔带传动；圆带传动；同步带传动。V 形带常用于汽车附件传动，如图 6.62 所示。

（2）链传动。链传动是由装在平行轴上的链轮和链条组成，在汽车配气机构上运用较多，如图 6.63 所示。

（3）齿形同步带传动。齿形带兼顾了皮带传动方便和齿轮传动准确的优点，应用越来越广泛，在汽车配气机构上使用较多，如图 6.64 所示。

 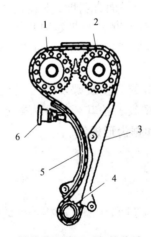 

图 6.62　矩形（或 V ）形带传动　图 6.63　链传动用于正时机构传动　图 6.64　齿形同步带用于正时机构传动

1—进气凸轮轴链轮；2—排气凸轮轴链轮；3—链条导板；
4—曲轴链轮；5—链条张紧导板；6—链条张紧器

7. 齿轮传动

（1）齿轮传动的特点：①能保持瞬时传动比不变；②传动效率高；③使用寿命长；④适用范围广；⑤结构紧凑，工作可靠。

（2）齿轮传动的分类：

① 平面齿轮传动：直齿圆柱齿轮传动；平行轴斜齿圆柱齿轮传动；人字齿轮传动；圆锥齿轮传动。

② 空间齿轮传动：交错齿轮传动；蜗轮蜗杆传动，如图 6.65 所示。

（a）圆柱直齿外啮合齿轮副

（b）圆柱直齿内啮合齿轮副

（c）齿轮与齿条传动副

（d）圆柱斜齿外啮合齿轮副

（e）人字齿外啮合齿轮副

（f）相错轴外啮合齿轮副

（g）圆锥直齿外啮合齿轮副

（h）圆锥斜齿外啮合齿轮副

（i）圆锥圆弧齿外啮合齿轮副

图 6.65　常见的齿轮传动副

（3）标准直齿圆柱齿轮的啮合传动。常见的齿轮副传动如图 6.65 所示，其正常工作的条件为：

① 正确啮合条件：两齿轮的模数和压力角必须分别相等，即 $m_1 = m_2 = m$；$\alpha_1 = \alpha_2 = \alpha$。

② 连续传动条件：实际啮合线长度与基圆齿距的比值称为重合度，用符号 ε 表示。当 $\varepsilon > 1$ 时，才能满足连续传动要求。

③ 有适当的侧间隙。

（4）渐开线齿廓齿轮是目前应用最普遍的齿轮。一对渐开线齿轮啮合时，齿廓接触点的运动轨迹称为啮合线（N_1N_2 为理论啮合线，两齿轮齿顶圆与理论啮合线交点间的距离 B_1B_2

为实际啮合线）。啮合线与两轮连心线 O_1O_2 的交点 C 称为节点，O_1C、O_2C 为半径所作的相切于 C 点的两个圆称为节圆。啮合线与过节点所作两节圆的公切线所夹的锐角称为啮合角 α，在啮合角不变的条件下，两齿轮的传动比恒等于 O_2C/O_1C，这个定律称为齿轮啮合基本定律，遵循这个定律的齿廓称为共轭齿廓，O_1N_1 和 O_2N_2 分别是两圆渐开线基圆的半径，如图 6.66 所示（图中未画两齿轮的齿顶圆、分度圆及齿根圆）。

（5）渐开线标准直齿圆柱齿轮的基本参数和几何尺寸。齿轮各部分名称及基本参数：齿厚与齿厚宽 S_k；齿槽与齿槽宽 e_k；齿距与齿距弧长 p_k，$p_k = S_k + e_k$；模数：齿轮某圆上齿距 p_k 与 π 的比值，称为模数，用 m_k 表示，显然 $m_k = p_k/\pi$。符合国家标准数值的模数称为标准模数，用 m 表示。压力角：齿轮渐开线上某点的绝对速度与该点法线间所夹的锐角称为压力角，用 α_k 表示，我国规定标准压力角等于 $20°$，用 α 表示；齿轮上具有标准模数与标准压力角且 $s = e$ 的圆称为分度圆。

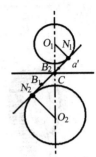

图 6.66　齿轮啮合基本定律

分度圆是设计、计算、加工齿轮的重要参数，分度圆上的一切参数都不用下标。如 m、p、α 等；单个齿轮上四个圆：① 齿顶圆；② 齿根圆；③ 分度圆；④ 基圆。单个齿轮上的三高：齿顶高、齿根高和全齿高；标准齿轮：模数、压力角、齿顶高系数和顶隙系数均采用标准值，分度圆齿厚与齿槽宽相等的齿轮称为标准齿轮。应该指出，分度圆和压力角是单个齿轮所具有的，一对齿轮啮合时会产生节圆、啮合线、啮合角、中心距和传动比。标准中心距：两轮的分度圆相切，节圆与分度圆重合，其中心距称为标准中心距。

（6）渐开线正常齿直齿圆柱齿轮不产生根切的最少齿数是 17。

8. 蜗杆传动

蜗杆传动由蜗杆和蜗轮组成，如图 6.67 所示，用于传递空间相交错的两轴间的运动和动力，一般交错角 $90°$。通常蜗杆为主动件，蜗轮为从动件。它的优点是：结构紧凑、传动比大、传动平稳、噪声较小，但成本较高，汽车机械式转向器就是使用的蜗杆传动。

9. 齿轮系及减速器简介

齿轮系由圆柱齿轮、圆锥齿轮及蜗杆蜗轮等各种类型的齿轮组成，主要分为定轴齿轮系和周转轮系两大类。

（1）定轴齿轮系。齿轮系在传动时，各轮的几何轴线相对于机架均固定不动，这种齿轮系称为定轴齿轮系。定轴齿轮系又可以分为平面定轴轮系和空间定轴轮系，如图 6.68 所示。

图 6.67　蜗杆传动

1—蜗杆；2—蜗轮

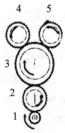

图 6.68　定轴轮系

1—主动轮；2、3—惰轮；4、5—被动轮

（2）周转轮系。齿轮系在传动时，若至少有一个齿轮的几何轴线绕另一个齿轮的固定几何轴线转动，这种齿轮系称为周转轮系，如图6.69所示。

齿轮系中首轮和末轮的转速之比称为齿轮系的传动比。齿轮系的传动比计算包括两方面内容：① 计算传动比的大小；② 确定从动轮的转向。

平面定轴轮系的传动比。平面定轴轮系传动比计算的普遍公式为

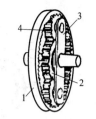

图 6.69   简单周转轮系

1—齿圈；2—太阳轮；3—行星架；4—行星轮

$$i_{1k} = \frac{n_1}{n_k} = (-1)^m \frac{轮系中所有从动轮齿数的连乘积}{轮系中所有主动轮齿数的连乘积} \qquad （6.2）$$

其中，轮1为首轮，轮k为末轮，m为齿轮系中外啮合齿轮的对数。

空间定轴轮系的传动比，其大小可用平面定轴轮系的公式来计算。但转向关系不能用$(-1)^m$来确定。当空间定轴轮系中首轮与末轮的轴线相互平行时，轮系传动比的正负号可用画箭头的方法来确定；当不平行时，在计算公式中不再标正负号。

周转轮系传动比的计算本书不予介绍，有兴趣的读者可参阅有关书籍。

10. 轴

轴是机器上的重要零件，用来支持传动零件，并且传递运动和转矩。

（1）轴的分类。

① 转轴：同时承受弯矩和转矩两种作用的轴，称为转轴。

② 传动轴：只受转矩或同时受很小的弯矩的轴，称为传动轴。

③ 心轴：心轴是用来支承转动零件，而不传递动力，因此只受弯矩的作用。心轴可分为转动心轴和固定心轴。

（2）设计轴时应考虑的问题。① 要求轴有足够的强度。② 轴必须有合理的结构。③ 有足够的刚度。

此外，对于某些轴，还应考虑振动引起的附加载荷问题、对精度的影响问题、疲劳强度问题等，对于受压的细长轴还要考虑压杆稳定问题。

11. 滑动轴承

轴承的功用是支承轴及轴上零件，使其回转并保持一定的旋转精度，减少转动的轴与支承之间的摩擦和磨损。根据摩擦性质的不同，轴承可分为滑动轴承和滚动轴承两大类。

滑动轴承的类型和结构（见图 6.70）。根据轴承所承受载荷方向，可分为向心滑动轴承和推力滑动轴承。根据润滑状态的不同，又可分为非液体摩擦滑动轴承和液体摩擦滑动轴承。

轴瓦的结构：轴瓦是轴承中直接与轴颈接触的部分，轴承工作的好坏主要取决于轴瓦。为了改善和提高轴瓦的承载能力，有时在轴瓦的内表面浇注一层减摩性好的材料，这层金属材料称为轴承衬。

12. 滚动轴承

（1）滚动轴承的构造与种类。滚动轴承一般由外圈、内圈、滚动体和保持架组成，如图6.71所示。

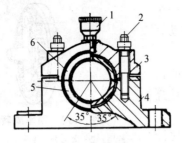

图 6.70　滑动轴承

1—油杯；2—螺栓；3—轴承盖；4—轴承座；
5—下轴瓦；6—上轴瓦

图 6.71　滚动轴承

1—外圈；2—滚动体；3—内圈；4—保持架

滚动轴承的类型很多，通常按轴承所能承受的负荷方向和按滚动体的形状进行分类。

按所能承受负荷的方向，滚动轴承可分为向心滚动轴承和推力滚动轴承。只能或主要用于承受径向载荷的滚动轴承为向心滚动轴承。只能或主要用于承受轴向载荷的滚动轴承称为推力轴承。按滚动体的形状，滚动轴承可分为球轴承和滚子轴承。

（2）滚动轴承的代号。轴承的基本代号由轴承类型代号、尺寸系列代号、内径代号构成，内径代号表示的是滚动轴承的内径尺寸。

13. 联轴器和离合器

联轴器和离合器主要用于连接两轴，使其一起回转并传递运动和转矩。联轴器和离合器的区别在于：用联轴器连接的两轴，只有在机器停车时，经过拆卸后才能使两轴分开；而用离合器连接的两轴，在机器工作时就能随时使两轴分离或接合。联轴器与离合器在汽车上运用很普遍。

（1）联轴器。联轴器可分为两大类：刚性联轴器和弹性联轴器。刚性联轴器可分为固定式和可移式，如图 6.72 所示，汽车上广泛运用十字万向联轴器。

（2）离合器。离合器的类型很多，根据工作原理分为牙嵌式和摩擦式两大类。

牙嵌式离合器：牙嵌式离合器主要由端面带牙的半离合器和半联轴器所组成，如图 6.73 所示。

摩擦式离合器：摩擦式离合器种类很多，其中盘式摩擦离合器应用较广，如图 6.74 所示。盘式离合器又分为单盘式和多盘式，汽车自动变速器广泛运用湿式摩擦离合器。

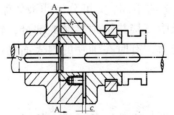

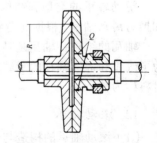

图 6.72　十字万向联轴器　　图 6.73　牙嵌式离合器　　图 6.74　单盘摩擦式离合器

思 考 题

1. 配气机构的作用是什么？有哪两大组成部分？
2. 气门有哪些布置形式？凸轮轴有哪些布置形式？
3. 分析凸轮轴的传动方式，各有何优点？
4. 为什么必须要有气门间隙？何处测量？正确值是多少？超过正常值有何危害？
5. 液压气门挺柱有何优良特性？
6. 根据气门的结构，分析头部的作用是什么？
7. 什么叫配气相位？什么叫配气相位图？
8. 分析进气提前角和滞后角、排气提前角和滞后角的作用。
9. 什么叫气门叠开？气门叠开有何意义？如何保证气门叠开适当？
10. 凸轮轴的结构怎样？如何进行轴向定位？
11. 气门行程运动规律是由什么因素决定的？
12. 什么叫气门开启持续角？
13. 挺柱的作用是什么？常用的有哪些类型？
14. 摇臂的作用是什么？
15. 机器由哪几部分组成？有何特征？
16. 齿轮正确啮合的条件是什么？
17. 什么叫齿轮的模数？什么叫齿轮的分度圆？
18. 什么叫标准齿轮？什么叫标准齿轮标准安装？

第七章　汽油机燃料供给系

汽油机燃料供给系的作用是根据发动机的要求，适时、自动配制出数量和浓度均与不同工况相适应的可燃混合气，供给气缸燃烧做功，然后经净化后向大气排出符合排放标准的废气，我国从 2008 年 7 月 1 日起，已经全面执行与欧 3 接轨的国 3 汽车尾气排放标准，国 4 标准也在积极推行之中，并着手试点国 5 标准，严格的排放标准大大减轻了汽车尾气对大气的污染，人类使用汽车的最终目标是完完全全的"零排放"。

汽油机电控燃油喷射装置的出现，改变了传统汽油发动机燃油供给系的组，电控燃油喷射装置在计算机指令下工作，适时、定量地向进气管内喷射燃油，并与由空气流量计进入的空气相混合，配制成高精度的混合气体。它包括燃油系统、空气系统和电子控制系统。

燃油系统的作用是将汽油加压后输送给各缸汽油喷嘴，并让多余汽油返回油箱。它主要由电动汽油泵、压力调节器、输油管等组成。

空气系统的作用是根据发动机的负荷，调节节气门开度，控制发动机的进气量，由空气流量传感器和节气门体等主要部件组成。

电子控制系统的作用是收集发动机各工况下的各种信息，按给定程序计算出最佳汽油喷射量和最佳喷射时刻，发出指令，控制喷油器完成燃油喷射任务。

第一节　概　述

汽油机以汽油为燃料，燃料在发动机内迅速、完全燃烧的条件是汽油成雾状或蒸发成汽油蒸汽，并与适量的空气均匀混合，形成浓度合适的混合气体。这种汽油与空气均匀混合的气体称为可燃混合气，可燃混合气中燃油含量所占百分比，称为可燃混合气的浓度。

汽油机燃油供给系有化油器式和电控喷射式两大类，国家规定在轿车上已不再使用化油器，为便于读者理解混合气概念和混合气形成的过程，本章仍简单介绍化油器式燃油供给系，重点介绍电控喷射式燃油供给系。

一、汽油机燃料供给系的组成

如图 7.1 所示，汽油机燃料供给系由下列 4 路装置及 1 个电控系统组成。

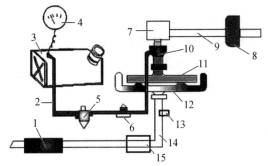

图 7.1　汽油机燃料供给系

1—排气消声器；2—输油管；3—汽油箱；4—油位表；5—汽油滤清器；6—汽油泵；7—节气门体；
8—空气滤清器；9—进气软管；10—单点喷油器；11—进气歧管；12—排气歧管；
13—氧传感器；14—排气总管；15—三元催化器

1.4 路装置

图 7.2 所示是轿车的燃料供给系。

（1）燃油供给装置（油路）由燃油箱、燃油泵、燃油滤清器、燃油压力调节器、油轨、喷油器、炭罐及附件（如油表、油管等）等组成，从油箱中吸出的汽油进入储油罐后，供给喷油器，用不完的汽油从储油罐经回油管流回油箱，这样可以使汽油泵始终保持较大的汽油流量，以保证发动机工作的需要。

（2）空气供给装置（气路）由进气嘴、空气滤清器、空气流量计、进气软管、节气门体、节气门、怠速通道、进气总管、谐振腔、进气歧管等组成，为发动机提供足够的空气，以便形成可燃混合气体。

（3）可燃混合气形成与供给装置（混合路）由气缸盖、进气门、燃烧室等组成，油气在此混合，形成混合气体，并输入发动机内，以便及时被点燃，完成做功过程。（缸内直喷发动机油气在缸内混合）

（4）废气排出装置（排废路）由排气门、排气歧管、排气总管、催化器、消声器、排气尾管等组成。燃烧后的废气由排废路经净化后排入大气中。

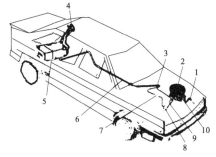

（a）供给装置（油路和气路）

1—空气进气口；2—空气滤清器；3—油管；4—燃油加油口；
5—油箱；6—供油管；7—汽油滤清器；8—汽油泵；
9—储油罐；10—单点喷油器

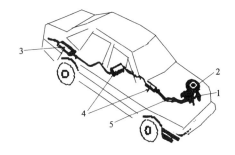

（b）进排气装置

1—进排气歧管；2—空气滤清器；3—主消声器；
4—排气净化装置；5—排气管

图 7.2　非电喷轿车燃料供给系

135

2. 电控系统

由传感器、电控单元（ECU）和执行器组成。保证电控发动机正常工作。

以上简介的是目前使用最普遍的多点电控喷射汽油发动机的组成，单点喷射式、化油器式汽车发动机基本不再使用，柴油发动机的组成有区别，以后章节中将有详细介绍。

二、汽油机燃料供给系的工作过程

汽油泵将油从油箱中吸出，经供油管进入汽油滤清器，滤去其中的杂质和水分后进入喷油器。空气受气缸吸力的作用经空气滤清器滤去所含的尘土和沙粒后，进入气缸，从喷油器喷出的汽油雾化后与空气混合（缸外喷射式发动机在进气门前喷射，缸内喷射式发动机在进气门后喷射）。混合气在气缸内燃烧做功后形成的废气经排废路排入大气。

根据发动机不同工况的要求，自动配制出浓度和数量都相适应的可燃混合气供给发动机使用是燃料供给系所要完成的主要任务。

第二节 可燃混合气的形成与燃烧过程

液体燃料必须蒸发（气化）为气态后才能与空气最大限度地均匀混合。要使混合气能在很短的时间内（0.01～0.04 s）形成，必须将汽油雾化，再将这些细小的汽油颗粒加以蒸发，即实现汽化，最后使汽油蒸汽与适当比例的空气均匀混合成可燃混合气。这个过程由电喷系统完成。

由于汽油蒸发性好，自燃点高，黏度小，流动性较好，因而可以在气缸外部就形成可燃混合气，现代汽车正在向缸内直接喷射汽油方向发展。

一、可燃混合气的形成

化油器从简单到复杂到消亡的发展史，正是人类认识事物的典型过程。尽管化油器不再使用了，但它在汽车发展史上的功劳是不可抹杀的，同时用化油器来说明可燃混合气的形成过程，初学者容易理解，故在此简介一下化油器是必要的，图 7.3 为化油器的基本结构示意图。

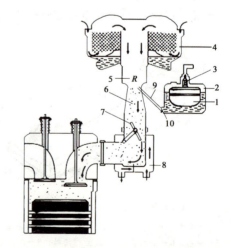

1. 化油器

1）基本结构

（1）浮子室。汽油经针阀进入与大气相通的浮子室。

图 7.3 化油器基本结构和混合气的形成

1—浮子；2—浮子室；3—针阀；4—空气滤清器；5—喉管；
6—混合腔；7—节气门；8—进气预热器；
9—喷管；10—量孔

136

（2）混合腔及喉管。喉管中部断面收缩，是空气和汽油的混合腔。

（3）喷管和量孔。汽油经喷管可进入喉管，量孔用来控制出油量。

2）工作原理

发动机工作时，进气过程形成的真空产生吸力将汽油自浮子室经量孔从喷管口吸出，与空气相遇形成混合气，进入缸内。

由上述过程可以看出，真空是化油器式汽油发动机能正常工作不可缺的条件。

2. 节气门

控制进入气缸混合气的数量，节气门的开度表征了发动机的负荷，由驾驶员通过加速踏板控制，节气门可在空气通道中转动来改变进气通道截面面积，控制进入气缸混合气的量（这个量由空气流量传感器检测），进而通过 ECU 控制喷油时间来调整混合气浓度。

二、燃烧过程

汽油发动机的燃烧过程如图 7.4 所示，ϕ 表示曲轴转角，p_0 表示气缸压力。

压缩过程使混合气的温度和压力不断升高，但如果不点火，缸内的压力变化将如图 7.4 中虚线所示。

火花塞跳火标志点火开始（见图 7.4 中的 a 点）。火花发生处的混合气温度迅速升高，当温度升高到一定程度后，形成火焰中心（见图 7.4 中的 b 点）。

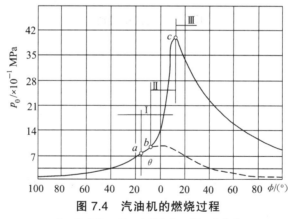

图 7.4　汽油机的燃烧过程

Ⅰ—诱导期；Ⅱ—主燃烧期；Ⅲ—补燃期

a—点火开始；b—形成火焰中心；c—最高压力点

微秒级的燃烧过程是十分短暂的，理论上可划分为诱导期、主燃烧期、补燃期 3 个阶段，实际很难区分。

从点火开始到火焰中心形成这段时期称为诱导期，如图 7.4 中的Ⅰ。这一时期由于混合气局部加热，缸内压力变化较小。

从火焰中心形成到出现最高温度和压力所经历的阶段，称为主燃烧期，如图 7.4 中的Ⅱ。火焰中心形成后，火焰前锋不断向未燃混合气推进使其燃烧。由于燃烧混合气量的增加，缸内容积变化很小，至使缸内压力迅速增高至 c 点，同时温度也急剧升高。

由于燃料与空气的混合并不十分均匀，在主燃烧后，仍有少部分未来得及完全燃烧的燃料在膨胀过程中继续燃烧，这个时期称为补燃期，如图 7.4 中的 Ⅲ。补燃期使发动机过热，燃料经济性变坏。

从点火开始至活塞到达上止点期间，曲轴转过的角度称为点火提前角，如图 7.5 所示。选择适当的发动机点火提前角，有利于提高发动机的动力性和经济性。

理论上燃烧速度越快，最高压力越接近上止点，则膨胀压力越大，做功越大。但如果最高压力峰值太接近上止点，容易使发动机零件承受活塞向上惯性和动力向下做功载荷的夹击，产生较大冲击，伴随产生一种噪声，这种现象称为发动机工作"粗暴"。因此，在结构上要求选择形状和尺寸适当的燃烧室，适宜的进气流方向，以获得主燃烧期内最佳的火焰传播速度和火焰前锋，才能既保证发动机有较好的动力性，又使发动机工作柔和。

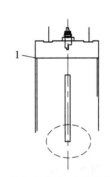
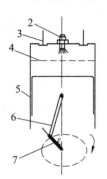

活塞到达上止点时的曲柄位置　　　点火开始时的曲柄位置

图 7.5　点火提前角

1—上止点；2—火花塞；3—气门；4—上止点；5—活塞；6—连杆；7—曲柄

第三节　可燃混合气浓度对发动机工作的影响

燃油质量在混合气质量中所占的百分比称为混合气浓度。可燃混合气浓度对发动机的动力性和经济性都有很大的影响，混合气浓度可以用空燃比 R 和过量空气系数 λ 表示。

混合气中空气质量与燃油质量之比称为空燃比。

1 个单位质量的汽油完全燃烧理论上需要 14.7 个单位质量 的空气，这种空燃比 $R=14.7:1$ 的混合气叫汽油机标准混合气；$R>14.7:1$ 的混合气称为稀混合气；$R<14.7:1$ 的混合称为浓混合气（柴油机标准混合气 $R=14.3:1$）。

$$R = \frac{\text{混合气中的空气质量 (kg)}}{\text{混合气中的燃油质量 (kg)}}$$

不同燃料有不同的空燃比，显然这个概念有冗余之累，为简化，可用对于任何燃料均同样适用的过量空气系数 λ 来描述混合气浓度。过量空气系数 λ 表示燃烧单位质量的燃油实际供给的空气质量与完全燃烧同样质量的燃油理论上所需要的空气质量之比，即

138

$$\lambda = \frac{\text{燃烧过程中实际供给的空气质量 (kg)}}{\text{理论完全燃烧所需的空气质量 (kg)}}$$

$\lambda = 1$ 的可燃混合气称为理论混合气；$\lambda > 1$ 的混合气称为稀混合气；$\lambda < 1$ 的混合气称为浓混合气。

试验和理论都表明可燃混合气浓度对发动机动力性、经济性有重要影响。在发动机转速一定和节气门全开的条件下，通过改变燃油量来改变 λ 值，测量出一系列相应的功率比值 P_e 和油耗率 g_e，以 P_e（最大值为100%）和油耗率 g_e（最小值为100%）为纵坐标，过量空气系数 λ 为横坐标，绘出 P_e 和 g_e 随 λ 变化的规律曲线，如图7.6所示。从图中可以看出，λ 值为 0.88~1.11，两项指标都在最佳状态，即经济性与动力性都最好。

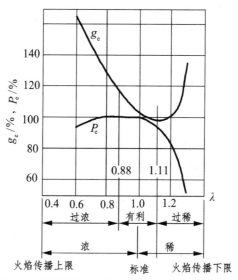

图7.6 可燃混合气浓度对发动机工作的影响

1. 理论混合气（$\lambda = 1$）

理论上理论混合气燃烧最完全。

2. 稍浓混合气（$\lambda = 0.85 \sim 0.95$）

稍浓混合气中汽油含量稍多，汽油分子密集，燃烧速率最快，热量损失小，能使发动机获得最大功率，因此也称之为功率混合气，但发动机经济性有所降低。

3. 过浓混合气（$\lambda < 0.85$）

过浓混合气中由于空气严重不足，燃烧不完全，发动机动力性、经济性变坏，排气管出现冒黑烟、放炮，燃烧室积炭增加，排气污染严重。

当 $\lambda < 0.4$ 时，混合气太浓，发动机不能着火。

4. 稍稀混合气（$\lambda = 1.05 \sim 1.15$）

稍稀混合气中空气分子增多，有利于充分燃烧，经济性好，因此称之为经济混合气，但发动机动力性有所降低。现代汽车电控技术控制汽车在稍稀混合气浓度状态下运行，大大降低了汽车尾气排放，有利于环保。

139

5. 过稀混合气（$\lambda > 1.15$）

过稀混合气中由于空气量过多，汽油分子过少，燃烧速度降低，热量损失加大，导致发动机功率显著减小，耗油率明显增加。

当$\lambda > 1.4$时，混合气太稀，火焰不能传播，发动机无法工作。上述内容可归纳于表7.1。

表7.1　可燃混合气浓度对发动机工作的影响

混合气	过量空气系数 λ	发动机功率 P_e	油耗率 g_e	发动机工作情况
火焰传播上限	0.4	—	—	混合气不燃烧，发动机不工作
过浓混合气	0.43~0.84	减小	显著增加	排气冒黑烟，放炮，排气污染严重
稍浓混合气	0.85~0.95	最大	增大18%	—
理论混合气	1	减少2%	增大4%	—
稍稀混合气	1.05~1.15	减少8%	最小	加速性能变坏
过稀混合气	1.16~1.33	显著减小	显著增大	化油器回火，加速性能变坏
火焰传播下限	1.4	—	—	混合气不燃烧，发动机不工作

第四节　发动机不同工况对混合气的要求

汽车在使用过程中，工作条件时刻都在变化。要求汽车的行驶速度和驱动力随负荷、路面质量、坡度大小变化而随时改变。因此单一浓度的混合气显然不能满足发动机工作的需要。发动机工况有无限多个，根据汽车运行特点，习惯将其分为起动、怠速、中小负荷、大负荷、加速等五种基本工况，各种工况对混合气浓度的要求见表7.2。

表7.2　发动机各种工况对混合气浓度的要求

工　况	状态特征	对混合气的要求
起动工况	冷车起动，曲轴运转慢（50~100 r/min），发动机温度低，汽油雾化、蒸发不良，大量汽油处于油粒和油膜状态，只有极少量已挥发的燃油汽化进入气缸	必须供给多而浓的混合气（$\lambda = 0.42 \sim 0.6$），以保证有足够的燃油汽化，形成恰当浓度的混合气，从而顺利着火。通过阻气门减少空气量，从而提高混合气浓度
怠速工况	节气门开度小，进气量小，发动机转速低（300~700 r/min），汽油雾化、蒸发条件仍很差	需要少而浓的混合气（$\lambda = 0.6 \sim 0.8$），以提高燃烧速度，保证发动机能稳定工作
中小负荷工况	小负荷工况时，发动机对外输出功率小，节气门开度小，进入气缸的混合气数量少，气缸残留废气比例高。中等负荷是发动机工作时间最长的状态，节气门开度适中，转速较高，汽油雾化良好	需稍浓混合气（$\lambda = 0.7 \sim 0.9$），以利燃烧 需要稍稀混合气（$\lambda = 0.9 \sim 1.1$），以保证获得一定的动力性和最佳经济性
大负荷工况	汽车要克服很大的阻力，节气门开度已达85%以上，进气量很多	需要多而浓的混合气（$\lambda = 0.85 \sim 0.98$），以利于迅速燃烧产生最大动力
加速工况	节气门突然开大，要求发动机转速迅速提高，由于空气量比汽油喷出量增长快得多，此时不仅不能加速，甚至会导致发动机熄火	在突然开大节气门的同时，要额外供给一定数量的汽油，以加浓混合气，从而保证迅速提高发动机的动力

发动机与传动系统脱离，以最低转速稳定运转的工作状态称为怠速工况，并又把发动机只带空调压缩机负荷（或因温度太低、变速器进入挡位、动力转向器工作等）的工作状况称高怠速工况，把完全不带负荷的怠速工况称为低怠速工况，要检测两种怠速工况下的指标才能判断发动机的工作状态。调节好低怠速工况工作指标对汽车是很有意义的，这是因为汽车经常需要在低怠速工况下工作，同时低怠速工况参数是发动机其他工况参数的调整基础，加上怠速工况燃烧条件不好，故调好怠速工况的参数是很重要的。

第五节　汽油供给装置

汽油供给装置由燃油供给装置由燃油箱、燃油泵、燃油滤清器、燃油压力调节器、油轨、喷油器、炭罐及附件（如油表、油管等）构成等组成，作用是完成汽油的储存、滤清和输送。

一、汽油箱

汽油箱的作用是储存汽油。汽油箱存满汽油的容量可供汽车行驶 300 ~ 600 km。普通汽车装有一个汽油箱，大型汽车大都装设主、副两个汽油箱。汽油箱的安装位置和几何形状服从于全车的合理布置，多位于车架的一侧或车身后部。

车型不同，汽油箱的外形不尽相同，但其结构形式基本相同。图 7.7 所示为常见汽车供油系统及油箱的构造示意图。

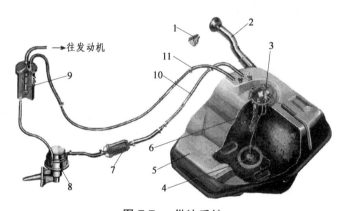

图 7.7　供油系统

1—油箱盖；2—加油管；3—电缆线；4—过滤网；5—油箱壳；6—油位传感器；7—燃油滤清器；
8—燃油泵；9—油水分离器；10—出油管；11—回油管

箱体是用薄钢板冲压件焊成，内壁镀锌或锡，以防腐蚀。上部焊有加油管，内装可拉出的延伸管，延伸管底部有滤网，可滤去加油时油中的杂质，加油管口由油箱盖盖住。油箱上部装有与油面指示表相连接的传感器，以及出油开关，汽油经出油管、出油开关、油管送往汽油泵（现代汽车的汽油泵很多安装在油箱内靠近下部的位置，工作时大多数时间浸泡在汽油中，可及时被汽油冷却）。油箱底部有放油螺塞，用以排出汽油中的水分和杂质。箱内装有隔板，可减轻汽车行驶时汽油的振荡。

为了防止汽油在汽车行驶中因振荡溅出或挥发逃逸到大气中，延伸管口必须加盖密封，这样，当油量减少或温度降低时，就会造成一定的真空吸力，使汽油不能被汽油泵正常吸出；外界温度升高时，过多的汽油蒸气又会造成油箱内气压过大，这两种情况都会造成油箱内外压力差不平衡，为了能自动调节并消除这种不平衡，设计了带有空气阀和汽油蒸气阀的油箱盖。

图 7.8 为双阀式油箱盖工作示意图，油箱盖内装有耐油胶垫，用以密封延伸管口。空气阀的弹簧较较软，当油量减少，油箱内气压降低到预定数值（约 98 kPa）时，外界大气顶开空气阀进入油箱内［见图 7.8（b）］。蒸气阀的弹簧较硬，当汽油蒸发使油箱内气压增大到约 120 kPa 时，蒸气阀被顶开，汽油蒸气通入炭罐进入气缸燃烧［见图 7.8（a）］，两阀平衡了油箱内压力，图 7.9 为常见货车油箱外形。

（a）燃油蒸气经蒸气阀进入炭罐

（b）空气经空气阀进入油箱

图 7.8　双阀式油箱盖工作示意图

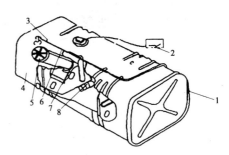

图 7.9　常见货车油箱

1—通汽油滤清器；2—汽油油位表；3—出油开关；4—汽油箱；
5—油箱盖；6—汽油管；7—延伸管；8—汽油表浮子

二、汽油滤清器、储油罐和炭罐

1. 汽油滤清器

汽油滤清器的作用是在汽油进入汽油泵前清除其中的杂质和水分，保证汽油泵、压力调节器和喷油器的正常工作。

滤清器的滤芯有纸质和陶瓷质两种，如图 7.10、图 7.11 所示。图 7.11 所示是桑塔纳轿车汽油滤清器，它由塑料壳体和纸质滤芯组成，在进行维护时都要更换。图 7.10 所示为陶瓷质滤芯汽油滤清器，这种滤清器在维护时可清洗滤芯并吹通，可反复使用。

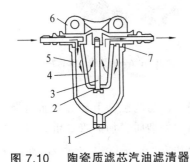

图 7.10　陶瓷质滤芯汽油滤清器

1—放污螺塞；2—密封圈；3—固定螺栓；4—陶瓷滤芯；
5—沉淀杯；6—密封盖；7—密封垫

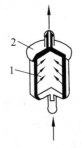

图 7.11　汽油滤清器

1—纸质滤芯；2—塑料壳体

2. 储油罐

现代轿车的燃料供给系统中除包含燃油滤清器外，常串联了储油罐，主要作用是滤去燃油中的水分，并兼有储液和再次滤清作用。储油罐的形式很多，结构各异，但原理相同，构成与滤清器有相似之处，即由滤芯和壳体组成，通过壳体上的油管串联到燃油通路中，还设有与油箱回油管相连的接头。

发动机工作时，燃油在燃油泵的驱动下，经过汽油滤清器滤清后进入储油罐，水分和杂质将沉积在壳体内或堆积在滤芯表面，再次滤清后的燃油经出油口送出去，用不完的燃油将从另一出油口送回油箱。这样使汽油泵始终保持了较大的流量，从而保证了发动机各种工况对燃油量的需要。

3. 炭 罐

炭罐（canister）装在汽油箱和发动机进气总管之间（见图 7.12）。汽油是易挥发的燃料，油箱内的燃油挥发会增加油箱内部的压力，当压力到达一定值时就会产生危险。为节约燃料和保护环境，设置了炭罐，炭罐内填充有吸附性很强的活性炭，油箱中多余的燃油蒸汽通过管路进入活性炭罐的上部，活性炭吸附燃油蒸气。当汽车开动的时候发动机 ECU8 命令炭罐燃油电磁阀 7 适时打开，新鲜空气从活性炭罐 2 下部进入，将吸收的燃油蒸气经燃油控制阀 6、进气总管 10、进气歧管 11 重新进入燃烧室燃烧，以达到节约燃油和环保的目的。

发动机熄火后，汽油蒸气与新鲜空气在罐内混合并储存在活性炭罐中，当发动机起动后，炭罐燃油电磁阀 7 再适时打开，活性炭罐内的汽油蒸气重新被吸入进气歧管参加燃烧。

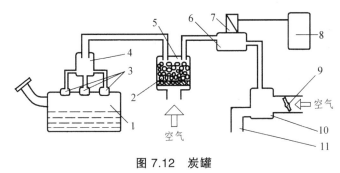

图 7.12 炭罐

1—油箱；2—活性炭粒；3—油气分离器；4—双向阀；5—活性炭罐；6—燃油控制阀；
7—炭罐燃油电磁阀；8—发动机 ECU；9—节气门；10—进气总管；11—进气歧管

第六节 发动机的排气净化装置

一、汽车的排放污染

随着汽车工业的发展，汽车数量越来越多（世界汽车保有量现已超过 10 亿辆），它对人体健康、社会和环境的危害已越来越被人们所重视。汽车的公害包括 3 个方面：排气污染（也称排放污染）、噪声危害、电波干扰。排气污染的影响最大，噪声次之，而电波干扰只是局部性问题。为了保护环境、保障人体健康，国家制定了汽车及内燃机的排污标准，成为必须遵守的法规。我国制定了与欧洲标准接轨的汽车和内燃机排污标准，有的地方已执行国 V 标准，成为制造、维修及检测必须遵守的法规。

汽车排放污染的来源有 3 个主要途径：一是从排气管排出的废气，主要成分是 CO（一氧化碳）、HC（碳氢化合物）、NO_x（氮氧化物），其他还有 SO_2（二氧化硫）、铅化合物、碳烟等，这是排放污染的主要途径；二是窜气，即从活塞环周边间隙漏到下常压腔（曲轴箱）经通气管排出的燃烧气体，主要成分是 HC；由气门与气门导管间间隙漏到上常压腔（上置凸轮轴箱）中成分比较复杂的气体；三是从油箱、油管、油泵接头等密封不严处可能蒸发出的汽油蒸汽，成分是 HC。

1. 排放污染物的危害

CO 是一种无色无味有毒的气体，当人吸入过多的 CO 后，阻碍血液吸收和输送氧引起头痛、头晕等中毒症状，严重时甚至死亡。

NO_x 是 NO、NO_2 等氮氧化物的总称。它刺激人眼黏膜，引起结膜炎、角膜炎，严重时还会引起肺炎和肺气肿。

HC 对人眼及呼吸系统均有刺激作用，对农作物也有害。

碳烟是柴油机排气中的一种成分，主要由直径 0.1 ~ 10 μm 的多孔性碳粒构成，黏附有 SO_2 等物质，对人和动物的呼吸道极为有害。

使用含铅汽油，废气中还有粉末状的铅化物。进入人体，影响造血功能，对消化系统和神经系统也有刺激，所以从环保角度禁止使用含铅汽油，但含铅汽油对发动机减轻磨损、延长使用寿命是有利的，这是历史上曾广泛使用含铅汽油的主要原因。

此外，汽车排出废气所形成的烟雾，使道路能见度降低，影响汽车的安全行驶，对人体也有很大危害，国际普遍制定了防止 PM2.5 排放的标准。

从理论上讲，发动机排放污染物各种有害成分中，除了 CO、HC 和 NO_x 外，其他杂质都可以通过提高燃油质量清除掉，故在讨论防止汽车发动机排放污染物质、汽车的排污标准和净化措施也只讨论降低这 3 种有害气体的含量。

2. 排放污染物产生的原因

CO 是碳不完全燃烧的产物。CO 主要在混合气较浓、低温缺氧状况下生成。因此，必须改善混合气雾化质量并使各缸分配均匀，并尽可能采用较稀的混合气。

低温冷缸壁易使火焰熄灭；电火花微弱，不能点燃混合气；进排气门重叠期间新鲜混合气泄漏；曲轴箱窜气和燃油蒸发等原因均能引起燃油没有完全燃烧，从而排出 HC。

燃烧过程中，高温富氧条件下生成 NO_x，生成量取决于氧浓度、温度及反应时间。

柴油机排放的碳烟量随混合气浓度增大而增加。因此，应改善混合气质量，并使发动机尽量不在超负荷条件下运转。共轨柴油机较好地解决了碳烟排放问题，使柴油机能够用于轿车。

二、汽油机排气净化

发动机排气净化的方式可分为两大类： 机内净化 ——改善可燃混合气的品质和燃烧状

况，抑制有害气体的产生，使排气中的有害气体成分减至最少；机外净化——用设置在发动机外部的附加装置使排出的废气净化后再排入大气，现代汽车的排气净化过程完全实现了电气智能控制，由 ECU 根据发动机工作状况自动完成，为了便于读者形象了控制原理，用以下装置分别说明。

1. 机内净化措施

机内净化主要有以下 4 项措施：

（1）控制进气温度，改善可燃混合气温度。当汽油机在冷态起动和在外界温度低的条件下运转时，燃油雾化蒸发不充分，供给的燃油较多，导致燃烧不完全、CO、HC 生成量增加。故可采用进气温度自动调节式空气滤清器，在外界气温条件变化很大的情况下，保证进气温度大致保持在 40 ℃ 左右，得到合理的混合气。

图 7.13 和图 7.14 为进气温度自动调节式空气滤清器结构原理和工作过程示意图。当流入空气滤清器的空气温度低于某一规定值时［见图 7.14（a）］，在双金属片式温度传感器的作用下，真空阀开启，节气门后方的真空度与真空室的真空度相等，在真空作用下，膜片和连杆上移，使进气控制阀在将冷空气进口 A 关闭的同时将热空气进口 B 打开，让经过排气管预热的空气进入空气滤清器。

当外界空气温度高于某一规定值时［见图 7.14（b）］，温度传感器便将真空阀关闭，在膜片弹簧作用下，B 口关闭而 A 口开启。

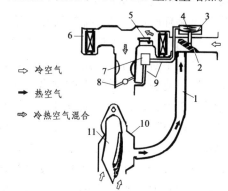

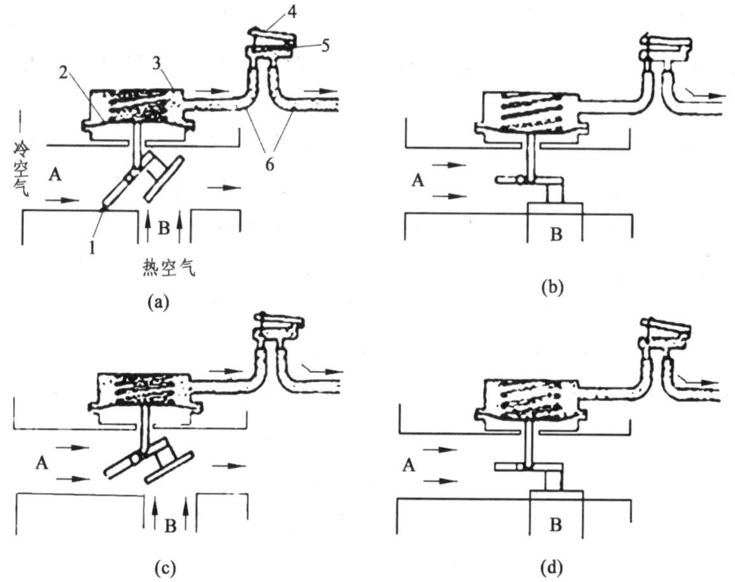

图 7.13 进气温度自动调节或空气滤清器示意图

1—热空气管道；2—进气控制阀；3—膜片；4—真空室；
5—温度传感器；6—空气滤清器；7—真空阀；
8—节气门；9—真空软管；10—排气管罩；
11—排气管

图 7.14 进气温度自动调节或空气滤清器工作过程示意图

1—进气控制阀；2—膜片；3—真空室；4—温度传感器；5—真空阀；6—真空软管

145

若外界空气温度在上述两规定值之间，则真空阀部分开启，真空室膜片保持在某一平衡位置，从而进气控制阀使 A、B 两口均保持适当开度 [见图 7.14（c）]。这样，便可使进气温度保持在相对稳定的范围内。

当节气门全开时，节气门下方真空度很低，即使真空阀全开，进气控制阀仍处于 B 口关闭，A 口开启的位置 [见图 7.14（d）]。这可以保证发动机在全负荷运转期间进气温度不致过高。

（2）控制可燃混合气品质，控制最高燃烧温度。利用废气再循环，控制燃烧温度，基本原理是：将 5%～20% 的废气再引入进气管，减少新鲜混合气进入燃烧室的量，使最高燃烧温度降低，从而减少 NO_x 生成量。

废气再循环阀位于进、排气管交叉处，以便使部分废气易于进入进气管，结构如图 7.15 所示。节气门产生的真空度由管道 A 传到真空气室 4，在节气门开度增大或发动机转速上升时，真空度也不断增高。当真空度达到 0.01 MPa 左右时，即可克服回位弹簧 5 的预紧力而使膜片 6 连同阀杆 3 上移，锥阀 8 便逐渐开启，废气从排气管 C 进入进气管 B。当真空度达到 0.013～0.026 MPa 时，膜 6 片上升到最高位置，锥阀 8 全开。达到随发动机运转条件改变废气的再循环量的目的。急速时，真空度很低，阀门关闭，不进行废气再循环。

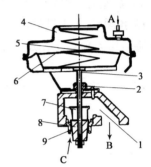

图 7.15　废气再循环装置

1—阀室；2—密封圈 3—阀杆；4—真空气室；5—回位弹簧；
6—膜片；7—阀全开位置；8—阀门；9—阀座；
A—进气真空管；B—接进气管；C—废气来管

有的废气再循环装置设计成仅在发动机中小负荷工况下起作用，以保证应有的输出功率，且油耗不增加。

（3）控制燃烧状况，改善排放。机内净化是从急速油路、点火时刻、配气相位、燃烧方式和燃烧室的形状等采取措施，改善排放。

当急速排放超标时，现代汽车通过 ECU 控制急速伺服电机，自动调节急速大小，以降低 CO 和 HC 的排放。

混合气在气缸内燃烧时，由于燃烧室壁表面温度变化较大会引起排放变化，温度较低时 HC 排放量增加，温度较高时容易引起早燃。减小燃烧室的表面积和容积之比可降低这种影响，使排放更加稳定；此外，适当降低压缩比也可减少 NO_x 的排放量。

配气相位特别是气门重叠时间对 NO_x、HC 排放量的影响很大。试验表明：气门重叠时间长时，因排气彻底，进气充足，气缸内温度低，NO_x 排放量将减少，而 HC 的增加量并不多；当气门重叠时间短时，HC 将减少，而 NO_x 却增加较多。

此外，延迟点火时刻，可降低燃烧最高温度，因而 NO_x 的排放量减少；同时，由于燃烧滞后，高温促进燃料氧化，有助于燃烧彻底，能使残余 HC 含量减少。但延迟点火会引起功率下降和发动机过热等问题，现代发动机 ECU 根据各种工况的需要，通过相应配套措施，自动调节点火时刻。如双膜片新型真空点火提前调节装置是在急速和减速时减小点火提前角，以减少 CO、HC 的生成量；中、高速时则加大点火提前角，有助于增大功率；发动机发生过热，自动增大点火提前角，提高发动机转速，加强冷却作用，促使发动机恢复正常温度。

（4）使用低污染燃料。使用低污染新能源是现代汽车的发展趋势，新能源和代用燃料油耗与污染程度均优于现有的燃料。因此液化石油气、压缩天然气、醇燃料和氢气被广泛用着汽车的代用燃料。

液化石油气发动机是比较成熟的机型，液化石油气在常温下是气体，在一定压力下则呈液态存在。它主要是丙烷和丁烷的混合物。

由于在发动机工作温度下液化石油气呈气态，所以燃用时无需化油器。并能和空气均匀混合形成质量良好的混合气，获得完全的燃烧。燃烧后的有害排放物远比汽油少。另外，液化石油气的辛烷值很高，可以提高发动机的压缩比，从而可获得较高的动力性能。它的缺点是装液化石油气的气瓶重量大，气瓶更换频繁及具有爆炸的危险性等。

压缩天然气与液化石油性质相近，并且加气方便，目前广泛被使用。

甲醇或甲醇与汽油的混合燃料可以降低 NO_x 的排放量，且 HC 和 CO 的排放量明显下降。由于甲醇与汽油的混合燃料抗爆性好，可使发动机的压缩比提高 10%，故提高了发动机的功率。

甲醇具有毒性，对锌和铝合金有腐蚀作用，同时还能溶解塑料。因此，在使用中应采取特殊的防治措施。

氢气是一种不含碳的清洁燃料。燃烧后没有 CO 和 HC 的排放污染，只有 NO_x 一种有害排放物。氢与空气混合气的过量空气系数超过 2 时，NO_x 的排放量则很低。氢对点火能量要求较低，且火焰传播速度快，约为普通燃料的 7 ~ 9 倍，动力性能比普通燃料高很多。

用 1% 的氢气和 99% 的汽油混合燃烧时，可得到较好的净化效果。在 SH7221 轿车发动机上，怠速工况下燃用上述较稀的混合气时，测试表明可节油 25%；CO 的排放量可减少 49%；HC 排放量可减少 80%。因此，采用氢油混合燃料来控制怠速排放，也是一种行之有效的方法。

2. 机外净化措施

（1）缸外二次燃烧净化排气，常用的装置是空气喷射装置。

将新鲜空气经空气分配管和空气喷管喷射到各缸的排气门后面，与高温废气相混合后，使废气中残留的 CO 和 HC 再次燃烧，称为缸外二次燃烧，简称二次燃烧。

空气喷射装置如图 7.16 所示，叶片式空气泵由发动机驱动，压缩新鲜空气（称为二次空气），新鲜空气经一根软管通过防止废气倒流的单向阀流到排气门背面。

（2）使用催化反应器净化排放，如图 7.17 所示，用耐高温耐腐蚀的不锈钢制成，安装在消声器之前。壳体内的催化剂是直径为 2 ~ 4 mm 的氧化铝颗粒，在其多孔性的表面上镀有铂。催化剂表面积很大，每克表面可达 150 ~ 300 m^2。

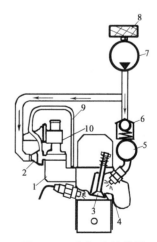

图 7.16　空气喷射装置

1—进气管；2—防回火阀；3—排气门；4—空气喷管；
5—空气分配管；6—单向阀；7—空气泵；
8—空气滤清器；9—防回火管；
10—单点喷油器

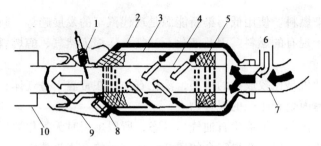

图 7.17 催化反应器

1—高温传感器；2—壳体；3—外筒；4—内筒；5—催化剂；6—二次空气；
7—排气管；8—排泄口塞；9—护罩；10—消声器

催化反应器的布置如图 7.18 所示。发动机排出的废气依次通过 NO_x 催化反应器和 HC/CO 催化反应器。在此过程中，NO_x、HC 和 CO 先后被净化，最后通过消声器排入大气。空气泵的作用是将二次空气压送到催化反应器中，以供 HC 和 CO 的氧化反应之用。现代汽车把对三种污染物的净化放在一个催化器中完成，这种催化器称为三元催化器。

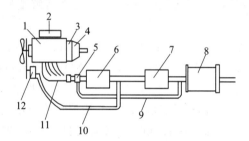

图 7.18 催化反应器布置示意图

1—发动机；2—进气管；3—液力变矩器；4—变速器；5—旁通阀；6—NO_x 催化反应器；
7—HC/CO 催化反应器；8—消声器；9—排气旁通通道；
10—空气通道；11—排气管；12—空气泵

在排气温度为 150℃ 时，催化剂便起作用，但温度过高，会影响净化效果和催化剂寿命，因此装有高温传感器。当达到危险温度时，可发出警报信号，并使旁通阀自动开启，于是高温废气可不通过两个催化反应器，而直接由旁通阀经消声器排入大气。含铅汽油对催化剂有很强的破坏作用，称为催化剂中毒，还会恶化排放，故现在已严禁使用含铅汽车。

采用催化反应进行净化与废气再循环阀和空气喷射装置通常配合使用，以增强净化效果。

（3）防止曲轴箱窜气和汽油蒸发。在汽车排出的 HC 中，曲轴箱窜气引起的占 25%，汽油蒸发的占 20%。

现代汽车采用闭式曲轴箱强制通风装置（简称 PCV 装置）防止窜气，如图 7.19 所示。新鲜空气自空气滤清器经管 C 和闭式通口进入曲轴箱，和窜气混合，从气缸盖罩通入管 A，由计量阀计量后，被吸入进气管，让窜气在气缸内再次燃烧。

计量阀可随发动机运转状况自动调节吸入气缸的窜气量，结构和原理如图 7.20 所示。在息速或小负荷时，窜气量较少。此时，由于进气管真空度较高，阀门被吸向左方，气流通路关小，吸入气缸的窜气量较少。在加速或大负荷时，窜气量增多，计量阀的气流通路开大，让较多的窜气量进入气缸再燃烧。

在图 7.18 所示的闭式通风系统中。当发动机高速大负荷运转时，一旦窜气量过多而不能完全被吸尽时，窜气会从曲轴箱经闭式通气口倒流入空气滤清器后，再被吸入进气管。

PCV 装置可将窜入曲轴箱内的 HC 完全处理干净，现已得到广泛应用。

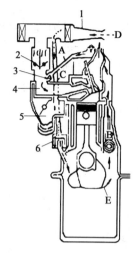

图 7.19　闭式曲轴箱强制通风装置

1—空气滤清器；2—化油器；3—计量阀；4—进气管；
5—排气管；6—闭式通气口

（a）低速小负荷时

（b）加速或大负荷时

图 7.20　计量阀

A—进气管；B—窜气

3. 废气净化转化常识

（1）催化转化器也称催化反应器。是利用催化剂促进发动机排气中的 HC、CO 和 NO_x 起氧化或还原反应，同时对微粒（PM_{10}）[1]也有一定化解作用。缺点是有效使用寿命不长。

催化反应器有氧化催化器、还原催化器、三元催化器 3 种，应用最多的是氧化催化反应器。根据作用原理，往往把催化器设计成针对净化一种废气的单元催化器，如果同时对 HC、CO 和 NO_x 3 种气体进行催化处理，就是三元催化器，主要应用在混合气成分接近理想混合气场合，电喷发动机废气中 HC、CO 和 NO_x 含量低，就能同时在三元催化器相互反应，变成 H_2O、CO_2、N_2 等无毒气体排出，降低尾气对大气的污染。为了保证汽车排出的废气总是保持在理想成分，就需要有氧传感器来监测尾气成分，并随时动态修正喷油量。这一任务要由 λ 传感器、电喷系统和 ECU 共同完成。

（2）热反应器。设置在排气歧管出口处的特制机外燃烧容器，工作原理是向高温的尾气中喷进空气，促使有毒气体燃烧成无毒气体。缺点是怠速时工作不良。

（3）空气喷射反应系统。工作原理与热反应器一样，不同之处是没有特制容器，尾气中的可燃烧成分直接在排气歧管中燃烧。

三、进气管和排气管

进气管和排气管都由总管和歧管组成。进气管的作用是较均匀地将可燃混合气（汽油机）或空气（柴油机）分配到各气缸中，进气管的另一作用是可对进入进气管道内的气体压力（谐

---

[1]　PM_{10}：尾气中直径在 $0.1 \sim 10\ \mu m$，长期悬浮在大气中的分散物质。

振增压）、流动速度（调节进气管道长度）、温度（加热或控制热空气量）、品质（废气再循环）进行适度调节。排气管的作用是汇集各气缸的废气，通过排气消声器排出，也可对废气进行适度净化处理。排气管道还有辅助支承发动机的作用

进气、排气管用铸铁或铝合金铸造而成，二者可铸成一体，也可分别铸出，都用螺栓固定在气缸盖上，接合面装有石棉衬垫，防止漏气。进气各歧管与气缸进气道相连通，进气总管与节气门体连通。排气各歧管分别与气缸排气道相连通，排气总管连通三元催化器和消声器，其上还安装有氧传感器，如图 7.21、图 7.22 所示。柴油发动机进、排气歧管常常分别安装于发动机两侧，以免排气管因温度过高而影响发动机的充气效率。

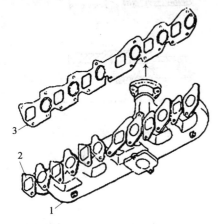

图 7.21 发动机进排气歧管

1—进气歧管；2—排气歧管；3—衬垫

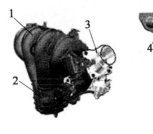

（a）进气管道　　　（b）排气通道

图 7.22 发动机进排气歧管

1—进气歧管；2—进气总管；3—节气门体；4—排气歧管；
5—排气总管；6—氧传感器

进气管和排气管内部管壁质量和长度对发动机性能影响较大，现代汽车除了在提高管壁质量、形状上下工夫外，还在实现进、排气歧管长度可变控制方面取得了重大突破，通过电控、声控、速度控制等高科技手段，自动控制进、排气歧管长度，改善了发动机的燃烧情况。

四、排气消声器

排气消声器的作用是降低从排气管排出废气的温度和压力，并消除火星和噪声。

废气在排气管中流动时，由于排气门的开闭与活塞往复运动的影响，气流呈脉动形式，当排气门刚打开时压力近 200～250 kPa，具有一定的能量，如果让废气直接排入大气，就会产生强烈的排气噪声污染。汽车消音器由长度不同的管道和隔室构成，由于两根管道的长度差值等于汽车所发出的声波的波长的一半，使得两列声波在叠加时发生干涉相互抵消而减弱声强，使声音减小，从而起到消音的效果。消音器从原理上可分为阻性消声器的抗性消声器。

阻性消声器利用多孔吸声材料来降低噪声；抗性消声器是一个声学滤波器。选取适当的管和室进行组合. 就可以滤掉某些频率成分的噪声，把阻性结构和抗性结构按照一定的方式组合起来，就构成了阻抗复合式消声器。

图 7.23 所示为典型排气消声器的构造。它由外壳、多孔管和隔板等组成。外壳用薄钢板制成筒形，两端封闭，内腔用两道隔板分隔成 3 个消声室，在两端又各插入多孔的进入管和排出管，3 个消声室通过多孔管相互沟通，废气经多孔管进入消声室，通过反复流动、膨胀和冷却，并与管壁碰撞消耗能量，速度、压力和温度均降低，振动减轻，最后从另一多孔管排入大气，消除了火星，减小了噪声。

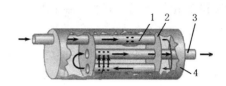

图 7.23　排气消声器

1—进气多孔管；2—隔板；3—排气多孔管；4—外壳

第七节　汽油机电子控制燃油喷射系统（EFI）

一、概　述

电喷发动机是一个完整的自动控制体系，它正常工作需要若干信号支持，其中最重要的信号是发动机负荷信号和发动机转速信号。随时、动态地把发动机内外有关参数的变化信息反馈给电脑 ECU，ECU 及时、自动、准确调整燃油喷射量和空气供给量，使发动机总是处于最佳工作状态的电子控制系统称为电控燃油喷射系统（ electronic fuel injection，），英文缩写为 EFI 系统，这样的发动机称为电喷发动机。

我国于 2001 年 9 月 1 日起，全面禁止销售化油器轿车。

1954 年德国最先把机械式汽油喷射系统用于奔驰 300SL 汽车上，称为"K 型"汽油喷射系统。20 世纪 60 年代末，出现机电组合式的"KE"型汽油喷射系统。现在，取而代之的是 EFI 系统，它以优良性能成为现代汽车车用燃油控制系统的主流。

现代轿车发动机电子控制系统主要由以下 11 个系统组成：

1. 现代轿车发动机电子控制系统

（1）汽车机电子控制燃油喷射系统（EFI）：动态向发动机适时提供量适、浓度佳的可燃混合气，使发动机总是处于最佳工作状态。

（2）电子点火控制（ESA）：根据发动机的运转工况，动态控制点火时间（点火提前角）、点火顺序并进行最佳爆震控制。

（3）怠速控制系统（ISC）：动态控制发动机在怠速时能够稳定运转，并能根据负荷、水温、挡位、转向等的变化，自动适当调节怠速。

（4）废气再循环控制（EGR）：根据发动机工况的变化，动态控制废气再循环率。将适量废气引入进气流中，从而降低最高燃烧温度，以达到减少废气中氮氧化物（NO_x）含量这是废气再循环的目的。

（5）涡轮废气增压控制：根据载荷和转速等的变化，动态调节废气参与增压的量，控制进气量。利用发动机废气动能，推动安装在排气总管中的涡轮，再带动安装在进气总管内的空气压缩机（泵轮），对进气进行压缩，提高充气效率，促使燃油在发动机内充分燃烧，提高动力性、经济性和排放质量。

（6）进气相位及气门升程控制：根据转速、负荷的变化，控制进、排气门开闭时间及气门升程的大小，以达到最佳进气效果。

（7）汽油蒸发回收控制：根据汽油蒸汽的浓度，动态控制对汽油蒸汽的回收和燃烧，防止汽油蒸汽逃逸造成污染。

（8）排放控制系统：自动动态对发动机排放装置的工作施行电子控制。

（9）发动机电子防盗系统：每把钥匙内嵌有一个防盗转换器，当将钥匙插入点火开关锁芯并将其旋转至"ON"位置时，电子防盗 ECU 与钥匙之间通过无线射频的方式进行通信。如果钥匙被确认是合法的，则防盗 ECU 将与发动机 ECU 进行密码验证。如果密码验证正确，将允许发动机起动。

（10）自我诊断系统：对整个控制系统的工作进行监测，出现异常自动报警。

（11）失效保护系统：也称回家模式，当故障发生时，控制系统自动按电脑中预先设定的保护模式运转，以保护发动机的其他单元不因现有故障受到损伤，并可安全地回家。

现代轿车除上述 11 种系统外，还配有其他辅助控制系统，共同组成一个完整的控制体系，所有控制系统都是由传感器、ECU 和执行器 3 部分组成。随着科技发展，电控系统越来越多地应用到汽车上。

2. 车用发动机电子控制系统的组成

（1）各种传感器。将发动机控制的各种物理量信息（如曲轴转速，曲轴位置及转角，进气流量，进气温度，水温，节气门位置，爆震情况，废气中残余氧含量，空调开关等数十种）变成电信号输送给 ECU。

（2）ECU 电子控制单元（俗称车用电脑）。最主要的功能是将各种传感器送来的当前信息与储存的标准值比较，确定与理想状态的误差值，并向执行器发送控制信号与修正这个误差值，使汽车总是趋向处于最佳状态。ECU 同时还有其他多种功能，可通过专设的诊断接口与电脑检测仪相连接。

（3）执行器。将 ECU 发来的控制电信号转变成控制汽车状态的物理量信号，完成 ECU 给定的控制功能。

以上 3 类元件组成自动控制系统，运用到电控发动机上担负起提高发动机的动力性、燃料经济性和降低排放污染的任务，精细控制的最基本途径是随汽车运行工况的变化，随时动态地为发动机配制最佳浓度的可燃混合气（精确控制空燃比，让 λ 总是保持在 $0.85 \sim 1.15$）。EFI 系统可以根据发动机在起动、暖机、怠速、加速、全负荷等各种运行工况的变化，实现最佳空燃比控制及最佳点火提前角控制，以优化发动机各种运行工况，从而取得良好的节油、排气净化双佳效果。

二、EFI 系统

本节只讨论汽车机电子控制燃油喷射系统（EFI），其他系统在其他章节中讨论。

1. EFI 系统的优点

（1）与化油器相比，EFI 系统进气管道中没有狭窄的喉管，进气阻力减小，充气性能好，提高了发动机的动力性，增大了输出功率，同时极大地提高了汽车的安全性。

（2）汽车在各种工况变化过程中，控制系统能够迅速响应，使发动机控制反应更灵敏。

（3）发动机工作时，ECU 根据进气温度、压力，计算出空气密度的变化量，得到空气质量的变化量，控制供油量，这样的精细控制可明显改善低温起动性能和热机运转性能。

（4）EFI 系统在各种工况下都能为发动机提供浓度最佳的混合气，且燃油雾化好，各缸分配均匀，有利于燃料的完全燃烧，有效地降低排放污染和节省燃油。

（5）发动机冷起动时，控制系统能够根据发动机及环境状态，对混合气浓度适时自动进行修正。

（6）具有减速断油功能，节省燃油，降低排放。减速时，当节气门关闭，减速断油功能判断发动机转速超过预定转速时，命令停止喷油，HC 含量立即减少，不会像化油器发动机因汽油黏附在进气管壁上发生不可控制蒸发的现象。

EFI 系统在发展过程中还须继续解决系统布置复杂、不易掌握及制造成本较高等不足。

2. EFI 系统的分类

（1）按喷油器在进气管道中安装部位分类，可分为单点喷射系统和多点喷射系统。

单点喷射（single point injection）系统将一只或两只喷油器布置在进气总管内喷射燃油的燃油喷射系统 [见图 7.24（a）]，这种燃油喷射系统在电控燃油喷射系统出现初期，用于改造化油器式发动机使用，现在的汽车中已不再使用。

多点喷射（multi point injection）系统是将喷油器布置在进气歧管内，即每一个气缸有一个喷油器的燃油喷射系统 [见图 7.24（b）]。多点喷射系统显然比单点喷射系统更先进。

（2）按喷油器安装在缸内或缸外分为缸内喷射系统和缸外喷射系统。

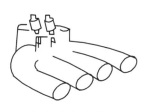 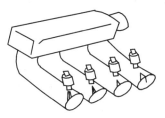

（a）单点喷射系统　　　　　　　　　　（b）多点喷射系统

图 7.24　喷油器在进气管中的安装部位

缸内喷射系统是将喷油器安装在进气门以后的燃烧室内，也称为直喷式发动机，喷射压力要求高，为 3.00 ~ 4.00 MPa，结构和布置复杂；直喷式发动机有许多优点，是发动机的发展方向。

缸外喷射系统是将喷油器安装在进气门以前的进气管内，喷射压力为 0.20 ~ 0.35 MPa。

（3）按喷射方式可分为连续喷射方式和间歇喷射方式。

连续喷射方式：汽油连续不断地喷射到进气道内，大部分汽油是在进气门关闭时喷射的，汽油在进气道内蒸发，发动机高速转动时常用这种方式喷射。

间歇喷射方式：汽油间歇地喷入进气道或气缸内，发动机低速转动时常用间歇喷射方式工作。

喷射方式由发动机的 ECU 自动调节。

（4）按喷射顺序可分为同时喷射、分组喷射和顺序喷射。ECU 根据发动机工况自动控制和调整喷射顺序。

同时喷射如图 7.25 所示，是指发动机在运转期间，各缸喷油器同时开启并同时关闭。

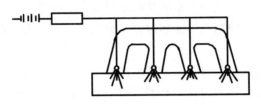

图 7.25　喷油器喷射时序——同时喷射

分组喷射如图 7.26 所示，将喷油器分成两组（4 缸发动机）或更多的组交替喷射。

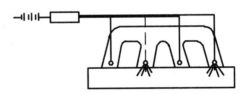

图 7.26　喷油器喷射时序——分组喷射

喷油器按发动机各缸工作顺序依次喷射形成顺序喷射，如图 7.27 所示，由电脑根据曲轴位置传感器提供的信号，辨别各缸的进气行程，适时发出各缸的喷油脉冲信号实现顺序喷射。

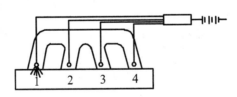

图 7.27　喷油器喷射时序——顺序喷射

（5）按喷射系统控制方式分为机械式喷射系统、机电结合式喷射系统和电控喷射系统。

K 型（机械式）和 KE 型（机电结合式）汽油喷射系统已经不再使用，在此提及的目的是让读者对汽油喷射系统的历史有一个了解。

电控式汽油喷射系统的基本工作原理是（见图 7.28、图 7.29）：根据各种传感器送至电子控制单元 ECU 的发动机运行状况信号，由 ECU 处理后发出控制喷油量和点火时刻等多种执行信号，对发动机实行综合管理。

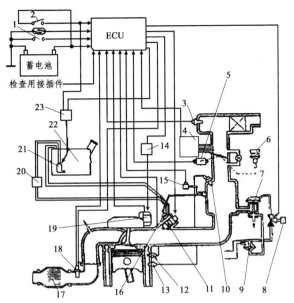

图 7.28　D 型电控汽油喷射系统

1—汽车速度传感器；2—点火开关；3—进气温度传感器；4—进气压力传感器；5—节气门位置传感器；
6—怠速自动调节阀；7—EGR 阀；8—VSV（EGR 用）；9—EGR 真空调节器；10—冷起动喷油器；
11—喷油器；12—冷却液温度传感器；13—冷起动喷油器热限时开关；14—点火器；
15—真空传感器；16—压力调节器；17—催化反应器；18—氧传感器；
19—分电器；20—燃油滤清器；21—燃油泵；
22—燃油箱；23—开路继电器

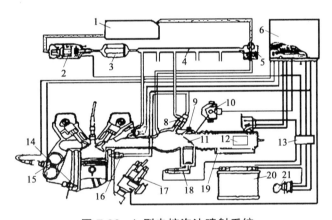

图 7.29　L 型电控汽油喷射系统

1—燃油箱；2—油泵；3—滤清器；4—油管；5—压力调节器；6—电控单元；7—喷油器；8—冷起动喷油器；
9—怠速调节螺钉；10—节气门位置传感器；11—节气门；12—空气流量传感器；13—继电器组；
14—发动机温度传感器；15—氧传感器；16—冷却液温传感器；17—分电器；
18—怠速混合气调节螺钉；19—补充空气阀；20—蓄电池；21—点火开关

　　在电控式汽油喷射系统中，按对空气量的检测方式不同，还可以分为两大类：D 型电控汽油喷射系统和 L 型电控汽油喷射系统。

　　D 型电控汽油喷射系统（见图 7.28）是空气压力计量式电控汽油喷射系统。通过进气压力传感器 4 和真空传感器 15 将进气管道内的空气压力信号和发动机转速信号输送到电子控制单元 ECU，由电脑根据空气压力信号计算出空气量，再命令产生与之相对应的喷油脉冲，控制电磁喷油器喷射适量的燃油 [见图 7.30（a）]。由于它是间接获得进气量信息，属于间接测量喷射系统，进气管道内空气压力波动，会影响进气量的测量精度，但它的优点是结构简单，故现代汽车上使用的 D 型喷射系统都在消除压力波动上采取了高科技的措施。

L 型电控汽油喷射系统是由空气流量传感器直接测量进入进气歧管的空气量，并将该物理量转变成电信号输送到电脑，由电脑计算出与该空气量相适应的喷油量，以控制混合气空燃比在最佳值 [见图 7.30（b）]。它是直接测量式喷射系统，比间接式测量精度更高。

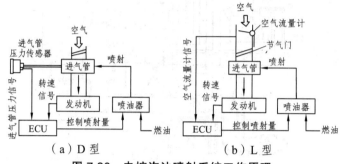

图 7.30　电控汽油喷射系统工作原理

电控汽油喷射系统尽管形式多样，但它们都具有相同的控制原理：即以电脑为控制核心，以空气流量和发动机转速为控制基础，以喷油器为控制对象，保证发动机在各种工况下获得最佳的混合气浓度以满足发动机的动力性、经济性和排放的要求。相同的控制原理决定了各类电控汽油喷射系统具有相同的组成和类似的结构。电控汽油喷射系统的组成包括进气系统、燃油系统和电子控制系统，如图 7.31 所示。

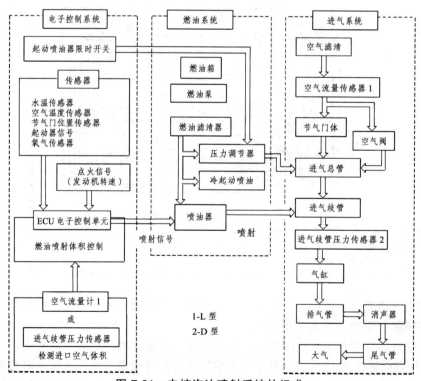

图 7.31　电控汽油喷射系统的组成

① 进气系统。该系统根据节气门或怠速空气调整器（空气阀）的开度，将空气滤清器来的空气供给燃烧室。它由空气滤清器、空气流量传感器（或进气歧管压力传感器）、节气门体、怠速空气调整器、进气总管和进气歧管等组成。

② 燃油系统。该系统将燃油加压后，根据电脑的指令喷射燃油。它由燃油泵、燃油滤清器、喷油器和燃油压力调节器等组成。

③ 电子控制系统。该系统根据各种传感器送来的信号，对燃油喷射装置的喷射时刻和喷射量（开阀时间）进行控制。它由系统电源、信息源、电脑、执行器组成。

三、汽油喷射进气系统的组成与结构

汽油喷射进气系统的基本组成如图 7.32 所示，它由节气门体、空气流量传感器（或进气歧管压力传感器）、空气滤清器、怠速空气调整器（空气阀）、进气总管和进气歧管等组成。

前面已叙述过，D 型电控汽油喷射系统采用进气压力传感器间接测量发动机的充气量，L 型电控汽油喷射系统采用空气流量传感器直接测量发动机的充气量。

1. 进气歧管压力传感器

进气歧管压力传感器结构如图 7.33 所示，由硅片、真空室和 IC 电路组成，检测进气歧管内压力变化，输出 PIM 信号，ECU 根据 PIM 信号确定基本喷油持续时间和基本点火提前角。工作原理是：封装在真空室内的硅片，由于一侧受进气压力的作用，另一侧是真空，所以在进气歧管压力发生变化时，硅片产生变形，使分布在硅片上的电阻的阻值改变，导致电桥输出电压发生变化。集成电路 IC 将这一电压放大处理，作为进气歧管压力信号送到 ECU 的 PIM 端。ECU 的 V_{CC} 端为 IC 电路提供一个 5 V 电源。

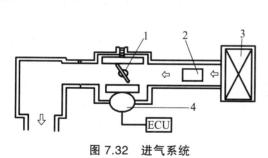

图 7.32　进气系统

1—节气门；2—空气流量传感器；3—空气滤清器；
4—怠速空气调整器

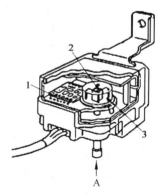

图 7.33　进气压力传感器

1—IC 电路；2—硅片；3—真空室；
A—接自进气歧管

2. 空气流量传感器

空气流量传感器（也称空气流量计）有翼片式、卡门旋涡式、热线式和热膜式等形式。按计量方式不同，翼片式和卡门旋涡式属体积流量型空气流量传感器；热线式和热膜式属

质量流量型空气流量传感器。后者直接测量进入气缸内空气的质量，将其转换为电信号，输送给 ECU，由 ECU 根据空气质量计算出与之相适应的喷油量，准确控制混合气的空燃比为最佳值。因此，热线式和热膜式成为现代汽车电控汽油喷射系统中较流行的空气流量传感器。

不同的空气流量计的检测方法是不一样的，但都安装在进气管道内，都是将进气量的变化信号传输给电控单元，电控单元根据此信号调整相应的喷油量。

（1）翼片式空气流量计。翼片式空气流量计结构如图 7.34 所示。翼片式为机械式空气传感器，因为体积大，反应慢，噪音大、磨损大等已经不再使用。

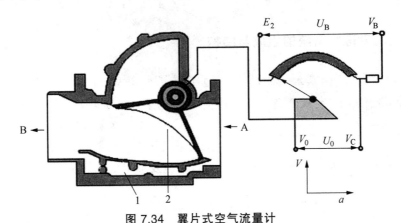

图 7.34　翼片式空气流量计

1—空气旁通通道；2—翼片；A—空气滤清器侧；B—进气歧管侧

（2）热线式空气流量计。热线式空气流量计的结构如图 7.35 所示。主要由白金热线、温度补偿电阻和控制线路等部分组成。白金热线和温度补偿电阻安装在取样管内，白金热线的作用是感知空气流量，温度补偿电阻能对进气温度进行补偿修正，控制线路控制白金热线与温度补偿电阻的温差保持不变，并将空气流量转化为电压信号。由于取样管置于主空气通道中央，该种检测方式称为主流测量方式。

采用旁通测量方式的热线式空气流量计与主流测量方式在结构上的主要区别在于：前者将白金热线和温度补偿电阻安装在空气旁通道上，热线和温度补偿电阻是用铂线缠绕在陶瓷绕线管上制成的。

热线式空气流量计的工作原理如图 7.36 所示。在空气通道中放置热线 R_H，其热量被空气吸收。热线周围通过的空气质量流量越大，被带走的热量越多。将白金热线 R_H 和温度补偿电阻 R_K 分别置于惠斯顿电桥电路的两个桥臂上，混合集成电路 A 控制白金热线与吸入空气温度差保持在 100 ℃，当空气质量流量增大时，由于空气带走的热量增多，为保持热线温度，控制电路使热线 R_H 通过的电流增大，反之，则减小。精密电阻 R_3 也是惠斯顿电桥的一个桥臂，将通过白金热线 R_H 的电流信号转化为空气流量计的输出电压信号。

当热线沾污后，热辐射降低，会影响测量精度，发动机每次停机后，混合集成电路 A 控制热线高温加热 1 s，以烧掉热线上的污物。热线式的缺点是热线受振动的影响力，寿命相对较短。

（3）热膜式空气流量计。热膜式空气流量计的结构和工作原理与热线式空气流量计基本相同，如图 7.37 所示，采用热膜取代白金热线。热膜是由发热金属铂固定在树脂薄片上制成。具有结构简单、工作可靠等特点，是目前主要使用的空气流量计。

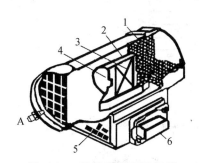

图 7.35　热线式空气流量计

1—金属网；2—取样管；3—白金热线；4—温度补偿电阻；
5—控制电路板；6—电缆插头；A—空气流量计

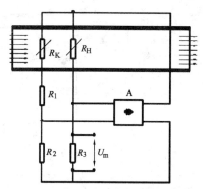

图 7.36　热线式空气流量计的工作原理

R_H—热线电阻；R_K—温度补偿电阻；R_3—精密电阻；
R_2—电桥电阻；U_m—检测输出电压信号；
R_1——般电阻；A—混合集成电路

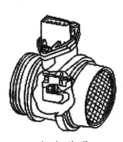

（a）外观

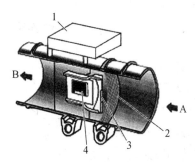

（b）内部结构

图 7.37　热膜式空气流量计结构

1—控制电子单元；2—金属网；3—温度补偿电阻；4—热膜；
A—空气；B—去节气门体

（4）卡门旋涡式空气流量计。卡门旋涡式空气流量计的外形与热膜式空气流量计很相似（见图 7.37），安装在进气总管中，内部用一个旋涡发生器和超声波组件替代了热膜组件。图 7.38 描述的是卡门旋涡式空气流量计工作原理，即利用空气涡流和稳流通过超声波时对波的不同干扰来测量进入发动机的空气质量。一个三角形的旋涡发生器，扰乱空气流动，在传感器的腔内产生了由顺时针和逆时针方向交替变化的空气涡流，这种依次反向顺序涡流在空气流中排列很整齐，被称为涡街，单位时间内通过的涡流数反映了空气流的质量。涡流在经过超声波波束时严重扰乱了由超声波发生器发出的定值超声波信号（稳流经过时对超声波定值的干扰很小），接收器记录这个变化了的信号，并将其转化为一个与涡流数成正比的电脉冲信号，ECU 统计这个脉冲信号的数量，从而计算出流过的空气质量，并迅速调整燃油喷射量，与空气质量相匹配，以实现最佳燃烧效果。流量计的入口处有一个空气整流器，它的作用是消除空气气流通过旋涡发生器之前受别的因素影响产生的非计量涡流，促使空气流在经过旋涡发生器前端时保持稳流状态，提高了计量的精度。旋涡发生器本身是可以自洁加热的，以清除黏附在表面的杂质。

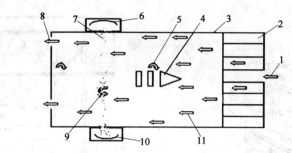

图 7.38 卡门旋涡式空气流量计工作原理图

1—进气口；2—空气整流栅；3—空气流量计壳体；4—旋涡发生器；5—刚生成的顺旋涡流；
6—超声波发生器；7—超声波束；8—出气口；9—被检测到的逆旋涡流；
10—超声波接收器；11—稳流状态的空气流（图中所有直箭头）

3. 节气门体

1）节气门控制

节气门开度表征发动机负荷，拉索式节气门由驾驶员完全控制，电控式节气门由驾驶员与 ECU 共同控制。

节气门体（见图 7.39）包括控制发动机进气量的节气门、控制节气门开度的钢丝拉索盘（上主要有钢丝拉索和回位弹簧）及怠速调节装置。有的节气门体上还装有节气门回位缓冲器、石蜡式怠速空气调整器、电控怠速控制装置、冷却液通道等。

节气门旋转轴一端是钢丝拉索盘，驾驶员踩动加速踏板，通过钢丝拉索带动钢丝拉索盘转动，节气门旋转轴随之转动，带动节气门向打开空气通道方向转动；放松踏板，回位弹簧使节气门旋转轴向关闭空气通道方向转动，节气门随之关闭。节气门旋转轴的另一端上装有用来检测节气门开度的节气门位置传感器。节气门开度的大小由节气门开度传感器（也称为节气位置传感器）检测，并将节气门开度信号转换成电信号传给 ECU。目前用得较多的是电位计式节气门开度传感器。

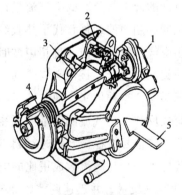

图 7.39 节气门体结构

1—节气门位置传感器；2—怠速调整螺钉；3—节气门；
4—钢丝拉绳盘；5—从空气滤清器来的空气

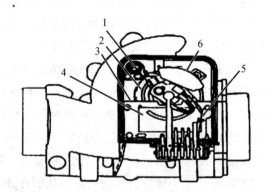

图 7.40 电位计部分的结构

1—调整齿圈；2—回位弹簧；3—电位计；4—印刷电路板；
5—燃油泵接点；6—平衡配重

电位计式节气门开度传感器（见图 7.40）安装在节气门旋转轴上，其中包括平衡配重、滑臂、回位弹簧、调整齿圈和印刷电路板等。螺旋回位弹簧的一端固定在节气门转轴上，另一端固定在调整齿圈上。调整齿圈由一卡簧定位，并有刻度标记，改变调整齿圈的固定位置，可调节回位弹簧的预紧力，以改变节气门的输出特性。转轴上端固装有平衡配重和滑臂，节气门轴转动，滑臂随之转动，滑臂就在印刷电路板上的镀膜电阻滑动，从而改变了电阻的大小，也就改变了电压，ECU通过感知与节气门一一对应的电压值，就知道了节气门的开度。接触式电位计存在磨损，因而寿命不长，稳定性不好，现代汽车上已经普遍采用感应式传感器，非接触就克服了上述缺点。

2）急速控制

当发动机处于无负荷状态运行时，称为急速工况，控制急速有节气门直动式（通过执行元件改变节气门的最小开度来控制急速进气量）和旁通空气式（通过执行元件控制急速旁通气道的空气量来控制急速进气量）两种。

① 节气门直动式控制急速原理（见图7.41）：步进电机1把ECU的电信号变为转动运动，经减速齿轮机构4减速增扭后，带动节气门旋转轴6转动一个很小的角度，从而控制节气门7的最小开度，实现对急速进气量进行控制的目的，电机可以正反转，可以方便地控制节气门的开闭。在ECU的精细控制下，节气门可以实现精细开度，满足急速需求。

② 旁通空气式控制急速原理（见图7.42）：在空气旁通通道内，步进电机把ECU的电信号变为转动运动，再由丝杠机构将旋转运动转换为急速调节阀轴4直线运动，带动阀芯7在阀体5中上下运动，控制旁通通道的空气流通截面面积，实现对急速进气量进行控制的目的。这种控制方式比直动式更精细，但结构更复杂。

老式汽车对急速的控制装置曾经用过石蜡式、双金属片式、电磁式、旋转滑阀式等，现在基本不用了。

发动机完全不带任何负荷的急速称为低急速工况，当发动机冷却液温度太低、空调压缩机工作、变速器挂入挡位、低速转向等，ECU都会自动调高急速进气量，以提高发动机转速，使发动机随时以最佳急速转速运转，习惯于称这时的急速为高急速。

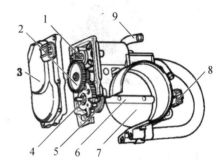

图 7.41　电控直动式急速调节装置
1—步进电机轴齿轮；2—减速齿轮组；3—壳体盖；
4—节气门旋转轴齿轮；5—弹簧；6—节气门旋转轴；
7—节气门；8—插头；9—冷却液管

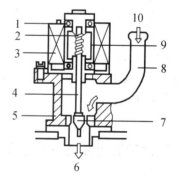

图 7.42　旁通空气式控制急速装置
1—轴承；2—阀门进退螺杆；3—步进电机定子；
4—急速调节阀轴；5—阀体；6—接气缸通道口；
7—急速调节阀芯；8—旁通空气道

4. 电控节气门（俗称电子油门）

钢丝拉索控制式节气门的优点是结构简单，不足的是驾驶员对节气门有绝对的控制权，驾驶员很难每时刻都对节气门进行着最佳控制，这样就有造成发动机在不合理的状态下工作的可能。为了根除这个弊病，现代汽车都采用电控节气门［见图7.43（a）］，这种控制方式取

161

消了钢丝拉索，用电缆连接节气门步进电机 1，驾驶员踩动加速踏板后［见图 7.43（b）］，由节气门开度传感器将这一位置信息传给 ECU，ECU 还要根据其他传感器感知的汽车其他状态，综合下达转动节气门角度的指令（脉冲数），帮助发动机动态地修正驾驶员的不适操作，发动机就总处于最佳控制状态，驾驶员对节气门的绝对控制也变成了相对控制。这个过程精准而快速，不会有机械磨耗的问题。

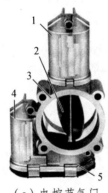
（a）电控节气门

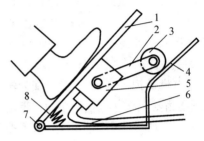
（b）电控节气门

图 7.43　电控节气门

1—节气门伺服电机；2—节气门；3—节气门体；
4—怠速伺服电机；5—节气开度传感器

1—加速踏板；2—节气门开度传感器转臂；3—滚轮；
4—固定底板；5—节气门开度传感器；
6—电缆；7—踏板铰键；
8—踏板回位弹簧

电控节气门控制系统主要由节气门踏板、踏板位移传感器、ECU（电控单元）、数据总线、节气门伺服电动机 1、怠速伺服电机 4 和节气门执行机构组成。由于电控节气门系统是通过 ECU 来调整节气门的，在进一步改善发动机的节油和排放性能的同时，还可以方便地与自动变速器 ECU 联网，共同配合，通过多种功能来改善驾驶的安全性和舒适性，如适时升降挡位、ESP 系统（Electronic Stability Program 防侧滑稳定系统）、ASR 系统（Anti Slip Regulation 牵引力控制）和速度控制系统（巡航控制）等。因此，电控节气门在电控汽车上的作用是很多的，优势十分明显。

四、汽油喷射燃油系统的组成与结构

汽油喷射燃油系统由汽油箱、电动燃油泵、燃油滤清器、燃油压力脉动减振器、喷油器、冷起动喷油器、燃油压力调节器以及油管等组成，如图 7.44 所示。

电动燃油泵将汽油箱中的燃油泵出，经燃油滤清器，除去杂质和水分后，送入燃油压力脉动减振器中，以削减其脉动。然后具有一定压力的燃油流至供油总管，再经供油歧管送至各缸喷油器、冷起动喷油器中。喷油器根据 ECU 的指令，在进气歧管中喷射适量的燃油。燃油总管中的油压由压力调节器控制，多余的燃油经回油管

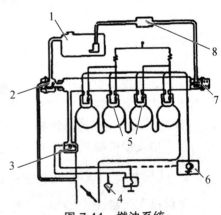

图 7.44　燃油系统

1—燃油箱；2—压力调节器；3—冷起动喷油器；
4—点火开关；5—喷油器；6—电控单元；
7—燃油压力脉动减振器；8—燃油滤清器

流回汽油箱。天气寒冷时，冷起动喷油器根据热限时开关或 ECU 的指令，将附加的燃油喷入进气总管，以改善发动机的低温起动性能。

1. 电动燃油泵

在汽油喷射系统中，电动燃油泵的种类繁多，安装形式有两种：一种是安装在供油管路中的外装式燃油泵，另一种是安装在燃油箱中的内装式燃油泵。内装式燃油泵与外装式燃油泵相比较，具有不易产生气阻和燃油泄漏，噪声小的特点，因此得到广泛应用。

内装式燃油泵也有不同类型，图 7.45 所示是一种燃油泵，由电机、叶片泵、卸压阀、滤网等组成。燃油先经滤网过滤后，由叶片泵输送油流经电动机顶开单向阀输入油管路中。

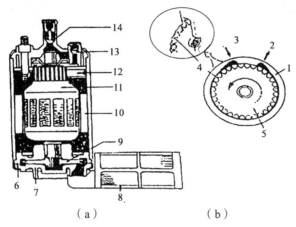

图 7.45　内装式燃油泵

1—壳体；2—出油口；3—入油口；4—叶片；5—叶轮；6—泵壳；7—泵盖；8—滤网；9—叶轮；
10—磁极；11—电枢；12—卸压阀；13—卸荷阀；14—单向阀

叶片泵由转子、叶片、外壳和泵盖组成。转子由电动机驱动，在油压力作用下，叶片紧贴泵壳，将进油口的油由楔形空间经圆周强驱至出油口从而得到加压，如图 7.45（b）所示。

燃油流经电动机输出，可起到冷却电动机的作用。单向阀可防止燃油倒流，保持管内残余压力，便于发动机起动。

如果发动机需油量减少，油压力就会升高，当输出油压达 0.4 MPa 时，卸压阀打开，高压燃油回到泵的进油室，燃油在泵和电动机内部循环，可防止管路中油压过高。

2. 燃油滤清器

燃油滤清器的作用是滤去燃油中的杂质和水分，防止燃油系统堵塞，减小机械磨损，确保发动机正常工作，结构如图 7.46 所示。当燃油从滤清器下方进油口进入后，经过圆筒形的纸质滤芯滤除杂质并沉入底部，纯净的燃油从上方出油口流出。

燃油滤清器是一次性的，汽车每行驶 40 000 km 左右应更换一次，更换时应注意安装标记。

3. 燃油压力脉动减振器

当喷油器喷射燃油时，在输油管中会产生燃油压力脉动。安装于供油总管上的燃油压力脉动减振器可以地衰减燃油压力脉动和降低噪声,保证喷油时压力稳定。喷油量由燃油压力、喷油口面积和喷油时间三要素决定,前两者都稳定后,喷油量只由喷油脉宽决定,计算机可以方便地控制喷油脉宽,从而方便地控制喷油量,燃油压力脉动减振器的结构如图 7.47 所示。

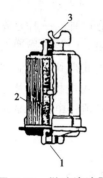 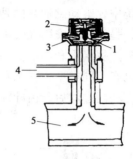

图 7.46　燃油滤清器　　　　　　　　　　图 7.47　油压脉动减振器

1—出口;2—滤芯元件;3—入口　　1—阀;2—弹簧;3—膜片;4—从燃油泵来油;5—供油总管

　　膜片将减振器分隔成膜片室和燃油室。膜片室中装有弹簧,将膜片压向燃油室。当燃油压力高时,弹簧被压缩;当压力低时,弹簧伸张,并通过膜片吸收燃油压力的脉动。

　　4. 燃油压力调节器

　　燃油压力调节器的作用是保持系统油压(即供油总管内油压)与进气歧管压力之差为常数,一般为 0.25 MPa,现代汽车的燃油压力调节器还受节气门开度的控制,在一定范围内自动调节燃油压力,适应汽车负荷的变化。

　　对于电控汽油喷射系统,发动机所需的燃油喷射量是根据 ECU 给喷油器的通电开启时间长短指令(称为喷油脉冲宽度)来控制的。如果不把燃油压力控制在一相对恒定值,即使给喷油器的通电时间相同,喷油量也是不稳定的。同时喷油器是安装在进气管道中的,进气管道内的真空度是变化的,即使喷油器通电时间相同和燃油压力保持不变,喷油量也会随着真空度的变化而变化。为此,燃油压力与进气管道真空度之差必须保持不变,以提高喷油量控制的计量精度。

　　燃油压力调节器安装在供油总管上,现代汽车采用 Acc 脉冲阀控制燃油压力,它的特点是根据 ECU 发出的脉冲数控制卸油阀阀芯位置,控制卸油量,实现对燃油压力的控制,这种控制方式结构简单,反应迅速,控制精准。老式车用膜片式燃油压力调节器结构如图 7.48 所示。一膜片将金属壳体内腔分隔成两个腔,一个是真空腔,内装一个带预紧力的螺旋弹簧,作用在膜片上,真空腔由一真空软管与进气歧管相通;另一为燃油腔,直接通供油总管,当供油总管的油压超过预定值时,燃油将膜片上顶,克服弹簧压力,使膜片控制的阀门打开,燃油腔内多余的燃油经回流管流回汽油箱,从而使供油总管和压力调节器燃油腔内的油压保持在预定的油压值上。若弹簧的预定弹力为 0.25 MPa,当进气歧管真空度为零时,燃油压力则为 0.25 MPa。当进气歧管真空度随节气门开度变化时,膜片会上下运动,以改变燃油压力。使燃油压力与进气歧管压力之差保持在 0.25 MPa,如图 7.49 所示。

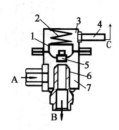

图 7.48　燃油压力调节器结构

1—膜片；2—弹簧；3—真空室；4—接节气门真空管；
5—密封头；6—回油管；7—燃油室；A—燃油入口；
B—燃油出口；C—真空

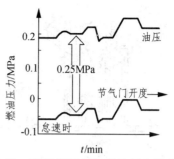

图 7.49　节气门开度与燃油压力的关系

5. 喷油器

电控汽油喷射系统中使用的是电磁式喷油器，如图 7.50 所示，安装在进气门前紧靠进气门的进气歧管内。在喷油器体内有一个电磁线圈，针阀与电磁衔铁组合成一体。当 ECU 送来的脉冲信号使电磁线圈通电，产生电磁力，将衔铁与针阀吸起，燃油就通过精确设计的针阀头部的环状间隙喷出，在喷油器头部雾化，喷至进气门前方，与吸入进气歧管内的空气混合，形成可燃混合气进入缸内。喷油时，针阀升程在 0.1 ~ 0.15 mm。ECU 根据空气质量（由空气流量传感器测得）决定喷油器开启时间（喷油脉宽）长短，目标是使混合气浓度尽量保持在最佳的 $\lambda=1$ 左右，时长可在 2 ~ 25 ms 调整，开启时间越长，喷油量就越多；反之，则越少。喷油口有单孔和多孔之分，多气门多采用多孔式。

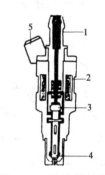

图 7.50　喷油器的结构

1—燃油管；2—电磁阀；3—阀芯；
4—喷嘴；5—电缆插头

6. 冷起动喷油器

发动机冷起动相对比较困难，特别是高纬度地区冬天起动时，这个问题更加明显，为解决这个问题，冷起动时往往要加浓混合气浓度，现代汽车由 ECU 综合各温度传感器（环境、发动机、进气温度、燃油、润滑油等）检测的温度信息，自动调整喷油脉宽很容易地解决了。老式的电喷发动机上专门另设有冷起动喷油器来加浓混合气。

如图 7.51 所示，冷起动喷油器是一个电磁阀，装在充满压力油的阀体内腔中的阀门是衔铁，它被弹簧紧压在阀座上，阀门上还绕有电磁线圈，当点火开关和热限时开关均接通后，电磁线圈中即产生电磁吸力，将阀门吸起离座，燃油便通过旋流式喷嘴，喷散成细粒，进入进气总管中加浓混合气，顺歧管进入各缸。

如图 7.52 所示，热限时开关是一个中空的螺钉，旋装在能表征发动机热状态的位置上，如冷却液通道内。作用是控制冷起动喷油器的喷油时间。一个外绕电热线圈的双金属片，可根据本身温度控制触点的开闭，从而控制冷起动喷油器的开启持续时间。当双金属片热到一定程度时，触点便分开，使冷起动喷油器电路断开，这时冷起动喷油器就不再喷射附加燃油。发动机处于正常的热状态下起动时（高于 33 ℃），热限时开关一直处于断开状态，冷起动喷油器不会喷射附加燃油。

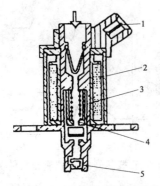

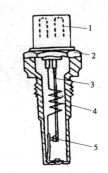

图 7.51 冷起动喷油器结构

1—电插头；2—电磁线圈；3—阀门弹簧；
4—阀门；5—旋流式喷嘴

图 7.52 热限时开关的结构

1—电接头；2—壳体；3—双金属片；
4—加热线圈；5—触点

五、电子控制系统简介

电子控制系统由电子控制单元（ECU）、传感器、执行器三部分组成，同时还需要一个稳定的电流系统支持。

汽车上有多个独立的电子控制系统，如发动机电子控制系统、变速器电子控制系统、底盘电子控制系统、空调电子控制系统，每个控制系统下还有若干个子系统，这些系统由超大规模集成电路组成一个多功能控制的集中控制系统，由一个或数个 ECU 管理。

制造厂家通过试验，将获得的汽车在各种状态下的最佳状态值以电子量的形式预先植入 ECU 的不同储存单元中，称为脉谱图，如控制燃油喷射时刻、喷射量（通过占空比控制）和点火时刻、怠速控制、废气再循环控制、发动机闭缸工作控制、二次空气控制等，每组参数都有自己的脉谱图，故汽车上有若干个脉谱图。传感器将运行中汽车的现时物理量信息（也称模拟量信息）转变成电子量输送给 ECU，ECU 将这些现时值与脉谱图的标准值比较，得出误差值，传送给执行器，执行器根据这个误差信号去调整汽车的控制量（大多是物理量），使汽车的运行状态向设计的最佳状态接近，如此不停地反复循环，汽车就能保持在最佳工作状态下运行。

1. 系统的电源

系统的电源由蓄电池、继电器、点火开关等组成，为电子控制系统提供稳定可靠的电源。

（1）未装怠速控制步进电机的电源电路如图 7.53 所示。图中 EFI（electronic fuel injection）主继电器由点火开关控制。当点火开关接通（ON）时，电流通过继电器线圈，使主继电器触点闭合，蓄电池与 ECU 之间的电路接通，使 ECU 的"+B"和"+B$_1$"端获得蓄电池电压。从图中还可以看出，蓄电池与 ECU 的"Bat"端，通过 EFI 保险丝（或 STOP 保险丝）始终相连。该电路称为 ECU 的备用电源电路，它不受点火开关的控制，以保护 ECU 存储器中的数据不会因断电而丢失。

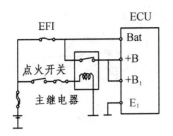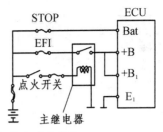

图 7.53　ECU 电源电路（未装步进电机）

（2）装有步进电机的电源电路如图 7.54 所示。特点是 EFI 主继电器由 ECU 控制，以便点火开关断开（OFF）时，ECU 能持续接通主继电器 2 s，使步进电机回到初始位置，这样就可以保证装有步进电机的发动机，在起动时步进电机有一固定的初始位置。当点火开关接通时，蓄电池与 ECU 的"IGSW"端相通，ECU 通过内部的主继电器控制电路，控制 ECU 的 M-REL 端闭合，接通蓄电池与 ECU 的"+B"和"+B₁"端。当点火开关断开时，ECU 通过 M-REL 端使 EFI 主继电器继续接通 2 s，保证步进电机继续通电 2 s，以便回到初始位置。

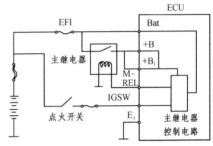

图 7.54　ECU 电源电路（装步进电机）

2. 传感器

传感器的作用是感知汽车运行中的现状,并将这时的模拟量转换成电子量传送给 ECU。

传感器的数量随车型的不同而不同，即使具有相同作用的传感器也会具有不同的结构形式。在此仅将常用的主要传感器介绍如下。

（1）进气压力传感器又称负压传感器（参见图 7.33）。作用是根据发动机负荷变化，测出进气管内绝对压力的变化，并转换成电压信号，输送到 ECU 中，作为决定喷油器基本喷油量的依据之一，它安装在 D 型汽油喷射系统的进气总管中。

（2）空气流量传感器。将吸入的空气质量信号转换成电信号送到 ECU 中，作为决定喷油量的基本信号之一。

（3）节气门位置传感器也称节气门开度传感器。钢索拉动式节气门的节气门位置传感器安装在节气门旋转轴上，将节气门打开的角度转换成电压信号送到 ECU 中，同时还有限制发动机最高转速的断油控制和修正点火提前角的作用。电动节气门式的节气门开度信号由步进电机发出。ECU 根据节气门开度输出信号（VTA）调整喷油量，以改变发动机的输出功率。节气门位置传感器有不接触的感应式和要接触的电阻式两类，现代汽车已广泛采用不接触的感应式（磁电感应、光电感应）节气门开度传感器。电阻式又可分为线性（电位器型）输出型和开关型两种。

线性输出型节气门位置传感器结构和电压信号输出特性如图 7.55 所示,工作原理如同电位器,如图 7.56 所示。线性输出型节气门位置传感器用于节气门开闭情况全程检测,由于接触,磨损使电阻寿命受到限制,所以已很少使用。

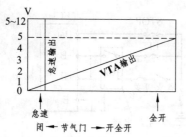

图 7.55 线性输出节气门位置传感器

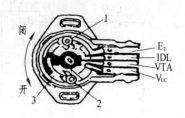

图 7.56 结构与特征

1—滑动触头（IDL 信号触头）；2—节气门全开触头；3—电阻器

开关量输出型节气门位置传感器电压输出特性如图 7.57 所示，结构外形如图 7.58 所示。它只可以检测息速、全负荷两种极端的开度，故现在已不再使用。

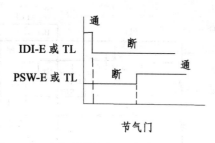

图 7.57 开关量节气门位置传感器工作情况

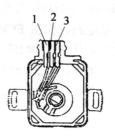

图 7.58 结构外形

1—IDL 息速触点；2—TL 可动触点；3—PSW 全负荷触点

（4）氧传感器也称 λ 传感器或空燃比传感器。为了降低排气污染，电控发动机系统中装有三元催化转换器。它能将排气中 NO_x 还原成 N_2 和 O_2，将 CO 和 HC 氧化成 CO_2 和 H_2O。催化剂只有在理论空燃比时转化效率才最高，如图 7.59 所示，故在排气管中插入氧传感器，根据排气中残余氧分子浓度测定空燃比，向 ECU 发出反馈信号，以控制空燃比趋于理论值，达到降低排气污染的目的。现代汽车采用了更为精确的线性氧传感器，而不再是传统的转换电压型氧传感器。

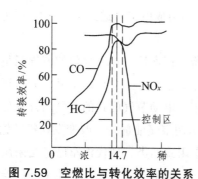

图 7.59 空燃比与转化效率的关系

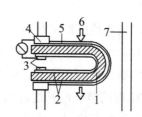

图 7.60 氧传感器在排气管中的布置

1—陶瓷体；2—铂电极；3、4—电极引线点；
5—陶瓷防护层；6—排气；7—排气管

氧传感器的结构原理如图 7.60 。氧化锆（ZrO_2）固体电解质烧结成试管状，并在表面镀有一层多孔性铂膜作为电极，内侧通大气，外侧通排气，在高温下氧发生电离。由于存在着浓度差，在固体电解质内部，氧离子从大气一侧向排气一侧扩散，这时氧化锆相当于一个微电池，产生了电压。当混合气浓时，排气中氧含量少，同时伴有较多的不完全燃烧的产物 CO、NO_x、HC 等，这些成分在锆管外表面铂膜催化作用下，与氧发生反应，消耗排气中残余的氧，使锆管外表面氧气浓度变为零，这时内外侧氧浓度差突然增大，两极间电压便突然增大。因此，氧传感器产生的电压将在理论空燃比附近突变，如图 7.61 所示。在发动机混合气进行反馈控制的过程中，氧传感器相当于一个浓稀开关，检测混合气空燃比变化，向 ECU 输送脉冲宽度变化的电压脉冲信号（见图 7.62）。ECU 根据此信号调整喷油脉宽，增减喷油量，使混合气空燃比收敛于理论空燃比，这种控制方式称为闭环控制。

闭环控制使燃油在燃烧过程中实现完全燃烧，残余不多的有害气体在三元催化器中被氧化或被还原成无污染的气体排放到大气中，起到净化排气的作用。但有 3 点需要说明，一是三元催化剂只能在理论空燃比状态下才能正常工作，这就是为什么要闭环控制的原因；二是三元催化不能解决碳元素的问题，含碳燃料中的碳元素最终变成二氧化碳排入大气，引起温室效应，对气候的危害是很大的，故现在要从无碳燃料上推进汽车能源革命；三是对汽车而言并不是所有时候闭环控制都是最佳的，比如冷起动、大负荷加速时，ECU 都将自动控制不进行闭环控制，只有在开环控制状态下，才能实现燃油加浓，以提升发动机的瞬时功率。现代汽车理论主张实行稀浓度控制，并取得了一定的成果，这就需要另一套控制方式，这已不是本教材讨论的问题。

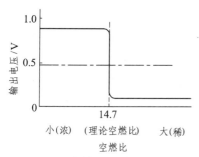

图 7.61　氧传感器电压特性

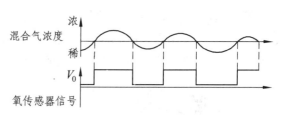

图 7.62　氧传感器输出信号

（5）进气温度传感器。进气温度传感器的作用是检测进气管空气温度。由于空气密度是随着温度的变化而变化的，因此，ECU 必须根据进气温度传感器的信号对空气流量传感器测得的进气质量进行修正，调整喷油量以获得最佳空燃比。

进气温度传感器采用热敏电阻作为敏感元件，其结构如图 7.63 所示，安装在进气管道内。传感器与 ECU 的连接如图 7.64 所示，ECU 中的电阻 R 与传感器串联，当热敏电阻的阻值变化时，进气温度传感器的信号（THA）的电压也随之改变。图 7.65 所示为进气温度传感器的特性曲线。

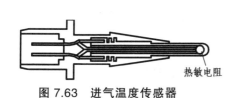

图 7.63　进气温度传感器

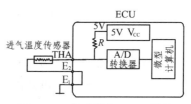

图 7.64　传感器与 ECU 接线图

（6）冷却液温度传感器。冷却液温度传感器用以检测发动机冷却液的温度，修正喷油量，安装在水道上，结构如图 7.66 所示，工作原理与进气温度传感器一样。

（7）曲轴位置传感器。曲轴位置传感器用以检测曲轴转角、发动机转速和活塞上止点，是电控发动机控制点火时刻、点火提前角、确认曲轴位置不可缺少的信号源。

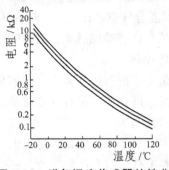

图 7.65　进气温度传感器特性曲线

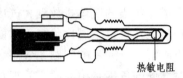

图 7.66　冷却液温度传感器

无论什么型号汽车的曲轴位置传感器一定安装在正时传动链上，拆卸时要注意找到记号（如果记号不清楚，一定要重新做好记号），安装时一定要使曲轴位置、凸轮轴位置和断电器三者位置对得准确无误，这个过程称为冷态调整正时。无分电器的新式汽车，曲轴位置信号和曲轴转速信号的采集有多种方式和途径，可以很方便地获得。有分电器的老式汽车，磁脉冲式曲轴位置传感器安装在分电器内，如图 7.67 所示。它由上下两部分组成，上部产生 G 信号（曲轴位置），下部产生 Ne 信号（曲轴转速）。两信号有 3 种主要方式（磁感应式、光电式、霍耳式）采集信号，磁感应式是利用带有轮齿的转子旋转，使信号发生器感应线圈内的磁通发生变化，在感应线圈里产生交变的感应电动势，并作为输入 ECU 的信号。

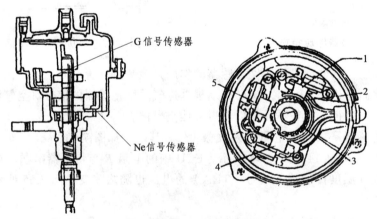

图 7.67　磁脉冲式曲轴位置传感器

1—G$_1$ 感应线圈；2—No.2 正时转子；3—No.1 正时转子；4—G$_2$ 感应线圈；5—Ne 感应线圈

Ne 信号是检测曲轴转角及发动机转速的信号，它由安装在分电器轴下部的等间隔 24 个轮齿的转子（No.2 正时转子）以及固定于对面的感应线圈组合而成，如图 7.68 所示。

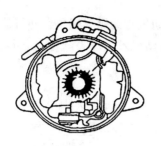
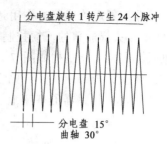

分电盘旋转 1 转产生 24 个脉冲

分电盘　15°
曲轴　30°

图 7.68　Ne 信号发生器结构与波形

分电器轴由正时传动装置带动，与曲轴的传动比为 2∶1，即曲轴转两周，分电器轴转一周，带动转子转动一周。在转子转动一个轮齿的过程中，轮齿与感应线圈的凸缘部（磁头）之间的空气间隙发生变化，导致通过感应线圈的磁场强度发生变化，产生感应电动势。因为轮齿靠近和远离磁头时，将产生一次增减磁通量的变化。所以，每一个轮齿通过磁头时，都将在感应线圈中发出一个完整的交流电压信号。转子转动一周，即曲轴转动 720° 时，感应线圈产生 24 个交流信号，一个周期的脉冲相当于 30° 曲轴转角（720°/24 = 30°）。更精细的转角检测，是利用 30° 转角的时间，由电脑再均分为 30 等份，即产生 1° 的曲轴转角信号。同理，发动机转速的检测，也一样由电脑依照 Ne 信号的两个脉冲（60° 曲轴转角）所经过的时间为基准来检测发动机转速。

G 信号用于识别气缸及检测活塞上止点位置。它位于 Ne 信号发生器上方，由凸缘转轮（No.1 正时转子）及对面对称布置的两个感应线圈组成，如图 7.69 所示。G 信号产生的原理与 Ne 信号相同，它也可以用来作为计算曲轴转角的基准信号。

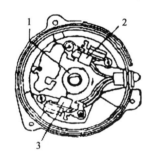
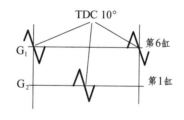

TDC 10°

G_1　第 6 缸
G_2　第 1 缸

图 7.69　G 信号发生器的结构与波形

1—正时转子；2—G_1 感应线圈；3—G_2 感应线圈

G_1、G_2 信号分别检测第一缸、第六缸的上止点（TDC）。由于 G_1、G_2 信号发生器设置位置的关系，当产生 G_1、G_2 信号时，实际活塞在上止点前 10° 的位置。图 7.70 为曲轴位置传感器 G_1、G_2、Ne 信号与曲轴转角的关系。

随着分电器的消失，以上检测方法也随之消失，但 G 信号和 Ne 信号是电控发动机不缺失的信号，只是采取方式有所变化而已，电控技术使得两个信号的获得变得更加简单。

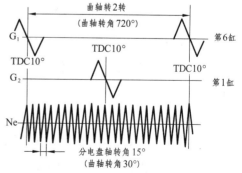

曲轴转 2 转
（曲轴转角 720°）

G_1　第 6 缸
TDC10°　TDC10°
TDC10°
G_2　第 1 缸

Ne

分电盘轴转角 15°
（曲轴转角 30°）

图 7.70 G、Ne 信号与曲轴转角的关系

（8）爆震传感器。爆震传感器的作用是检测发动机有无爆震现象，并将信号送入发动机的 ECU 中，以实现点火提前角的反馈控制，抑制发动机发生爆震。

共振型压电式爆震传感器结构如图 7.71 所示。它安装在缸体上，内部压电元件贴在振荡片上，振荡片固定在传感器的基座上。振荡片随发动机振动而振荡，并传给压电元件，使其变形而产生电压信号。如图 7.72 所示，当发动机的振动频率进入 ab 区域，与振荡片的固有频率（制成与发动机爆震频率相等）接近时，振荡片产生共振，此时压电元件产生的电压信号接近 800 mV，即表示发动机产生爆震，ECU 发出改变参数指令，让发动机振动频率离开这个频率，避免产生爆震。

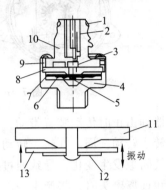

图 7.71　共振型压电式爆震传感器

1—环；2—接头；3—密封剂；4—外壳；5—引线端头；
6—压电元件；7—振荡片；8—基座；9—环；
10—连接器；11—基座；12—压电元件；
13—振荡片

（9）车速传感器。车速传感器检测汽车的行驶速度，这个信号用于控制发动机运转空燃比，也传送到变速器中，用于升降挡。

车速传感器除有常见的磁电感应型、光电型和霍耳型外，还有舌簧开关型，这种车速传感器结构如图 7.73 所示。磁铁在软轴的驱动下旋转，每转一周，相对于固定的舌簧开关，磁铁的极性变换 4 次。从而使舌簧开关中的簧片打开或闭合，将信号传给 ECU，即可确定车速。这种传感器传动复杂，精度较低，已不再多用。

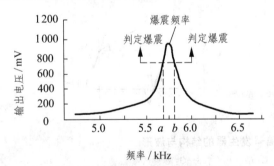

图 7.72　共振型压电式爆震传感器
输出电压与频率的关系

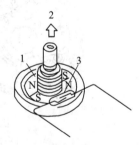

图 7.73　舌簧开关型车速传感器

1—永久磁铁；2—至转速表；3—舌簧开关

光电耦合型车速传感器结构如图 7.74 所示，它由带切槽的转子和光电耦合器组成。当带切槽的转子由转速表软轴带动旋转时，盘齿将间断地遮挡发光二极管的光源，使光敏晶体管的输出电压发生变化。软轴转一周，输出 20 个脉冲，经分频后变成 4 个脉冲送到 ECU 中，即可确定车速。

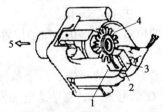

图 7.74　光电耦合型车速传感器

1—光敏晶体管；2—光电耦合器；3—发光二极管；
4—带切槽的转子；5—至转速表

3. 电子控制单元

电子控制单元（electronic control unit，简称 ECU），俗称电脑。ECU 最主要功能是比较，即动态地将各个传感器输入的信息与已存储的参数比较，然后通过运算、处理、判断等功能，找出误差值，输出指令，控制执行机构（如喷油器等）动作去消除这个误差，以达到快速、准确、自动控制发动机总是向最佳工作状态无限靠近的目的。

图 7.75 是发动机电子控制系统框图。ECU 中 CPU 为中央处理单元，它是整个控制系统的核心，通常是一单片机。ROM 是只读存储器，在其内部固化存储了发动机控制程序及参数，不能改写。RAM 是随机存储器，是计算机临时存取数据的存储器，其内容随时可由计算机改写。传感器把采集的外界信号转化成计算机可接受的数字信号；通过输入电路送到 ECU，输出电路则是把计算机的微弱数字信号放大，送到执行器，控制执行机构工作，调整发动机状态。

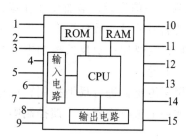

图 7.75　发动机电子控制系统框图

1—空气流量；2—转速；3—曲轴转角；4—空气温度；
5—空气压力传感 6—水温；7—氧传感器；
8—爆震传感器；9—节气位置传感器；
10—电子喷油；

电子控制系统主要有以下几种功能：

（1）燃油喷射控制功能，如图 7.76 所示，喷油正时的控制也由 ECU 来完成。以下是 4 缸发动机同时喷射、分组喷射和顺序喷射的正时图（见图 7.77、图 7.78、图 7.79）。

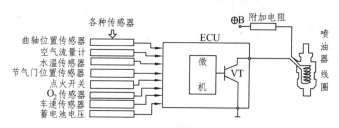

图 7.76　燃油喷射控制系统

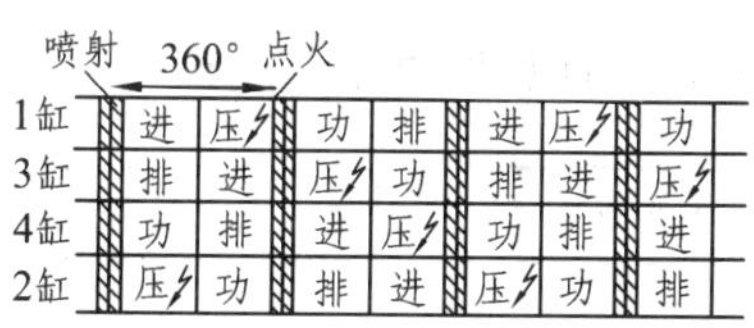

图 7.77　同时喷射正时图

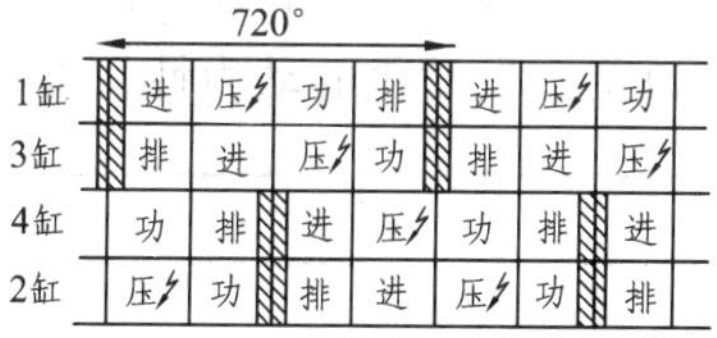

图 7.78　分组喷射正时图

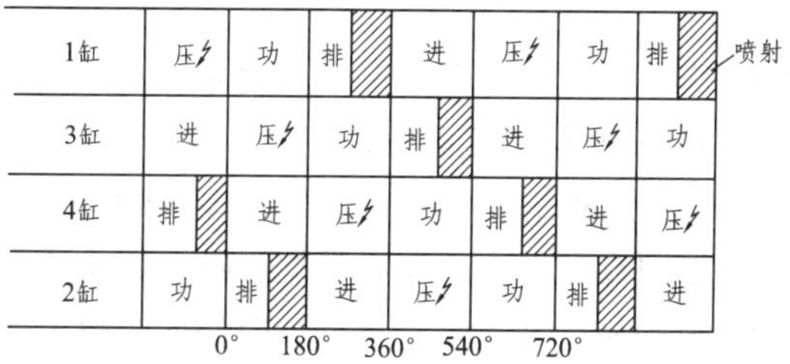

图 7.79　顺序喷射正时图

在装有氧传感器的反馈控制系统中（见图 7.80），ECU 利用氧传感器检测到空燃比的反馈信号，将信号电压与基准电压进行比较，判断混合气的浓稀程度以控制喷油量。如假设现在混合气空燃比偏向浓的一边，氧传感器输出高电位信号（见图 7.61）。ECU 收到这一信号后，减少喷油器的喷油脉宽，从而减少喷油量。由于喷油量减小，混合气体变稀。当低于理论空燃比时，氧传感器输出低电位信号。ECU 接到这一信号后，增加喷油脉宽，喷油器随之增加喷油量，致使混合气重新变浓。如此循环，空燃比在负反馈控制下，总保持在理想值附近。

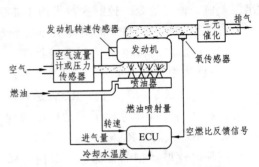

图 7.80　氧传感器反馈控制示意图

采用氧传感器进行反馈控制，也称闭环控制。如果不进行空燃比反馈控制则为开环控制。

（2）点火控制功能如图 7.81 所示，发动机工作时，ECU 根据各个传感器输入的信息，从存储器中选出最恰当的点火提前角，再根据曲轴位置传感器判别曲轴转速、位置及第几缸处于压缩上止点，然后发出信号控制大功率晶体管的导通和截止，控制点火线圈初级电流的连续，实现点火控制。

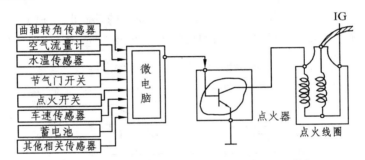

图 7.81　微机控制点火系的组成简图

高压缩比的发动机还安装有爆震传感器，根据传感器的输出信号，将点火提前角控制在爆震极限内，以提高发动机的动力性，爆震反馈控制原理如图 7.82 所示。

图 7.82　爆震反馈控制原理图

（3）怠速控制，怠速控制是控制发动机在保证低排放、低耗油工况下有一个稳定的怠速转速，图 7.83 所示为步进电机型怠速控制系统原理。

ECU 根据车速等传感器传送来的信息，先判断发动机所处的怠速状态，然后再根据空调是否开启、水温传感器等信息，按照存储器中的参考数据，确定相应的怠速转速。采用发动机转速反馈形式，将发动机的实际转速与标准转速进行比较，根据比较得出的差值，确定相应目标转速控制量，去驱动步进电机，改变阀门与阀座之间的距离，调节旁通空气道的空气流量，使发动机急速转速达到所需要标准转速，怠速控制程序如图7.84 所示。

（4）废气再循环控制，废气再循环的目的是将排气中的部分废气再引入进气系统，以降低混合气的燃烧温度，减少排气中的 NO_x。废气循环量的大小对发动机性能影响很大，量过小时对 NO_x 降低作用不大；量过大则会造成发动机性能恶化、功率下降、油耗上升。采用 ECU 控制废气再循环量，能保证在不同的工况下均有适量的废气进入进气系统，保证发动机正常运转并把产生的 NO_x 量控制在最少。

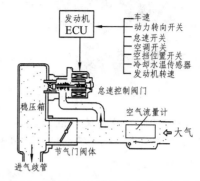

图 7.83　怠速控制系统（步进电机式）

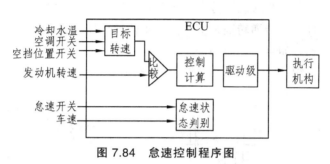

图 7.84　怠速控制程序图

（5）自诊断功能，自诊断功能是指当 ECU 在传感器网络中检测到任何故障和异常现象时，仪表板上的警报灯就点亮。当接通自诊断开关时，ECU 就将故障信息显示出来。显示的方式有文字显示、数字显示、警示灯闪烁显示和语音提示等。

（6）备用系统。备用系统也称回家系统，是一套备用的基本系统，它的作用是当控制系统发生故障时，保证汽车仍具有最起码的行驶性能，以便驾驶员能将汽车开回修理厂。

4. 执行器

执行器的任务是把 ECU 传来的电子量转变成物理学量，去控制汽车的运行状态，以保证汽车总是向最佳运行状态无限地接近。主要的执行器有：喷油器；冷起动喷油器、点火器、怠速控制阀、正时控制装置（点火时刻控制、点火时间控制）、废气再循环阀、废气增压阀、燃油蒸气回燃烧阀等。由于执行器任务相近，故它们工作原理相同、结构相似。结构上有两类，一类是线圈型，由线圈接受电子信号产生磁场，推动衔铁实现动作，衔铁连接着阀体，阀体动作，阀体控制的物理量就发生变化；另一类是电机型，电子信号推动电机转动，带动传动装置连接的阀体运动，改变所控制的物理量发生变化。物理量的变化就使汽车运行状态发生了改变。电子信号有脉动信号和开关信号之别，脉动信号数可以控制阀体运动的距离，使阀体在两个极端位置之间实现精细有级控制，被控制量有一个逐渐改变的过程；开关信号只使阀体处于两个极端位置，被控制量呈突有突无的变化。具体使用哪种控制方式由厂家根据控制需要设计，现代汽车更多地使用脉动信号类。

175

☆第八节 轴

一、概 述

1. 轴的功用

轴的功用是支持旋转的机械零件。任何轴及轴上零件都有必须解决好的三向定位问题，即径向定位（轴承）、轴向定位（止推零件）及切向定位（主要是键），定位的性质由轴或轴上零件的运动形式决定。

2. 轴的分类

（1）按承受载荷不同分为转轴、传动轴和心轴。转轴：既传递转矩，又承受弯矩的轴，如自行车后轴；传动轴：只传递转矩，不承受弯矩的轴，如汽车万向传动轴；心轴：只承受弯矩而不传递转矩的轴，如自行车前轴。

（2）按形状分：直轴、曲轴（见图 7.85）、挠性轴（见图 7.86）。

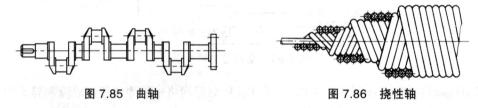

图 7.85 曲轴　　　　　　　　　　图 7.86 挠性轴

还有其他很多分类方法，不再一一列举。

3. 轴的设计内容

所谓轴的设计主要包括以下内容（同时由于轴类设计的特殊性，往往采用先估算，后校核的方法进行设计）：

① 选择合适的材料和热处理工艺；② 轴的结构设计；③ 轴的承载能力设计（强度和刚度问题）；④ 细节和尺寸设计（正常工作的尺寸）；⑤ 稳定性校核。

二、轴的材料

根据轴的重要性和负荷大小、性质、转速快慢选择轴的材料，在加工前后还要有目的地进行各种热处理，常用的材料有优质碳素钢（如 45 钢）、中碳合金钢（如 40Cr 等），常用的热处理有调质、淬火、回火、渗碳、表面淬火等，这些热处理合理配合使用，可以极大地提高轴的寿命。

三、轴的结构设计

轴的结构如图 7.87 所示。

1. 结构设计的要求

（1）便于加工拆装。

（2）能够整体轴向定位。

（3）轴上零件的相对定位（轴向、周向）准确、方便。

（4）减少应力集中。

2. 轴的结构及作用

（1）轴头：轴上安装轮毂的部位，应比毂短 2～3 mm。

（2）轴颈：轴上安装轴承的部分，支承轴，轴的整体定位基准。

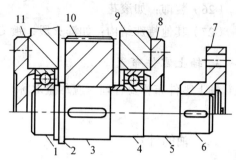

图 7.87　轴各部名称与作用

1—轴颈；2—轴肩；3—轴头；4—轴头；5—轴身；
6—轴头；7—联轴器；8—轴承盖；9—壳体；
10—齿轮；11—端盖

（3）轴身：连接轴头和轴颈的部位。

（4）轴肩：不同直径交界的端面，轴向定位，会引起应力集中。

（5）轴环：直径最大的一段，轴向定位的相对基准。

（6）螺纹：轴向相对定位的要素之一。

（7）套筒：轴向相对定位要素之一。

（8）越程槽：为砂轮让出行程之用。

（9）键槽：周向定位基准，传递扭矩，多个键槽尽可能在一条线上，便于加工，键槽会引起应力集中，设计时要注意克服。

（10）退刀槽：加工螺纹等退刀用。

（11）中心孔：加工时定位与固定用。

（12）倒角：提高轴的工艺性和安全性。

（13）圆角半径：起到减少应力集中的作用。

（14）卡圈槽：小负荷轴向定位用。

（15）顶毂孔：也称紧定螺钉孔；小负荷轴向和周向定位。

（16）轴端螺孔：安装拆卸或固定零件用。

（17）润滑孔：润滑油通道。

（18）销钉孔。

（19）卸荷孔：减少应力集中。

（20）过渡圆角。

（21）中空孔。

（22）花键：周向固定，传递扭矩。

（23）方头：（四方、六方）人工转动轴使用。

（24）锥度头。

（25）字号：轴上有时需要打上字号，以说明轴的有关参数。

（26）装饰：如滚花。

（27）其他特殊结构：如淬火段、镀 Cr 段等。

3. 轴上零件布置

轴上零件布置要合理，应尽量对称布置，方便安装拆卸。

四、轴的计算

（1）轴的主要失效形式：

静载荷主要引起轴的过载失效，变载荷主要引起轴的疲劳失效，失效也有整体性失效和局部性失效，应当区别对待。

① 强度失效。扭转，塑性变形，直至扭断；弯曲：直至断裂；磨损（局部性）（磨损、腐蚀、胶合、点蚀）；其他失效：滚键、滑扣。

② 刚度失效。扭转变形，扭转角超标；弯曲变形，弯曲转角或挠度超标。

③ 稳定性失效。共振；平衡失稳。

（2）对传动轴强度设计按扭转强度计算（只扭不弯）。

（3）对心轴（只弯不扭）按弯曲强度计算。

（4）对转轴按弯扭合成计算。在危险截面上用第三强度理论（最大切应力理论）将正应力与切应力合成。

五、强度计算步骤（弯扭组合）

轴的强度计算是要解决轴能否承受得起设计最大负荷的问题。

（1）画出结构设计草图，设计最合理的负荷分布。

（2）在上述条件内，根据结构草图、最大负荷、最不利条件画出力学模型。

（3）根据扭转计算方法和相应力学公式，找出扭矩作用下的扭转危险截面 $a\text{-}a$。

（4）根据弯曲计算方法和相应力学公式，画出弯矩作用下的弯矩图，找出危险截面 $b\text{-}b$。

（5）将 $a\text{-}a$ 截面和 $b\text{-}b$ 截面按相应设计理论及公式进行合成，设计出危险截面处轴的最小直径 d，并对没有经过计算而确定的重要参数进行必要的校核。

（6）结构尺寸设计，使 d 的结构符合安全使用要求，并要留有必要的安全储备。

（7）画出上述零件的零件图，以便于加工。

（8）按装配图的要求进行安装及试车、验收。

六、轴的刚度计算简介

（1）轴的刚度不足会造成变形量超标，对设备安全和产品质量都是不利的，故必须控制轴的变形量，使其在允许范围内。在设计轴时就应对轴的刚度进行计算，以确保在最大负荷和最不利的工作条件下轴的变形都不超过允许值，这就是轴的刚度计算的意义。

（2）刚度指标：挠度；偏转角；扭转角。

（3）刚度计算（略）。

七、轴的临界转速

临界转速：轴在转动时总是会有振动的，这个振动的频率如果与轴的固有频率（也称自振频率）接近时就会产生共振，对设备是不利的。轴产生共振时的转速称为临界转速，设计、使用时应使轴的转速避开临界转速，临界转速有一阶，二阶……之分。

1. 轴产生振动的原因

① 受到周期性附加动载荷的作用；② 质心与转动中心不可能完全重合；③ 驱动力（力矩）很难与阻力（或阻力矩）完全相等；④ 加工制造、安装误差。

2. 共　振

外力（附加动载荷）的频率与轴的自振频率接近或相等时，振幅明显加大的现象。

思 考 题

1. 汽油机燃料供给系主要由哪些装置组成？

2. 什么叫可燃混合气？什么叫可燃混合气浓度？

3. 什么叫空燃比？标准混合气的空燃比是多少？

4. 什么叫过量空气系数？过量空气系数 $\lambda=1$ 表示什么意思？

5. 什么叫功率混合气？什么叫经济混合气？

6. 根据汽车运行特点，一般将发动机的工况分成哪 5 个基本工况？

7. 为什么需要有怠速工况？此时对混合气有何要求？

8. 为什么要使用双阀式油箱盖？

9. 汽车排放污染的主要源头是什么部位？

10. 分析汽车主要排放污染物的生成条件及主要危害。

11. 汽车排气净化的方式有哪两大类？各自有何主要措施？

12. 进气歧管和排气歧管各有何作用？

13. 汽油机燃油喷射系统有几种类型？各有什么特点？

14. D 型系统燃油喷射系统的组成及工作原理是怎样的？

15. L 型系统燃油喷射系统的组成及工作原理是怎样的？

16. 热线式空气流量传感器的结构与工作原理是怎样的？

17. 喷油器的结构与工作原理是怎样的？

18. 内装式燃油泵的结构与工作原理是怎样的？

19. 电控系统的组成及工作原理是怎样的？

20. 各种传感器的结构与工作原理是怎样的？

21. 电控系统如何实现怠速控制？

22. 电控系统如何实现爆震控制？

23. 试分析电控燃油喷射系统的工作原理。

24. 轴的设计主要内容有哪些？主要采用什么方法设计？

25. 按承受载荷方式不同，轴是如何分类的？

第八章　汽油机点火系

汽油发动机可燃混合气燃烧是由电火花点燃的，电火花在旋入气缸盖中的火花塞电极间产生。点火系工作原理：① 断电器接通，蓄电池里的电能转换成磁能储存在点火线圈中。② 断路器断开，点火线圈中磁能转换成高压电能，击穿火花塞，实现点火。③ 正时传动装置将活塞、气门和火花塞三者连成一个正确工作的整体。

点火系要解决 3 个基本问题：直流电变成脉冲电流（断电器担任）；低压电（12 V）变成高压电（15 000 V 左右，点火线圈完成）；火花塞适时、准确、能量足够地产生火花，点燃可燃混合气（正时传动装置担任）。

汽车点火系分为常规点火系（classical ignition system）和电子点火系（electronic ignition system）两大类，现代汽车不再使用常规点火系了。

第一节　点火系的组成

常规点火系由点火线圈、断电器、分电器、电容器、离心点火调节器、真空点火调节器、附加电阻、导线、火花塞、点火开关以及蓄电池、发电机等组成，如图 8.1 所示。电子点火系统有一个电子点火控制系统，点火线圈为冗余型，分为有分电器和无分电器两类，现在大多采用无分电器点火系统。

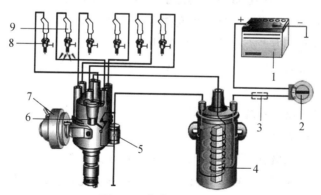

图 8.1　点火系的组成

1—蓄电池；2—点火开关；3—附加电阻；4—点火线圈；5—电容器；6—分电器；
7—真空调节器；8—未工作的火花塞；9—正在点火的火花塞

一、传统点火系

老式发动机采用传统的机械触点式点火系统，如图 8.2 所示。这种点火系统有触点，磨损大，限制了汽车向高速、多缸方向的发展，这类点火系已经淘汰。

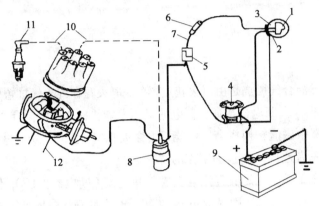

图 8.2　传统点火系简图

1—点火钥匙；2—电源开关；3—起动开关；4—继电器；5—快速切断器；6—接线器；7—低压电路导线；
8—点火线圈；9—蓄电池；10—高压电路导线；11—火花塞；12—分电器

二、电子点火系

电子点火系结构简单，但能更精准地完成传统点火系的所有功能。由电子控制单元、电源、线圈、火花塞、线束等组成。

正时传动装置在机械传动上把 3 根轴（曲轴、凸轮轴、断电器轴）连成整体；点火系则是在能量转换上将活塞位置（由曲轴决定）、气门开闭状态（由凸轮轴决定）和火花塞跳火（由断电器决定）连接成一个整体。这两个整体构成了发动机正常工作最重要的要素。当断电器接通，低压回路导通，蓄电池的电能转换成磁能储存在线圈中（这期间曲轴转过的角度称为闭合角）；当断电器断开，储存在线圈中的磁能转换成高压电能击穿火花塞的空气隙，高压回路导通，实现点火（这期间曲轴转过的角度称为点火角，火花塞开始跳火，到活塞到达上止点期间曲轴转过的角度称为点火提前角)，此时由正时传动装置保证活塞、气门处于正确状态。从能量转换角度看，断电器是十分重要、且不可替代的元件。故电子点火系统的革命理所当然要从断电器入手

现代汽车采用电子点火系统，分为有分电器与无分电电子点火系统两类。与传统点火系主要不同之处在于断电器元件，以导磁转子（或霍耳发生器）代替凸轮发出正时信号，以电子控制模板中的开关型三极管代替了断电器，还保留了分火头，这就是有分电器式的电子点火系，如果每缸一个点火线圈，或者两缸共用一个线圈的冗余型，就不需要分火头，这就是无分电器点火系统。使用电子控制的逻辑电路实现点火，电子点火系统也称晶体管点火系统，如图 8.3 所示。

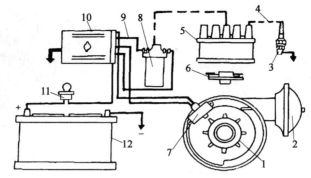

图 8.3　电子点火系简图

1—导磁转子；2—真空提前调节器；3—火花塞；4—高压电路导线；5—分电器盖；6—分火头；
7—电磁传感器；8—点火线圈；9—低压电路导线；10—逻辑电路；
11—点火开关；12—蓄电池

第二节　蓄 电 池

汽车上的稳定电源有发电机和蓄电池，瞬时电源有电容和线圈两类。

蓄电池（battery）是汽车的两大稳定电源之一，蓄电时它将电能转变为化学能储蓄起来（当蓄电池充电时），故称蓄电池，用电时它又将化学能转变为电能（当蓄电池放电时）。

蓄电池的作用有 4 个：发动机起动时，向起动机和点火系供电（主供电）；发动机曲轴到达一定转速后，把发电机发出的电能蓄存起来（蓄电）；是一个大电容器，在转速和负荷变化时，保持稳定的电压（稳电）；发动机停止工作或发动机低转速时，向用电设备供电（辅供电）。

蓄电池结构由正极板、负极板、隔板、接线柱、连接铅条、外壳及电解液等组成，如图 8.4 所示，蓄电池通常由 3 只或 6 只单电池串联而成。每个单电池内，装有栅格型的片状正极板和负极板（铅制），它们各自并联连成极板组。为了防止正、负极相碰产生短路，两极板之间隔有槽形的绝缘隔板。各单格电池用连接铅条予以连接，在各罩盖上用沥青与池壳密封。每个电池内都装有高出极板上端面的电解液，电解液是以 1 份纯硫酸和 3 份蒸馏水相混合而成。

当蓄电池放电时，正负极板的二氧化铅和铅与电解液中的硫酸根离子化合，生成硫酸铅附着在极板上，溶液中的硫酸含量逐渐减少，电解液变得稀淡，蓄电池处于放电状态。

为了使蓄电池继续供电，要用发电机发出比蓄电池电压稍高的直流电流，向蓄电池充电。充电时，极板和电解液在电流的作用下，发生与放电时相反的化学变化，使这些新生成的硫酸铅分解，在正极板上氧化成二氧化铅，负极板上还原成纯铅，硫酸回到电解液中去，电解液变浓，蓄电池电压升高，故又可继续供电。

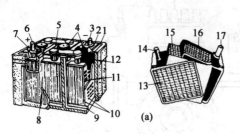
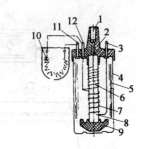

（a）蓄电池

1—封料；2—单格电池盖；3、17—负极接线柱；4—加液孔盖；
5—铅连接条；6、14—正极接线柱；7—闭环；8—外壳；
9—正极板；10—负极板；11、15—封隔板；12—栅格；
13—正极板（组）；16—负极板（组）

（b）点火线圈

1—导线插孔；2—胶木盖；3、11、12—接线柱；
4—外壳；5—填充油；6—次级绕组；
7—初级绕组；8—铁心；9—绝缘块；
10—附加电阻

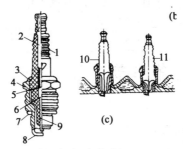

（c）火花塞

1—绝缘体；2—金属杆；3—衬垫；4—外壳；5—导电体；6—中心电极；7—密封垫圈；8—侧电极；
9—中心电极耦合件；10—热式火花塞；11—冷式火花塞

图 8.4　蓄电池、点火线圈、火花塞

蓄电池充放电的化学方程式：

$$PbO_2（正极）+ 2H_2SO_4+Pb（负极）\underset{充电}{\overset{放电}{\rightleftharpoons}} PbSO_4（正极）+ 2H_2O+PbSO_4（负极）$$

蓄电池按电压分，有 6 V 及 12 V；按单格极板数分，有 11、13、15、17、19、21 片等。蓄电池的电容量是以 A·h（安培小时）计算的。

第三节　点火线圈

点火线圈（ignition coil）是一个升压变压器，作用是将蓄电池或发电机所供给的低压电（6 V、12 V）变为高压电（1 万 V～1.5 万 V），为点燃混合气提供足够的能量。点火线圈是利用电磁互感原理工作的，初级绕组将蓄电池的电能转变成磁能储存在线圈中；次级绕组将磁能转变成高压电能供给火花塞点火，主要构件如图 8.4（b）所示。

铁心由硅钢片叠合而成，次级绕组和初级绕组在铁心上，中间隔以绝缘蜡纸，并封闭在壳内，壳体用绝缘盖盖住，盖上有初级绕组的两个接线柱及高压线的插座。

点火线圈工作原理和升压变压器相同，如图 8.5 所示。初级绕组线较粗，圈数较少（200～300 匝），它的一端经附加电阻 R_5 与蓄电池正极连接，另一端经分电器断电触点与蓄电池负极相连。次级绕组和初级绕组绕在同一个铁心上，线较细，圈数较多（一万匝以上），一端与初极线圈相连，另一端经火花塞与蓄电池负极相通。

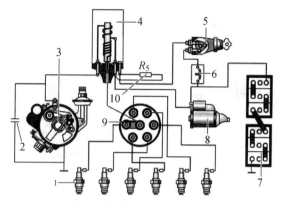

图 8.5 点火线圈工作原理

1—火花塞；2—电容器；3—断电器；4—点火线圈；5—点火开关；6—电流表；
7—蓄电池；8—起动机；9—配电器；10—附加电阻

当断电器触点闭合期间，低压电路被接通，电流通过初级绕组，铁心被磁化，初级绕组四周产生磁场，电能转变成磁能储存在线圈中。

当触点断开，低压电路被切断，初级绕组中电流消失，磁场中的磁力线立即收缩，迅速切割了次级绕组，这时它的每一圈中便感应而产生电压，磁能转变成了电能。由于次级绕组的圈数很多，每一圈感应的电压叠加起来，其两端的总电压就非常高。再加上电容器的作用，助长高电压的产生，将电压升高到 1 万 V ~ 1.5 万 V 左右，供火花塞跳火，点燃混合气而做功。

发动机在低转速时，断电触点闭合时间长（闭合角大），初级绕组中所通过的电流强度过大会引起点火线圈发热。当发动机转速高时，触点的闭合时间短（闭合角小），初级绕组中所通过的电流强度较小，储存的能量少，次级绕组产生的互感电流就减弱，会造成高压电不足。因此，在低压电路中串联着一组能随温度升降而增减电阻值的附加电阻 R_5，这样，就能保证点火线圈在发动机转速高时产生足够的高压电，在发动机转速低时，不至于发热。

冗余型点火系（见图 8.6）的初级线圈正极通过点火开关与蓄电池的正极相连，负极通过断电器与蓄电池的负极相连；次级线圈的两个头分别连接两个缸的火花塞。断电器断开，两个火花塞均跳火，一个用于点燃混合气体，是有用的，另一个是冗余的，除起到接通高压电路的作用外，不参与点火，两个火花塞交替有用和冗余。

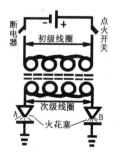

图 8.6 冗余型点火系

185

第四节　火 花 塞

火花塞的作用是引进高电压，击穿正负极间空气间隙中的空气，短路产生火花，以点燃混合气，外观如图 8.7 所示，内部结构可参阅图 8.4（c）。

（a）长火花塞　　　　　　（b）短火花塞

图 8.7　火花塞结构示意图
1—侧电极；2—中心电极；3—连接螺纹；4—绝缘瓷体；5—高压线接头

火花塞体为六角形，下部有螺纹（汽车用直径一般有 14 mm 或 18 mm 的），用以旋入气缸盖中。侧向有侧电极固定在塞体上。中心电极固定在能承受高温、高压的瓷质绝缘体的中央，上端有接头，以连接来自分电器的高压线。绝缘体固紧塞螺丝套装在火花塞体壳内，其间夹有衬垫，火花塞与气缸盖接合处也有铜皮包石棉制的衬垫，以防漏气。

中心电极 2 与侧电极 1 间具有一定的间隙。

火花塞在高压（3.5~4.0 MPa）、瞬时高温（2 200~2 250 ℃）以及高电压（1 万 V~1.5 万 V）的条件下工作，产生火花的频率达 10 Hz 左右，所以，必须具有高强度、高抗热和高绝缘的特性。

从燃烧气体吸收热量及此热量经冷却介质的散热强度两个因素决定火花塞的温度。两个因素均与火花塞尺寸及形状有关，绝缘体较短的火花塞吸收热量少，壳体散热速度较快，称为冷式火花塞，用于高转速、高压缩比的发动机。绝缘体较长的火花塞，吸收的热量多，散热速度较慢，称为热式火花塞，用于低转速、低压缩比的发动机。

第五节　分 电 器

汽油机分电器的作用是将点火系统的正时与曲轴和配气机构的正时联成一个整体，保证发动机正常工作。分电器是现代汽车技术更新的一个重点，从机械式分电器到无触点分电器，到电子控制分电器，各种新技术不断应用于此。现代汽车已经普遍使用无分电器点火系统。

分电器有传统和电子两类，传统分电器是学习点火系工作原理的基础，如图 8.8 所示。

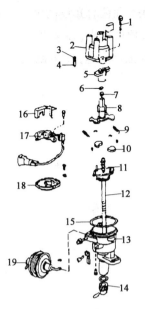
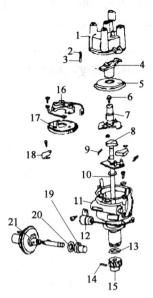

（a）电子分电器

（b）传统分电器

1、7—螺栓；2—分电器盖；3、9—弹簧；4—碳刷；5—配电器
转子（分火头）；6、15—衬垫；8—信号转子（凸轮）；
10—离心块；11—调节器座；12—轴；13—壳体；
14—斜齿圆柱齿轮；16—防尘盖；17—信号发生器；
18—调节底板；19—真空提前点火装置

1—分电器盖；2—弹簧；3—碳刷；4—配电器转子（分火头）；
5—防尘盖；6—螺栓；7—凸轮；8—离心块；9—调速弹簧；
10—轴；11—壳体；12—电容器；13、20—平垫圈；
14—销；15—斜齿圆柱齿轮；16—断电器触点；
17—调节底板；18—阻尼弹簧；19—调整盖；
21—真空提前点火装置

图 8.8　分电器结构示意图

一、传统分电器的五器

传统分电器由五器（断电器、电容器、配电器、用于自动调节点火提前角的离心调节器和真空调节器）及传动轴、相关附件组成。

1. 断电器

断电器的作用是将低压直流电变成低压脉冲电流，只有这样低压电才能通过点火线圈升成高压电，故断电器是点火系不可缺的部件。当触点闭合时低压电流接通，电能变成磁能储存在初级线圈内，当触点断开时，磁能通过次级线圈变成高压脉冲电能向外输送。

传统断电器由固定触点、活动触点、断电臂、弹簧和凸轮组成。触点由钨合金制成，坚硬而耐高温。固定触点安装在分电器的调节底板上，可绕底板转动一个角度。由正时传动带动的机械凸轮顶动活动触点与固定触点分开，实现断电，凸轮转过，两触点接触在弹簧片的作用下，保持密合。触点在最大断开位置的正常间隙为 0.35 ~ 0.45 mm，可用偏心螺钉调整。

无触点断电器利用三极管的开关特性控制初级线路的断开或接通，基极的触发信号由正时传动装置提供。

凸轮和拨板联成一体，安装在分电器轴上部，离心调节器的离心块由分电器轴带动，分电器轴由凸轮轴（或曲轴）驱动。

火花塞产生火花的强度与断电触点的闭和角度大小有关，而闭合角度的大小，又与凸轮形状和断电触点间隙的大小有关。断电触点间隙越大，则闭合角度越小，火花塞产生的火花强度就越弱。反之，间隙越小，则闭合角度就越大，产生的火花强度就越强。6缸发动机上的6角凸轮分电器的闭合角度一般为36°～40°。

2. 电容器

电容器的作用有3个：

（1）保护断电触点，断开瞬间，初级绕组中的自感电流向电容器充电，减小断电器触点间产生电弧的电流，避免烧损触点。

（2）由于初级绕组在触点张开瞬间同时向电容器供电，使自感电流变化速度加快，从而提高了次级绕组互感电动势的电压。

（3）次级绕组击穿火花塞后，感生电动势迅速降低，当低于电容器电压后，电容器向次级线圈供电，使感生电动势振荡时间延长，保证有足够的点火时间点燃混合气。

电容器由两张带状铝箔（或锡箔）和使铝箔绝缘的两张蜡纸卷制而成，在真空中烘干，浸以蜡质绝缘体，装入金属壳中，如图 8.9 所示。金属箔的一端接金属壳上，另一端用引线引出壳外。壳是负极，装在分电器壳上搭铁，引出的导线接在分电器低压电路连接的断电臂处。

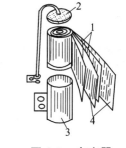

图 8.9　电容器

1—铝箔；2—盖板；3—外壳；
4—绝缘蜡纸

电容器的工作情况：

① 当断电器触点分离瞬间，初级绕组产生的自感电流通向电容器，将电容器充电，因此能减少触点间电弧的形成。同时加快初级绕组内电流消失速度，有利于提高次级绕组的电压。

② 当断电器触点闭合瞬间，已充电的电容器经初级绕组而放电，储存在电容器中的电能部分转变为磁能。

③ 当电容器开始放电时，反向冲击电流从电容器进入初级绕组，此电流亦使磁场变化更为迅速，增加了电流消失速度，促使磁场变化速度提高。故在次级绕组中促进了高压电流的产生，这种电流是火花塞电极间隙中可靠跳电所必需的，同时也减少了触点的火花，从而保护了触点不致烧损。

3. 配电器

配电器的作用是按发动机的点火顺序分配高压电。它由分火头、炭精柱、小弹簧、分电器盖组成。分电器盖中央有一个插孔与点火线圈的高压端连接，内端装有接触炭精柱和小弹簧，接触炭精柱依靠小弹簧张力与分火头导电片接触。中央插孔周围有4（4缸）或6（6缸）个旁插孔，通过分缸电缆线与各缸连接。工作中分火头受分电器轴带动，将高压电流由中央插孔分送到旁插孔，再从分缸电缆线送到相应各缸火花塞，完成跳火，点燃工作混合气。

无分电器点火装置没有这个装置。

4.点火时间的调节装置

点火时间过早或过迟，对发动机工作都有不良影响。

点火过早，混合气燃烧过早，气体膨胀压力将与活塞运动方向相反，造成发动机动力损失，同时容易发生爆震，这时点火应稍推迟。

点火过迟，混合气在工作行程开始时，不能及时燃烧，当活塞开始下行时，混合气才燃烧，降低了活塞上面的气体压力，使发动机动力降低，增加燃料消耗量。并且，由于燃烧着的混合气与较大的气缸表面积接触，使发动机温度增高。这时点火应稍提前。

分电器上装有离心调节器和真空调节器，能随发动机转速和负荷的变化，使凸轮角顶开触点的时间提前或延迟，自动调节点火时间。

（1）离心调节器如图8.10所示。它能随发动机转速变化，自动调节点火提前角。

当发动机曲轴转速增加时，调节器的离心块在离心力的作用下克服了弹簧的拉力而向外张开。这时离心块销使拨板及凸轮沿轴的旋转方向向前转动一定的角度，由于触点位置不变，凸轮提前顶开触点，因此点火提前角提前。

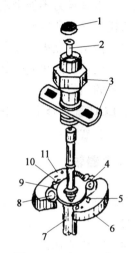

图8.10　离心调节器

1—毡垫堵塞；2—限位螺钉；3—凸轮及拨盘；
4、8—弹簧及支架；5、10—拨板销；
6、11—离心块；7—分电器轴；
9—支撑架

当分电器轴转速在200 r/min时，调节器即开始工作。当1 500 r/min时可以获得最大的点火提前角，离心调节器调节点火提前角范围依车型而定。因此转速越高，提前角越大，反之提前角减小。

（2）真空调节器。如图8.11所示，真空调节器的作用是随发动机负荷的变化调节点火提前角。在一个真空工作筒内装有弹性膜片与弹簧，筒的上部空间装有细铜管，与节气门后方的真空管连接。

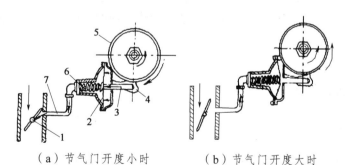

（a）节气门开度小时　　　　（b）节气门开度大时

图8.11　真空调节器的组成和工作情况

1—节气门；2—膜片；3—拉杆；4—随动板；5—分电器壳；6—弹簧；7—真空管

当节气门开度接近关闭时［见图8.11（a）］，或发动机因负荷减少而转速增高时，节气门下方真空度增大，通过真空管吸动膜片，膜片在大气压力作用下克服了弹簧的张力而向内弯。

189

这时，膜片连杆拉动断电器活动托盘，逆分电器轴旋转方向转动一定的角度，使触点提前被凸轮顶开而提前点火，增大点火提前角。因此，节气门下方真空度越大，提前角也越大；反之，真空度低，提前角也减小。

当节气门开度大时［见图 8.11（b）］，或发动机因负荷增加而转速降低时，节气门下方真空度降低，真空管吸力不能吸动膜片，膜片被弹簧压向右边位置，膜片连杆推动随动板而使断电器活动托盘顺着凸轮旋转方向转动，因而减小了点火提前角，使点火推迟。

真空调节器调节点火提前角范围依车型而定，可从有关资料中查获。

发动机点火系统的离心（转速）调节与真空（负荷）调节点火提前角是必需的，无分电器点火系二者的信号获得不需要机械装置，直接通过转速传感器和负荷传感器获得两个信息传给 ECU，ECU 直接修正点火提前角，简单、迅速、精确。

二、分电器轴

分电器轴是正时三轴（曲轴、配气机构凸轮轴、分电器轴）之一，曲轴（有些车型是凸轮轴）通过正时传动装置驱动分电器轴，主要作用是保证分电器准确工作，同时带动其他信号装置转动。分电器中最主要的装置是断电器，正时传动装置保证发动机机械位置正确和能量转换时刻正确，正时传动装置驱动的断电器从能量转换角度将活塞位置、气门开闭、火花塞跳火 3 个至关重要的问题连成一个整体，这在前面已经强调过，读者对此应当有清醒的认识。

第六节　电子点火系统

电子点火系统也称晶体管点火系统，与传统点火系统的不同点在于分电器的元件。它利用三极管的开关特性代替机械断电器控制点火线圈初级绕组电流接通和断开，由导磁转子代替凸轮，电子控制模板实现传统点火系统所有功能，并配上电子控制逻辑电路完成分电器的功能。另外，电子点火系统还具有传统点火系统无法实现的过电压保护、停车断电保护、钳位保护以及反接保护等功能。

一、电子点火系统的基本组成

1. 信号发生器

信号发生器替代了传统分电器的凸轮机构，实现无触点点火，无触点电子点火系统能根据发动机转速、蓄电池电压变化及点火线圈特性自动调整点火闭合角，以保证点火线圈的电流在发动机工作转速范围内达到最佳值（恒流）。

信号发生器主要有电磁感应式、霍耳式、光电式和微机控制式 4 大类。它们的基本原理都是将曲轴位置信号变成电信号，这个电信号经过滤波，放大处理后，传到控制点火线圈初级通断的三极管基极控制三极管通断，起到断电器的作用，动态控制闭合角的大小，实现对点火正时控制。

电磁感应式信号发生器由永久磁铁、传感线圈、导磁转子等构成，如图 8.12 所示，导磁转子每旋转一周，产生与缸数相等的脉冲信号，传感线圈将感应得到的脉冲信号送到逻辑电路（放大器电路）控制初级线圈的接通或断开。

电磁感应式信号发生器的工作原理如图 8.13 所示。导磁转子不转动时，磁力线不发生变化，传感线圈也不感应信号电压；导磁转子旋动时，导磁转子凸缘块与传感线圈铁心之间的间隙发生变化，通过传感线圈的磁通量也随之变化。由于磁通量的变化，传感线圈就感应出交变电压，这个电压的方向是阻止磁通量变化的方向。导磁转子凸缘接近传感线圈中心时，间隙缩小，磁通量增大 [见图 8.13（a）]；导磁转子凸缘在传感线圈的中心位置时，磁通量的变化为零。故传感线圈的电压也为零 [见图 8.13（b）]。

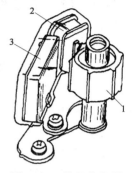

图 8.12　信号发生器

1—导磁转子；2—传感线圈；
3—永久磁铁

导磁转子凸缘离开传感器线圈中心时，间隙增大，磁通量减小 [见图 8.13（c）]，使传感器线圈有交变电压输出。磁通量变化愈大，变化时间愈短，传感器线圈感应的电压愈高。

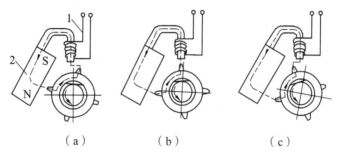

（a）　　　　　　　（b）　　　　　　　（c）

图 8.13　电磁传感器的工作原理

1—传感线圈；2—永久磁铁

在图 8.13（a）、（b）两种位置时感应的电压最高，其值随发动机转速的变化而变化。

霍耳式信号发生器利用霍耳原理产生的霍耳电压获得曲轴转速与位置信号，光电式信号发生器利用光电转换原理获得曲轴转速与位置的电信号。后面滤波，放大电路与电磁感应式相同，也同样是将这个处理后的信号加至三极管的基极，控制三极管的通断，起到断电器的作用。原理见图 8.14。

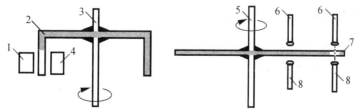

图 8.14　霍耳式和光电式信号发生器原理

1—霍耳发生器；2—带漏磁槽的转动罩；3—正时装置驱动的转轴；4—永磁体；5—正时装置驱动的转轴；
6—分布在不同半径上的发光二极管；7—带漏光槽的转盘；8—对应的光敏二极管

191

2. 逻辑电路

逻辑电路也称放大器电路，由印制电路、二极管、三极管、电阻及电容组成。它把传感线圈得到的信号利用晶体三极管的特性进行放大，以控制点火线圈低压电流的接通与断开。

放大器电路如图 8.15 所示。晶体管 V_2 为点火信号输入控制元件，当传感线圈感应的电压为负方向时截止，经放大电路到末级功率放大管 V_5 也截止，使点火线圈低压电路切断。

电磁传感装置是由真空单元驱动旋转的。因此，形成真空提前。导磁转子由传统提前离心块来驱使围绕着的轴旋转。因此，形成离心提前。

现代发动机装有一个电子节气门阀和插入点火线圈式的点火系统，插入点火线圈式点火系统可以取消点火分电器和正时标记。即点火线圈直接连接在每个火花塞上的点火装置中，自成系统，统一按 ECU 的指令工作。

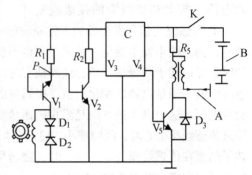

图 8.15　放大器电路

A—点火线圈；B—蓄电池；C—放大电路；
K—点火开关

二、常见的电子点火系统

电子点火系统可分为分配式（有分电器无触点）点火系统、直接式（无分电器无触点）点火系统及冗余式点火系统，3 种点火系统都是由微机控制完成点火的。

1. 分配式点火系统

分配式点火系统点火线圈产生的高压电由配电器按发动机工作顺序由分电器分配给各缸火花塞跳火，仍然要产生较多电火花，不仅浪费能量，而且还产生电磁干扰信号。

2. 直接式点火系统

直接式点火系统没有配电器，点火线圈次级绕组直接与火花塞相连，每缸一个点火线圈。发动机运转时，微机根据传感器信号，直接控制各个点火线圈产生高压电，使相应火花塞跳火。

3. 冗余式点火系统

冗余式点火系统是在直接式点火系统基础上发展来的，原理参见图 8.6 所示，特点是两缸共用一个点火线圈，两缸的火花塞同时跳火，其中一缸是有用跳火，另一缸是多余无用跳火，故称为冗余。这样的好处是次级线圈自成一个回路体系，不与蓄电池发生关系，保护了蓄电池，同时回路短，电阻小，故点火的能量相对大。

冗余式无配电器微机控制点火系统是目前最先进的点火系统。

第七节 发电机及调节器

发电机是将机械能转变为电能的一种机构。汽车发动机曲轴经 V 型带驱动发电机转子转动，发出电来。当汽车停止和低速行驶时，各电器所需电流是由蓄电池供给的；当发动机超过一定转速，由发电机发出电供汽车用电，并向蓄电池充电，以补充蓄电池放电时的消耗。

汽车上使用的发电机是三相交流发电机，经整流后变成直流电，供汽车使用。

一、交流发电机

发电机的转子产生磁场（直流发电机是定子产生磁场），由电枢（定子）绕组感应的交变电流经半导体硅二极管整流后，输出直流电，所以也称为硅整流发电机，结构如图 8.16 所示。

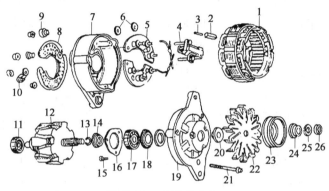

图 8.16 交流发电机

1—定子总成；2—电刷；3—电刷弹簧；4—电刷支承座；5—整流器板；6、25—垫圈；7—整流器后端支架总成；
8—后端盖板；9—绝缘体接线柱；10—电容器架；11、17—轴承；12—转子总成；13—弹簧垫圈；
14、20、24—套环；15、21—螺栓；16—轴承支承盘；
18—毛毡垫圈内盖；19—发电机驱动端盖支架；
22—风扇；23—带轮；26—螺母

硅整流发电机具有重量轻、体积小、功率大、充电性能好、结构简单、维修方便和使用时间长等优点。它由发电机和整流器两个部分组成。

转子由励磁绕组、鸟嘴形磁极和集电极组成。定子总成由硅钢片制成，用铆钉铆接，定子槽内安放三相绕组，固装在两端盖之间。线圈按星形连接，各组线圈的一头连在一起，另一头的引出线分别与元件板的一个硅二极管和散热盖上的硅二极管的引线连在一起。

硅整流发电机的磁路原理如图 8.17 所示。

励磁绕组在磁轭上、磁极压在轴上，定子三相绕组嵌在定子槽内呈三相星形绕组，每相绕组由若干匝线圈串联而成。

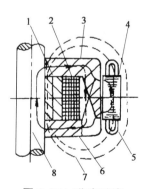

图 8.17 磁路系统

1—磁轭；2—励磁绕组；3、6—爪形磁极；
4—定子；5—定子三相绕组；
7—漏磁通；8—轴

当点火开关接通时，蓄电池电流就通过调节器触点到发电机的励磁绕组，励磁绕组产生磁通，大部分磁通通过磁轭（有一部分通过轴）分布在爪形磁极形成 N 级磁通，通过 N 极后穿过定子与定子之间的空气隙，经过定子齿部与轭部再穿过空气隙，进入另一爪形磁极形成 S 极，再从 S 极回到磁轭成磁回路。但励磁绕组所产生的磁通并没有全部通过定子，而有一部分在定子旁边的空气隙中及 N 极与 S 极之间通过，这部分称为漏磁通，但它不会使定子中的三相绕组产生电动势。

当转子在定子内旋转时，转子的 N 极与 S 极在定子齿部与轭部交替通过，定子中的绕组便产生出三相感应电动势，故整流发电机就是一个同步发电机。

二、整流器与调节器

汽车转速的变化是频繁的，但要求发电机发出的电压必须相对稳定，这就需要电压调节器来调节发电机发出的电压，可用图 8.18 来说明整流器与电压调节器的工作原理。

整流器原理：发电机端盖装有两个电刷架，用两个螺旋形弹簧压住电刷，使其与转子上的集电环可靠地接触。6 个二极管组成三相桥式整流器，其中有 3 个正二极管（外壳为负极，引线为正极）的正极各自与对应的电枢绕组的一个头及负二极管的负极相连，3 个负二极管的负极各自与正二极管的正极相连；3 个负二极管（外壳为正极，引线为负极）的负极各自与正二极管的正极及对应电枢绕组相连，3 个正极共线后与蓄电池的负极相连。6 个二极管的外壳都有散热的功能，故都装在底板上，正二极管的底板要与机架绝缘，负二极管的底板直接安装在机架上。三相桥式整流器与蓄电池形成并联关系，它们共同的正极经点火

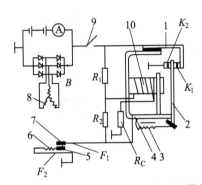

图 8.18　发电机、整流器及电压调节器

1—静触点支架；2—衔铁；3—弹簧；4—磁轭；
5—集电环；6—励磁绕组（转子）；7—炭刷；
8—三相定子绕组；9—点火开关；
10—电磁线圈

开关与汽车用电装置连接，它们共同的负极接至车架搭铁与发电机外壳形成回路。

因为硅二极管具有单向导电性，如图 8.19 所示，在硅二极管上通过电流，在正向电压作用下，电流由正极向负极流通，而在反向电压作用时，电流不能由负极向正极流通。所以二极管就有将交流电变为直流电的整流作用，并可以阻止蓄电池电流倒流入定子绕组，故可省去断电器。同时硅整流发电机在设计时就考虑到自身具有一定的电抗，以限制最大输出电流，因此可取消节流器。所以硅整流发电机只需要电压调节器。

现代汽车使用半导体组成的无触点电子控制电压调节器调节发电机输出电压，基本原理是利用三极管的开关特性，控制励磁绕组电流的通断或电流的大小，从而控制了转子磁场的强弱，达到控制输出电压不受发动机转速影响的目的。

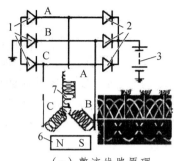

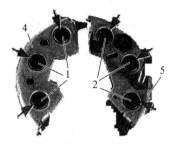

（a）整流线路原理　　　　　　　（b）整流器的安装

图 8.19　整流线路及原理

1—负二极管；2—正二极管；3—蓄电池；4—负二极管安装底板；5—正二极管安装底板；
6—转子磁铁；7—线圈；A、B、C—支路

电压调节的原理：如图 8.18 所示，交流发电机发出电压的高低由定子绕组的线圈数，磁力线切割线圈的速度及磁场强度 3 个因素决定，其中线圈数是不能变化的，切割速度因发动机转速的不停变化而变化，故只有通过控制磁场强度强弱的手段来保持发电机发出电压的稳定，通过控制励磁绕组电流的大小来控制磁场强度的强弱是有效的方法。当电压超过 14 V 时，铁心吸力增大，使活动触点臂吸得更低，使下触点 K_2 闭合。此时，原来通过励磁绕组的电流因下触点接铁而被短路，直接流回电枢绕组。使励磁绕组中不通过电流，磁场消失，电枢绕组不再发电，输出电压下降。同时调节器铁心线圈也几乎没有电流通过，铁心吸力极小，活动触点在弹簧拉力作用下，使下触点 K_2 断开，而上触点 K_1 闭合，励磁绕重新有电，电枢绕组重新发电。如此反复，就可以使发电机电压不再随转速升高而升高，限制在工作电压互感器范围内。电子电压调节器是利用三级晶体管的开关特性实现电压调节的，它的作用机理与上面的介绍是一样的，但工作原理完全不同。

本章内容在汽车电气控制课程中有详细论述，本书不作过多介绍，有兴趣的读者请参阅相关书籍。

☆第八节　机械制造基础

一、零件的种类及表面的形成

汽车由许多零件组合装配而成，所有零件都可分成 3 类：轴类零件、盘类零件、支架箱体类零件。各种零件的常见表面有圆柱面、圆锥面、平面、成形面。

二、材料加工

前面已经介绍过材料分为金属材料和非金属材料两大类，要把材料变成零件就需要加工，所以加工也分成金属材料加工和非金属材料加工两大类。

1. 金属材料的加工

金属材料来源性加工总是从冶炼开始，随后有铸造、金属压延加工（轧制、锻造、拉拔）、金属切削加工（车、铣、刨、镗、钻、磨及专项加工，如对齿轮的滚齿、剃齿、珩齿等专项加工，对螺纹的各种专项加工等）、金属非切削加工（拉、扭、弯）、零件表面加工（热处理、装饰性加工、化学处理）、特殊加工（电腐蚀、电火花、线切割）、焊接、铆接等，加工种类各异，方法不计其数。随着高科技的发展，新的加工种类（如 3D 打印就是目前加工零件最先进的手段）、加工设备（如数控设备）还在不断涌现，加工的产品越来越好，汽车等机械设备的性能、精度也就越来越好。

2. 非金属材料的加工

非金属材料来源性加工分为自然生长材料（如木材、皮革）、提炼材料（如从石油中提炼的大量非金属材料等）、合成材料（塑料、尼龙、油漆等）、自然界中存在的材料（石材、钻石、玛瑙）、经加工后才能得到的材料（玻璃、陶瓷）等，把这些材料变成零件有各种各样的加工途径，在此不再作介绍，有兴趣的读者可查阅有关专著。

本节重点简介金属切削加工及其分类，切削加工是用切削工具从毛坯上切去多余的材料，使零件的几何形状、尺寸以及表面粗糙度等方面均符合图纸要求的加工方法。

切削加工分为钳工和机械加工两大部分。钳工一般是工人手持工具对工件进行切削加工，机械加工是由工人操作机床进行切削加工，切削加工按其所用的切削工具的类型可分为刀具切削加工和磨料切削加工。

三、金属切削的基本知识

金属切削加工分人工切削和机械切削两大类，人工切削主要有锯、锉、錾、刮、研磨等；机械切削加工中的机床切削加工主要方式有车、钻、镗、铣、刨、磨和超精加工等。以下是常用的普通机床的定义：

车床：工件作旋转运动，刀具为车刀，作直线运动，加工内外回转面的机床。

铣床：刀具为铣刀，作旋转运动，工件作直线运动，加工多种曲面的机床。

刨床：刀具为刨刀，工件都作直线运动，加工成形表面的机床。

插床：与刨床属于同一类机床，不同的是，刀具为插刀，作垂直直线运动，工件在水平面上可作直线运动及缓慢的旋转运动，主要加工沟槽类表面的机床。

镗床：刀具为镗刀，作旋转及直线运动，在箱体上加工大孔类的机床。

钻床：刀具为钻头，作旋转及直线运动，在工件上加工小孔、深孔类的机床。

磨床：刀具为砂轮，作高速旋转及缓慢直线运动，工件作缓慢旋转及直线运动，主要用于加工尺寸精度及表面粗糙度均要求较高的零件硬表面的机床。

现代数控机床对以上运动的控制都实现了数字精确、自动控制。

以上类型的机床都有用来加工特殊零件的专用机床，对以上的定义都有它的特殊性，不再一一介绍。

金属切削过程有以下基本概念应当了解：

1. 切削运动和切削表面

（1）切削运动。切削运动一般可分为主运动和进给运动两大类。

① 主运动：它是切下切屑形成工件表面形状所需要的最基本的运动，也是切削加工中速度最高、消耗功率最多的运动，用 v_c 表示。

② 进给运动：它是使切削工具不断切下切屑所需要的运动，用 v_f 表示。

（2）切削时工件上的表面：切削时，工件上有三个不断变化的表面。

① 待加工表面：工件上即将切去切屑的表面。

② 过渡表面：工件上切削刃正在切削着的表面。

③ 已加工表面：工件上已切去切屑的表面。

2. 切削用量三要素

切削用量是指切削过程中的切削速度、进给量和吃刀量这 3 个要素。

（1）切削速度：主运动的线速度称为切削速度。

（2）进给量：工件或刀具每转一周或往复一次，刀具与工件之间沿进给运动方向相对移动的距离，称为进给量。

（3）吃刀量：吃刀量是指在通过切削刃基点并垂直于工作平面上测量的吃刀量。

3. 切削层参数

车削外圆时，工件转一周主切削刃相邻两位置间被切削的一层金属层称为切削层。

（1）切削层公称横截面积：是指垂直于主运动方向上的截面面积。

（2）切削层公称宽度：是指刀具主切削刃与工件的接触长度。

（3）切削层公称厚度：是指切削层横截面面积与切削层公称宽度的比值。

四、切削刀具

不管是哪种机床的刀具，它们的基本组成部分是一样的，都由刀体和刀柄组成。刀体用来切削，又称切削部分；刀柄用来夹固在刀架上。

1. 刀具的切削部分

一个基本切削部分由 3 个表面、2 个切削刃和 1 个刀尖组成，有些刀具是复合刀具，即 1 把刀具上有若干个基本切削部分。

（1）3 个表面。

① 前面：刀具上切屑流过的表面称为前面，也称前刀面。

② 后面：与工件上的过渡表面相对的表面称为后面，也称主后面。

③ 副后面：与工件上的已加工表面相对的表面称为副后面。

（2）2 个切削刃。

① 主切削刃：前面与后面的交线为主切削刃。

② 副切削刃：前面与副后面的交线称为副切削刃。

（3）1个刀尖：刀尖是主、副切削刃的交点。

（4）为了确定刀具的几何角度，有必要了解以下辅助平面。

① 基面：基面是通过主切削刃上选定点而又垂直于该点切削速度的平面。

② 切削平面：切削平面是通过主切削刃上选定点与主切削刃相切并垂直于基面的平面。

③ 正交平面：正交平面是通过主切削刃上选定点并同时垂直于基面和切削平面的平面。

2. 刀具的形式

将硬质合金刀片焊在刀体上，称焊接式刀具；刀体切削部分靠刃磨成形，为高速钢整体式刀具；将具有多个切削刃的硬质合金刀片紧固在刀体上，称为机械夹固式刀具。

3. 车刀的几何角度

刀具几何角度有标注角度和工作角度之分，在刀具图纸上标注的角度称为标注角度，实际工作时，由于装夹条件和进给运动方向的改变，实际工作的角度和标注角度有所不同。

在3个辅助平面均有刀具标注角度：

（1）在正交平面内测量的角度。

① 前角：前面与基面之间的夹角，用 α 表示。

② 后角：主后面与切削平面之间的夹角，用 β 表示。

③ 楔角：前面与主后面之间的夹角，用 γ 表示。

$$\alpha + \beta + \gamma = 90°$$

（2）在基面内测量的角度。

① 主偏角：主切削刃与进给速度之间的夹角，用 θ 表示。

② 副偏角：副切削刃与进给速度之间的夹角，用 ψ 表示。

③ 刀尖角：主切削刃与副切削刃之间的夹角，用 ϕ 表示。

$$\theta + \psi + \phi = 180°$$

（3）在切削平面内测量的角度。

① 刃倾角：主切削刃与基面之间的夹角，用 λ 表示。

② 车刀的主要角度有前角 α 、后角 β 、主偏角 θ 、副偏角 ψ 、刃倾角 λ 等五个。

（4）刀具的工作角度主要考虑：

① 装夹对工作角度的影响。

② 进给运动对工作角度的影响。

五、刀具的刃磨

砂轮的选用：

（1）磨料的选择：磨料选择的主要依据是刀具的材料和热处理方法。

（2）粒度的选择：粒度选择的主要依据是刀具的精度和表面粗糙度要求。

（3）硬度选择：刃磨刀具时，砂轮的硬度应选得软些。

六、刀具材料

1. 对刀具切削部分材料的性能要求

（1）高的硬度和耐磨性。

（2）足够的强度和韧性。

（3）较好的热硬性。

（4）良好的工艺性。

（5）经济性。

2. 常用的刀具材料及性能

（1）碳素工具钢：硬度为 60～64 HRC，其热硬性差，淬火后易开裂。主要优点是价格低、可加工性好、刃口易磨锋利等。

（2）合金工具钢：其优点是热处理变形小，淬透性好。淬火后硬度为 60～65 HRC，热硬性温度为 300～350 ℃。

（3）高速钢：高速钢的热硬性温度为 550～600 ℃。其热硬性和耐磨性虽然低于硬质合金，但抗弯强度和韧性高，制造工艺性好，价格比较便宜。

（4）硬质合金：硬度很高（89～93 HRA），能耐 800～1 000 ℃的高温，但其韧性差，承受振动及冲击的能力差，同时刃口不易磨锋利。

七、金属切削过程的物理现象

切削时，刀具挤压切削层，使其与工件分离变成切屑而获得所需要的表面，这个过程称为切削过程，金属的切削过程也是切屑形成的过程。切屑的类型有带状切屑、片状切屑、粒状切屑、崩碎状切屑。

1. 断屑与切屑流动方向

（1）断屑。断屑的原因有两种类型：一种是切屑在流出过程中与阻碍物相碰后受到一个弯曲力矩而折断，另一种是切屑在流出过程中靠自身重量摔断。

（2）断屑槽结构。常用的 3 种形状有折线形、直线圆弧形和全圆弧形。

2. 切削力

切削力是指切削过程中作用在工件上的力，作用在刀具前面上的摩擦力、变形抗力和作用在刀具后面上的摩擦力、变形抗力，上述诸力的合力就是切削力。切削力分解为：

（1）切削力。沿主运动切削速度方向分解的切削分力。

（2）背向力。作用在吃刀方向上的切削分力。

（3）进给力。作用在进给方向上的切削分力。

3. 影响切削力的因素

工件材料是影响切削力的重要因素；刀具的几何角度，切削用量中吃刀量和进给量对切削力也有较大的影响。

4. 切削热

切削过程中，由于金属层的弹性和塑性变形，工件、切屑与刀具间的摩擦所产生的热称为切削热。切削热主要是由切削功转变而来，主要传给切屑、刀具、工件及周围介质而散发。影响切削温度的因素有刀具角度、切削用量、工件材料和切削液。

八、刀具的磨损与刀具耐用度

在切削过程中，刀具失去切削能力的现象称为钝化。钝化的方式有磨损、崩刃和卷刃等。磨损是指在刀具与工件或切屑的接触面上，刀具材料的微粒被切屑或工件带走的现象。崩刃是指切削刃的脆性破裂，卷刃则是指切削刃受挤压后发生塑性变形而失去切削能力的现象。刀具磨损以钝化为主要表现形式。

1. 刀具的磨损

（1）刀具磨损的形式。刀具后面磨损；刀具前面磨损；刀具前、后面同时磨损。

（2）刀具的磨损过程。初期磨损阶段；正常磨损阶段；急剧磨损阶段。

2. 刀具的磨损限度与刀具耐用度

（1）刀具磨损限度。一般情况下，刀具不可能无休止地使用下去，应该规定一个合理的磨损量数值，称此数值为磨损限度。

（2）刀具的耐用度。刀具刃磨后，从开始切削到达磨损限度所用的实际切削时间，称为刀具的耐用度，用 T 表示。刀具耐用度与刀具重磨次数的乘积称为刀具寿命。影响刀具耐用度的因素很多，有工作条件、刀具材料、刀具几何角度、切削用量以及是否使用切削液等。

九、刀具几何角度与切削用量选择

1. 刀具几何角度的合理选择

（1）合理几何角度由以下几个因素决定：

① 工件的实际情况。

② 刀具的实际情况。

③ 各类几何参数之间的联系。

④ 具体的加工条件。

⑤ 刀具锋利与强度之间的关系。

（2）要对以下角度进行合理的选择。前角的合理选择、后角的合理选择、主偏角、副偏角及过渡刃的合理选择、刃倾角的合理选择。

2. 切削用量的合理选择

（1）切削用量的合理选择：

① 粗车时切削用量的选择原理：应根据切削用量对耐用度的影响大小，首先选择较大的

吃刀量，其次选择较大的进给量，最后按照刀具耐用度的限制确定合理的切削速度。

② 精车时切削用量的合理选择：选用较高的切削速度、较小的进给量和吃刀量。

（2）切削用量的选择方法：

① 吃刀量的选择：尽可能一次走刀切除全部加工余量，以使进给次数最少。

② 进给量的选择：在工艺系统刚性和机床进给机构强度允许的情况下，应选用较大的进给量。

③ 切削速度的选择：根据公式选择切削速度。

☆第九节　量纲分析基础简介

1. 量纲的概念

物理量所属种类，称为这个物理量的量纲，量纲用统一的专用英文大写字母表示。

2. 量纲与单位的区别

度量物理量大小的尺子，叫做物理量的单位。同一类型的物理量可以有不同的单位，每一种单位总是与该物理量的大小相联系的，但它的量纲却是唯一的，量纲不表示物理量的大小，只表示物理量的类型。

3. 基本量纲

科学界指定的某些基本量的量纲为基本量纲。最常用的基本量纲：长度 L、质量 M、时间 T、热力学温度 Θ，基本量纲是彼此独立的，不能由其他量纲组合。

4. 导出量纲

由基本量纲导出的量纲称为导出量纲。

5. 量纲的特性

（1）所有的物理量都有自己的量纲，而且都一定可以用一个或一组基本量纲来表示（可组合性）。

（2）每一个物理量的量纲与这个量的特性有关，与大小无关（表征性）。

（3）一个物理量只能有一个量纲，不能用其他的量纲来代表（唯一性）。

（4）不同量纲的物理量不能进行加减运算（排他性）。

（5）一个正确的物理方程中，各项的量纲一定相同（统一性）。这是量纲分析的基础。

6. 常用量纲

（1）基本量纲。长度：L，质量：M，时间：T，热力学温度：Θ。

（2）导出量纲。面积：L^2，体积：L^3，密度：ML^{-3}，速度：LT^{-1}，加速度：LT^{-2}，力：MLT^{-2}，压强：$ML^{-1}T^{-2}$，功：ML^2T^{-2}，扭矩：ML^2T^{-2}，功率：ML^2T^{-3}，动力黏度系数：$ML^{-1}T^{-1}$，运动黏度系数：L^2T^{-1}，流量：L^3T^{-1}，转速：LT^{-2}。

思 考 题

1. 汽油发动机工作混合气的燃烧是怎样产生的？
2. 点火系有哪3个要解决的基本问题？是如何解决的？
3. 点火系由哪几部分组成？
4. 电子点火系与传统点火系有哪些不同点？
5. 蓄电池的作用是什么？
6. 蓄电池有几个工作状态？分析其内部发生的电化学反应机理。
7. 分析点火线圈的组成及工作原理。次级线圈的输出电压是多少？
8. 何时点火线圈会发热？何时可能出现点火线圈高压电不足的现象？如何解决？
9. 火花塞的作用是什么？分析火花塞的工作环境参数。
10. 火花塞是如何分类的？各用于什么场合？
11. 分电器的作用是什么？分电器如何分类？
12. 为什么需要断电器？
13. 电容器的作用是什么？
14. 离心调节器的作用是什么？
15. 真空调节器的作用是什么？
16. 电子分电器的主要组成部分有哪些？
17. 分析电磁传感器的工作原理。
18. 分析交流发电机的工作原理及主要部件的作用。
19. 电压调节器的作用是什么？
20. 金属材料的加工有哪些类型？
21. 金属切削的主要方法有哪些？金属切削有哪两个运动？
22. 量纲与单位有什么区别和联系？

第九章　发动机起动系

发动机在外力矩作用下由静止到开始转动，至可以自行稳定怠速运转的过程，称为发动机的起动，发动机的起动由起动系完成。起动分冷机起动和热机起动两种，冷机起动比热机起动更困难。起动系要解决的基本问题是起动机能够顺利带动发动机飞轮转动起动发动机，发动机起动后飞轮不允许带动起动机转动。为实现这一目标，起动系上采用了绕组串联、双起动线圈、绕组动点接触开关、螺旋花键、超越离合器、弹簧拨套、增距杠杆、轮齿剃齿、限位止推垫片、衔铁回位弹簧等十套保证装置和以下 10 个措施：① 起动线圈，控制起动机正确地与发动机飞轮啮合或脱离啮合；② 吸拉和保持两线圈，保证小齿轮有正常的轴向运动；③ 增距杠杆，增大小齿轮的行程；④ 行程开关，保证小齿轮工作行程不到位，起动机就不转动；⑤ 小齿轮的导向环起到导向作用并安装有超越离合器，允许起动电机枢轴通过小齿轮带动飞轮的大齿轮转动，但大齿轮不能通小齿轮带动起动电机枢轴转动，保护起动电机不被损坏；⑥ 电机枢轴上有螺旋花键，让小齿轮在增距杠杆拨动下轴向运动的过程中，电机没有转动前，有旋转运动，防止小齿轮与大齿轮顶齿；⑦ 将齿轮副的端面剃尖，减小顶齿的可能性；⑧ 万一顶齿后，拨叉压缩啮合弹簧，保证行程开关仍然能接通起动电机的起动电路，电机转动，齿轮副正常啮合；⑨ 限位止推垫片，防止小齿轮过行程；⑩ 起动后，衔铁回位弹簧通过杠杆迅速将小齿轮拉回原始位置，尽快脱离啮合，避免高速旋转的小齿轮及它的轴承过度磨损。

起动系上有两个汽车之最，一是瞬时电流最大（机型不同不尽相同，一般在 300 A 以上），二是安全储备最大，这是因为起动系瞬时负荷大，故设计得足够大，但在汽车一生中使用时间很短，故寿命长，正确使用从理论上讲不会出故障。

起动系由蓄电池、点火开关、起动继电器、起动机、起动线圈、电缆、飞轮、齿圈等组成。

第一节　发动机的起动

一、发动机的起动力矩

起动发动机时，必须克服气缸内被压缩气体的阻力和发动机本身及其附件内相对运动的零件之间的摩擦阻力，克服这些阻力所需的力矩称为起动转矩。

1. 起动困难的原因分析

保证发动机顺利起动所必需的曲轴转速称为起动转速。车用汽油机在 0 ~ 20 ℃ 的气温下一般最低起动转速为 30 ~ 40 r/min。为使发动机能在更低的气温下迅速起动，要求起动转速能达 50 ~ 70 r/min。转速过低时，压缩行程内的热量损失过多，且进气流速过低，将使汽油雾化不良，致气缸内混合气不易着火。车用柴油机所要求的起动转速较高，达 150 ~ 300 r/min（采用直接喷射式燃烧室时的起动转速较低，采用涡流室式或预燃室式燃烧室时的起动转速较高）。

由于柴油机的压缩比比汽油机的大，因而起动转矩也较大，同时起动转速也比汽油机高，柴油机质量大、惯性大，显然柴油机所需的起动功率比汽油机大。

2. 起动方式

转动发动机曲轴使发动机起动的方法很多，汽车发动机常用的有电动机起动和手摇起动两种。绝大多数汽车发动机都采用电动机起动。手摇起动较为简单，只需将起动手摇柄端头的横销嵌入发动机曲轴前端的起动爪内，以人力转动曲轴即可，目前仅在装用中小功率汽油机的汽车上还备有起动手摇柄，作为后备起动装置，或在检修调整发动机时使曲轴转过一定角度。

电动机起动就是用电动机作为机械动力，使发动机起动。当电动机轴上的齿轮与发动机飞轮周缘的齿圈啮合时，动力就传到飞轮和曲轴，使之旋转，电动机本身以蓄电池作为能源。大型柴油机，因起动转矩和起动转速要求都很高，往往配有小型汽油机来起动。

二、温度对起动的影响及解决措施

1. 发动机低温起动困难

发动机在严寒季节起动困难的主要原因是温度低，机油黏度增高，配合间隙缩小，起动阻力矩增大，蓄电池供电能力降低，燃料汽化性能变坏，散热开，导致温度达不到燃油的燃点等缘故。在冬季预热混合气体、润滑油、冷却液是解决起动困难的有效方法。预热装置有电热塞、进气预热（预热塞）、预热锅炉和起动液喷射装置以及减压装置等。

2. 解决起动困难的措施

（1）预热。将电热塞安装在涡流室或预燃室中，可在起动时对燃烧室内的空气进行预热。在起动发动机以前，先用专设的开关接通电热塞电路，很快红热的发热体钢套使气缸内空气温度升高，从而提高了压缩终了时的空气温度，使喷入气缸的柴油容易着火。电热塞通电时间一般不应超过 1 min。发动机起动后，立即将电热塞断电。如起动失败，应停歇 1 min，再将电热塞通电，第二次起动，否则，电热塞寿命要降低。

为促进低温起动，有些重型柴油机安装了起动预热锅炉装置，通过预热锅炉燃烧燃料，使锅炉水升温，输入发动机冷却液套，同时加热机油，冷却液温度及机油温度升高后即可以起动。

（2）使用易燃燃油。柴油机的进气管内安装一个起动燃料喷嘴，起动时压力喷射罐内的压缩气体或易燃燃料（乙醇、丙酮、石油醇等）经喷嘴喷入进气管，随同进气管内的空气一起进入气缸，帮助发动机在较低温度时起动。

（3）减压。有些柴油机上有一个可手动控制的减压装置，使用这个装置，可以使部分气缸在起动时不密封，只有部分气缸工作，这样就降低了压缩阻力，以实现低温起动，等到起动正常后将手柄扳回原来位置，所有气缸工作，柴油机就可顺利工作。

减压气门可以是进气门，也可以是排气门，但一般多用进气门减压，因为用排气门实现减压往往会将碳粒吸入气缸，造成气缸的加速磨损。

（4）冷起动阀。在起动时通过冷起动阀向混合气体内喷入额外的燃油，使混合气浓度加浓，有利于起动。

第二节　起　动　机

起动机由直流电动机、操纵机构和离合机构 3 大部分组成。起动系组成原理如图 9.1 所示，起动机结构越来越简单，合理，耐用，图 9.2 是常见的起动机结构分解图。

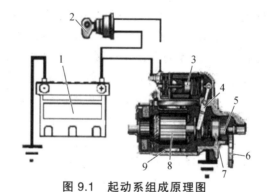

图 9.1　起动系组成原理图

1—蓄电池；2—起动开关；3—起动线圈总成（牵引绕组，保持绕组）；4—驱动杠杆；5—起动机小啮合齿轮；
6—飞轮大啮合齿轮；7—超越离合器；8—电枢；9—励磁绕组

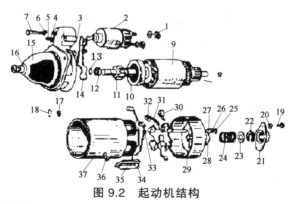

图 9.2　起动机结构

1、5—螺母；2—电磁开关总成；3、7、19、25—螺栓；4、6、20、23、26、27—垫圈；8—轴；9—电枢总成；
10—超越离合器；11—单向啮合齿轮；12—齿轮限位器；13—绝缘垫圈；14—驱动杠杆；15—驱动端盖；
16—轴颈；17—橡胶垫；18—垫板；21—盖；22、30—卡簧；24—弹簧；28—环垫；29—端盖；
31—电刷架；32、33—电刷；34—磁极；35—磁场绕组；36—接线柱；37—壳体汽车发动机普遍采用串激直流电动机（磁场绕组与电枢绕组串联）作为起动机，因为这种电动机在低转速时转矩很大，随着转速的升高，其转矩逐渐减小，这一特性非常适合发动机起动的要求。汽油机所用的起动机的功率一般在 1.5 kW 以下，电压一般为 12 V，柴油机起动机功率较大（可达 5 kW 或更大），为使电枢电流不致过大，其电压一般采用 24 V。

一、起动机的操纵机构

汽车上使用的起动机按其操纵方式不同，有直接操纵式和电磁操纵式（远距离操纵式）两种。

直接操纵机构主要由磁极、电枢、换向器、起动开关离合机构和壳体等部分组成。用来将蓄电池的直流电引入磁场与电枢绕组，超越机构与起动小齿轮一起装在电枢轴上，以防止起动机超速。

电磁操纵机构是通过起动继电器的触点接通或切断起动机电磁开关的电路，控制起动机的工作，适宜远距离操纵。

电磁操纵式起动机，工作原理如图 9.3 所示。起动时，接通起动开关；继电器线圈通电，触点 1 闭合，吸引线圈 3（与直流电动机串联，这时电动机绕组线圈虽然通电，但电流太小，不能转动）、保持线圈 4（与电机并联）的电路通电，两线圈磁场产生很大磁力，吸引绕组动点接触开关 2（也是线圈 3 和线圈 4 的衔铁）左移，带到增距杠杆 5 逆时针转动，在杠杆推动下，小齿轮 7 沿着电机转子轴向右运动，由于轴上螺旋花键的作用，虽然电机轴没有转动，小齿轮 7 在边右移边转动，可以避免与飞轮齿圈的轮齿顶齿而不能啮合。绕组动点接触开关 2 的行程是有限的，增距杠杆 5 放大了小齿轮 7 的行程，以保证小齿轮 7 能够与飞轮的轮齿很好地全啮合。当绕组动点接触开关 2 向左运动到位，接通绕组电流触点的同时，将吸引线圈 3 短路，大电流不通过吸引线圈 3 直接进入电机绕组，电机转动，保持线圈 4 的磁力使绕组动点接触开关 2 保持在左位。大小齿轮轮齿相向端面的齿形被剃尖，在相向运动时，可以进一步避免顶齿。尽管有了以上措施，还是担心万一顶上齿，电机电流不能接通，仍不能起动，为避免这个"万一"情况发生，增距杠杆 5 前端的拨叉拨动弹簧拨套 6 向左压缩压缩弹簧 8，推动小齿轮 7 向左运动，万一小齿轮 7 被顶死不能再向左运动，压缩弹簧 8 被压缩，增距杠杆 5 可以继续逆时针转动，以确保绕组动点接触开关 2 能把电机绕组触点接通，电机正常转动，就可错开顶齿，在压缩弹簧作用下，小齿轮 7 进入飞轮齿圈正常啮合。发动机起动后，松开起动开关，起动继电器线圈 17 断电，磁场消失，在回位弹簧（图 9.3 中未画出）作用下，绕组动点接触开关 2 退回，带动 5 顺时针转动，带动小齿轮 7 退回，啮合中断。

二、起动机的超越机构

起动机只在起动时才与发动机曲轴的飞轮相连，发动机开始工作后，起动机应立即与发动机曲轴的飞轮分离，否则起动机将被损坏，因此起动机中装有超越离合器，超越离合器的作用是保证起动机可以带动发动机转动，发动机起动后不能带动起动机转动。

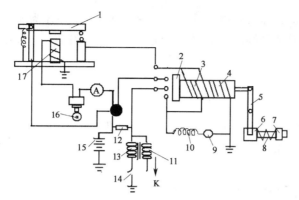

图 9.3 起动机电磁操纵机构示意图

1—起动继电器；2—绕组动点接触开关（也是衔铁）；3—吸引线圈；4—保持线圈；5—增距杠杆；6—弹簧拨套；
7—小齿轮；8—压缩弹簧；9—电枢绕组（转子）；10—磁场绕组（定子）；11—次级线圈铁心；12—附加电阻；
13—初级线圈 ；14—断电器；15—蓄电池；16—起动开关；17—起动继电器线圈

常用的起动机离合器机构有摩擦片式、楔块式、弹簧式和滚柱式等多种形式，汽车上用得较普通的楔块式，两种常用超越离合器结构如图 9.4 所示。

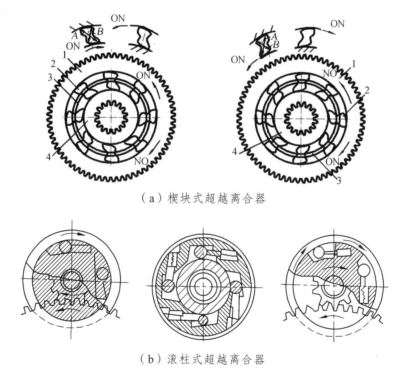

（a）楔块式超越离合器

（b）滚柱式超越离合器

图 9.4 超越离合器工作原理

*三、减速起动机

起动机的电枢轴与驱动小齿轮之间装有齿轮减速器的起动机称为减速起动机。

当起动机功率一定时，提高电机转速，降低转矩，可以减小体积。因此，在采用小型、高速、低转矩的起动机时，靠装在电机轴上的齿轮减速器（减速比为 4∶3），将电机转速降低后再驱动飞轮。减速起动机与同功率的起动机相比，具有体积小、质量轻、驱动转矩大的优点。

四、永磁起动机

以永磁材料作为磁极的起动机，称为永磁起动机。它取消了传统起动机中的磁场绕组和磁极铁心，其他结构与传统起动机基本相同，这样起动机的结构简化、体积和质量减小，并节省金属材料。汽车车窗玻璃升降电机普遍采用永磁电机。

为了进一步减小起动机的体积和质量，还可以在永磁起动机的电枢轴与驱动齿轮之间加装齿轮减速器，成为永磁减速起动机。

五、起动开关

起动开关是起动操纵机构的一个部件，起动开关目前有电磁式和机械式。电磁式起动开关装在起动机机体上，当接通电源时电流进入电磁开关绕组，产生电磁力拉动铁心，使驱动杠杆推动单向啮合器，让起动机与飞轮齿轮圈啮合的同时，接通向起动电机供电的电流，处于起动工况，断电后自动回位脱离啮合。

六、点火开关

点火开关用来控制点火系的接通和关闭，俗称电门开关。现代点火开关同时还有防盗、识别等功能。点火开关由外壳、锁、钥匙、转动接触板、弹簧、固定盘接触点及接头组成，将钥匙插入并转动，电路接通起动电路，汽车进入起动工况。松开钥匙，正常运行电路接通，汽车进入正常行驶工况，当要停止发动机时，把钥匙反向转动一个角度，蓄电池与系统断开，发动机停止工作。

现代汽车的起动开关与点火开关已合为一体，用不同的挡位将它们分开，一般有空挡（用于插拔钥匙）、接通照明、正常工作和起动 4 个挡位，有的车还有拔出专用的钥匙挡。起动钥匙具有智能化功能，能够识别是否是本车的正当钥匙，拒绝非正当钥匙起动发动机。同时还能记忆上次熄火时汽车的状态，以利于下次起动时自检汽车状态。

七、电流表

电流表用来指示蓄电池充电或放电状态，有些还能指示电流的强度，串联在蓄电池与发电机调节器之间的线路中。当没有电流流过时指针在"0"位置，充电时指针偏向"＋"，放电时偏向"－"，电流越大，偏转角度越大，表壳面的数字表示电流的大小，单位是安培。现在已广泛采用数字式电流表，结构就简单了。

以上内容在汽车电气控制课程中有详细论述，本书不作进一步介绍，有兴趣的读者请参阅相关书籍。

☆第三节　理论力学是在材料力学基础上发展起来的

一、概　述

前面介绍了人类在生产和生活实践中从对材料安全性的关注开始,逐渐认识了力的概念,并且知道了外力是引起构件(或材料)破坏(不安全)的决定因素,如何准确确定外力就成了工程人员关注的问题。随着生产力的发展,经济性的问题逐渐变成人们关注的问题,人们认识到不能永远停留在用过安全的方法来解决材料安全问题的阶段,特别是经济社会活动的产生,经济利益迅速发展成经营者追求的目标,因此安全性和经济性同时成为工程必须解决的问题,准确计算出外力,避免过安全和不安全两种情况就成了决定经济成果的关键。求外力就是在这种历史条件下的必然产物,牛顿站在诸如伽利略这样的科学巨星们的肩上,担任起了总结前人经验、创建经典力学的历史重任,理论力学就是牛顿经典力学在工程中的具体运用,主要用来解决材料力学中如何求外力的问题,它包括静力学、运动学、动力学3部分。

静力学是研究物体在力系作用下的平衡规律的科学,力系是作用在同一物体上的一组力,力系只有在一定条件下才能成为平衡力系,这个条件称为力系的平衡条件。静力学建立平衡条件的主要方法是力系的简化,所谓力系的简化就是利用简单的力系来代替复杂的力系。通过平衡,由已知的外力和必要的几何条件,求未知外力是理论力学解决问题的基本思路。

运动学是研究物体运动规律的科学,动力学则是把二者联系起来,研究在力的作用下物体运动变化规律的科学。理论力学研究的是力的外效应即力使物体运动发生变化的问题,材料力学是研究力的内效应即力使物体形状发生变化的问题,二者都是研究力,但研究的领域是不一样的。

二、静力学基础

1. 静力学基本概念

(1)刚体的概念:在外力作用下不发生变形的物体称为刚体。理论力学的研究对象是刚体或刚体组。

(2)力的概念。

① 力的定义:力是物体间的相互作用,这种作用会使物体的机械运动状态发生变化并使物体发生变形。

力作用于物体将产生两种效果:一是使物体的机械运动状态发生变化,称为力的外效应;二是使物体产生变形,称为物体的内效应。

② 力的三要素:力的大小、方向和作用点。

③ 力的单位:力的单位是 N 或 kN。

④ 力的矢量表示:力是一个具有大小和方向的矢量。文字符号用黑体字(如 F)代表力矢量,并用同一字母非黑体字代表力的大小。

⑤ 力的广义性:通常把力、力矩和力偶矩看成是广义的力,都可以用矢量表示。力和力矩可以相互平衡,力偶矩只能用力偶矩平衡。

2. 机械平衡的概念

平衡是一个覆盖面很广的概念，物体的机械平衡是指物体相对于地球（或参照系）处于静止、匀速直线运动和作匀角速度转动状态，这3种状态称为惯性状态，均视为平衡。工程中将物体处于惯性运动状态统称为平衡状态。本课程以后所言的平衡未作说明均是指机械平衡，静力学是研究刚体在外力作用下的平衡问题的学科。

3. 静力学公理

公理一　刚体若仅受两力作用而平衡，其充分与必要条件是，此两力必等值、反向、共线。在机械或结构中，凡只受二力作用而处于平衡状态的构件，称为二力构件，简称二力杆。

公理二　在任意一个已知力系上，可随意加上或除去一平衡力系，不会改变原力系对刚体的作用效应。

推理一（力的可传性原理）作用于刚体上的力，可沿其作用线滑移到任何位置，不会改变此力对刚体的作用效应（但对力作用的内效应是有影响的）。

推理二（三力平衡汇交定理）如一刚体在3个共面而又不平行的力作用下处于平衡状态，则此三力的作用线必汇交于一点。

公理三（力的平行四边形法则）作用于物体同一点的两个力可以合成一个合力，合力也作用于该点，其大小和方向由以两分力为邻边所构成的平行四边形的对角线确定，即合力矢等于这两个分力矢的矢量和。

公理四（作用与反作用定律）两物体间的作用力与反作用力必定等值、反向、共线。分别而且同时作用于两个相互作用的物体上。

4. 约束与约束反力

（1）物体的空间位置受到周围物体的限制时，即对自由度的限制，这种限制就称为约束。

① 柔性约束。它对物体只有沿柔索方向的拉力。

② 光滑面约束。约束反力必过接触点沿接触面法向指向被约束物体。

③ 光滑圆柱铰链约束。两构件采用圆柱销所形成的可以产生相互转动的连接。其约束反力必沿圆柱面接触点的公法线方向通过圆销中心。

④ 活动铰链支座约束。在铰链支座下面装上几个辊轴，使它能在支承面上任意移动，称为活动铰链支座。其约束反力必通过铰链中心并与支承面相垂直。

⑤ 固定端约束。如外伸阳台，焊、铆接和用螺栓连接形成的约束，称为固定端约束。

（2）约束反力。约束反力是外力，是由主动外力引起的被动外力，它对运动物体的运动起到限制作用。

三、机构的结构简图、简图及其受力图

用简约画法画出机构上各零件相对位置的图称为结构简图，用简单的线条来表示零件的图称为简图，在简图上除去约束，使对象成为自由体，解除约束后的自由物体称为分离体，表示分离体的图称为分离体图，在分离体图上以约束反力来代替约束称为解除约束原理。在分离体上画上它所受的全部已知力与约束反力，就称为该物体的受力图。

四、平面汇交力系合成的几何法与平衡的几何条件

凡同一物体上各力的作用线均在同一平面内的力系，称为平面力系。在平面力系中，若各力的作用线全部汇交于一点，则称为平面汇交力系。

1. 平面汇交力系的合成

（1）二汇交力合成的三角形法则。

（2）多个汇交力合成的力多边形法则。

2. 平面汇交力系平衡的几何条件

平面汇交力系平衡的必要与充分条件是该力系的合力为零。

（1）受两个力作用的杆件称为二力杆，二力杆如果平衡，两力一定大小相等，方向相反，力的作用线通过杆件的轴线。

（2）受三个力作用的杆件如果平衡，三力作用线一定汇交于一点。

五、平面汇交力系合成的解析法与平衡的解析条件

（1）力在直角坐标轴上的投影。

（2）平面汇交力系合成的解析法。

力系的合力在某轴上的投影等于力系中各力在同轴上投影的代数和。

（3）平面汇交力系的平衡方程及其应用。

物体在平面汇交力系作用下处于平衡状态时，力系中各力在任意直角坐标轴上投影的代数和均为零。

思 考 题

1. 什么叫发动机的起动？阻碍冷机起动的原因有哪些？

2. 起动力矩由哪几部分组成？

3. 起动机主要组成部分有哪些？各有什么作用？要解决的基本问题是什么？

4. 车用起动机为什么普遍采用串激直流电动机？

5. 为什么车用起动机的轴上要有单向离合器？

6. 如何减少起动机的体积和质量，而不影响起动机功率？

7. 电磁操纵式起动机的电磁开关为什么要设计吸引线圈和保持线圈两个线圈？分析只用一个线圈会有什么问题。

8. 理论力学包括哪 3 部分？各自研究什么问题？

9. 力作用于物体将产生哪两种效果？

第十章 润 滑 系

润滑系要解决的基本问题是让每一个需要润滑的运动副都得到充分、有效的润滑，以延长寿命，降低功率消耗，保证设备正常运转。

设备运转中，如果零件与零件摩擦表面之间直接接触，将增大功率消耗、降低机械效率，使零件表面迅速磨损，使设备无法正常运转。为了保证设备正常工作，必须对有相对运动的零件表面加以润滑，即在摩擦表面间覆盖一层薄而均匀的润滑油膜，以减小摩擦阻力，降低功率消耗，减轻机件磨损，延长使用寿命。

第一节 概 述

发动机靠润滑系实现润滑，润滑系将清洁的、压力和温度适宜的机油不断地送往各零件的摩擦表面，有减少零件摩擦和磨损的润滑作用，还有带走零件摩擦面间的金属屑、沙粒、积炭等"磨料"的清洗作用；吸收并带走摩擦表面热量的冷却作用；填充零件间隙与空隙，减少气体泄漏，帮助活塞环加强密封的作用；减缓零件间冲击振动、降低工作噪声和减少零件表面受化学侵蚀等作用。

一、发动机的润滑方式

发动机工作时，由于各运动件的工作条件不同，所要求的润滑强度也不同，因而采取不同的润滑方式。现代汽车发动机多采用压力润滑与飞溅润滑相结合的综合润滑方式。

1. 压力润滑

以一定压力将润滑油输送到零件表面间隙中，形成油膜润滑的方式称为压力润滑。压力润滑主要用于承受载荷和相对运动速度较高的运动副表面，如主轴轴承、连杆轴承、凸轮轴轴承、气门摇臂轴等处。

2. 飞溅润滑

依靠转动零件飞溅起来的油滴润滑运动副的润滑方式称为飞溅润滑。飞溅润滑主要用于外露表面、载荷较轻的运动副表面，如气缸壁、活塞销、凸轮、挺柱、偏心轮、连杆小头等。

3. 润滑脂润滑

汽车上广泛使用了润滑脂润滑，这主要是根据汽车润滑条件与润滑要求设置的。如车轮轴承、减震弹簧、转向机构等不便于用润滑油润滑的部位都采用润滑脂润滑。

二、发动机润滑系的组成

发动机润滑系的组成如图 10.1 所示。为了保证发动机得到正常的润滑，润滑系统应包括：

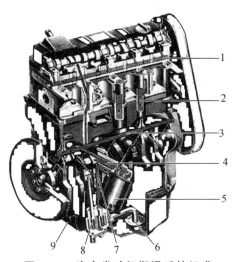

图 10.1　汽车发动机润滑系的组成

1—气缸盖油道；2—回油孔；3—主油道；4—滤清器出油道；5—滤清器；
6—集滤器；7—滤清器进油道；8—润滑油泵；9—油底壳

1. 润滑油储存装置

汽车的润滑油分别储存在发动机油底壳和变速箱油底壳内，干式曲轴箱发动机则设有专用的机油箱，其他局部部位还有自己的润滑油储存装置。

2. 建立油压装置

润滑油泵、密封装置、调压阀构成密封系统，是建立油压的必要条件。

3. 机油引导、输送、分配装置

由部分油管和发动机机体上加工出的油道等组成。

4. 机油滤清装置

由机油集滤器、机油粗滤器和机油细滤器组成。

5. 安全和限压装置

由限压阀、旁通阀等组成。

213

6. 机油冷却装置

发动机靠汽车行驶中迎面空气流流过油底壳表面实现冷却，保持机油油温在正常范围，一些热负荷较高的发动机则专门设有机油散热器，以加强机油的冷却。

7. 检查润滑系工作的装置

由机油压力表或机油压力指示灯、机油温度表、机油标尺等组成。

第二节　润滑系油路

现代汽车发动机润滑油路布置方案以及机油的循环路线大致相同，只是由于润滑系的工作条件和某些具体结构不同而稍有区别。下面以方框图说明机油的循环路线。

图 10.2 所示为汽车发动机润滑系油路，采用综合润滑方式：曲轴主轴颈、凸轮轴轴颈、凸轮轴止推凸缘、正时齿轮副、分电器传动轴等采用压力润滑；活塞、活塞环、活塞销、气缸壁、气门、凸轮等采用飞溅润滑。

发动机工作时，润滑油泵通过机油集滤器从油底壳内吸取机油，这样可以防止大的机械杂质进入润滑油泵。润滑油泵输出的机油分成两路，大部分经机油粗滤器滤去较大的机械杂质后送入主油道用于压力润滑；另一部分（约 10% ~ 15%）经进油限压阀进入机油细滤器，滤去较细的机械杂质和胶质后流回油底壳。机油细滤器与主油道采用并联布置方式。这种方式，虽然每次流经细滤器的油量较少，但机油不断地循环仍可取得良好的滤清效果。实践表明，汽车每行驶 50 km 左右全部机油即能通过细滤器滤清一次。

在机油细滤器上设有进油限压阀，当润滑油泵出油压力低于规定值时，进油限压阀关闭通往细滤器内的油道，润滑油全部进入主油道，以保证正常润滑。

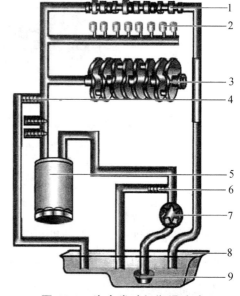

图 10.2　汽车发动机润滑油路

1—配气凸轮轴；2—液压挺柱；3—曲轴；4—回油阀；
5—机油滤清器；6—限压阀；7—润滑油泵；
8—油底壳；9—集滤器

在机油粗滤器上设有旁通阀，若机油粗滤器滤芯被杂质严重淤塞，将使整个润滑油路不通，压力不正常增高，此时旁通阀开启，机油不经过滤清而直接供入主油道，保证发动机的润滑。

进入主油道的机油，经气缸体内部隔离壁上七条并联横油道进入曲轴主轴承，然后经曲轴上斜向油道流入各连杆轴承。气缸体隔离壁上横油道中的部分机油流向凸轮轴的五个轴承，使该处得到润滑。在气缸前后部钻有与凸轮轴二、四轴承相通的直流油道，并通过气缸盖上油道孔与摇臂支座油孔相连，将机油引入前后两个空心的摇臂轴。机油经摇臂轴上的油孔进入摇臂轴承实现润滑。一部分机油经摇臂上部的油孔喷出，润滑摇臂头部、气门杆端、推杆上端。一软油管连接主油道与空气压缩机，一部分机油输送到空气压缩机曲轴中心的油道，润滑压缩机的连杆轴颈，再经回油管流回油底壳。主油道前端留有小孔，安装有润滑油管，润滑正时齿轮副。

发动机运转时，连杆大头高速转动，使机油产生飞溅实现滑缸壁、活塞、活塞销、凸轮等机件的润滑。发动机润滑油泵端盖内设置一柱塞式机油限压阀，用来限制润滑油的压力，在机油细滤器上设置了一个可接机油散热器的开关和旁通安全阀，可通过打开机油散热器开关，使部分机油进入散热器中加快冷却。

某轿车发动机润滑系如图 10.3 所示。该发动机只装设一个全流式纸质滤芯滤清器。发动机工作时，机油经集滤器初步过滤并经润滑油泵加压后进入滤清器，经滤清后流入气缸体主油道，润滑主轴颈和连杆轴颈。活塞顶背面采用喷油冷却。配气驱动机构、中间轴轴颈分别由发动机前边第一条横向油道和从机油滤清器出来的油道流出的机油润滑。由于凸轮轴顶置，在气缸盖上另开有一纵向油道，机油从气缸体主油道经垂直油道进入气缸盖主油道后，一部分通过八条并联的液压挺柱油道流向液压挺柱，另一部分通过五道并联横向斜油道流至凸轮轴轴颈。在气缸盖和气缸体右侧开有回油道，使气缸盖上的机油流回油底壳。

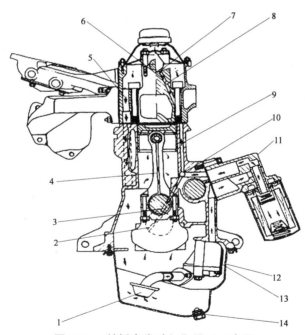

图 10.3　某轿车发动机润滑系示意图

1—机油集滤器；2—曲轴斜油道；3—油道；4—连杆油道；5—回油道；6—气缸盖油道；7—量孔；
8—气缸盖主油道；9—气缸体油道；10—气缸体主油道；11—机油滤清器；
12—油底壳；13—润滑油泵；14—放油螺塞

发动机润滑油路中设有两个机油压力报警传感器，当润滑油路工作油压达不到规定值时，警告灯闪光，提醒驾驶员应停车检查。

汽车上另外两个重要的润滑油润滑部位是变速箱和主减速器。

第三节　润滑系的主要零部件

发动机润滑系的主要部件包括润滑油泵、机油滤清器、机油散热器、机油标尺等，以完成润滑系油压的建立、滤清、散热等任务。

一、润滑油泵

润滑油泵的作用是将机械能转变成润滑油的动能，使润滑油加速，以便机油送入润滑系统，由调压装置建立起一定的压力后输送到各个摩擦表面。

润滑油泵类型很多，汽车发动机常用的润滑油泵有齿轮式润滑油泵和转子式润滑油泵两种。

1. 齿轮式润滑油泵

3 种常见齿轮式润滑油泵结构如图 10.4 所示。

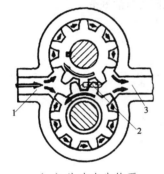　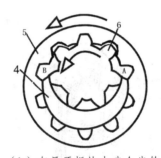　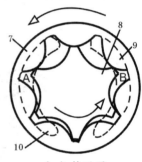

（a）外啮合齿轮泵　　　（b）有月牙板的内啮合齿轮泵　　　（c）转子泵

图 10.4　齿轮式润滑油泵工作原理

1—进油腔；2—卸压槽；3—出油腔；4—月牙板；5—外转子；6—内转子；
7—外转子；8—内转子；A 压油区；B 吸油区

外啮合润滑油泵壳体内装有一对主、从动齿轮。主动齿轮由凸轮轴上的斜齿轮或曲轴前端齿轮驱动，两齿轮与壳体内壁之间的间隙很小。

发动机工作时，齿轮按图示箭头方向旋转，使进油腔产生一定的真空度，机油从进油口被吸入并充满进油腔和两齿之间的空间。由于齿顶与泵壁间间隙很小，机油被封闭，而随主、从动齿轮到达出油腔。润滑油泵转速很快，到达出油腔的机油在离心力的作用下从出油口流出，随着齿轮进入啮合，残留于齿间的机油处于被挤压状态，油压升高，机油便经出油口被不断压出。

尽管绝大部分机油在挤压力的作用下从出油口送出去，由于润滑油泵的高转速，仍有一小部分机油被封闭在啮合齿的齿隙中，产生很高的压力作用在主、从动轴上。这不仅增大了发动机功率消耗，更主要的是加剧了从动齿轮轴与从动齿轮内孔间的磨损。为此，在泵盖上对应啮合处铣出一条卸压槽，如图 10.4 所示，与出油腔相连，以降低机油在啮合齿间的压力。

齿轮式润滑油泵由于结构简单、制造方便、工作可靠，应用最广泛。

汽车发动机润滑油泵安装于发动机曲轴箱内第三道主轴承一侧，浸没在机油中（见图 10.1），油泵的进油口用进油管与机油集滤器相通。

出油腔有两个出口，上部的出口与上曲轴箱的油道及粗滤器的进油口相通，下部的出油口用输油管与机油细滤器相连。分电器与润滑油泵由同一根轴驱动，这根轴是正时三轴之一，可以由曲轴驱动，也可以由凸轮轴驱动。

（1）外啮合齿轮润滑油泵的结构见图 10.5。

（2）汽车润滑油泵的结构与工作过程。

汽车润滑油泵是由泵壳、泵盖、主动轴、从动轴、主动齿轮、从动齿轮、限压阀等零件组成的。主动轴安装在泵壳的轴孔内，壳体出油腔处有一油孔通泵壳轴孔，以润滑主动轴与泵壳轴孔。主动轴下端用半圆键及卡圈装着主动齿轮，轴的上端切槽与分电器润滑油泵驱动轴（俗称过桥）的下端的切扁处啮合。从动齿轮轴压装在泵壳内，从动齿轮则松套在从动轴

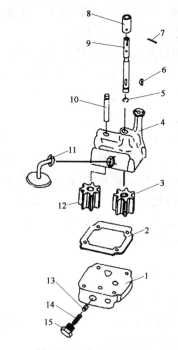

图 10.5　某型号汽车发动机润滑油泵结构

1—泵盖；2—垫片；3—主动齿轮；4—泵体；5—卡环；
6—半圆键；7—半圆头销；8—联轴套；9—主动齿轮轴；
10—从动齿轮轴；11—机油集滤器；12—从动齿轮；
13—柱塞；14—限压阀弹簧

上，可随主动齿轮转动，从动齿轮轴则固定不动。在从动齿轮的齿根有一油孔，引导润滑油润滑从动齿轮轴承。

润滑油泵齿轮与泵壳内壁和泵盖之间的间隙很小，以保证产生必要的油压。泵盖与泵壳的纸质或钢质衬垫，既可以防止漏油，又可以用来调整齿轮端面与泵盖间的间隙。

限压阀装在泵盖上。阀门一端与出油腔相通，另一端与进油腔相连，其工作示意图如图 10.6 所示。

限压阀的作用是将主油道的油压控制在 380 ~ 420 kPa。当出油压力超过 380 kPa 时，油压克服限压弹簧张力，顶开柱塞，部分润滑油由此流回进油腔，以达到泄压的目的。限压阀的柱塞端头开有一个径向环槽，用来储存进入配合表面的磨屑与杂质，以保证柱塞的运动灵活。

（3）润滑油泵调整。

① 装配。按拆卸时的相反顺序进行，在装配时应注意：

a. 安装限压阀前，应检查限压弹簧的张力，是否

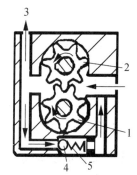

图 10.6　限压阀工作示意图

1—从动齿轮；2—主动齿轮；3—通机油；
4—限压阀；5—限压阀弹簧

符合要求，限压柱塞运动是否灵活。

b. 润滑油泵装合后，应转动灵活，无卡滞现象，转动时无异响。

② 调整。润滑油泵的输出油压可通过改变限压螺塞调整垫的厚度进行调整，增加垫片厚度，油压降低；反之油压增高。

有月牙板的内啮合齿轮式润滑油泵如图 10.7 所示的。这种润滑油泵的机体内腔装有内齿圈，小齿轮的中心线与内齿圈的中心线不同心，啮合后留有一牙型空腔，在该空腔处设有一个月牙形块，将内、外齿分开。小齿轮为主动齿轮，工作时，小齿轮按箭头所示方向旋转，机油从进油口吸入两齿轮轮齿之间，小齿轮各齿之间带入的机油被推向出油口，并随着内外齿间啮合间隙的逐渐减小，使机油加压流入油道。

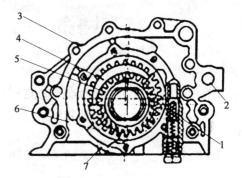

图 10.7　内啮合齿轮式润滑油泵

1—限压阀；2—出油口；3—泵壳；4—月牙形块；
5—小齿轮；6—内齿圈；7—进油口滤清器

2. 转子式润滑油泵

转子式润滑油泵工作原理如图 10.8 所示。主动的内转子和从动的外转子都装在油泵壳体内。内转子固定在主动轴上，外转子在油泵壳体内可自由转动，二者之间有一定的偏心距。当内转子旋转时，带动外转子旋转。转子齿形齿廓设计使转子转到任何角度时，内外转子每个齿总能互相成点接触。这样，内外转子间便形成四个工作腔。由于内外转子的速比大于 1，所以外转子总是慢于内转子，形成了容积的变化。某一工作腔从进油孔转过时，容积增大，产生真空，机油便经进油口吸入。转子继续旋转，当该工作腔与出油孔相通时，容积减小，油压升高，机油经出油孔压出。

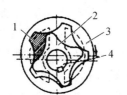

图 10.8　转子式润滑油泵工作原理

1—进油腔；2—内转子；3—外转子；4—主动轴；5—出油腔

转子式润滑油泵结构紧凑，吸油真空度较高，泵油量较大，且供油均匀。当润滑油泵装在曲轴箱外且位置较高时，用此种润滑油泵较合适。

为使润滑油泵的供油量在任何困难的工作条件下都能大于润滑系需要的循环油量，以保证润滑可靠，一般润滑油泵的实际供油量比润滑系的循环油量大 2~3 倍。润滑油泵供给的多余机油通过润滑系中的限压阀直接流回油底壳。

3. 润滑油泵的驱动装置

润滑油泵一定是通过正时传动装置驱动，这是因为润滑太重要了，只要正时传动装置转动，润滑油泵就一定要转动。多数发动机齿轮式润滑油泵是通过凸轮轴上的斜齿轮（顶置凸轮轴发动机则通过中间轴上的传动齿轮）来驱动，如图 10.9 所示发动机润滑油泵的传动装置。驱动轴下端驱动润滑油泵，上端驱动点火系的断电器，如果有分电器则驱动分电器轴固定，多数润滑油泵驱动轴与断电器发生器的轴为同一零件，与凸轮轴上的驱动斜齿轮啮合，当发动机工作时，凸轮轴驱动润滑油泵和断电器同时同轴转动。如果有分电器，则是分电器轴一起转动。

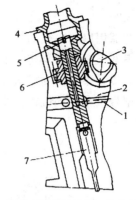

图 10.9　发动机润滑油泵与分电器传动装置

1—润滑油道；2—气缸体；3—凸轮轴；4—分电器轴座；
5—联轴套；6—分电器传动轴；7—润滑油泵驱动轴

二、机油滤清器

机油滤清器的作用是滤除机油中的金属磨屑及胶质等杂质，保持清洁，延长使用期限，保证发动机正常工作。

为了保证滤清效果，一般采用多级滤清。现代汽车常采用集滤器、粗滤器和细滤器，并分别并联或串联在主油道中，这样既能得到较好的滤清效果，又不至于造成很大的流动阻力。与主油道串联的滤清器称为全流式滤清器，与主油道并联的称为分流式滤清器。有的汽车发动机只设集滤器和一个全流式滤清器。

按滤清方式的不同，机油滤清器可分为过滤式和离心式两种。过滤式滤清器按滤芯结构的不同又分为金属网式、片状缝隙式、带状缝隙式、锯末滤芯式和复合式等。

1. 机油集滤器

机油集滤器一般是金属网式的，安装在润滑油泵进油口的前面，以防止较大的机械杂质进入润滑油泵。目前汽车发动机所用的集滤器分为浮式和固定式两种。浮式集滤器的构造如图 10.10 所示。浮子是空心密封的，以便浮在油面上。固定管固定在润滑油泵上，吸油管的一端与浮子焊接，另一端套在固定管中，使浮子能自由地随液面升降。浮子下面装有金属丝滤网，其中间有一圆孔，装配时在滤网弹力作用下，圆孔紧压在罩上，罩与滤网通过罩上的凸爪扣装在浮子体上。

润滑油泵工作时，机油从罩的缺口与滤网间的狭缝吸入，通过滤网时滤去较大的杂质后被吸入润滑油泵（见图 10.10）。当滤网被油污淤塞时，润滑油泵所形成的真空度迫使滤网上升使中间圆孔离开罩，机油便直接从圆孔进入吸油管，保证机油供给不致中断。

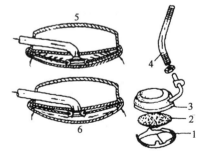

图 10.10　浮式集滤器

1—罩；2—滤网；3—浮筒；4—吸油管；
5—滤网罩；6—滤网被堵

浮式集滤器浮在油底壳油面上，可以适应汽车行驶中由于颠簸而上下浮动的机油油面，同时能吸取油面上层较清洁的机油，但也存在易将油面上的泡沫吸入润滑油泵，导致机油压力降低的缺点。因此，目前很多高速发动机采用了固定式机油集滤器。固定式机油集滤器固定在油面以下，吸入的机油清洁度较差，但可防止泡沫吸入，保证润滑系的可靠工作，且结构也较简单。

2. 机油粗滤器

机油粗滤器用以滤去机油中粒度较大（直径在 0.05 ~ 0.1 mm）的杂质。它对机油流动的阻力较小，串联于润滑油泵与主油道之间，属于全流式滤清器，国产汽车发动机大多采用纸质滤芯。下面以某型号发动机机油粗滤器为例说明其结构。

（1）某型号汽车发动机机油粗滤器的结构见图 10.11

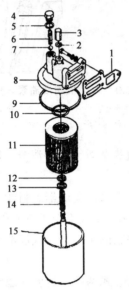

图 10.11　某型号汽车发动机机油粗滤器的拆卸图

1—衬垫；2—密封垫圈；3—丝堵；4—螺帽；5—密封垫圈；
6—旁通阀弹簧；7—旁通阀钢球；8—上盖；9—外壳
密封圈；10—滤芯密封圈；11—机油滤芯；
12—拉杆密封圈；13—压紧弹簧垫圈；
14—滤芯压紧弹簧；15—外壳

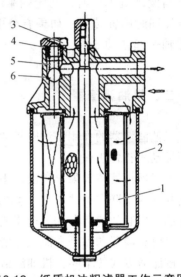

图 10.12　纸质机油粗滤器工作示意图

1—纸质滤芯；2—外壳；3—螺帽；
4—密封垫；5—旁通阀弹簧；
6—旁通球阀

（2）机油粗滤器的结构。滤清器的壳体由上盖和外壳拉杆总成组成。滤芯的内层芯筒由薄铁皮制成，其上加工出许多圆孔。外层由经过酚醛树脂处理的微孔滤纸折叠而成。滤芯用塑料与上下盖板黏合在一起。滤芯只使用一次，装合后两端由环形密封圈密封。机油由上盖上的下孔流入，通过滤芯滤清后，经上盖上的上孔流入主油道，如图 10.12 所示。当滤芯因过脏而堵塞，进出油口压力差达到 150 ~ 180 kPa 时，旁通阀打开，机油直接进入主油道，保证主油道所需的机油量。

3. 机油细滤器

机油细滤器用以清除机油中直径在 0.01 ~ 0.03 mm 的细小杂质。这种滤清器对机油的流动阻力较大，多采用分流式，即与主油道并联，只有约 15% 的机油通过。

机油细滤器有过滤式和离心式两种类型。过滤式滤清阻力大，目前应用渐少，而离心式机油细滤器较好地解决了滤清能力与通过性的矛盾，因此得到广泛的应用。

目前国产汽车发动机多选用按国家标准设计生产的系列化离心式细滤器。下面以某型号发动机机油细滤器为例说明机油细滤器的结构。

（1）某型号发动机机油细滤器结构见图 10.13。

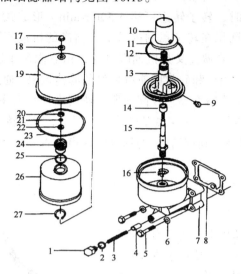

图 10.13　某型号发动机机油细滤器拆卸图

1—螺塞；2—垫圈；3—弹簧；4—柱塞；5—螺栓；6—垫圈；7—底座；8—垫片；9—喷嘴；
10—导流罩；11—密封圈；12—上轴承；13—转子体；14—下轴承；15—转子轴；
16—锁片；17—盖形螺母；18—垫圈；19—外罩；20—六角扁螺母；
21—弹簧垫圈；22—止推垫；23—密封圈；24—紧固螺母；
25—密封垫；26—转子罩；27—弹簧挡圈

（2）转子式机油细滤器的结构。转子式机油细滤器结构如图 10.14 所示，它由底座、转子总成、外罩等部分组成。底座上设有限压阀，带中心孔的转子轴装在底座上，并用锁片锁紧。转子总成通过上下两个转子衬套套在转子轴上，可以自由转动，由扁形螺母作轴向定位，下端装有两个对称布置的喷嘴，导流罩套装在转子体上，由紧固螺母固定，形成一个空腔，通过导流罩、转子体及转子轴上对应的径向油孔与转子轴中心孔相通。整个转子用外罩盖住，并通过盖形螺母和垫片将其固定在底座上。

转子式机油细滤器的工作过程见图 10.14：从润滑油泵来的机油流至进油口处，当机油压力低于 147 kPa 时，进油限压阀中柱塞阀关闭进油通道，此时机油不能进入机油细滤器，机油全部供入主油道，以保证发动机可靠润滑。当进油口压力达到 147～196 kPa 时，在油压作用下，限压阀中柱塞阀右移，滤清器油道连通，机油由转子轴中心孔向上经转子轴、转子体、导流罩上对应的油孔流入转子罩内腔，又经导流罩导流，从两喷

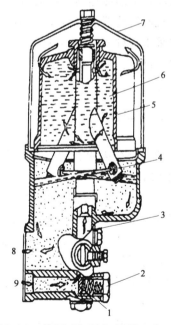

图 10.14　转子式机油细滤器工作示意图

1—进油限压柱塞阀；2—进油限压螺塞；3—中心油道；
4—喷嘴；5—转子总成；6—内腔；7—外壳；
8—通油底壳；9—进油口

221

嘴喷出。高压机油从喷嘴喷出时所产生的喷油推力，驱动转子总成连同体内机油作高速旋转（进油压力为 294 kPa 时，转子转速可达 5 500 r/min）形成强大的离心力，使机油中的机械杂质和胶质不断分离沉积在转子罩的内壁上，洁净的机油不断从喷嘴喷出，并经出油口流回油底壳。转子体上的喷嘴，又是机油限量孔，由它限制了通过细滤器的出油量。

离心式机油细滤器对金属屑和砂粒胶质有良好的滤清效果，通过能力好，不需更换滤芯，只需定期清洗即可。但其制造精度要求较高，所以使用维护时应注意不要直接碰撞、敲击，以免机件变形而使转子运转不灵，失去滤清能力。使用中，判别转子是否旋转正常的方法是，当发动机熄火后由于惯性作用仍应有轻微的嗡嗡转动声，否则应予检修。

三、机油散热器

一些热负荷较大的发动机上，还装有机油散热器，以对机油进行强制冷却，使机油保持在最佳温度（70～90 ℃）范围内工作。

机油散热器有两种形式：风冷式和水冷式。风冷式机油散热器安装在发动机冷却液散热器的前面，利用冷却风扇的风力使机油冷却。图 10.15 所示 为某型号汽车发动机机油散热器。它是管片式结构，和一般的冷却系散热器类似。

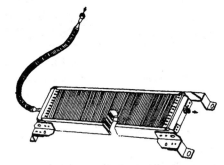

图 10.15　某型号汽车发动机机油散热器

水冷式机油散热器又称为机油冷却器，一般串联在机油粗滤器前，装在发动机冷却液路中，用冷却液的温度来控制机油的温度。柴油发动机多采用这种机油冷却方式。该装置的冷却器芯为管栅式结构，装在发动机缸体左侧冷却液套内。机油在通过冷却器芯时，热量经芯壁与散热片传导给冷却液，然后流进主油道。

四、机油标尺

机油标尺用来检查油底壳中机油的存量，它是一根扁平杆，如图 10.16 所示，插在气缸体油平面检查孔内。标尺的一端刻有 2/4、4/4 的刻线，机油的液面应处于 2/4 与 4/4 范围内，低于 2/4 表示机油不足，将影响润滑效果，甚至引起烧瓦抱轴等机械事故，应及时补充；高于 4/4 表示油面过高，将造成机油激溅加剧，发动机运动阻力增加等，应及时放出过多的机油。

检查机油油面时，应将汽车停于水平位置，有的汽车要求在起动前或发动机熄火一段时间后进行检查，有的汽车要求在发动机运转状况下检查，故要按说明书要求的状态检查才不至于得出错误结论。检查时先拉出机油标尺，擦尽尺上机油，重新插入检查孔内，然后拉出检查油面高度。

新型发动机罩下贴着一对标签提醒在添加油时，不要像通常

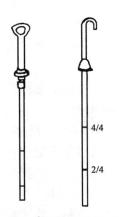

润滑油液面高度应在4/4～2/4
或两刻线标定的范围内

图 10.16　机油标尺

222

那样进行抽出油尺的习惯性动作。这是因为：油尺是位于其中的一个回油管道里，非常靠近二号气缸盖上的颈状加油口，这个气缸盖位于驾驶员一侧。发动机停车后还有剩余曲轴箱压力，当把油尺连同油箱盖一起拔出来的时候，可能会导致机油溢出油尺管外，从而弄脏部件表面和工作环境。

第四节　关于汽车的润滑

前面介绍的润滑系是发动机的润滑系，尚不包括汽车其他部位的润滑，事实上不只是汽车，只要是有相互接触并有相对运动的两个物体，接触面间的润滑都是十分重要的。一台机器要能正常运转，就必须有良好的润滑，润滑是关系到机器寿命的大事，汽车是能运动的机器，润滑当然十分重要，下面简介汽车其他部位润滑常识。

一、摩擦与润滑

两个物体接触面有相对运动时，接触表面就产生抵抗运动的阻力，这个力的方向总是与相对运动（或相对运动的趋势）的方向相反，大小与接触表面的状态、正压力的大小有关，称这个力为摩擦力，在有旋转的地方摩擦力就会产生摩擦力矩。没有摩擦力世界就不能存在，工程中有时要利用摩擦力（摩擦力矩），但在与运动有关的大多数地方摩擦又是有害的，克服摩擦力（力矩）有两个方法，一是使摩擦表面尽可能光滑，二是使用润滑剂。工程上合理、有效地兼用两个办法克服摩擦力。

1. 摩擦状态

有相对运动的两物体表面相互接触，就会有摩擦，由摩擦引起接触表面物质不断减少的现象称为磨损，如图 10.17 所示。摩擦分为干摩擦（摩擦表面无任何润滑剂而直接接触）、液体摩擦（也称为液体润滑，摩擦表面被润滑油隔开，摩擦表面完全不接触），介于二者之间的情况称为边界摩擦（也称为边界润滑，有润滑油存在，但不足以将摩擦表面完全隔开）。干摩擦主要用于靠摩擦传递动力和运动的地方，液体润滑用于高速、大负荷和有良好润滑条件的地方。而边界润滑以其润滑效果不错，设备简单，成本低的优势得到了广泛运用。如果同时有两种或两种以上的摩擦状态存在，就称为混合摩擦状态。

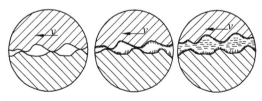

（a）干摩擦　　（b）边界润滑（c）液体润滑

图 10.17　摩擦状态

2. 润滑的 8 大功能

润滑有润滑、密封、冷却、减振、清洗、缓冲、防锈、降耗 8 大功能。

3. 润滑机理

润滑机理的机理是：润滑剂吸附在运动副的运动表面，形成油膜（润滑剂膜）把两个表面隔开，使其不能直接接触，从而改善了运动表面的状态。

4．润滑方式

（1）按润滑介质分：润滑油润滑、润滑脂润滑、固体润滑剂润滑和空气润滑（用于特高速转动场合）。

（2）按润滑方式分：人工定期润滑、润滑杯润滑、自动滴油润滑、喷雾润滑、飞溅润滑、集中供油润滑。

（3）按使用润滑设备分：动压润滑和静压润滑。

润滑的选择要根据摩擦的种类、相对运动速度、工作环境、温度、负荷、密封类型等因素决定，对于汽车，最主要的是严格按使用说明书的规定搞好润滑。

二、汽车上重要的润滑部位和润滑方式

1．汽车上不需要润滑的运动部位

（1）制动器（盘或鼓）与制动片之间。

（2）摩擦离合器的主、从动盘与摩擦片之间。

（3）传动带与带轮之间。

以上这些部位的共同特点是靠摩擦力工作，另外有一些采用特殊新材料的有相对运动的地方，在设计上已经解决了润滑问题，故也不需要再进行润滑。

除了以上少数有相对运动而又不需要润滑的地方外，汽车上绝大多数有相对运动的两部件间均必须按使用说明书的规定保持良好的润滑。

2．汽车上重要的润滑部位及润滑方式

除了发动机外，以下部位是重要的润滑部位。

（1）变速箱内部，润滑油集中润滑和飞溅润滑为主。

（2）主减速器与差速器内部，飞溅润滑为主。

（3）分动器内部，飞溅润滑为主。

（4）除以上部位以外的轴承，如车轮轴承以润滑脂润滑为主。

（5）各减振器、悬挂、铰链、联轴器、花键等，以润滑脂润滑为主。

（6）其他有相对运动又需要润滑的部位。

用车人应仔细阅读汽车的使用说明书，对照要求认真搞好汽车各部位润滑，不要遗漏、超期或使用不合格的润滑剂，对有异响的地方更应加强润滑及其他监护。

☆第五节　理论力学中力的外效应

力对物体的外效应就是改变物体的运动状态，物体的运动状态有相对静止与相对运动之分，运动可分成匀速运动与变速运动，运动方式有移动、转动和平面运动。物体的

移动是力作用的结果，物体的转动是力偶矩作用的结果，平面运动是移动和转动的合成，力矩作用的结果使物体产生即有移动又有转动的效应。

一、力对点之矩

1. 力矩的概念

在力学中以物理量 $F \cdot d$ 及其转向来量度力使物体绕转心 O 转动的效应，这个量称为 F 对 O 点之矩，简称力矩。点 O 称为矩心，距离 d 称为力臂。一般规定逆时针转向为正，顺时针转向为负。

2. 合力矩定理

平面汇交力系的合力，对平面上任一点之矩，等于力系中各力对同点力矩的代数和。

3. 杠杆的平衡原理

具有固定转动中心的刚体有时称为杠杆，杠杆只能转动，不能移动。如在杠杆上作用若干力，则杠杆平衡的充分与必要条件是：这些力对杠杆转动中心力矩的代数和为零。

二、力偶的概念

1. 力偶的定义

作用在同一物体上的一对等值、反向、不共线的平行力组成的力系称为力偶，此二力之间的距离称为力偶臂，力偶对物体作用的外效应是使物体产生纯转动运动或运动趋势。

2. 力偶的三要素

在力学上以力的大小与力偶臂之乘积及其正负号作为量度力偶在其作用面内对物体转动效应的物理量，称为力偶矩，习惯上简称力偶。力偶对物体的转动效应取决于下列三要素：力偶矩的大小、力偶的转向、力偶作用面的方位。

3. 力偶的等效条件

凡三要素相同的力偶，彼此等效，即可以互相置换。

力偶等效的 3 个推论：

（1）力偶可在其作用面内任意移动和转动。

（2）力偶的作用面可以平行移动。

（3）只要保持力偶矩的大小和方向不变，在力偶作用面内，可以同时改变力的大小和力偶臂的长短。

4. 力偶的性质

性质一 力偶对其作用面内任意点的力矩值恒等于此力偶的力偶矩，而和力偶与矩心间的相对位置无关。

性质二 力偶无合力。

性质三 力偶在任何坐标轴上的投影和恒为零。

在保持力偶三要素不变的条件下，力偶可以在力偶作用平面内任意移动；可以改变力偶中力的大小、方向及其力偶臂的大小。

三、力偶系的合成与平衡

1. 力偶系的合成

空间力偶系合成的结果是一合力偶，合力偶矩矢为各分力偶矩矢的矢量和；平面力偶系合成的结果是一合力偶，合力偶矩为各分力偶矩的代数和。

2. 空间力偶系的平衡

空间力偶系平衡的充分与必要条件是：力偶系的合力偶矩矢等于零。

3. 力的平移定理

作用于刚体上的力，均可平移到刚体内任一点，但必须同时增加一个附加力偶，其值等于原力对该点之矩。

力对作用线外的转动中心，有两种作用：一是平移力产生移动作用；二是附加力偶对物体产生旋转效应。

四、平面任意力系

力系中各力的作用线都处于同一平面内，它们既不汇交于一点，相互间也不全部平行，此力系称为平面任意力系。

1. 平面任意力系的简化

按多边形法则把平面任意力系中的各力合成后的合力称为原力系的主矢，主矢向平面内任一点取矩得到的力矩（或是力系中各力对此点取矩后之和）称为该力系对此点的主矩，任意力系可以向任意点简化，这点称为简化中心，一般简化中心的结果是有一主矢和主矩存在，如果主矢和主矩同时为零，则该力系对此点是平衡的，这也是任意力系对某点平衡的充要条件。

2. 平面任意力系的平衡方程及其应用

平面任意力系的平衡方程：平面任意力系对某点平衡的必要与充分条件为，力系的主矢和对该点的主矩都等于零。

平面任意的平衡方程为：

$$\sum F_x = 0 \ , \ \sum F_y = 0 \ , \ \sum M_0(F) = 0$$

3. 平面平行力系的平衡方程及其应用

在工程中还常有平面力系中各力全部相互平行的情况，这种力系称为平面平行力系。

平面平行力系的方程为：

$$\sum F_y = 0 , \quad \sum M_0(F) = 0$$

平面平行力系平衡的充分与必要条件为：力系中各力在与力平行的轴上投影之代数和为零，以及这些力对某一点力矩的代数和为零。

思 考 题

1. 润滑的机理是什么？润滑的作用是什么？有何重要意义？
2. 润滑油润滑有哪些方式？如何决定润滑方式？
3. 汽车发动机润滑系统由哪些主要装置组成？
4. 润滑油泵主要类型有几种？主要作用是什么？
5. 机油滤清器的组成和作用是什么？各自的结构和工作原理是什么？
6. 为什么要设置机油散热器？有何种形式？
7. 如何正确使用机油标尺检查机油油面高度？
8. 润滑有哪 8 大功能？
9. 汽车上有哪些部位不需要润滑？为什么？
10. 力、力矩、力偶矩对物体作用的外效应有什么不一样？
11. 平面任意力系对某点平衡的充要条件是什么？

第十一章 冷 却 系

冷却系要解决的基本问题是使发动机得到适度冷却，以保持在最适宜的温度范围内工作。发动机冷却必须适度，冷却不足，会造成运动件可能因受热膨胀而破坏正常配合间隙，润滑油因受热而失效，各机件也可能因高温致使其机械强度下降。冷却过度，热量散失过多，发动机经济性、动力性下降，机油温度下降，黏度加大，运动件间的摩擦阻力大，磨损加剧。

气缸内可燃混合气燃烧产生的热能约有 30% 做功对外输出，剩余的热量一部分随废气排出缸外，另一部分则被燃烧室壁面、气缸内壁和活塞顶部所吸收。水冷式发动机靠网状冷却液套中冷却液的不断循环来实现对上述部位的冷却，

现代汽车至少采用了以下措施自动实现适度冷却：

（1）利用节温器实现大小循环转换。

（2）利用百叶窗调节通过散热器的空气流量。

（3）调节风扇转速（独立风扇电机或硅油风扇离合器），调节通过散热器的空气流量。

（4）利用散热器盖上的空气阀、蒸气阀及膨胀水箱调节冷却液温度。

随着高科技技术在汽车上运用，新的控制适度冷却的办法还在不断涌现，如电控冷却系统已经运用到现代汽车上，所有调节冷却速度装置的目的只有一个，就是实现精确适度冷却。

第一节 概 述

一、冷却系的组成

1. 发动机冷却系统的两种基本形式

（1）风冷却系。使发动机高温零件热量直接散发到大气中实现冷却的一系列装置。

（2）液体冷却系。使发动机高温零件热量先传导给冷却液，然后再散入大气中而进行冷却的一系列装置。

2. 发动机正常工作温度

车型不同，发动机正常工作的温度也有差异，这是由设计决定的。水冷却的发动机系统，

EQ6100-1型发动机为 80～85 ℃，富康轿车发动机为 89～97 ℃，桑塔纳轿车 JV 型发动机为 90～105 ℃；风冷却系统，铝气缸壁的温度允许为 150～180 ℃，铝气缸盖则为 160～200 ℃。

3. 冷却系统的组成

目前汽车发动机普遍采用强制循环式液体冷却系，利用冷却液泵强制地使冷却液在冷却系中进行循环流动，不断地带走零件表面热量。其一般组成及液体通路如图 11.1 所示。

冷却系主要由以下装置和零件组成：

（1）强制循环冷却液供给装置由散热器、冷却液泵、冷却液套、分液管等组成。

（2）冷却强度调节装置由百叶窗、节温器、风扇等组成。

（3）冷却液温度指示装置由冷却液温度传感器、冷却液温度表和冷却液温警告灯等组成。

散热器装在发动机前面，它下部的出冷却液管与冷却液泵连通；气缸盖出液口装有节温器，通过橡胶软管和散热器上水室连通，构成冷却液循环路线。

发动机冷却系组成及水路如图 11.2 所示。

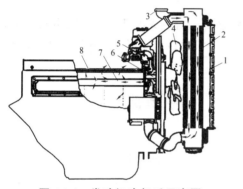

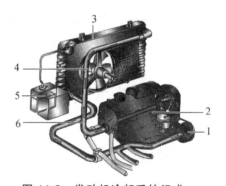

图 11.1　发动机冷却系示意图

1—百叶窗；2—散热器；3—散热器罩；4—风扇；
5—节温器；6—冷却液泵；7—分液管；8—冷却液套

图 11.2　发动机冷却系的组成

1—冷却液泵；2—冷却液；3—散热器；
4—风扇；5—储水箱；6—冷却液管

二、冷却系的工作原理

冷却液泵将冷却液吸入并给冷却液加速，使之经分液管流入发动机气缸体冷却液套。冷却液从气缸壁吸收热量，温度升高，继而流到气缸盖冷却液套，再次受热升温后沿冷却液管流入散热器内。由于有风扇的强力抽吸，外部气流由前向后以高速从散热器中通过。因而受热后的冷却液在流经散热器的过程中，热量不断地散到大气中去，本身得到冷却。冷却了的液流到散热器的底部后，又在冷却液泵的作用下，经冷却液管再次流入冷却液套，如此不断地循环，使发动机中在高温条件下工作的零件不断地得到冷却。

在一些车辆上装用的暖风装置，是利用冷却液带出的热量向车内送暖气，达到取暖的目的。为提高燃油汽化程度，还可以利用冷却液的热量对进入进气管道内的混合气进行预热。如图 11.3 所示为发动机冷却系冷却液循环路线图，从发动机冷却液套吸收热量后的冷却液，一部分直接流回散热器进行冷却，另一部分从气缸体冷却液套流至混合气预热通道对混合气进行预热后流回冷却液泵。需取暖时，打开暖气控制阀，从气缸体冷却液套流出的部分冷却液又可流入暖风热交换器供暖，然后流回冷却液泵。

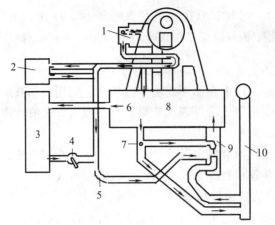

图 11.3　发动机冷却液循环路线图

1—自动阻风门；2—ATF 散热器；3—暖气；4—暖气阀门；5—冷却液管路；6—气缸盖；
7—三通热敏开关；8—气缸体；9—冷却液泵和节温器；10—散热器

　　液体冷却系具有冷却均匀可靠，使发动机结构紧凑、制造成本低、工作噪声和热应力小等优点，因而得到广泛应用。但它也存在结构复杂，工作中易出现漏水、冻裂等故障的缺点。

第二节　液体冷却系的主要零部件

一、散热器

1. 散热器的作用

　　将冷却液所含的热量散发给周围的空气，使冷却液迅速得到冷却，以保持发动机的正常水温。

2. 散热器的分类

　　按散热器的水流方向可将散热器分为下流式散热器和横流式散热器，也有按散热器冷却管的布置形式进行分类的，即单列冷却管和双列冷却管，如图 11.4 所示。双列冷却管散热器能在有限的空间尺寸内获得最大的冷却效果，所以在轿车上获得了广泛的应用。

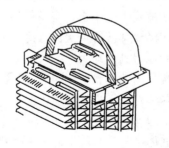
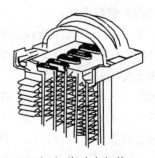

（a）双列冷却管　　　　　　　　　（b）单列冷却管

图 11.4　单列冷却管与双列冷却管

3. 散热器的结构

散热器的结构如图 11.5 所示，其主要组成部分为上储水室、下储水室和散热器芯。上储水室顶部有加水口，平时用散热器盖盖住，冷却液由此注入整个冷却系。在上下储水室上分别装有进水软管和出水软管，它们分别与发动机气缸盖上出冷却液管和冷却液泵的进冷却液管相连接。由发动机气缸盖上出冷却液管流出的温度较高的热水经过进水软管进入上储水室，经冷却管冷却后流入下储水室，由出水软管流出被吸入冷却液泵。在下储水室中一般还装有放水阀。

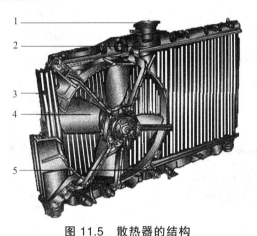

图 11.5　散热器的结构

1—散热器盖；2—上储水室；3—散热器芯；4—风扇；5—下储水室

（1）散热器芯的结构形式。散热器芯的结构形式有多种。如图 11.6（a）所示为管片式散热器，它由许多冷却管和散热片组成，冷却管大多采用扁圆形断面，散热面积较大。

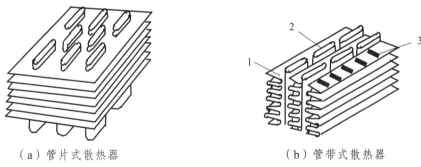

（a）管片式散热器　　　　　　　（b）管带式散热器

图 11.6　散热器形式示意图

1—散热带；2—冷却管；3—缝孔

图 11.6（b）所示为管带式散热器芯示意图，波纹状的散热带与冷却管相间排列。在散热带上沿气流方向切有缝孔，以破坏空气流在散热带表面的附面层，提高散热能力。这种散热器芯与管片式相比，散热能力较高，制造工艺简单，质量轻，成本低，一般在使用条件较好的轿车上得到广泛采用，有些中型汽车也装有这种散热器。

对散热器的要求，必须有足够的散热面积，而且所用材料导热性要好。为此，散热器芯一般用黄铜或紫铜制造。为了节省铜，有些国产汽车发动机，其散热器芯的散热片已改用铝锌带材制成，而冷却管使用黄铜制造。

（2）散热器盖。冷却系中的散热器盖对冷却系有着密封加压作用。严格地说，轿车发动机的冷却系统是一个密封加压式的冷却循环系统，可将冷却液的沸点温度提高到120℃左右，同时也防止了冷却液的蒸发散失。目前，汽车多采用封闭式水冷系的散热器盖，其结构及工作原理如图11.7所示。它具有自动阀门，即空气阀和蒸汽阀。发动机热状态正常时，阀门关闭，将冷却液与大气隔开，防止水蒸气逸出，使冷却系内压力稍高于大气压力，可提高冷却液的沸点。在冷却系内压力过高或过低时，自动阀门则开启以使冷却系与大气相通。

当散热器中压力升高到一定数值（一般为0.2~0.37 MPa），蒸汽阀便开启而使水蒸气顺管排出，如图11.7（b）所示。当水温下降，冷却系中产生的真空度达一定数值（一般为0.01~0.02 MPa），空气阀即开启，空气从管进入冷却系，如图11.7（a）所示，以防止冷却液管及储水室被大气压瘪。

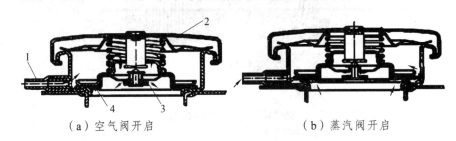

（a）空气阀开启　　　　　　　　　（b）蒸汽阀开启

图11.7　散热器盖

1—蒸汽排出管；2—散热器盖；3—空气阀；4—蒸汽阀

在发动机热状态下开启散热器盖时，应缓慢旋开，使冷却系内压力逐渐降低，以免被喷出的热水烫伤。

4. 膨胀水箱

现代汽车发动机的冷却系采用了自动补偿封闭式散热器，其中加注防锈防冻液。结构特点是在散热器的左侧增设了膨胀水箱（亦称副水箱），用橡胶软管与散热器加水口座的出气口相连接，如图11.8所示。

膨胀水箱的作用是减少冷却系冷却液的溢失。当冷却液热膨胀后，散热器内多余的冷却液流入膨胀水箱；当温度降低后，散热器内产生一定的真空度，膨胀水箱中的冷却液又被吸回散热器内，因此冷却液损失很少。膨胀水箱上印有两条液面高度标记线"DI"和"GAO"（或"min"与"max"），正常液面高度应不低于"DI"（或"min"）线，也不应超过"GAO"（或"max"）线。

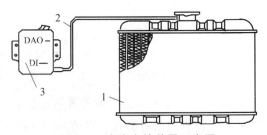

图11.8　膨胀水箱装置示意图

1—散热器；2—橡胶软管；3—膨胀水箱

膨胀水箱内装有液位自动报警装置。

汽车冷却系膨胀水箱的安装示意图如图11.9所示。

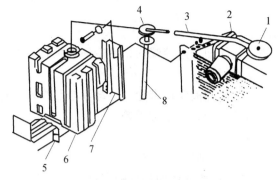

图 11.9　膨胀水箱安装示意图

1—散热器盖；2—散热器；3—蒸汽引入管；4—膨胀水箱盖；5—托板；
6—膨胀水箱箱体；7—连接板；8—蒸汽冷凝管

　　膨胀水箱是由塑料制成的箱体、钢板冲压成的连接板、托板、塑料盖、橡胶密封垫组成，安装在散热器框架后的上部。

二、水　泵

　　冷却液泵的作用是对冷却液加压，使之在冷却系中加速循环流动。目前汽车发动机上，绝大多数使用离心式冷却液泵。

　　1. 发动机冷却液泵的结构、拆卸和装配

　　图 11.10 是某车型发动机冷却液泵总成图。

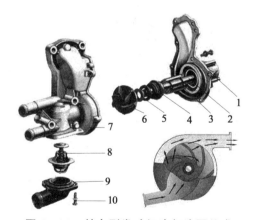

图 11.10　某车型发动机冷却液泵总成

1—外壳；2—冷却液泵轴；3—轴承；4—水封碗；5—挡水圈；
6—叶轮；7—冷却液泵外壳；8—节温器；
9—节温器罩；10—紧固螺钉

　　（1）结构。它主要由冷却液泵壳体、叶轮、轴承、轴、带轮、水封总成、密封垫等组成。

　　冷却液泵的结构特点是装有密封式轴承，在正常工作下，不需维护，节温器装在冷却液泵壳体内。

233

（2）拆卸。

① 排空冷却系内的冷却液。

② 拆下冷却液泵壳体与缸体间的连接螺栓，使冷却液泵壳与冷却液泵轴承壳分开。

③ 拆下冷却液泵叶轮及水封总成。

④ 拆下内六角螺栓，取下冷却液泵皮带轮、冷却液泵凸缘及冷却液泵轴卡环。

⑤ 从冷却液泵叶轮方向压出冷却液泵轴承等。

⑥ 拆下节温器盖，取出节温器。

冷却液泵拆卸后对各个零件分别进行检修。

（3）装配。冷却液泵的装复可按解体的相反顺序进行。皮带轮紧固螺栓、冷却液泵壳与冷却液泵轴承壳连接螺栓、冷却液泵与缸体间的连接螺栓均应以 20 N·m 的力矩拧紧，节温器盖与冷却液泵壳连接螺栓应以 10 N·m 的力矩拧紧。

2. 某型号汽车发动机冷却液泵

图 11.11 是某型号汽车发动机冷却液泵分解图。

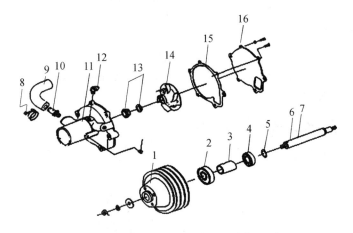

图 11.11　某型号汽车发动机冷却液泵分解图

1—皮带轮；2、4—球轴承；3—隔套；5—弹性挡圈；6—半圆键；7—冷却液泵轴；8—环箍；
9—软管；10—管接头；11—冷却液泵体；12—滑脂嘴；13—水封总成；
14—叶轮；15—密封垫片；16—冷却液泵盖板

结构：主要由皮带轮、冷却液泵轴、轴承、冷却液泵壳体、冷却液泵盖板、叶轮、水封总成、密封垫片、滑脂嘴等组成。

3. 冷却液泵的工作原理

离心式冷却液泵工作原理如图 11.12 所示。当冷却液泵工作时，曲轴皮带轮通过风扇皮带带动风扇皮带轮，从而带动冷却液泵叶轮转动，冷却液泵中的水被叶轮带动一起旋转，并在本身的离心力作用下，向叶轮的边缘甩出，然后经外壳上与叶轮成切线方向的出

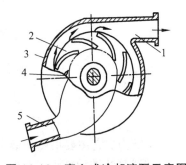

图 11.12　离心式冷却液泵示意图

1—出冷却液管；2—叶轮；3—冷却液泵壳体；
4—冷却液泵；5—进冷却液管

冷却液管被压送到发动机冷却液套内。与此同时，叶轮中心处压力降低，散热器的水便经进冷却液管被吸进叶轮中心处。

离心式冷却液泵被广泛采用，是因为其结构简单、尺寸小而排量大，并且当冷却液泵由于故障而停止工作时，并不妨碍水在冷却系内的自然循环。

三、风　扇

1. 风扇的作用

促进散热器的通风，提高散热器的热交换能力，如图11.13所示。风扇通常安装在散热器后面，风扇的位置应尽可能对准散热器芯的中心。

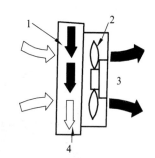

图 11.13　风扇的作用示意图

1—热的冷却液；2—冷却风扇；
3—吸收了冷却液热量的空气；
4—被冷却的冷却液

2. 风扇结构

风扇由叶片和连接板组成，如图11.14所示。风扇的扇风量主要与风扇的直径、转速、叶片形状、叶片安装角及叶片数目有关。

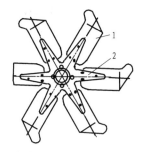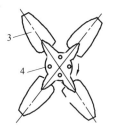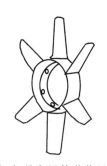

（a）叶尖前弯的风扇　　（b）尖窄根宽的风扇　（c）尼龙压铸整体风扇

图 11.14　风扇结构及形式

1、3—叶片；2、4—连接板

汽车用的水冷发动机大多数采用螺旋桨式风扇，其叶片多用薄钢板冲压制成，横断面多为弧形，也可以用塑料或铝合金铸成，断面成翼形。风扇叶片的数量通常为4～7片，叶片之间的夹角一般不相等，以减少叶片旋转时的振动和噪声。

为了提高风扇的效率，可以在风扇外围装设一个护风罩，使通过散热器芯的气流分布得更均匀，且集中穿过风扇，减少空气回流现象。

3. 风扇皮带张紧装置

老式汽车的冷却风扇由曲轴皮带轮通过三角皮带驱动，如图11.15所示，优点是结构简单，缺点是不便调节。皮带的张紧度是可以调节的。皮带过松，将引起皮带相对皮带轮打滑，使风扇的扇风量减少，皮带过紧，将增加风扇轴承磨损。因此要求皮带必须保持一定的张紧度，一般用大拇指以一定的力，按下皮带时产生10～15 mm的挠度为宜，如图11.15所示。现代汽车都采用单独的电动风扇实现对散热器的冷却。

4. 控制风扇转速

发动机在工作过程中，根据冷却液温度的变化对风扇的工作状态有不同的要求。在天气寒冷时，或汽车高速行驶时，不需要冷却风扇。当水温过高时，为了增强散热器的散热能力，必须使风扇高速运转。因此，必须采用一定的措施来控制风扇的转速。

控制风扇转速的方法有两种：一种是利用电动风扇控制风扇转速方式；另一种是利用硅油风扇离合器控制风扇转速方式。

（1）电动风扇。电动风扇系统由水温传感器、风扇电机、控制系统组成。根据冷却液的温度情况，控制风扇工作的时间和转速，如图 11.16 所示。

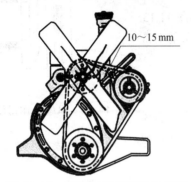

图 11.15　汽车风扇皮带张紧装置

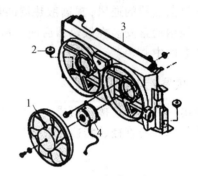

图 11.16　电动风扇

1—风扇；2—橡胶套环；3—护风罩；4—风扇电机

风扇由温度控制系统控制，当发动机冷却液温度达到 92 ℃ 时，温控双速冷却风扇开始以低速运转；当发动机冷却温度达到 97 ~ 101 ℃ 时，控制系统接通风扇电机高速挡，风扇以高速运转；当发动机水温降至 92 ~ 97 ℃ 时，又恢复低速挡；温度低于 92 ℃ 时，风扇电机停止运转，气流自然通过散热器。

（2）硅油风扇离合器。在风扇和风扇皮带轮之间布置一个硅油离合器，利用冷却液温度传感器控制硅油的流路，从而改变硅油离合器的输出转速。当发动机在小负荷下工作时，冷却液和通过散热器的气流温度不高，离合器处于分离状态，风扇的转速低于风扇皮带轮的转速；当发动机负荷增加，散热器中冷却液温度升高时，通过散热器的气流温度较高，离合器处于接合状态，风扇转速迅速升高。

四、节温器

1. 节温器的作用

节温器的作用是随发动机冷却系水温变化自动控制通过散热器的冷却液流量，以调节冷却系的冷却强度，目前汽车广泛采用蜡式节温器。

节温器装在气缸盖上出水口处，也的车型安装在冷却液泵外壳上的进水口位置。

2. 节温器的检查

检查节温器：注意事项，先要确认节温器所属类型，观察节温器工作情况。某型号汽车发动机装用的蜡式节温器，其主阀门初开温度为（76±2）℃，全开温度为（86±3）℃。观察步骤如下：

① 先在常温下观察节温器主阀门和副阀门的开、闭情况（主阀门关、副阀门开）。

② 将节温器缓慢地浸入水中并加热，注意在不同温度状态下主阀门与副阀门的变化（见图 11.17）。

③ 如果阀门在特定的温度范围不打开，应更换节温器。

上海桑塔纳轿车发动机水温上升到（87±2）℃时，节温器主阀门应开始开启，温度上升到（102±3）℃时，节温器主阀门应完全开启，且升程不小于 7 mm。

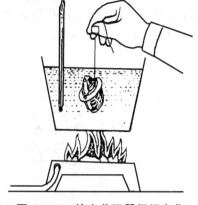

图 11.17　检查节温器阀门变化

3. 节温器的结构与工作原理

1）大循环与小循环

发动机装有节温器，如图 11.18（a）所示，当水温达到一定时，节温器 8 的主阀打开，副阀关闭，冷却液向下经散热器 1 才能返回冷却液泵 7，再进入发动机，冷却强度较大，这就是常说的大循环；温度低于某值时，如图 11.18（b）所示节温器 8 的主阀关闭，副阀打开，冷却液从发动机出来，不进入散热器 1，向上经冷却液泵 7 返回发动机参加冷却，冷却强度低，这就是小循环，这样就达到了调节冷却强度的目的。加热进气管道支路和取暖支路分别由电控阀 4 和手控阀（高档车上也可电控）5 控制，一经打开，总保持小循环，以提高它们的取热强度。

2）节温器的结构

节温器结构如图 11.19 所示，它主要由阀架、主阀门、活塞杆、石蜡、副阀门、节温器活塞缸（外壳）、弹簧组成。实际节温器中是靠一个有弹性的胶管担任活塞缸的功能，本书将其简化成一个活塞缸，有利于读者理解。

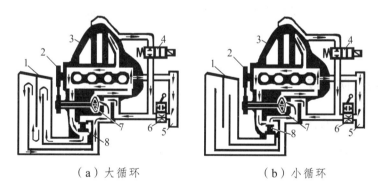

（a）大循环　　　　　　　　　　（b）小循环

图 11.18　发动机冷却系统大循环与小循环示意图

1—散热器；2—曲轴带轮；3—进气歧管；4—冷起动进气管加热阀；5—取暖加热器；
6—暖气控制阀；7—冷却液泵叶轮；8—节温器

3）节温器工作原理

如图 11.20（a）所示，常温时，石蜡收缩，活塞杆退回，弹簧将主阀压到阀架的密封口上，关闭大循环的通道，同时，副阀退回，小循环通道打开；当温度升高，如图 11.20（b）

237

所示，石蜡受热熔化，体积膨胀迫使活塞杆下移，顶在阀架中心不能继续下移，反推动活塞缸（外壳）克服弹力的作用而向上运动，在关闭副阀的同时，打开主阀，即关闭小循环通道的同时，打开大循环通道，冷却液向下流经散热器完成大循环。

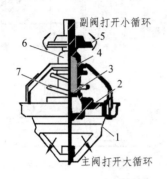

图 11.19　石蜡式节温器
1—阀架；2—主阀门；3—活塞杆；4—石蜡；5—副阀门；
6—节温器活塞缸（外壳）；7—弹簧

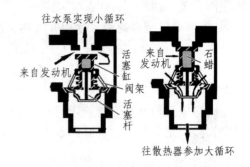

图 11.20　石蜡式节温器工作原理示意图

蜡式节温器在使用中如果失效，主阀门在弹簧作用下处于关闭状态，冷却系只有小循环，致使发动机温度迅速上升而过热，此时应及时更换节温器，使用中不允许拆除节温器。

五、百叶窗

汽车发动机在散热器前面安装百叶窗（参见图 11.1）。百叶窗由许多活动叶片组成，改变百叶窗的开度，可以调节通过散热器的空气流量，以达到调节冷却系冷却强度的目的。当冷却液温度过低时，可将百叶窗部分或完全关闭，以减少流过散热器的空气流量，使冷却液温度回升，现代发动机由调温系统自动控制百叶窗的开度，老式汽车驾驶员通过装在驾驶室内的手柄来操纵。

六、冷却液与防冻液

1. 冷却液的选择与软化处理

冷却液要使用软水，以免在冷却液套中产生水垢，减低气缸体、气缸盖传热效果，发动机容易过热。

如果只有硬水，需要经过软化后，方可注入冷却系中使用。硬水软化的常用方法是：在 1 L 水中加入 0.5～1.5 g 碳酸钠或 0.5～0.8 g 氢氧化钠。临时加用了硬水，应及时彻底更换。

2. 防冻液

当气温下降到 0 ℃ 以下，冷却液会结冰。对于无保温措施且停止工作的汽油机、柴油机来说，机体内的水凝结成冰后体积发生膨胀，会撑裂机体、缸盖、散热器等，因此必

238

须采取防冻措施。方法有：给车辆保温，如设置暖车库等；在停车时放掉发动机的冷却液；在冷却液中加防冻剂，降低水的凝固点等。

在冷却液中加入防冻剂配成防冻液，防冻液有酒精-水型、甘油-水型和乙二醇-水型3种，它们与水的配比不同，结冰点也不同。

由于防冻液具有随温度升高体积增大的特点，所以在加入冷却系统时，加入量应比冷却系统的总容量少5%~6%。

发动机上广泛使用既有防冻作用又有防锈作用的防锈防冻液，如F35防锈防冻液，它可防止散热器和冷却液套的锈蚀，减少水垢，提高散热器的使用寿命和冷却系的散热性能。

3. 冷却液的添注与排放

排放冷却液时，应先将暖气开关拨至"Warm"（热）的位置，使暖气阀全开，然后拧开冷却液泵进水口软管的夹箍，拔下冷却液橡胶弯管，放出全部冷却液，冷却液中有G11添加剂，放出后应予以收集，以便再次使用。

冷却液面低于膨胀水箱"min"（最低）液面标记时，应及时进行添加。添加冷却液时，应先将暖气开关拨至"Warm"（热）位置，再拧开膨胀水箱盖进行添加，使液面达到"max"（最高）标记处。然后，拧紧膨胀水箱盖，起动发动机运转至风扇转动，再关闭发动机，检查液面高度，必要时应进行再次添加，直至液面达到最高标记处。

冷却液有毒，排放及添加时，必须防止进入口中，特别要防止小孩接触冷却液。

第三节 风冷却系简介

风冷却系利用高速空气直接吹过气缸盖和气缸体的外表面，将热量散到大气中去，保证发动机在合适的温度范围工作，图11.21是4缸发动机风冷却系示意图。

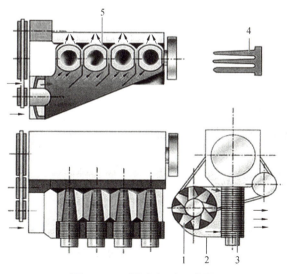

图 11.21 风冷却系示意图

1—风扇；2—导流罩；3—散热片；4—分流板；5—气缸导流罩

为保证有足够的散热面积，气缸体、气缸盖上布满了散热片，散热片与气缸体或气缸盖铸成一体，形状如图 11.21 所示，为了便于制造，风冷发动机的气缸和气缸盖分别铸出，然后装配到曲轴箱上。

发动机最热的部分是气缸盖，为了加强冷却，现代风冷发动机气缸盖都用导热性能良好的铝合金铸造。

为了更有效地利用空气流加强冷却，特别是对气缸背风面的冷却，装有导流罩，设有分流板，以保证各缸冷却均匀。

V 型风冷发动机，风扇装在发动机前方中间位置，靠导流罩将气流分别引向左右两列气缸表面；采用两个风扇，就分别装在左右两列气缸前端。

风冷系与水冷系比较，结构简单，使用和维修方便；由于发动机与空气之间温差较大，故风冷系的散热能力对气温变化不敏感。但风冷系存在冷却不够可靠，消耗功率大和噪声大等缺点，风冷却主要用于需要整车质量轻便的场合，如摩托车，或缺水的地方如沙漠机械。

☆第四节　理论力学对摩擦的认识

理论力学在不考虑摩擦时认为摩擦力为零，在要考虑摩擦时将摩擦作以下分类：
（1）按物体接触部分可能存在的相对运动形式，分为滑动摩擦与滚动摩擦。
（2）按两接触物体之间是否发生相对运动，分为静摩擦和动摩擦。
（3）按接触面间是否有润滑，分为干摩擦和湿摩擦。
（4）摩擦力可以是阻力，也可以是驱动力。

一、滑动摩擦

两个相互接触的物体，发生相对滑动，或存在相对滑动趋势时，彼此之间就有阻碍滑动的力存在，此力称为滑动摩擦力，摩擦分为静滑动摩擦与动滑动摩擦。

1. 静滑动摩擦

两个相互接触的物体，有相对滑动的趋势时，彼此相互作用着阻碍相对滑动的阻力，称为静滑动摩擦力。临界摩擦力 F_m 的近似值为：$F_m = f \cdot N$，即临界摩擦力的值与两物体间的正压力成正比。静滑动摩擦力的三要素：大小、方向和作用点。

2. 动滑动摩擦

动滑动摩擦与接触面间的正压力成正比。

动、静摩擦力相比，有两点显著不同，一是动摩擦力一般小于临界静摩擦力，二是静摩擦力的大小要由物体的平衡条件来确定。动摩擦力的三要素：大小、方向和作用点。

二、有摩擦平衡问题的解法——解析法

（1）在受力图上要考虑摩擦力的存在。

（2）如果摩擦力是一项未知力，解题时，除列出物体的平衡方程外，还要增加一个有关摩擦力的补充方程。

三、摩擦角的概念及自锁

如图 11.22 所示，物体在推力 F_t 和重力 W 的作用下，会产生摩擦力 F_f，摩擦力 F_f 与接触面法向约束反力 F_n 的合力 F 称为全反力，全反力 F 与接触面法向约束反力 F_n 之间最大偏角称为摩擦角 Φ_m，以摩擦角 Φ_m 为锥角的锥体，称为摩擦锥。

主动推力如果作用在摩擦锥内，则约束面必产生一个等值、反向、共线的全反力与主动力构成平衡，且不论主动力的值增加到多大，都不会使物体滑动，这个现象称为自锁。

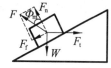

图 11.22　摩擦角

四、考虑摩擦时平衡问题的解法——几何法

（1）采用几何法解题时，应将接触面上的法向约束反力改为包括摩擦力在内的全反力。如物体处于平衡状态，全反力必须满足以下条件：

① 全反力必须满足物体平衡的必要条件。

② 若全反力与其作用点处法向之夹角为 α，则必须满足 $\alpha < \Phi_m$ 的条件。

（2）考虑摩擦时平衡问题的解题特点：

① 受力分析中包括主动力、约束反力和摩擦力，摩擦力方向须与滑动趋势的方向相反。

② 要严格分析物体所处的运动状态，运动状态决定了摩擦力的大小和性质。

③ 由于静摩擦力可在零与最大值之间变化，问题的答案往往在一个范围内，这个范围的极限就是最大静摩擦力，它是运动与静止的分界线。

五、滚动摩擦简介

当某个物体滚动时，约束面对物体滚动的阻力矩，称为滚动摩擦力偶矩。滚动摩擦力偶矩的最大值与法向反力的大小成正比。

思　考　题

1. 发动机冷却系的作用是什么？

2. 冷却系由哪几部分组成？各部分的作用是什么？

3. 冷却液的循环路线有哪些？循环路线与冷却液温度有什么关系？

4. 冷却液泵的结构是怎样的？水封的形式有哪几种？

5. 节温器的作用与工作过程是怎样的？

6. 风扇离合器的类型有几种？结构及工作原理是怎样的？

7. 风冷系的组成及工作原理是怎样的？

8. 水冷系的冷却强度为什么要调节？调节装置有几个？各自的工作原理是什么？

9. 分析发动机冷却液开锅故障的原因是什么？

10. 水冷系的节温器是否可以摘除，为什么？

11. 节温器中的石蜡漏失，发动机会出现什么故障？

12. 为什么冷却系中要使用合格冷却液？为什么不是紧急情况不要用自然水作冷却液？

13. 散热器的作用有哪些？对其有什么要求？

14. 为什么散热器内压力过高、过低都不利？用哪类部件既能保证散热器密封，又保证压力适当？

15. 冷却强度的调节方法有哪几种？

16. 为什么必须对发动机进行冷却？如果不进行冷却，气缸内气体温度最高可达多少？

17. 摩擦力是如何分类的？

18. 在考虑摩擦和不考虑摩擦两种情况下，解题的思路有何区别？

第十二章　柴油机燃料供给系

　　柴油发动机（diesel engine）的工作过程跟汽油发动机是一样的，每个工作循环也经历进气、压缩、做功、排气 4 个行程。但柴油机用的燃料是柴油，黏度比汽油大，不易蒸发，由于柴油的燃点为 220 ℃（汽油燃点为 427 ℃），故可借助缸内空气的高温自行点火燃烧。由此决定了柴油机供给系的组成、构造及其工作原理与汽油机供给系有较大的区别，由此引起可燃混合气的形成及点火方式也与汽油机不同。柴油机在进气行程中吸入的是纯空气，在压缩行程接近终了时，柴油经喷油泵将油压提高到 10 MPa 以上，通过喷油器喷入气缸，在很短时间内与压缩后的高温空气混合，形成可燃混合气。由于柴油机压缩比高（一般为 15～22），所以压缩终了时气缸内空气压力可达 3.5～4.5 MPa，同时温度高达 480～730 ℃（汽油机在此时的混合气压力会为 0.6～1.2 MPa，温度达 330～430 ℃），大大超过柴油的自燃温度。因此，柴油在喷入气缸后，在很短时间内与空气混合便立即自行发火燃烧。气缸内的气压急速上升到 6～9 MPa，温度也升到 1 730～2 230 ℃。在高温、高压气体推动下，活塞向下运动并带动曲轴旋转做功，废气同样经排气管排入大气中。

　　普通柴油机由曲轴驱动的高压油泵一泵一缸（直列泵），或一泵数缸（分配泵），纯机械控制式直接将高压柴油输送到各缸的喷油器，喷进燃烧室，这种供油方式由于缺乏电子控制，喷油正时不能调整，供油量随发动机转速的变化而变化，无法实现各种转速下均提供最佳供油量的理想状态。

　　电控柴油机的共轨喷射式系统较好地解决了这个问题。

　　共轨喷射式供油系统由高压油泵、公共供油管（俗称共轨）、喷油器、电控单元（ECU）和管道压力传感器组成，系统中的每个喷油器不再直接与高压燃油泵连接，而是通过各自的高压油管与公共供油管相连，公共供油管对喷油器起到蓄压器作用。工作时，高压油泵、压力传感器和 ECU 组成闭环控制单元，高压油泵将高压燃油输送到公共供油管，对公共供油管内的油压实现精确控制，各喷油器在电子控制阀的控制下，按 ECU 给定的脉冲宽度向缸内喷油，这样就彻底改变了供油量随发动机转速变化的弊病,共轨喷射系统主要有以下 3 个方面特点：

　　（1）喷油正时与燃油计量完全分开，喷油压力和喷油过程由 ECU 适时控制。

　　（2）可依据发动机工作状况去调整各缸喷油压力，喷油始点、持续时间，从而追求喷油的最佳控制点。

　　（3）能实现很高的喷油压力，并能实现柴油的预喷射。

　　与汽油机相比，柴油机具有燃油消耗率低（平均比汽油机低 30%），柴油价格较低，所以燃油经济性较好；柴油机的转速一般比汽油机低，转矩比汽油机大，质量大、工作时噪声大，制造和维护费用高，排放比汽油机差，故柴油机多用于工程机械。

　　随着现代柴油发动机技术的完善，柴油机的这些缺点正逐渐被克服，优点更加突出，现在高级轿车已经开始使用柴油发动机了。

第一节 概　述

一、柴油机燃料供给系的作用与组成

1. 柴油机燃料供给系的作用

柴油机燃料供给系（diesel engine fuel system）的作用是储存、滤清柴油，并按柴油机不同的工况要求，以规定的工作顺序，定时、定量、定压并以一定的喷油质量将柴油喷入燃烧室，使其与空气迅速混合并燃烧，最后将燃烧后的废气排入大气。

2. 传统柴油机燃料供给系的组成

柴油机燃料供给系与汽油机的燃料供给系在组成上是相同的，但二者的结构与工作原理差异很大。

（1）燃油供给装置。由柴油箱、输油泵、低压油管、柴油滤清器、喷油泵、高压油管、喷油器和回油管组成，图 12.1 是常见的汽车柴油机燃料供给系组成示意图。

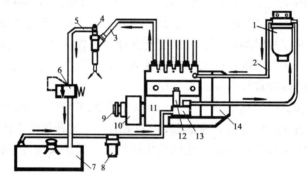

图 12.1　柴油机燃料供给系的组成

1—柴油细滤清器；2—低压油管；3—高压油管；4—喷油器；5—回油管；6—溢油阀；7—柴油箱；
8—柴油粗滤清器；9—联轴器；10—供油提前角自动调节器；11—喷油泵；
12—手动输油泵；13—输油泵；14—调速器外壳

（2）空气供给装置。由空气滤清器、进气管和气缸盖内的进气道组成。

（3）混合气形成装置。在缸内形成混合气，由涡流室、预燃室、副燃烧室和燃烧室组成，这点与汽油机有较大区别。

（4）废气排出装置。由气缸盖内的排气道、排气管、排气净化装置及消声器组成。

其中空气滤清器，进、排气管，排气消声器及油箱的作用和工作原理基本与汽油机燃料供给系相同，但尺寸往往比汽油机大，这是柴油机工作时要求空气量大的缘故。

二、柴油机传统燃料供给系工作原理

柴油机在工作过程中，输油泵将油箱中的柴油吸出，经柴油滤清器滤去杂质后，输入喷油泵的低压油腔，再经喷油泵将燃油压力提高。按柴油机不同工况的要求，定时、定量、定压输出柴油，经高压油管至喷油器，当燃油压力达到规定值时，喷油孔开启，燃油呈雾状喷入燃烧室，形成混合气（air/fuel mixture）。由于输油泵的供油量比喷油泵供油量大得多，过量的柴油经回油管打开输油泵的溢流阀回到油箱。

从柴油箱到喷油泵入口处油路中的油压由溢油阀的弹簧调定，为 0.15～0.3 MPa，称为低压油路。从喷油泵到喷油器出口的油压由喷油泵的出油阀弹簧建立，为 10 MPa 以上为高压油路。在输油泵上装有手动输油泵，以排除空气。

喷油泵凸轮轴的前端装有供油提前角自动调节器，起喷油、正时和喷油量自动调节作用。后端与调速器组成一体，控制柴油机的非周期性速度波动。

第二节 柴油机混合气的形成和燃烧室

一、可燃混合气的形成与燃烧

柴油机可燃混合气的形成与燃烧条件比汽油机不同，柴油机进气行程进入气缸的是纯空气，压缩行程接近终了时，柴油才喷入燃烧室，形成混合气，在高温、高压条件下，柴油自行着火燃烧，混合气形成时间极短，而且存在喷油、蒸发、混合和燃烧重叠进行的现象。

可用 p-θ 曲线表示柴油机压缩和做功过程气缸内气体压力 p（纵坐标）随曲轴转角 θ（横坐标）变化的关系，如图 12.2 所示。

曲轴转角与缸内压力对应关系如表 12.1 所示，转过 θ_1，喷油泵开始供油，曲轴转过 θ_2 喷油器开始喷油，转到 θ_4，活塞到达上止点，对应压力为 D。

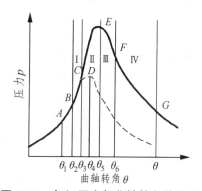

图 12.2 气缸压力与曲轴转角的关系

Ⅰ—备燃期；Ⅱ—速燃期；Ⅲ—缓燃期；Ⅳ—后燃期

表 12.1 曲轴转角与缸内压力关系

曲轴转过角度	活塞状态	角度名称	缸内压力	备　注
$\theta_1 - 0^0$	上升	$\Omega = \theta_4 - \theta_1$ 供油提前角	A	压力逐渐上升
$\theta_2 - \theta_1$	上升	$\phi = \theta_4 - \theta_2$ 喷油提前角	B	喷油开始
$\theta_3 - \theta_2$	上升	备燃期Ⅰ	C	准备燃烧、到 θ_3 点开始燃烧
θ_4	上止点		D	燃烧扩散
$\theta_5 - \theta_3$	下降做功	速燃期Ⅱ	E（压力最高）	迅速燃烧，压力急骤升高
$\theta_6 - \theta_5$	下降做功	缓燃期Ⅲ	F（温度最高）	压力开始下降
$\theta_7 - \theta_6$	下降	后燃期Ⅳ	G	排气提前角准备打开

如果不燃烧，气缸压力按图中虚线变化。

按气缸中压力和温度的变化特点，可将混合气的形成与燃烧过程按曲轴转角划分为备燃期、速燃期、缓燃期和后燃期四个阶段。

1. 备燃期

备燃期是指从喷油开始点 θ_2 到燃烧开始点 θ_3 之间所对应的曲轴转角 $\theta_3 - \theta_2$，备燃期的长短是影响柴油发动机工作粗暴程度的重要因素。

2. 速燃期

速燃期是指燃烧开始点 θ_3 与气缸内产生最大压力点 θ_5 之间所对应的曲轴转角 $\theta_5 - \theta_3$。在此期间，早已喷入但尚未来得及蒸发的柴油，以及在燃烧开始后陆续喷入的柴油便能在已燃气体的高温作用下迅速蒸发、混合和燃烧。

3. 缓燃期

从最高压力点 θ_5 到最高温度点 θ_6 为止的曲轴转角 $\theta_6 - \theta_5$ 为缓燃期。在此阶段，燃气温度能继续升高到 1 700～2 000 ℃。缓燃期内，通常喷油已结束。

4. 后燃期

从 θ_6 起直到 θ_7，在此期间曲轴转过的角度为后燃期，压力和温度均急骤降低。

由于柴油的蒸发性和流动性比汽油差，且柴油机混合气形成时间极短。使得柴油难以在燃烧前彻底雾化蒸发并同空气均匀混合，即柴油机可燃混合气的品质比汽油机的差，柴油机采用较大的过量空气系数，使喷入气缸的柴油能够燃烧得比较完全。

为改善混合气形成条件，不致出现太长的备燃期，保证柴油机工作柔和，除了选用十六烷值较高的柴油，采用较高的压缩比（15～22 MPa），以提高气缸内空气温度，促进柴油蒸发外，还要求喷油器必须有足够的压力，一般在 10 MPa 以上，以利于柴油的雾化，在燃烧室内形成强烈的空气运动，促进柴油与空气的均匀混合。

二、燃烧室

燃烧室（combustion chamber）结构直接影响混合气的形成与燃烧，要求燃烧室能配合喷油形成良好均匀的混合气，改善燃烧；同时结构要紧凑，以减小散热损失，提高热效率。

柴油机燃烧室的种类较多，通常分为直接喷射式（简称直喷式）燃烧室和分隔式喷射式（简称分隔式）燃烧室两大类。

1. 直喷式燃烧室

直喷式燃烧室是由凹形活塞顶与气缸盖底面所包围的单一内腔构成。这种燃烧室使用多孔喷油器将柴油直接喷射到燃烧室中，借助喷射油柱的形状、燃烧室形状以及燃烧室内的空气涡流运动，迅速形成可燃混合气。图 12.3 是直接喷射式燃烧室进气涡流示意

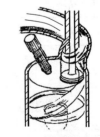

图 12.3　直接喷射式燃烧室进气涡流示意图

图，空气经由螺旋进气道进入气缸，产生绕气缸轴线旋转的进气涡流，帮助燃油与空气的混合，是直接喷射式燃烧室的一大特点。

常用直喷式燃烧室结构形式有 ω 形、球形和 U 形燃烧室，如图 12.4 所示。

（a）ω形燃烧室　　　　　　（b）球形燃烧室　　　　　　（c）U形燃烧室

图 12.4　直喷式燃烧室结构形式

车用柴油机大都采用 ω 形燃烧室及其各种改进型，ω 形燃烧室利用进气涡流和挤流（在压缩行程上止点附近，活塞顶部的空气被挤入燃烧室时形成的气流）等空气运动，形成可燃混合气。

ω 形燃烧室形状比较简单，易于加工，结构紧凑，散热面积小，热效率高，有利于冷机起动，但与之配套的燃料供给系要求较高。

在 ω 形燃烧室基础上，又有多种新型燃烧室：

（1）泼金斯挤流口燃烧室（见图 12.5）。它是为降低柴油机噪声、改善排放而设计的，缩小了燃烧室凹坑唇口处尺寸，产生强烈的压缩挤流，从而产生空气的紊流运动。主要优点是：

① 防止燃气从活塞顶上碗形室过早地向燃烧室容积传播；

② 保持燃烧室壁温较高，以防止火焰熄灭并能促进油滴蒸发。

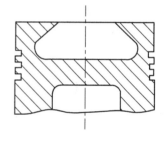

图 12.5　泼金斯燃烧室

（2）四角 ω 形燃烧室（见图 12.6）。它利用四角 ω 形凹坑组织二次扰动（除了进气涡流外，拐角处又形成小旋涡），实现燃油和空气的良好混合，提高燃烧速度。

（3）微涡流燃烧室（见图 12.7）。这种燃烧室由两部分组成：上部为四角形，下部分为圆形，两部分经切削加工圆滑过渡。设计思想是集中 ω 形和四角 ω 形二者的优点，同时又有缩口，增加了挤流的影响。

（4）花瓣形燃烧室（见图 12.8）。这种燃烧室的基本结构与 ω 形燃烧室近似，仅横截面形状呈花瓣状。它利用花瓣形所具有的几何特点，恰当地选择进气涡流、喷油系统与燃烧室形状，将三者良好地匹配，可保证柴油机具有较低的燃油消耗率，经济运行区宽广，起动性能变好，并且在降低最大爆发压力、减小噪声、降低排污方面获得较佳的综合指标。

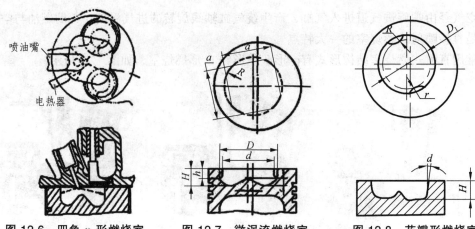

图 12.6　四角 ω 形燃烧室　　　　图 12.7　微涡流燃烧室　　　　图 12.8　花瓣形燃烧室

2. 分隔式燃烧室

燃烧室被分隔成两部分，一部分位于缸盖底面与活塞顶之间，称主燃烧室；另一部分在气缸盖内，称辅助燃烧室。二者之间由一个或多个通道相通。常见的分隔式燃烧室有涡流室式和预燃室式两种，如图 12.9 所示。

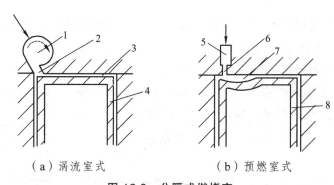

（a）涡流室式　　　　　　　　（b）预燃室式

图 12.9　分隔式燃烧室

⟶ 柴油喷射方向　----- 空气流动方向

1、5—副燃烧室；2、6—通道；3、7—主燃烧室；4、8—活塞

（1）涡流室式燃烧室。它的辅助燃烧室是球形或圆柱形的涡流室，容积约占燃烧室总容积的 50% ~ 80%，借与内壁相切的孔道与主燃烧室连通，在压缩行程中，空气从气缸被挤入涡流室时形成强烈的有规则的压缩涡流。

在这种燃烧室中，柴油直接喷入涡流室空间，靠强烈的空气涡流作用，很快与空气混合。大部分燃油在涡流室内燃烧，未燃部分在做功行程初期与高压燃气一起通过切向孔道喷入主燃烧室，进一步与那里的空气混合、燃烧。

在结构方面，为便于加工，涡流室做成两半，上半部直接铸在气缸盖内，下半部用耐热钢制造，镶在缸盖内。为改善起动性能，涡流室内装上预热塞，在镶块的主喷孔前还有一个小锥孔，允许少部分燃油直接进入主燃烧室，以改善起动性。

涡流室中产生的气流运动比直接喷射燃烧室中的进气涡流更强，可降低对喷雾质量的要求，即可采用喷油压力较低（12 ~ 14 MPa）的轴针式喷油器。

（2）预燃室式燃烧室。它的预燃室（辅助燃烧室）容积约为燃烧室总容积的 25%~40%，并用一个或几个小孔与主燃烧室相通。在压缩行程中，空气从气缸进入预燃室后即产生无规则的紊流运动，活塞临近上止点时，由单孔喷油器将燃油喷入预燃室，喷射压力可较低。燃油喷入后，依靠空气的紊流运动形成混合气并发火燃烧，使预燃室的压力急剧升高，大部分未燃柴油连同燃烧产物经小孔高速喷入主燃烧室，在主燃烧室内产生不规则的涡流运动，进一步与空气混合以达到完全燃烧。预燃室用耐热钢制造，嵌入气缸盖内。

分隔式燃烧室靠强烈的空气流动形成混合气，对空气的利用比直喷式燃烧室充分，因此过量空气系数 a 可以小一些。随着转速的增加，有利于混合气的形成，可改善高速性能。分隔式燃烧室允许采用较大喷孔的轴针式喷油器及较低的喷射压力。由于是辅、主燃烧室两级燃烧，发动机工作柔和，曲柄连杆机构载荷也较小，排气污染小。分隔式燃烧室散热损失和节流损失都较大，起动性和经济性较差，必须用更高的压缩比而且要在辅助燃烧室中装起动电热塞。

涡流室和预燃室多用于小型高速柴油机上，缸径在 100 mm 以下。

第三节　喷　油　器

喷油器的作用是将喷油泵供给的高压油以一定的压力、速度和方向喷入燃烧室，使喷入燃烧室的燃油雾化成细粒并适当地分布在燃烧室中，以利于混合气的形成和燃烧。

根据混合气形成与燃烧的要求，喷油器应具有一定喷射压力和射程，以及合理的喷柱锥角。此外，喷油器在停止喷油时刻应能迅速地切断燃油的供给，不能发生滴漏现象。

喷油器有开式和闭式两种，开式喷油器的高压油腔通过喷孔直接与燃烧室相通，而闭式喷油器则在其之间装针阀隔断。目前，中小功率高速柴油机绝大多数采用闭式喷油器，常见的形式有两种：孔式喷油器和轴针式喷油器。孔式喷油器多用于直接喷射式燃烧室上，轴针式喷油器则主要用于分隔式燃烧室上。

一、喷油器的结构与工作原理

1. 孔式喷油器

（1）孔式喷油器的结构如图 12.10 所示。喷油器由针阀、针阀体、顶杆、调压弹簧、调压螺钉及喷油器体等零件组成。其中最主要的是用优质合金钢制成的针阀和针阀体一对精密偶件。针阀下端的一圆锥面与针阀体下端的环形锥面共同起密封作用，如图 12.11 所示，用于打开或切断高压柴油与燃烧室的通路。针阀底部还有一环形锥面位于针阀体的环形油槽中，该锥面承受燃油压力推动针阀向上运动。针阀顶部通过顶杆承受调压弹簧的预紧力，使针阀处于关闭状态。该预紧力决定针阀的开启压力或称喷油压力，调整调压螺钉可改

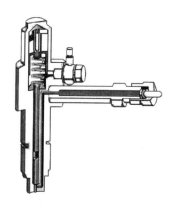

图 12.10　某车型孔式喷油器

变喷油压力的大小（拧入时压力增大，拧出时压力减小），用调整螺钉盖将它锁紧固定。

喷油器工作时从针阀偶件间隙中泄漏的柴油经回油管接头螺栓流回回油管。

为防止细小杂物堵塞喷孔，在某些喷油器进油接头中装有缝隙式滤芯，如图 12.12 所示。柴油从滤芯的两个平面 A 进入，穿过棱边 B 进入滤芯的另两个平面 C 才能进入喷油器，棱边 B 即起过滤作用，而且滤芯具有磁性，可吸住金属磨屑。

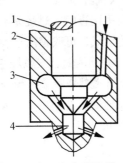

图 12.11　孔式喷油器

1—针阀；2—针阀体；3—高压油腔；4—压力室

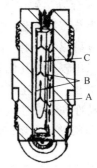

图 12.12　缝隙式滤芯工作原理图

（2）孔式喷油器的工作原理。柴油机工作时，来自喷油泵的高压柴油经喷油器体与针阀体中的油孔道进入针阀中部周围的环状空间——高压油腔。油压作用在针阀的锥形承压环带上形成一个向上的轴向推力，此推力克服调压弹簧的预压力及针阀偶件之间的摩擦力使针阀向上移动，针阀下端锥面离开针阀锥形环带，打开喷孔，高压柴油喷入燃烧室中。喷油泵停止供油时，高压油路内压力迅速下降，针阀在调压弹簧作用下及时回位，将喷孔关闭，如图 12.13 所示。

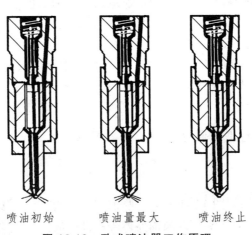

喷油初始　　　　喷油量最大　　　　喷油终止

图 12.13　孔式喷油器工作原理

孔式喷油器的特点是喷孔数目较多，1 ~ 8 个；喷孔直径较小，为 0.2 ~ 0.8 mm。喷孔数目和分布的位置，根据燃烧室的形状和要求而定。

多缸柴油机，为使各缸喷油器工作一致，各缸采用长度相同的高压油管。

2. 轴针式喷油器

轴针式喷油器的工作原理与孔式喷油器相同。其构造特点是针阀下端的密封锥面以下还延伸出一个轴针，其形状可以是倒锥形和圆柱形，如图 12.14 所示。轴针伸出喷孔外，使喷孔成为圆柱状的狭缝（轴针与孔的径向间隙一般为 0.05 ~ 0.25 mm）。这样，喷油时喷柱将呈空心的锥状或柱形，如图 12.15 所示。

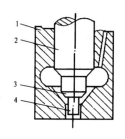

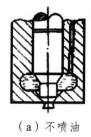

（a）不喷油

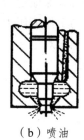

（b）喷油

图 12.14　轴针式喷油器　　　　　　图 12.15　轴针式喷油器的喷油情况

1—针阀体；2—针阀；3—密封锥面；4—轴针

　　轴针式喷油器喷孔直径一般在 1 ~ 3 mm 范围内，喷油压力为 10 ~ 14 MPa。喷孔直径大，加工方便。工作时由于轴针在喷孔内往复运动，能清除喷孔中的积炭和杂物，工作可靠，适用于对喷雾要求不高的涡流室式燃烧室和预燃室式燃烧室。

第四节　柴油发动机的两泵

　　柴油发动机燃油供应系统由低压和高压两个油路组成，两个油路各有一个油泵，这就是燃油发动机的两泵。从油箱到喷油泵入口是低压油路，压力（0.15 ~ 0.3 MPa）由输油泵的溢流阀调定，从喷油泵入口到喷油器出口是高压油路，压力（10 ~ 80 MPa）由喷油泵出油阀弹簧调定。

一、低压燃油泵

　　输油泵（fuel supply pump）是柴油发动机的燃油供应系统的低压燃油泵，负责向喷油泵输送低压油，输油泵溢流阀调节低压油路输出压力，详见本章第七节。

二、喷油泵

　　喷油泵（injection pump）是柴油发动机的燃油供应系统的高压燃油泵，它的作用是将输油泵送来的低压燃油变成高压燃油。

　　按照柴油机各种不同工况的要求，定时、定量地将高压燃油送至喷油器，由喷油器喷入燃烧室中。喷油泵的出油阀弹簧调节高压油路的输出压力。

　　习惯上将喷油泵简称油泵，和调速器连成一体。

1. 对多缸柴油机喷油泵的要求

（1）保证定时。严格按照规定的供油时刻开始供油，并保证一定的供油持续时间，不可过长或过短。

（2）保证定量。根据柴油机负荷的大小供给相应的油量。

（3）保证压力。向喷油器供给的柴油应具有足够的压力，以获得良好的喷雾质量。

（4）对于多缸柴油机，为保证各缸工作的均匀性，要求各缸的相对供油时刻、供油量和供油压力等参数都相同。

（5）供油开始和结束要求迅速干脆，避免喷油器产生滴漏现象或不正常喷射现象。

2. 喷油泵的结构形式

按工作原理，车用柴油机喷油泵大体分为 3 类：

（1）柱塞式喷油泵。柱塞式喷油泵性能良好，使用可靠。

（2）喷油泵-喷油器。其特点是将喷油泵和喷油器合成一体，直接安装在缸盖上，以消除高压油管带来的不利影响，PT 燃油供给系统的喷油器即属此类。

（3）转子分配式喷油泵。转子分配式喷油泵是 20 世纪 50 年代后期出现的一种新型喷油泵，依靠转子的转动实现燃油的增压（泵油）及分配，它具有体积小、质量小、成本低、使用方便的优点，尤其体积小，对发动机和汽车的整体布置是十分有利的。

3. 柱塞式喷油泵泵油原理

喷油泵供油压力的建立、供油量的调节和供油时刻的调节 3 个问题，决定了喷油泵的基本构造。

供油量的调整包括标定工况、怠速、起动、校正供油及停止供油等，各种供油量是由柴油机制造时，经过反复试验规定的。按照规定调整喷油泵，可使柴油机功率大、耗油省、运转平稳、寿命长。在使用中，由于磨损等因素，喷油泵的各项供油量指标会发生改变而影响柴油机的正常工作。因此需要维修和调整，使喷油泵恢复到原设计要求的技术状况。

（1）标定工况供油量是保证柴油机在标定工况工作时需要的油量。

（2）怠速供油量是为了维持柴油机空车运转时克服内部阻力所需的油量。

（3）起动供油量是在柴油机起动时加浓，以便于柴油机顺利起动，其数量一般应为标定工况供油量的 150% 以上。

（4）校正供油量是柴油机短时间超负荷运转所需的加浓油量。

（5）停止供油是柴油机在需要停车时能及时停车的措施。

柱塞式喷油泵利用柱塞在柱塞套内的往复运动吸油和压油，每一副柱塞与柱塞套只向一个气缸供油。对于单缸柴油机，由一套柱塞偶件组成单体泵；对于多缸柴油机，则由多套泵油机构分别向各缸供油。中、小功率柴油机大多将各缸的泵油机构组装在同一壳体中，称为多缸泵，而其中每组泵油机构则称为分泵。

如图 12.16 所示，是一种分泵的结构图，关键部分是泵油机构。泵油机构主要由柱塞偶件（柱塞和柱塞套）、出油阀偶件（出油阀和出油阀座）等组成。柱塞的下部固定有调节臂，可通过它调节和转动柱塞的位置。

柱塞上部的出油阀由出油阀弹簧压紧在出油阀座上，柱塞下端与装在滚轮体中的垫块接触，柱塞弹簧通过弹簧座将柱塞推向下方，并使滚轮保持与凸轮轴上的凸轮相接触。

喷油泵凸轮轴由柴油机曲轴通过传动机构来驱动。对于四冲程柴油机，曲轴转两圈，喷油泵凸轮轴转一圈。

柱塞式喷油泵的泵油原理如图12.17所示。柱塞的圆柱表面上铣有直线形（或螺旋形）斜槽，斜槽内腔和柱塞上面的泵腔用孔道连通。柱塞套上有两个圆孔都与喷油泵体上的低压油腔相通。柱塞由凸轮驱动，在柱塞套内作往复直线运动，此外它还可以绕本身轴线在一定角度范围内转动，改变有效行程，起到调节出油量的作用。

（1）吸油过程。当柱塞下移到图12.17（a）所示位置，燃油自低压油腔经进油孔被吸入并充满泵腔。

（2）压油过程。在柱塞自下止点上移的过程中，起初有一部分燃油被从泵腔挤回低压油腔，直到柱塞上部的圆柱面将两个油孔完全封闭时为止。此后柱塞继续上升到图12.17（b）位置，柱塞上部的燃油压力迅速增高到足以克服出油阀弹簧的作用力，出油阀即开始上升。

当出油阀的圆柱环形带离开出油阀座时，高压燃油便自泵腔通过高压油管流向喷油器。当燃油压力高出喷油器的喷油压力时，喷油器则开始喷油。

（3）回油过程。在没有进行有效行程调节情况下，柱塞上升到最高顶点时，失去凸轮向上的推力后在弹簧作用下，向回运动，这样上部压力突然下降，有利于喷油器突然关闭，避免燃油滴漏，在出油阀弹簧作用下，出油阀突然关闭，高压油路切断。在进行了有效行程调节情况下，柱塞继续上移到图12.17（c）中所示位置时，斜槽与油孔开始接通，于是泵腔内油压迅速下降，出油阀在弹簧压力作用下立即回位，喷油泵停止供油。此后柱塞仍继续上行，直到凸轮达到最高升程为止，但不再泵油。

如图12.18，驱动凸轮轮廓曲线的最大矢径决定的柱塞行程h（即柱塞上、下止点间的距离）是固定的，喷油泵只在柱塞完全封闭油孔后到柱塞斜槽和油孔开始接通前的这一部分柱塞行程h_g内才泵油。h_g称为柱塞有效行程。喷油泵每次泵出的油量取决于有效行程的长短，喷油泵必须随柴油机工况变化而改变供油量，故需变有效行程。即通过改变柱塞斜槽与柱塞套油孔的相对位置来实现，按图12.18将柱塞向逆时针方向（从图中由上往下观察）转动，有效行程的供油量即增加；反之则减少。

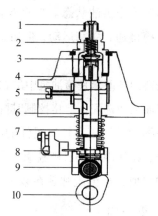

图 12.16　柱塞式喷油泵分泵结构图

1—高压油管接头；2—出油阀弹簧；3—出油阀座；
4—出油阀；5—柱塞套；6—柱塞；
7—柱塞弹簧；8—油量控制机构；
9—滚轮体；10—凸轮轴

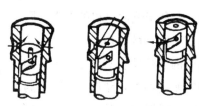

（a）进油过程　（b）压油过程　（c）回油过程

图 12.17　柱塞式喷油泵泵油原理示意图

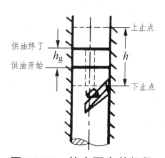

图 12.18　柱塞泵有效行程

253

（4）停止供油状态。当柱塞转到图 12.19 所示位置时，压缩腔
与回油槽接通，柱塞运动，但有效行程为零，即喷油泵处于不泵油
状态。

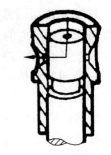

柱塞和柱塞套是喷油泵中的精密偶件，用优质合金钢制造，并通
过精密加工和选配，严格控制其配合间隙（ 0.001 5 ~ 0.002 5 mm），
以保证燃油的增压和柱塞偶件的润滑。间隙过大时，易漏油，使油
压下降；如间隙过小，则柱塞偶件的润滑困难。为保证供油压力不
低于规定值，出油阀弹簧在装配后应有一定的预紧力。

图 12.19　柱塞泵的空行程

4. 出油阀

出油阀常制成如图 12.20 所示的结构。出油阀的圆锥面是密封表面，阀的尾部同阀座内
孔间为滑动配合，起运动导向作用。为了留出油流通路，阀尾带有切槽，形成十字形断面。
出油阀中部的圆柱面称为减压环带，其作用是
在喷油泵供油停止后迅速降低高压油管中的
燃油压力，使喷油器立即停止喷油。在出油阀
压紧螺帽中还装有一个减容器，减少了高压油
腔的容积，有利于喷油过程的改善，同时起限
制出油阀最大升程的作用。

出油阀的封油装置有两个：出油阀座和出
油阀压紧螺帽之间有铜垫圈，以防止高压油漏
出；出油阀压紧螺帽与泵体之间有密封圈，利
用它来防止低压油腔漏油。

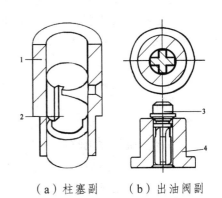

（a）柱塞副　　（b）出油阀副

图 12.20　出油阀

1—柱塞套；2—柱塞；3—出油阀；4—出油阀座

5. 油量调节机构

油量调节机构的作用是根据柴油机负荷和转速的变化，相应地改变喷油泵的供油量，并
保证各缸的供油量一致。

改变柱塞有效行程来改变喷油泵供油量的机构有齿杆式和拨叉式两种。

（1）齿杆式油量调节机构：如图 12.21 所示，柱塞下端的条状凸块伸入套筒的缺口内，
套筒则松套在柱塞套的外面。套筒的上部用紧固螺钉锁紧一个可调齿圈，可调齿圈与齿杆相
啮合，移动齿杆即可改变供油量。当需要单独调整某个缸的供油量时，先松开该缸的可调齿
圈的紧固螺钉，然后转动套筒，并带动柱塞相对于齿圈转动一个角度，再将齿圈固定。齿杆
式油量调节装置的特点是传动平稳，但制造成本高。

（2）拨叉式油量调节机构：用拨叉代替齿杆，原理相同，加工简单，准确性稍差，如图
12.22 所示。

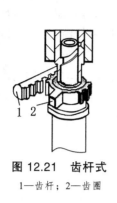

图 12.21　齿杆式

1—齿杆；2—齿圈

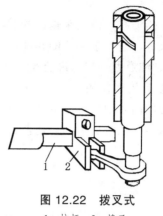

图 12.22　拨叉式

1—拉杆；2—拨叉

6．传动机构

由凸轮轴和滚轮传动部件组成。滚轮传动部件如图 12.23 所示。带有衬套的滚轮松套在滚轮轴上，轴又支承在滚轮架的座孔中，滚轮左侧圆柱面上镶有导向块，泵体上开有轴向长槽，导向块插入该槽中，使滚轮架只能上下移动而不能转动。

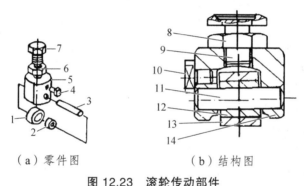

（a）零件图　　　　　　（b）结构图

图 12.23　滚轮传动部件

1、13—滚轮；2、12—滚轮衬套；3、11—滚轮轴；4、10—导向块 5、14—滚轮体；
6、8—锁紧螺母；7、9—调整螺钉

喷油泵的凸轮轴是由柴油机的曲轴通过齿轮驱动的。当凸轮轴上的凸轮凸起的部分与滚轮接触时，便克服柱塞弹簧的弹力推动柱塞向上运动。当凸轮的凸起部分转过后，柱塞便在弹簧的作用下回位。为保证在相当于一个工作循环的曲轴转角后，各缸都能喷油一次，四冲程柴油机的喷油泵凸轮轴的转速应等于曲轴转速的 1/2。

喷油泵供油提前角的调整方法有两种：一是改变喷油泵凸轮轴与柴油机曲轴的相对角位置，它是通过调整联轴节或供油提前角自动调节器来实现的；二是改变滚轮传动部件的高度，它是通过转动调整螺钉（见图 12.23）而实现的。当松开锁紧螺母拧出调整螺钉时，滚轮传动部件高度增大，于是柱塞封闭柱塞套上进油孔的时刻提前，即供油提前角增大；反之，供油提前角减小。

255

7. 泵 体

泵体上有低压油腔。输油泵输出的燃油经滤清后，进入低压油道，再从柱塞套上的油孔进入各分泵的泵腔。输油泵供给的燃油量通常远大于喷油泵的需要量，当低压油腔的油压大于 0.05 MPa 时，油道另一端的溢流阀开启，多余的燃油经回油管流回输油泵进油口。

溢流阀还兼有放气作用。

在泵体下部的内腔中加有润滑油，依靠润滑油的飞溅保证传动机构的润滑。泵体下腔内的润滑油与连接在喷油泵后端的调速器壳体内的润滑油是相通的。喷油泵凸轮轴的前端轴承外面装有油封。

第五节　调 速 器

调速器的作用是根据柴油机负荷及转速变化对喷油泵的供油量进行自动调节，避免出现低速自动熄火，高速飞车（即不能控制地不断加速转动）的现象，使柴油机能稳定运行。

汽油机通过控制空气量来严格控制油量，发动机在油气两大因素都被严格控制的情况下工作。柴油机的空气是大量供给的，转速只与喷油量有关。影响喷油量有两大因素，驾驶员控制的供油拉杆位置和由转速决定的供油频率。即使供油拉杆位置不变，转速增大，供油频率增加，供油量也增大；反之，供油量减少。这种供油量不受驾驶员控制自行随转速变化的关系称为喷油泵的速度特性。喷油泵速度特性对工况多变的柴油机是不利的：负荷突然减小，惯性导致转速升高，供油量增加，转速会进一步升高，不断循环，转速越来越高，直至飞车，损坏发动机；反之，负荷增大，惯性导致转速降低，供油量减少，转速进一步降低，不断循环，转速会越来越低，最后自动熄火。柴油机的这种速度波动属于非周期性速度波动，解决非周期性速度波动的方法是加调速器。

调速器是一种能根据负荷的变化，自动调节供油量、使发动机在规定的转速范围内稳定运转的自动控制机构。在正常工作范围内，驾驶员通过移动供油调节拉杆位置，改变循环供油量，控制发动机的转速，而调速器的任务是控制非正常范围内的速度极值。

一、调速器的分类

1. 按功能分类

调速器按功能可分为 4 类：

（1）两极调速器。只稳定和限制柴油机的最低和最高转速。

（2）全程调速器。用于负荷变化较大的柴油机，能控制从怠速到最高限制转速范围内任何转速下的喷油量，以维持柴油机在任一给定转速下稳定运转。

（3）单速调速器。能随负荷变化自动控制喷油量以维持柴油机在所设定转速下稳定运转。

（4）综合调速器。只控制最低与最高转速，但亦兼备全程调速器的功能。

2. 按转速传感分类

调速器按转速传感可分为 4 类：

（1）气动式调速器。属全程调速器，常用于小功率柴油机。

（2）机械离心式调速器。它是利用喷油泵凸轮轴的旋转，使飞锤产生离心力实现调速作用的调速器。

（3）复合式调速器。同时利用气动作用和机械离心作用自动控制供油器，实现调速。

（4）电子调速器。随着电子技术的运用，电子调速器使得柴油机的调速进入精细控制的阶段。此类调速器得到广泛运用。

二、两极式调速器

两极式调速器适用于一般条件下使用的汽车柴油机。它只能自动稳定和限制柴油机最低和最高转速，而在所有中间转速范围内由驾驶员控制。

1. 两极式调速器基本工作原理

两极式调速器的工作原理如图 12.24 所示。加速时，驾驶员踩下加速踏板，支点 B 是不动的，拨杆绕 B 点逆时针方向转动，带动油量调节齿条向左运动，油量增加，发动机加速。驾驶员不踩节气门时，C 点是不动的，飞锤块由喷油泵的凸轮轴带动旋转，受离心力作用向外运动，使摇杆围绕销子 A 转动，摇杆给调速器轴一个向左的力。拉动滑动杆绕中间支点 C 顺时针转动，拉动油量调节齿条向右运动，柴油机转速变慢，防止了高速时发动机飞车。

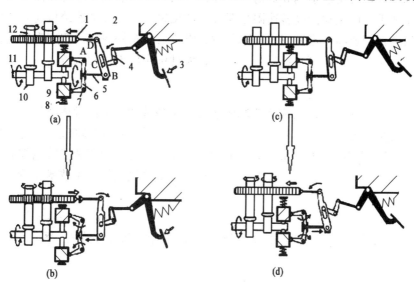

图 12.24 两极式调速器工作原理

（a）驾驶员踩下踏板，加速油量增加；（b）发动机转速增加油量自动减小；
（c）驾驶员松开踏板，怠速转动油量减小；（d）转速下降供油量自动增加
1—油量调节齿条；2—拨杆；3—踏板；4—杠杆；5—调速器轴；
6—转盘；7—销子；8—回位弹簧；9—飞锤块；
10—喷油泵凸轮；11—曲轴；12—喷油泵柱塞

当柴油机怠速时，C点与滑动杆的相互位置如图 12.25（c）所示，C点不动，转速下降，飞锤块在弹簧作用下向内运动，推动摇杆逆时针转动，推动油量调节轴向右运动，推动滑动杆绕此时不动的支点 C 逆时针转动，推动油量调节齿条向左运动，增加油量，发动机转速上升，防止了柴油机低速时自动熄火。

两极式调速器"限两端，放中间"的作用：当柴油机在允许的最低转速下运行时，调速器的作用是防止继续减速，保证不自动熄火；当柴油机在允许最高转速工作时，调速器的作用是防止继续升速，自动保证不飞车；当柴油机在介于最高转速和最低转速之间工作时，调速器不起作用，供油量只由驾驶员通过操纵杆控制。

三、其他类型的调速器

1. 全程调速器

全程式调速器的基本调速原理是，调速器传动轴旋转所产生的飞锤离心力与调速弹簧力相互作用，总是处于平衡状态，如果两者不平衡，调速套筒移动，调速套筒的移动通过调速器的杠杆系统使供油量调节套筒的位置发生变化，从而增减供油量，以适应柴油机运行工况变化的需要。

2. 综合调速器

综合调速器适用于有时作行驶使用，有时作稳定的工程作业使用的车辆，如起重吊车和混合搅拌车等。

综合型调速器设有调速手柄和负荷控制杆，可以随意调节调速弹簧和浮动杆。当作行驶作用时，将调速手柄固定在最高转速限止器接触的位置，直接和加速踏板连接的负荷控制杆起作用，成为两极调速器。当完成工程作业时，将负荷控制杆固定，调速手柄起作用，变为全程调速器。这样，它不仅可以应用于汽车上，而且可应用于工程机械上，扩展了用途。

3. 电子调速器

电子调速器的飞锤不与供油调节杆机械连接，而是带动一个位置传感器，位置传感器将飞锤反映的转速信号变成电子信号传给 ECU，ECU 命令与供油调节杆连接的伺服电机工作，调节喷油量，达到调速的目的。再增设了诸如增压装置、转矩校正装置等电控装置，组成伺服系统，对柴油发动机进行精细调速控制，为柴油轿车的发展提供了技术支持。

第六节　联轴器及供油提前角调节装置

一、联轴器

1. 联轴器的作用

联轴器的作用有 3 个：传递动力、调节喷油泵的供油正时、补偿安装时两轴间同轴度的偏差。

喷油泵的安装如图 12.25 所示，曲轴正时齿轮经中间传动齿轮驱动喷油泵正时齿轮。这一组齿轮上都刻有正时啮合标记，必须按标记装配才能保证喷油泵的供油正时。

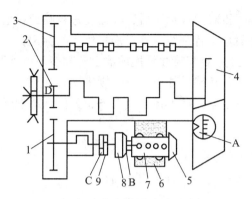

图 12.25　喷油泵的驱动示意图

A—飞轮与飞轮壳标记；B—供油提前自动调节器与喷油泵体标记；C—联轴器主、从动轴标记；
D—曲轴风扇皮带轮与正时齿轮盖标记；1—喷油泵正时齿轮；2—曲轴正时齿轮；
3—凸轮轴正时齿轮；4—飞轮壳；5—调速器；6—托板；
7—喷油泵；8—供油提前角自动调节器；9—联轴器

喷油泵正时齿轮输出轴与喷油泵凸轮轴之间用联轴器连接。联轴器带动供油提前角自动调节器，使喷油泵凸轮轴可以相对于曲轴转动一个微小的角度，以调节供油正时。

2. 传统联轴器的原理

常见的传统联轴器有刚性十字胶木盘式和挠性钢片式两种。

3. 喷油提前角调节装置的作用

如表 12.1 所示，从喷油泵开始供油至活塞到达上止点，曲轴所转过的角度称为供油提前角，用 Ω 表示（$\Omega = \theta_4 - \theta_1$）；从喷油器开始喷油至活塞到达上止点，曲轴所转过的角度称为喷油提前角，用 ϕ 表示（$\phi = \theta_4 - \theta_2$）；其中喷油提前角是柴油机获得良好燃烧和正常工作的重要调整参数，适合的喷油提前角是经济性、动力性和排放指标的重要保证。

喷油提前角过大，柴油机工作粗暴，排气管冒黑烟；喷油提前角过小，燃烧温度升高及压力下降，发动机过热，热效率显著下降，排气管白黑烟。喷油提前角调节不好，发动机动力性、经济性变坏。

为保证发动机性能良好，必须动态调节最佳喷油提前角。

转速和供油量一定的条件下，能获得最大功率、最低油耗率和良好排放指标的喷油提前角称为最佳喷油提前角，它随柴油机转速变化而变化，只能由喷油提前角调节装置自动调定。

喷油提前角调节装置的作用是：在柴油机整个工作转速范围内，使喷油提前角自动随柴油机转速改变而相应变化，使柴油机始终在最佳或接近最佳喷油提前角情况下工作。

二、喷油提前角调节装置

喷油提前角调节由两部分组成：① 静态调节，即在静态时把喷油提前角调到合适值；

② 动态自动调节，即在柴油机运转时随转速变化自动改变提前角。

1. 静态喷油提前角的调整

柴油机出厂前及工作一段时间或拆装后，都需要进行喷油提前角的检查与调整。

柴油机曲轴上喷油提前角位置刻线准确对准机体上的标记，注意此时应保证是在第一缸压缩上止点附近。标记对正后，观察喷油泵提前器上的刻线与喷油泵泵体上的刻线是否对齐。如果对齐，则说明供油提前角正确，如未对齐，则需调整。调整通过联轴器来进行，主动盘上开有周向槽孔，可转动一定角度使上述刻线对齐，紧固联结螺钉即可完成喷油提前角的静态调整。

2. 喷油提前角自动调节器

（1）喷油提前角自动调节器的作用。在柴油机工作过程中，喷油提前角自动调节器利用离心力的原理，根据发动机转速的变化自动调节喷油提前角，获得合适的喷油提前角，以改善发动机的动力性和经济性。

喷油泵上配用的喷油提前角自动调节器有机械离心式（受转速控制）和真空式（受载荷控制）两种，现代柴油车上使用电子伺服系统控制喷油提前角。机械离心式喷油提前角调节器，位于联轴器与喷油泵凸轮轴之间，工作原理如图 12.26 所示。

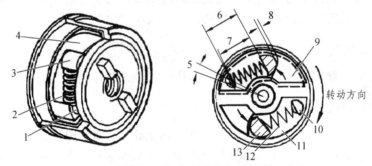

图 12.26　机械离心式喷油提前角调节器工作原理

1—支承销 B；2—弹簧；3—销轴 A；4、11—飞锤；5—喷油提前角；6—静止位置；7—最高速位置；
8—调整量；9—推力块；10—销轴 B；12—弹簧；13—支承销 A

（2）喷油提前角自动调节器的结构与工作过程。喷油提前角自动调节器由三大部分组成。两个矩形凸块的驱动盘为主动部分，驱动盘腹板上压装着两个驱动销，凸块插入联轴器十字胶木盘的矩形孔中，随联轴器一起转动。从动部分为从动盘和两个对称飞锤，从动盘中心有轴孔，用键和紧固螺母与喷油泵凸轮轴连成一体，从动盘上固定两个对称飞锤销，飞锤套在飞锤销上。主、从动部分之间装有调节器弹簧，弹簧的一端在飞锤销上，另一端压在驱动销一侧的凹孔内。

柴油机工作时，驱动盘连同飞锤受曲轴的驱动而旋转。两个飞锤的活动端向外甩出，迫使从动盘也沿旋转方向转动一个角度，直到调速器的弹力与飞锤离心力平衡为止，此时驱动盘与从动盘同步旋转，当转速升高时，飞锤活动端便进一步向外甩出，从动盘被迫再相对于驱动盘前进一个角度，到弹簧弹力足以平衡新的离心力为止，喷油提前角便相应地增大。反之，当柴油机转速降低时，喷油提前角则相应减小。

真空式调速器的工作原理与汽油机点火提前角的真空调节原理一样，通过进气管道上的蝶形阀获得进气真空，用这个真空信号来调节喷油提前角，与汽车发动机的真空式点火提前角仅是结构上有差别。

电子控制调速器利用速度传感器测得发动机转速，将此物理信号变成电子信号传给ECU，ECU根据这个转速，自动调节喷油量，控制发动机转速。

第七节　柴油机燃料供给系辅助装置

一、输油泵

输油泵提供柴油在低压油路循环的动力，并供应足够数量及一定压力的柴油给高压喷油泵。输油泵安装在喷油泵上，有活塞式、膜片式、齿轮式和叶片式等几种。活塞式输油泵工作可靠，应用广泛。

1. 活塞式输油泵的结构

活塞式输油泵的结构如图 12.27 所示，主要由泵体、机械油泵总成、手油泵总成、止回阀类和油道等组成。机械油泵总成由滚轮部件（包括滚轮、滚轮轴和滚轮架）、顶杆、活塞和弹簧等组成。

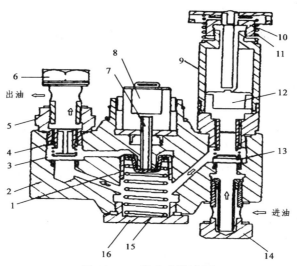

图 12.27　活塞式输油泵

1—输油泵活塞；2—输油泵体；3—出油止回阀；4—止回阀弹簧；5—出油管接头；6—空心螺栓；
7—顶杆；8—滚轮部件；9—手油泵体；10—手柄；11—弹簧；12—手油泵活塞；
13—进油止回阀；14—空心螺栓；15—弹簧；16—螺塞

手油泵总成由手油泵体、活塞、手柄和弹簧等组成。
止回阀类由进油止回阀、出油止回阀和止回阀弹簧等组成。

2. 活塞式输油泵工作原理

喷油泵凸轮轴转动时，轴上的偏心轮推动滚轮、滚轮架、顶杆和活塞向下运动。当偏心轮的凸起部转到上方，活塞被弹簧推动上移时，其下方容积增大，产生真空度，使进油止回阀开启，柴油经油道被吸入活塞的下泵腔。与此同时，活塞上方的泵腔容积减小，油压增高，出油止回阀关闭，上泵腔中的柴油从出油管接头上的孔道经空心螺栓被挤出，流往柴油滤清器。

当活塞被偏心轮和顶杆推动下移时，下泵腔中的油压升高，进油止回阀关闭，出油止回阀开启。同时上泵腔中容积增大，产生真空度。于是柴油自下泵腔经出油止回阀流入上泵腔。如此重复，柴油便不断被送入柴油滤清器，最后被送入喷油泵。

当输油泵的喷油量大于喷油泵的需要量，或柴油滤清器阻力过大时，油路和上泵腔油压升高。若此油压与弹簧弹力相平衡，则活塞便停在某一位置，不能回到上止点，即活塞的行程减小，从而减小了输油量，并限制油压的进一步升高。这样，就实现了输油量的喷油压力的自动调节。

当柴油机长时间停机后欲再起动时，应先将柴油滤清器和喷油泵的放气螺钉拧开，再将手油泵的手柄旋开，往复抽按手油泵的活塞。活塞上行时，将柴油经进油止回阀吸入手油泵泵腔；活塞下行时，进油止回阀关闭，柴油从手油泵泵腔经机械油泵下腔和出油止回阀流入并充满柴油滤清器和喷油泵低压腔，并将其中的空气驱除干净，之后拧紧放气螺钉，旋紧手油泵手柄，再起动发动机。

活塞式油泵的活塞与泵体、手油泵的活塞与泵体以及顶杆与配合孔等偶件，都是经过选配和研磨而达到高精度配合的，故无互换性。

其他类型的输油泵（如叶片泵、齿轮泵、膜片泵），比较常见，本教材不再赘述。

二、柴油滤清器

柴油机的喷油泵和喷油器都是精密的配合偶件，油中杂质对偶件是很不利的，必须滤掉，以保证喷油泵和喷油器可靠地工作，延长使用寿命。使用前要将柴油严格沉淀过滤，燃油系统中还设有粗、细两级滤清器，图 12.28 所示是柴油滤清器总成，第一级和第二级均为纸质滤芯。由输油泵来的柴油先进入第一级滤清器的外腔，穿过滤芯后进入内腔，再经盖内油道流向第二级滤清器，从而保证更好的滤清效果。该双联式纸质滤清器额定流量为 0.76 L/min，总成的阻力应小于 4.24 MPa。

柴油滤清器的滤芯材料还可采用棉布、绸布、毛毡、金属网等。纸质滤芯具有流量大、阻力小、滤清效果好、成本低等优点，目前被广泛采用。

柴油中的机械杂质和尘土被滤去，水分沉淀在壳体内。每工作 100 h（约相当于汽车运行 3 000 km）后，应清除沉积在壳体内的杂质和水分，必要时还应更换滤芯。

当滤清器内油压超过溢油阀的开启压力（0.1 ~ 0.15 MPa）时，使多余的柴油流回油箱，从而保证滤清器内油压在一定限度内。

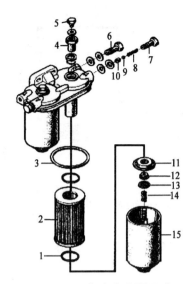

图 12.28 柴油滤清器总成

1—密封垫圈；2—滤芯总成；3—密封垫圈；4—拉杆螺帽；5—放气螺塞；6—管接头螺钉；
7—螺钉；8—弹簧；9—钢球；10—溢油阀座；11—托盘；12—密封圈；
13—托座；14—弹簧；15—壳体组合件

第八节 其他类型的燃油泵

一、PT 燃油泵

PT 供油系统基本原理是根据燃油泵输出压力 P（pressure）和喷油器喷油时间 T（time）来控制循环供油量，以满足柴油机不同工况的需要，故称为 PT 供油系统。

PT 燃油泵为低压泵，它提供给喷油器的供油压力最大为 2 MPa，PT 燃油泵的基本功能是按规定流量和压力，将燃油从油箱输送至喷油器，控制和调节发动机的转速、负荷及工况。

1. PT 供油系统的基本工作原理

PT 供油系统如图 12.29 所示，PT 燃油泵将燃油从燃油箱经滤清器和油管吸入，输出的是低压油（不高于 2 MPa），燃油经稳压器、细滤清器、调速器、节流阀（节气门）、断流器、供油管进入喷油器。凸轮机构强制燃油在喷油器内变成需要的高压油，并适时、按序向燃烧室喷射燃油，这是 PT 系统不同于其他系统的特点，喷油器多余的油经旁路返回油箱。

2. PT 供油系统的组成

康明斯柴油机 PT 供油系统由柴油油箱、滤清器、PT 泵、喷油器等组成。对增压柴油机还装有排气烟度限制器或空气燃料控制器（AFC 装置）。

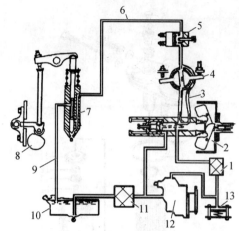

图 12.29 PT 供油系统工作原理示意图

1—细滤清器；2—调速器；3—怠速油道；4—节流器；5—断流器；6—供油管；7—喷油器；
8—凸轮轴；9—回油管；10—燃油箱；11—滤清器；12—PT 燃油泵；13—稳压器

（1）柴油油箱。该系统另设主油箱，柴油油箱一般为一较小的浮子油箱，如图 12.30 所示。为了防止停车时燃油自回油管反向经喷油器流入气缸和曲轴箱稀释机油，在喷油器较低的位置设有浮子油箱。在浮子油箱内设有浮子，当浮子油箱中燃油达到规定的高度时，浮子另一端球阀关闭，主油箱的油便停止流入，如图 12.30（a）所示。当油面下降时，进油阀又开启，燃油流入并保持一定油面高度，如图 12.30（b）所示，使进入 PT 燃油泵的进油压力保持一定。

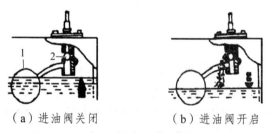

（a）进油阀关闭　　　　（b）进油阀开启

图 12.30　浮子油箱的构造

1—浮子；2—球阀

（2）滤清器装在油箱与 PT 燃油泵间，滤掉杂质，防止堵塞油路和喷油器。

（3）PT 燃油泵属低压燃油泵，起输油、调压和调速三大作用。

输油——在适当压力下将燃油输入喷油器；调压——当转速，负荷发生变化时，通过改变压力得到需要的供油量；调速——限超速、稳怠速。

（4）喷油器将高压燃油呈雾状喷入燃烧室，具有计量、定时和喷射三大作用。

3. PT 喷油器

PT 喷油器由喷油器体、柱塞、调整垫片、柱塞回位弹簧、进油量孔、回油孔和计量量孔组成。喷油器及传动机构如图 12.31 所示，它是高压燃油产生的地方。

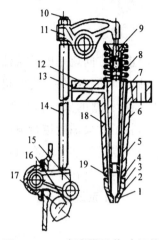

图 12.31　喷油器及传动机构

1—喷油器罩；2—密封垫圈；3—计量量孔；4—回油量孔 5—柱塞环槽；6—回油道；
7—柱塞；8—回位弹簧 9—柱塞杆头；10—调整螺钉；11—摇臂；12—喷油器体；
13—平衡量孔；14—推杆；15—滚轮；16—凸轮；17—调整垫片；
18—上进油道；19—下进油道

二、VE 泵

VE 喷油泵的结构示意图如图 12.32（a）所示，（b）图是 VE 泵的照片图。

VE 分配式喷油泵只有一个既作往复运动又作旋转运动的单柱塞，往复运动泵油的同时，旋转运动将高压柴油分配到各个油缸，它集喷油泵、输油泵、调速器和喷油提前角调节器为一体，体积小、重量轻、结构紧凑、功能齐全、安装维修方便。它用一组泵油元件通过分配机构定时定量为各气缸供油，用一组电磁阀接通或截断油路。需要喷油时，电磁线圈通电，进油道开启；需要断油时，电磁线圈断电，阀门在弹簧作用下关闭进油道。

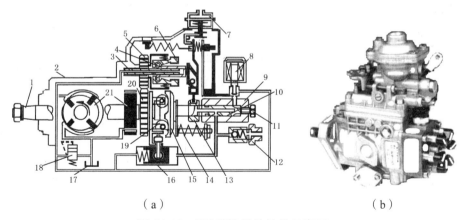

（a）　　　　　　　　　　　　　　（b）

图 12.32　VE 喷油器的结构示意图

1—泵驱动轴；2—泵外壳；3—输出量压力调节轴；4—输出量转速控制套；5—小齿轮；6—飞锤；
7—真空调节器；8—电磁断油阀；9—配油套；10—泵柱塞；11—调节螺钉；12—出油阀；
13—油量自动控制套；14—主弹簧；15—主曲线盘；16—压力平衡调节阀；17—油箱；
18—低压泵；19—主滚轮；20—大齿轮；21—叶片泵

三、新型柴油泵

柴油机实现电子控制喷油的一个重要方向就是电控柴油泵。柴油机用的电控多缸直列式喷油泵由电控柱塞副、泵体、凸轮轴、出油阀组件、定时机构等零部件组成，每一只柱塞套上安装一只微型电磁阀，通过 ECU 控制柱塞的供油起点和终点。

电控柴油泵第一代主要特点是加装了对喷油量进行电子控制的电子调速器和对喷油时间进行控制的电子调速器。第二代主要特点是加装了一套 TICS 系统，它可以根据发动机的负荷和转速自动控制喷油率。第三代主要特点是在高压油管上加装了高速电磁控制溢流阀，通过这个阀控制喷油量和喷油正时，即 PPVI 系统。

1. 电控直列式喷油泵

在直列泵基础上发展起来的电子控制燃油喷射装置具有喷油量与喷油定时控制功能，有些控制系统还具有喷油压力和喷油速率等控制功能。

电控直列泵如图 12.33 所示，它的喷油量控制装置为电控调速器。电控调速器使喷油量随转速变化的控制易于实现，而且响应速度比机械式或机械液压式调速器快得多，因此，适用范围非常广泛。电控调速器按执行机构的不同可分为电子调速器和电子液压式调速器两类。

图 12.33　电控直列式喷油泵

2. 电控单体泵系统

德国 Bosch 公司的电控单体泵（EUP）系统，采用较短的高压油管，可实现较高的喷油压力，最高喷油压力可达 16 MPa，并采用高速电磁阀控制喷油定时及喷油量。

3. 电控分配泵

柴油机电控分配泵见图 12.34，它的喷油量及喷油定时的控制采用高速电磁阀控制，电磁阀的闭合时刻对应着喷油定时，电磁阀从闭合到开启的时间确定了喷油量，泵最高喷油压力可达 10 MPa，新研制的RS 型电控分配泵可达到更高的喷油压力，峰值喷油压力接近 14 MPa。

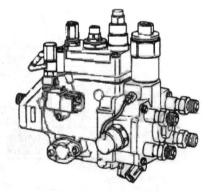

4. 电控泵喷嘴系统

载重车用柴油机的燃烧系统要求压力达15 MPa，以满足排放和噪声的要求，为此开发出高

图 12.34　电控分配泵

压电控喷油系统，这就是电子控制泵喷嘴系统，它能达到很高的喷射压力，使燃油雾化质量提高，降低了柴油机燃烧系统对缸内涡流强度的要求，可以采用无涡流燃烧系统。

第九节　柴油机排气净化

柴油机过量空气系数大，燃烧比较完全，因此 CO、HC 的排出量较少。柴油机净化工作的重点是降低 NO_x 和 HC 的排出量和减少碳烟（ PM_{10} ）。

燃烧室形式对排污量的影响很大，试验表明，分隔式燃烧室排污量比直接喷射式低得多。

适当减小喷油提前角，可降低最高燃烧温度，使 NO_x 排出量减少。这是目前用来降低直喷式柴油机排放量的最有效的措施，但减小喷油提前角会使热效率和功率下降。

废气涡轮增压可使过量空气系数提高，进气温度上升，因而 CO、HC 及碳烟的排放量降低，但会使 NO_x 增加。采用增压加中间空气冷却，既能全面降低排污，又能提高柴油机性能，适用于汽车和工程机械等柴油机，但应装设冒烟限制器，以减少低速和加速时的排烟。

柴油机排出的碳烟由多孔性碳粒构成，是柴油在高温缺氧区脱氢反应所致。其中直径在 $2\ \mu m$ 以下的碳粒占 $80\% \sim 90\%$ ，而正是这种碳粒对人的呼吸极为有害。图 12.35 是一种隧道作业用的铲车和自卸车柴油机碳烟净化装置的示意图。

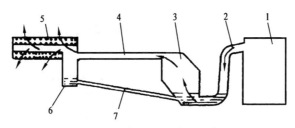

图 12.35　碳烟净化装置示意图

1—柴油机；2—排气管；3—蒸发器；4—冷却管；5—过滤器；6—冷凝水；7—冷凝水回流管

第十节　新型柴油汽车

与汽油机相比柴油机有很多优势：能减少 $20\% \sim 25\%$ 的 CO_2 废气排放，车速较低时的加速性能更有优势，平均燃油消耗低 $25\% \sim 30\%$ ，能提供更多的驾驶乐趣。但是，与汽油机相比，柴油机的排放控制又是一个难点。

柴油机电控燃油喷射技术的应用，在满足排放法规的条件下，能大大提高柴油机的燃油经济性、动力性和排放性能。

一、共轨柴油机

1. 什么叫柴油机共轨技术

柴油共轨技术就是电控柴油喷射技术，它是指在由高压油泵、压力传感器和电脑控制单元（ECU）组成的闭环系统中，将喷射压力的产生和喷射过程彼此完全分开的一种供油方式。由高压油泵把高压燃油输送到公共供油管（俗称共轨），通过对公共供油管内的油压实现精确控制，使高压油管压力大小与发动机的转速无关，可以大幅度减小柴油机供油压力随发动机转速的变化而变化，从而克服了传统柴油机燃油压力变化的缺陷。ECU 控制喷油器的喷油量，喷油量大小取决于燃油轨（公共供油管）压力和电磁阀开启时间的长短。共轨系统开辟了降低柴油发动机排放和噪音的新途径。共轨柴油机原理示意图如图 12.36 所示（灰色为高压燃油管，空心白色管为低压燃油管，实心线为电缆线）。

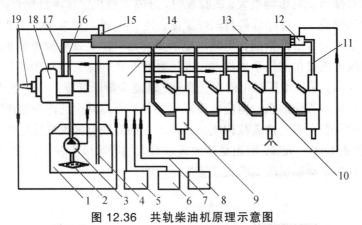

图 12.36　共轨柴油机原理示意图

1—柴油箱；2—粗过滤器；3—低压输油泵；4—总回油管；5—发动机负荷传感器；6—速度传感器；7—电缆线；
8—其他多种传感器组合；9—电控柴油喷油器；10—喷油控制线圈；11—余油回油管；12—燃油压力调节器；
13—高压共轨集油管；14—发动机电控单元 ECU；15—燃油压力传感器；16—油泵泄油回油管；
17—燃油高压出油管；18—高压燃油泵；19—驱动轴

2．共轨柴油机的特点

共轨柴油喷射系统（Common Rail System）与之前以凸轮轴驱动的柴油喷射系统不同，共轨式柴油喷射系统将喷射压力的产生和喷射过程彼此完全分开。电磁阀控制的喷油器替代了传统的机械式喷油器，共轨中的燃油压力由一个径向柱塞式高压泵产生，由一个电磁压力调节阀控制，根据发动机的工作需要进行连续压力调节。电控单元 ECU 通过作用于喷油器电磁阀上的脉冲信号控制燃油的喷射过程。喷油量的大小取决于燃油轨中的油压和电磁阀开启时间的长短，及喷油嘴液体流动特性。

燃油喷射压力是柴油发动机的重要指标，因为它联系着发动机的动力、油耗、排放等。共轨柴油喷射系统已将燃油喷射压力提高到 18 MP。这一系统通过 ECU 灵活地控制燃油分配时段、燃油喷射顺序、燃油喷射时间、喷射压力和喷射速率。通过对以上特性的控制，共轨技术使柴油机的响应性、排放指标和驾驶舒适性达到了汽油发动机水平，在发动机所有转速范围内保证高燃油压力，高的喷射压力可以保证发动机在低转速工况下仍然获得良好的燃烧特性，因而它具有显著的燃油经济性和低排放特性。

3．共轨柴油机与传统柴油机的比较

与凸轮轴驱动控制轴向柱塞泵式柴油机相比，共轨柴油机有以下明显的优势：

1）供油系统得到精确控制

共轨上有压力传感器时时监测燃油压力，并将这一信号传递给 ECU 来调节控制共轨内的燃油压力达到希望值，使其根据发动机运转条件的不同保持在 2～18 MPa 范围内，再通过电脑控制分别喷射到气缸中，共轨不但保持了燃油压力，还消除了压力波动。

2）燃油喷射系统结构大大简化

燃油喷射是很复杂的机械、液压、电子系统联合作业的结果，要适应发动机各种工况下的工作环境，在燃烧之前燃油必须经过过滤和增压，在准确的时间以一定的喷射速率喷射到每一个气缸内。共轨系统大大简化了燃油喷射系统的结构。

3）使柴油机的结构变得紧凑

喷油器的紧凑结构使得共轨系统可以方便地应用于最大功率 30 kW 的小排量发动机，该发动机在 1 800 ~ 2 800 r/min 时输出最大扭矩 100 N·m。

4. 共轨柴油机的发展历史

柴油共轨系统已开发了 3 代，它有着强大的技术潜力。

第一代共轨高压泵总是保持在最高压力，缺点是浪费了能量和燃油温度较高。第二代可根据发动机需求而改变输出压力，并具有预喷射和后喷射功能。

第三代共轨柴油机是压电式（piezo）共轨系统，压电执行器代替了电磁阀，从而得到了更加精确的喷射控制。没有了回油管，在结构上更简单。压力从 2 ~ 20 MPa 弹性调节。最小喷射量可控制在 0.5 mm^3，减小了烟度和 NO_x 的排放。

5. 高压共轨柴油机

高压共轨（Common Rail）是指在高压油泵、压力传感器和电子控制单元（ECU）组成的闭环系统中，将喷射压力的产生和喷射过程彼此完全分开的一种供油方式。

二、柴油-电力汽车

"柴油-电力"混合动力车配有一个先进的柴油发动机和一个体积较小的电动机。同时还配有高性能电池和一个技术含量很高的动力分配系统。动力分配系统可根据车速决定是否使用电能，并把同时工作的电动力与柴油动力调配在一起，从而提高车的行驶性能。在城市中，这种车在时速 50 km 以内可以完全使用电力。当车速超过 50 km/h，柴油和电动机可同时工作，驾驶者也可通过一个按键，选择高速状态下只使用柴油动力。这种混合动力车的另一大特点，是在加速时除了柴油动力外，还有达到柴油动力 35% 的电动力加入进来，从而提高汽车的相关性能。柴油发动机比汽油发动机节能，加入电动机后，车的燃料消耗会大大降低，平均每百公里只需 3.4 L 柴油，比传统柴油车节省 28% 的燃料，可比"汽油-电力"混合动力车节省 25% 的燃料。此外，"柴油-电力"车平均每公里排放的温室气体——二氧化碳不超过 90 g。

☆第十一节　公差配合常识

一、概　述

1. 零件与零件图的重要性

（1）零件是组成机器或部件的基本制造单元。要生产合格的机器或部件，必须首先制造出合格的零件。

（2）零件又是根据零件图制造和检验的，零件图有错，就会影响零件及机器质量。

（3）零件图是直接指导制造和检验零件的重要技术文件，必须完整、正确、清晰地表达零件的形状结构、尺寸大小和制造要求，以符合设计要求及生产的需要。

为了让所有图纸和按图加工出来的零件能有一个统一的加工标准和验收标准，必须制定一套大家懂得并遵守的制图和加工标准。

（4）决定零件加工质量的要素有：尺寸精度、形状精度、位置精度、表面粗糙度及热处理情况。

2. 基本概念

（1）互换性：相同的零、部件，不需做任何挑选或附加修配，就能装配在机器上并达到其技术性能要求的性质，叫互换性，互换性对控制零件尺寸的准确性有重大意义。

（2）基本尺寸：设计给定的尺寸（准确尺寸）。

（3）实际尺寸：通过测量所得的尺寸（不准确尺寸）。

（4）极限尺寸：允许尺寸变化的两个极限值（可正可负）。

（5）最大极限尺寸：允许尺寸变化的最大界限值（可正可负）。

（6）最小极限尺寸：允许尺寸变化的最小界限值（可正可负）。

（7）尺寸偏差：某一尺寸减去基本尺寸所得到的代数差（可正可负）。

（8）上偏差：最大极限尺寸减去基本尺寸所得到的代数差（可正可负）。

（9）下偏差：最小极限尺寸减去基本尺寸所得到的代数差（可正可负）。

（10）尺寸公差（公差）：允许尺寸的变动量（永远为正）。

（11）公差带：限制尺寸变动的区域。

（12）标准公差：国家标准规定的任一公差，用 IT 表示。

（13）公差等级：用以确定尺寸精确程度的等级，由设计者根据设计条件决定，其数值大小由基本尺寸和公差等级两个因素决定（表示方法见公差等级代号）。

（14）基本偏差：确定公差带位置的偏差，一般是靠近零线那个偏差。

（15）基本偏差系列如图 12.41 所示。

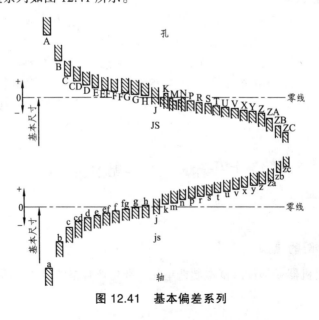

图 12.41　基本偏差系列

① 大写代表孔，小写代表轴。除去 5 个不用的字母：I、L、O、Q、W（I、l、o、q、w），再加上 7 个组合字母 CD、EF、FG、ZA、ZB、ZC、JS（cd、ef、fg、za、zb、zc、js）共计 28 个代号。

② 与基准孔配合时，a、b、c、d、e、f、g、h（cd、ef、fg 不常用）8 种为间隙配合，js、k、m（j 不常用）3 种为过渡配合，n、p、r、s、t、u、v、x、y、z（za、zb、zc 不常用）10 种为过盈配合。

③ 与基准轴配合时，A、B、C、D、E、F、、G、H 8 种配合为间隙配合（CD、EF、FG 不常用），JS、K、M 3 种配合为过渡配合（J 不常用），N、P、R、S、T、U、V、X、Y、Z 10 种配合为过盈配合（ZA、ZB、ZC 不常用）。

④ 应尽量选用优先配合。

（16）配合：相同基本尺寸的包容面与被包容面相互的结合关系，称为配合。

（17）间隙配合：包容面比被包容面大的配合。

（18）过盈配合：包容面比被包容面小的配合。

（19）过渡配合：包容面可能比被包容面大、也可能比被包容面小的配合。

（20）基孔制：基本偏差一定的孔的公差带，与不同基本偏差轴的公差带形成各种配合性质的一种制度。基孔制的孔叫基准孔，用 H 表示。

（21）基轴制：基本偏差一定的轴的公差带，与不同基本偏差孔的公差带形成各种配合性质的一种制度。基轴制的轴叫基准轴，用 h 表示。

（22）基本偏差代号：共 28 个，用英文字母及其组合表示。

（23）标准公差等级代号：用 IT 加数字表示，国家标准规定有 20 个等级，IT01 最高，IT18 最低，公差等级用来确定公差带的大小。

（24）公差带代号：由基本偏差代号加精度等级数字表示，如 H7、C8 等，两个数字大小相等。

（25）配合代号：由基本尺寸加上分数形式表示的孔与轴公差带代号组成，分子是孔的公差带代号，分母是轴的公差带代号。

（26）形状精度：表示零件表面或其他几何要素的准确程度。

（27）位置精度：表示零件表面之间或其他几何要素之间相互位置的准确程度。

（28）直线度：被测直线偏离理想形状的程度。

（29）直线度公差：被测直线相对于理想直线的允许变动量。

（30）直线度误差：被测直线对理想直线的实际变动量。

（31）平面度：被测平面偏离理想形状的程度。

（32）平面度公差：被测平面相对于理想平面的允许变动量。

（33）平面度误差：被测平面相对于理想平面的实际变动量。

（34）平行度：被测要素相对于基准要素的方向成 0° 的要求。

（35）同轴度：被测要素与基准轴线的同轴性要求。

二、互换性与配合常识

1. 互换性的重要性

零件或部件具有互换性，对简化产品设计、缩短生产周期、提高劳动生产率、降低产品成本、方便使用及维修，都有十分重要的意义。

2. 公差与配合标准

为了实现互换性，国家（全世界）制定公差与配合的标准。

3. 两种配合制度

基孔制和基轴制，优先使用基孔制。

4. 公差与配合的标注

配合代号由孔与轴公差带代号所组成，分子表示孔的公差带代号，分母表示轴的公差带代号。

（1）孔、轴公差带代号的组成：

① 由基本偏差代号决定公差带的位置。

② 由标准公差等级代号决定公差带大小。

（2）3种标注形式：

① 基本尺寸后直接标注极限偏差，主要是零件加工图上用，如 $\phi 75^{+0.033}_{0}$。

② 基本尺寸后直接标公差带代号，主要用于装配图，如 $\phi 75H8$。

③ 基本尺寸后同时标注公差带代号和极限偏差，用于重要零件或特殊地方，如 $\phi 75H8^{+0.033}_{0}$。

（3）有配合要求的尺寸标注，应标注配合代号，分子表示孔的公差带代号，分母表示轴的公差带代号。

三、形状公差

零件加工后，除要求尺寸准确外，还必须对表面的形状和各组成要素的相互位置提出要求，表面或其他几何要素的准确程度由形状公差控制；相互位置的准确程度由位置公差控制。

1. 控制形状公差的必要性

零件尺寸精度虽然合格，但由于形状精度不合格而会影响零件质量。因此，仅对零件提出尺寸公差要求是不够的，必须有形状上的精度要求。

2. 形状公差的分类及符号

形状公差的分类及符号见表12.2。

表 12.2　形位公差的项目和符号

分类	项　目	符号	分　类	项　目	符号
形状公差	直　线　度	—	位置公差	定向	平 行 度	//
	平　面　度	▱			垂 直 度	⊥
	圆　　度	○			倾 斜 度	∠
	圆　柱　度	⌀		定位	同 轴 度	◎
	线轮廓度	⌒			对 称 度	≡
					位 置 度	⊕
	面轮廓度	⌓		跳动	圆 跳 动	↗
					全 跳 动	↗↗

四、位置公差

1. 控制位置公差的必要性

零件只保证尺寸精度和形状精度是不够的，会影响装配。为了保证零件装配合格，还应保证其位置精度的要求。

2. 位置公差的分类及符号

位置公差的分类及符号见表 12.2。

五、形位公差的标注

1. 形位公差代号的内容

（1）符号。

（2）公差框格（细实线）。

（3）指引线。

（4）公差数值（见 GB/T 1182—1996，GB/T 1184—1996）。

2. 形位公差与尺寸公差的关系

（1）包含原则（尺寸公差控制形位公差）：

① 单一要素在尺寸公差后加（E）。

② 关联要素在尺寸公差后加（M）。

（2）最大实体原则：

① 最大实体原则用于被测要素时，在形位公差值之后加（M）。

② 最大实体原则用于基准要素时，在基准符号之后加注（M）。

（3）独立原则。不再加注符号。

六、表面粗糙度

1. 表面粗糙度对零件使用性能的意义

表面粗糙度对零件的使用性能有多方面的影响，如配合的可靠性、疲劳强度、摩擦力、耐磨性、涂层的附着强度、机械结构的灵敏度和传动精度等。

2. 表面粗糙度的标注

（1）粗糙度符号：

① 基本符号：✓

② 去除材料符号：▽

③ 不去除材料符号：◁

（2）表面粗糙度代号：符号＋评定参数。

（3）表面粗糙度在图标上的标注：表面粗糙度代号应标注在可见轮廓线、尺寸线、尺寸界线或它们的延长线上，符号的尖端必须从材料外指向表面。

（4）表面粗糙度的选用：

① 原则：适用为度。

② 方法：与加工方法相匹配。

七、常用量具

我国常用量具的单位都采用 GB/T 3102.1 ~ 7—1993 规定的法定计量单位，国外常用量具有采用英制单位的。机械类常用的量具有：

1. 钢直尺

（1）种类：常用的有 150 mm、200 mm、300 mm、500 mm、1 000 mm 等 5 种。

（2）测量精度：0.2 ~ 0.5 mm。

2. 游标卡尺

游标卡尺是一种中等精度的量具，可以用来测量工件的外径、内径、长度、宽度、深度和孔距等。

（1）结构与种类：主要由尺身和游标组成。种类有普通游标卡尺、游标深度尺、游标高度尺等。

（2）读数方法：读数时，首先读出游标零线左面尺身上的整毫米数，其次看游标上哪一条刻线与尺身对齐，得出毫米小数读数，最后把尺身和游标上的尺寸相加。

（3）测量精度：有 0.1 mm、0.05 mm、0.02 mm 3 种。

3. 千分尺

是一种比游标卡尺更精密的量具。

（1）种类：

① 外径；② 内径；③ 深度；④ 其他。

（2）结构：由尺架、砧座、测微螺杆、锁紧装置、固定套管、微分筒和测力装置组成。

（3）刻度原理：千分尺测微螺杆的螺距为 0.5 mm，固定套管上的直线每格为 0.5 mm。当微分筒转一周时，测微螺杆就移动 0.5 mm，微分筒的圆周斜面上共刻 50 格，因此，当微分筒转一格时，测微螺杆移动 0.01 mm，所以千分尺的读数值为 0.01 mm。

（4）读法：

① 读出活动套管边缘在固定套管主尺的毫米数和半毫米数。

② 活动套管上哪一格与固定套管上基准线对齐，并读出不足半毫米的数。

③ 把两个读数加起来为测得的实际尺寸。

（5）千分尺的合理使用：

① 检查零点；② 合理操作；③ 擦净工件；④ 精心维护。

4. 百分表

主要用于校正工件的安装位置，检验零件的几何尺寸及相互位置差以及测量工件内径，是一种指示量具。

（1）种类：

① 钟面式；② 杠杆式；③ 内径百分表。

（2）刻度原理：百分表有大小指针，大指针刻度盘上有 100 个等分格，小指针有 10 个分格，大指针每格读数为时 0.01 mm 时，用来读 1 mm 以下的数值，小指针每格为 1 mm，用来读 1 mm 以上的整数值。

（3）使用方法：

① 测量时，先将表头与测量面接触，并使大指针转过一圈，然后把表夹紧，并转动表盖将大指针指到零位。

② 百分表大指针对零以后，应轻轻提起测量杆几次，检查测量杆的灵活性，检查指针的提示是否稳定。

③ 测量前，应先擦净量头及被测表面。

④ 测量时，转动工件或移动百分表并观察指针的摆动，测得的百分表指针摆动值，就是被测零件的公差值。

5. 直角尺

直角尺内侧两边及外侧两边分别成准确的直角，用来检测小型零件上两垂直面的垂直度误差。

6. 万能角尺

万能角尺可以测量 0 ~ 320° 范围内的任意角度。

（1）结构：由主尺、基尺、游标、垂直角尺、直尺、卡块、制动器等组成。

（2）读数原理：读数等于游标 0 线所指主尺上的整数加游标尺与主尺对齐时的格数乘以游标读数值。

7. 塞 规

用于检测成批生产零件的一种专用量具，其操作方便、测量准确。

（1）用途：用来测量孔径和槽宽。

（2）结构与使用：由过端和止端等组成。

8. 卡 规

（1）用途：用来测量圆柱形、长方形、多边形的外部尺寸。

（2）结构与使用：卡规止端的测量尺寸，等于工件最小极限尺寸，卡规过端的测量尺寸，等于工件的最大极限尺寸。

思 考 题

1. 柴油机燃料供给系由哪几部分组成？

2. 柴油机可燃混合气的形成与汽油机可燃混合气形成有什么区别？

3. 为什么柴油机既要安装飞轮，还要安装调速器？

4. 柴油机喷油压力由什么确定？怎样调整？

5. 喷油泵出油阀有什么作用？

6. 柱塞式喷油泵怎样调整供油量？

7. 什么是供油提前角？柱塞式喷油泵用什么方式调整供油提前角？

8. 什么是柱塞式喷油泵的速度特性？对柴油机性能有何影响？

9. 什么是柴油机的共轨技术？

10. 转子分配泵有什么特点？其工作原理如何？

11. 互换性对生产和科技发展有何意义？

12. 公差带代号由哪两个部分组成？分别决定了公差带的什么因素？

13. 决定零件加工质量的因素有哪些？

14. 常用的测量工具有哪些？

第三篇　汽车底盘

　　底盘（chassis）是汽车所有零件、总成及装置的装配基体和受力机架，包括传动系、行驶系、转向系、制动系4部分，电子控制技术在现代汽车底盘上得到广泛运用，使现代汽车的综合性能得到质的提升。

第十三章　汽车传动系

第一节　概　述

一、传动系的作用和组成

汽车传动系（drivetrain system）由前传动系（离合器、变速器、分动器）和后传动系（万向传动装置、主减速器、差速器和半轴）两部分组成。它的作用是将发动机发出的动力和运动传递给驱动轮，使路面对驱动轮产生一个驱动力，推动汽车行驶。

传动系具有减速、变速、倒车、中断动力、轮间差速和轴间差速等功能，与发动机配合工作，能保证汽车在各种工况条件下的正常行驶，以追求尽可能好的动力性和经济性。

二、传动系的种类和组成

按能量传递方式的不同，传动系可分为机械传动、液力传动、液压传动、电传动及综合传动几种。

汽车行驶中需要克服各种阻力，这些阻力随着行驶情况而变化，变化量可能是几倍甚至几十倍。汽车正常行驶，驱动力必须随行驶情况的改变而变化；汽车能在不同的情况下具有合适的行驶速度；能倒向行驶；能平稳起步；能弯道行驶等传动系的基本功能。

内燃机具有转速较高、转矩大小及变化范围较小、且不能倒转的特点，所以单靠发动机不能满足汽车行驶要求。传动系协助发动机工作，保证汽车在各种不同使用条件下正常行驶。传动系基本组成如图 13.1 所示，发动机通过离合器、变速器、万向传动装置、驱动桥（内有主减速器、差速器、半轴）将动力和运动传给驱动轮。

三、传动系的布置形式

汽车发动机的安装位置、安装方向、与驱动轮之间的相对关系称为汽车布置，汽车的布置形式如表 13.1 所示。汽车传动系的组成及布置，随汽车的布置形式不同而变化。

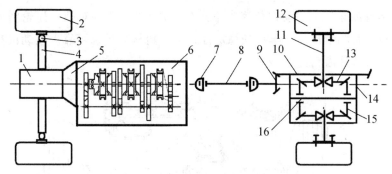

图 13.1　汽车传动系的基本组成

1—发动机；2—转向轮（属于行驶系）；3—转向主销（属于转向系）；4—转向桥（属于行驶系）；5—离合器；
6—手动变速箱；7—万向节；8—传动轴；9—主减速器主动轮；10—主减速器被动轮；11—半轴；
12—驱动轮（属于行驶系）；13—半轴齿轮；14—差速器行星架；
15—差速器行星轮；16—差速器行星轮轴

表 13.1　发动机与驱动轮布置形式

发动机　　　驱动轮	前置（front）		中置（middle）		后置（rear）	
	横向布置（transverse）	纵向布置（vertical）	横向布置（transverse）	纵向布置（vertical）	横向布置（transverse）	纵向布置（vertical）
前轮（front）	FFT	[FFV]	MFT	[MFV]	[RFT]	[RFV]
后轮（rear）	[FRT]	FRV	MRT	MRV	RRT	RRV

注：有方括号者为不常用。

汽车驱动形式用全部车轮数×驱动车轮数来表示。如有两根车桥 4 个车轮，后桥上的两个车轮为驱动轮，驱动形式为 4×2；如果 4 个轮子都是驱动轮，驱动形式为 4×4。

1. 发动机前置、后轮驱动的传动系

发动机纵向前置（front vertical），后轮驱动（rear wheel drive）的自动变速传动系示意图如图 13.2 所示，液力传动装置串联一个有级式机械自动变速器，这样的传动称为液力机械传动。发动机纵向布置，主减速器一定是一对圆锥齿轮。

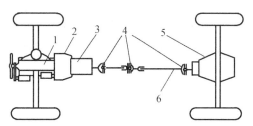

图 13.2　发动机纵向前置、后轮驱动的自动变速传动系示意图

1—发动机；2—液力传动装置；3—自动变速器；4—万向传动装置；5—驱动桥；6—传动轴

2. 发动机前置、前轮驱动的传动系

图 13.3 所示为发动机横向前置（front transverse）、前轮驱动（front wheel drive）的传动系示意图。该传动系发动机、离合器、变速器、主减速器、差速器装配十分紧凑，形成一个整

体，固定于车身或车架上，动力传递中不需要扭转 90°，用一对圆柱齿轮副为主减速器，降低了全车重心，有利于提高汽车行驶稳定性，操纵机构简单、可靠。发动机横向布置，主减速器大多是一对圆柱齿轮。

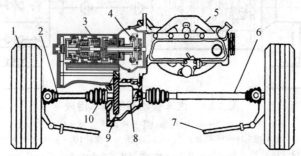

图 13.3 发动机横向前置、前轮驱动的传动系示意图

1—前转向驱动轮；2—传动轴；3—自动变速器；4—液力变矩器；5—发动机；6—传动轴；
7—转向拉杆；8—差速器；9—主减速器被动齿轮；10-主减速器主动力齿轮

图 13.4 所示为发动机纵向前置、前轮驱动的传动系示意图。这样可以有效地利用发动机厢内的空间，传动系中也省略了纵贯汽车前后的传动轴，变速器、主减速器及差速器结构紧凑，传动效率高。

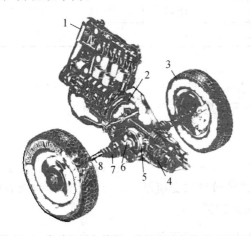

图 13.4 发动机纵向前置、前轮驱动的传动系示意图

1—发动机；2—离合器；3—前驱动轮；4—变速器；
5—主减速器；6—差速器；7—万向节；8—传动轴

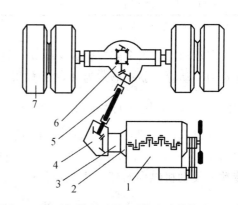

图 13.5 发动机横向后置、后轮驱动的传动系示意图

1—发动机；2—离合器；3—变速器；4—角传动装置；
5—万向传动装置；6—后驱动桥；7—后驱动轮

3. 发动机后置、后轮驱动的传动系

图 13.5 所示的传动系布置方式多用于发动机后置、后轮驱动的大型客车上。发动机横向卧式布置于驱动桥之后，传动轴大为缩短。发动机动力经过离合器、变速器、角传动装置、万向传动装置和后驱动桥，再传给后驱动轮，这是发动机横向布置，主减速器仍是圆锥齿轮的例子。后置发动机，前轴不易过载，车厢面积利用率高，重心低，行驶稳定；但操纵机构复杂，发动机散热条件差。

4. 四轮驱动汽车的传动系

图 13.6 为发动机纵向前置、四轮驱动传动系示意图。为了提高汽车的通过性,保证汽车在无路和坏路面上也能行驶,可采用四轮驱动(four wheel drive)。越野汽车、高性能的赛车大多采用四轮驱动方式,现代轻型汽车和家庭轿车也有采用四轮驱动方式的。由于采用了四轮驱动,所以变速器之后增加了一个分动器,其作用是把变速器输出的动力经几套万向传动装置分别传给前、后驱动桥。四轮驱动时两轴四轮的转速都可能不相等,故至少需要三个差速器分别装在前后桥和分动器上。

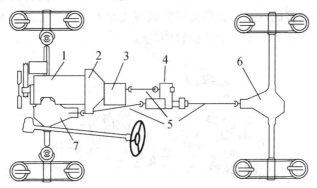

图 13.6　发动机纵向前置、四轮驱动的传动系示意图

1—发动机;2—离合器;3—变速器;4—分动器;5—传动轴;6—后驱动桥;7—前驱动桥

底盘是汽车的支承,现代汽车的底盘采用电子控制的 AWD 全轮驱动系统和 4-C 技术组合,已经具备智能化功能,驾驶员只需按动按钮就可随心所欲地调节行驶状态。可采用"舒适型"(comfort)、"运动型"(sport)和"超级运动型"(advanced)3 种操纵模式。在选择"舒适性"时,轿车采用"空中悬挂"技术,使车身处于最佳隔离状态,不受坎坷路面的影响,轿车被减振器悬吊于空中如摇篮一般。

"持续操纵底盘理念"(即 4-C 技术)能收集大量有关车辆行驶的信息,并极其迅速地对节气门作出相应调整,同时也通过电控方式调整减振器和全轮驱动系统。4-C 系统可根据不断获得的有关车速、车轮和底盘的运行状态以及方向盘的位置等信息,以 1～500 Hz 的频率调整节气门以适应行驶状态。

4-C 系统和 AWD 系统都与车内的 Multiplex 计算机系统相链接,因而具有处理大量信息的功能,使车辆获得了最佳的抓地能力和稳定性。

第二节　离　合　器

离合器(clutch)装在发动机与变速器之间,它的作用是保证汽车的动力和运动传递路线能按驾驶员的意愿随时准确顺利地接通或断开,达到平稳起步、变速器顺利换挡、防止传动系过载的目的。当汽车起步和变速换挡时,使发动机与传动系暂时分离,以中断动力传递,随后又使之逐渐接合,以便传递动力。对离合器的基本要求是结合可靠,分离彻底。

一、离合器的类型与工作原理

汽车离合器按其工作原理不同可分为机械摩擦式离合器（The machine friction type clutch）和自动离合器（automatic clutch）（液力偶合器和液力变矩器）两大类。

1. 摩擦式离合器

机械摩擦式离合器简称离合器，结构如图 13.7 所示，发动机飞轮及随它转动的压紧盘为离合器的主动件，摩擦盘为从动件，摩擦盘的轮毂通过花键与离合器输出轴（也是变速器的输入轴）相连。当连接螺丝把离合器壳体紧固在飞轮上时，离合器主弹簧就迫使压紧盘紧紧地把摩擦盘压紧在飞轮上形成一个传递整体。

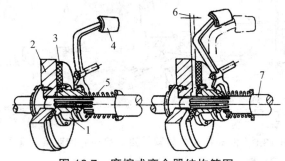

图 13.7　摩擦式离合器结构简图

1—分离轴承；2—飞轮；3—摩擦盘；4—踏板；5—压紧弹簧；6—间隙；7—从动轴

当需要分离时，驾驶员踩下离合器踏板，通过分离叉，使压紧盘、摩擦盘与飞轮脱离接触，达到切断传递的目的。

需要结合时，驾驶员放松离合器踏板，依靠弹簧再次将摩擦盘紧紧地压紧在压紧盘与飞轮后端面之间，通过表面摩擦力产生摩擦力矩，向变速器传递发动机动力和运动。

摩擦式离合器结构简单，制造修理方便，传动效率高，由压紧机构和分离机构组成，压紧机构又分为主动（飞轮、压紧盘）、从动（摩擦盘、输出轴）和压紧（弹簧、离合器盖）三部分，分离机构由分离轴承、拨叉及附件组成。它利用摩擦传动原理传递动力和运动。

2. 自动离合器

自动离合器是液力传动装置在汽车上的运用，分为液力变矩器和液力偶合器两种。

（1）液力变矩器。液力变矩器（torque converter）是自动变速汽车自动离合器。由于具有自动离合作用，所以无需操纵机构，工作原理如图 13.8 所示。在密封的液力变矩器壳体内装满工作油，同时布置了 3 个工作叶轮。当发动机转动时，驱动泵轮旋转，推动工作液体在泵轮内部形成离心涡流和旋流，沿泵轮外沿切线方向流

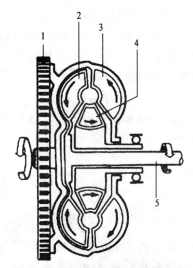

图 13.8　液力变矩器工作原理图

1—飞轮齿圈；2—涡轮；3—泵轮；
4—导轮；5—动力输出轴

出泵轮冲向涡轮外沿，驱动涡轮旋转，从而达到传递转矩的目的。工作液体沿着涡轮叶片作向心涡流流动，从边沿流向中心，随着涡轮转速逐渐升高，内部的旋流也随之加强。流出涡轮的工作液体冲向导轮，导轮如果不转动，就会通过液体柱将反作用力矩作用到涡轮上，起到增矩的作用；如果导轮转动，就将工作液体的动能转化成导轮的动能，不起增矩作用。工作液体在导轮中作轴向流动，流出导轮的液体重新进入泵轮，形成循环。

（2）液力偶合器。液力偶合器（fluid coupling）没有导轮，只起到软连接泵轮与涡轮的作用，不能变矩，但传动效率比液力变矩器高。

（3）综合液力传动装置。导轮上装有单向制动器的液力变矩器称为综合液力传动装置，它有变矩器和偶合器两种工况，较低速时是变矩器，导轮不转动，较高速时，导轮转动，自动离合器处于液力偶合器的工作状态，十分有利。如果在泵轮与涡轮之间再加一个锁止离合器，当涡轮转速与泵轮接近或反拖时，将二者锁止在一起，就成为一个联轴器，这样的综合液力传动装置就有 3 个工况。综合液力传动装置在现代汽车上得到广泛运用。

二、摩擦式离合器的机构

1. 压紧机构

与手动变速器配套大多是脚控摩擦式离合器（friction clutch），按摩擦盘数目，可分为单片式离合器和双片式离合器；按压紧弹簧形式，可分为螺旋弹簧式离合器和膜片弹簧式离合器，现代轿车不再使用螺旋弹簧。

为了保证传动系可靠工作，脚控摩擦式离合器应满足以下几项要求：

① 保证发动机输出最大转矩时也不打滑。

② 接合平顺柔和，保证汽车平稳起步。

③ 分离迅速、彻底，便于变速器换挡和发动机起动。

④ 具有良好的散热能力，保证离合器可靠工作。

⑤ 从动部分转动惯量尽量小，以减轻换挡时对齿轮的冲击。

⑥ 操纵轻便，以减轻驾驶员的疲劳。大型汽车上为摩擦离合器安装的液压助力装置，以减轻驾驶员的劳动强度，提高了安全性。

脚控摩擦式离合器安装位置如图 13.9 所示，它把发动机和变速器连接起来，实现运动与动力的控制。

1）单片式离合器结构

单片式离合器（single plate clutch）压紧机构安装于发动机飞轮上，随飞轮转动，包括飞轮、压紧盘、离合器盖、摩擦盘、扭转减振器、螺旋压紧弹簧等；分离机构安装在离合器外壳上，不转动，包括离合器踏板、分离拉杆、分离叉轴、分离套筒、分离轴承、分离杠杆等。

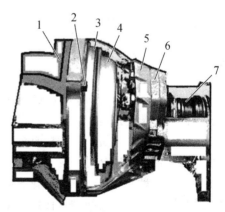

图 13.9　摩擦离合器安装位置

1—发动机外壳；2—连接螺钉；3—飞轮；4—离合器盖；
5—离合器外壳；6—变速器外壳；7—变速器输入轴

283

2）单片式离合器的主要零件

① 飞轮与压紧盘（pressure plate）。飞轮与压紧盘是主动零件，它们的摩擦表面必须相互平行、平整、光洁，为防止使用中变形，常用强度、刚度、耐磨性和耐热性都较好的高强度铸铁制成。飞轮和压紧盘都是高速旋转零件，对动平衡要求很高，所以拆装时必须保持原有的平衡状态。

② 离合器盖。离合器盖常用低碳钢板冲压成型，用螺钉固定于飞轮上，并以定位孔确定平衡位置。离合器盖侧面上的通风窗口，在离合器旋转时，形成空气对流，有利于离合器通风散热。

③ 传动钢板。传动钢板一共四组，沿圆周间隔90°均匀分布，一端与离合器盖铆接，另一端用螺钉固定于压紧盘上。工作时，薄弹簧钢片制成的传动钢片既可以带动压紧盘旋转，传递转动力矩，又可以使压紧盘相对于离合器盖作轴向移动。这种传动方式传动效率高、噪声小、接合平稳。

④ 摩擦盘。摩擦盘（driven plante）安装于飞轮与压紧盘之间，可沿花键轴作轴向移动，摩擦盘花键毂套装在变速器输入花键轴上。用石棉合成物制成的摩擦片铆接于摩擦盘钢片上，具有较大的摩擦系数、良好的耐磨性和耐热性。

摩擦盘上扭转减振器可以缓和传动系的扭转振动，提高离合器接合的柔和性。安装时应将减振器盘朝后，结构如图13.10所示。在钢片和减振器盘之间夹有摩擦盘毂和摩擦垫圈，在周向的6个窗孔内装有缓冲弹簧，然后用6个铆钉穿过毂上相对应的6个缺口，把钢片和减振器盘铆紧，构成一个扭转减振器。传递转矩时，由摩擦片传来的转矩首先传给钢片和减振器盘，经缓冲弹簧后再传给摩擦盘毂，从而缓和扭转振动；同时，摩擦垫圈又消耗了扭转振动能量，使扭转振动迅速衰减。目前，单片式离合器内均采用这种形式的摩擦盘。

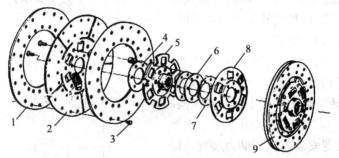

图 13.10　摩擦盘总成

1—摩擦片；2—摩擦盘钢片；3—铆钉；4—减振阻尼片；5—摩擦盘毂；
6—垫圈；7—压紧弹簧；8—减振器盘；9—摩擦盘

⑤ 压紧弹簧。压紧弹簧（clutch spring）形式较多，常用的有膜片式和螺旋式，现代汽车几乎不再采用螺旋弹簧。膜片式压紧弹簧位于离合器盖与压紧盘之间，它有弹簧与杠杆两个功能。压紧时它是弹簧，将摩擦盘夹紧在压紧盘与飞轮之间，分离时它是杠杆，将摩擦盘撬离摩擦盘。离合器接合时，发动机动力由飞轮与摩擦盘之间及摩擦盘与压紧盘之间的两个摩擦面传给摩擦盘，再通过摩擦盘花键毂传给变速器输入轴。离合器分离时，摩擦盘不与飞轮和压紧盘接触，相互之间没有任何关系。

⑥ 分离杠杆。膜片式弹簧本身就起到了分离杠杆（clurch yoke）的作用，故不再设计专门的分离杠杆。螺旋弹簧需要有一个分离杠杆，它可以用薄钢板冲压成型。

驾驶员脚踩下离合器踏板，通过分离轴承在分离杠杆内端施加一个向前的水平推力，分离杠杆绕支点摆动，外端通过摆动支承片推动压紧盘克服弹簧力往后移，使摩擦盘、飞轮与压紧盘脱离接触，摩擦力矩消失，传递中断。

3）双片式离合器

双片式离合器（double plates clutch）与单片式离合器相比较，主要区别是增加了一个摩擦盘和一个中间压紧盘，即双片式离合器具有两个摩擦盘、两个压紧盘和4个摩擦面。这样在不增加摩擦片尺寸和弹簧压紧力的情况下，可以将传递的摩擦力矩增大一倍，所以载重质量较大的载货汽车常采用双片式离合器。

① 压紧盘与传动销。图13.11中，6个沿周向均布的传动销压入飞轮并用螺母紧固。压紧盘和中间压紧盘以相应的孔滑套于传动销上，可沿传动销轴向移动。传动销对两个压紧盘起传力、导向和定位作用。离合器盖用螺钉固定于飞轮的后端面上，两个轮毂相对的摩擦盘分别安装在飞轮和两个压紧盘之间。

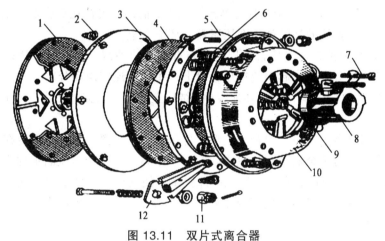

图 13.11　双片式离合器

1、4—摩擦盘；2—分离弹簧；3—中间压紧盘；5—压紧盘；6—压紧弹簧；7—限位螺钉；
8—分离套筒；9—分离轴承；10—离合器盖；11—调整螺母；12—分离杠杆

② 中间压紧盘（intermediate pressure plate）分离装置。为了保证双片式离合器彻底分离，离合器采取了相应的结构措施，在飞轮与中间压紧盘之间装有 3 根小分离弹簧，在离合器盖上有 3 个限位螺钉。当离合器分离时，操纵机构使后压紧盘往后移动，中间压紧盘在 3 根分离弹簧和 3 个限位螺钉的共同作用下往后移动规定的距离，使两个摩擦盘均得到彻底分离。

4）膜片弹簧离合器

膜片弹簧（diaphragm spring）离合器广泛应用于轿车和轻、中型汽车上，图13.12为膜片弹簧离合器结构示意图。由飞轮、摩擦盘和离合器盖-压紧盘总成组成，离合器盖-压紧盘总成包括离合器盖、压紧盘、膜片弹簧、支承环、定位铆钉、分离钩、传动钢片等机件。

① 膜片弹簧。膜片弹簧用优质薄弹簧钢板制成，形状为碟形。其上开有 18 条径向切槽，切槽内端开通，外端为圆孔，形成 18 根均布的分离杠杆。故膜片弹簧既有压紧弹簧的作用，又有分离杠杆的作用，如图 13.13 所示。

图 13.12　膜片弹簧离合器

1—发动机；2—飞轮；3—摩擦盘；
4—离合器盖-压紧盘总成

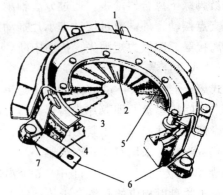

图 13.13　膜片弹簧组

1—离合器盖；2—膜片弹簧；3—支承环；4—压紧盘；
5—铆钉；6—金属带；7—收缩弹簧

② 支承环。两个支承环位于膜片弹簧前后面上，借铆钉夹持在离合器盖上，是膜片弹簧变形时的支点，膜片弹簧的外缘就压在压紧盘的环形台上。

③ 传动钢片与分离钩。沿压紧盘周边均布有 3 组传动钢片，每组 2 片，一端与离合器盖铆接，另一端连同分离钩一起固定在压紧盘上，用以传递转矩和分离。

④ 离合器盖用来固定离合器的其他零件，结构上将离合器盖、压紧盘和膜片弹簧三者连成一个整体。

膜片式弹簧离合器依靠膜片弹簧的变形产生压紧力，当离合器盖未固定在飞轮上时，膜片弹簧变形很小，此时离合器盖与飞轮之间有一段距离。当离合器盖固定到飞轮上后，如图 13.14 所示，离合器盖通过后支承环压压膜片弹簧，使其产生弹性变形。此时，膜片弹簧外周对压紧盘产生很大的压紧力，使离合器处于接合状态，将发动机动力传给夹紧在飞轮与压紧盘之间的摩擦盘。

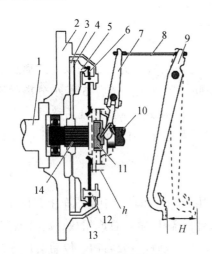

图 13.14　离合器接合

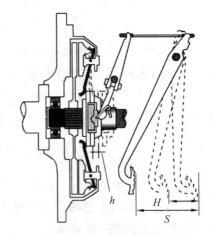

图 13.15　离合器分离

1—曲轴法兰盘；2—飞轮；3—摩擦盘；4—摩擦片；5—压紧盘；6—膜片弹簧；7—拨叉；8—拉索；
9—离合器踏板；10—变速器轴；11—分离轴承；12—支点；13—离合器盖；14—摩擦盘花键轴；
h—分离轴承自由间隙；H—自由行程；S—总行程

286

分离原理如图 13.15 所示，通过离合器分离机构的作用，分离轴承推动膜片弹簧内端往前移，膜片弹簧以前支承环为支点进一步变形，其外缘通过分离钩将压紧盘往后拉，使离合器分离。

结构特点：

① 开有径向切槽的膜片弹簧，既起压紧机构作用，又起分离杠杆作用。结构简单紧凑，轴向尺寸小、零件少、质量轻、容易平衡，对压紧盘压力均匀，离合器接合柔和。

② 高速时，螺旋弹簧会因离心力作用弯曲变形，压紧力下降，膜片弹簧压力与转速无关。

③ 膜片弹簧具有非线性的弹性特性，即使摩擦片磨损后，仍能保持压紧力不减，即具有自动保持压紧力的能力，工作稳定性好，离合器操纵轻便。

④膜片弹簧是一个整体，不存在调整不均匀的问题，寿命长，噪音小。

2. 离合器分离机构

离合器分离机构（release lever machine）是驾驶员使离合器分离的机构，目前，汽车离合器广泛采用机械式和液压式操纵机构，在一些车辆上，也有采用以这两种机构为基础的气压式或弹簧助力式操纵机构。

1）机械式分离机构

机械式分离机构有杆系和钢索传力两种。机械杆系分离机构通常应用于载货汽车离合器上；机械钢索分离机构则多应用于微型车和轿车上。

机械杆系分离机构如图 13.16 所示，由离合器踏板、踏板臂、回位弹簧、调整螺母、分离叉臂、分离叉从动轴、分离轴承、分离叉等机件组成。

① 分离套筒与轴承。离合器分离套筒安装于变速器输入轴轴承盖套管上，工作时只能做轴向移动而不能转动。为了避免分离杠杆与分离套筒直接接触，减小运动阻力和机件磨损，在分离套筒的前端安装了推力式分离轴承。

② 踏板自由行程。为保证离合器分离彻底，分离轴承与分离杠杆内端之间一定要有适当的间隙，这个间隙称为离合器间隙。车型不同离合器间隙大小也不尽相同，一般在 3～4 mm。驾驶员踩下离合器踏板，先要消除这一间隙后才能使离合器分离。为消除这一间隙所需要的踏板行程，称为离合器踏板自由行程。各种车型离合器踏板自由行程不完全

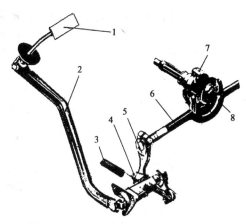

图 13.16　机械杆系离合器操作机构
1—踏板；2—踏板臂；3—回位弹簧；4—调整螺母；
5—分离叉臂；6—分离叉从动轴；
7—分离轴承；8—分离叉

一样，一般为 15～40 mm。这是底盘调整的重要参数，自由行程太大，有效行程太小，导致离合器分离不彻夜，换挡困难；自由行程太小，有效行程太大，导致离合器接合不紧密，引起打滑。两种情况除了引起汽车使用性能下降，噪音增加外，还会降低离合器寿命。

③ 分离拉杆与调整螺母。可通过拧动分离拉杆前端调整螺母调整自由行程。拧进调整螺母，踏板自由行程缩小，反之则增大，调整后应将螺母锁止。

机械钢索分离机构如图 13.17 所示，结构特点是踏板采用吊挂式安装于驾驶室内，分离叉臂与踏板仅用一根钢索连接传力。钢索分离机构结构简单，质量轻，便于布置；但钢索容量变形伸长，使用寿命较短，适用于微型车和轿车上。离合器踏板自由行程一般调到 15 ~ 25 mm，可通过改变操纵钢索的有效工作长度进行调整。

2）液压式分离机构

离合器液压式分离机构具有摩擦阻力小、质量轻、布置方便、接合柔和、操纵省力、行程大等优点，现代轿车大都采用液压分离机构。

离合器液压分离机构如图 13.18 所示，主要由离合器踏板、离合器主缸、离合器工作缸、油管及分离轴承组成。

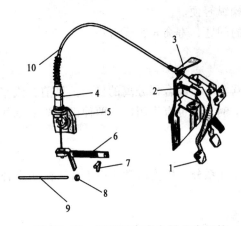

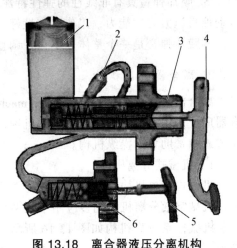

图 13.17　机械钢索离合器分离机构

1—离合器分离踏板；2—偏心弹簧；3—支承 A；4—离合器拉线自动调整机构；5—传动器壳体上的支承 B；6—离合器操纵臂；7—离合器分离臂；8—离合器分离轴承；9—离合器分离推杆；10—操纵钢索

图 13.18　离合器液压分离机构

1—液压储油器；2—液压管道；3—离合器主缸；4—离合器踏板；5—分离轴承拨杆；6—离合器分离缸

① 离合器主缸。主缸安装于发动机舱内与驾驶舱隔板上，包括缸筒、储油室、活塞、皮碗、回位弹簧、阀门组件等零件。活塞推杆与悬挂于驾驶室内的踏板铰链，踏板上调整螺钉可调整踏板自由行程。

② 离合器工作缸。工作缸安装于变速器输入轴外套管上，壳体和活塞均为空心型尼龙制品。活塞前端压装有分离轴承，后部装在壳体储液腔内。工作时，在油压和弹簧作用下活塞可在壳体储液腔内轴向移动。壳体上装有两根钢制油管：一根为排放管，其端头排放螺钉伸出飞轮壳，当离合器液压系统内有空气影响离合器操纵时，可方便地通过排放螺钉进行放气；另一根为输油管，其另一端与离合器主缸相连。

液压分离机构工作情况：

① 接合状态。踏板处于放松位置，在主缸活塞回位弹簧的作用下，阀杆拉动阀门离开阀座，使阀开启，主缸活塞腔与储液室连通，工作缸内无高液压，离合器处于完全接合状态，如图 13.19 所示。

② 分离过程。当踩下离合器踏板时，使推杆、主缸活塞、阀杆及阀门往前移，关闭阀门，使活塞腔与储油室隔绝。而后，随着活塞进一步前移，主缸活塞腔及管路内油压升高，工作缸内油压推动活塞连同分离轴承向前移动，推动膜片弹簧变形，使离合器分离。

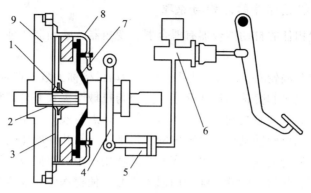

图 13.19　液压分离机构工作情况示意图

1—从动轴；2—分离轴承；3—摩擦盘；4—拨叉；5—工作液压缸；
6—主缸；7—膜片弹簧；8—离合器盖；9—飞轮

3）电动式分享机构

大型汽车的离合器都采用电动式分离机构，它的基本原理可用图 13.19 说明。在 ECU 控制下，踏板踩动的快慢、位置都可决定伺服电机的转速转动角度，伺服电机准确地把驾驶员的意图反映到离合器上，这样就大大降低了驾驶员的劳动强度。

三、自动离合器

为了改变脚控离合器给驾驶员带来的高强度劳动，汽车上使用了自动离合器（automatic clutch），这就是汽车液力传动装置。液力传动装置有液力偶合器[见图 13.20（a）]和液力变矩器[见图 13.20（b）]两种，二者的区别在于液力偶合器没有导轮，只起软联轴器的作用；而液力变矩器因为有导轮，就有了改变发动机向变速器传动的转矩大小的功能。现代汽车采用复合式液力变矩器，即有时是以液力偶合器工况工作，有时是以液力变矩器工况工作，有时以联轴器工况工作。液力传动装置安装于脚控离合器的位置，它们不像摩擦离合器一样刚性地连接发动机与变速器，而是将二者"软"连接起来，这样，除离合器的功能外，还有一些优良性能改善了传动品质，液力变矩器还可以在一定范围内实现增矩减速和无级变速。

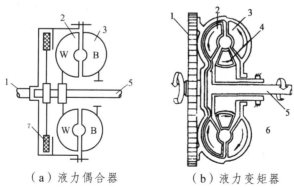

（a）液力偶合器　　　　　（b）液力变矩器

图 13.20　液力传动装置示意图

1—飞轮；2—涡轮；3—泵轮；4—导轮；5—输出轴；
6—壳体；7—锁止离合器

1. 自动离合器组成部件的结构与原理

由液力传动装置担任的自动离合器有偶合器、变矩器、联轴器 3 种工作状态。

1）液力偶合器

泵轮（impeller）和涡轮（turbine）组成的液力传动机构称为液力偶合器（fluid coupling），液力偶合器只是把发动机和变速器连接起来，这点与机械摩擦式离合器相同，但没有机械摩擦式离合器传动效率高；两轮之间是靠流体软连接，这点与液力变矩器相同。

当发动机飞轮带动泵轮转动后，泵轮内的工作油在泵轮叶片的作用下随之一起旋转，液体沿圆周方向的流动称为旋流；工作油受离心力的作用由中心甩向泵轮叶片的外缘，并在工作油压力差的作用下，从涡轮叶片外缘冲向涡轮中心，使得涡轮在液压油的冲击力作用下旋转起来；冲入涡轮的工作油从叶片的边缘流向内缘后，又流回到泵轮的内缘，将再次被泵轮甩向外缘，液体的这种沿径向方向的流动称为涡流，旋流加涡流复合成空间螺旋流，液体在工作轮组成的环状空间（称为循环圆）内不停息地作空间螺旋流动是液力偶合器能够正常工作的充要条件。泵轮的作用是将发动机的机械能转变成液体的动能传递给涡轮，涡轮的作用是将液体的动能转变成机械能输出。

从受力角度看，液体在工作轮中受到离心力和油压力两个力的作用，泵轮被发动机推动，强大的离心力总是大于油压力，液体在泵轮内总是离心流动；涡轮内部两个力的方向是相反的，油压力推动液体向心运动，离心力推动液体离心运动，当涡轮转速为零（失速状态）时，油压力推动的向心运动是唯一运动，此时涡轮受到的转矩最大，传动效率为零，随着涡轮转速增加，液体受到的离心力越来越大，向心运动的阻力越来越大，涡流速度越来越慢，假设涡轮转速与泵轮转速相等（偶合点），涡流不再存在，两轮外边缘油压力最大，内边缘油压力最小，此时涡轮受到的转矩为零，传动效率却为 100%。除了发动机反拖状态，涡轮转速总是低于泵轮转速。

从运动角度看，涡流的大小决定于泵、涡两轮的速度差，两轮转速差越大（传动效率越低），涡流就越快，输出的力矩就越大，两轮转速差越小（传动效率越高），涡流就越慢，输出的力矩就越小。泵轮转速越快，离心力越大，从中心搬到边缘的液体就多，在涡轮叶片外缘和中部产生的压力差就越大，推动液体沿涡轮内部向心运动就越快；涡轮转速越快，它内部产生的离心力对液体压力的抵抗就越大，对涡流的阻碍就越大，涡流越慢，反之，涡流就越快。

2）液力变矩器

在液力偶合器中加一个不转的导轮（reactor）就变成了液力变矩器（torque coverter），导轮的作用是变矩。可以简洁地如下描述液力变矩器：

一圆：循环圆，由 3 个工作轮围成的环状空间。

二器：① 锁止离合器，它工作时把泵轮和涡轮锁成一体。② 单向制动器，把导轮锁住不能转动以变矩。

三轮：① 泵轮：把发动机的机械能转换成液体的动能。② 涡轮：把液体的动能转换机械能输出。③ 导轮：变矩时不转动，转动后就不工作。

三轴：① 由发动机通过液力变矩器外壳驱动液压泵转子的液压泵转子驱动轴。② 涡轮输出轴，也是自动变速器的输入轴。③ 导轮支撑轴，它的一端固定在液压泵的定子上，另一端通过单向制动器支撑导轮。

复合式液力变矩器有 3 种工况：

① 液力变矩器（锁止离合器放松，单向制动器制动。）② 液力耦合器（锁止离合器放松，单向制动器放松）③ 联轴器（锁止离合器锁止，单向制动器放松）

液力变矩器的工作原理如图 13.21 所示，泵轮和变矩器壳为一体，并与发动机飞轮相连，泵轮是变矩器的主动件。涡轮与输出轴相连，为变矩器的从动件。泵轮、涡轮和导轮统称为工作轮，三轮之间有一定的间隙，没有直接刚性连接，工作轮上均布有叶片，变矩器壳体内充满了工作油。

导轮工作时不转动，有了静止不动的导轮后，流出涡轮内缘的工作油冲向导轮，工作油给导轮以冲击力，并沿导轮叶片沿轴向流回泵轮。不转的导轮给工作油一个同样大小的反作用力，此反作用力传递回到了涡轮，形成推动涡轮转动的力矩。因此，加了导轮后，作用在涡轮上的转矩等于泵轮转矩和导轮反作用转矩之和。假设泵轮的转矩和转速均为常数，液力变矩器的外特性曲线如图 13.22 所示，在两轮叶片方向不变的情况下，根据相对运动学知，导轮反作用回涡轮的转矩与涡轮的转速有关，涡轮转速慢，反作用力矩大，涡轮转速为 0 时，导轮反作用力矩最大（称此点为失速点），反之反作用力矩小（证明略），即导轮起到了变矩的作用。

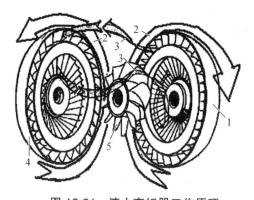

图 13.21　液力变矩器工作原理

1—泵轮；2—旋流；3—涡流；4—涡轮；5—导轮

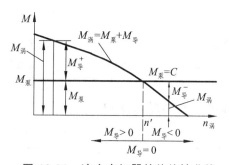

图 13.22　液力变矩器的外特性曲线

当涡轮转速超过耦合点（泵轮输入转矩与涡轮输出转矩相等的称为耦合点，图 13.22 中 n' 点）以后，导轮的反作用力矩变成阻力矩，阻碍涡轮朝推动车轮前进的方向转动，为了避免这种情况发生，就必须让导轮与涡轮一起转动起来，导轮就成为涡轮的一部分而不起导轮的作用，这样液力变矩器就变成液力偶合器，此时传动效率高，但输出的力矩不大，两种工况都是汽车需要的。

3）复合式液力变矩器

导轮与不转动的轴之间有单向制动器（one way brake），就有了转动与不转动两种工况。有两个工况的液力传动装置称为复合式液力变矩器（complex torque coverter），

① 导轮单向制动器的作用。为了避免变矩器在涡轮高速转动时因导轮的负反作用导致效率降低，导轮与固定轴之间加装了一个单向制动器。当涡轮的转速较低时，单向制动器将导轮锁止，使其不能逆时针转动，变矩器能起增矩作用。当涡轮的转速超过耦合点后，单向制动器就放松对导轮的锁止，导轮随涡轮顺时针转动，成为涡轮的一部分，没有了导轮，变成了液力偶合器。

② 导轮单向制动器的原理。单向制动器主要有楔块式、滚柱式、棘轮式等结构形式，汽车自动变速器主要使用的是前两种。图 13.23 所示为楔块式单向制动器的工作原理，图中 $A>B$，当内圈与外圈的相对运动使 A 尺寸方向受力时，单向制动器锁死；使 B 尺寸方向受力时，单向制动器松开。

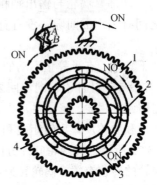

（a）外圈固定内圈顺时针转为顺式，顺　（b）外圈固定内圈逆时针转为逆式，逆
　式的内圈固定时，外圈只能逆时针转动　　式的内圈固定时，外圈只能顺时针转动

图 13.23　楔块式单向制动器的结构

1—外圈；2—楔形块；3—保持弹簧；4—内圈

以顺时针单向制动器为例，当导轮带动外圈顺时针转动时，楔块在摩擦力的作用下顺时针转动，其对角大端 A 将内外圈卡紧，单向制动器处于锁止状态。当导轮带动外圈逆时针转动时，楔块的对角大端 A 松开，外圈及导轮即可自由转动，逆时针单向制动器与之相反。单向制动器的工作情况如表 13.1 所示。

表 13.1　单向制动器的工作分析

类型 状况	顺时针单向制动器	逆时针单向制动器
外圈固定	内圈可顺不可逆	内圈可逆不可顺
内圈固定	外圈可逆不可顺	外圈可顺不可逆
外圈主动顺时针转动	内圈随外圈顺时针转动	内圈不转动
外圈主动逆时针转动	内圈不转动	内圈随外圈逆时针转动
内圈主动顺时针转动	外圈不转动	外圈随内圈顺时针转动
内圈主动逆时针转动	外圈随内圈逆时针转动	外圈不转动

4）联轴器

液力变矩器的传动效率较低，特别是低速和高速时更低，如果涡轮的转速超了泵轮（如汽车下坡时就可能出现这种情况），还会造成传递中断。为了提高效率，避免传递中断，液力变矩器内部设置了一个锁止离合器。车速较高时，离合器自动将泵轮和涡轮锁成一体，使之成为一个纯机械传动的联轴器。有锁止离合器的液力变矩器动力传递工况如图 13.24 所示，车速超过设定值，ECU 命令液压系统将锁止离合器锁止，发动机与变速器刚性联成一体，车速降低，离合器放松，变矩器工作。有锁止离合器的液力变矩器的结构示意图如图 13.25 所示。

变矩器锁止离合器采用摩擦盘式结构，主动片与变矩器外壳直接相连，从动片可作轴向移动，通过花键与涡轮（或涡轮轴）连接，锁止离合器的接合和分离由 ECU 通过液体系统控制。液压系统详细工作情况有兴趣读者可参阅唐德修编写的《汽车流体传动》相关内容。

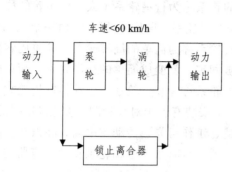

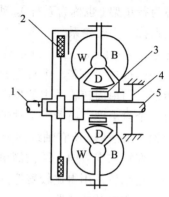

图 13.24　设置锁止离合器的液力变矩器工况　　图 13.25　有锁止离合器的液力变矩器

1—输入轴；2—锁止离合器；3—单向制动器；
4—导轮轴；5—输出轴；B—泵轮；
W—涡轮；D—导轮

5）变矩器工作油的供给和冷却

液力变矩器工作时，工作油受到高速搅动与剪切，温度会升高，正常工作温度为 50 ~ 80 ℃，若超过正常温度 10 ℃，变速器工作油的使用寿命将大大缩短，甚至烧毁工作轮的轴承，为使变速器的工作油保持正常温度，就必须对其进行冷却。工作油在液力变矩器中的流动由 ECU 通过液压系统控制。

变矩器中的工作油冷却是通过循环流动实现的，由自动变速器油泵提供冷却了的工作油经进油道进入变矩器；高温工作油则从出油道流出，经散热器降温后流回变速器油底壳。

第三节　手动变速器与分动器

变速器的主要作用有 3 个：① 扩大发动机传到驱动轮上的转矩、转速变化范围，以适应经常变化的行驶条件；② 在发动机旋转方向不变的条件下，使汽车倒向行驶，以满足汽车掉头、出入货场和车库等情况下的工作需要；③ 利用空挡，可中断发动机向驱动轮传递动力，以便发动机起动、怠速工作和汽车短暂停驶、滑行。

在多轴驱动的汽车上，还装有分动器，作用是把转矩分配到各个驱动桥上。

一、变速器的类型与工作原理

变速器是一组轮系变速装置，现代汽车传动系中的变速器有多种类型，按结构形式分为动转轮系式和定轴轮系式，按变速形式分为有级变速器和无级变速器，按操纵方式分为手动变速器和自动变速器，自动变速控制方式有液控和电液控两种。

所有齿轮都绕固定轴线转动的轮系称为定轴轮系，只要有一个齿轮的轴线是绕别的轴线转动的轮系称为动轴轮系，这种绕别的轴线转动的齿轮称为行星轮，动轴轮系中支持行星轮的构件称为行星架（也称为系杆）。动轴轮系分为周转轮系与行星轮系，太阳轮和齿圈都转动的动轴轮系称为周转轮系。二者中有一个不转的轮系称为行星轮系（太阳轮不转的称为太阳轮行星轮系，简称阳轮系，齿圈不转的称为齿圈行星轮系，简称圈轮系）。由一个太阳轮、一个齿圈、一个行星架、若干个行星轮组成的周转轮系称为简单的周转轮系，简单周转轮系有两个自由度，简单周转轮系中的齿圈或太阳轮被固定，就变成简单的行星轮系，简单的行星轮系只有一个自由度。由若干个动轴轮系组成的轮系称为复合轮系。手动控制齿轮式变速器是一种定轴式变速器，所有轴线固定在壳体的轴上安装有若干对齿轮副，通过齿轮副的传递，实现变速、变矩和变方向，结构简单、易于制造、工作可靠、传动效率高，在汽车上得到了广泛使用，定轴轮系用得比较普遍的是手动变速器，也有采用定轴轮系自动变速器的车型，动转轮系主要用自动变速器。

1. 定轴轮系变速变矩原理

如图 13.26 所示，一对模数相同、齿数不等的齿轮啮合传动时，可以实现变速变矩。设小齿轮 A 为主动齿轮，齿数 $Z_A = 10$，大齿轮 B 为被动齿轮，齿数 $Z_B = 20$，很显然，在相同的时间内，小齿轮转两圈，大齿轮才转一圈，转速下降 1 倍，转矩增大 1 倍。反之，大齿轮作为主动齿轮，小齿轮作为被动齿轮时，转速将加快，转矩则减小。这就是齿轮传动的变速变矩原理。汽车变速器正是根据这一原理，利用若干对齿数不等的齿轮副啮合传动来实现变速变矩的。

 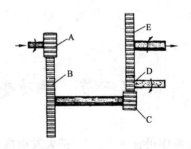

图 13.26　齿轮传动变速原理　　　　图 13.27　齿轮传动变向原理

在传动过程中，传动装置的输入角速度与输出角速度之比称为传动比，常用 i 表示，即

$$i = \omega_入 / \omega_出 = n_入 / n_出 = Z_出 / Z_入$$

$i > 1$ 表示减速增矩传动；$i < 1$ 表示增速减矩传动；$i > 0$ 表示输出轴转向与输入轴一致；$i < 0$ 表示输出轴与输入轴转向相反。

2. 变向原理

齿轮传动的方向是固定的，汽车倒车时，要求改变变速器输出轴的旋转方向，所以，在齿轮

C 和齿轮 E 之间装上惰轮 D，如图 13.27 所示，即可以改变输出轴原来的旋转方向。惰轮 D 称为倒挡轮，惰轮可以改变传动比的正负，但不影响传动比的大小，没有加 D 轮之前，$i > 0$，加上 D 轮后，$i < 0$。

二、手动变速器传动机构

手动变速器（manual transmission）由变速传动机构和变速操纵机构两大部分组成，变速传动机构的作用是在传递发动机动力过程中改变转速、转矩和转向；变速操纵机构的作用是控制传动机构实现转速、转矩和转向的变换。变速传动机构按变速器轴数分类，可分为二轴式、三轴式及多轴式变速器，轿车多用二轴和三轴式。

1. 二轴式变速器

二轴式轿车变速器传动机构外形及结构如图 13.28 所示。变速器的主轴只有输入轴和输出轴，故称二轴式变速器。这种变速器结构简单紧凑、体积小、质量轻、传动效率高，广泛应用于发动机前置、前轮驱动的轿车上。

图 13.28　二轴式轿车变速器传动机构的结构简图

1—变速器外壳；2—倒挡齿轮副；3—1 挡齿轮副；4—轴；5—2 挡齿轮副；6—3 挡齿轮副；7—4 挡齿轮副；
8—5 挡齿轮；9—5 挡同步器；10—轴；11—3、4 挡同步器；12—1、2 挡同步器；13—转速表齿轮；
14—差速器；15—差速器行星架；16—主减速器被动齿轮；17—主减速器主动齿轮

变速传动机构由输入轴、输出轴、倒挡轴、齿轮组、同步器、支承轴承和变速器壳体组成，4 挡变速器有 4 个前进挡、1 个空挡和 1 个倒挡，5 挡变速器有 5 个前进挡、1 个空挡和 1 个倒挡。

根据发动机的布置形式，二轴式变速器有发动机横置和发动机纵置两种，尽管结构上有区别，但工作原理是一样的，图 13.28 是与发动机横置配套用的二轴式变速器，读者可以参阅有关资料了解与发动机纵向布置配套的二轴式变速器，本书不再介绍。

1）结构分析

图 13.29 所示是图 13.28 表示的二轴式变速器的传递原理，摩擦式离合器的花键毂装在

输入轴 1 的花键上，将动力和运动输入变速器内，输出轴的右端与主减速器连接（图中未画出），将变速后的动力和运动输出到主减速器（纵向布置是输给万向传动轴）。输入轴上的齿轮都是刚性连接在轴上的，轴一转，所有齿轮都转起来，而输出轴上的齿轮除倒挡被动齿轮 14 外（它与 1、2 挡同步器刚性连接在一起，通过同步器与输出轴刚性连接），都是通过轴承活套在输出轴的轴颈上。通过变速操纵机构拨动同步器轴向运动，选择性地决定有一对并只允许有一对齿轮副可以啮合上（或者没有齿轮能啮合上，这就是空挡），5 挡二轴变速器有五对前进挡齿轮副，4 挡只有 4 对前进挡齿轮副（即 5 挡齿轮副没有安装），如果将 5 挡齿轮副换成一套无极变速器，就可以实现挡间无级变速。

图 13.29 表示的是空挡的位置，3 个同步器及倒挡齿轮都没有参加工作，图 13.30 依次是 1、2、3、4、5 挡及倒挡的传动路线，7 个挡位对于一般的汽车已经足够了，特殊车辆（如工程车）需要更多的挡位，就会使机构更加复杂。图 13.29（f）不是同步器移动，而是倒挡中间滑动齿轮 18 进入啮合，改变了传动方向，实现倒挡。

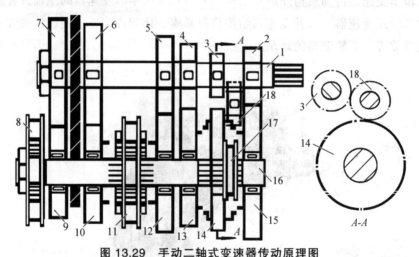

图 13.29 手动二轴式变速器传动原理图

1—输入轴；2—1 挡主动齿轮；3—倒挡主动齿轮；4—2 挡主动齿轮；5—3 挡主动齿轮；6—4 挡主动齿轮；
7—5 挡主动齿轮；8—5 挡同步器；9—5 挡被动齿轮；10—4 挡被动齿轮；11—3、4 挡同步器；
12—3 挡被动齿轮；13—2 挡被动齿轮；14—倒挡被动齿轮；15—1 挡被动齿轮；
16—输出轴；17—1、2 挡同步器；18—倒挡中间滑动惰轮

2）传动机构的主要组件

① 变速器壳体。变速器壳体分为 3 部分，前壳体与发动机缸体后端固定连接，作用是支承输入轴、输出轴的前端，安装主减速器、差速器，同时又作为飞轮壳体。中部为变速器后壳体，是输入轴、输出轴后轴承的支座，又是换挡拨叉轴的滑动轨道，后部为变速器后盖。

② 输入轴及齿轮。输入轴通过轴承由变速器前壳体支承，后端通过组合式轴承装在变速器后壳体上，齿轮通过键与轴刚性地连接，不能相互转动。

③ 输出轴及齿轮。输出轴前端由变速器前壳体支承，后端借双列圆锥滚子轴承安装于后壳体上。输入轴和输出轴的轴向位置，均由两个后轴承、调整垫片、密封垫片及后盖控制。

变速器主动锥齿轮与输出轴制成一体。被动轴上的齿轮可在轴上自由转动，同步器安装在输出轴上，1、2挡同步器接合套上加工有倒挡被动齿轮。

④ 倒挡轴及齿轮。倒挡轴安装在变速器前壳体上，倒挡中间滑动惰轮可沿轴向移动。

3）传递情况

① 空挡。如图13.29所示，3个同步器接合套中置、倒挡中间滑动惰轮与相关齿轮均脱离啮合，输入轴与输出轴之间中断传力。

② 1挡。如图13.30（a）所示，同步器17的接合套右移与1挡被动齿轮15接合。动力传递路线为变速器输入轴—1挡主动齿轮2—1挡被动齿轮15—接合套—齿毂—输出轴。

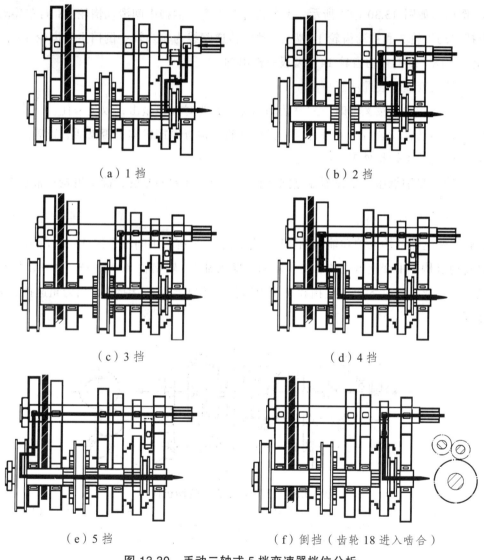

（a）1挡 　　　　　　　　　　　（b）2挡

（c）3挡 　　　　　　　　　　　（d）4挡

（e）5挡 　　　　　　（f）倒挡（齿轮18进入啮合）

图13.30　手动二轴式5挡变速器挡位分析

③ 2挡。如图13.30（b）所示，同步器17的接合套左移与2挡被动齿轮13接合。动力传递路线为输入轴—2挡主动齿轮4—2挡被动齿轮13—接合套—齿毂—输出轴。

④ 3 挡。如图 13.30（c）所示，同步器 11 的接合套右移与 3 挡被动齿轮 12 接合。动力传递路线为输入轴—3 挡主动齿轮 5—3 挡被动齿轮 12—接合套—齿毂—输出轴。

⑤ 4 挡。如图 13.30（d）所示，同步器 11 的接合套左移与 4 挡被动齿轮 10 接合，动力传递路线为输入轴—4 挡主动齿轮 6—4 挡被动齿轮 10—接合套—齿毂—输出轴。如果齿轮 6 与齿轮 10 的齿数相等就是直接挡，输出轴转速等于输入轴转速。

⑥ 5 挡。如图 13.30（e）所示，同步器 5 的接合套右移与 5 挡被动齿轮 9 接合，动力传递路线为输入轴—5 挡主动齿轮 7—5 挡被动齿轮 9—接合套—齿毂—输出轴。主动齿轮 7 比被动齿轮 9 的齿数多，就是超速挡直接挡，输出轴转速高于输入轴转速。

⑦ 倒挡。如图 13.30（f）所示，3 个离合器中置，倒挡中间滑动惰轮 18 向左移动，同时与倒挡主动齿轮 3 和被动齿轮 14 啮合。动力传递路线为输入轴—倒挡主动齿轮 3—倒挡中间滑动惰轮 18—倒挡被动齿轮 14—齿毂—输出轴。

4）二轴式变速器装配注意事项

① 压入同步器的拨叉轴时应注意活动间隙，必要时轻轻敲击，以免卡住。

② 倒挡传动臂安装后，应进行反复拨动试验，检查倒挡机构是否灵活、正确。

③ 应使各拨叉轴均处于空挡位置。

④ 准确测量轴承座与变速器盖之间调整垫片和密封圈的厚度，确保齿轮正常啮合。

2. 三轴式变速器

三轴式变速器的输入轴和输出轴在同一轴线上，另有一中间轴，图 13.31 所示为三轴式变速器传动机构，由变速器壳体和支承轴承、输入轴 1、输出轴 8、中间轴 12 和倒挡轴 9 及轴上的齿轮组成，具有 5 个前进挡和 1 个倒车挡，第 4 挡为直接挡，5 挡为超速挡，装有 3 只同步器。

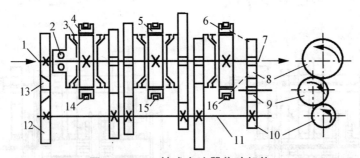

图 13.31 三轴式变速器传动机构

1—输入轴；2—轴承；3—同步器；4—3、4 挡接合套；5—1、2 挡接合套；6—5 挡接合套；7—三（输出）轴；8—输出倒挡齿轮；9—中间轴倒挡齿轮；10—倒挡齿轮；11—二（中间）轴；12、13—中间常啮合齿轮；14、15、16—拨叉

图 13.32 为三轴式空挡、1 挡、2 挡、3 挡的动力传递路线，图 13.33 为 4 挡、5 挡、倒挡的动力传递路线（倒挡挂轮啮合情况可参见图 13.31 K-K 剖视图）。

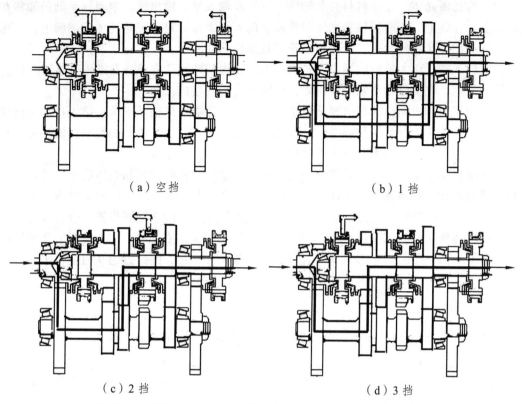

（a）空挡　　　　　　　　　　　　　　　　（b）1 挡

（c）2 挡　　　　　　　　　　　　　　　　（d）3 挡

图 13.32　三轴式（空挡、1 挡、2 挡、3 挡）的动力传递路线

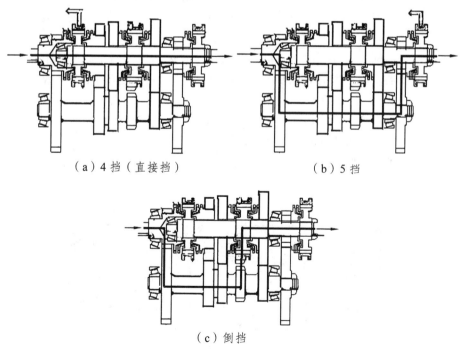

（a）4 挡（直接挡）　　　　　　　　　　　　　（b）5 挡

（c）倒挡

图 13.33　三轴式（4 挡、5 挡、倒挡）的动力传递路线

（1）变速器壳体。壳体材料为灰铸铁，变速器输入轴、输出轴、中间轴、倒挡轴相互平行，安装于壳体上。变速器依靠壳体前端面上的4个螺栓固定于飞轮壳体后端面上，变速器壳体上开有加油孔和放油孔，变速器齿轮用规定齿轮油润滑。

（2）输入轴。输入轴的前端由飞轮后端面凹孔内的轴承孔支承，后端由变速器壳体前壁中的轴承支承，主动齿轮与轴制成一体，后端短齿为直接挡齿圈。

（3）中间轴。中间轴前端由圆锥滚子轴承支承，后端由球轴承支承。第1挡、倒挡齿轮与轴制成一体。常啮合齿轮和第2、3、5挡齿轮均为斜齿轮，与中间轴借半圆键连接。斜齿传动具有啮合平顺、传力大、噪声小等优点。

（4）输出轴。输出轴前、后端分别支承于输入轴后端孔内轴承和壳体后壁中的轴承上。各挡常啮合齿轮由轴承支承。3只同步器安装于输出轴上。轴前端卡环用来对齿轮进行轴向定位，齿毂形状为中间带凸台的轮齿，防止变速器跳挡。在1、2挡同步器接合套外有倒挡齿圈，各挡传递路线如图13.31、13.32、13.33所示，A拨叉向右1挡，向左2挡；B拨叉向右3挡，向左4挡（直接挡）；C拨叉向左5挡；三拨叉在中位，倒挡齿轮9向左将中间轴二轴与输出轴三轴啮合在一起，形成倒挡（见图13.31）。

3. 同步器

同步器（synchromesh）的作用是使两个转速不同的齿轮迅速同步转动，以便于齿套能顺利地将二者连接起来。

变速器换挡时，即将啮合的一对齿轮转速必须相同，即同步状态，才能顺利地啮合挂上挡位。如果未达到同步强行啮合，齿端将发生撞击和磨损，影响齿轮工作寿命，甚至轮齿折断。没有同步器以前，"同步"全靠驾驶员凭感觉来完成，装上同步器后，在摩擦力矩和换挡拨动力矩共同作用下，两个齿轮迅速达到同步，平稳进行啮合，简化驾驶员换挡操作过程，延长齿轮使用寿命。

汽车手动变速器同步器采用摩擦式同步装置，按具体结构和锁止原理的不同分为惯性式和自动增力式同步器。自动增力式同步器，在工作中具有自动增强同步摩擦效果的作用，使换挡过程更省力、更迅速。且换挡后具有可靠的定位作用，无需采用一般变速器所必须设置的自锁装置。目前汽车变速器中应用最广泛的是惯性锁环式和惯性锁销式同步器，前者多用于轿车和轻型汽车上，后者则多应用于中、重型汽车上。

（1）惯性锁环式同步器。图13.34所示为轿车变速器常用的惯性锁环式同步器，由齿毂、

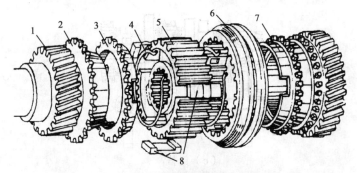

图13.34　惯性锁环式同步器

1—变速齿轮；2—变速齿轮连体边齿轮；3、7—同步锁环；4—滑块固定弹簧；5—齿毂；6—接合套；8—滑块

接合套、滑块、弹簧、锁环等零件组成，主要零件如图 13.35 所示。齿毂以内花键与变速器轴连接，接合套套合于齿毂的外花键上，挂挡时可沿花键移动。3 个滑块位于齿毂上相应的 3 条槽中，平时在滑块弹簧作用下，滑块中央的凸出部位嵌入接合套相应槽内。锁环位于齿毂与变速齿轮之间，其内锥面上螺纹槽用于破坏锥面上油膜，提高同步摩擦效果。滑块两端位于前后锁环的缺口内，只有滑块端头位于锁环缺口的中央时，接合套才能与锁环上锁止齿啮合，继续移动，挂上新挡位。

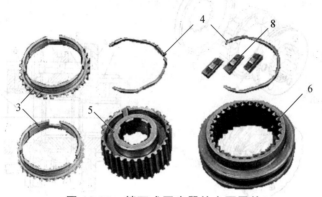

图 13.35 锁环式同步器的主要零件

3—同步锁环；4—滑块固定弹簧；5—齿毂；6—接合套；8—滑块

工作原理：

如图 13.36（a）所示，同步器处于中间位置。驾驶员操纵变速杆左移，拨叉推动接合套、滑块、锁环左移，当滑块与锁环接触后，锁环阻止接合套继续移动，变速齿轮依靠摩擦力矩带动锁环转动，相对于接合套转过一个角度，使滑块端头位于锁环缺口一侧，在变速杆推动力作用下，锁环与变速齿轮锥面压紧，依靠强有力的摩擦力矩，迅速达到同步。同时锁环还受到接合套施加的拨环力矩作用，两力矩未平衡时，锁环齿与接合套齿始终抵触，防止同步前的强行啮合，如图 13.36（b）所示。

（a）空挡   （b）锁环在拨环力矩和摩擦力矩   （c）变速齿轮与轴完全同步
          作用下首先与变速齿轮同步

图 13.36 惯性锁环式同步器工作原理

1—换挡拨叉；2—接合套；3—滑块；4—齿毂；5—花键轴；6—同步锁环；7—变速齿轮

当两力矩平衡后，接合套轻松推动同步锁环再相对转动半个齿，实现啮合，再进一步与变速齿的连体边齿轮啮合，顺利实现新挡位同步，如图 13.36（c）所示。

（2）惯性锁销式同步器。货车变速器常采用惯性锁销式同步器。如图 13.37 所示为某型号的惯性锁销式同步器，由同步器齿毂、接合套、两个摩擦锥盘、两个摩擦锥环、3 个定位销及钢球、3 个锁销等零件组成。其同步工作原理如图 13.38 所示，换挡时，在锥环和锥盘两锥面摩擦作用下，使准备啮合的两齿轮迅速达到同步。同步前，在惯性力的作用下，接合套与锁销倒角始终抵触，防止未同步强行啮合。

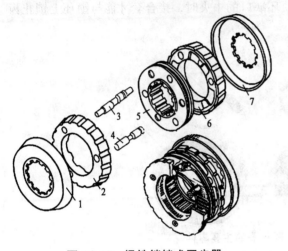

图 13.37 惯性锁销式同步器

1、7—摩擦锥盘；2、6—同步摩擦锥环；3—锁销；
4—定位销；5—接合齿套

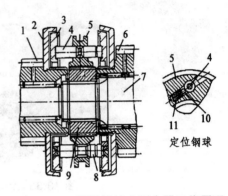

图 13.38 惯性锁销式同步器工作原理

1—第一齿轮；2—摩擦锥盘；3—摩擦锥环；4—定位销；
5—接合套；6—第二轴 4 挡齿轮；7—第二轴；
8—锁销；9—齿毂；10—钢球；11—弹簧

三、变速器操纵机构

按操纵杆距离变速器远近的不同，机械式分离机构分为直接操纵式操纵机构（direct shift mechanism）和远距离操纵式操纵机构（farness distance shift mechanism）。

1. 直接操纵机构

发动机前置、后轮驱动的汽车变速器，采用直接操纵式操纵机构，结构简单、工作可靠、手感明显。图 13.39 所示为某汽车手动变速器操纵机构结构示意图，其中变速杆、拨叉、拨叉滑轴、自锁、互锁、倒挡锁装置均安装于变速器盖上。从局部放大图中可以见到自锁装置的结构。

分解后的操纵机构如图 13.40 所示。

为保证变速器能准确、安全、可靠地工作，变速器中均设有自锁、互锁和倒挡锁三大锁止装置。

① 自锁装置。如图 13.39（Ⅰ）所示，自锁装置由钢球和拨叉滑轴上自锁凹槽组成，作用是防止变速器自动脱挡，并保证轮齿全齿长啮合，使驾驶员具有明显的手感。从图 13.39（Ⅰ）中可以看出自锁装置的工作原理。当任何一根拨叉作轴向移动到空挡位或某挡位时，必有一个凹槽正好对准自锁钢球，钢球在自锁弹簧压力作用下嵌入凹槽内，以防止拨叉及轴自行移动，起到自锁定位的作用。

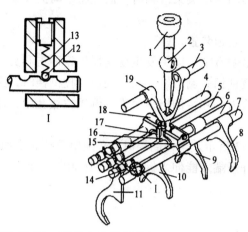

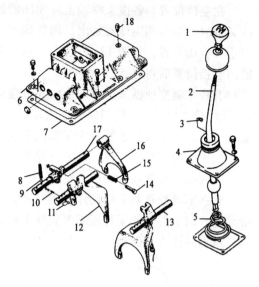

图 13.39　手动变速器操纵机构的结构示意图

1—变速杆手柄；2—变速杆；3—选挡轴；4—5、6 挡拨叉
滑轴；5—3、4 挡拨叉滑轴；6—1、2 挡拨叉滑轴；
7—倒挡拨叉滑轴；8—倒挡拨叉；9—1、2 挡拨叉；
10—3、4 挡拨叉；11—5、6 挡拨叉；12—自锁钢球；
13—自锁弹簧；14—互锁销；15—倒挡顶块；
16—1、2 挡拨块；17—3、4 挡拨块；
18—5、6 挡拨块；19—U 形选挡杆

图 13.40　变速器操纵机构零件图

1—手柄；2—变速杆；3—定位销；4—顶盖；5—弹簧；
6—变速器盖；7—垫圈；8—自锁弹簧；9—自锁钢球；
10—互锁顶销；11—互锁钢球；12—2、3 挡拨叉及轴；
13—4、5 挡拨叉及轴；14—倒挡锁销；
15—弹簧；16—倒挡拨叉；17—倒挡
拨叉滑轴；18—通气孔

② 互锁装置。互锁装置的作用是防止变速器换挡时同时挂入两个挡位，造成变速器齿轮
"卡死"，甚至使机件严重损坏。

汽车变速器操纵机构互锁装置有很多种，用得较多的是钢球式互锁装置。它主要由互锁
钢球、互锁顶销组成。互锁装置工作原理如图 13.41 所示。中间拨叉滑轴两侧均有互锁凹槽，
两侧拨叉滑轴的互锁凹槽位于轴内侧。互锁顶销插入拨叉滑轴通孔中，顶销长度等于拨叉轴
直径减去一个互锁凹槽的深度。每两颗互锁钢球直径之和正好等于相邻两根拨叉滑轴表面之
间的距离加上一个凹槽的深度。

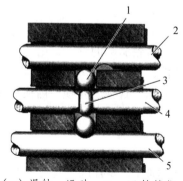

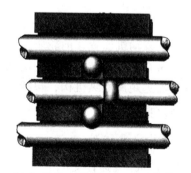

（a）滑轴一运动，二、三轴锁住　　　　　　（b）滑轴二运动，一、三轴锁住

图 13.41　互锁装置工作原理

1—互锁钢球；2—拨叉滑轴一；3—互锁顶销；4—拨叉滑轴二；5—拨叉滑轴三

在空挡位置，各拨叉滑轴上互锁凹槽处于一直线上，如图13.41（a）所示。若移动中间拨叉轴时，轴两侧钢球被挤出，两钢球嵌入两侧拨叉滑轴侧面的互锁凹槽中，将两侧刚性地锁止在空挡位置，如图13.41（b）所示。若需要移动一侧拨叉滑轴时，需先将中间拨叉滑轴退回空挡位置后再进行。

有些车辆变速器采用摆动锁块式或摆动钳口式互锁装置。

③ 倒挡锁装置。倒挡锁的作用是防止驾驶员误挂倒挡，以免发生变速器齿轮冲击和交通安全事故。如图13.42所示为某型汽车变速器弹簧锁销式倒挡锁。当驾驶员要挂倒挡时，必须用较大的力摆动变速杆，使其下端克服倒挡弹簧力，并将倒挡锁销推入倒挡拨块孔中，才能移动倒挡拨叉轴挂入倒挡。

有些车辆变速器采用锁片式倒挡锁，如图13.43所示。当挂倒挡时，必须用力拉起手柄，带动拉杆向上移动使锁片压缩弹簧往上移，变速杆下端才能伸入倒挡拨块凹槽中，才能挂倒挡，从而防止误挂倒挡。

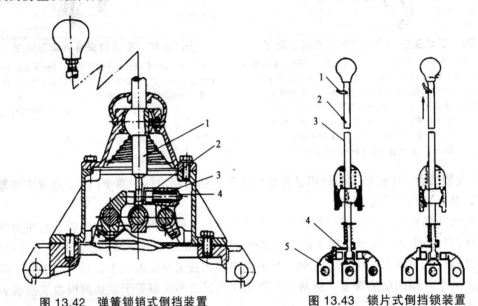

图13.42　弹簧锁销式倒挡装置　　　　图13.43　锁片式倒挡锁装置

1—变速杆；2—倒挡拨块；3—倒挡锁弹簧；4—倒挡锁销　　1—提钮；2、3—变速杆；4—锁片；5—倒挡拨块

2. 远距离操纵机构

平头汽车，发动机前置、前轮驱动，发动机后置、后轮驱动的汽车，由于变速器距离操纵杆较远，通常在变速杆与拨叉之间增加若干传动杆件，形成远距离操纵机构。

轿车变速器远距离操纵机构，包括由拨叉、拨叉滑轴、自锁、互锁、内换挡杆组成的内换挡机构和由变速杆总成、换挡杆、换挡杆接合器、操纵支承杆等机件组成的外操纵机构。

3. 操纵机构主要组件

① 变速杆总成。变速杆支承中装有上、下半球和半轴瓦以及橡胶导管等零件，起到防松、防振作用。下端与外换挡杆铰连。

② 换挡杆接合器。换挡杆接合器通过球销由支架支承，与内换挡杆通过结合块连接，与外换挡杆通过花键连接，卡箍固定。

③ 倒挡锁。在变速杆壳体内装有倒挡限位块，挂倒挡时需将变速杆往下压，才能挂入倒挡位，与挂前进挡操纵方式不同，有效防止误挂倒挡。

④ 异形弹簧。异形弹簧的作用是支承内换挡杆，使其杆端销钉平时处于第3、4挡拨叉轴凹槽内。

⑤ 拨叉滑轴。拨叉滑轴安装于变速器后壳体中，它与拨叉及夹紧爪均采用销钉连接。

4. 换挡操纵机构

不管是换挡或是挂四轮驱动，都要驾驶员通过换挡操纵机构（shift mechanism）控制，各种车型操纵机构位置和形状是不相同的，用得比较多的是在底座上和位于方向盘下方两类。

换挡操纵杆位于底座上有多种形式，如图 13.44 所示类型比较常见，由于操纵杆要不断地运动，故用防尘套密封起来，后面一般都是驻车制动控制手柄，当行车时应把该手柄松开放下，驻车时应拉紧制动，防止车自动滑行。上坡起动时，离合器、加速踏板（油门）及驻车制动器手柄要相互配合，才能顺利起步。

把图 13.44（a）的盖子卸掉，就能看见操纵机构的换挡滑轴等，如图 13.44（b）所示。

图 13.45 是换挡手柄在方向盘下面的情况。

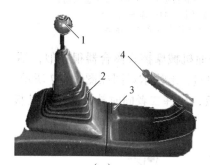

（a）

1—换挡操纵手柄；2—防尘皮套；
3—底座；4—驻车制动器手柄

（b）换挡滑轴位置

1—发动机壳；2—接合套；3—自锁装置；
4—1、2挡滑轴；5—3、4挡滑轴；
6—互锁装置；7—5挡、倒挡滑轴；
8—防尘套；9—换挡手柄

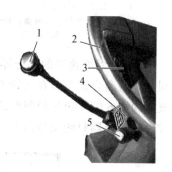

图 13.45　换挡操纵杆在方向盘下

1—换挡手柄；2—方向盘；
3—仪表盘；4—转向柱；
5—方向灯操纵杆

图 13.44　换挡操纵杆在底座上

四、双离合器变速器（Direct Shift Gearbox）

1939 年德国人 Kegresse.A 申请了双离合器变速器的专利，双离合器变速器（DCT）的概念已经有近 80 年的历史了。

双离合器变速器是一种手动变速器，它有两条传递路线，这是它与普通手动变速器最本质的区别（见图 13.46）。一条传递路线为奇数挡路线（图中 1、3、5），另一传递路线为偶数挡路线（2、4、6），为此它有两根输入轴（图中序号 11 和 12）和两根输出轴（图中序号 13、

14），发动机通过两个离合器（图中7、8）连接两根输入轴（图中11、12）输入动力和运动，双离合器通过两根输出轴与主减速器（图中15）连接输出动力和运动。相邻各挡的被动齿轮通过同步器交替与两输入轴齿轮啮合，配合两离合器的控制，实现在不长时间切断传递的情况下转换传动比，缩短换挡时间，有效提高换挡品质。如当离合器7接合时，一挡齿轮副1和二挡齿轮副2通过同步器同时啮合上，处于一挡位状态，当由一挡升入二挡时，由于二挡齿轮副早已啮合上了，故只需先让离合器7放松，再让离合器8接合就可以了，这样就使换挡时间大大缩短，其他各挡位情况相同，不再赘述。

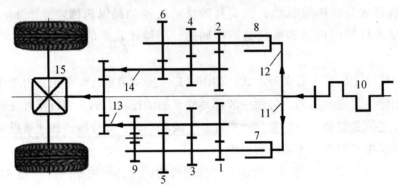

图 13.46　双离合器变速器原理

1——挡齿轮副；2—二挡齿轮副；3—三挡齿轮副；4—四挡齿轮副；5—五挡齿轮副；6—六挡齿轮副；
7—单挡位离合器；8—双挡位离合器；9—倒挡齿轮副；10—发动机；11—单挡输入轴；
12—双挡输入轴；13—单挡位输出轴；14—双挡输出轴；15—差速器及主减速器

双离合器变速器的离合器有干式和湿式两种，干式与普通机械摩擦式离合器很相似，不同的是两离合器安装在飞轮的左右两边，现在都用膜片式弹簧，结构示意图如图13.47所示。液压阀体6的作用是控制两离合器的动作，驾驶员踩下踏板，允许二者同时放松；放松踏板时，两离合器只能交替结合，绝对不允许二者同时结合。

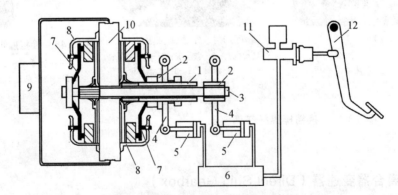

图 13.47　干式双离合器结构示意图

1—离合器第一输出轴；2—分离轴承；3—离合器第二输出轴；4—分离杠杆；5—分离油缸；6—液压控制阀体；
7—分离膜片弹簧；8—分离器壳体；9—发动机曲轴；10—飞轮；11—分离主缸；12—分离杠杆

湿式离合器结构示意如图13.48所示，图中弹簧1是螺旋弹簧，但现代汽车都使用膜片弹簧。飞轮驱动两离合器的摩擦钢片套，摩擦片套与各自的输出轴相连，活塞的动作与干式相同。

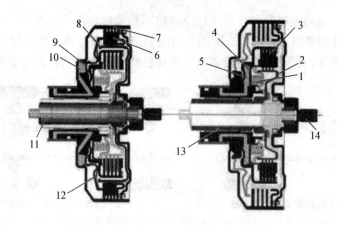

图 13.48　湿式双离合器结构示意图

1—弹簧 1；2—离合器 2 输出套；3—离合器 2 输入摩擦片套；4—离合器 2 控制活塞；5—离合器 2 液压缸压力油腔；
6—离合器 1 摩擦片；7—离合器 1 输入钢片套；8—离合器 1 输出套；9—离合器 1 活塞；
10—离合器 1 液压缸压力油腔；11—离合器 1 输出轴；12—离合器 1 膜片弹簧；
13—离合器 2 输出轴；14—发动机曲轴；

五、分动器

分动器（transfer case）是四轮驱动汽车传动系中的重要装置，它的主要作用是把变速器传来的动力分配给前后驱动轮。四轮驱动不仅是越野车、积雪地区的轻型汽车常采用的传动方式，在家庭轿车、厢式车、运动车和高性能赛车上也有采用，最近，甚至连高性能的轿车也开始采用四轮驱动。各种不同类型四轮驱动汽车的分动器往往采用多种不同的动力分配方法，所以汽车分动器结构类型较多。

1. 分动器的类型

（1）直接连接式分动器。直接连接式分动器多用于分时四轮驱动汽车，切断或恢复动力传递，可以方便地选择两轮驱动或四轮驱动。两轮驱动为前（或后）轮驱动，需要四轮驱动时，由分动器供给后（或前）轮的动力，图 13.49 为这种汽车的分动器示意图，切换装置就布置在分动器内。通过图中的变速拨叉 9 使同步离合器接通时，即成为前后轮直接连接的四轮驱动，当同步离合器分离之后，即成为前（或后）轮驱动，也可以放置在空挡，汽车不运动，但绞盘轴旋转，向外输出动力，或拖拽自己出泥坑。

分动器还有分时四轮驱动（见图 13.50）和全时四轮驱动（见图 13.51）之分，全时四轮驱动器多一个轴间差速器和黏性离合器，当汽车直线行驶时，黏性离合器把两段传动轴连接在一起，轴间差速器起到联轴器的作用，实现四轮驱动。转缓弯时，前后轴

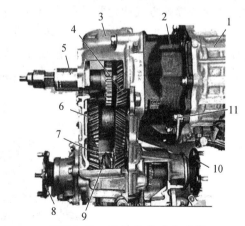

图 13.49　直接连接式分动器

1—变速器壳体；2—连接壳体；3—分动器壳体；4—传动齿轮；
5—绞盘轴；6—惰轮；7—分动器变速轴；8—后桥驱动输出轴；
9—变速拨叉及同步离合器；10—前桥驱动输出轴；
11—连接螺丝

有不大的转速差，轴间差速器和前后牙包中的轮间差速器起作用，可以实现四轮的差速传动。转急弯时，前后轴的转速差别太大，剧烈的转速差使黏性离合器中的黏性填充物温度升高，黏性下降，前后轴断开，自动变成两轮驱动，这样就实现了自动切换两轮驱动与四轮驱动。

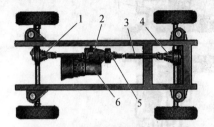 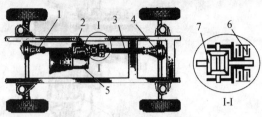

图 13.50　分时四轮驱动分动器

1—前桥牙包；2—分动器；3—传动轴；4—后桥牙包；
5—操纵器；6—变速箱

图 13.51　全时四轮驱动器

1—前桥牙包；2—分动器；3—传动轴；4—后桥牙包；
5—变速箱；6—黏性离合器；7—轴间差速器

　　分时四轮驱动的动力接通和切断结构通常采用爪式离合器配合同步器，结构简单、可靠。驾驶员通过各种操纵方式，由真空执行器或电控执行器控制离合器的离合。

　　（2）液压多片离合器式分动器。液压多片离合器式分动器是用得较多的一种分动器，如图 13.52 所示。液压多片式离合器分离时，汽车是两轮驱动，在活塞作用下，多片离合器接合在一起时，实现四轮驱动，它属于全时四轮驱动的范畴，只是由驾驶员控制实现四轮驱动或是两轮驱动。当液压多片离合器牢固接合在一起时，相当于四轮直接连接的四轮驱动，当离合器允许打滑时，可以实现差速传动，当离合器完全分离时，四轮驱动系统可以变为两轮（后轮或前轮）驱动，是一种很好的驱动方式。

　　离合器接合的松紧程度可以由 ECU 根据路况和车速自动控制，方便实现四轮与两轮驱动的转换。

　　（3）中间差速器锁死方式分动器。如图 13.53 所示为中间差速器锁死方式四轮驱动的分动器。平时，通过中间差速器，可以把发动机动力按一定比例分配给前后驱动轮。当需要限制差速时，通过差速锁死装置将差速器锁死，变成四轮直接连接的四轮驱动形式。其中差速锁通常采用爪式离合器，由驾驶员遥控操作或自动锁死。

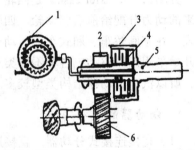

图 13.52　液压多片式离合器分动器

1—液压泵；2—分动齿轮；3—离合器；
4—活塞；5—输出轴一；6—输出轴二

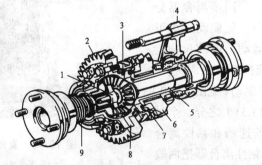

图 13.53　中间差速器锁死方式四轮驱动的分动器

1—轴间差速器；2—低速齿轮；3—换挡齿套；4—中间差速锁死操纵滑轴；5—前输出轴；6—高速齿轮；
7—同步器；8—差速器行星架；9—后输出轴

（4）中间差速器差动限制方式分动器。在中间差速器锁死装置分离和接合时，粗暴地影响到汽车的行驶状态。所以有些四轮驱动汽车改用中间差速器差动限制装置，来提高汽车的驱动性能。前面介绍的黏性联轴节限制中间差速器差动就是这种差速器，汽车行驶中若前轮或后轮发生滑转时，黏性联轴节将限制中间差速器的差动，防止车轮滑转，提高汽车的通过性能。

（5）转矩前后分配式分动器。如图13.54 所示为 ECU 综合控制系统的发动机前置四轮驱动汽车，在正常行驶时，主要靠后轮驱动，在前后轮之间布置了一个湿式多片离合器，在汽车行驶过程中，使用电脑控制液压系统的油压，使离合器以不同程度的接合，适应汽车的各种行驶状态，把发动机转矩分配到前后车轮上去。图中分动器为执行前后轮转矩分配作用的装置。分动器中湿式多片离合器的右端通过传动轴驱动后轮，左端通过链条传动驱动前轮。

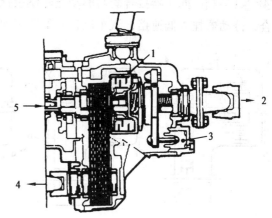

图 13.54　转矩前后分配式分动器
1—湿式多片式离合器；2—驱动后桥输出轴；3—离合器控制机构；4—驱动前桥驱动轴；5—变速器输出轴

汽车在行驶时，ECU 通过传感器不断检测汽车的行驶状态，即四个车轮的转速、转向盘的转角、节气门开度，按预先给定的程序进行综合控制，根据各种不同状态，可以不断地改变前后轮转矩的分配比，提高了汽车的各项性能。

2. 分动器的工作原理

分动器由壳体总成、传动机构和操纵机构 3 部分组成，具有空挡（N）、两轮高速挡（2H）、四轮高速挡（4H）、四轮低速挡（4L）和两轮低速挡等挡位。

（1）分动器的主要机件。分动器前壳体与变速器后壳体直接固定连接。

① 输入轴。分动器输入轴安装于前壳体上，与变速器输出轴花键连接。与轴一体的后端齿轮为行星齿轮系的太阳轮，内圈短齿为高速挡驱动齿。

② 后输出轴。后输出轴前端由输入轴承孔支承，后端由分动器后壳体支承。高低挡换挡齿套与轴前段花键齿啮合，驱动链轮借滚针轴承装在轴上。惯性锁式同步器安装于轴上。

③ 行星齿轮系。3 个行星齿轮既同时与输入轴上太阳轮啮合，又与固装在分动器壳体内的齿圈啮合。行星架上短齿用来传递低挡动力。

④ 前输出轴与传动链。前输出轴与其链轮制成一体，由前后壳体支承。驱动链轮与前输出轴链轮用传动链连接。

⑤ 操纵机构。分动器操纵机构包括换挡轴、扇形板与定位销、高低挡换挡拨叉、前驱动换挡拨叉、拨叉轴。

（2）分动器工作情况（见图 13.55）。

① 空挡。换挡齿套 2 与太阳轮内齿和行星齿轮架短齿均不接触，输入轴转动，输出轴不转动，汽车不能行驶，但绞盘传动可以输出。

② "2H" 挡。当换挡齿套往前移与输入轴太阳轮轮内齿圈啮合时，即挂上高速挡。动力

由输入轴直接传给后输出轴，传动比为 1∶1。而同步接合齿套与驱动链轮脱离啮合，汽车以两轮驱动。传力途径如图 13.55（a）所示。

③ "4H"挡。在以上"2H"挡基础上，将同步器接合套与驱动链轮啮合，分动器前后输出轴都输出动力，汽车以高挡四轮驱动，传力途径如图 13.55（b）所示。

④ "4L"挡。同步器接合套与驱动链轮继续保持啮合，换挡齿套 2 往后移至与行星架短齿啮合，分动器挂入低速挡，汽车以较慢的速度四轮驱动，传力途径如图 13.55（c）所示。

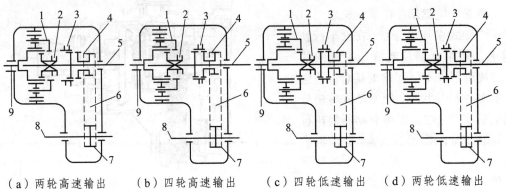

（a）两轮高速输出　　（b）四轮高速输出　　（c）四轮低速输出　　（d）两轮低速输出

图 13.55　分动器驱动挡传动示意图

1—行星架；2—换挡齿套；3—同步接合齿套；4—主动链轮；5—后输出轴；
6—传动链；7—从动链轮；8—前输出轴；9—输入轴

⑤ "2L"挡。换挡齿套 2 与行星架短齿啮合，同步器接合套与驱动链轮脱开，故保持两轮低速驱动状态，如图 13.55（d）所示。

第四节　自动变速器结构原理

一、概　述

1. 认识自动变速器

自动变速器（automatic transmission）可以由定轴轮系构成，也可以由动轴轮系构成。

（1）自动变速器有以下几个特点：① 驾驶操作简化，提高了行车安全性。② 提高了发动机和传动系统的使用寿命。③ 提高了汽车的加速性能。④ 提高了汽车的通过性能。⑤ 减少了废气污染。⑥ 可降低换挡时燃料消耗。

（2）自动变速器的基本组成：自动变速器主要由液力传动装置、轮系变速装置和自动变速控制系统三大系统组成。① 液力传动装置是一个自动离合器。② 轮系变速装置是变速变矩的装置，有定轴轮系和周转轮系两种。③ 自动变速控制系统是自动换挡的装置，由液压系统、电控系统组成。

另外还有辅助装置，如手动排挡机构、散热系统和变速器壳体等，如图 13.56 所示。

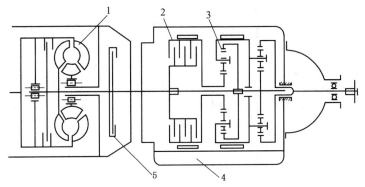

图 13.56 自动变速器机构示意图

1—液力传动装置；2—变速控制机构；3—齿轮系统；4—液压控制装置；5—液压泵

2. 自动变速器的分类

（1）按自动化程度分。

① 手动/自动一体化变速器。实质是加了一个手动强制换挡开关，驾驶员通过控制这个开关实现手动换挡。

② 全自动变速器。全自动变速器简称自动变速器，是只需驾驶员选择驾驶模式和操纵杆位置，其余完全由 ECU 自动控制的变速器，这是现代自动变速器普遍采用的配置形式。

（2）按自动换挡的控制方式分类。

① 液压控制式自动变速器。液压控制式自动变速器换挡控制方式是将节气门开度和车速转化为压力控制信号，并使阀板中各控制阀动作，实现自动换挡。液压控制式自动变速器的换挡过程如图 13.57 所示。这种变速器已经淘汰，为方便初学者理解自动换挡的原理，特别有利于对液压传动基础知识的理解，故本教材保留了对这种变速器的介绍。

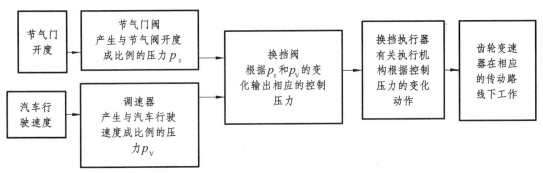

图 13.57 液压控制式自动变速器的换挡过程

② 电子控制式自动变速器。电子控制式自动变速器通过传感器将节气门开度、车速等参数转变为电信号，输入自动变速器 ECU，ECU 根据这些电信号输出换挡信号，控制相应的换挡电磁阀动作，电磁阀控制液压换挡阀产生相应的压力控制信号，使有关的执行机构动作，实现自动换挡，电子控制式自动变速器的换挡过程如图 13.58 所示。

③ 电液控自动变速器（ECT）采用传感器监测车速及节气门开度，把所获得的信息转变为电信号输入至 ECU（电脑），ECU 根据这两个信息及其他信息，使 ECT 电磁阀、换挡阀工作，控制油压和油路，实现自动换挡。

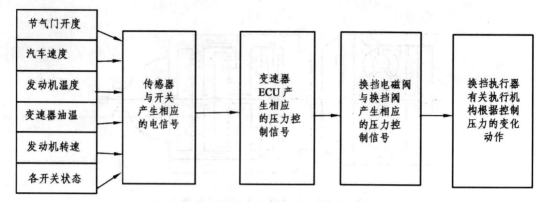

图 13.58　电子控制式自动变速器的换挡过程

自动变速器的 ECU 主要根据车速和节气门开度信号，指挥电子液压控制系统控制离合器、制动器和单向离合器工作，使轮系自动换挡、改变传动比。自动变速器操纵简单，但相对手动变速器换挡响应慢，较耗油，对愿意享受手动换挡乐趣的人而言，较枯燥。

（3）按自动变速器前进挡位的多少分类。

配置 3 挡、4 挡、5 挡自动变速器的汽车有成熟的型号，现代汽车一般有 5 个前进挡，第 5 挡多为超速挡。随着汽车性能的提高，多于 5 挡的汽车越来越多走上市场。

（4）按齿轮变速器部分的结构类型分类。

可分为定轴轮系式和动轴轮系式两种，由于动轴轮系变速器结构紧凑，又能获得较大的传动比，应用更普遍。

二、自动变速器的结构与工作原理

1．定轴轮系构成的自动变速器

与液力传动装置配合，定轴轮系也可以实现自动换挡，但与动轴轮系形成的自动换挡概念是不完全一样的。

如图 13.59 所示是一组定轴轮系形成的 4 挡变速器的自动换挡装置结构示意与传动路线

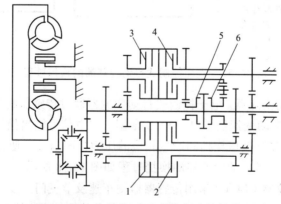

图 13.59　定轴轮系形成的自动换挡装置

1—1 挡离合器；2—2 挡离合器；3—3 挡离合器；4—4 挡离合器；5—4 挡齿轮；6—倒挡齿轮

图。电控单元控制四个液压离合器的接通或断开，实现自动换挡，由于是自动换挡，不能再使用摩擦离合器，故设计了液力变矩器取代摩擦离合器，只有这样才能顺利实现自动换挡。除了 4 挡和倒挡外，其他齿轮副都是常啮合的，故不需要同步器。

图 13.60 是动力传递路线图。电控单元指挥电磁阀工作，电磁阀命令离合器工作，就可改变传递路线，实现自动换挡。

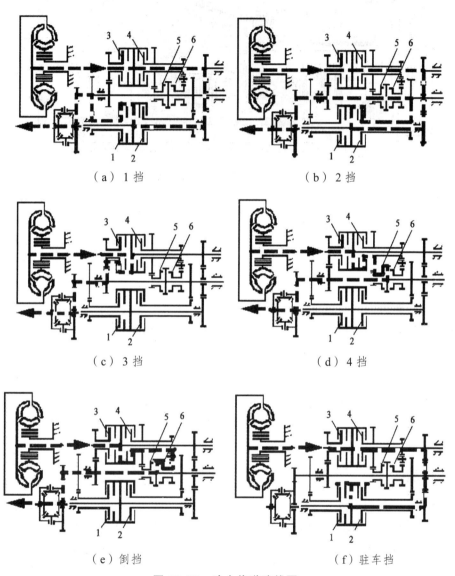

（a）1 挡　　　　　　　　　　　（b）2 挡

（c）3 挡　　　　　　　　　　　（d）4 挡

（e）倒挡　　　　　　　　　　　（f）驻车挡

图 13.60　动力传递路线图

1—1 挡离合器；2—2 挡离合器；3—3 挡离合器；4—4 挡离合器；5—4 挡齿轮；6—倒挡齿轮

2. 动轴轮系构成的自动变速器

动轴齿轮变速器由常啮合齿轮机构和换挡执行机构（离合器、制动器及单向离合器）组成，不同车型的自动变速器的齿轮变速器结构类型、布置形式、部件数量往往不同，但基本原理是相同的。图 13.61 是动轴轮系构成的自动变速器结构示意图，车型不一样，自动变速器的结构也不一样,常见的有与发动机纵向布置配套和与发动机横向布置配套的两大类,图示是一款发动机纵向布置、后轮驱动的自动变速器。

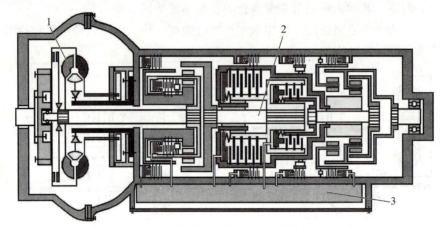

图 13.61 动轴轮系构成的自动变速器结构示意图

1—液力变矩器;2—轮系;3—液压系统

1)简单动轴齿轮机构的作用与原理

简单动轴齿轮机构按习惯简称为简单周转轮系,如图 13.62 所示,由一个太阳轮(sun gear)Z_1、一个齿圈(ring gear)Z_2、一个行星架(pinion gear carrier)Z_3、若干个行星轮(planetary gear)Z_4 组成,可以确认它们之间齿数有以下关系:$Z_3>Z_2>Z_1$(行星架 3 是没有齿的,但实际传动中,行星架的特殊作用就像有齿数一样,而且满足上述关系,证明从略)。如果将太阳轮或齿圈任意固定一个,周转轮系就变成行星轮系。周转轮系的运动方程:

$$n_1 + an_2 - (1+a)n_3 = 0$$

式中:n_1,n_2,n_3 分别为太阳轮、齿圈、行星架的转速;a 为齿圈与太阳轮的齿数比(Z_2/Z_1)。

图 13.63 是另一种常用的简单周转轮系,有共用一个行星架的长短两组行星轮,两种轮系的基本原理相同,但传动比的分析方法各有特色。

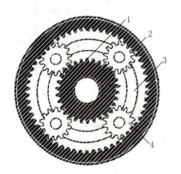

图 13.62 简单周转轮系

1—太阳轮 Z_1;2—齿圈 Z_2;3—行星架 Z_3;4—行星轮 Z_4

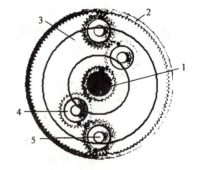

图 13.63 双行星轮式的简单周转轮系

1—太阳轮;2—齿圈;3—共用的行星架;
4—短行星轮;5—长行星轮

从周转轮系的运动方程中可看出,将太阳轮、齿圈和行星架这 3 个构件中的某一个构件固定(使其转速为 0),可获得不同的传动方式。

表 13.2　周转轮系的基本变化形式

序号	轮系名称	太阳轮 Z_1	齿圈 Z_2	行星架 Z_3	轮系性质	行星轮状态
1	阳行星轮系（阳轮系）	固定	主动	被动	$I_1 = 1 + Z_1/Z_2 > 1$，圈带架，减速增矩正向传动	公转加自转
2	阳行星轮系（阳轮系）	固定	被动	主动	$0 < I_2 = Z_2/(Z_2 + Z_1) < 1$，架带圈，增速减矩正向传动	公转加自转
3	圈行星轮系（圈轮系）	主动	固定	被动	$I_3 = 1 + Z_2/Z_1 > 2 > I_1$，阳带架，减速增矩正向传动	公转加自转
4	圈行星轮系（圈轮系）	被动	固定	主动	$0 < I_4 = Z_1/(Z_2 + Z_1) < I_2 < 1$，架带阳，增速正向传动	公转加自转
5	定轴轮系	主动	被动	固定	$I_5 = |-Z_2/Z_1| > 1$，阳带圈，减速增矩反向转动	只自转不公转惰轮
6	定轴轮系	被动	主动	固定	$I_6 = |-Z_1/Z_2| < 1$，圈带阳，增速减矩反向转动	只自转不公转惰轮
7	周转轮系	三者都可转动，只有一个动力元件输入			$I_7 = 0$，轮系无输出，如空挡	公转加自转
8	周转轮系	三者都可转动，任意有两个动力元件输入，另一个元件就有确定的输出			另一个元件有确定输出，I_8 的大小和正负随两动力元件转速和转动方向变化而变化，如差速器	公转加自转
9	联轴器	联成一体或同步（同方向、同转速）转动			$I_9 = 1$，轮系成一整体，随同转动，无相对运动，有相对于机架的绝对转动，用于直接挡	只公转不自转
10	联轴器	随同转动	联成一体或同步转动		$I_{10} = 1$，轮系成一整体，无相对运动，有相对于机架的绝对转动，用于直接挡	只公转不自转
11	联轴器	联成一体或同步转动		随同转动	$I_{11} = 1$，轮系成一整体，无相对运动，有相对于机架的绝对转动，用于直接挡	只公转不自转

　　简单周转轮系有 3 个轴头（太阳轮轴头、行星架轴头、齿圈轴头），可以演变成几种传动机构，实现不同的传动方式，以满足汽车行驶的需要。

　　简单周转轮系有两个自由度，必须通过两个轴头输入两个运动，第三个轴头才有确定的运动输出。如果只输入一个运动，就没有确定的运动输出，这一特性被利用来实现空挡。

　　将简单周转轮系的齿圈或太阳轮任意固定一个，就演变为简单行星轮系，简单行星轮系只有一个自由度，只要通过一个轴头输入一个运动，轮系就有确定的运动由另一轴头输出，这一特性被利用来实现相应的挡位。

　　将简单周转轮系的行星架固定，就演变成定轴轮系，也只有一个自由度，从太阳轮或齿圈任意一个轴头输入一个运动，另一个轴头上就有确定的反向运动输出，这一特性被利用来实现倒挡。

　　将简单周转轮系 3 个轴头中的任意两个连接起来，或即使不直接连接，但让它们同方向、同转速运转，另一个轴头就与这两个轴头同方向、同转速运转，即简单周转轮系演变成一个联轴器，这个特性被利用来实现直接挡。

　　太阳轮、齿圈和行星架 3 个构件相互运动关系影响轮系的性质，可获得不同的传动方式。单排简单周转轮系有 11 种传动工况，如表 13.2 所示。传动比 I 为正，被动轮与主动轮转向

一致，传动比 I 为负，转向相反；$|I|>1$ 减速增矩，$|I|<1$ 增速减矩。

由于受结构的限制，并不是以上 11 种传动工况都能同时应用，加上单排简单周转轮系的传动比范围有限，不能满足汽车行驶的实际需要，因此在自动变速器中通常有两排或 3 排简单周转轮系相互配合，形成复合轮系。通过换挡 4 大控制元件（离合器、双向制动器、单向制动器和单向离合器）的不同组合，形成不同的动力传动通路，获得不同的传动比，满足汽车行驶的要求。

2）换挡执行机构

（1）离合器的作用与原理。在周转轮系变速器中，离合器的作用是连接两个传动元件。

自动变速的离合器采用多片湿式离合器（viscous clutch），组成如图 13.64 所示。

摩擦片组和钢片组，统称为工作片组，摩擦片两面烧结有粉末冶金摩擦材料，有内花键，装在传动轴上；钢片表面光洁，有外花键，装在传动套内，根据结构，两种传动片可以分别担任主、从动片的任务，它们交替装在离合器中，相邻两片之间构成了钢-粉末冶金摩擦

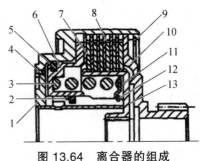

图 13.64　离合器的组成

1—离合器鼓；2、5—油封；3—复位弹簧；4—单向阀；
6—液压活塞与压紧盘；7—主动摩擦片；8—从动摩擦片；
9、12—卡环；10—太阳轮；11—弹簧座；13—花键鼓

副。这种湿式离合器的工作片都浸在油液中工作，可使接合柔和并有利于散热。工作时，控制离合器接合的压力油进入活塞工作腔，推动活塞移动，通过压紧盘将主、从动摩擦片压紧，实现离合器的接合，两构件同时转动。当活塞工作腔的油压释放后，回位弹簧使活塞回位，主、从动摩擦片放松，离合器处于分离状态，两构件各自独立转动。

（2）制动器的作用与原理。带式制动器（brake band）的作用是使周转轮系中的某一构件固定不转动，以实现某一传动组合。

制动器有带式和摩擦式两种结构形式。摩擦片式制动器的结构与起连接作用的多片湿式离合器基本相同，所不同的是与离合器连接的两个构件都是可以转动的，而与多片湿式制动器连接的有一个构件与机架相连，固定不动，当制动器把两构件连接起来时，另一构件也不能转动了。

带式制动器的基本组件是制动鼓、制动带、液压缸和调整机构等，如图 13.65 所示。

制动鼓与需要被制动的周转轮系的一个构件相连，制动带则与变速器壳体相连。当液压油进入液压缸时，活塞通过推杆使制动带将制动鼓抱紧，实现对周转轮系的一个构件制动。当液压被释放时，活塞在复位弹簧力和液压油共同的作用下回位，制动带放松，制动被解除。控制液压压力，可以控制制动带的工作速度，改善换挡品质。

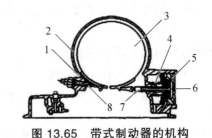

图 13.65　带式制动器的机构

1—变速器壳；2—制动带；3—制动鼓；4—复位弹簧；
5—活塞；6—活塞工作腔；7—推杆；8—调整螺钉

在非制动状态下，制动带与制动鼓之间应保持适当的间隙，大小可通过调整螺钉来调节。

（3）单向离合器工作原理。单向离合器可使与其连接的构件在受力方向发生变化的瞬间立即产生接合或脱离，以使换挡平顺、无冲击，在机械设计中称之为超越离合器。

单向离合器的离合不需要液压油，仅由单向离合器所连接的两构件相对转向决定，汽车自动变速器常用滚柱式和楔块式两种结构。接合时，两构件同时转动，分离时两构件各转各的。

（4）单向制动器工作原理。单向制动器与单向离合器工作原理完全相同，只是与单向制动器相连接的一个构件是机架，当单向制动器制动时，两构件都不能转动，放松时非机架那个构件可以独立转动。变速器中单向制动器的结构原理与液力变矩器中用于导轮单向锁止作用的单向制动器完全相同，读者可参阅该处的介绍。

3）常用的动轴轮系变速器结构与换挡原理

动轴轮系机构有多种形式，自动变速器中最常见的是共太阳轮式（常称辛普森式Simpson，简称 S 式），共架圈式（常称拉维奈尔式 Ravigneaux，简称 R 式），对称式（简称 D 式）3 种。它们都是由两个或两个以上简单周转轮系组成的复合轮系，都有输入轴头、输出轴头、控制输入（出）轴头或输入（出）控制轴头 4 个轴头。为叙述方便，本教材以传递先后顺序将复合轮系分为前轮系与后轮系，（不以安装位置定前后），前轮系的齿圈、行星架、太阳轮分别简称为前圈、前架和前轮，后轮系的齿圈、行星架、太阳轮分别简称为后圈、后架和后轮。汽车变速器的实际运用中，还有其他一些形式，因为用得不多，本教材只介绍前面 3 种。想深入了解的读者可参阅唐德修编写的《汽车自动变速器》一书。

（1）共太阳轮式（S 式）周转轮系变速器结构及换挡原理。

如图 13.66 所示，共太阳轮式复合轮系是由前后两个简单的周转轮系组成的复合轮系：① 前圈是输入轴头；② 前架与后圈连接作输出轴头；③ 共用一个太阳轮为输入控制轴头；④ 后架为控制轴头。输出轴穿过太阳轮的定义为 S 一式，输入轴穿过太阳轮的定义为 S 二式，二者仅是安装位置不同，没有本质区别。配上相应的换挡执行元件，可构成 3 前进挡自动变速器。

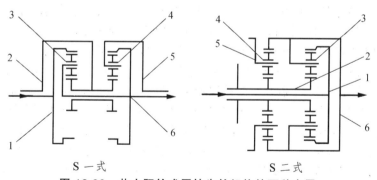

S 一式   S 二式

图 13.66　共太阳轮式周转齿轮机构的两种布置

1—前齿圈；2—共用的太阳轮组件；3—前行星轮；4—后行星轮；
5—后行星架；6—前行星架与后齿圈组件

下面以共太阳轮 S 一式 3 挡周转轮系变速器为例，说明共太阳轮式周转轮系自动变速器的换挡原理，如图 13.67 所示。

当自动变速器操作手柄在 D、R、S（2）、L（1）各挡位时，变速器换挡执行机构各元件的运作表见表 13.3。

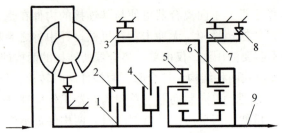

图 13.67 共太阳轮 S 一式 3 挡周转轮系变速器

1—输入轴；2—C_1-倒挡及高速挡离合器；3—B_1-2 挡制动器；4—C_2-前进挡离合器；
5—前周转轮系；6—后周转轮系；7—B_2-低速挡及倒挡制动器；
8—F_1-低速挡单向离合器；9—输出轴

表 13.3 共太阳轮 S 一式 3 挡周转轮系变速器各挡位执行元件运作表

变速器操作手柄位置	变速器挡位	2	4	3	7	8
		C_1	C_2	B_1	B_2	F_1
D	1 挡		●			●
	2 挡		●	●		
	3 挡	●	●			
R	倒挡	●			●	
S、L（2、1）	1 挡		●		●	
	2 挡		●	●		

注意：●表示结合、制动或锁止。

① 自动变速器操纵手柄在 D 位。控制系统将根据车速、节气门开度及其他信号自动变换前进挡位。

a. D1 挡时的变速器工作状况。前进挡离合器 C_2 接合，输入轴与前排齿圈连接，单向离合器处于自锁状态，因此后排行星架被固定。这时前后排周转轮系都传递动力。

b. D2 挡时的变速器工作状况。前进挡离合器 C_2 接合，同时 2 挡制动器 B_1 制动，周转轮系变速器就处于 2 挡。这时输入轴仍通过前进挡离合器 C_2 连接前排齿圈，而 2 挡制动器 B_1 将前后周转轮系排的太阳轮组制动，前排周转轮系传递动力，而后排周转轮系处于空转状态。

c. D3 挡时的变速器工作状况。前进挡离合器 C_2 和倒挡及高速挡离合器 C_1 同时接合，这时，输入轴同时与前齿圈和太阳轮组连接。周转轮系中的两个构件被连接在一起，使前周转轮系成为一整体一起旋转，输入轴的动力通过前排周转轮系传动给输出轴。3 挡的传动比为 1，即为直接挡。此时液力变矩器的锁止离合器 C（即图 13.68 中的 3 与 4 接合）也要锁上。

② 自动变速器操纵手柄在 R（倒）位。

倒挡及高速挡离合器 C_1 接合，使输入轴与前后排太阳轮组连接，同时低速挡及倒挡制动器 B_2 制动，将后行星架固定。输入轴的动力通过离合器 C_1 传递给前后太阳轮组，再经后周转轮系、齿圈传递给输出轴。这时的太阳轮转动方向与输入轴相同，后排行星轮转动方向与太阳轮相反，而后排齿圈转动方向则与行星轮相同，因此输入轴与输出轴逆向转动，实现了倒挡传动。

③ 自动变速器操作手柄在 L（1）位。

前进挡离合器 C_2 接合，输入轴与前排齿圈连接，低速挡及倒挡制动器 B_2 制动，将后排行星架固定。因此，这时的动力传递路线和传动比与自动变速器操纵手柄在 D 位时的 1 挡完全相同。

L 位与 D 位时的 1 挡不同之处是：在 L 位时后行星架的固定是通过制动器制动实现，固定状态不会因其受力方向发生改变而释放。汽车行驶中，当司机松开加速踏板，发动机转速迅速下降，周转轮系变速器会逆向传递动力，滑行的汽车会受到发动机的制动作用。而 D 位时的 1 挡由于后行星架的固定是通过单向离合器实现，当变速器输出轴的转速高于输入轴的转速时，单向离合器 F_1 锁止作用消失，后行星架将自由转动，前后排周转轮系都将处于空转状态，因此，不会逆向传递动力，发动机也就不会有制动作用。

④ 自动变速器操纵手柄在 S（2）位时，只能在 1、2 挡之间自动换挡，2 挡动力传递路线与 D 位时的 2 挡状态完全相同，1 挡动力传递与操作手柄在 L（1）挡位时相同。

现代汽车普遍采用了 4 挡共太阳轮式周转轮系自动变速器，在共太阳轮式双排周转轮系的基础上又增加了一个加速轮系，增加前进挡位数，构成 3 周转轮系 4 挡变速器，图 13.68 为 4 挡 S 二式传动示意图，各挡执行元件的运作表见表 13.4。

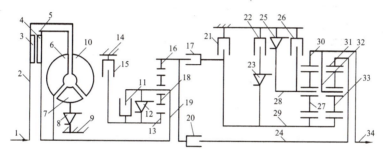

图 13.68　共太阳轮 S 二式 4 挡自动变速器传动示意图

1—输入轴；2—液力变矩器外壳；3—锁止离合器主动盘；4—锁止离合器摩擦盘；5—摩擦盘与涡轮传动花键；6—涡轮；7—导轮；8—导轮单向制动器；9—导轮支撑轴；10—泵轮；11—C_0 超速轮系直接离合器；12—F_0 超速轮系直接单向离合器；13—超速轮系太阳轮；14—机架；15—B_0 超速制动器；16—超速轮系齿圈；17—C_1 倒挡及直接挡离合器；18—超速轮系太阳轮；19—超速轮系行星架；20—C_2 前进挡离合器；21—B_1 可反拖 2 挡双向制动器；22—双向制动的 2 挡制动器 B_2；23—F_1 不可反拖 2 挡单向离合器；24—轮系输入轴；25—F_2 不可反拖 1 挡单向离合器；26—B_3 可反拖 1 挡或倒挡双向制动器；27—后排行星轮；28—后排行星架；29—共用太阳轮；30—后排齿圈；31—前排齿圈；32—前排行星架；33—前排行星轮；34—变速器输出轴

表 13.4　共太阳轮 S 二式 4 挡自动变速器元件运作表

		$11C_0$	$15B_0$	$12F_0$	$20C_2$	$17C_1$	$21B_1$	$22B_2$	$26B_3$	$23F_1$	$25F_2$	
OD 位	1	●	○	●						△	●	无反拖
	2	●	○					●		●	△	无反拖
	3	●	○			●		●		△	△	可反拖
	4		●	△				●		△	△	可反拖
S 位	1	●	○							△	●	无反拖
	2	●	○					●		△	△	可反拖
L 位	1	●	○		●				●	△	○	可反拖
R 位	1	●	○			●			●	△	○	可反拖
NP 位		●	○						○	△	○	可反拖

注：① ○表示可以处于工作状态，但不是主要出力者。F_0 只在 C_0 与 B_0 都不工作的瞬间才工作。F_2 只有在 B_3 不工作时才能出力，B_3 工作时 F_2 工作是没有意义的。
② ●处于工作状态。
③ △表示单向离合器或单向制动器处于放松状态。

其中新加的一组轮系是为加速挡设计的，当离合器 $11C_0$ 工作时，新轮系是一个联轴器，挡位变化如前所述，由原来的主轮系决定；当制动器 $15B_0$ 工作时，新轮系是一个加速阳轮系变速器，使主轮系在第 3 挡的基础上再加速，进入加速挡第 4 挡。11 与 15 同时工作，将导致运动干涉，损坏零件；如果同时不工作又会导致传递中断，两种情况都是不允许的，故设计了逆式单向离合器 $12F_0$，它的作用是在两者都不工作时取代 11，避免传递中断，而避免两者同时工作是 ECU 通过电子控制实现的，这种用于加速的结构在各种轮系中都能见到，有时放在主轮系前面，有时放在主轮系后面。

（2）共架圈式（R 式）周转轮系自动变速器的换挡原理。共架圈式周转轮系机构示意图如图 13.69 所示，它是由 3 个简单轮系（单一、单二和单三）组成的复合轮系，有长、短两组行星轮及大、小两个太阳轮，小太阳轮在右大太阳轮在左定义为 R 一式，小太阳轮在左大太阳轮在右定义为 R 二式。配上相应的执行元件，可使共行星架式周转轮系机构成 4 前进挡变速器。

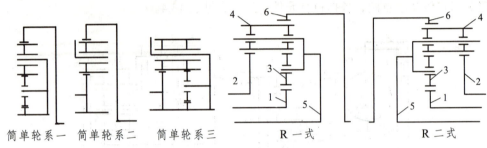

图 13.69　共架圈式周转轮系机构示意图

1—小太阳轮；2—大太阳轮；3—短行星轮；4—长行星轮；5—行星架；6—齿圈

结构特点是：① 3 个简单周转轮系共用一个行星架和一个齿圈，行星架为控制输入轴头（控制为主，输入为辅），齿圈为输出轴头；② 大、小两个太阳轮，小太阳轮为输入轴头，大太阳轮为输入控制（输入为主，控制为辅）轴头；③ 共架的长、短两个行星轮相互啮合，长行星轮还分别与齿圈和大太阳轮啮合，短行星轮还与小太阳轮啮合。

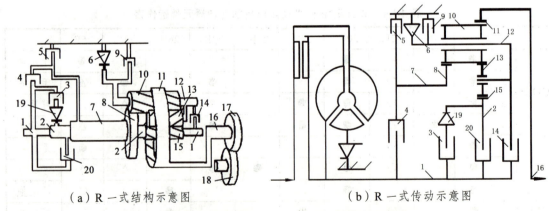

（a）R 一式结构示意图　　　　　　　（b）R 一式传动示意图

图 13.70　共架圈 R 一式 4 挡变速器传动示意图

1—输入轴；2—小太阳轮轴；3—C_1 前进离合器短行星轮；4—C_2 倒挡离合器长行星轮；5—B_1 2、4 挡制动器；
6—F_1 低速挡单向离合器（可顺不可逆）；7—大太阳轮轴；8—大太阳轮；9—B_2 低速挡倒挡制动器；
10—长行星轮；11—齿圈；12—行星架；13—短行星轮；14—C_4 高速挡离合器；
15—小太阳轮；16—输出轴；17—输出轴主动轮；18—输出轴被动轮；
19—F_2 前进单向离合器；20—C_3 前进强制离合器

共架圈 R 一式 4 挡变速器的组成与原理如图 13.70 所示，各挡的执行元件工作情况见表 13.5。

表 13.5　共架圈 R 一式 4 挡变速器各挡执行零件工作情况

变速器操纵手柄位置	变速器挡位	执行元件状态							
		C_1	C_2	C_3	C_4	B_1	B_2	F_1	F_2
D	1	●						●	●
	2	●				●			●
	3	●			●				●
	4（超速挡）				●	●			
R	倒挡		●				●		
S、L（2、1）	1			●			●		
	2					●			
	3			●	●				

注：●表示结合、制动或锁止。

（3）对称式（D 式）周转轮系。

对称式周转轮系的结构原理图如图 13.71 所示，它与 S 式的最大区别是不共太阳轮，两个独立的太阳轮各承担自己的功能。

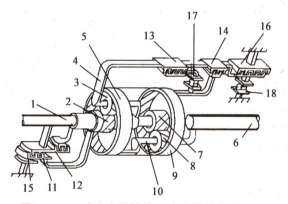

图 13.71　对称式周转轮系变速器结构原理图

1—输入轴；2—前太阳轮；3—前行星轮；4—前行星架；5—前齿圈；6—输出轴；7—后太阳轮；8—后行星轮；
9—后齿圈；10—后行星架；11—C_1 倒挡离合器；12—C_2 高速挡离合器；13—C_3 前进挡离合器；
14—C_4 前进强制离合器；15—$B_1$2 挡及 4 挡制动器；16—B_2 低速挡及倒挡制动器；
17—F_1 前进挡单向离合器；18—F_2 低速挡单向离合器

特点如图 13.72 所示：两个简单周转轮对称布置，① 前排太阳轮是无条件输入轴头。② 后排太阳轮是有条件的输入控制轴头。③ 后排的圈与前排的架无条件连接作输出轴头。④ 前排的圈与后排的架有条件连接作控制输入轴头。（7、8 组成两件式的制动器，9、10、11 组成三件式的离合器）它在不同挡位工作时，各执行元件的工作情况如表 13.6 所示。

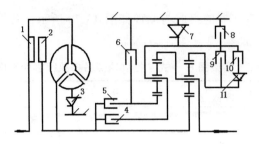

图 13.72　对称式周转轮系工作原理图

1—泵轮锁止离合器；2—涡轮锁止离合器；3—导轮单向制动器；4—直接挡离合器；5—倒挡离合器；
6—2挡双向制动器；7—前排行星架单向制动器（可顺不可逆）；8—前排行星架双向制动器；
9—前排行星架与后排齿圈双向离合器；10—滑行离合器；
11—滑行单向离合器

表 13.6　对称式周转轮系自动变速器执行元件工作运作表

		1（2）	3	4	5	6	7	8	9	10	11	备　注
D	1		▲				●			●	▲	不能反拖
	2		▲			●				●	▲	不能反拖
	3		▲	●						●	▲	不能反拖
	4	●	△	●		●				○	△	能反拖
S	1		▲				△	●	●		△	能反拖
	2		▲			●			●	○	△	能反拖
	3		▲	●					●	○	△	能反拖
L	1		▲				△	●			△	能反拖同 S1
	2		▲			●			●	○	△	能反拖同 S2
R	R		▲		●		△	●				能反拖
NP	N	所有执行元件都不工作。汽车在 N 位可以人力推动，而在 P 位时，有特制的机械装置制动轮系，故不可推动										

注：① ▲表示单向制动器或单向离合器锁止，△表示它们在空转，没有出力。
　　② ●表示接通压力油。○表示通油，但没有起传递作用，其作用有两个：一是起到辅助传递作用，二是为换挡作好准备。

3. 自动变速器控制系统

电控自动变速器控制系统由电子控制系统和液压控制系统两部分组成，液控自动变速器控制系统则只有液压控制系统。

1）自动变速器液控系统的组成

自动变速器液压控制系统由液压调节装置和液压控制装置组成，它们由液压泵、不同的液压阀和电磁阀及油路构成。液压泵安装在液力变矩器与轮系之间，各种控制阀都安装在阀体内，构成阀体总成，安装在轮系下面，浸泡在液压油中。图 13.73 是某款车型的液压阀排列的情况，这些阀都是装在阀体总成上的，这样的好处主要是结构紧凑，油路短，沿程损失小，这对于汽车变速器的液压系统是十分必要的。

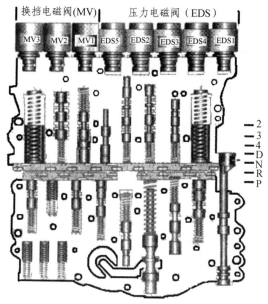

图 13.73　液压系统控制阀的布置

　　液压控制系统重要且内容繁杂，由于受篇幅的限制，本教材对液压控制系统无法过多介绍，有兴趣的读者请参阅唐德修编写的《汽车流体传动》（西南交大出版社），那本书对液压原理、各类液压阀体工作原理及常见车型的液压系统进行了逐挡介绍。

　　2）自动变速器的电子控制系统的作用

　　自动变速器电子控制系统的作用是检测汽车行驶工况、发动机工况，并根据检测的结果和设定的控制程序输出控制信号，控制有关执行元件动作，实现对自动变速器换挡和变矩器锁止等的自动控制。

　　3）自动变速器电子控制系统的基本组成

　　自动变速器电子控制系统由传感器、电子控制单元（ECU）和执行器 3 大部分组成，如图 13.74 所示。现代汽车的传感器越来越多，它的作用是把物理量变成电子量，传送给 ECU，ECU 根据这些量判断自动变速器的工作状态，并与事先存储在 ECU 中的脉谱图进行比较，将得到的误差信号传给执行器，执行器根据这个误差信号去修正自动变速器相关物理量的当前值，使之总是保持在最佳工作状态，这就是电子控制系统的工作原理。

　　（1）传感器与控制开关。

　　① 车速传感器。该传感器安装于自动变速器输出轴处，用于检测变速器输出轴的转速，ECU 根据此信号计算汽车的行驶速度，并作为自动变速器换挡控制的主要参数之一。车速传感器多采用磁感应式、霍耳式、光电式和舌簧式等不同的结构形式。

　　磁感应式由永久磁铁、感应线圈和触发转子等组成。图 13.75 所示是用停车锁止齿轮作为信号触发齿轮的磁感应式车速传感器的结构图。当触发齿轮在变速器输出轴的驱动下转动时，传感器感应线圈的磁通量会周期性地变化而产生交变的感应电压信号，感应电压信号的频率随车速而变。

　　② 节气门位置传感器。该传感器将节气门的位置参数转变为电信号，作为自动变速器 ECU 控制自动换挡的另一个主要参数。

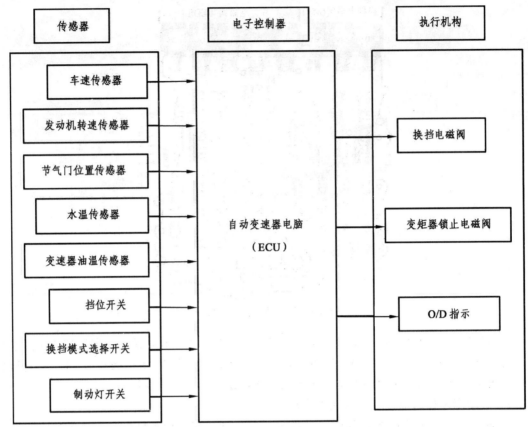

传感器　　　　　电子控制器　　　　　执行机构

- 车速传感器
- 发动机转速传感器
- 节气门位置传感器
- 水温传感器
- 变速器油温传感器
- 挡位开关
- 换挡模式选择开关
- 制动灯开关

自动变速器电脑
（ECU）

- 换挡电磁阀
- 变矩器锁止电磁阀
- O/D 指示

图 13.74　自动变速器电子控制系统的基本组成

对于拉索式节气门位置传感器有开关式和线性式，对于电控式节气门位置传感器多为脉冲式，结构和工作原理见电控发动机部分有关内容。

③ 变速器输入轴转速传感器。该传感器用于检测变速器输入轴的转速，其结构原理与车速传感器相同。

变速器输入轴转速信号是 ECU 控制换挡的参考信号之一，它可使 ECU 的换挡控制过程更为精确，并且可使 ECU 根据此信号和发动机转速信号准确计算变矩器的传动比，实现对液压油路的压力调节过程和变矩器锁止控制过程的优化控制，以进一步提高汽车的行驶性能和改善换挡品质。

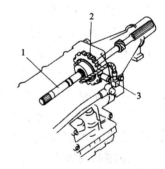

图 13.75　车速传感器的结构

1—变速器输出轴；2—停车锁止齿轮；
3—车速传感器

④ 变速器液压油温度传感器。该传感器用于检测自动变速器液压油的温度，作为 ECU 进行换挡控制、液压油压力调节和变矩器锁止控制的参考信号之一。

油温传感器的温度敏感元件有负温度系数热敏电阻和正温度系数热敏电阻两类，前者用得较普遍。

⑤ 超速挡开关（O/D）。此开关用于接通或断开自动变速器超速挡控制电路。当接通此

开关时，自动变速器超速挡控制电路接通，在 D 位下变速器最高可升入 5 挡（超速挡）；而在此开关断开时，超速挡控制电路断路，在 D 位时，变速器最高只能升至 3 挡，限制自动变速器进入超速挡。

⑥ 模式选择开关。该开关用于选择自动变速器的控制模式，以满足不同的使用要求。模式开关由司机手动控制，选择不同的模式，ECU 就按照不同的换挡规律进行换挡控制。通常有如下控制模式：

经济模式（economy）：此控制模式是以汽车获得最佳的燃油经济性为控制目标，升挡较早，高速挡工作时间长。

动力模式（power）：此控制模式是以汽车获得最大的动力性为控制目标，升挡较迟，低速挡工作时间长。

标准模式（normal）：此控制模式介于经济模式和动力模式之间，兼顾了汽车行驶的动力性和经济性。

有的自动变速器由 ECU 根据汽车行驶工况和发动机工况等自动选择换挡规律，因此，这种汽车自动变速器就无模式选择开关。

⑦ 保持开关。该开关的作用是锁定自动变速器的自动换挡。接通此开关时，自动变速器就不能进行自动换挡，换挡由司机通过操纵手柄操作进行。将操纵手柄置于 D、S（2）、L（1）位时，变速器就分别保持在 3 挡、2 挡、1 挡。

⑧ 挡位开关。该开关用于检测变速器操纵手柄的位置，安装在自动变速箱手动阀的摇臂轴上，内部有与被测位置数相对应的触点。挡位开关主要有两方面的作用：

当变速箱操纵手柄在空挡（N 挡）或停车挡（P 挡）时，挡位开关将起动开关电路接通，这时起动发动机，起动开关就可向发动机 ECU 输送起动信号，使发动机得以起动。而当变速器操纵手柄在其他的任一个挡位时，起动开关断开，发动机都不能起动，从而保证了自动变速器使用的安全，挡位开关也被称之为空挡起动开关。

当变速操纵手柄在 N 挡和 P 挡以外的某挡位时，相应的触点被接通，向 ECU 提供变速器操纵手柄位置信号，使 ECU 按照该位置的控制程序自动控制变速器的工作。

⑨ 降挡开关。该开关也被称之为自动跳合开关或强制降挡开关，用于检测加速踏板是否超过节气门全开的位置。当超过了节气门全开位置时，降挡开关接通，向 ECU 提供信息，ECU 便按照这种情况下的设定程序控制换挡，并使变速箱自动下降一个挡位，以提高汽车的加速性。

（2）电子控制器（ECU）。

ECU 是自动变速器电子控制系统的控制核心，它根据各个传感器及控制开关的信号和其内部设定的控制程序，通过运算和分析，向各个执行元件输出控制信号，从而实现对自动变速器的控制。

自动变速器 ECU 的基本组成与汽车其他控制系统 ECU 相似，有的自动变速器控制与发动机控制合用一个 ECU，从而使自动变速器的控制与发动机控制更好地相互匹配。

自动变速器 ECU 的控制内容主要有如下方面：

① 换挡控制。自动换挡控制是自动变速器 ECU 的最基本的控制内容。自动换挡控制就是要在汽车的行驶过程中选择最佳的时刻换挡，以使汽车的动力性和经济性最优化。

② 油路液压油压力控制。ECU 根据节气门的开度、挡位、油温等信号，计算得到相应的主油路油压值，并通过输出相应占空比的脉冲电压控制油压电磁阀（脉冲式电磁阀）的开关比率，实现对主油路油压的调整。

根据节气门开度变化对主油路油压高低进行的控制是主油路油压最基本的控制。节气门开度增大时，发动机功率增大，变速器传递转矩相应增大，换挡执行元件油压需相应升高，因此，需调高主油路的油压。节气门开度与主油路油压力的关系如图 13.76 所示。

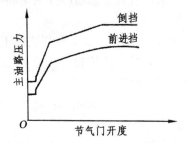

图 13.76　节气门开度与主油路油压关系

挡位变化对主油路压力的控制，包括倒挡压力增大控制、低速挡压力增大控制和换挡过程压力减小控制。

液压油温度变化对主油路压力的控制，包括低温压力修正和温度过低压力修正控制。

③ 自动模式选择控制。新型电控自动变速器取消了手动模式选择开关，采用了 ECU 自动模式变换控制。ECU 根据各个传感器的信号测得汽车的行驶状况和司机的操作方式，经过判断后自动选择经济模式、正常模式或动力模式进行换挡控制，以满足不同的行车条件下的驾车要求。

④ 锁止离合器控制。最理想的锁止离合器控制是既能保证汽车的行驶要求，又能最大限度地提高变矩器的传动效率，以降低燃油消耗。ECU 中储存有不同工作条件下的最佳锁止离合器控制程序。工作中，ECU 根据自动变速器的挡位、换挡模式等工作条件从存储器中选择相应的最佳锁止离合器控制程序，并与当前的车速和节气门开度等进行比较，当车速及其他因素都满足变速器锁止条件时，ECU 就向锁止离合器电磁阀输出控制信号，使锁止离合器接合，实现变速器的锁止。

为保证汽车的行驶性能，在液压油温度低于 60 ℃、车速低于 60 km/h 且怠速开关接通时，电脑将禁止锁止离合器接合。

⑤ 发动机制动控制。ECU 根据变速器操纵手柄、车速、节气门开度信号判断汽车的行驶状态（是否需要发动机制动），当这些参数达到了设定值（如变速器操纵手柄在 S 挡或 L 挡位且车速高于 10 km/h，节气门的开度小于 1/8）时，ECU 便向控制强制离合器或强制制动器的电磁阀输出控制信号，使其通电工作，让强制离合器接合或强制制动器制动，使得变速器能逆向传递动力，就可通过发动机的转动阻力制动滑行的汽车。

⑥ 发动机转速与转矩控制。在变速器换挡过程中，ECU 通过控制发动机的功率，以减小换挡冲击，使换挡更为柔和。这种控制过程如下：

在前进挡自动换挡瞬间，自动变速器 ECU 就向发动机控制 ECU 发出减矩控制信号，由发动机控制 ECU 延迟点火时间或减少喷油量，使发动机的转矩适当减小。

在手动换挡时，当操纵手柄挡位变化为 N→D、N→R、P→D、P→R 时，ECU 输出相应的信号，使发动机喷油量适当增加，以避免因发动机负荷突然增加而引起转速下降；当操纵手柄挡位变化为：D→N、D→P、R→N、R→P 时，ECU 输出的信号使发动机喷油量减小，以避免因发动机的负荷突然减小而使转速上升。

（3）执行机构。

电控执行机构主要是各种电磁阀，它将 ECU 输出的电控信号转变为相应的压力控制信号，使有关的液压执行元件动作，从而完成自动变速器的各项自动控制。

自动变速器中使用的电磁阀根据控制信号的不同，有开关式和脉冲式两类，其结构原理已在前面作了介绍。脉冲式电磁阀可实现压力大小可变控制，可使执行元件进入工作过程更加柔和，因此，其应用日渐增多。

三、液控自动变速器简介

在 ECU 用于自动变速器控制以前，自动换挡都是采用液压控制的。目前，这种液控自动变速器（hydraulic automatic trnxmission）在某些生产较早的汽车上还有应用。

通过认识自动变速器的液压系统，可以清楚地看到，自动变速器的"位"是驾驶员通过变速排挡杆选择唯一的换位阀的位置确定的，它的"挡"是自动变速器 ECU 通过若干个电磁阀控制 $n-1$ 个换挡阀实现的（n 是挡位数），二者不应当混淆，这点与手动变速器不相同。挡位（用指头表示）与换挡阀（用指头间的空位表示）的关系如图 13.77 所示。

为节约篇幅，本教材将原版此段内容删除了，有兴趣的读者请参阅唐德修编撰的《汽车流体传动》，在该书中对此类自动变速器有详细的介绍。

图 13.77　挡位与换挡阀的关系

四、自动变速器的使用

1. 自动变速器的挡位和控制开关

（1）自动变速器操纵手柄的挡位。自动变速器的操纵手柄有拉钮式和拨杆式两种。拉钮式一般布置在仪表盘上，拨杆式的布置形式有两种，一种位置在转向柱上，另一种布置在地板上。大多数自动变速器挡位的设置数目及操纵手柄挡位的位置并不完全相同，各种车型有自己的排列方式，但它们的基本原理是相同的，下面介绍一种常见的排列形式，如图 13.78 所示。

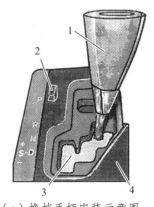
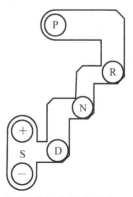

（a）换挡手柄安装示意图　　　　（b）手柄位置与挡位

图 13.78　自动变速器换挡操纵杆位置

1—换挡手柄；2—挡位保持开关；3—换挡手柄滑动槽；4—换挡架座

① P位（停车位）。P位在停放车辆时使用。自动变速器操纵手柄置于P位时，变速器齿轮处于可自由转动状态，不传递动力；与此同时，通过锁止机构将变速器的输出轴锁止，可防止车辆移动。P位只能在汽车停稳后才能挂入，否则就容易损坏停车锁止机构或变速器。为避免司机在汽车未停稳时误推入P位，在P位连动杆上设有位置锁止板，因此需要将操纵手柄上的锁止按钮按下才能推入P位。

② R位（倒车位）。R位在倒车时使用。当置入R位时，变速器输入轴与输出轴转向相反。R位也只能在汽车停稳后才能挂入，否则就容易损坏变速器。为避免驾驶员在汽车未停稳时误推入R位，在R位连动杆上也设有位置锁止板，因此需要将操纵手柄上的锁止按钮按下才能推入R位。

③ N位（空位）。当操纵手柄置于N位时，变速器齿轮处于空转状态，不传递动力。这一点与P位相同，但N位没有锁止变速器输出轴的作用。挂N位，可人力推着汽车移位。

④ D位（前进位）。D位在起步和一般行驶时使用。当操纵手柄置于D位时，变速器可根据车速和节气门的开度自动换挡。超速挡可以通过超速挡开关关闭，以阻止自动变速器升入超速挡。

⑤ S位（前进低速位2）。有的汽车标为"2"。当操纵手柄置于S位时，变速器在1-2挡或1挡、2挡、3挡之间自动换挡。S位与D位时的区别是：S位下的各挡发动机转速较高，可以有较大的动力性，较适用于长坡路和坏路行车；可以使变速器逆向传递动力，实现发动机制动。

⑥ L位（前进低速位1）。有的汽车标为"1"，当操纵手柄置于L位时，变速器只在1挡、2挡之间自动换挡或只能保持在1挡。L位时与D位时的区别是：L位下可以获得更大的动力性，较适用于陡坡和坏路行车；可以使变速器逆向传递动力，发动机制动力比较大。

⑦手自一体。为了满足驾驶员想体验手动驾驶乐趣的愿望，手自一体车型有手动操纵状态，尽管操纵方法如同手动变速器，但实质仍然是自动变速，只是通过电子控制，让驾驶员能够操纵变速排挡杆自己决定升降挡，感觉与手动换挡相同，如果驾驶员不想手动操纵了，只需挂回自动控制状态就行了。

（2）自动变速器的控制开关。

① 超速挡开关（O/D开关）。超速挡开关（O/D开关）用于限制升入超速挡的控制。当O/D开关接通时，自动变速器在D位下可升至超速挡；当O/D开关关闭时，仪表板上的"O/D OFF"指示灯亮起，自动变速器最高只能升至直接挡。

② 模式选择开关。模式选择开关用于换挡模式的选择，以适应不同的使用要求。模式选择开关可在经济模式、动力模式和通常模式（或称标准模式）3种不同模式之间选择。

③ 保持开关。保持开关也被称之为挡位锁定开关。当此开关接通时，自动变速器的自动换挡作用消失，只能通过手动换挡。保持开关通常设置在操纵手柄上，也有一些自动变速器将此开关设置在操纵手柄处的地板上，开关的两端标有"A"和"M"，A表示自动换挡，M表示手动换挡。

2. 自动变速器的正确操纵

（1）起动。操纵手柄在D、S、L或R位时，起动电路断开，起动机不工作。操纵手柄置于P位或N位才能将起动电路接通，顺利起动发动机。

（2）起步。起步时应先踩下制动踏板，挂挡后，松开驻车制动，然后平稳地抬起制动踏板，待汽车缓慢起步后再缓慢踩下加速踏板。起步时应做到：

① 在发动机发动后、起步前，不要踩加速踏板。

② 在挂 D 位时，不要松开制动踏板。

③ 起步后，应缓慢踩下加速踏板。

④ 在冬季，发动机起动后最好不要立即起步，要等暖机后再起步。

（3）临时停车。在路口遇红灯或堵车等需要临时停车时，应根据具体情况采取不同的停车方法。

① 停车时间很短，可以在 D 位下踩住制动踏板停车。这样松开制动踏板时可立即起步。但停车过程中制动踏板不能松动，否则汽车将出现蠕动。此种情况容易引起变速器、液力变矩器发热，故不宜长时间和经常使用。

② 停车时间较长，最好将挡位置于 N 位，并拉紧手制动后松开制动踏板，以免造成液压油温升高，也可减少制动元件磨损。

（4）坡道行驶。如果是一般的小坡道，可在 D 位下，用加速踏板和制动踏板来控制汽车的上下坡速度。如果遇较长的陡坡或雨雪天气，应将操纵手柄从 D 位移至 S 位或 L 位（视坡度而定）。这样可以避免在 D 位上坡时自动变速器"循环跳挡"（不断地减挡加挡），加剧执行元件的磨损；下坡时，S 位和 L 位下可以利用发动机的制动作用制动（称为发动机反拖）。

要注意的是：在车速很高的情况下从 D 位换入 S 位或 L 位会引起发动机强烈的制动作用，使低速挡执行元件受到剧烈的摩擦，甚至损坏。因此，从高速挡位换入低速挡位时，应在车速下降后再换入。

（5）超车。需要超车时，迅速将加速踏板踩到底，这时自动变速器会自动降低 1 个挡位（称之为强制降挡），可获得强烈的加速效果。放松加速踏板，变速器又自动升入高挡。应注意的是：待加速达到要求后，应立即松开加速踏板，以避免发动机的转速过高。

（6）倒车。倒车时，应在汽车完全停稳后将操纵手柄移至 R 位。如果是平坦的路面倒车，松开制动踏板和手制动后，以发动机的怠速缓慢倒车即可，无需踩加速踏板。如果倒车中要越过台阶或其他障碍物时，应缓慢踩下加速踏板，并在越过障碍物后及时制动。

（7）雪地或泥泞路面行驶。在雪地或泥泞路面行驶时，应将操纵手柄从 D 位移至 S 位或 L 位。对于有保持开关的自动变速器，还可将保持开关接通，然后以手动换入适当的挡位行驶。

（8）停放。汽车在停放的位置停下后，应踩住制动踏板，将操纵手柄置于 P 位，并拉紧驻车制动，然后关闭点火开关，使发动机熄火。

（9）自动巡航。为解除高速公路上长时间行驶给驾驶员带来的疲劳，自动变速器设计有自动巡航功能，只要在某一速度下，按下自动巡航控制开关，汽车就进入自动巡航状态，无论道路坡度变化，汽车将自动保持在设定速度下行驶，无需驾驶员控制。如果有特殊情况，驾驶员通过制动踏板或加速踏板对行驶速度进行了控制，在不超过设定范围的情况下，解除控制，汽车又会自动回到设定速度下稳定行驶，如果超过设定范围，ECU 将自动放弃此前的设定，汽车进入驾驶员控制状态，如果还要再次进入自动巡航状态，只需在某一速度下再次按下自动巡航控制开关即可。

五、其他自动变速器简介

随着现代汽车的进步，自动变速器有了长足的发展，出现了许多有高科技特色的自动变速器，限于篇幅和课时原因，不能一一介绍，同时一套完整的自动变速器液压原理图也要占据大量篇幅，故本教材不能作详细介绍，请有兴趣的读者可参阅唐德修的专著《汽车自动变速器》和《汽车流体传动》。下面简介两类常见自动变速器。

1. 电子控制液压自动变速器

采用电液控制系统，由电子控制装置和液压执行系统两部分组成。与全液控式不同之处是自动换挡的控制过程完全由计算机来完成，因此比全液控的更合理、更准确、更快捷、更理想，控制范围更全面，经济性、动力性、舒适性大大提高。

2. 电子控制机械式自动变速器

这种变速器是用先进的电子技术改造传统手动机械式变速器，使其自动化并用计算机管理的一种自动变速器，它保留了原来齿轮传动效率高、成本低的长处，也具有液压自动变速器自动换挡的优点，同时具有自动巡航、故障自我诊断及失效防护等功能，这种变速器根据油门开度变化、离合器动作、换挡全自动化完成，不需要驾驶员操纵。

3. 无级自动变速器

无级自动变速器（continuously variable transmission，CVT）是一种与发动机能更好配合的变速器，它能以任意最适合的传动比带动车轮转动，因而发动机可以总是在最佳经济性和动力性的情况下运转，这是其他任何变速器都无法比拟的，所以现代汽车上无级自动变速器用得越来越广泛。

自动变速器、手动变速器都是有级的，因为它们都有换挡的动作，乘员可以感觉到。无级自动变速器与其他自动变速器的不同点是在两根轴之间加了可以实现无级变速的机构，这样，挡位之间的传动比就变成无级。每二挡位间都使用这套机构，整个变速器就实现无级变速。无级变速机构主要有金属传动带式、链条式、电动机式、摩擦球式、滚柱式等形式。现在出现了电子无级变速器（ECVT），使无级变速的控制更加迅速，更加合理，且实现了智能化控制。

金属传动带无级变速机构如图 13.79 所示，有一对有效直径可变的传动盘，两盘之间有传动带，ECU 自动控制两液压缸的相对压力，无级地改变主动传动盘和被动传动盘的有效直径，达到自动无级变速的目的。由于受篇幅限制，本书不能详细介绍无级变速器的有关知识，有兴趣的读者可以参阅专著了解相关问题。

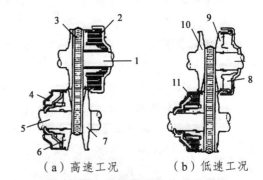

（a）高速工况　　（b）低速工况

图 13.79　无级变速器传动示意图

1—输入轴；2—主动轮油缸高压状态；3—变速金属传动链；
4—被动轮油缸低压状态；5—输出轴；6—被动轮活动盘；
7—被动轮固定盘；8—主动轮油缸低压状态；
9—主动轮活动盘；10—主动轮固定盘；
11—被动轮油缸高压状态

第五节　万向传动装置

万向传动装置（cardan universal joint）的作用是将变速器输出的动力顺利地传给驱动桥，如图 13.80 所示。变速器安装在车架上，驱动桥通过弹性悬架连接在车架下。在汽车行驶时，由于道路不平，车辆会不停地跳动，由于载荷、温度及车架变形，变速器与驱动桥之间的距离也会随时随地变化，这些因素都能造成变速器与驱动桥之间相对位置不断发生变化，因此必须要有一种装置来适应这种变化，汽车才能正常行驶，这就是万向传动装置。在后轮驱动的变速器与驱动桥之间，在前轮驱动的变速驱动桥与前驱动轮之间，转向系的转向柱上均采用了万向传动装置。

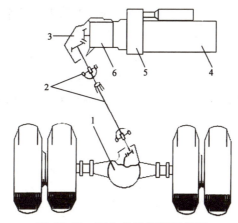

图 13.80　万向传动装置示意图

1—驱动桥；2—万向传动装置；3—角传动装置；4—发动机；5—离合器；6—变速器

一、普通万向传动装置

发动机前置、后轮驱动的传动系中，在变速器与驱动桥之间，采用由普通万向节、空心传动轴和中间支承组成的普通万向传动装置来传递发动机动力。如图 13.81 所示为普通万向传动装置。

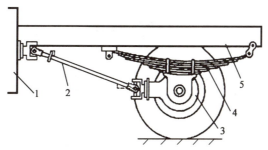

图 13.81　普通万向传动装置

1—变速器；2—万向传动装置；3—驱动桥；4—后悬架；5—车架

1. 普通万向传动装置的结构

普通万向传动装置的结构示意图如图 13.82 所示。

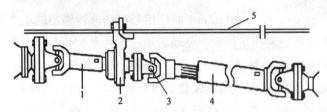

图 13.82　某车型汽车万向传动装置

1—前传动轴；2—中间支承；3—万向节；4—后传动轴；5—车架

（1）万向节。万向节的作用是在两轴之间夹角不断变化的情况下可靠传递转矩。在变速器与驱动桥之间传力的万向节采用如图 13.83 所示的普通十字轴刚性万向节，具有结构简单，传力可靠等优点。万向节的十字轴由特殊钢锻造而成，4 个轴颈表面经过硬化处理，以增加强度和耐磨性。4 个轴颈分别插入主、从动万向节叉孔内。为了减小运动阻力和减轻机件磨损，在轴颈与叉孔间装有滚针轴承，并由卡环轴向定位，防止传动轴高速旋转时轴承甩出。轴承由油嘴通过十字轴上油道提供油脂润滑，橡胶油封可防止润滑脂流失。

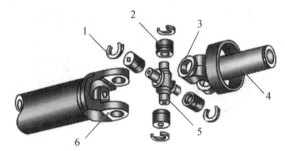

图 13.83　普通十字轴刚性万向节

1—卡环；2—滚针轴承；3—主减器端万向节叉；4—传动轴；5—刚性十字轴；6—传动轴端万向节叉

普通万向节传动时具有不等速性，当主动叉匀速转动，通过刚性十字轴带动从动叉，从动叉得到的角速度却忽快忽慢，表现为不等速性，这种不等速性与两轴之间的夹角有关，夹角越大，不等速性越严重，如图 13.84 所示。

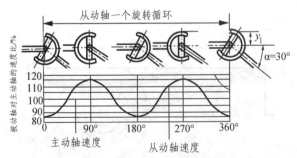

图 13.84　普通万向节不等速性

万向节的不等速传动将使传动轴运转不平稳，车身发抖，造成附加力，加剧机件磨损。

为实现等速传动，必须满足十字万向节等速传动的以下 3 个条件：成对使用两个完全相同的万向节；传动轴上的两个万向节在同一个平面内；输出轴与输入轴平行。只要满足了这 3 个条件，尽管万向传动轴不等速，但变速器输出轴和主减速器输入轴之间是等速的，如图 13.85 所示，因此安装时必须对准记号。

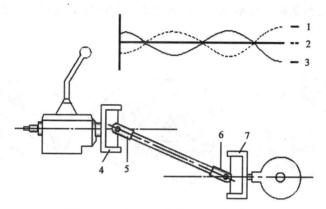

图 13.85　双万向节等速传动示意图

1—后万向节速度波型；2—合成速度线；3—前万向节速度线；4、6—主动叉；5、7—从动叉

（2）传动轴。采用高强度无缝钢管制成空心传动轴，变速器离驱动桥较远时，往往采用两段式传动轴，同时有一段轴头采用花键联接，以便适应工作时传动轴工作长度可能发生的变化。

（3）中间支承。由于传动轴分成两段，采用 3 个万向节传动，所以，在前传动轴上装有中间支承，支承结构包括支架、轴承、轴承座、橡胶垫圈、油封、油嘴等机件。

二、其他类型的万向传动装置

现代轿车越来越多地采用发动机前置、前轮驱动传动系布置形式，前轮担负着转向和驱动的双重任务，为适应这种配置，万向传动装置产生多种结构，除了前面介绍的十字轴万向节以外，还有挠性万向节、等速万向节、伸缩型万向节、三销轴式万向节等。

1. 挠性万向节

挠性万向节（见图 13.86）依靠橡胶件将主被动轴交错连接起来，允许转动轴线的小角度（3°～5°）偏转和微小轴向位移，由于橡胶的弹性模量大，故能有效地吸收传动系中的冲击载荷，起到衰减振动的作用，这种万向节具有结构简单，无需润滑等优点。

2. 等速万向节

等速万向节的结构与原理。轿车安装等速万向传动装置，将差速器输出的动力传递给前驱动轮。

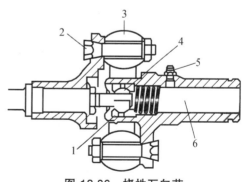

图 13.86　挠性万向节

1—球座；2—螺丝；3—橡胶；4—中心钢球；
5—黄油嘴；6—传动凸缘

（1）传动轴。传动轴多为空心轴，传动轴的外端是固定式等速万向节，内端是一种能补偿轮距变化的等速万向节，传动轴两端分别与两个万向节的球毂花键连接。

（2）外等速万向节。传动轴的外端采用固定式球笼万向节，如图 13.87 所示，其球毂外表面、球笼、球壳内表面均为球形。球毂与传动轴外端花键连接，球毂外表面加工有 6 道弧形的钢球滚道。球壳和驱动半轴制成一体，内球面上相应加工有 6 道内凹圆弧形滚道。6 颗钢球在球笼保持下，位于球毂和球壳构成的球形滚道中。转矩由传动轴输入，经过球毂、钢球、球壳传给转向驱动轮。

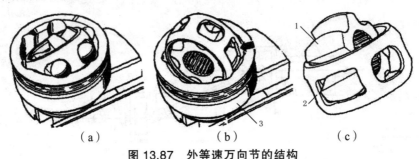

(a)   (b)   (c)

图 13.87　外等速万向节的结构

1—球毂；2—球笼；3—球壳

万向节结构保证了传力钢球在二轴任何允许夹角情况下，始终位于两轴夹角的平分面上，从而使输入轴的角速度与输出轴的角速度相等，不等速部分促使通过传力钢球自转打滑，等速部分由钢球传出，保证了等速传动，工作原理如图 13.88 所示。

（3）内等速万向节。内等速万向节与外等速万向节结构类似。只是球毂、球壳上的钢球滚道为倾斜直槽形，且相邻两条球道倾斜方向相反，钢球位于球毂与球壳构成的球道的交叉口上，如图 13.89 所示。当万向节轴无夹角时，球道相交于同一垂直平分面上。当万向节轴线有夹角时，钢球由于球道和球笼的控制作用，使它们仍处于两轴夹角的平分面上。所以，万向节结构保证了传力钢球在允许夹角的任何情况下始终保持在轴线夹角的平分面上，从而保证了等角速传动。

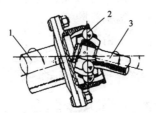   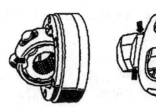

图 13.88　等速万向节工作原理　　　　图 13.89　内等速万向节的分解

1—输出轴；2—传力钢球；3—输入轴

3. 伸缩型万向节

当传动轴长度发生变化时，伸缩型万向节的球毂、球笼及钢球能相对于球壳做轴向移动，以补偿传动轴长度变化，这点对于振动中行驶的汽车来说是很重要的，这种万向节的轴向伸缩量最大可达 45 mm，伸缩型万向节的结构见图 13.90。

图 13.90　伸缩型等速万向节

1—内侧等速万向节；2—驱动轴；
3—外侧等速万向节；4—短轴

4. 三销轴式万向节

三销轴式万向节是前轮驱动的轿车采用最多的一种万向节,在半轴内侧采用三销轴式等速万向节。这种万向节有 3 个滚子,分别安装于 3 个销上。滚道为直槽形,3 个滚子可沿滚道做轴向移动以补偿车轮跳动时距离的变化。这种万向节的结构更简单,如图 13.91 所示。

三销轴式万向节有 3 个位于同一平面内互成 120° 的枢轴,3 根枢轴的轴线交于输入轴上一点,并垂直于驱动轴。3 个外表面为球面的滚子轴承,分别活套在各枢轴上。在漏斗形轴的筒形部分有 3 个槽形轨道均布在筒形圆周上,轨道配合面为圆柱面,3 个滚子轴承分别装入各槽形轨道,可沿轨道滑动。每个外表面为球面的滚子轴承在枢轴的轴线上与各自槽形轨道的轴线

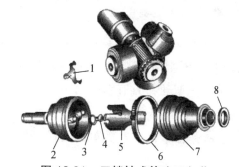

图 13.91　三销轴式等速万向节

1—锁定三角架;2—外座圈;3—垫圈;4—止推块;5—漏斗形轴;
6—保护罩卡箍;7—保护罩;8—橡胶紧固件

相交。由于 3 根枢轴的自动定心作用和球形滚柱可沿枢轴轴线移动,故能够保证在输出轴与输入轴夹角为 0° 时,自动使两轴轴线重合;在输出轴与输入轴交角不为 0° 时,可以沿各槽形轨道滑动,以保证输入轴与输出轴之间始终可以等速传动传递动力。

第六节　主减速器

汽车主减速器位于驱动桥内。驱动桥主要由桥壳、主减速器、差速器和半轴组成,如图 13.92 所示。主减速器的三大作用:① 使变速器与驱动桥实现合理连接。② 再进行一次重要的减速。③ 支撑差速器的行星架,这是主减速器不可取代的根本原因。发动机与主减速器关系:

(1)发动机纵向布置(发动机曲轴轴线与汽车纵向轴线平行)时,主减速器一定是一对圆锥齿轮。

(2)发动机横向布置(发动机曲轴轴线与汽车纵向轴线垂直)时,主减速器绝大多数是一对圆柱齿轮。

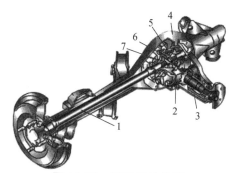

图 13.92　驱动桥结构图

1—半轴;2—主减速器被动齿轮;3—主减速器主动小齿轮;4—后桥壳;
5—差速器壳;6—差速器行星齿轮;7—差速器半轴齿轮

一、主减速器的类型

汽车主减速器的形式较多，有单级、双级、双速和轮边减速器等。

1. 单级主减速器

轿车及中型以下的载货汽车均采用单级主减速器。减速机构主要由一对减速齿轮组成，如图 13.93 所示的圆锥齿轮式单级主减速器；如图 13.94 所示的圆柱齿轮式单级主减速器。单级主减速器具有结构简单、齿轮尺寸小、质量轻、传动效率高等优点。有些轿车上采用了发动机横向布置，无需将转矩方向改变 90°，变速器输出轴与差速器输入轴平行布置，主减速器只需一对简单的圆柱斜齿轮，即可以满足减速增矩的工作需要，传动效率更高。

图 13.93　圆锥齿轮式单级主减速器

1—主减速器壳；2—从动锥齿轮；3—主动锥齿轮

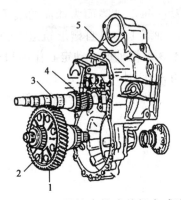

图 13.94　圆柱齿轮式单级主减速器

1—主变速器从动圆柱齿轮；2—差速器；3—变速器输出轴；
4—主变速器主动圆柱齿轮；5—壳体

2. 双级主减速器

一些中型或重型载货汽车的主减速器，为了获得更大的传动比，采用双级主减速器，以减小被动齿轮的尺寸，保证足够的离地间隙。

3. 双速主减速器

有些汽车为了充分提高汽车的动力性和经济性，装用具有两速传动比的主减速器，如图 13.95 所示。

4. 轮边主减速器

在重型汽车、大型客车和越野汽车上，既要求有较大的传动比，同时又要求有较大的离地间隙。所以除驱动桥中央采用单级主减速器之外，在两侧驱动轮上还设置了行星齿轮式轮边主减速器，如图 13.96 所示。

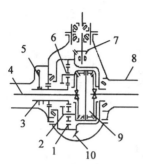

图 13.95　双速主减速器示意图

1—齿圈；2—行星架；3—接合套；4—半轴；5—拨叉；
6—行星齿轮；7—主动锥齿轮；8—桥壳；
9—差速器；10—从动锥齿轮

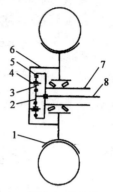

图 13.96　轮边主减速器示意图

1—驱动轮；2—中心齿轮；3—行星齿轮；
4—行星齿轮轴；5—齿圈；6—行星架；
7—半轴套管；8—半轴

二、主减速器的结构及特点

1. 单级主减速器

（1）结构。如 13.97 所示为某车型轿车单级主减速器，主要由主动锥齿轮、从动锥齿轮、支承轴承、调整垫片等零件组成。

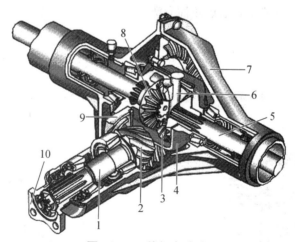

图 13.97　单级主减速

1—输入轴；2—主减速器主动圆锥齿轮（角齿轮）；3—行星齿轮；4—差速器壳；5—半轴；6—行星轮轴；
7—主减速壳；8—半轴齿轮；9—主减速器从动圆锥齿轮（盆齿轮）；10—万向节法兰盘

（2）结构特点。

① 主动锥齿轮。主动锥齿轮通过万向传动装置与变速器输出轴制成一体，主动锥齿轮轴前后通过圆锥滚子轴承和双列圆锥滚子轴承支承。轴向间隙由轴承座（变速器壳体）与轴承盖之间的垫片调整，如图 13.98 所示。

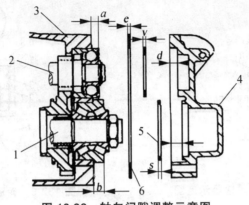

图 13.98　轴向间隙调整示意图

1—变速器输出轴；2—变速器输入轴；3—变速器壳；4—轴承盖；5—调整垫片；6—密封垫片

② 从动锥齿轮。主减速器从动锥齿轮压装于差速器壳体上，并用螺栓固定，与差速器壳一起通过轴承由主减速器壳体的侧盖支承。轴承预紧度通过轴承与侧盖之间的垫片调整。

③ 传动比。轿车主减速器的传动比一般较小，以获得较高的行驶速度。上海桑塔纳轿车主减速器传动比为 $i = 37/9 \approx 4.11$，其传动比不仅是非整数，而且是无限小数。这样可以使主、被动齿轮轮齿相互轮换啮合，齿轮磨损均匀，延长齿轮使用寿命。

④ 双曲线齿轮。有的汽车主减速器采用双曲线齿轮，具有传力平稳，主、被动齿轮轴线允许偏移，有利降低车辆重心等优点。但齿面工作应力很大，滑动速度很高，所以，必须使用双曲线齿轮油，不允许使用普通齿轮油润滑。

2. 双级主减速器

一些重型汽车采用双级主减速器。图 13.99 所示为汽车双级主减速器，第一级为一对锥齿轮减速，第二级为一对圆柱斜齿轮减速。通过双级减速后，传动比可达到 $i = 7.63$，同时又能保证足够的离地间隙。

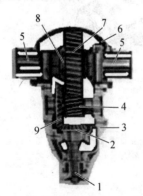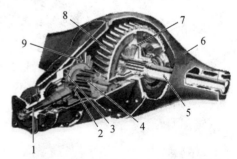

1—输入轴；2—角齿轮；3—壳体；4—二级减速主动
圆柱齿轮；5—半轴；6—桥壳；7—二级减速
被动圆柱齿轮；8—差速器；9—盆齿轮

1—主动轴；2—主动圆锥齿轮；3—被动圆锥齿轮；
4—主动圆柱齿轮；5—半轴；6—减速器壳体；
7—差速器；8—二级减速被动圆柱齿轮；
9—盆齿轮

图 13.99　双级主减速器

（1）结构特点。

① 主动锥齿轮。主动锥齿轮与轴制成一体，通过两个圆锥轴承呈悬臂式支承。两个圆锥轴承之间的金属垫片用以调整轴承预紧度，增加垫片数量，轴承预紧度增大；减少调整垫片时，轴承预紧度减小。

如图 13.100 所示，大多数圆锥齿轮副都是螺旋齿轮副，其中双曲面圆锥齿轮副的特点是主动圆锥齿轮与被动圆锥齿轮不同心，这样主减速器所带动的差速器的中心上移了一个 e 的距离，提高了汽车的通过性能。

② 中间轴。第一级减速从动锥齿轮铆接在中间轴凸缘上，第二级减速圆柱主动斜齿轮与轴制成一体。轴两端由两个圆锥轴承支承，左、右两侧轴承盖与变速器壳之间的调整垫片厚度应基本相等。增加调整垫片，轴承预紧度减小；减少垫片，轴承预紧度增大。

③ 从动圆柱齿轮。齿轮与差速器壳体间用螺栓连接。动力的传动路线是主动锥齿轮—从动锥齿轮—中间轴—主动圆柱斜齿—从动圆柱斜齿轮—差速器。

（2）双级主减速器的装配。

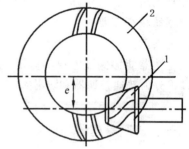

图 13.100　双曲面主减速器齿轮副

1—主动圆锥齿轮；2—从动圆锥齿轮

装配双级主减速器时，除按规定调整好各轴承的预紧度之外，尤其对主、从动锥齿轮的啮合位置应进行准确的检查、调整。否则，将加剧齿轮的磨损，降低传动效率。调整时，一方面改变主动锥齿轮轴承座与变速器壳之间的垫片，使主动锥齿轮发生轴向移动；另一方面，改变中间轴轴承与主减速器壳之间的调整垫片，使从动锥齿轮发生左右移动，从而使主动锥齿轮的啮合位置和啮合间隙符合规定。

第七节　差　速　器

差速器的作用：

（1）当汽车直线行驶时，起联轴器作用，把两根半轴连成一根轴，保证两车轮同时转动。（2）当汽车转弯时，它是一个差速器，自动调节两个车轮的转速，以保证两轮与地面保持纯滚动，延长车胎寿命。

它的特点：

①差速不差矩，这点与齿轮传动减速增矩和增速减矩是不一样的。

②它的行星架固定在主减速的被动轮上。

它的缺点是有实现无限滑差（一个车轮陷入泥坑后高速旋转，而另一个车轮不转动）的可能。

如果汽车驱动桥的两侧驱动轮用一根整体轴连接，两侧车轮只能以相同的速度旋转。当汽车转弯时，由于外侧车轮比内侧车轮走过的距离长，如图 13.101 所示，内外车轮在滚动的同时，不可避免地与地面发生滑移（车轮不转，车身在移动称为滑移），也不可避免地与地面发生滑转（车轮转运，车身不动称为滑转）。另外，即使汽车在直线道路上行驶，也会由于左、右轮行驶的路面状况不同，或车轮尺寸的差异和轮胎气压的不等等原因，而发生类似的滑移与滑转现象。轮胎与路面之间如此边滚边滑运动，将使汽车转向困难，轮胎磨损加剧，行驶阻力增大，动力消耗增加。

为了消除上述不良现象，汽车左、右两侧驱动轮分别通过左、右半轴驱动，中间安装差速器，使两侧驱动轮在需要时，能自动以不同的速度在路面上作纯滚动。

差速器能够保证差速不差矩，按其工作特性不同，可分为普通差速器和防滑差速器两大类。

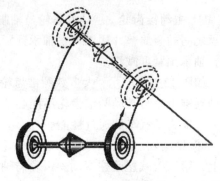

图 13.101　汽车转弯时内、外侧驱动轮
走过的路程

一、普通差速器

普通行星齿轮式差速器具有结构简单、差速性能好等优点，被广泛应用于大多数汽车的驱动桥上。下面介绍常用差速器的结构与原理。

1. 两行星轮式差速器

结构特点。此差速器只有两个行星齿轮，一根行星齿轮轴，两个半轴齿轮和一个复合式止推垫片，采用整体式差速器壳，其结构十分简单，如图 13.102 所示。

2. 四行星轮式差速器

图 13.102　两行星轮式差速器

1、3—半轴齿轮；2—行星齿轮；4—差速器壳；
5—行星齿轮轴；6—主减速器被动齿轮

有些中型载货汽车上，要求差速器传递的转矩较大，所以其差速器采用四个行星齿轮传动，并浮套在十字式行星齿轮轴上。两个半轴齿轮分别安装在左、右两个差速器壳体承孔内，左、右差速器壳通过螺栓连接，如图 13.103 所示。

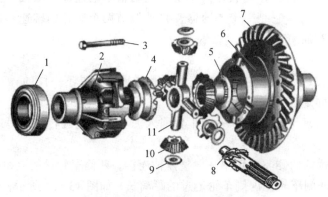

图 13.103　四行星轮式差速器

1—轴承；2—差速器壳（左）；3—螺栓；4—半轴齿轮；5—垫片；6—差速器壳（右）；7—主减速器被动齿轮；
8—主减速器主动齿轮；9—垫片；10—行星齿轮；11—行星齿轮轴

3. 差速器工作情况

（1）动力传递。动力的传动路线是：主减速器主动锥齿轮—从动锥齿轮—差速器壳—行星齿轮轴—行星齿轮—半轴齿轮—半轴—驱动轮。

（2）差速器工作原理。如图 13.104 所示，在两个齿条与小齿轮啮合在一起举升时，如果左右两侧的齿条重量相同，左右齿条等距离举升；如果在左则齿条上加一重物，再提起小齿轮，这时小齿轮发生自转，左侧齿轮提升高度为零，右侧齿条举升很高，这就是汽车差速器的工作原理。把图 13.104 中的重量看成是路面阻力，把齿条换成半轴齿轮，小齿轮即为行星齿轮，拉力可视为发动机的动力，这样，就很容易理解差速器的工作情况了。

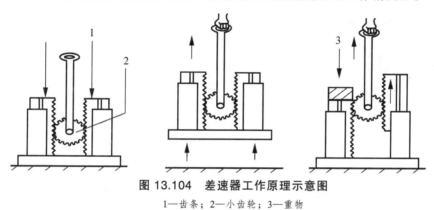

图 13.104　差速器工作原理示意图
1—齿条；2—小齿轮；3—重物

（3）工作情况。

① 直行不差速时。汽车直线行驶不需要差速时，如图 13.105（a）所示，只要左、右驱动轮所处路面状况相同，则左、右驱动轮受到路面阻力相等，行星齿轮在其轴上不会发生转动，而是在差速器壳、行星齿轮轴带动下，以相等的转矩，同时带动左、右半轴齿轮旋转，使左、右驱动轮以与差速器壳相同的速度滚动，使汽车按直线方向行驶。

② 转弯差速时。当汽车右转弯时，如图 13.105（b）所示，要求右侧车轮应该降低转速，左侧车轮应该提高转速。在差速器发生差速作用以前，右侧车轮有滑转趋势，即受到路面阻力较大，左侧车轮有滑拖趋势，受到路面阻力较小。这时，行星齿轮在绕半轴轴线公转的同时又绕自身轴线自转，从而使右侧半轴齿轮转速减慢，左侧半轴齿轮转速加快。结果使右轮减慢左轮加快，汽车顺利实现右转弯。

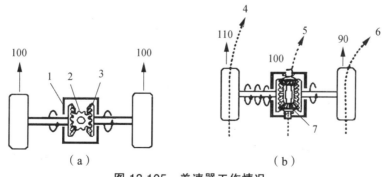

图 13.105　差速器工作情况
1—差速器壳；2—行星齿轮；3—半轴齿轮；4—外轮速度；5—差速器壳速度；6—内轮速度；7—行星齿轮

当汽车左转弯时，差速器工作情况与汽车右转弯时正好相反，差速作用使左轮减慢，右轮加快，汽车顺利进行左转弯。

（4）转矩分配。由于普通差速器的行星齿轮同时与两边半轴齿轮啮合，且行星齿轮到两边半轴齿轮的距离相等。直线行驶时，相当于一根等臂杠杆，传给左、右半轴齿轮的转矩相等。曲线行驶时，由于差速器内部零件相对运动阻力很小，当左、右驱动轮受到路面阻力稍有不同，差速器行星齿轮便会发生自转，实现曲线行驶。此时，差速器转矩基本上仍以同样大小分配给左、右驱动轮。所以，普通差速器不管是否进行差速工作，转矩总是平均分配的。即

$$M_{右} = M_{左} = \frac{1}{2} M_{壳}$$

（5）打滑现象。根据普通差速器的转矩分配特性，良好的差速性能，使汽车在良好道路上行驶时表现为很理想的工作特性。但在某些使用条件下却会产生副作用，如当一侧驱动轮处于坚硬的好路面上，而另一侧驱动轮处于泥污或冰雪路面上时，汽车往往无法继续前进。此时，在好路面上车轮静止不动，而在坏路面上车轮则原地滑转。因为坏路面上附着力很小，差速器分配给此车轮的转矩很小；另一车轮所处路面附着力虽然很大，但由于普通差速器平分转矩的特性，所以，分配给此车轮的转矩也同样小，以至所获得的牵引力不足以克服行驶阻力，汽车不能前进。

二、防滑差速器

采用普通差速器的汽车，在坏路面上的行驶能力受到限制，为了提高汽车在坏路面上的通过能力，可采用防滑差速器。其工作原理是在一个驱动轮滑转时，设法限制差速器的差动，使大部分转矩甚至全部转矩传给不滑转的驱动轮，充分利用这一驱动轮的附着力，而获得足够大的牵引力使汽车继续行驶。

1. 强制锁止式差速器

最简单的防滑方法是在普通差速器基础上设置差速锁，当一侧驱动轮滑转时，可利用差速锁使差速器不起差速作用，如图 13.106 所示。当汽车在良好路面上行驶时，差速锁不锁止，差速器处于正常工作状态；当汽车的一侧驱动轮处于附着力较小的路面时，通过驾驶员操纵，锁止接合器啮合，使左右半轴、差速器壳联锁成一体，一同旋转，差速器转矩全部分配给好路面上的车轮，使汽车正常行驶。通过不良路面后应及时解除差速锁。

强制锁止式差速器结构简单，易于制造，但操纵不方便；另外，过早接上或过迟解除差速锁时，会影响差速器正常工作。

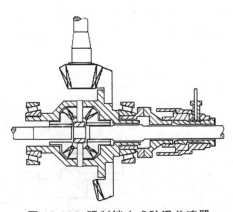

图 13.106 强制锁止式防滑差速器

2. 摩擦片式防滑差速器

摩擦片式防滑差速器是在普通差速器的基础上发展而成的。如图 13.107 所示，主、从动摩擦片安装于半轴齿轮与差速器壳之间。主动摩擦片与差速器壳连接，从动摩擦片与半轴齿轮花键啮合，弓形预加载弹簧安装于两个半轴齿轮之间。弹簧的作用使主、从动片经常处于压紧状态。在正常情况下，差速器差动产生的转矩很容易克服离合器的摩擦力发生滑动，如汽车正常转弯时，可以使差速器进行正常的差动。当一侧驱动轮处于附着力很小的冰雪、泥浆路面开始打滑时，在离合器摩擦力的作用下，将增大传给大附着力车轮的转矩，减小传给打滑车轮的转矩。使汽车获得足够的牵引力，继续行驶。

图 13.107　摩擦片式防滑差速器

1—差速器壳；2—离合器组片；3—差速器

3. 蜗轮蜗杆式差速器

图 13.108 所示为蜗轮蜗杆式转矩敏感型的防滑差速器，主要由差速器壳、左右蜗杆、两对组合齿轮组成。组合齿轮是在同一轴上加工出三个齿轮，中间部位直径较小的是蜗轮，两端是两个尺寸相同的超级齿轮。

差速器是利用蜗轮蜗杆传动的基本原理实现防滑。即蜗杆可以驱动蜗轮，而蜗轮不能驱动蜗杆，如图 13.109 所示。为了说明方便，先假设差速器壳固定不转动，开始转动左侧车轮，左半轴使左侧蜗杆带动左侧蜗轮，然后左侧超级齿轮带动右侧超级齿轮，但右侧蜗轮却不能带动右侧蜗杆转动。所以，一开始左侧车轮就不能转动（只有蜗轮蜗杆之间传递转矩较大时，才会出现锁止现象）。所以，即使一侧车轮处于附着力很大的路面，而另一侧车轮处于附着力很小的路面，也不会滑转。差速器处于差速锁止状态。

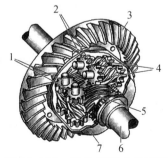

图 13.108　蜗轮蜗杆式差速器

1—直齿轮轴；2—直齿轮；3—主减速器从动齿轮；4—蜗轮；
5—蜗杆；6—半轴；7—差速器壳

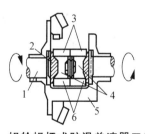

图 13.109　蜗轮蜗杆式防滑差速器工作原理

1—半轴；2—蜗杆；3、6—直齿轮；4—蜗轮；
5—差速器壳体

实际工作中，由于差速器壳体是转动的，左、右驱动轮也同时转动，正常需要的转速差比较小，所以，差速器能完全吸收左、右车轮正常的转速差。

第八节 半轴与桥壳

一、半 轴

半轴是一根在差速器与驱动轮之间传递动力的实心圆轴，半轴内端与差速器的半轴齿轮花键连接，外端与轮毂连接，传递动力和运动。。根据半轴支承形式的不同，可分为全浮式和半浮式两种半轴。半轴靠近轮毂端有轴承支撑，靠近半轴齿轮端仅靠半轴齿轮轴承定位的安装形式称为半轴的半浮式安装；靠轮毂轴承与半轴齿轮轴承支撑半轴的安装形式称为半轴的全浮式安装。

1. 全浮式支承半轴

全浮式支承半轴由于拆装方便、传力能力大，所以广泛应用于载货汽车上。

如图 13.110 所示为典型的全浮式半轴支承结构图。内端借花键与半轴齿轮啮合，拆卸时只要松开半轴凸缘与轮毂连接螺栓，即可从半轴套管内抽出半轴。半轴浮装于半轴套管中，汽车行驶中，半轴只传递转矩，不承受其他任何反力和反力矩。所以，该类支承形式半轴称为全浮式半轴，具有较大的传力能力。

2. 半浮式支承半轴

半浮式支承半轴具有结构简单、质量小，适用于小直径车轮等特点，但拆装不方便，多用于轿车和微型汽车上。图 13.111 为半浮式支承半轴的结构图，半轴内端与半轴齿轮花键连接，其外端通过轴承直接支承于桥壳内，车轮轮毂通过键直接固定于半轴外端上。半轴除传递转矩外，其外端将承受路面作用于车轮的各向作用力和力矩，只是半轴内端不承受其他反力和反力矩作用，所以，称为半浮式半轴。

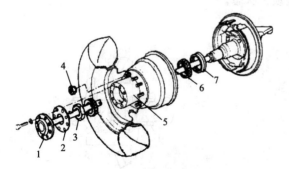

图 13.110 全浮式半轴的支承

1—半轴；2—垫片；3—调整螺母；4—车轮螺母；
5—轮毂；6—轴承；7—油封

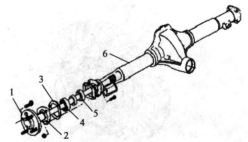

图 13.111 半浮式半轴的支承

1—半轴；2—止推盖板；3—垫圈；4—轴承；
5—油封；6—半轴套管

二、桥　壳

驱动桥壳的作用是支承并保护主减速器、差速器和半轴等，固定左右驱动轮的相对位置，支承汽车重量，传递车架与车轮之间的各向作用力。驱动桥壳应具有足够的强度和适当的刚度，质量小，且便于主减速器的拆装和调整。桥壳按结构形式的不同可分为整体式和分段式两种。

1. 整体式桥壳

如图 13.112 所示为整体式桥壳。采用球墨铸铁铸造，两端压入无缝钢管制成的半轴套管。这种整体式铸造桥壳刚度大、强度高、易铸造成等强度梁，但质量大，适用于中、重型汽车。

钢板冲压焊接式桥壳具有质量小、工艺简单、材料利用率高、成本低、抗冲击性好等优点，广泛运用于轻型货车和轿车上。如图 13.113 所示为钢板冲压焊接驱动桥壳。

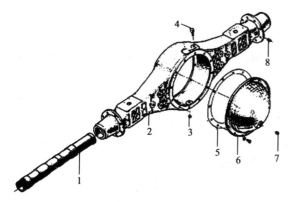

图 13.112　整体式桥壳

1—半轴套管；2—壳体；3—放油螺塞；4—通气孔；
5—垫圈；6—后盖；7—加油孔螺塞；8—止动圈

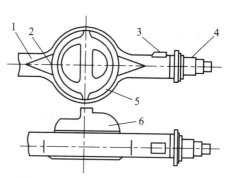

图 13.113　钢板冲压焊接式桥壳

1—壳体主件；2—三角形筋板；3—钢板弹簧座；
4—半轴套管；5—前加强环；6—后盖

2. 分段式桥壳

桥壳分两段，由螺栓连成一体，它由主减速器壳、盖，两根半轴套管及凸缘盘组成，与整体式的区别如图 13.114 所示。

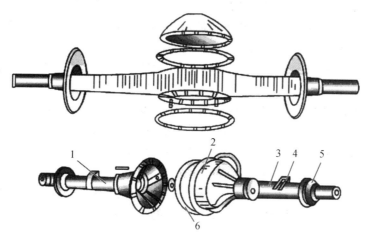

图 13.114　整体式与分段式桥壳对比

1—半轴导管；2—壳体；3—半轴套管；4—弹簧座；5—凸缘盘；6—垫片

分段式桥壳比整体式易于加工制造，但桥壳刚度不如整体式，连接螺栓受力较大。不便于维护修理，拆卸主减速器时，必须把整个驱动桥卸下，目前已很少使用。

☆第九节　回转体的平衡常识

回转体是汽车和其他设备常见的零部件，回转体回转起来后有个平衡问题，这种平衡对高速运转的零部件来说是不容忽视的问题，本节讨论回转体的平衡问题。

一、名词解释

（1）刚体转子。绕定轴转动，不考虑变形影响的回转体，称为刚体转子。要考虑变形影响的回转体叫挠性转子。

（2）转子质量离心力系的主矢。转子离心力分布在同一回转平面内的全部质点产生的离心力的合力称为转子在该平面内的质量离心力系的主矢，简称主矢，用 F 表示。

（3）转子质量离心力系的主矩。分布不在同一回转平面内的主矢，由于不共线而产生的惯性力偶矩，称为转子质量离心力系的主矩，简称主矩，用 M 表示。

（4）静平衡。由于轴向尺寸较小，近似认为只有主矢而无主矩，只要使 $F = 0$ 就可实现的平衡称为静平衡。

（5）动平衡。由于轴向尺寸较长，主矩不能忽略不计，必须使 $F = 0$，$M = 0$ 才能实现的平衡称为动平衡。

二、静不平衡问题

（1）转子上的惯性力是客观存在的。

① 质点惯性力的大小。由于 F 由 m（质量）、ω（角速度）、r（回转半径）三者决定，其中 m、ω 是不可能等于零的，故如果 $r \neq 0$，F 就不等于零，且 F 的方向永远通过圆心而背离圆心，所以称为惯性离心力，即不在转动中心上的质点总是存在惯性离心力的。

② 质点力系的惯性力的大小：

质心与转动中心的距离，只要使 $r = 0$ 就有 $F = 0$，即质点力受惯性力的合力是可以等于0的。

（2）惯性力不平衡的原因。质点力系的质心不与转动中心重合，即 $r \neq 0$，F 就存在，其方向总是使轴弯曲，故不利于设备的稳定转动，必须想法克服。

（3）解决办法。理论上，使质心与回转中心重合，即让 $r = 0$，就可使 $F = 0$，实际是按矢量法，加减一个平衡矢量使之与主矢平衡即可，通过做静平衡实验，就可找到要加矢量的大小和方向，通过质径积计算要加的平衡质量的大小和位置，加在回转体上就实现静平衡了。

三、动不平衡问题

（1）不同回转平面上的主矢不共线几乎是绝对的，但对轴向尺寸小的转子近似认为只有一个回转平面，只要加一个平衡矢量与主矢共线就平衡了，故把轴向尺寸小的回转体的平衡问题当成静平衡问题处理。就不考虑动不平衡的问题。

（2）对轴向尺寸大的转子，就不能不考虑主矢不共线引起的主矩不平衡问题，即动不平衡问题了。表现静平衡的转子不一定动平衡，表现动平衡的转子一定静平衡。

（3）解决办法。理论上就是同时使 $F = 0$，$M = 0$。实际上要在动平衡机上做动平衡实验。

四、回转件不平衡的危害

（1）在轴承中产生附加动压力，引起附加摩擦力使轴承磨损加剧。
（2）在构件中引起附加内应力，使构件强度及寿命降低。
（3）影响产品质量。
（4）使设备、基础产生强迫振动，引起噪声，影响设备寿命。
（5）使高速行驶的汽车产生振动和摆振，影响安全和舒适性。

五、回转件不平衡的问题需要认真治理

（1）静平衡试验。利用静平衡架，找出不平衡质径积的大小和方位，并由此确定平衡质量的大小和位置，使质心移到回转轴线上，以达到静平衡的方法，称为静平衡试验法。

方法：自由转动转子，找出质心大小和方位，加配重使之平衡。

（2）动平衡试验。令回转件在动平衡试验机上运转，然后在两个选定的平面内分别找出所需平衡质径积的大小和方位，从而使回转件达到动平衡的方法称为动平衡试验法。

方法：任选两个校正平面 T'、T''，并用其上的两个质径积 $m'r$、$m''r$ 来代替原来的不平衡质径积 mr。

思 考 题

1. 汽车传动系的作用是什么？主要组成总成有哪些？
2. 汽车驱动形式如何表示？
3. 变速器有何功用？有哪些类型？
4. 汽车传动系中为什么要装离合器？离合器分为哪些类型？
5. 摩擦式离合器的压紧弹簧有何作用？如何分类？各有何特点？
6. 对摩擦式离合器的基本要求是什么？
7. 双片式摩擦离合器与单片式摩擦离合器的主要区别是什么？

8. 为了使双片式摩擦离合器彻底分离，应采用什么装置？

9. 叙述膜片弹簧的基本形状，分析其有何作用。

10. 膜片弹簧的支承环有几个？起何作用？

11. 离合器分离机构分为哪两大类？

12. 机械式分离机构如何分类？各适用于哪类汽车？

13. 什么是离合器踏板的自由行程？为什么要有自由行程？

14. 为什么在汽车上要设置变速器？

15. 变速器换挡装置有哪些结构形式？防止自动脱挡的结构有哪些？

16. 同步器的作用是什么？锁环式和锁销式惯性同步器的结构和工作过程是怎样的？

17. 变速器操纵机构的定位锁止装置有哪些？各有何作用？

18. 分动器的作用是什么？其操纵特点是什么？

19. 什么叫变速器的传动比？如何计算？传动比大于 1 是什么传动？传动比小于 1 是什么传动？传动比为负是代表什么意思？

20. 什么叫惰轮？普通变速器什么地方用了惰轮？起何作用？

21. 变速操纵机构为什么要设立自锁和互锁装置？

22. 什么叫全时四轮驱动？什么叫分时四轮驱动？

23. 普通二轴式变速器的变速传动机构主要由哪几部分组成？

24. 普通三轴式变速器的变速传动机构主要由哪几部分组成？

25. 变速器中为什么要尽量采用斜齿轮？

26. 观察变速器中各轴承的型号，分析为什么要选用这类轴承。

27. 自动变速器由哪几部分组成？各起什么作用？

28. 自动变速器有哪些主要传感器？

29. 液力变矩器如何工作？导轮为什么能起到增扭的作用？导轮单向离合器起什么作用？

30. 为什么要设置锁止离合器？何时发生作用？

31. 变矩器中液压油为什么需要冷却？如何冷却？

32. 简单周转轮系由哪几个部件组成？周转轮系与行星轮系有什么区别与联系？

33. 分别固定太阳轮、行星架和齿圈，周转轮系会发生什么变化？

34. 何时周转轮系起联轴器的作用？何时空转不输出运动和动力？

35. S 式、R 式和 D 式轮系机构的特点是什么？分析各挡动力传递路线。

36. 节气门阀与速度调节阀如何影响系统压力？

37. 自动变速器的 ECU 有哪些控制功能？

38. 自动变速器控制系统中三大换挡执行元件是什么？

39. 自动变速器电子控制系统有哪些主要元件？各起什么作用？如何工作？

40. 有哪些换挡模式？各有什么特点？

41. 自动变速器环境识别的主要依据是什么？

42. 自动变速器可以实现自动变速，为什么还要有换挡操纵手柄？手柄位置与挡位之间关系是如何设置的？

43. 什么叫强制降挡？何时需要强制降挡？

44. 什么叫降挡滞后？为什么要设置降挡滞后？如何实现降挡滞后？

45. 液压式操纵机构有哪些特点？

46. 分析轮系的组成、变化及作用。

47. 自动变速器 ECU 的控制内容主要有哪些？

48. 惯性锁环式同步器和惯性锁销式同步器各用于什么车型？

49. 什么叫占空比？ECU 如何控制油路中压力的变化？

50. 使用自动变速器要注意哪些问题？

51. 汽车传动系中为什么要设万向传动装置？该装置由哪几部分组成？

52. 万向节可分为哪几类？各有何特点？

53. 为什么要设计传动轴的中间支承？中间支承有几种主要类型？各有何特点？

54. 传动轴为什么要设计成空心的？

55. 为什么十字万向节传动有不等速性？如何克服不等速给汽车传动带来的问题？

56. 等速万向节的主要结构特点是什么？与不等速万向节有何区别？

57. 主减速器安装在什么位置？主要作用是什么？

58. 差速器有何作用？如何分类？

59. 半轴两端各连接什么部件？支承形式有几种？

60. 驱动桥的作用是什么？主要组成部件是什么？

61. 什么叫回转体的动不平衡和静不平衡？二者有什么关系？

62. 回转体不平衡有什么危害性？

63. 如何解决回转体的动不平衡？如何解决回转体的静不平衡？

第十四章　汽车行驶系

第一节　概　述

汽车行驶系的主要作用是将传动系传来的转矩和运动转化为汽车行驶的驱动力和车轮转动；将汽车构成一个整体，支承汽车的总质量；承受并传递路面作用于车轮上的力和力矩；减少振动、缓和冲击，保证汽车的平稳行驶。

汽车行驶系由车架、车桥、车轮和悬架 4 部分组成，如图 14.1 所示。

车架是全车的装配基体，它将汽车的各相关总成连成一个整体。为减少车辆在不平路面上行驶时车身所受到的冲击和振动，车桥又通过悬架与车架连接。

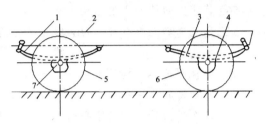

图 14.1　行驶系的组成

1—前悬架；2—车架；3—后悬架；4—驱动桥；
5—前轮；6—后轮；7—从动桥

汽车行驶系结构因车型和行驶条件不同而有所差异。绝大多数汽车行驶在比较坚实的道路上，行驶中直接与路面接触是车轮的，称为轮式结构，轮式速度高、磨损小、噪声低；行驶中直接与路面接触是履带的，称为履带式结构，履带式可防滑、防陷，对路面要求不高，但许用最高速度远低于轮式，如图 14.2 所示。

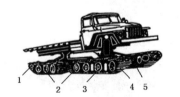

（a）履带直接安装在汽车驱动轴上　（b）在普通汽车车轮上加装履带式车轮（前驱，后轮为自由轮）

图 14.2　履带式汽车

1—张紧轮；2—履带驱动轮；3—承载轮；4—履带；5—支架

第二节　车　架

车架的作用是支承连接汽车的各零部件，并承受来自车内外的各种载荷。车架是整个汽车的基体，汽车的绝大多数部件和总成都装在车架上，并使它们保持相对正确位置。车架通过悬架装置坐落在车桥上。车架的结构形式应满足下列要求：

（1）满足汽车总布置的要求：当汽车在复杂的行驶过程中，固定在车架上的总成和部件之间，不应发生运动干涉。

（2）具有足够的强度和适当的刚度。

（3）结构简单，质量尽可能小。

（4）车架应布置得离地近一些，尽可能地降低汽车的重心和获得较大的前轮转向角，有利于提高汽车的稳定性和机动性。

汽车车架按结构形式不同可分为：边梁式车架、中梁式车架、综合式车架和无梁式车架等。

1. 边梁式车架

边梁式车架由两根位于两边的纵梁和若干根横梁组成，用铆接法或焊接法将纵梁与横梁连接成坚固的刚性构架，被广泛用于货车和大多数特种汽车上。

纵梁常用低合金钢板冲压而成，断面一般为槽形，也有的做成工字形或箱形断面。横梁不仅用来保证车架的扭转刚度和承受纵向载荷，而且还用以支承汽车主要部件。通常货车约有 5~6 根横梁。

车架主要由两根纵梁和八根横梁铆接而成，如图 14.3 所示，其前后等宽。纵梁为槽形不等高断面梁，中部断面高度最大，向两端断面高度逐渐减小，即使应力分布较均匀，又降低了全车装备质量。在左右纵梁上各有一百多个孔，用以安装脚踏板、转向器、钢板弹簧、汽油箱、储气筒、蓄电池等的支架，有的用来通过管道、电线，有的则是加工定位用孔。横梁用钢板冲压成槽形。前横梁上装置冷却水散热器，发动机前置横梁做成下凹形，以降低发动机位置，改善驾驶员视野，驾驶室后悬置横梁做成拱形，以便安装传动轴中间轴承支架，后横梁中部装有拖带挂车用的拖钩，用角撑加强。车架前端有横梁式的缓冲件——保险杠。

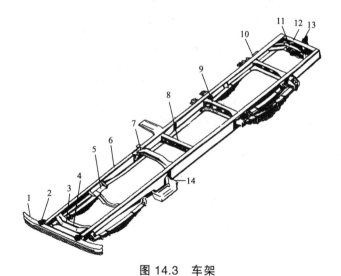

图 14.3　车架

1—保险杠；2—挂钩；3—前横梁；4—发动机前悬置横梁；5—发动机后悬置右（左）支架和横梁；6—纵梁；
7—驾驶室后悬置横梁；8—第四横梁；9—后钢板弹簧前支架横梁；10—后钢板弹簧后支架横梁；
11—角撑横梁组件；12—后横梁；13—拖拽部件；14—蓄电池托架

有的货车车架是前窄后宽，以保证最大的车轮偏转角度。

大型货车的两根纵梁通常像两根平行直线一样布置。中型货车、轿车和大型客车由于各自结构形式要求不同，纵梁的布置大多数如图 14.4 所示。

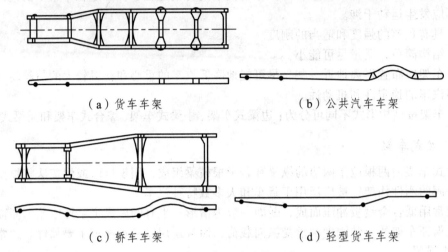

（a）货车车架　　　　　　　　　　　　　（b）公共汽车车架

（c）轿车车架　　　　　　　　　　　　　（d）轻型货车车架

图 14.4　车架的结构形式

2. 中梁式车架

中梁式车架又称脊梁式车架，它是由一根贯穿汽车纵向的中央纵梁和若干根横向悬伸托架构成，如图 14.5 所示。

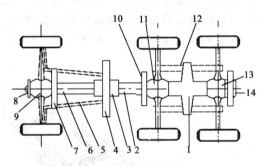

图 14.5　中梁式车架

1—连接桥；2—中央脊梁；3—分动器壳；4—驾驶室后部及货箱副梁前部托架；5—前悬架扭杆弹簧；6—前脊梁；
7—发动机后部及驾驶室前托架；8—前桥壳；9—发动机前托架；10，14—连接货箱副梁的托梁；
11—中桥壳；12—后悬架的钢板弹簧；13—后桥壳

中梁的断面可做成管形或箱形。采用中梁式车架有较大的扭转刚度并使车轮有较大的运动空间，便于采用独立悬架。车架较轻，减小了整车质量，重心也较低，行驶稳定性好。车架的强度和刚度较大，不易产生变形，脊梁能起到封闭传动轴的防尘套作用。但这种车架制造工艺复杂，精度要求高，总成安装比较困难，维修也不方便。

3. 综合式车架

图 14.6 所示车架的前部是边梁式，而后部是中梁式。这种由边梁式和中梁式车架综合形成的车架为综合式车架。

4. 无梁式车架

无梁式车架是以车身兼代车架，所有的零部件都要安装在车身上，作用于车身的各种力均由车身承受，这种车身称为承载式车身，结构如图 14.7 所示。这种车架的特点是车身作为一个整体，所有部件参与承载。

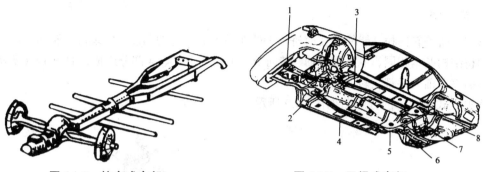

图 14.6　综合式车架

图 14.7　无梁式车架

1—发动机固定中心梁；2—转向机齿轮箱支承梁；3—前主底板加强梁；
4—底板边梁；5—后底板边梁；6—后侧底板构架；
7—后底板横梁；8—后底板横梁

第三节　车　桥

车桥通过悬架与车架（或承载式车身）相连，两端安装汽车车轮。车桥的作用是传递车架与车轮之间的相互作用力和力矩并承受所有悬挂质量及路面的冲击载荷。

一、车桥的分类与结构形式

以结构分，车桥分为非断开式和断开式两种。当采用非独立悬架时，车桥中部是刚性的实心和空心（管状）梁，当采用独立悬架时，车桥由 3 段组成，中段与车架连接，两端有活动关节式结构，与两边独立悬架配用。

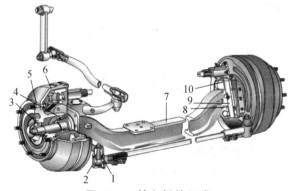

图 14.8　转向桥的组成

1—油封；2—球头铰链；3、4—轮毂轴承；5—轮毂；6—制动鼓；7—前轴；
8—衬套；9—主销；10—滚子止推轴承

以功能分，车桥可分为转向桥、支持桥、驱动桥和转向驱动桥四种类型。其中转向桥和支持桥都属于从动桥。货车多以前桥为转向桥，以后桥或中后两桥为驱动桥；轿车的前桥大多为转向驱动桥；挂车上的车桥都是支持桥。

支持桥除不能转向外，其他功能和结构与转向桥基本相同。

1. 转向桥

汽车前桥是转向桥，能使装在前桥两端的车轮偏转一定的角度，实现汽车转向。各种车型的转向桥结构基本相同，主要由前轴、转向节、主销和轮毂等4部分组成，如图14.8所示。四轮转向的汽车前后桥都是转向桥。

非独立式转向桥的分解图如图14.9所示。

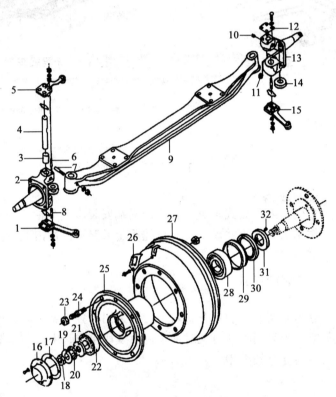

图 14.9　转向桥分解图

1—转向左拉杆；2—左转向节；3—衬套；4—主销；5—转向节左上盖；6—双头螺栓；7—锁销；
8—双头螺栓；9—前轴；10—滑脂嘴；11—限位螺栓；12—转向节右上盖；13—右转向节；
14—止推轴承；15—转向右拉杆；16—轮毂盖；17—衬垫；18—锁紧螺母；19—止动垫圈；
20—垫圈；21—螺母；22—前轮毂外轴承；23—螺母；24—螺栓；25—前轮毂；
26—检查孔堵塞；27—制动鼓；28—前轮毂内轴承；29—油封外圈；
30—油封总成；31—油封内圈；32—定位销

（2）非独立式转向桥的主要零部件。

① 前轴。前轴是由钢材锻造而成，其结构如图14.10所示，采用工字形断面以提高抗弯强度。为提高抗扭强度，两端略成方形。前轴中部向下凹，以降低发动机位置，从而降低汽车重心，扩展驾驶员视野，并减少传动轴与变速器输出轴之间的夹角。前轴两端向上翘起呈

拳形，其中有通孔，主销即插入此孔内与转向节铰连。前端凹形上平面有两处用以支承钢板弹簧的加宽面，其上钻有安装 U 形螺栓用的 4 个通孔和 1 个位于中心的钢板弹簧定位坑。

图 14.10 前轴

② 转向节。转向节是车轮转向的铰节，它是一个叉形件，由上下两叉和支承轮毂的轴构成，如图 14.11 所示。

转向节上下两叉上有销孔，通过主销与前轴的拳部相连。为了减少磨损，销孔内压入青铜或尼龙衬套，在衬套上开有润滑油槽，向装在转向节上的油嘴注入润滑脂进行润滑。转向节轴上有两道轴颈，内大外小，用来安装内外轮毂轴承，靠近两叉根部有呈方形的凸缘，其上的通孔用来固定制动底板。

③ 主销。主销的中部切有凹槽，带有螺纹的楔形销通过与主销凹槽配合将主销固定在前轴拳部孔内，使之不能转动，而主销与转向节上下两叉销孔间是动配合，使转向节绕着主销摆动以实现车轮的转向。

④ 轮毂。车轮轮毂结构如图 14.12 所示，它通过内外两个圆锥滚子轴承装在转向节外端的轴颈上，轴承的松紧度可用调整螺母加以调整。轮毂外端用冲压的金属罩盖住，以防泥水和尘土浸入，内侧装有油封、挡油盘，以防润滑油进入制动器内。

图 14.11 转向节

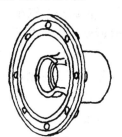

图 14.12 轮毂

2. 转向驱动桥

能实现车轮转向和驱动两种功能的车桥称为转向驱动桥，广泛应用于轿车的前桥和全轮驱动的越野汽车。在结构上它具有一般驱动桥所具有的主减速器、差速器和半轴，也具有一般转向桥所具有的转向节、主销和轮毂。但由于转向的需要，半轴被分为两段（内半轴和外半轴），其间用万向节连接，同时主销也分成上下两段。转向节轴颈部分做成中空，以便外半轴穿过其中。转向驱动桥结构如图 14.13 所示。

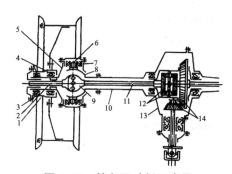

图 4.13 转向驱动桥示意图

1—转向轮；2—外半轴；3—轮毂；4—轮毂轴承；5—转向节壳体；
6—主销；7—主销轴承；8—球形支座；9—万向节；10—半轴套管；
11—内半轴；12—差速器；13—主减速器壳；14—主减速器

355

轿车采用了发动机前置和前轮驱动的布置形式，独立式前桥既是转向桥又是驱动桥。如图 14.14 所示，转向驱动桥采用麦弗逊式独立悬架（图中未画出中间减速器和差速器），它由两个独立悬架及附件组成，动力经主减速器和差速器传至内半轴，经球笼式万向节和外半轴传到轮毂使驱动车轮旋转，其特点是结构简单，行驶平稳，具有较小的转弯半径，而且具有良好的通过性，便于进行维修。

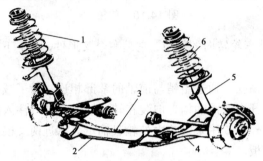

图 14.14　某车型转向驱动桥

1—螺旋弹簧；2—横向稳定杆；3—车桥；4—摇臂；5—悬架柱焊接件；6—减振器

二、转向轮定位

转向车轮、转向节及主销和转向轴之间安装的相对位置，称作转向轮定位。

为什么要进行车轮定位调整？汽车工作时的都处于承载、运动状态，但调整时都是轻载、静止状态，所以调整时就要让汽车有关参数产生偏差以适应工作时的需要，达到保证汽车直线稳定行驶、转向轻便、减少磨损（胎和转向机件）目的，所以要进行车轮定位调整。

转向轮定位包括主销后倾、主销内倾、转向轮外倾和转向轮前束四个内容。

一般汽车多采用前轮转向，故转向轮定位过去常称为"前轮定位"。现代汽车除了前轮转向外，还有后轮转向，或前、后轮转向，故称为四轮定位，以适应高速行驶的要求。

1. 主销后倾

主销在前轴上安装，其上端略向后倾斜，称为主销后倾。在纵向垂直平面内，主销轴线与垂线之间的夹角叫做主销后倾角，如图 14.15 所示。

主销后倾的作用是汽车直线行驶时，保持方向稳定性，汽车转向时能使前轮自动回正。

汽车转向或直线行驶，前轮难免会偏转一个角度，轮胎与地面的接触点 B 处，路面对车轮会因摩擦作用产生一个侧向反作用力 F。由于主销后倾，车轮围绕主销转动的轴线与路面的交点 A 位于 B 之前，于是反作用力 F 形成了使车轮自动回正到直线行驶位置的力矩，增强了汽车直线行驶的稳定性并能帮助转向回正，该力矩称为回正力矩或稳定力矩。

为避免转向变得沉重，所以主销后倾角一般不超过 3°。主销后倾角是由前轴、悬架和车架装配在一起时，使前轴向后倾斜而形成的。

2. 主销内倾

主销在前轴上安装，其上端向内倾斜，称为主销内倾。在横向垂直平面内，主销轴线与垂线之间的夹角叫主销内倾角，如图 14.16 所示。

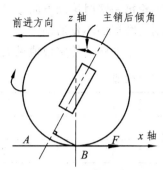

图 14.15　主销后倾角示意图

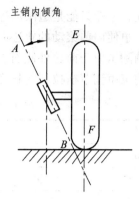

图 14.16　主销内倾角示意图

主销内倾的作用是使转向轮自动回正，转向轻便。

由于主销内倾角的存在，当前轮左右偏转时，汽车的前轴略有提高，如图 14.17 所示。因此，汽车前轮承受的重力向下，有使车轮自动回正的作用。此外，由于主销内倾角的存在，使主销轴线延长线与路面交点 B 到车轮中心平面的距离 BF（即转臂）减小，从而使转向操纵轻便。由于主销内倾，前轮所承受的重力集中到较大的内轴承上去，保护较小的外轴承和转向节轴外端的锁紧螺母，有利于行驶安全。

主销内倾角一般不大于 8°，由前轴制造加工时使主销孔向内倾斜而获得。

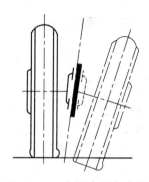

图 14.17　主销内倾角车轮自动回正作用

3. 转向轮外倾

转向轮安装后，其上端略向外倾斜，称为转向轮外倾。转向轮的旋转平面与纵向垂直平面之间的夹角又叫转向轮外倾角，如图 14.18 所示。

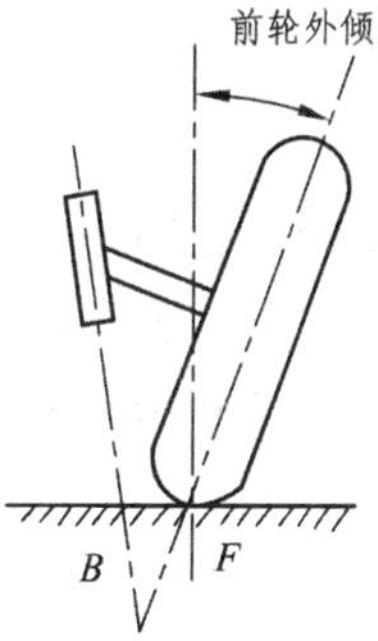

转向轮外倾的作用是使转向轻便和提高前轮工作的安全性，并有利于轮胎均匀磨损。此外，转向轮外倾与主销内倾相配合，进一步减少了 BF 距离，使汽车转向更为轻便。转向轮外倾角一般为 1°左右，由转向节的结构设计来保证。当转向节安装到前轴上后，其转向节轴相对于水平面向下倾斜，从而使前轮安装后出现外倾。

4. 转向轮前束

转向轮安装后，前两轮的旋转平面不平行，前端略向内束，这种现象称为前轮前束。两轮前端距离 B 小于后端距离 A，其差值（A − B）即为前轮前束值，如图 14.19 所示。前轮前束的作用是消除因前轮外倾使汽车行驶时向外张开的趋势，减少轮胎磨损和燃料消耗。由于转向轮外倾，当它向前滚动时，轨迹逐渐向外偏斜，但受车桥和转向横拉杆的约束，车轮又不能向

图 14.18　前轮外倾角示意图

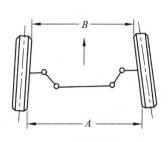

图 14.19　前轮前束示意图

357

外偏移，因此，车轮只能是边滚动边滑移，结果使轮胎横向偏磨增加，轮毂轴承载荷增大。而前轮前束，迫使向前滚动的轨迹向内偏斜，可以使车轮每一瞬时滚动方向接近于正前方，从而减轻和消除了由于前轮外倾而引起的轮胎和机件剧烈磨损的不良后果。

转向轮前束由调节横拉杆的长度来保证。几种国产汽车的转向轮定位值见表 14.1。

表 14.1　国产汽车的转向轮定位值

汽车型号	主销后倾角	主销内倾角	转向轮外倾角	转向轮前束/mm
东风 EQ1092	2°10′	6°	1°	1 ~ 5
解放 CA1092	1°30′	8°	1°	2 ~ 6
上海桑塔纳	30′		− 30′ ± 20′	− 1 ~ 3

*三、后轮定位

现代一些高级独立悬架的车辆，除设置转向轮定位外，非转向的后轮也设置定位，称为后轮定位，内容包括：后轮外倾和后轮前束。后轮外倾同前轮外倾一样，保护外轴承和外锁紧螺母，避免后轮飞脱的危险。同时，为避免后轮外倾带来的"前展"，而设置后轮前束，如雪铁龙 BX 轿车的后轮前束值为 0 ~ 4 mm，后轮外倾角为 − 1° ± 20′。

四轮转向车辆的后轮定位也很重要，与前轮的配合保证转向安全是后轮定位的重要内容，必须遵照规定的参数严格调速。

第四节　车　轮　与　轮　胎

车轮与轮胎是汽车行驶系中的重要部件，其作用是：

（1）支承整车的质量。

（2）缓和由路面传来的冲击力。

（3）通过轮胎同路面间存在的附着力来产生驱动力和制动力。

（4）在保证汽车正常转向行驶的同时，通过轮胎产生的自动回正力矩，使车轮保持直线行驶的方向。

一、车　轮

1. 车轮的组成与结构形式

车轮是介于轮胎和车轴之间承受负荷的旋转组件，它由轮盘、轮辋以及它们之间的连接部分轮辐组成。

按照轮辐的构造，车轮可分为辐板式车轮和辐条式车轮。

（1）辐板式车轮。这种车轮如图 14.20 所示，它主要由挡圈、轮辋、轮毂、气门嘴伸出口、轮盘等组成，车轮中用以连接轮毂和轮辋的钢质圆盘称为轮盘。辐板式车轮结构便于轮毂拆装，轮盘上开有几个大孔，以减轻质量，利于拆装、充气和制动鼓散热。由于结构简单，成本低，被广泛采用。

（2）辐条式车轮。这种车轮如图 14.21 所示，它是用辐条将轮辋和轮毂组装在一起，辐条式车轮由于需要装配，在生产效率和成本方面都很不利，加之，轮辐容易发生松动，需要定期加固，并且价格昂贵，维修安装不便，现在只在高档轿车上采用。

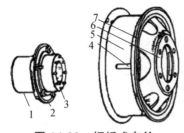 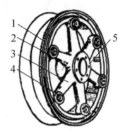

图 14.20　辐板式车轮

1—轮毂；2—凸缘；3—螺栓；4—气门嘴伸出口；
5—轮辋；6—轮盘；7—挡圈

图 14.21　辐条式车轮

1—轮辋；2—衬块；3—轮辐；
4—螺栓；5—轮盘

2. 车轮的主要零部件

（1）轮毂。轮毂与制动鼓、轮盘和半轴凸缘连接，由圆锥滚子轴承支承在转向节轴颈或半轴套管上。

（2）轮辐。辐板式车轮上的轮盘与轮辋通过焊接或铆接固定成一整体，并通过轮盘上的中心孔和周围的螺栓孔安装到轮毂上。

辐条式车轮上的轮辐是钢丝辐条或者是和轮毂铸成一体的铸造辐条。

（3）轮辋。轮辋也称钢圈，按其结构特点，可分为深式轮辋、平式轮辋和可拆式轮辋 3 种，如图 14.22 所示。

  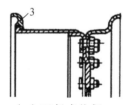

（a）深式轮辋　　　　（b）平式轮辋　　　　（c）可拆式轮辋

图 14.22　轮辋断面

1—挡圈；2—锁圈；3—挡圈

① 深式轮辋。深式轮辋是整体式的，如图 14.22（a）所示。其中都有一条便于拆装轮胎用的环形深凹槽，凹槽两侧与轮胎胎圈配合的台肩通常是倾斜的，其倾斜角一般是 5°±1°。深式轮辋的结构简单，刚度大，质量较小，对于小尺寸且弹性较大的轮胎最适宜。它主要用于轿车及轻型越野车上。

② 平式轮辋。这种轮辋的底面呈平环状，它的一边有凸缘，另一边用可拆卸的挡圈作凸缘，如图 14.22（b）所示。它用一个具有弹性的开口锁圈来防止挡圈脱出。为了方便外

胎的拆装，一般大中型汽车多采用平式轮辋。

③ 可拆式轮辋。这种轮辋由内外两部分组成，二者用螺栓连成一体，如图 14.22（c）所示。拆装轮胎时，只需拆下螺栓的螺母即可，图中所示挡圈是可拆的，这种轮辋只能用于单个轮胎，主要用于大、中型越野汽车。

我国汽车轮辋规格，用轮辋断面宽度（英寸）和轮辋名义直径（英寸）以及轮缘高度代号（用拉丁字母作代号）来表示，直径数字前面的符号表示轮辋结构形式代号，符号"×"表示该轮辋为单件式轮辋，符号"—"表示该轮辋为两件以上的多件式轮辋。

例如，东风 EQ1092 型汽车轮辋 7.0—20：

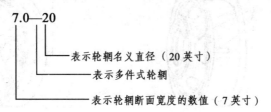

7.0—20

表示轮辋名义直径（20 英寸）
表示多件式轮辋
表示轮辋断面宽度的数值（7 英寸）

二、轮　胎

1. 轮胎的作用与分类

轮胎安装在轮辋上，直接与路面接触。它的作用是：支承汽车的总质量；吸收和缓和汽车行驶时所受到的部分冲击和振动，以保证汽车有良好的乘坐舒适性和行驶平顺性；保证轮胎与路面的良好附着，以提高汽车的动力性、制动性和通过性。

汽车轮胎按胎体结构不同可分为充气轮胎和实心轮胎。现代汽车绝大多数采用充气轮胎。实心轮胎目前仅应用在沥青混凝土路面的干线道路上行驶的低速汽车或重型挂车上。

充气轮胎根据工作气压的大小可分为高压胎、低压胎和超低压胎（气压低于 147 kPa）。由于低压胎弹性好，具有较强的吸收振动的能力，且胎面较宽，附着力大，壁薄而散热性好，目前被广泛应用。超低压胎具有特大的断面宽度，它在松软路面上具有良好的通过性，多用于越野汽车上。如图 14.23 所示是一种超低压胎——拱形轮胎。高压胎现在已不再采用。

图 14.23　拱形轮胎

轮胎花纹主要分为普通花纹、越野花纹和混合花纹。普通花纹细而浅，适用于比较好的硬路面。越野花纹凹部深而且粗，在软路面上与地面附着性好，越野能力强，如图 14.24 所示。

普通花纹轮胎的特点是花纹沟槽细而浅，花纹块的接地面积较大，因而耐磨损性和附着性较好，适用于较好的硬路面。其中，纵向花纹的轮胎［见图 14.24（a）］滚动阻力小、防侧滑和散热性能好、噪声小，高速行驶性能好，但甩石性和排水性较差。横向花纹的轮胎［见图 14.24（b）］耐磨性好，不易夹石子，但散热性差，工作噪声大，不宜高速行驶。

越野花纹轮胎的特点是花纹沟槽宽而深，花纹块接地面积较小，易于与地面咬合，防滑性能好。混合花纹［见图 14.24（c）］轮胎兼有普通花纹和越野花纹的特点，胎冠中部花纹通常为菱形或纵向锯齿形，而在两边多为横向大块越野花纹。其缺点是耐磨性能较差和胎面磨损不均匀。

人字形花纹轮胎［见图 14.24（d）］在安装作驱动器轮时，应将"人"字尖端指向汽车前进时车轮旋转方向的前方，以提高排泥性能和附着力，马牙形花纹［见图 14.24（e）］是无向大块横向花纹，接地面积大、花纹强度高，常用在矿山、建筑工地上行驶的车辆上。

（a）纵向花纹　（b）横向花纹　（c）混合花纹　（d）人字形花纹　（e）马牙形花纹

图 14.24　轮胎花纹

2. 充气轮胎的结构

充气轮胎按结构组成，可分为有内胎轮胎和无内胎轮胎。

（1）有内胎的充气轮胎。有内胎的充气轮胎如图 14.25 所示，它由外胎、内胎和垫带组成。轮胎的分解如图 14.26 所示。

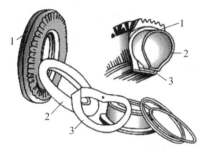 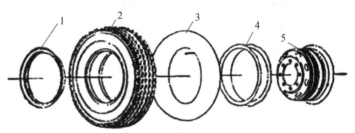

图 14.25　充气轮胎的组成

1—外胎；2—内胎；3—垫带

图 14.26　轮胎的分解图

1—挡圈；2—外胎；3—内胎；4—衬带；5—轮辋及轮辐

人字花纹轮胎和在轮胎侧标有旋转方向，应按规定方向装用（在驱动轴上要顺方向，在从动轴上要反方向），如图 14.27 所示。

外胎的结构如图 14.28 所示，外胎是用耐磨橡胶制成的强度高而又有弹性的外壳，直接与地面接触，保护内胎使其不受损伤。它由胎圈、带束层、胎面和帘布层组成。

 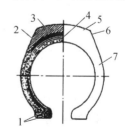

图 14.27　人字花纹轮胎的安装方向

1—顺方向；2—反方向

图 14.28　外胎结构

1—胎圈；2—带束层；3—胎面；4—帘布层；
5—胎冠；6—胎肩；7—胎侧

胎面是外胎的外表面，它包括胎冠、胎肩和胎侧 3 部分。胎冠与路面接触，直接承受冲击与磨损，并保护胎体免受机械损伤。胎冠上制有各种形式的花纹，以便轮胎与地面有良好的附着性能；胎肩是较厚的胎冠与较薄的胎侧间的过渡部分，一般也制有花纹，以利防滑和散热，胎侧是贴在帘布层侧壁的薄橡胶层，用以保护帘布层，避免受潮和机械损伤。帘布层是外胎的骨架，其主要作用是承受负荷，保护轮胎外缘尺寸和形状，通常由多层胶化的棉线或其他纤维组织所组成。帘布层的帘线按一定角度交叉排列，帘布的层次越多强度越大，但弹性越低，在外胎表面上注有帘布层数。

带束层位于胎面与帘布层之间，质软而弹性大，一般由多层较稀疏的帘线和富有较大弹性的橡胶制成。能缓和汽车在行驶时所受到的不平路面的冲击，并防止汽车在紧急制动时胎面与帘布层脱离。

胎圈是帘布层的根基，它有较大的刚度和强度，轮胎是靠胎圈固装在轮辋上的。

内胎是一个环形的橡胶管，上面装有气门嘴，以便充入或排出空气，其尺寸稍小于外胎内壁尺寸。

垫带是装在内胎与轮辋之间的一个环形橡胶带，保护内胎不被轮辐和胎圈磨坏，防止尘土及水汽浸入胎内。

有内胎的充气轮胎由于外胎帘布层结构不同，分为普通斜交轮胎和子午线轮胎。

① 普通斜交轮胎。帘布层和缓冲层各相邻层帘线交叉，且与胎面中心线呈小于 90° 角排列的充气轮胎为普通斜交轮胎，如图 14.29 所示。帘布层通常由成双数的多层帘布用橡胶贴合而成，帘布的帘线与轮胎子午断面的交角一般为 52° ~ 54° 相邻层帘线相交排列，缓冲层由两层帘线交叉排列。

普通斜交轮胎噪声小，外胎面柔软，在低速行驶时乘坐舒适，价格便宜。

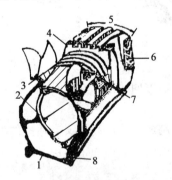

图 14.29　有内胎的普通斜交胎的结构

1—垫带；2—内胎；3—帘布层；4—胎肩；5—胎冠；
6—胎侧；7—缓冲层；8—胎圈

图 14.30　子午线轮胎的结构

1—帘布层；2—带束层

② 子午线轮胎。帘布层帘线与胎面中心线成 90° 角或接近 90° 角排列的充气轮胎称为子午线轮胎，如图 14.30 所示。由于帘线排列方向与轮胎子午断面一致，使帘线的强度能得到充分利用。子午线轮胎的帘布层层数一般比普通斜交轮胎少 40% ~ 50%，且没有偶数限制，胎体较柔软，而带束层层数较多，极大提高了胎面的刚度和强度。

子午线轮胎具有上述两个特性，与普通斜交轮胎相比，具有弹性大，耐磨性好，滚动阻力小，附着性能强，缓冲性能好，承载能力大，不易被穿刺等优点。现代汽车已广泛应用子午线胎。缺点是外胎面刚性大，不容易吸收路面凹凸及接缝产生的冲击（主要是低速时），此外胎侧柔软，被刺后伤痕易扩大。

普通斜交轮胎和子午线轮胎帘线排列的比较见图 14.31。子午线轮胎胎体的帘线排列成辐射状，胎侧部柔软，斜交胎的帘线排列成斜线交叉，很难调整局部的强度。

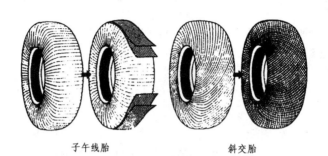

子午线胎　　　　　　　　斜交胎

图 14.31　普通斜交胎和子午线轮胎在帘线排列上的比较

普通斜交轮胎与子午线轮胎在性能上的比较见图 14.32 和图 14.33。

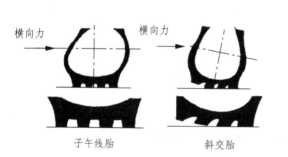

横向力　　　　　　横向力

子午线胎　　　　　斜交胎

图 14.32　轮胎承受横向力时的变化

子午线胎　　斜交胎

图 14.33　轮胎触地面的变形

子午线轮胎在承受横向力时，胎侧虽然有些变形，但触地面积不受影响。

子午线轮胎外胎刚性大，触地面变形小。

（2）无内胎的充气轮胎。无内胎充气轮胎的结构如图 14.34 所示，它虽然没有充气内胎，但在外胎内壁有一层很薄的专门用来封气的橡胶密封层，胎缘部位留有余量，密封层被固定在轮辋上。它的特点是钉子刺破轮胎后，内部空气不会立即泄掉，安全性好；另外，轮胎爆破后可从外部紧急处理。目前这种轮胎在轿车上应用较多，上海桑塔纳轿车就装用子午线无内胎轮胎。

有内胎轮胎与无内胎轮胎的结构比较如图 14.35 所示。

3. 轮胎规格表示方法

大多数国家采用英制表示轮胎的标注，轮胎的尺寸标记如图 14.36 所示。

图 14.34　无内胎轮胎

1—橡胶密封层；2—胎圈橡胶密封
层；3—气门嘴

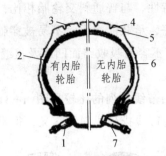

图 14.35　有内胎轮胎与无内胎轮胎的
结构比较

1—打气阀；2—内胎；3、4—外胎面；
5—胎面；6—密封层；7—轮辋打气阀

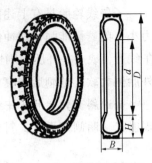

图 14.36　轮胎尺寸标记

（1）轮胎的标注。

高压轮胎规格用 $D \times B$ 表示。D 为轮胎名义直径、B 为轮胎断面宽度；低压胎和超低压胎的表示方法相同，用 $B-d$ 表示，B 为轮胎断面宽度，d 为轮辋直径，"—"表示低压胎，单位均为英寸。

例如：

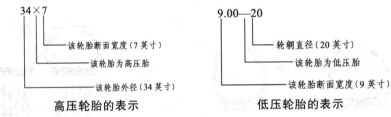

高压轮胎的表示　　　　　　　低压轮胎的表示

（2）轮胎的技术参数。

轮胎的胎侧有轮胎种类、花纹、规格、有无内胎、速度级别、载重指数、扁平比、安全标示等参数。

① 轿车轮胎的胎侧：例如，P215/65R15 89H。

"P"是指轿车轮胎（用以区别卡车或其他车型适用的轮胎）；"215"指的两个胎侧之间的宽度（以毫米为单位）；"65"是轮胎的扁平比，是胎高与胎宽的比例，数值越小，越显扁平；"R"此轮胎为子午线结构；"B"表示轮胎为斜交结构，目前轿车轮胎不再使用斜交胎；"15"表示轮辋直径（以英寸为单位），此轮胎必须匹配 15 英寸的轮辋，否则无法安装；"89"表示载重指数，通常以磅或公斤为单位；"H"表示速度级别：此轮胎最高时速为 210 km。

胎侧通常有显示帘线种类、胎侧和胎面帘布层数的信息。

② 轮胎分级：

统一轮胎品质分级系统（uniform tire quality grading system，UTQG）除雪地胎外，DOT要求制造厂依据"胎面磨损率"、"抓地力"及"耐高温"3 个性能要素将轿车轮胎分级。

a. 胎面磨损率。超过 100——较优；100——标准；低于 100——较差。磨损等级是根据在美国政府指定的试验场地，按标准条件测试的磨损率换算得出的。而实际上轮胎的磨损率与使用条件有关，例如：驾驶习惯，路面状况，气候，定位等皆会影响。

b. 抓地力。A——最佳；B——中等；C——一般。

抓地等级，是指轮胎按标准条件在美国政府指定的测试场地，在湿滑柏油路面和水泥路面所表现的直线行驶刹车性能，不包括转弯性能。

c. 温度等级。A——最佳：B——中等：C——一般。

温度等级，是指按标准条件在指定室内实验室的试验车轮上测试，轮胎所表现的抗热量产生能力。持续高温会造成轮胎材质老化，从而缩短轮胎的使用寿命，温度过高则可导致爆胎。因此美国联邦法规定所有轮胎至少必须通过 C 级温度等级。

d. 速度级别。速度等级表明轮胎在规定条件下承载规定负荷的最高速度。字母 A ~ Z 代表轮胎从 4.8 km/h 到 300 km/h 的认证速度等级。表 14.2 列出常用的速度等级所对应的最高时速。

表 14.2　常用的速度等级所对应的最高时速　　　　　　　　　　km/h

速度等级	最高时速	速度等级	最高时速
Q	160	H	210
R	170	V	240
S	180	W	270
T	190	Y	300

如果使用说明中轮胎的规格标示出现 W，如 P275/40ZR17 93W，那么最高速度等级为 270 km/h，最大载重能力通过载重指数来表示，表 14.3 表示了载重指数（LI）与实际载重值（kg）之间的关系。

表 14.3　载重指数与实际载重值之间的关系

LI	载重值 /kg	LI	载重值 /kg	LI	载重值 /kg	LI	载重值 /kg	LI	载重值 /kg	LI	载重值 /kg
50	190	64	280	78	425	92	630	106	950	120	1 400
51	195	65	290	79	437	93	650	107	975	121	1 450
52	200	66	300	80	450	94	670	108	1 000	122	1 500
53	206	67	307	81	462	95	690	109	1 030	123	1 550
54	212	68	315	82	475	96	710	110	1 060	124	1 600
55	218	69	325	83	487	97	730	111	1 090	125	1 650
56	224	70	335	84	500	98	750	112	1 120	126	1 700
57	230	71	345	85	515	99	775	113	1 150	127	1 750
58	236	72	355	86	530	100	800	114	1 180	128	1 800
59	243	73	365	87	545	101	825	115	1 215	129	1 850
60	250	74	375	88	560	102	850	116	1 250	130	1 900
61	257	75	387	89	580	103	875	117	1 285		
62	265	76	400	90	600	104	900	118	1 320		
63	272	77	412	91	615	105	925	119	1 360		

（3）我国国家标准规定，在外胎两侧除标有轮胎规格外，还应有制造商标、层级、最大负荷。以下是一个常见的轮胎规格表示方法：

例：185/70R1486H

185：胎面宽（mm）70：扁平比（胎高÷胎宽）R：子午线结构 14：钢圈直径（in）86：载重指数（表示对应的最大载荷为 530 kg）H：速度代号（表示最高安全极速是 210km/h）

又如，轮胎尺寸 5.60—13 4PR 表示为：

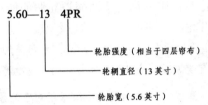

子午线轮胎用 ISO 新标准表示，宽度用 mm 表示，车轮轮辋用英寸表示，轮胎强度用字母或数字表示，扁平轮胎还表示扁平率（高宽比）。

第五节　悬　架

汽车悬架把车架与车桥弹性连接 起来，以缓和或吸收车轮在不平道路上行驶时所产生的冲击和振动，保证汽车行驶的平顺性。

悬架由弹性元件（响应、缓冲车体的振动，把刚性冲击变成柔性冲击）、减振器（迅速衰减由弹性元件激发起的振动）、导向装置（保证弹簧与减振器工作时不歪斜，车架与车桥只在允许范围内错位）3 部分组成。

一、悬架结构形式

汽车悬架可分为非独立悬架和独立悬架两大类，如图 14.37 和图 14.38 所示。

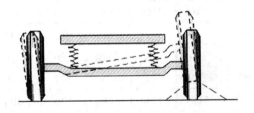

图 14.37　非独立悬架结构示意图

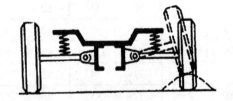

图 14.38　独立悬架结构示意图

1. 非独立悬架

非独立悬架两侧车轮安装在一根整体式车桥的两端，车桥通过弹性元件与车架或车身相连接，一侧车轮因道路不平跳动时，将要影响另一侧车轮的工作。它主要适用于承载负荷大的客车和货车。非独立悬架的种类主要有钢板弹簧非独立悬架和螺旋弹簧非独立悬架两种，如图 14.39 和图 14.40 所示：

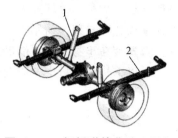

图 14.39　钢板弹簧非独立悬架

1—减振器；2—钢板弹簧

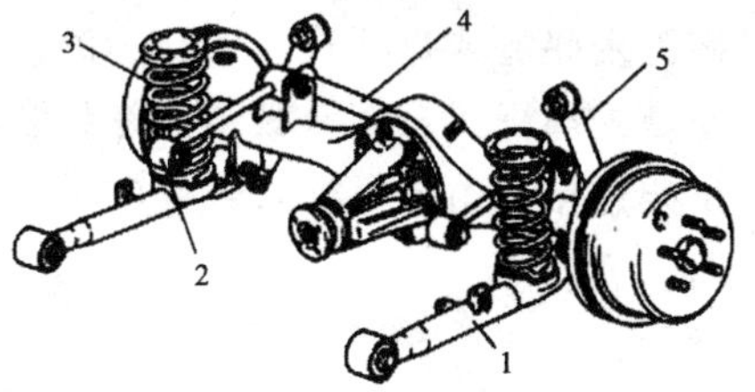

图 14.40　螺旋弹簧非独立悬架

1—下拉杆；2—上拉杆；3—螺旋弹簧；4—横拉杆；5—减振器

（1）钢板弹簧非独立悬架采用钢板弹簧作弹性元件，兼起导向装置的作用，并有一定的减振作用，大大简化了悬架结构。钢板弹簧结构简单，维修方便、寿命长，依靠弹簧片间摩擦减振。

（2）螺旋弹簧非独立悬架只用作轿车的后悬架。螺旋弹簧的上端装在车架上的特制支座上，下端固定于后桥壳座上，设置有纵横导向杆件。车桥用纵向拉杆和车架相连，用以传递牵引力、制动力及其力矩；用横向拉杆与车架相连，用以传递横向力，防止车身相对于车桥的横向错动；悬架中还装有减振器。

2. 独立悬架

独立悬架两侧车轮分别安装在断开式车桥两端，每段车桥和车轮单独通过弹性元件与车架相连，这样当一侧车轮跳动时对另一侧车轮不产生影响。独立悬架与非独立悬架相比，结构复杂，造价昂贵，乘坐舒适性和操纵稳定性都较好，具有降低汽车重心、减小汽车造型受约束的效果，它主要用于轿车。

独立悬架的种类很多，主要介绍以下几种：

（1）双叉式悬架。双叉式悬架的结构如图 14.41 所示，它的上下两个控制臂支撑装有车

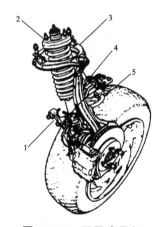

图 14.41　双叉式悬架

1—下控制臂；2—减振器总成；3—上控制臂；
4—转向节；5—稳定杆

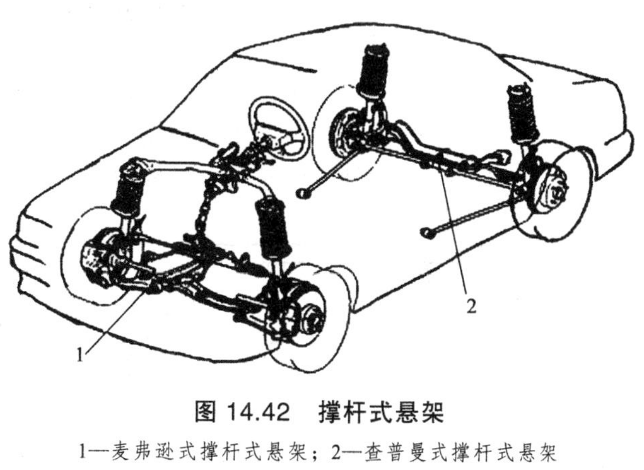

图 14.42　撑杆式悬架

1—麦弗逊式撑杆式悬架；2—查普曼式撑杆式悬架

轴的转向节，在上下控制臂之间安装减振器，这种悬架可通过自由设定控制臂长度来使汽车具有突出的转弯性能、直线行驶性能及乘坐舒适性能。

（2）撑杆式悬架，如图 14.42 所示。因为减振器兼作悬架支柱，故称为撑杆式悬架。用于前轮时称为麦弗逊式撑杆式悬架，上海桑塔纳轿车前悬架即采用此种悬架。而用于后轮时被称为查普曼式撑杆式悬架，其结构是将装有减振器撑杆的上端安装在车身上，下端借助于控制臂与车架连接。由于撑杆式悬架的零部件可起多种作用，所以，构件数量少，质量轻，可节省空间。

3. 拖动臂式悬架

拖动臂式悬架主要用于后轮，车轮前方带有枢轴的拖动臂上下摆动，车轮以拖动臂枢轴为中心作圆弧状的上下运动，按照拖动臂枢轴的位置可分为全拖动臂式悬架和半拖动臂式悬架。

① 全拖动臂式悬架如图 14.43 所示。拖动臂枢轴与车身中心线呈直角。

② 半拖动臂式悬架如图 14.44 所示。半拖动臂与车身中心线呈倾斜状态。

图 14.43　全拖动臂式悬架

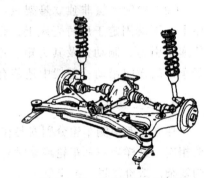

图 14.44　半拖动臂式悬架

4. 多桥汽车的平衡悬架

重型载货汽车及越野载货汽车多采用双后轴以减轻车轴对路面的负荷。如果全部车轮都单独采用刚性悬架与车架相连，在不平道路上行驶时，将不能保证所有车轮同时接触地面，如图 14.45（a）所示。而全部车轮都采用独立悬架，将使汽车结构变得很复杂。因此，为了保证两个后桥和车轮对路面的垂直负荷相等，保持良好的接地性，可将两个车桥装在平衡杆的两端，而将平衡杆中部与车架作铰链式的连接，如图 14.45（b）所示。这样，一个车轴抬高会使另一车轴下降，而且由于平衡杆两臂等长，则两个车轴上的垂直载荷在任何情况下都相等，这种能保证中后轴车轮垂直载荷相等的悬架称为平衡悬架。

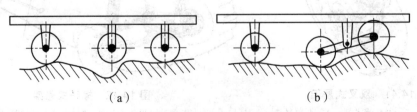

（a）　　　　　　　　　　　　　　（b）

图 14.45　三轴汽车在不平道路上行驶情况示意图

这种悬架钢板弹簧只传递垂直力和侧向力，驱动与制动及其相应的反作用力矩则由推力杆承受。其结构如图 14.46 所示。

二、悬架的组成

悬架主要由弹性元件、减振器等和导向装置 3 部分组成，分别起缓冲、减振、导向的作用，有前悬架和后悬架之分。如图 14.47 所示为一般汽车的悬架组成示意图。

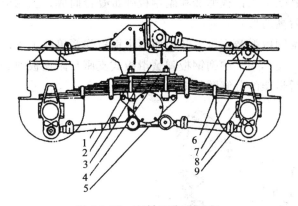

图 14.46　双轴平衡式悬架

1—推力杆；2—螺栓；3—心轴支架；4—弹簧衬垫；5—心轴座；
6—后弹簧；7—阻位块；8—弹簧滑板；9—推力杆支架

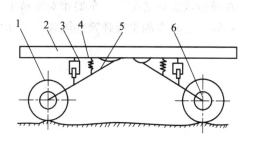

图 14.47　悬架组成示意图

1—车轮；2—车架；3—减振器；4—弹簧；
5—导向杆；6—车桥

1. 钢板弹簧悬架

（1）前悬架。如图 14.48 所示为某车型前悬架，钢板弹簧中部用 U 形螺栓固定在前轴上。

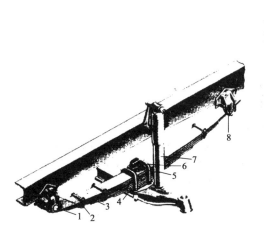

图 14.48　某汽车的前悬架

1—前钢板弹簧销；2—前钢板弹簧固定端支架；
3—前钢板弹簧总成；4—前钢板弹簧 U 形螺栓；
5—中心螺栓；6—弹簧固定螺栓；
7—减振器；8—钢板弹簧后销

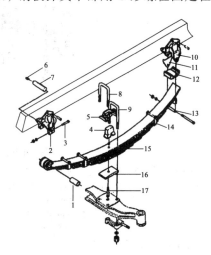

图 14.49　前悬架分解图

1—衬套；2—前固定端支架；3—定位螺栓；4—限位块；5—盖板；
6—滑脂嘴；7—钢板弹簧销；8—前 U 形螺栓；9—后 U 形螺栓；
10—后固定端支架；11—侧垫板；12—滑板；13—限位套；
14—钢板夹；15—前钢板弹簧；16—垫板；17—中心螺栓

前端有卷耳，卷耳中压入衬套，用钢板弹簧销与前支架相连，形成固定的铰链，而后端采用滑板式支承。在后支架上装有滑块和两侧的垫板，防止钢板弹簧变形时直接摩擦支架，悬架第二片弹簧带有直角弯边，防止钢板弹簧脱出，在钢板弹簧 U 形螺栓盖板上装有橡胶缓冲块，防止弹簧直接撞击车架，钢板弹簧销钻有轴向油道及径向油道，通过油嘴将锂基润滑脂加注到衬套处实现润滑。前悬架装设双向作用筒式减振器，通过上下吊环分别固定在车架和车桥的相应支架上，如图 14.49 所示。

（2）后悬架。后悬架由于汽车行驶时所承受载荷随实际装载质量不同而在很大范围内变化，所以要求悬架刚度变化幅度较大。后悬架由主钢板弹簧和副钢板弹簧叠合而成，主钢板弹簧前支架也采用卷耳式，且布置成前低后高的形式。

当汽车空载或实际装载质量不大时，副钢板弹簧不承受载荷而由主钢板弹簧单独工作；在重载或满载情况下，车架相对车桥下移，使车架上的副钢板弹簧滑板式支座与副钢板弹簧接触，这时主副钢板弹簧共同参加工作。后悬架的分解图如图 14.50 所示。

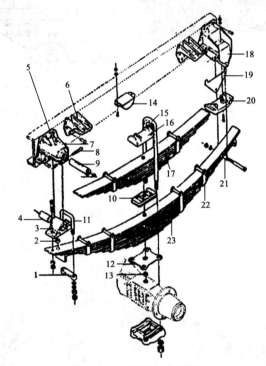

图 14.50　后悬架分解图

1—压板；2—定位销套；3—吊耳；4—衬套；5—前固定端支架；6—支架；7—楔形锁销；8—后钢板销；9—润滑孔；
10—中间垫板；11—U 形螺栓；12—垫板；13—定位销套；14—限位块；15—U 形螺栓；16—盖板；
17—副簧；18—后固定端支架；19—侧板；20—滑板；
21—限位销套；22—钢板夹；23—后钢板弹簧

2. 螺旋弹簧悬架

（1）前悬架。现代轿车的前悬架往往采用独立的螺旋弹簧悬架，其中最典型的是麦弗逊悬架。麦弗逊悬架是一种车轮沿摆动主销轴线移动的独立悬架，如图 14.51 所示，前悬架由双向作用筒式减振器、螺旋弹簧、悬架柱焊接件、聚氯酯缓冲垫、橡胶防尘罩和金属橡胶止推轴承组合件等组成。筒式减振器上端用螺栓和橡胶垫圈与车身连接，下端通过球铰链与悬架摆臂相连接。螺旋弹簧套在筒式减振器外面。主销（并无主销实体，只有想象的"主销"或主销轴线）的轴线为上、下铰链中心的连线（图中 *AB*）。当车轮上、下跳动时，减振器的下支点随着前悬架摆臂摆动，所以主销轴线的角度也是变化的，故车轮也是沿着摆动的主销轴线而上、下运动，前悬架的结构如图 14.52 所示。

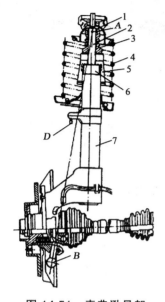

图 14.51 麦弗逊悬架

1—止推轴承；2—减振器活塞杆；3—缓冲垫
4—螺旋弹簧；5—防尘罩；6—减振器；
7—悬架焊接件

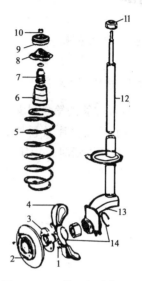

图 14.52 前悬架分解图

1—紧固螺栓；2—制动盘；3—轮毂；4—挡泥板；5—螺旋弹簧；
6—防尘罩；7—缓冲垫；8—弹簧护圈；9—柱悬架支撑轴承；
10—开槽螺母；11—螺母盖；12—减振器活塞杆；
13—车轮轴承壳 14—卡簧

（2）后悬架。后悬架采用螺旋弹簧非独立悬架，如图 14.53 所示。其特点是将液压筒式减振器作为悬架杆系的一部分，减振器和套在减振器外面的螺旋弹簧起减振和缓冲作用。

三、悬架的主要零部件

1. 弹性元件

弹性元件的作用是承受和传递垂直载荷，缓和抑制不平路面所引起的冲击。汽车悬架的弹性元件类型有：钢板弹簧、螺旋弹簧、扭杆弹簧、气体弹簧以及为防止

图 14.53 后悬架

车身在转向等情况下发生过大的横向倾斜所设的辅助弹性元件——横向稳定杆。

（1）钢板弹簧。由于钢板弹簧结构简单，使用可靠，维修方便，因而是汽车悬架中应用最广泛的一种弹性元件，广泛被载货汽车采用。它是由若干片等宽但不等长、厚度相等或不等的钢板弹簧片组合而成的一根近似等强度的弹性梁，其一般构造如图 14.54 所示。

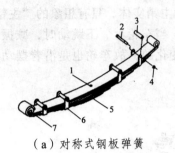
（a）对称式钢板弹簧

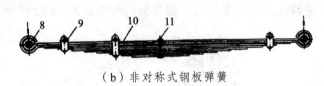
（b）非对称式钢板弹簧

图 14.54　钢板弹簧

1、11—中心螺栓；2—螺栓；3—套管；4—螺母；5、10—钢板弹簧；6、9—弹簧夹；7、8—卷耳

① 卷耳。钢板弹簧的第一片最长，称作主片，两端弯成卷耳，内装衬套，以便用钢板销与车架连接。为了增加主片及卷耳的强度，常将第二片两端做成加强卷耳，3/4 包在主片卷耳外面。当主片卷耳折断时，由第二片包耳起支承作用，保证钢板弹簧前端不脱离支架，且在主片与第二片卷耳间留有较大间隙，使弹簧变形时各片间有相对滑动的可能。卷耳的形式如图 14.55 所示。

（a）上卷耳　（b）下卷耳　（c）中卷耳　（d）半加强　（e）全加强　（f）间隙加强

图 14.55　卷耳的形式

中心螺栓距两端卷耳中心距离可以相等（称对称式钢板弹簧），如图 14.54（a）所示，也可以不相等（称非对称式钢板弹簧），如图 14.54（b）所示，即前传力端卷耳到中心定位点的距离较后段的距离短。

② 中心螺栓。中心螺栓用以连接各弹簧片，并保证装配时各片的相对位置，且作为钢板弹簧安装到前轴或后桥壳上的定位销。

③ 钢板夹。钢板夹的主要作用是当钢板弹簧反向变形，即车架离开车桥时，使各片不致互相分开，而将反力传给较多的弹簧片，以免主片单独承载，此外还可防止各片横向错动。钢板弹簧全长内装有两个或四个钢板夹，该夹用铆钉接在与之相连的最下面弹簧片的端部，它的两边用螺栓连接，在螺栓上有套管顶住弹簧夹的两边，以免将弹簧片夹得过紧。在螺栓套管与弹簧片之间有一定间隙，以保证弹簧变形时各片可以相互滑移。

装配钢板夹时，应将螺栓头朝向车架一面，而使螺母在车轮一面，以防止螺栓松脱时刮伤轮胎。

④ 钢板断面。常见的钢板弹簧断面形状如图 14.56 所示，有采用两侧带圆弧的半椭圆形断面，如图 14.56（a）所示，有采用上下不对称的横断面，如图 14.56（b）、（c）所示。

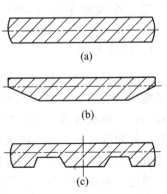

图 14.56　钢板弹簧断面

⑤ 片间润滑。为了减少弹簧片的磨损，在装合钢板弹簧时，各片需涂上较稠的石墨润滑脂，有些弹簧片间还夹装塑料衬片或橡胶衬片，也有的将弹簧装在保护套内，以防润滑脂流失或尘土污染。

（2）螺旋弹簧。螺旋弹簧是一根钢丝卷成螺旋状的弹簧，如图 14.57 所示。弹簧有等螺距和不等螺距之分，螺旋弹簧只能承受垂直载荷，本身没有摩擦，减振作用不大，放在螺旋弹簧悬架中必须装设传力、导向杆件和减振器。与钢板弹簧相比，它具有良好的吸收冲击能力，可改善乘坐舒适性，且无需润滑，不怕泥污，质量小，因此被广泛应用于独立悬架。

图 14.57　螺旋弹簧

1—等螺距螺旋弹簧；2—不等螺距螺旋弹簧

（3）扭杆弹簧。扭杆弹簧是具有扭转弹性的弹簧钢制成的杆，结构如图 14.58 所示。它的一端固定于车架，另一端与悬架控制臂连接，控制臂则与车轮相连。车轮上下运动时，扭杆便发生扭曲，起弹簧作用，借以保证车轮与车架的弹性连接。扭杆弹簧可节省纵向空间，但扭力杆扭曲角度大，弹簧刚度急速变大，不利于乘坐舒适性。

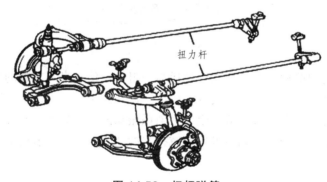

图 14.58　扭杆弹簧

（4）气体弹簧。气体弹簧是在密封容器中充入压缩空气和油液，利用气体的可压缩性实现其弹簧作用的。这种弹簧的刚度是可变的。气体弹簧有空气弹簧（见图 14.59）和油气弹簧（见图 14.60）两种。

（5）横向稳定杆。横向稳定杆是一根横贯车身下部的弹性扭杆（见图 14.61），由弹簧钢制成，横截面呈圆形。它横向地安装在汽车的前端发动机悬架上，两侧末端用橡胶衬套与悬架摇臂相连。当一侧前轮与车身的垂直距离减少或增加时，通过横向稳定杆的扭转，可相应地改变另一侧车轮与车身的距离，从而减少了车身的倾斜。它的安装提高了汽车行驶的平顺性、舒适性和操纵稳定性。

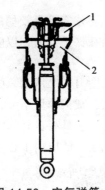

图 14.59 空气弹簧
1—副气室；2—主气室

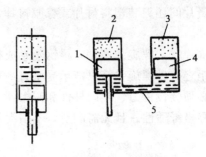

图 14.60 油气弹簧
1—主活塞；2—主气室；3—反压气室；4—浮动活塞；5—通道

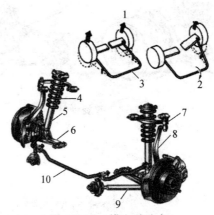

图 14.61 横向稳定杆

1—稳定杆的工作原理；2—扭曲刚性成为阻力（单侧轮抬起时）；3—无扭曲（两轮同时抬起时）；4—螺旋弹簧；
5—减振器；6—下控制臂；7—上控制臂；8—转向节；9—传动轴；10—稳定杆

2. 减振器

减振器的作用是对悬架的上下运动施加适当的阻力，使车身与车架的振动衰减，吸收一部分来自路面的冲击，以改善汽车行驶的平顺性。汽车悬架广泛采用液力减振器。

减振器的工作原理是利用液体流动阻力来消耗振动能量，如图 14.62 所示。可将它的工作原理分为压缩和伸张两个行程加以说明。减振器的结构是带有活塞的活塞杆插入筒内，筒

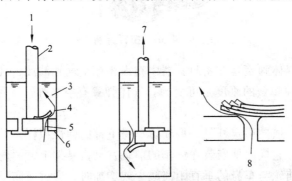

图 14.62 减振器工作原理示意图

1—压缩行程；2—活塞杆；3—油；4—阀；5—节流孔；6—活塞；7—伸张行程；
8—板簧阀门（冲击力大时，阀门挠曲度大，油大量流过）

内充满油液，活塞上有节流孔，活塞杆伸缩时油液通过节流孔。减振器作伸缩运动，活塞在油液中移动，具有黏性的油液通过节流孔产生阻力，利用活塞动作速度改变阻尼力。减振器若缓慢动作，阻力小；若快速动作，就会产生很大的阻尼力。节流孔越大，阻尼力越小；油液黏度越大，阻尼力越大。

减振器的种类很多，主要介绍以下两种：

（1）双向作用筒式减振器。目前汽车上主要应用双向作用筒式减振器，它能在压缩和伸张两个行程内均起减振作用。它依靠压缩节流阀、压缩溢流阀；拉伸节流阀、拉伸补油阀四个阀交替配合实现振动能量变成热能的转换，热能散发到大气中，提高了乘员的舒适性。

图 14.63 所示为双向作用筒式减振器结构示意图，它外面的钢筒为防尘罩，中间的钢筒为储油缸筒，内部装满油液，工作缸筒内装着活塞杆，其上端穿过密封装置与防尘罩，与吊环制成一体，活塞杆下端用压紧螺母固定活塞。在活塞上装有拉伸节流阀和压缩节流阀，在工作缸筒下端的支座上装有压缩溢流阀和拉伸补油阀，拉伸节流阀和压缩节流阀是单向阀，弹簧较软，较小的油压即可使其打开或关闭；压缩溢流阀和拉伸补油阀是卸载阀，弹簧较硬，预紧力较大，需要较大的油压才能打开，当油压稍有降低时，两阀即立刻关闭。

双向作用筒式减振器的工作情况如下：

① 压缩行程（即车轮靠近车架，减振器被压缩）。活塞下移使其下腔室容积减少，油压升高。这时油液经过压缩节流阀进入活塞上腔室。由于活塞杆占去上腔室一部分容积，故上腔室增加的容积小于下腔室减小的容积，下腔室油液不能全部流入上腔室，多余的油液压开压缩溢流阀进入储油缸筒。由

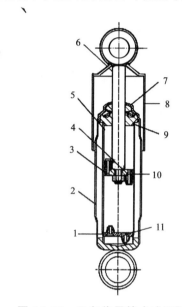

图 14.63　双向作用筒式减振器示意图

1—压缩溢流阀；2—储油缸筒；3—拉伸节流阀；4—活塞；
5—工作缸筒；6—活塞杆；7—油封；8—防尘罩；
9—导向座；10—压缩节流阀；11—拉伸补油阀

于压缩节流阀弹簧较软，通道较大，油液流动阻尼力不至过大，压缩溢流阀弹簧较硬，通道较小,溢流相对困难,所以在压缩行程时减振器承载能力较大,即较承受向下的载荷能力"硬",帮助弹簧承受向下载荷，有利于弹簧发挥缓冲作用。

② 伸张行程（车轮离开车架，减振器被拉长）。活塞上移，使其上腔室容积减小，油压升高。这时，上腔室油液推开伸张节流阀流入下腔室。由于活塞杆的存在致使下腔室压力降低，储油缸筒内的油液在大气压的作用下推开拉伸补油阀补偿到下腔室。由于伸张补油阀弹簧刚度和预紧力比压缩阀大，且伸张行程时油液通道截面也比压缩行程小，所以减振器在伸张行程内产生的最大阻尼远远超过了压缩行程内的最大阻尼。减振器承受向上载荷的能力较强，这时减振器抵抗弹簧回复，发挥减振作用，保护弹簧不会快速回位产生拉坏。

③ 在压缩与拉伸的过程中，悬挂质量产生的振动能量变成减振器油的压力能，油液在反复通过四个阀孔过程，压力能变成热能散发到大气中，达了减振的效果。

（2）阻力可调式减振器。由计算机算出最佳阻尼力，调节左右轮减振器和前后减振器的强度，以减少转弯时车身的倾斜度和加速时的前后颠簸。

☆第六节　机械速度波动的调节

一、机械速度波动

1. 机械速度波动

机器在稳定运动时期，其主轴运动速度按某一循环规律作周期性反复变化的现象，称为机械速度波动（粗看稳定，细测波动，如发动机曲轴的运转）。

2. 机械速度波动的原因

相同时间内驱动力对机械所做的功不等于阻力所做的功，当驱动力所做的功大于同一时间间隔内阻力所做的功，出现盈功，促使机械功能增加；当驱动力所做的功小于同一时间间隙内阻力所做的功，出现亏功，使机械功能减少，这样就产生了速度波动的问题。简而言之，同一时间间隔内，驱动力所做的功不等于阻力所消耗的功，就会引起机器功能变化，以速度波动的方式达到能量守恒（忽略发热、振动、噪声、释放的能量，或把这些能量都看成阻力做的功）。

3. 机械速度波动的类型

（1）周期性速度波动。在一个时间周期内，机械运转速度的最大值与最小值之间呈有规律的波动现象。

（2）非周期性速度波动。机械速度的波动是随机的、不规则的，无一定的周期。

4. 机械速度波动的危害

使运动副中间产生附加的动压力加速轴承磨损，降低机械效率和工作可靠性，引起机械振动，影响强度和寿命，降低机械的精度和工艺性能，使产品的质量下降，产生噪声，严重的会使机械破坏。

5. 机械速度波动的调节

（1）周期性速度波动的调节——安装飞轮，可以降低速度波动（不能彻底消除），储蓄能量克服死点，使原动机消耗的功率减少，发动机、冲床、飞剪等常使用。

（2）非周期性速度波动的调节——安装调速器，使驱动力所做的功与阻力做的功趋于平衡（可从宏观上消除），发电汽轮机组等常使用。

思 考 题

1. 汽车行驶系的主要作用是什么？主要组成总成有哪些？

2. 车架的作用是什么？它与车桥如何连接？如何分类？

3. 车桥如何分类？分析与转向桥连接的主要零部件及总成。

4. 转向轮为什么需要定位？主要有哪些内容？

5. 机械的速度波动有什么危害性？如何克服速度波动？

6. 什么叫主销后倾？有何作用？主销后倾角的正负如何规定？

7. 什么叫主销内倾？有何作用？主销内倾角的正负如何规定？

8. 什么叫转向轮外倾？有何作用？转向轮外倾角的正负如何规定？

9. 什么叫转向轮前束？有何作用？

10. 什么叫轮毂、轮辐、轮辋？各起何作用？

11. 子午线轮胎与斜交轮胎有什么区别？各有什么特点？

12. 什么叫独立悬架？什么叫非独立悬架？

13. 悬架由哪 3 部分组成？各有何作用？

14. 悬架中弹性元件的作用是什么？为什么要设置减振器？其作用是什么？

15. 安装稳定杆有什么作用？

16. 什么叫机械的速度波动？

第十五章　汽车转向系

　　使转向轮偏转以实现汽车转向的一整套机构称为汽车转向系，其技术状况的好坏直接影响到行车安全。转向系由转向装置和转向传动机构组成，动力转向系统还配有转向助力装置。
　　汽车转向系的作用是：
　　（1）保证汽车在行驶中安全并且能按驾驶员的操纵要求适时、适当地改变行驶方向或保持稳定的直线行驶。
　　（2）保证停车的良好操纵性。
　　（3）使方向盘能够自动回正。
　　（4）把地面通过车轮及转向机构传回的冲击力减到最小。
　　汽车转向系形式按转向能源不同，可分为机械转向系统、动力转向系统和电子控制动力转向系统（EPS）3大类。

第一节　概　述

1. 机械式转向系

机械式转向系的结构如图 15.1 所示：

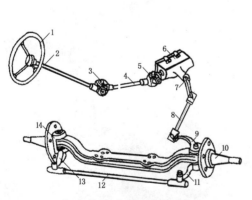

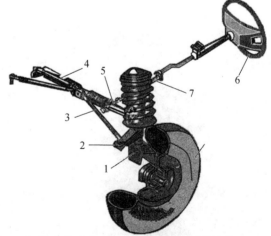

（a）转向系的整体结构

1—方向盘；2—转向柱；3、5—转向节；4—中间轴；
6—转向器；7—转向垂直拉杆；8—纵向拉杆；
9—转向上臂；10—转向轮轴；11—转向下臂；
12—横拉杆；13—被动端拉臂；14—转向节

（b）转向节与车轮及悬架之间的连接

1—转向节；2—转向节臂；3—转向横拉杆；4—转向减振器；
5—机械转向器；6—转向盘；7—安全转向轴

图 15.1　机械式转向系

转向系由转向装置和转向传动机构两大部分组成。汽车转向时，驾驶员作用于方向盘上的力矩经转向柱传至转向器，转向器将转向力矩放大后，再通过转向传动机构的传递，推动转向轮偏转，使汽车改变行驶方向。整个机械式转向系由一系列机械零件构成，完全由驾驶员的力量实现转向。机械式转向系具有结构简单、工作可靠、路感好等优点，但操纵较强度大，灵敏性差。

2. 液压式动力转向系

液压式动力转向系如图 15.2 所示。它在原有机械式转向系基础上，加设了一套液压助力装置。汽车转向时，驾驶员只需在方向盘上作用一个较小的力，此时，由发动机附件传动装置驱动的转向助力油泵在调压阀的作用下建立高压油，在与转向轴连接的控制阀控制下进入动力缸，通过转向传动机构推动转向轮偏转，实现汽车转向。采用液压助力后，使转向系操纵既轻便又灵敏，所以广泛应用于高速轿车或重型载货汽车上。

3. 电动式动力转向系

如图 15.3 所示为电动动力转向系，它由计算机、电源、电机、转向齿轮机构、转向传感器等组成。汽车转向时，计算机根据传感器检测到的转向转矩及转弯速度信号，计算出最佳推力后使电机工作推动转向。这种转向系具有不直接消耗发动机动力、节能、无需油压管路、安装自由度大等优点，但电能动力不如液压动力大，故只适用于前轴负荷较轻的轿车。

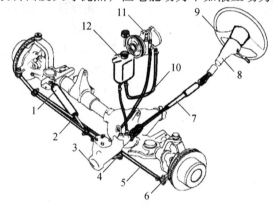

图 15.2 液压式动力转向系

1—减振器；2—转向直拉杆；3—转向器；4—转向臂；5—转向横拉杆；
6—转向节；7—转向万向轴；8—转向柱；9—方向盘；
10—油管；11—转向助力泵；12—油箱

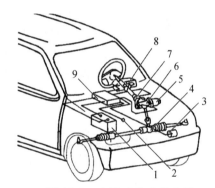

图 15.3 电动式动力转向系

1—蓄电池；2—发动机转速信号；3—发电机；
4—齿条齿轮箱；5—助力电机；6—减速器；
7—转向传感器；8—车速传感器；9—ECU

第二节 转向装置

转向装置包括方向盘、转向柱、转向器 3 部分，主要作用是增大驾驶员作用到方向盘上的转向力矩，并改变运动方向后，由转向传动机构传递到转向轮上。其中转向器目前使用最多的是输出为直线运动的齿轮齿条式转向器和输出为往复旋转的蜗轮蜗杆式转向器。

转向器除要保证汽车转向轻便灵活外，还应防止路面反力对转向盘产生过大冲击引起的"回弹打手"，转向器应具有较高的正传动效率和适当的逆传动效率。通常称转向操纵力由转向盘传到转向摇臂（或齿条轴）的过程为正向传动，相应的传动效率称为正传动效率；由路面的冲击力反向通过转向摇臂（或齿条轴）和转向器传到转向盘的过程称为逆向传动，相应的传动效率称为逆传动效率。根据转向器正向和逆向传力的特性不同，转向器可分为可逆式转向器、不可逆式转向器和半可逆式转向器 3 种类型。

可逆式转向器正传动效率高，逆传动效率也高；不可逆转向器正传动效率高，逆传动效率为零；半可逆式转向器正传动效率高，逆传动效率较低。

所有的转向器都必须正传动效率高，这样转向力通过转向器时损失少，转向操纵灵活。好的转向器应有适当的逆传动效率，使驾驶员通过操纵转向盘既能对道路情况有明显的"路感"，但又不能使路面不平对转向盘产生过大的冲击。

一、齿轮齿条式转向装置

1. 齿轮齿条转向器的结构

齿轮齿条式转向装置具有结构简单、轻巧、传力杆件少、操纵灵敏、维修方便等优点，所以广泛应用于轿车上。缺点：齿条是一根细长杆件，受力后容易变形，造成齿轮齿条啮合不好，传动精度下降，严重时会跳齿，故重型汽车上不使用齿轮齿条式转向装置。现代汽车采用变传动比齿轮齿条副，它的原理是齿轮采用螺旋齿轮，齿条中间段齿的螺旋升角相对两端齿的螺旋升角要小（这样看起来齿条上的齿是不平行的），齿轮与齿条的啮合是点接触，这样在中间段转向装置的灵敏度相对较高，相对费劲，而在两端转向装置的灵敏度相对较低，相对省劲，通过转向机构的调速，又使中间段省力并适当提高两端的灵敏度，这样就使汽车的驾驶性能提高了。齿轮齿条式转向器如图 15.4 所示，（a）是齿条两端输出转向驱动力的结构示意图，（b）是在齿条的中间输出驱动力的结构示意图。

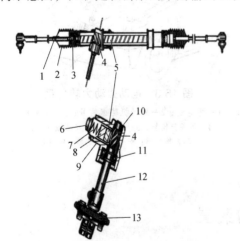

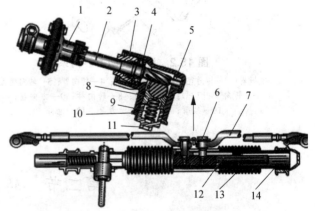

（a）两端输出的齿轮齿条式转向器
1—转向横拉杆；2—防尘套；3—球头座；4—转向齿轮；
5—转向齿条；6—调整螺母；7—压紧弹簧；8—锁紧螺塞；
9—壳体；10—滚针轴承；11—向心球轴承；
12—转向齿轮轴；13—万向节

（b）中间输出的齿轮齿条式转向器
1—万向节叉；2—转向齿轮轴；3—调整螺母；4—向心球轴承；
5—滚针轴承；6—固定螺栓；7—转向横拉杆；8—压块；
9—压紧弹簧；10—锁紧螺母；11—调整螺塞；
12—转向齿条；13—防尘套；14—转向器壳体

图 15.4　齿轮齿条式转向器

2. 转向装置的结构

（1）方向盘。轿车方向盘直径约为 400 mm 左右，钢骨架主体，外包整体泡沫聚氨酯，内填聚氨酯硬沫，操纵时有舒适感。黑色表面网络皱纹不产生反光，以减轻对驾驶员眼睛的刺激。两个喇叭按钮安装于方向盘上驾驶员方便按动的地方。方向盘与转向柱上端以花键配合，螺母紧固，由方向盘中央盖板遮盖。

为了保证驾驶员的安全，同时也为了更加舒适、可靠地操纵转向系，现代汽车（特别是轿车）通常在转向操纵机构上增设相应的安全、调节装置。这些装置主要反映在转向轴和转向柱管的结构上。

现代汽车为方便驾驶员操纵，把一些开关或操纵按钮装在方向盘上。

（2）转向柱。转向柱分为上、下两段，上段下部弯曲并在端面上焊有半月形凸缘盘，盘上装有两个驱动销，在下段转向柱上端，压装有尼龙衬套和橡胶圈的孔配合，形成吸收冲击的吸能装置。一旦发生撞车事故，当驾驶员胸部扑向方向盘时，巨大撞击力迫使上段转向柱上驱动销脱离销孔，使上转向柱与方向盘下移，同时缓冲零件被压缩，从而减轻对驾驶员的伤害。其工作原理如图 15.5 所示。

在转向柱上段，套有喇叭接触环、组合开关、转向灯开关、车锁总成和转向柱套管等零件，有的车型还装有排挡杆。转向柱上段由转向柱套管内轴承支承，套管用螺栓固定于支架上。转向柱上段焊有车锁凸环槽，当汽车钥匙拔出车锁时，锁舌即卡入锁槽，以防止车辆被盗。

转向柱下段铣有一纵向槽，与转向齿轮轴平槽装配后用夹箍、螺栓夹紧连接。

有些汽车转向柱的倾斜度可以调整，即方向盘的上下位置可调，以适应不同身高的驾驶员，获得最佳的驾驶位置。如图 15.6 所示，转向柱上端用倾斜调整支架固定于车身上，转向柱下端由下托架固定于车身上，倾斜调整支架通过锁紧螺栓夹持固定。当倾斜调整手柄往下扳，锁紧螺母松动，转向柱在长孔范围内可上、下摆动；手柄往上扳，锁紧螺栓被紧固，转向柱被固定在倾斜机构的支架上。

图 15.5　转向柱吸能机构

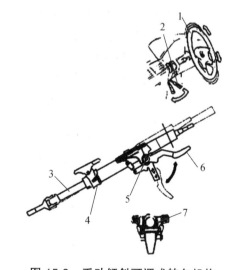

图 15.6　手动倾斜可调式转向机构

1—方向盘；2—调整手柄；3—转向柱；4、7—支架；
5—锁紧螺栓；6—调整手柄

在高级轿车上，采用计算机控制电动式全自动方向盘倾斜调整机构。

另外有一些汽车的转向柱长短可以伸缩，如图 15.7 所示。转向柱分为上、下两段，相互间通过细花键连接，转向柱沿花键可以作上、下伸缩，以改变转向柱的长短，从而调整方向盘的前后位置，获得最佳驾驶位置。其调整机构有的采用手柄操作固定或解除伸缩；有的采用电动式计算机控制的全自动伸缩式转向机构。

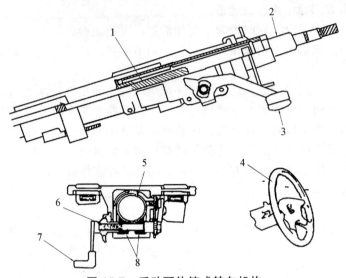

图 15.7　手动可伸缩式转向机构

1—伸缩花键；2—转向柱；3、7—调整手柄；4—方向盘；5—转向柱；6—夹紧螺栓；8—限位器

（3）转向器。上海桑塔纳轿车齿轮齿条式转向器由转向齿轮、转向齿条、转向器壳、齿条压紧装置等组成。

（4）转向器壳。转向器壳由铝合金铸造，通过螺栓固定于车身上。转向齿轮与齿条安装于壳体内。当方向盘通过转向柱带动转向齿轮转动时，齿轮即带动齿条左右移动，实现汽车转向。

（5）齿条压紧装置。由调整螺钉、补偿弹簧、压块和尼龙衬片组成的齿条压紧装置，可以使齿轮与齿条之间实现无间隙啮合，方向盘无游动间隙状态。当转向齿轮和齿条因磨损出现间隙时，在补偿弹簧预紧力的作用下自动消除齿轮与齿条之间的啮合间隙，使方向盘始终无明显的周向间隙，提高了操纵的灵敏度。补偿弹簧的预紧力已在出厂时经过精确调整，使用中一般不需要调整。

（6）转向器传动比。齿轮齿条式转向装置的传动比等于方向盘的转角与转向轮的偏转角之比。其传动比的大小，直接影响到转向灵敏度和转向操纵力。若传动比较小，则转向灵敏度较高，但操纵较费力；若传动比较大，则操纵省力，但转向灵敏度下降。所以，汽车设计时，将综合考虑转向灵敏度和操纵力，选择适当的传动比。

（7）方向盘自由行程。由于转向系中各传动件之间存在着装配间隙，而且这些间隙将随着零件的磨损而增大。所以操纵方向盘时，必须先消除这些间隙后，车轮才开始偏转。这时，方向盘转过的角度称为方向盘自由行程。适当的方向盘自由行程对于缓和路面冲击及避免驾驶员过度紧张是有利的，但不宜过大，否则，将影响转向操纵的灵敏度和汽车行驶的稳定性。国家检验标准规定，最高车速小于 100 km/h 的汽车，在中间位置方向盘向左或向右的自由转角不得大于 15°；最高车速大于或等于 100 km/h 的汽车，方向盘自由转角不得大于 10°。若超过规定必须进行调整。

二、蜗轮蜗杆式转向装置

蜗轮蜗杆式转向机构具有传动效率高、机件磨损少、操纵省力、使用寿命长等优点，与之配用的是拉杆铰链式传动机构，受力好，变形小，所以多用于轻、中型汽车上。蜗轮蜗杆式转向机构有循环球式、双曲面蜗轮副式、普通蜗轮蜗杆式和蜗杆曲柄指销式之分。

1. 蜗轮蜗杆式转向装置的常见类型

（1）循环球式转向器。如图 15.8 所示是循环球式转向器，主要包括螺杆、螺母、循环钢球、齿条、齿扇及转向垂臂轴、转向器壳等机件。循环球体在球螺母和螺杆之间形成的滚动体道中滚动，将螺纹副间的滑动摩擦变成了滚动摩擦，使传动精确度提高，阻力减少。螺母外表面上有齿条，与扇形齿轮相啮合，方向盘带动输入轴转动，球螺母在滚动球体的带动下左右移动，螺母外面的齿条推动扇形齿轮 4 转动，扇形齿轮通过输出轴带动转向机构运动。

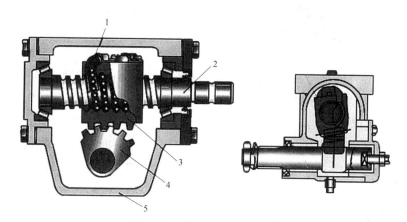

图 15.8　外循环球式转向器

1—循环球体；2—球螺杆；3—球螺母；4—扇形齿轮；5—转向器壳

循环球式转向器的滚动体如果在螺母外面循环的称为外循环式，如果滚动体在螺杆内循环的称为内循环式。常用的是外循环式，内循环式用于空间小或螺杆直径大的场合。

（2）双曲面蜗轮蜗杆式转向器。图 15.9（a）是双曲面蜗轮蜗杆式转向器的结构示意图，这种蜗轮副的特点是蜗杆外表面是双曲线回转形成的双曲面，与蜗轮接触齿可以相对多一些，蜗轮转动角度也因此相应增大。

（3）普通蜗轮蜗杆式转向器。图 15.9（b）是普通蜗轮蜗杆式转向器的结构示意图，这种蜗轮副的特点是蜗杆外表面是圆柱面，与扇形蜗轮接触齿相对少点，加工容易，结构简单。

（4）蜗杆曲柄指销式转向器的传动副以转向蜗杆为主动件，从动件是装在摇臂轴曲柄端部的指销，如图 15.10 所示。转向蜗杆转动时，与之啮合的指销即绕摇臂轴轴线沿圆弧运动，并带动摇臂轴转动。蜗杆曲柄指销式转向器按指销数目可分为单销式和双销式。

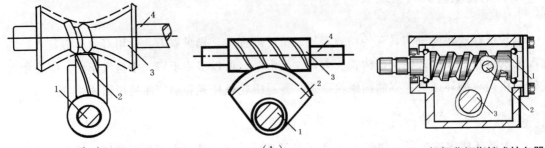

（a）　　　　　　　　　　　（b）

图 15.9　蜗轮蜗杆式转向器的结构示意图

1—输出轴；2—蜗轮；3—双曲面蜗杆；4—输入轴

图 15.10　蜗杆曲柄指销式转向器

1—蜗杆；2—曲柄指销；3—输出轴

2. 转向装置的结构

循环球式转向器是运用较多的转向装置，其他转向装置的结构相似之处很多，不再赘述。

（1）方向盘。方向盘通过花键、螺母固定于转向柱上端。根据国家交通安全规定，方向盘布置于驾驶室左侧，便于拓宽驾驶员左侧视野，有利于安全会车和超车。

（2）转向柱总成。转向柱总成包括上转向柱及套管、转向万向节和伸缩万向节。上转向柱上、下端分别由套管内衬套和滚动轴承支承，下端与转向万向节花键连接，并用螺栓夹紧。套管上端固定于仪表板上，下端固定于驾驶室底板上。伸缩万向节一端与转向螺杆花键连接，螺栓固定，另一端以花键套与转向万向节的花键轴啮合，必要时可沿滑动花键轴向伸缩。采用万向传动转向柱，有利于方向盘、转向器和其他机件的布置及提高驾驶员的安全性。

（3）转向器壳。转向器壳体由铸铁铸造，固定于车架的支架上。螺杆通过一对球轴承安装于壳体内，壳体上装有通气塞，兼作加油和放油口。

（4）螺母与钢球。循环钢球位于螺母和螺杆共同构成的圆形断面的钢球滚道内。螺母外两根导管与钢球内滚道构成两个独立的钢球循环通道。螺母下面的直齿条与扇齿啮合。

（5）垂臂轴与齿扇。齿扇与转向垂臂轴制成一体，通过 3 个滚针轴承分别由转向器壳体和侧盖支承。扇齿高度沿轴线方向变化，侧盖上的调整螺钉卡进垂臂轴端头 T 形槽内，转动调整螺钉，可以使转向垂臂轴做轴向移动，调整扇齿与齿条的啮合间隙。

第三节　转向传动机构

转向传动机构的作用是将转向装置输出的转向力传递给转向轮，使其发生偏转，实现汽车转向。同时还承受、衰减因路面不平而引起的冲击振动，以稳定汽车行驶方向，避免方向盘打手，转向传动机构的组成和布置因转向器和转向轮悬架不同而异，如图 15.11 所示，常见的有转向传动装置与前轴位置不同的后置式[见图 15.11（a）]，前置式[见图 15.11（b）]和混合式[见图 15.11（c），转向横拉杆横置]。

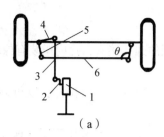 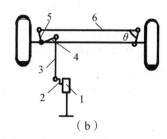 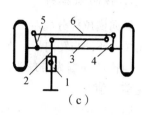

（a）　　　　　　　　　（b）　　　　　　　　（c）

图 15.11　转向传动装置的形式

1—转向器；2—转向摇臂；3—转向直拉杆；4—转向节臂；5—梯形臂；6—转向横拉杆

　　转向器输出端的运动形式有两种，齿轮齿条式转向器输出线位移，蜗轮蜗杆式输出的是角位移，转向传动机构就必须适应这两种运动形式。线位移输出转向器的传动比，用方向盘每转一圈时转向器输出轴线位移的大小来表示；角位移输出转向器的传动比，用方向盘转角增量与转向摇臂轴转角增量之比来表示。

　　转向器的传动比越大，转动方向盘所需要的操纵力就越小，但转向操纵的灵敏度就会下降。有的汽车转向器采用可变传动比转向器。

一、与独立悬架配用的转向传动机构

　　当汽车转向轮采用独立悬架时，每个转向轮都需要相对于车身作独立运动，因此，与两边转向轮相连的转向横拉杆必须分成若干段，才能正常传递转向力。转向传动机构如图 15.12 所示，主要由左、右转向横拉杆，转向减振器和前桥转向臂组成。由于采用了齿轮齿条式转向器，转向传动机构中省略了直拉杆等机件，转向传动机构尤为简单。

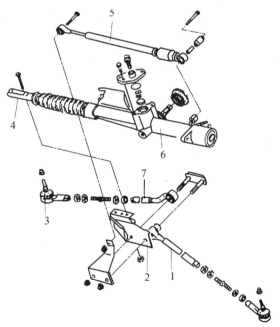

图 15.12　转向机构

1—左横拉杆；2—横拉杆支架；3—球接头；4—转向齿条；5—转向减振器；6—转向器壳；7—右横拉杆

1. 转向横拉杆

转向横拉杆分成左、右两根，其内端为与杆身一体的不可调的圆孔接头，孔内压装有橡胶-金属缓冲环，与转向齿条支架用螺栓铰链。

横拉杆外端为带球头的可调式接头，球头销与转向臂相连。通过调节横拉杆长度可调整前轮前束值。

球头销的球碗用耐磨材料聚甲醛或用聚甲醛和聚氨酯合成制成。球碗由弹簧顶紧球头，以消除间隙，如图15.13所示。

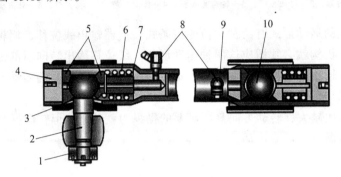

图15.13　球头销

1—螺母；2—球头销；3—橡胶防尘垫；4—螺塞；5—球头座；6—压缩弹簧；7—弹簧座；
8—油嘴；9—直拉杆体；10—转向垂臂球头销

球头销连接可以有效防止横拉杆与车轮的运动干涉，保证在任何条件下顺利传递转向力。

2. 转向减振器

为了衰减由于道路不平而传给方向盘的冲击、振动，防止方向盘打手，稳定汽车行驶方向，上海桑塔纳、一汽奥迪等许多轿车均装有转向减振器，如图15.14所示。其减振器缸筒一端固定在转向器壳体上，活塞一端则与转向横拉杆支架连接，利用减振器内液体流动的阻尼力来吸收道路不平而引起的冲击和振动。

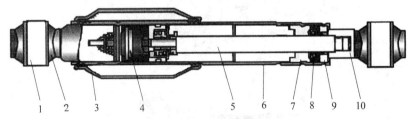

图15.14　转向减振器

1—连接环衬套；2—连接环橡胶套；3—油缸；4—压缩阀总成；5—活塞及活塞杆总成；6—导向座；
7—油封；8—挡圈；9—轴套及连接环总成；10—橡胶储液缸

二、与非独立悬架配用的转向传动机构

与非独立悬架配用的转向传动机构主要由转向垂臂，横、直拉杆，转向节臂和左右梯形臂等机件组成。非独立悬架转向传动机构如图15.15所示。

1. 转向垂臂

转向垂臂一般由中碳合金钢锻制而成。其大端具有锥形的三角形细花键孔，与转向垂臂轴连接，并用螺母固定。其小端固定有球头销，然后与直拉杆作空间铰链。转向垂臂安装后，从中间往两边的摆角范围应大致相等，所以安装时应对准记号，或者按轴和孔特殊花键位置安装。

2. 转向直拉杆

转向直拉杆结构如图 15.16 所示。由于转向轮偏转而且悬架弹性变形时车轮相对车架的跳动，转向直拉杆、转向垂臂、转向节臂的相对运动都是空间运动。因此，为了防止运动干涉，直拉杆两端均采用球头销连接。

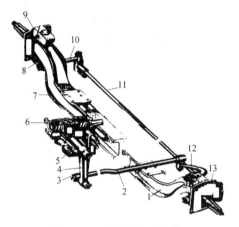

图 15.15　转向传动机构

1—前轴；2—直拉杆；3—球关节；4—转向垂臂；5—垂臂轴；
6—转向器；7—钢板座；8—止推轴承；9—转向节；
10—梯形臂；11—横拉杆；12—转向节臂；
13—转向节

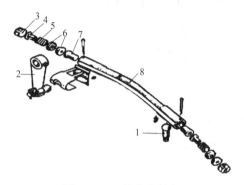

图 15.16　转向直拉杆

1—球头销；2—转向垂臂；3—调整螺塞；4—弹簧座；
5—弹簧；6—球头碗；7—座塞；8—直拉杆

直拉杆用无缝钢管制成，在两端口扩孔部位装有球头销、球头碗、弹簧及弹簧座、螺塞、开口销、油嘴等零件。

（1）压紧弹簧。随时补偿球头与球碗的磨损，保证二者无间隙配合，缓和冲击力，所以两端弹簧应分别装在球头同一侧。

（2）弹簧座。弹簧座用以支承弹簧，同时限制弹簧超载过分变形或弹簧折断，避免球头从管孔中脱出。

（3）螺塞。螺塞的主要作用是调节弹簧的预紧力。调整时，将螺塞拧到底再退转 1/4 圈，调好后必须用开口销锁定螺塞。

（4）油嘴。经油嘴注入的润滑脂用以润滑球头和球头碗，减小转向阻力，减轻机件磨损。

3. 转向横拉杆

非独立悬架的横拉杆为整体式结构，如图 15.17 所示，杆身由钢管制成，两端加工有左、右螺纹，与两端球销接头连接。由于横拉杆左端为左螺纹，右端为右螺纹，所以旋转横拉杆时，即可以改变横拉杆的工作长度，以调整前轮前束值。两端球头销杆与左右梯形臂连接，球头碗分上、下两半，用耐磨性很好的聚甲醛制成。缓冲弹簧保证球头与球碗紧密配合，其预紧力由螺塞调整。

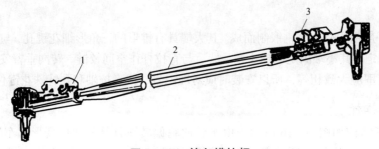

图 15.17　转向横拉杆

1—横拉杆接头；2—横拉杆体；3—夹紧螺栓

4. 转向节臂和梯形臂

与直拉杆球头销连接的转向节臂，与横拉杆两端球头铰链的左、右梯形臂分别固定于左、右转向节上。

5. 转向梯形机构

转向传动机构中的横拉杆，左、右梯形臂与前轴构成转向梯形机构，如图 15.18 所示。转向时，使内、外转向轮获得不同的转向角，内轮转角 β 较大，外轮转角 α 较小，保证全车所有车轮按同一转向中心作纯滚动，以减小转向阻力和轮胎磨损，保证汽车顺利转弯，如图 15.19 所示。

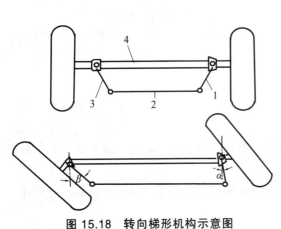

图 15.18　转向梯形机构示意图

1—右梯形臂；2—横拉杆；3—左梯形臂；4—前轴

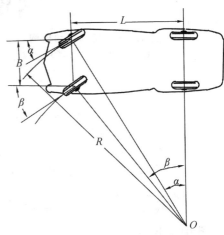

图 15.19　汽车转向中心

第四节　转向助力装置

由于机械式转向系本身不能同时满足转向操纵省力和高灵敏度的要求，所以在重型汽车和高速轿车上广泛采用了利用发动机输出的动力为能源来协助转向的装置，采用了动力来协助转向的系统称为动力转向系统。

动力转向系统有液压式和电动式两种。不管是哪种转向系统,一定都是在动力有故障时,仍能由人工准确地操纵,保证安全回家,只是比正常时更费劲。

液压式动力转向系统按其动力转向装置结构的不同,可分为整体式和分开式两种。整体式液压动力转向装置具有结构简单、紧凑、重量轻、操纵感好等优点,所以,广泛应用于轿车。

电动式转向系统便于自动驾驶控制。

一、液压动力转向系统

1. 液压动力转向装置的组成

液压动力转向系统由动力转向装置和转向传动机构两大部分组成(可参阅图 15.2)。其中液压动力转向装置包括方向盘、转向柱、动力转向器、转向油泵、储油罐及油管。

转向油泵为叶片转子式结构,固定于发动机机体上,由发动机驱动,用来产生转向动力油压。其中流量控制阀用以控制油泵最大输油量,并将流量控制在规定范围以内。安全阀用来限制最高油压,当油泵输出油压过高时,安全阀自动打开,使出油口与进油口连通,降低输出油压,从而保证转向系正常工作。

储油罐的作用是储存、冷却工作油液。

动力转向器包括转向螺杆、齿条活塞、齿扇轴、转阀、转向器壳体等机件。

2. 液压动力转向器的结构

(1)旋转式控制阀。控制阀是动力转向器的核心部件,主要由阀体、阀芯和扭杆等组成,如图 15.20 所示。动力缸前腔和后腔分别与阀体上相对应的两条油道相连,阀上还有回油道。转向控制阀控制压力油方向时,是通过控制阀中的阀芯与阀体围绕轴线相对转动来实现的,故称为旋转式控制阀。这种转向控制阀具有灵敏度高,密封件少,结构先进等优点,但结构复杂,材质及制造工艺要求较高。

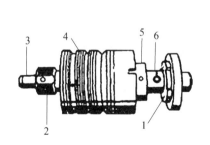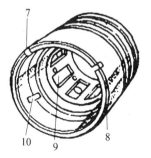

图 15.20 旋转式控制阀

1—扇形凸缘;2—枢轴;3—扭杆;4,8—阀体;5—阀芯;6—定位销;
7—缺口;9—油槽;10—定位槽

(2)齿条活塞。即转向齿条、动力缸活塞、转向螺母三位合成一体的零件。活塞前部为圆柱形断面,作为导向面与壳体上的缸筒滑动配合。在齿条活塞前端装有密封圈,将缸筒分隔成前后两腔室，其中前腔室通过转向器壳体下部的油道与控制阀下部的油道相通，而后腔室通过壳体上部的油道与控制阀上部的油道相通。壳体前端内设有前端盖及油封。

（3）齿扇轴与螺杆。齿扇轴、螺杆及循环钢球的结构与机械循环球式转向器基本相同。

3. 液压动力转向装置的工作原理

液压动力转向系统的工作原理如图 15.21 所示，（a）图为左转弯时液压油路图，（b）图为直线行驶液压油路图，（c）图为右转弯时液压油路图。

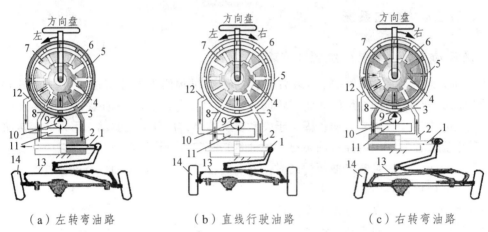

（a）左转弯油路　　　　（b）直线行驶油路　　　　（c）右转弯油路

图 15.21　液压动力转向系统原理（转向轮为在驾驶位置俯视图）

1—助力活塞杆；2—助力活塞缸；3—A 管接口；4—转动阀芯；5—环形 A 管道；6—环形 B 管道；
7—转动阀体；8—B 管接口；9—P 管接口；10—助力油泵；11—油箱；
12—T 管接口；13—转向横越拉杆；14—转向车轮

（1）汽车左转弯时。

方向盘往左转，转向控制阀各元件运动状况与汽车右转弯时相反，控制阀改变油道使动力缸右腔成为高压区，左腔成为低压区，液压差推动活塞往左移，使转向轮向左偏转，汽车向左行驶。在转向过程中，动力缸内的液压是随转向阻力而变化的，在转向油泵的负荷范围内，二者互相平衡。如果转向阻力增大，扭杆的扭转变形量及阀芯的转动位移量也增大，使动力缸中油压增大，直到油压和转向阻力平衡为止。

（2）汽车直行时。

由于此时方向盘处于中间位置，油泵供给的油液流入控制阀进油道，从阀芯和阀体的预开缝隙经回油道流回储油罐。动力缸前后腔油压相等，两前轮处于直线行驶位置（图中未画出转向轮机构）。

（3）汽车右转弯时。

方向盘往右转，阀芯随转向柱向右转动，同时由于转向阻力的反作用，扭杆与阀体相连的一端产生与此相反方向的变形，即阀体相对于阀芯有一个向左的转动，从而改变了阀芯与阀体所构成的通道。这时从进油道流入的油液流向动力缸的左腔，从而使左腔室成为高压区，动力缸右腔室经阀体回油道与回油路相通成为低压区。活塞在压力差作用下向右移动，推动转向轮向右偏转，从而使汽车向右行驶。

390

如果转向阻力减小，扭杆的扭转变形量及阀芯的转动位移量也减小，使动力缸中油压减小，直到两者平衡，即动力油压与转向阻力成正比。汽车转向时，主要靠液压力来克服转向阻力，所以转向操纵轻便、省力。

二、电动转向系统

电动转向系统的结构如图 15.22 所示，伺服电机在车用电脑的指挥下，按驾驶员的指令进行伺服式转动，带动输出轴精确地输出转角，控制转向机构实现转向，蜗轮副结构将地面的反作用力和力矩隔断，增加了驾驶的舒适性。

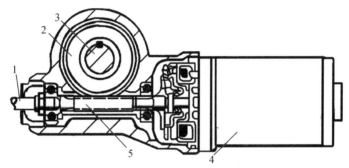

图 15.22 电动转向系统结构示意图

1—转向柱（接方向盘）；2—蜗轮；3—输出轴；4—伺服电机；5—蜗杆

三、电子伺服动力转向系统

电子伺服动力转向系统由计算机、电源、电机、转向齿轮机构、转向传感器、转向动力伺服机构等组成，实现精细转向控制，如图 15.23 所示。

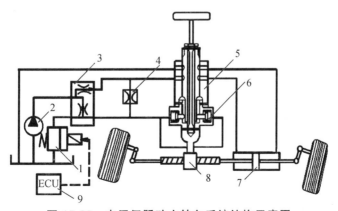

图 15.23 电子佩服动力转向系统结构示意图

1—电磁阀；2—油泵；3—分流阀；4—节流阀；5—液动伺服阀；6—转角传感器；
7—伺服油缸；8—齿轮齿条副；9—车用转向系伺服电控单元

*第五节 流体传动常识

一、基本概念

（1）传动。能量或运动由动力装置向工作装置的传递称为传动。根据传递介质常用的可分为：机械传动、电力传动、流体传动等。

（2）液体传动。以液体为工作介质进行能量传递的传动，液体传动分为容积式液体传动和动力式液体传动两类。

1）容积式液体传动。利用液体的压力能，通过密封容积（V）及其变化（ΔV）实现动的传动方式称为容积式液体传动，简称液压传动。（强调密封容积 V 及其变化 ΔV，有密封才有压力，有压力才有压力能。）

① 以液体为工作介质。

② 利用液体的压力能。压力能：能够流动，具有一定压力的液体所携带的能量。

③ 通过密封容积的变化，实现动力和运动的传递。

2）动力式液体传动。利用液体的动能实现传动的方式，简称液力传动。

（3）液压系统。为完成某种任务而由各具特定功能的液压元件组成的整体。

二、液压传动的基本原理

液压传动基本原理：在密封容积 V 中，通过密封容积大小 ΔV 的变化，把原动机的机械能转变成流动液体的压力能，再转变成机械能，传递到工作机上。它的动力传递遵照帕斯卡定律，运动传递遵照"容积变化相等"的原则。密封系统中液体压力形成的原因是外载荷的"围追堵截"，压力的大小由外载荷的大小决定；系统运动速度取决于流量的大小。

三、液压传动系统的组成

（1）动力元件。液压泵，将原发动机的机械能转换成压力能，输出扭矩、转速或别的运动形式。

（2）执行元件。液压缸、液压马达。将液体的压力能转换成机械能，输出转矩、转速或别的运动形式。

（3）控制元件。各种阀类，控制油液的方向、流量及压力。

（4）辅助元件。油管、油箱、油表、各类管接头等。它们的作用是储存、输送、净化、散热、密封、连通、指示，也是系统形成压力的重要组成部分。

四、液压系统符号

（1）结构式原理图。直观，绘图困难，不便标准化，现已不常用。

（2）职能符号及原理图。GB/T 786.1—1993 规定了 241 种符号。

（3）液压系统图形符号的基本规定：

① 只表示职能通路，不表示结构、参数、位置。

② 表示静止或零位。

③ 布置可随意（在原理图上）。

④ 一般不作文字标注。

（4）液压油的选择。最重要的一句话：严格按使用说明书用油，切勿自作主张。

五、液力传动的原理

1. 液力传动的基本原理

在一系统中，原动机通过与液体的接触，经泵轮把机械能转变成液体的动能，再通过涡轮与液体的接触，把液体动能转变成机械能输出，动力传递遵循能量守恒定律和伯努利方程。

2. 与液压传动比较

（1）不同点。① 无密封要求，无 ΔV 的变化；② 传递依靠动能而不是压力能；③ 伯氏方程忽略项不同；④ 输出能量只有转矩与角速度（液压传动输出力和速度）。

（2）相同点。① 都是以液体为工作介质；② 都遵循伯努利方程；③ 对液体性能要求一致（不可压缩性、连续性、稳定性等）。

3. 液力传动装置实现传动的必要条件

液力传动装置实现传动的必要条件是工作液体在工作轮（泵轮、涡轮和导轮）所围成的循环圆中不停息地循环流动。产生循环流动的原因是两轮的转速不相等，离心力就不相等，造成交界处压力不等，推动液体作循环流动。

4. 液力传动系统的组成

（1）动力元件。泵轮，把机械能变成液体的动能。

（2）执行元件。涡轮，把液体的动能转变成机械能输出。

（3）变矩元件。导轮，起到改变扭矩大小的作用。

思 考 题

1. 汽车转向系的作用是什么？它的技术状况的好坏有何意义？

2. 汽车转向系由哪两部分组成？

3. 按转向动力源分类，转向系可以分为哪 3 类？

4. 转向装置由哪 3 部分组成？

5. 转向传动机构的作用是什么？

6. 与独立悬架配用的转向传动机构主要组成部分有哪些?

7. 与非独立悬架配用的转向传动机构主要组成部分有哪些?

8. 为什么要设置动力转向系统? 该系统如何分类?

9. 现代汽车在转向操纵机构中增设了哪些装置?

10. 转向减振器有何作用?

11. 何谓方向盘的自由行程? 其大小对汽车转向操纵有何影响? 一般范围应为多大?

12. 当助力转向装置有故障时, 怎样实现人力转向, 以实现行车安全?

13. 什么叫液压传动? 什么叫液力传动? 二者的最根本的联系与区别是什么?

14. 液压传动系统由哪几部分组成?

15. 液力传动系统由哪几部分组成?

第十六章　汽车制动系

汽车制动系的作用是使行驶中的汽车减速或者停车，有 5 个因素影响汽车的制动效果：车速、路面、路况、汽车载重量和车轮的制动负荷。良好的制动系统是安全行驶的保障，制动系统的优劣直接关系到车辆的行驶安全，现代汽车的制动系统必须保证不管上述五个因素怎样变化，制动系统都要自动动态适应并随时保持最佳制动效果。

制动系由制动装置和制动传动装置组成。

第一节　概　述

汽车制动系至少装有两套各自独立的制动装置：一套是行车制动装置（俗称脚刹），主要用于汽车行驶中的减速和停车；另一套是驻车制动装置（俗称手刹），主要用于停车后防止汽车滑溜。重型汽车和经常行驶在山区的汽车，增设有紧急制动、安全制动装置。紧急制动是用独立的管路控制车轮制动器的制动系统；安全制动在制动气压不足时起制动作用，使车辆无法行驶。另外还有辅助制动装置，在汽车下长坡时起到稳定车速、减少行车制动器磨损的作用，主要手段是利用发动机来实现制动（俗称发动机反拖），应用最广。

制动装置由产生制动作用的制动器和操纵制动器的传动机构两部分组成，如图 16.1 所示。

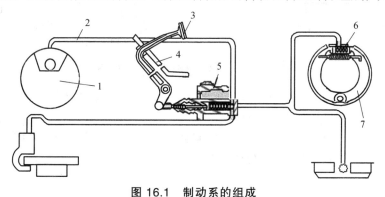

图 16.1　制动系的组成

1—前轮钳盘式制动器；2—制动油管；3—制动踏板；4—车架；
5—制动主缸；6—制动轮缸；7—后轮鼓式制动器

制动系的工作原理如图 16.2 所示，固定在轮毂上并同车轮一起旋转的制动鼓或制动盘与摩擦材料在外力作用下，产生摩擦使汽车减速。鼓式制动是摩擦蹄片压紧旋转的制动鼓内侧产生制动；盘式制动是由摩擦块夹紧制动盘产生制动。

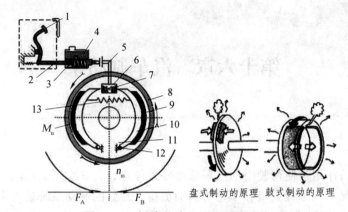

图 16.2　制动系统工作原理示意图

1—制动踏板；2—推杆；3—主缸活塞；4—制动主缸；5—油管；6—制动轮缸；7—轮缸活塞；8—制动鼓；
9—摩擦片；10—制动蹄；11—制动底板；12—支承销；13—制动蹄回位弹簧

　　为了保证汽车行驶安全，发挥高速行驶能力，制动装置必须满足制动可靠、稳定、平顺，操纵轻便，散热性好，便于调整等要求。

　　行车制动装置按制动力源分为液压式制动装置和气压式制动装置，按传动机构的布置形式分为单回路制动系统［见图 16.3（a）］、双回路制动系统［见图 16.3（b）］，及多回路制动系统。单回路制动系统的特点是采用单一的传动回路，当回路中有一处损坏而漏气（油）时，整个制动系统失效，现已趋于淘汰；双回路制动系统的特点是行车制动器的传动回路分别属于两个彼此独立的回路，当一个回路失效，还能利用另一个回路获得一定的制动力，从而提高了汽车制动的可靠性和安全性，我国自 1988 年 1 月 1 日开始，所有汽车使用双回路制动系统。多回路系统是一车轮一个独立的回路，提高了安全系数。

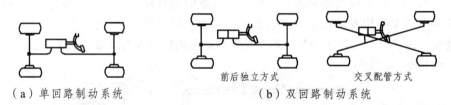

（a）单回路制动系统　　　　　　　　　　前后独立方式　　　　　交叉配管方式
　　　　　　　　　　　　　　　　　　　（b）双回路制动系统

图 16.3　制动装置的两种布置形式

　　现代汽车的制动系还具有制动力调节装置（ASR 系统）、报警装置、压力保护装置和防抱死装置（ABS）等多种附加装置。

　　除了发动机反拖这种制动形式外，其他制动系中的制动器都是利用采用摩擦产生制动阻力和阻力矩实现制动的，故发热是制动器的必然会产生的问题，散热好坏是制动器质量好坏的重要参数。

第二节　车轮制动器

　　根据车轮制动器中旋转元件的不同，车轮制动器可分为鼓式和盘式两大类。

一、鼓式制动器

鼓式制动器是通过制动蹄片挤压随车轮同步旋转的制动鼓的内侧获得制动力，所以又称为内部扩张双蹄鼓式制动器。

1. 鼓式车轮制动器的结构形式与工作原理

按制动时两制动蹄对制动鼓径向力的平衡情况，鼓式制动器可分为非平衡式、平衡式（单向助势，双向助势）和自动增力式3种形式。

（1）非平衡式制动器。非平衡式制动器的结构如图16.4所示。

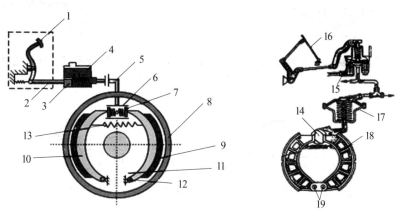

图 16.4　非平衡式制动器结构示意图

1—制动踏板；2—推杆；3—主缸活塞；4—制动主缸；5—油管；6—制动轮缸；7—轮缸活塞；8—制动鼓；
9—摩擦片；10—制动蹄；11—制动底板；12—偏心支承销；13—制动蹄回位弹簧；14—凸轮；
15—制动控制阀；16—制动踏板；17—制动气室；18—制动蹄片；19—支承销

制动鼓与轮毂连接随着车轮旋转，制动底板用螺栓固定在后桥壳的凸缘（前桥在转向节凸缘）上不能转动。其上部装有制动轮缸或凸轮，下部装有两个偏心支承销。制动蹄下端圆孔活套在偏心支承销上，上端嵌入制动轮缸活塞凹槽中或顶靠在凸轮上，两制动蹄通过回位弹簧紧压住轮缸活塞或凸轮。

非平衡式制动器工作原理如图16.5所示。在制动时，两制动蹄在相等张力 F_s 的作用下，分别绕各自的支承点向外偏转紧压在制动鼓上，同时旋转的制动鼓对两蹄分别作用法向反力 N_1 和 N_2，以及相应的切向反力 T_1 和 T_2。T_1、T_2 绕支承销对前制动蹄作用的力矩是同向的，因此前制动蹄对制动鼓的压紧力由于 T_1 的作用而增大，即 N_1 变得更大。这种情况称为"助势"作用，相应的前制动蹄被称为助势蹄。与此相反，N_2 则使后制动蹄有放松的趋势，N_2 减小，故后制动蹄具有"减势"作用，被称为减势蹄。两制动蹄对制动鼓所施加的制动力矩是不相等的。一般助势蹄的制动力矩约为减势蹄的 2～2.5 倍，也使两蹄磨损不均。

（2）平衡式车轮制动器。为提高制动效能，将前后制动蹄均为助势蹄的制动器称为平衡式制动器。只在前进制动时两蹄为助势蹄，倒车制动时两蹄均为减势蹄的称为单向助势平衡式车轮制动器；在前进和倒车制动时两蹄都为助势蹄的称为双向助势平衡式车轮制动器。

① 单向助势平衡式车轮制动器。单向助势平衡式车轮制动器结构如图16.6所示。两制动蹄各用一个单向活塞制动轮缸，且前后制动蹄与其轮缸、调整凸轮等零件在制动底板上的

布置是中心对称的，两轮缸用油管连接使其油压相等。前进制动时两蹄均为助势蹄，提高了前进制动时的制动效能，并使蹄片的磨损趋于相等，如图 16.7（a）所示。但倒车制动时两蹄均为减势蹄，导致倒车时的制动效能比前进时差得多，如图 16.7（b）所示。北京 BJ2023 型汽车的前轮制动器即为该种形式。

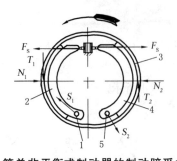

图 16.5　简单非平衡式制动器的制动蹄受力分析图

1—支承销；2、4—制动蹄；3—制动鼓；5—支承销

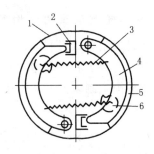

图 16.6　单向助势平衡式车轮制动器结构示意图

1—制动底板；2—制动轮缸；3—制动蹄回位弹簧；
4—制动蹄；5—摩擦衬片；6—调整凸轮

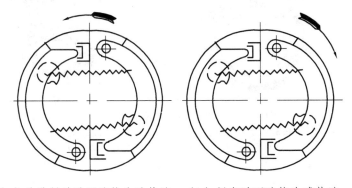

（a）前进制动时两蹄均为助势蹄　　（b）倒车时两蹄均为减势蹄

图 16.7　单向助势平衡式车轮制动器示意图

② 双向助势平衡式制动器。双向助势平衡式制动器结构如图 16.8 所示，制动底板 3 上的所有元件（制动蹄 6 和 11、制动轮缸 4、回位弹簧 5 和 7 等）都可以随制动底板 3 绕车轴中心 O 转动一个角度 α，静止时，在回位弹簧（图中未画出）的作用下，两制动蹄 6、11 回到图示的中间位置，他们的 A、B 端与固定支座 K 间均有一个距离，两制动蹄的另外两端点 C 和 D 通过一个可以调节的调节螺旋副 8 相连接，PQ 的长短可以由 M 调节。

汽车前进制动时［见图 16.9（a）］，制动鼓 1 逆时针转动，分别固定在两制动蹄 6、11 上的制动轮缸 3 的活塞在液压力作用下张开，将两个制动蹄 6、11 的摩擦片 9、10 刚压靠在制动鼓 1 上的瞬间，在摩擦

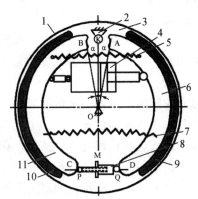

图 16.8　双向助势平衡式车轮制动器结构示意图

1—制动鼓；2—制动支座；3—制动底板；4—制动轮缸；
5、7—回位弹簧；6、11—制动蹄；8—调节螺旋副PQ；
9、10—摩擦片

力矩的作用下，两蹄按车轮旋转方向带动底板 3 逆时针绕转动中心 O 转动一个角度 α（α 在图 16.8 中已标注出），直至 AD 蹄片 6 的 A 端顶住支座 K 为止，BC 蹄片 11 通过调节螺旋副 8 顶在 AD 蹄片 6 的 D 端，再通过 AD 蹄片 6 的 A 端也顶在固定支座 K 上，支座 K 产生的反作用力矩使两蹄片不再旋转，外力摩擦力矩使通过螺旋副 8 连成一个整体的两蹄片 6、11 均有随着制动鼓绕固定支座 K 逆时针转动的趋势，在制动轮缸 4 推力和摩擦力矩作用下，两制动蹄片均更加有力地紧贴向制动鼓，形成助势蹄。倒车制动时［见图 16.9（b）］，制动鼓 1 顺时针转动，连成一体的两蹄片 6、11 经转动一个角度 α 后，由 BC 制动蹄片 11 的 B 点顶在支座 K 上，两蹄片经顺时针转动后，紧贴在制动鼓 1 上，相互作用力与前进时相同，两蹄片有随着制动鼓绕固定支座 K 顺时针转动的趋势，所以仍为助势蹄，这样，无论汽车前进或后退制动时，两制动蹄片均实现助势效果，提高了安全性，延长了蹄片的使用寿命。制动时顶在支座 K 上的蹄片称为前蹄片，另一蹄片则为后蹄片，由于两蹄片的前拉后推相互作用（前蹄片拉动后蹄片，后蹄片推动前蹄片。），两蹄片的摩擦力矩有增大的效果，所以也称为自动增力制动蹄片副。无论前进或是后退的制动力矩消除，两蹄片在回位弹簧力作用下回到图 16.8 的中间位置。

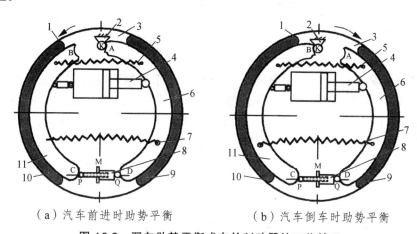

（a）汽车前进时助势平衡　　　　　（b）汽车倒车时助势平衡

图 16.9　双向助势平衡式车轮制动器的工作情况

1—制动鼓；2—制动支座；3—制动底板；4—制动轮缸；5、7—回位弹簧；
6、11—制动蹄；8—调节螺旋副 PQ；9、10—摩擦片

2. 鼓式车轮制动器的组成

车轮制动器主要由旋转部分、固定部分、张开机构和调整机构所组成。旋转部分是固定在轮毂上与车轮一起旋转的制动鼓。固定部分主要包括制动蹄和制动底板等。张开机构是轮缸或凸轮。调整机构主要是调整制动蹄摩擦片与制动鼓之间的间隙。液压制动装置的调整机构为偏心支承销和调整凸轮，气压制动装置的调整机构为支承销和制动调整臂。

（1）组成及结构特点。凸轮张开式车轮制动器的结构组成如图 16.10 所示。它用制动凸轮作为张开机构，制动凸轮轴支承在制动底板上，其尾端花键插入调整臂中的蜗轮孔中，轴向基本固定。两制动蹄由回位弹簧拉靠在制动凸轮上，凸轮具有对称断面形状，在绕其轴线转动时可使两制动蹄产生相等位移。

某车型液压式简单非平衡式制动器分解图如图 16.11 所示。

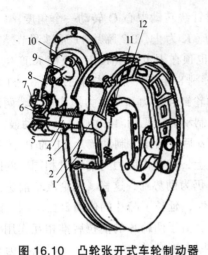

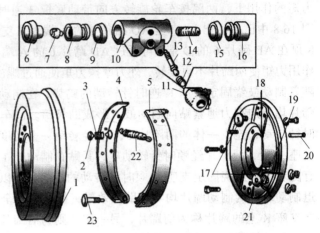

图 16.10　凸轮张开式车轮制动器

1—制动蹄；2—制动凸轮；3—制动底板；4—支架；
5—制动凸轮轴；6—蜗轮；7—蜗杆；8—制动调整臂；
9—连接叉；10—制动气室；11—回位弹簧；
12—制动蹄

图 16.11　鼓式制动器分解图

1—制动鼓；2—弹簧座；3—限制弹簧；4—前制动蹄；
5—后制动蹄；6—护套；7—活塞顶块；8、16—活塞；
9、15—皮碗；10—缸体；11—轮缸；12—防尘套；
13—放气螺钉；14—弹簧；17—调整凸轮；18—压紧
弹簧；19—调整凸轮螺栓；20—限位杆；21—制动
底板；22—复位弹簧；23—偏心支撑销

（2）制动蹄摩擦衬片与制动鼓间隙的调整。某车型汽车蹄鼓间隙值支承端为 0.25 ~ 0.40 mm，蹄鼓间隙过小，不易彻底解除制动，易造成制动拖滞；过大将使踏板有效行程太小，以致操作不便，制动不灵。但当制动器在工作一段时期后，蹄鼓间隙将因磨损而增大，故应及时进行调整。可根据需要进行局部或全部调整：局部调整是利用制动调整臂来改变制动凸轮的原始位置；进行全面调整时，应同时转动带有偏心轴颈的支承销。

鼓式制动器有以下优点：

（1）制动时有助势作用，制动力矩大，往往不需要助力装置也能产生足够的制动力矩。

（2）可以安装多组弹簧，活塞回位能力强，反应灵敏。

（3）密封好，防污、防水性好。

（4）制动衬块磨损面积大，磨损较慢。

它的缺点是：

（1）散热能力差，热稳定性差。受热后，制动鼓的膨胀，会增大制动间隙。

（2）抗水衰退能力差，一旦水浸后恢复正常困难。

（3）制动时的平顺性差，容易产生噪声。

（4）结构复杂，维修不便，尺寸大，质量大。

（5）制动间隙大，不便于自动调节间隙。

二、盘式制动器

盘式制动器是由摩擦衬块从两侧夹紧与车轮共同旋转的制动盘后产生制动。由于盘式制动器散热能力强，热稳定性好，目前轿车的前轮大多采用盘式制动器。

1. 盘式制动器的结构形式与工作原理

盘式制动器结构如图 16.12 所示。制动盘固定在轮毂上，制动钳固定在转向节上，制动钳横跨在制动盘上，制动钳内装有活塞，活塞后面有充满制动液的制动轮缸。

盘式制动器的工作原理：踩下制动踏板以后，制动轮缸的液压上升，活塞被顶出，摩擦衬块夹紧制动盘产生制动作用。

盘式制动器按制动钳摩擦衬块的挤压方式可分为定钳盘式和浮钳盘式两种，如图 16.13 所示。

图 16.12　盘式制动器结构图

1—制动钳；2—制动盘

（1）定钳盘式制动器的制动盘两侧的制动钳都装有油缸，制动时，制动油液由制动主缸经进油口进入钳体中两个相通的液压腔中，由两侧的活塞将两侧的摩擦制动块同时压向与车轮固定连接的制动盘，产生制动作用，如图 16.13（a）所示。由于制动钳的横向尺寸较大，只能安装在宽车轮上。

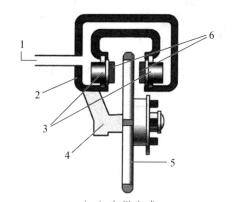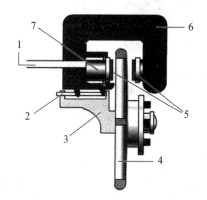

（a）定钳盘式　　　　　　　　（b）浮钳盘式

1—进油口；2—制动钳体；3—活塞；4—车桥；　　1—进油口；2—导向销；3—车桥；4—制动盘；
5—制动盘；6—摩擦块　　　　　　　　　　　　5—摩擦块；6—制动钳体；7—活塞

图 16.13　盘式制动器结构形式示意图

（2）浮钳盘式制动器只在制动盘的内侧设置油缸，而外侧的摩擦衬块则附着在钳体上，制动钳体可以相对于制动盘轴向滑动。在液压作用下，制动时，活动摩擦衬块在液压作用下，由活塞推靠制动盘，同时制动钳上的反力将固定摩擦衬块也推靠到制动盘上，如图 16.14（b）所示。浮钳盘式有 3 个优于定钳盘式的优点：① 轴向和径向尺寸较小，结构简单；② 热稳定性和水稳定性均好，制动液受热汽化的机会较少；③ 只需在行车制动钳油缸附近加装一些用以推动油缸活塞运动的驻车制动机械传动零件，即可实现兼做行车和驻车制动器，因此，浮钳盘式制动器逐渐取代了定钳盘式制动器。

2. 盘式制动器的组成

（1）组成及结构特点。浮钳盘式制动器是由制动盘、内外摩擦衬块、制动钳壳体、制动钳支架、前制动轮缸活塞及弹簧片等组成，结构如图 16.14 所示。

制动盘固定在轮毂上，与前轮一起转动，并夹在内外摩擦衬块中间，用两个螺栓紧固在前悬架支架上。制动钳壳体上有两根导向钢套和螺栓组成的导轨和装有内外摩擦衬块的两根弹簧片，内外摩擦衬块可沿导轨作轴向平行移动。

（2）浮钳盘式制动器的分解图如图 16.15 所示。

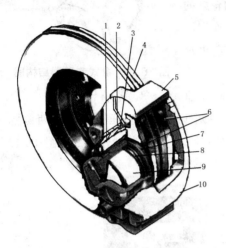

图 16.14　浮钳盘式制动器

1—螺栓；2—橡胶衬套；3—塑料套；4—制动盘；
5—制动钳支架；6—制动块；7—活塞防尘罩；
8—矩形密封圈；9—活塞；10—制动钳壳体

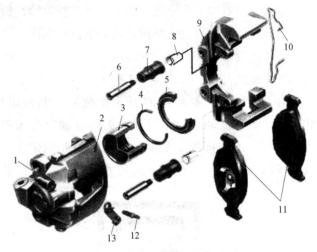

图 16.15　浮钳盘式制动器分解图

1—排气孔座；2—制动钳壳体；3—活塞；4—矩形密封圈；5—活塞防尘罩；
6—螺栓；7—橡胶衬套；8—塑料套；9—制动钳支架；10—保持弹簧；
11—制动块；12—排气螺钉；13—防尘帽

3. 制动块磨损报警装置

盘式制动器上必须装上制动块磨损报警装置，用来向驾驶员发出制动块上的摩擦片需要更换的信息。该报警方式有灯光和声音两种，如果没有及时更换，电子系统会不允许汽车起动，以保证行车完全。

传感器有很多种，如图 16.16 所示的是其中一种，在制动摩擦块的背板上装有一小弹簧片，其端部到制动盘的距离为 e，当摩擦片的磨损量超过 e 时，弹簧片与制动盘接触，接通报警程序，灯光、声音等报警装置起动，提醒驾驶员到维修厂进行制动系统的维修。

此外，还有电子传感器式和触觉传感器式传感器，前者在摩擦片内预埋了电路触点，当衬片磨损到触点外露接触制动盘时，形成电流回路接通仪表板上的警告灯，告知驾驶员摩擦片需更换。

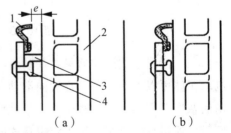

（a）　　　　　（b）

图 16.16　制动块磨损报警装置

1—报警传感器；2—制动盘；3—摩擦片；
4—摩擦片铆钉

触觉传感器式在制动盘表面有一传感器，摩擦片也有一传感器。当摩擦片磨损到两个传感器接触时，踏板产生脉动，警告驾驶员维修制动系统。

4. 盘式制动器的制动特点

盘式制动器有以下优点：

（1）散热能力强，热稳定性好。受热后，制动盘只在径向膨胀，不会影响制动间隙。

（2）抗水衰退能力强。受水浸后，在离心力作用下被很快甩干，摩擦衬块上的剩水也由于压力高而容易挤出，一般仅需要 1~2 次制动后即可恢复正常。

（3）制动时的平顺性好。

（4）结构简单，维修方便，尺寸小，质量轻。

（5）制动间隙小，便于自动调节间隙。

它的缺点是：

（1）制动时无助势作用，要求管路的液压比鼓式制动器的高，故需要有助力装置才能可靠制动。

（2）活塞回位能力差。

（3）防污性差。

（4）制动衬块磨损面积小，磨损较快。

第三节　液压制动传动装置

汽车的制动动力是驾驶员提供的，这个制动动力需要有动力传动机构才能传递到制动轮缸上产生制动力矩，常见的有机械拉杆式，机械拉索式，气动式，液压式，机械式的已经不再在汽车类机动车上使用，气动式主要用在大型车辆上，液压式是目前用得最多的。

液压制动传动装置是利用制动油液，将制动踏板力转换为油液压力，通过管路传至车轮制动缸，制动缸将油液压力转变为使制动器动作的机械推力。

液压制动具有以下特点：制动柔和灵敏，结构简单，使用方便，不消耗发动机功率。但操纵较费力，制动力不很大，制动液低温流动性差，高温易产生气阻，如有空气侵入或漏油会降低制动效能甚至失效。通常在液压制动传动机构中增设制动增压或助力装置，使制动系操纵轻便并增大制动力。

一、双回路液压制动传动装置的组成

双回路液压传动装置设有两个独立的液压系统，一个系统发生故障，另一系统仍能进行制动。制动主缸的液压分别经两个系统传递给制动轮缸，通常用前后独立方式和交叉方式配管。它由制动踏板、双腔式制动主缸和前后车轮制动器以及油管等组成。制动主缸的前后腔分别与前后轮制动轮缸之间通过油管连接，并充满制动液。

1. 前后独立方式

如图 16.17 所示，前后独立方式的双回路液压传动装置由双腔主缸通过两套独立回路分别控制前后车轮制动轮缸，主要用于对后轮制动依赖性较大的发动机后置后轮驱动汽车。

制动时，踩下制动踏板，双腔式制动主缸的推杆推动主缸前后活塞使主缸前后腔油压升高，制动液分别流至前、后车轮制动轮缸，迫使轮缸的活塞在油压力作用下外移，推动制动蹄张开产生制动。当松开制动踏板时，制动蹄和轮缸活塞在回位弹簧作用下回位，将制动液压回制动主缸，从而解除制动。

2. 交叉式

如图 16.18 所示为交叉式双回路液压制动传动装置，主要用于对前轮制动力依赖性大的发动机前置前轮驱动汽车。

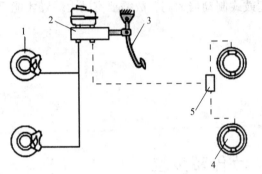

图 16.17 前后独立方式双回路液压制动系示意图　　　图 16.18 交叉式双回路液压制动系示意图
了 1—右前轮制动器；2—制动主缸；3—制动踏板；　　　1—左前轮制动器；2—制动主缸；3—制动踏板；
4—左后轮制动器；5—制动力调节器　　　　　　　　　4—右后轮制动器

交叉方式，如图 16.19 所示，一回路失效，剩余的总制动力仍能保持正常值的 50%，即使正常工作回路中的制动器抱死侧滑，失效回路中未被制动的车轮仍能传递侧向力，前后轮制动力分配达到 4.14：1。当汽车在高速状态下制动时，均能确保后轮不抱死，或者前轮比后轮先抱死，避免制动时后轮失去侧向附着力，导致汽车失控。

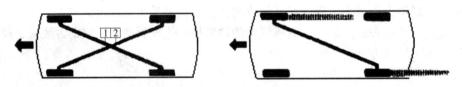

图 16.19 交叉式管路制动系统中，当一回路失效时的制动示意图

二、双回路液压制动传动装置的

1. 双腔式制动主缸

制动主缸的作用是将由踏板输入的机械推力转换成液压力。

（1）结构特点。图 16.20 是串联式双腔式制动主缸的结构示意图。主缸的壳体内装有前活塞、后活塞及前后活塞弹簧，前后活塞分别用耐油胶圈密封，其他有可能泄漏的地方也要用不同形状尺寸的耐油胶圈密封，保证完全密封。前活塞用限位螺钉保证正确位置。两个储液筒分别与主缸的前、后腔相通，前出油口、后出油口分别与前后制动轮缸相通，前活塞靠后活塞的液力推动，而后活塞直接由推杆推动。

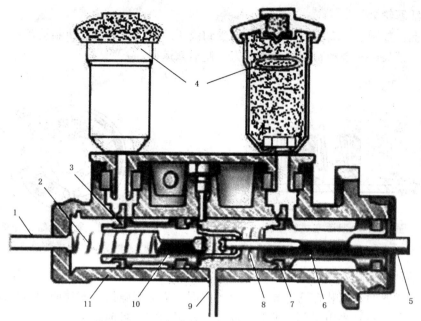

图 16.20　串联式双腔制动主缸结构示意图

1—前出油口；2—前活塞弹簧；3、7—密封胶圈；4—储液筒；5—推杆；6—后活塞；
8—后活塞弹簧；9—后出油口；10—前活塞；11—壳体

（2）踩下制动踏板，主缸中的推杆向前移动，使胶圈掩盖住储液筒进油口后，后腔室液压升高。在后腔液压和后活塞弹簧力的作用下，推动前活塞向前移动，前腔压力也随之提高。当继续下踩制动踏板时，前、后腔的液压继续提高，使前、后制动器制动。

放松制动踏板，主缸中的活塞和推杆分别在前、后活塞弹簧的作用下回到初始位置，从而解除制动。

若前腔控制的回路发生故障时前活塞不产生液压，但在后活塞液力作用下。前活塞被推到最前端，后腔产生的液压仍使后轮产生制动。

若后腔控制的回路发生故障时，后腔不产生液力，但后活塞在推杆的作用下前移，并与前活塞接触而推动前活塞前移，前腔仍能产生液力控制前轮制动。

前活塞回位弹簧的弹力大于后活塞回位弹簧弹力，以保证两个活塞不工作时都处于正确的位置。

为了保证制动主缸活塞在解除制动后能退回到适当位置，在不工作时，推杆的头部与活塞背面之间应留有一定的间隙，为了消除这一间隙所需的踏板行程称为制动踏板自由行程。该行程过大将使制动失灵，过小则制动解除不彻底。双回路液压制动系统中任一回路失效，主缸仍能工作，只是所需踏板行程加大，导致汽车的制动距离增长，制动效能降低。

2. 制动轮缸

制动轮缸的作用是将主缸传来的液压力转变为使制动蹄张开的机械推力。由于车轮制动器的结构不同，轮缸的数目和结构形式也不同，通常分为双活塞式和单活塞式两类制动轮缸。图 16.21 所示为活塞式，单活塞式见图 16.23。制动轮缸的所有密封也是用耐油胶圈密封，任何一个地方漏泄都是致命的危险点。

（1）双活塞轮缸。

工作情况。如图 16.22 所示，制动轮缸受到液压后，顶出活塞，使制动蹄片扩张。松开制动踏板液压消失，靠制动蹄回位弹簧的力，使活塞返回。

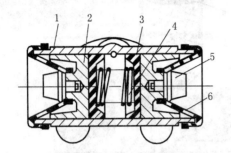

图 16.21　双活塞式制动轮缸

1—缸体；2—活塞；3—密封胶圈；4—弹簧；5—顶块；6—防护罩

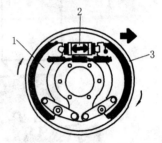

图 16.22　制动轮缸工作情况

1—制动蹄；2—制动轮缸；3—制动鼓

（2）单活塞式轮缸。如图 16.23 所示为某车型前制动器配用的单活塞制动轮缸。为缩小轴向尺寸，液腔密封采用装在活塞导向面上的皮圈。进油间隙借活塞端面的凸台保持。

单活塞式制动轮缸多用于单向助势平衡式车轮制动器，目前趋于淘汰。

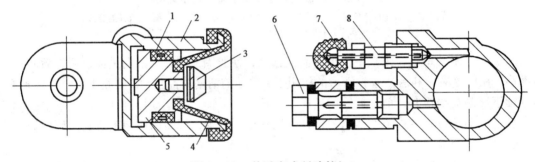

图 16.23　单活塞式制动轮缸

1—密封胶圈；2—缸体；3—顶块；4、7—防护罩；5—活塞；6—进油管接头；8—放气阀

第四节　气压制动传动装置

气压制动传动装置的动力是压缩空气机提供的，驾驶员只需按不同的制动强度要求，控制踏板的行程，释放出不同量的压缩空气，便可调整气体压力的大小，获得所需的制动力。空气压力在制动轮缸中转变为机械推力，推动制动器产生车轮制动力矩，使车轮制动。

气压制动传动装置的特点是踏板行程较短，操纵轻便，制动力较大，但消耗发动机的动力，结构复杂，制动不如液力式柔和。一般用于中、重型汽车上。

一、双回路气压制动装置的组成

图 16.24 为双回路气压制动传动装置的布置示意图。双回路气压制动传动装置由气源和

控制装置两部分组成。气源部分包括单缸空气压缩机、调压装置、双针气压表、前后桥储气筒、气压过低报警装置、油水放出阀和取气阀、安全阀等部件。控制装置包括制动踏板、拉杆、并列双腔制动阀等。

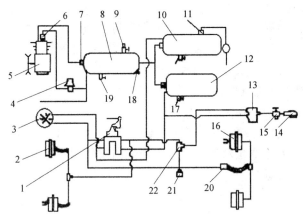

图 16.24   双回路气压制动传动装置

1—制动控制阀；2—前轮制动气室；3—双针气压表；4—调压阀；5—空气压缩机；6—卸荷阀；7—单向阀；
8—湿储气筒；9—取气阀；10—后桥储气筒；11—气压过低报警开关；12—前桥储气筒；
13—挂车制动控制阀；14—连接头；15—分离开关；16—后轮制动气室；17—放水阀；
18—安全阀；19—放水阀；20—快放阀；21—双通单向阀；22—制动灯开关

空气压缩机产生的压缩空气经单向阀先进入湿储气筒进行清洁、干燥，然后分别进入相互独立的前、后桥储气筒。前桥储气筒与并列双腔式制动控制阀的右腔室相连以控制前轮制动，后桥储气筒与控制阀的左腔室相连以控制后轮制动，并通过管路与气压表及调压器相连。后桥制动回路装有膜片快放阀，可使后桥制动器迅速解除制动。双指针气压表白针指示后桥储气筒气压，红针指示后桥制动管路中的气压。

当踏下制动踏板，拉杆拉动制动控制阀使之工作，前后桥储气筒的压缩空气便通过制动控制阀的右腔和左腔进入前后轮制动气室，使前后轮制动。与此同时，通过前后制动回路之间并联的双通单向阀接通挂车制动控制阀，将湿储气筒与通向挂车的通路切断，使挂车进行放气制动。

松开制动踏板后，前后制动气室中的压缩空气返回，经制动控制阀排入大气，从而解除制动。

二、气压制动传动装置的主要总成

1. 空气压缩机

空气压缩机的作用是产生压缩空气，是整个制动系统的动力源。最常见的结构是空气冷却往复活塞式空气压缩机，它与往复活塞式发动机结构相似。

空气压缩机按其气缸的数量可分为单缸和双缸两种。

（1）风冷单缸式空气压缩机：

① 结构特点。空气压缩机固定于发动机一侧的支架上，由曲轴皮带轮通过三角皮带驱动。

结构如图 16.25 所示，主要由缸体、曲轴箱、曲轴、活塞、连杆、气缸阀盖总成、空气滤清器等组成。气缸体是铸铁的，带有散热肋片，气缸有弹簧压闭的进、排气阀门。进气口经气管通向空气滤清器，出气口经气管通向湿储气筒。

② 工作情况。活塞式空气压缩机与活塞式内燃机属于同类型的机械，工作原理与内燃机压缩行程同。发动机运转时，空气压缩机即随之运转。当活塞下行，吸开进气阀门，外界空气经空气滤清器、进气阀进入气缸。活塞上行，进气阀在弹簧作用下关闭，气缸内空气被压缩并顶开出气阀门，压缩空气经出气口和气管送到湿储气筒。当储气筒内的气压达到 700 ~ 740 kPa 时，卸荷柱塞顶开进气阀，使空气压缩机气缸与大气相通，不再泵气，卸掉活塞上的载荷，减少了发动机的功率损失。

（2）风冷双缸式空气压缩机。风冷双缸式空压机结构如图 16.26 所示，其结构与单缸空压机基本相同，不同之处主要是双气缸交替不断地向储气筒充气，供气压力稳定且泵气效率较高。气缸盖上的卸荷装置是用一个卸荷室控制两个气缸的卸荷阀。

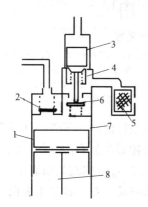

图 16.25　空气压缩机示意图

1—活塞；2—出气阀门；3—卸荷柱塞；4—柱塞弹簧；
5—空气滤清器；6—进气阀门；7—缸体；8—连杆

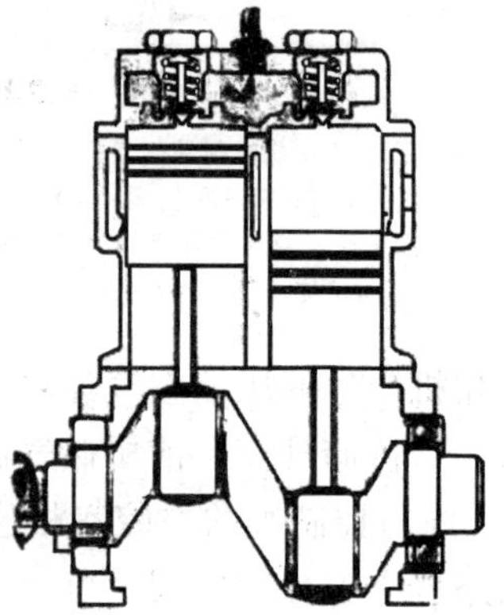

图 16.26　风冷双缸式空压机示意图

2. 调压器

调压器的作用是使储气筒保持在规定的气压范围内，并在超过规定气压后，实现空气压缩机的卸荷空转，以减少发动机的功率消耗。

调压器在回路中的连接方法有两种：

（1）将调压器与空气压缩机和储气筒并联，当系统内的气压达到规定值时，空气压缩机的进气阀开启，卸荷空转。

如图 16.27 所示为与储气筒并联的膜片式调压器结构。它的气压调节值可通过旋转其盖上的调压螺钉进行调整。当螺钉旋入时，气压升高；反之则气压降低。

（2）将调压器串联在空气压缩机和储气筒之

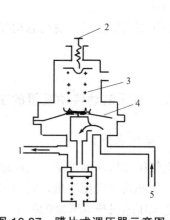

图 16.27　膜片式调压器示意图

1—接空压机接头；2—调整螺钉；3—调压弹簧；
4—膜片；5—通储气罐管接头

间，当系统内的空气压力达到规定值时，它将多余的压缩空气直接排入大气，使空气压缩机卸荷空转。

3. 油水分离器

油水分离器的作用是将压缩空气中所含的水分和润滑油分离开来，以免腐蚀储气筒及回路中不耐油的橡胶件。当压缩空气流过油水分离器的滤芯时进行过滤，油水沉积下来，压缩气体流经调压器后进入储气筒。有的汽车由于装用了湿储气筒，已将压缩空气进行了清洗、干燥，故不再装油水分离器。

4. 制动控制阀

制动控制阀的作用是控制储气筒进入各个车轮制动气室和挂车制动控制阀的压缩空气量。它具有随动作用以保证有足够强的踏板感，即在输入压力一定的情况下，使其输出压力与踏板行程成一定的递增关系，且保证输出压力渐进地变化。货车上常用的制动控制阀有并列双腔膜片式和串联双腔膜片式两种。

（1）结构特点。并列双腔膜片式制动控制阀，它主要由拉臂、上壳体、下壳体、平衡弹簧总成、滞后机构总成等组成。

拉臂用销轴支承在上壳体的支架上，可绕销轴摆动，支架上装有限位螺钉，用以调整最大工作气压。拉臂上还装有调整螺钉和锁紧螺母，用以调整踏板自由行程。

上壳体内装有平衡弹簧总成，可上下移动，壳体中央孔内压装衬套，推杆装入其中，能轴向移动，推杆上端与平衡弹簧座相抵，下端伸入等臂杠杆孔内，等臂杠杆两端压靠在两腔内膜片挺杆总成上。

下壳体下部孔中，安装两个阀门，两侧有 4 个接头孔，下方两个为进气孔，上方两个为出气孔。

（2）工作原理（见图 16.28）。

① 制动过程。当驾驶员踏下制动踏板时，拉动制动阀拉臂，将平衡弹簧上座下压，经平衡弹簧和下座、钢球，并通过推杆和钢球将平衡臂压下，推动两腔内膜片挺杆总成下移，消除间隙后，先关闭排气阀口，然后打开进气阀口，储气筒内的压缩空气经制动阀充入各制动气室，推杆推动制动调整臂使凸轮转动，顶开制动蹄压向制动鼓，起制动作用。

② 平衡过程。当踩下踏板至某一位置不变时，由于压缩空气不断输送到前后制动气室的同时，压缩空气经节流孔，进入平衡腔 V 的气压也随之增大，当膜片下方的总压力和回位弹簧的张力之和大于平衡弹簧的张力时，膜片总成上移，通过平衡臂，顶动平衡臂弹簧下座上移，平衡弹簧被压缩，阀门将进气阀和排气阀同时关闭，储气筒便停止对制动气室输送压缩空气，处于一种平衡状态，各制动气室的压缩空气便保留在室中，汽车便保持一定的制动强度。随着制动踏板踏下，制动气室的气压成比例上升，制动效能又得到加强。

制动踏板踏至一定程度，拉臂的限位块便抵在限位螺钉上，限制了制动阀的最大工作气压。

（3）放松踏板的过程。当驾驶员放松制动踏板时，拉臂在回位弹簧的作用下回位，平衡弹簧座上端面的压力消除，推杆、平衡臂、膜片总成均在回位弹簧及平衡腔内压缩空气的作用下向上移，排气阀口 E 被打开。制动气室及制动管路的压缩空气便经排气阀口，穿过挺杆内孔通道，从上体排气口排入大气。制动蹄在回位弹簧作用下回位，摩擦片与制动鼓分离，制动解除。若制动踏板只放松至某一位置不动，膜片总成下方的总气压降至小于平衡弹簧张力时，膜片总成便向下移，当两阀门都处于关闭的平衡状态，制动强度相应下降至某一位置，但仍保持一定的制动作用。当制动踏板完全放松时，制动才彻底解除。

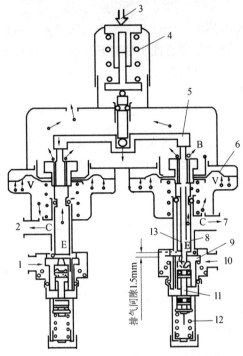

图 16.28　并列双腔膜片式制动控制阀

B—排气口；E—排气阀口；V—平衡腔；1—通后桥储气筒；2—通后桥制动气室；3—踏板力；4—平衡弹簧；
5—平衡臂；6—膜片；7—通前桥制动气室；8—芯管；9—两用阀；10—通前桥储气筒；
11—密封柱塞；12—滞后弹簧；13—滞后推杆

5. 制动气室

制动气室的作用是将输入的空气压力转变为转动制动凸轮的机械推力，使车轮制动器产生制动力矩，它的原理与气动活塞缸相同。

（1）结构特点。膜片式制动气室结构如图 16.29 所示。它主要由盖、橡胶膜片、外壳、

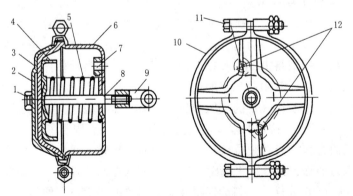

图 16.29　膜片式制动气室

1—通气口；2—盖；3—膜片；4—支承盘；5—弹簧；6—壳体；7—固定螺孔；
8—推杆；9—连接叉；10—卡箍；11—螺栓；12—固定螺栓

推杆以及回位弹簧等组成。夹布层橡胶膜片的周缘用卡箍夹紧在壳体和盖的凸缘之间。盖与膜片之间为工作腔。用橡胶软管与由制动阀接出的钢管连通，膜片右方则通大气。弹簧通过焊接在推杆上的支承盘将膜片推动紧靠盖的极限位置。推杆的外端通过连接叉与制动器的制动调整臂相连。

（2）工作情况。

① 踩下制动踏板。压缩空气自制动阀充入制动气室工作腔，使膜片拱曲将推杆推出，使制动调整臂和制动凸轮转动，制动蹄张开实现制动。

② 松开制动踏板。工作腔中的压缩空气由制动阀排入大气，膜片和推杆都在弹簧作用下回位而解除制动。

6. 快放阀

快放阀的作用是迅速排放制动气室中的压缩空气，以便迅速解除制动。

快放阀的结构如图 16.30 所示，它主要由上壳体、膜片、密封垫及下壳体等零件组成。

快放阀的工作情况如图 16.31 所示。

当制动时〔见图 16.31（a）〕，从双腔并列膜片或制动阀前腔室输往后桥车轮制动气室的压缩空气进入 A 口后推动膜片，将排气口 D 堵住，同时吹开膜片四周，使膜片边缘下弯，制动压缩空气沿下壳体的径向沟槽，经 B、C 口分别通往左右制动气室。

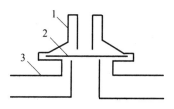

图 16.30　快放阀结构示意图
1—上壳体；2—膜片；3—下壳体

当放松制动时〔见图 16.31（b）〕，制动气室的压缩空气回流，从快放阀 B、C 口进入，将膜片向上吹起关闭了进气口 A，同时从排气口 D 排入大气。

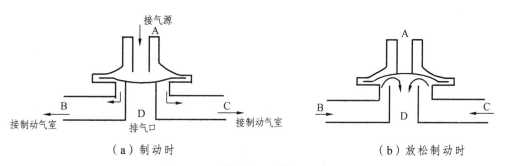

（a）制动时　　　　　　　　　　　（b）放松制动时

图 16.31　快放阀工作情况示意图

第五节　伺服制动装置

伺服制动装置是在人力液压制动系的基础上加设一套动力伺服系统而形成的，即用人体和发动机作为制动能源的制动装置。在正常情况下，制动能量大部分由动力伺服系统供给，而在动力伺服系统失效时，还可全靠驾驶员供给，即由伺服制动转变成人力制动。

按伺服系统的输出力作用部位和对其控制装置的操纵方式不同，伺服制动装置可分为增压式（间接操纵式）和助力式（直接操纵式）两类。

一、增压式伺服制动装置

增压式伺服制动系的伺服控制装置利用制动踏板机构向制动主缸输出液压操纵动力，此输出力与制动主缸液压共同作用于一个中间传动液缸（辅助缸），使该液压缸输出到制动轮缸的液压压力远高于制动主缸液压压力。

根据增压式伺服制动系的力源不同可分为真空增压式和气压增压式两种。

1. 真空增压式

（1）真空增压伺服双回路制动系统的组成与工作情况。真空增压伺服双回路制动系统如图 16.32 所示，它在液力制动传动装置中加装了一套真空伺服系统，包括辅助缸、真空伺服气室和控制阀组成的真空增压器、真空源、真空单向阀、真空罐、真空管道等。

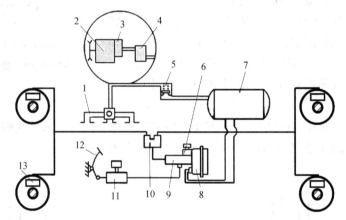

图 16.32 真空增压伺服双回路制动系统示意图

1—进气管；2—发电机；3—真空泵；4、5—单向阀；6—控制阀；7—真空筒；8—加力气室；
9—辅助缸；10—双活塞安全缸；11—液压制动主缸；12—制动踏板；13—车轮制动器

踏下制动踏板时，制动主缸输出的液体压力首先进入辅助缸，并由此一面进入各制动轮缸，一面又作用于控制阀，起动控制阀使真空伺服气室产生的推力与来自制动主缸的液压力一起作用在辅助缸活塞上，从而使辅助缸输送到各制动轮缸的压力远远高于制动主缸压力。由于在真空增压器之后装设了一个双腔安全缸，使得在安全缸以后的前后轮制动促动管路之一损坏漏油时，该管路上的安全缸即自动将管路封堵，保证另一制动管路仍能保持其中压力。

（2）真空增压器。真空增压器的作用是把发动机进气产生的真空度转变为机械推力，将制动主缸输出的液力进行增压后再输入各轮缸，从而增大了制动力，减轻了操纵力。

真空增压器由辅助缸、控制阀、加力气室等组成。辅助缸是将低压制动液变为高压的装置，辅助缸的内腔被活塞分隔为两部分，右腔经出油接头与制动主缸相通，左腔经接头通轮缸。推杆通过尼龙密封圈支承于辅助缸体的孔中，并以两个橡胶双口密封圈保证孔和轴表面的密封。推杆后端与伺服气室膜片相连，前端嵌装着球阀，其阀座在辅助缸活塞上。不制动时，推杆前部的球阀与阀座之间保持一定距离，保证辅助缸两腔相通。控制阀是提高制动液压力的控制机构，由真空阀和空气阀组成双重阀门，空气阀座在控制阀体上，真空阀座在膜片座上，膜片座下端与控制阀活塞连接，不制动时空气阀关闭，真空阀开启，控制阀上腔 A 与下腔 B 连通。伺服气室是将真空压力变成机械推力的装置，由膜片将加力气室分成前后两腔，前腔 C 经前壳体端面上的真空管接头通向真空源，后腔 D 与控制阀上腔 A 相连，并通过真空阀与前腔 C、下腔 B 相通。不制动时，C、D 两腔保持同样的真空度，无压力差。

真空增压器的工作过程如图 16.33 所示。

① 制动过程［见图 16.33（a）］。踏下制动踏板，制动主缸的油压力传入辅助缸体中，一部分液压油经活塞中间的小孔进入各轮缸，补偿管路真空，同时液压油作用在控制阀活塞上，当油压力升到一定值时，活塞连同膜片上移，首先关闭真空阀，同时关闭 C、D 腔通道，膜片座继续上移将空气阀打开，于是空气经空气阀进入 A 腔并到 D 腔。这样 D、C 两腔产生压力差，推动膜片使推杆左移，在球阀关闭辅助缸活塞中孔后，辅助缸左腔被密闭，当推杆继续推活塞左移时，作用于轮缸的制动液压力便进一步升高，且远高于主缸油压。

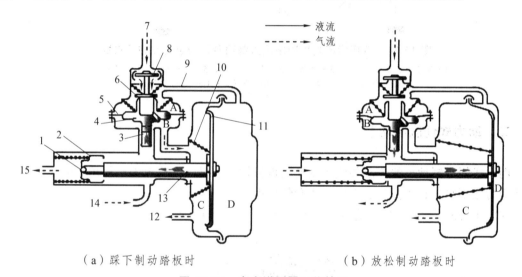

（a）踩下制动踏板时　　　　　　　　（b）放松制动踏板时

图 16.33　真空增压器工作情况

1—球阀门；2—辅助缸活塞；3—控制阀活塞；4—膜片座；5—控制阀膜片；6—真空阀；
7—通空气滤清器；8—空气阀；9—通气管；10—回位弹簧；11—加力气室膜片；
12—通真空源；13—推杆；14—通制动主缸；15—通制动轮缸

② 平衡过程。当制动踏板踩到某一位置不动时，主缸不再向辅助缸输送制动液，作用在辅助缸活塞和控制阀活塞上的力为一定值。由于伺服气室作用推杆推动辅助缸活塞左移，使辅助缸右腔油压下降，控制阀活塞下移，带动空气阀和真空阀都关闭，因而伺服气室的压力差不变，推杆推力不变，维持了一定强度的制动。若继续踩下踏板，控制阀活塞上行打开空气阀，使 D、C 两腔的压力差增大，从而推杆推动辅助缸活塞进一步左移，制动力增大。

③ 放松踏板的过程［见图 16.33（b）］。松开制动踏板后，控制阀活塞下移关闭空气阀，真空阀打开，此时 A、B、C、D 腔均通真空源，具有相同的真空度。推杆、膜片及辅助缸活塞在弹簧的作用下各自回位，轮缸油液从辅助缸活塞的小孔中流回，从而解除制动。

2. 气压增压式

如图 16.34 所示为气压增压式双回路液力制动装置的组成和布置示意图。

气压增压装置用一套产生压缩空气的设备取代真空源，用一个类似真空增压器的气压增压器代替，其工作原理与真空增压式相同，但它所产生的压力差大（由压缩空气的压力与大气压力形成），通常被重型汽车和高级轿车采用。

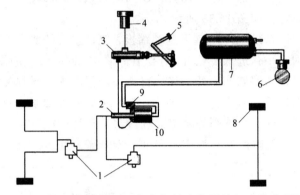

图 16.34　气压增压式双回路液力制动装置的组成和布置形式

1—安全缸；2—辅助缸；3—制动主缸；4—储液罐；5—制动踏板；6—空压机；
7—储气筒；8—制动轮缸；9—控制阀；10—气压增压器

二、助力式伺服制动系

助力式伺服制动系的控制装置用制动踏板机构直接操纵，输出力也作用于液压主缸，以助踏板力之不足。它可分为真空助力式和气压助力式两种。

如图 16.35 所示为真空助力式伺服制动系统组成和布置示意图。

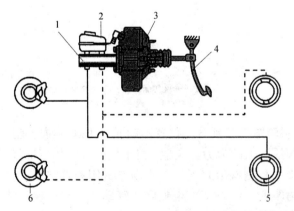

图 16.35　真空助力式伺服制动系统组成和布置示意图

1—制动主缸；2—储液室；3—真空助力器；4—制动踏板；5—后鼓式制动器；6—前盘式制动器

真空助力器的工作原理：通过驾驶员踩动制动踏板，把真空助力器内部的真空腔或与大气隔开，产生助力作用，或与大气接通消除助力作用。

它的制动主缸用 4 个螺钉固定在车身前围上，左外壳、右外壳和气室膜片压合在一起组成不通大气彼此密封的左气室和右气室。真空控制阀总成的阀体与左端凸缘盘用气封和垫片压合在气室膜片上，气室膜片回位弹簧将真空控制阀总成连同气室膜片压向右边。阀体右边圆柱体可在密封套内左右移动，但仍能保证右气室与外界大气隔绝。

如图 16.36 所示，在未踩下制动踏板时，控制阀处于非工作状态，控制阀推杆弹簧将压杆推向右端，又将橡胶膜片推向阀体的内孔台肩上。橡胶膜片像一个可伸缩的皮囊，其右膜作为弹簧座，左膜片则作为开闭外界空气进入气室的阀门。在控制阀推杆弹簧的作用下，左膜片紧压球铰链的端面上，使阀体内腔与外界隔绝，但同时使通往左气室的通道与通往右气室的通道相通，使左、右气室的压力差为零。在发动机工作时，真空单向阀被吸开，两气室的真空度绝对值与发动机进气室相同。

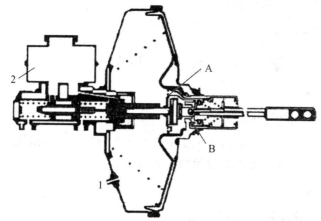

图 16.36　真空助力器在非工作状态时

1—抽真空；2—储液筒

真空助力器工作过程如图 16.37 所示。

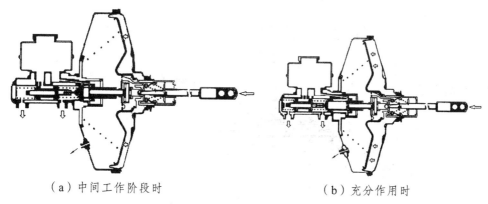

（a）中间工作阶段时　　　　　　　　　（b）充分作用时

图 16.37　真空助力器工作情况

当刚踩下制动踏板时控制阀总成未向左移动，踏板经放大后使压杆克服控制阀推杆弹簧而左移，并通过球头推动球铰链，再推动橡胶块，推杆和后活塞左移，使制动主缸产生一定的液压。与此同时，橡胶膜片的左膜片与阀体的阀口接触而封闭通往左右气室的通道。推杆继续左移，球铰链杆与左膜片脱离打开通道，外界空气就通过空气滤清器进入右气室。

于是在左右之间产生一个压力差，使气室膜片带动真空控制阀总成以及推杆和后活塞一起向左移动。这样推杆和后活塞左移的力不仅包括踏板推力，而且增加左右气室压力差的推动力。

在踩制动踏板的过程中，空气经真空控制阀不断进入真空助力器的右气室，使阀体不断地左移，当制动踏板停留在某一行程时，阀体也左移到一定位置，此时橡胶膜片的左膜片又与球铰链杆的端面相接而使通道与外界空气隔绝，真空增压器处于平衡状态。

放开制动踏板，控制阀推杆弹簧推动压杆右移，橡胶膜片与阀体的阀口脱离，两通道 A 与 B 又相通而使左右气室压力差消失，气室膜片及真空控制阀总成在回位弹簧的作用下右移，又回到起始位置，解除制动。

第六节　挂车气压制动装置

汽车拖带挂车时，必须设置可靠的挂车制动装置，并且要求挂车略早于主车制动，略晚于主车解除制动，如果晚于主车制动和早于主车解除都会出现挂车追尾主车的事故，两车都有很大载重量，这种追尾有诱发大事故的潜在危险。

一、间接操纵的挂车制动传动装置

如图 16.38 所示为挂车制动装置，包括挂车储气筒、挂车分配阀、挂车制动气室、分离开关、安装在主车上的挂车制动控制阀、主车与挂车之间的软管接头等总成和零件。

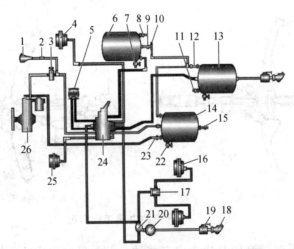

图 16.38　汽车挂车制动传动装置示意图

1—气喇叭；2—气喇叭开关；3—调压器；4、25—前制动气室；5—双针气压表；6—主储气罐（供后制动器）；
7、22—放水阀；8、11—低压报警器；9、12、23—储气罐单向阀；10—取气阀；13—主储气罐（供前制动器）；
14—湿储气罐；15—安全阀；16—后制动气室；17—快放阀；18—接头；19—挂车分离开关；
20—挂车制动阀；21—梭阀；24—双腔制动阀；26—空气压缩机

连接主车和挂车的管路既作充气用又作放气用。即当在主车不制动时，其管路中充有压缩空气，空气压缩机把压缩空气送往挂车储气筒，以保持挂车储气筒有足够的动力源。此时挂车分配阀不起作用，挂车也不产生制动作用。当主车制动时，挂车制动控制阀在主车制动控制阀的作用下将主车与挂车之间管路中的压缩空气排入大气中，使此空气管路中的气压降低，挂车分配阀即加入工作，使挂车制动。同理可知，当主、挂车因故脱挂时，空气管路被折断而使压缩空气排入大气，挂车即自行制动。

二、直接操纵的挂车放气制动传动装置

直接操纵的挂车放气制动传动装置将主车和挂车的制动控制阀合为一体，由驾驶员直接操纵挂车的放气制动。

第七节　驻车制动器

驻车制动器的正常作用是在汽车停止以后保证停放可靠，防止滑溜；同时上坡起步时，配合加速踏板保证汽车能顺利上坡、起步；紧急时，配合行车制动装置进行紧急制动和行车制动装置失效后应急制动。多数汽车的驻车制动器安装在变速器或分动器后方，也有少数装在主减速器主动轴的前端，还有的以车轮制动器兼作驻车制动器。

驻车制动器有盘式、鼓式和带式3种，盘式制动器的旋转部分是制动盘，鼓式和带式制动器的旋转部分是制动鼓。传动机构大多是机械式，才能保证汽车长时间停车时不会因渗漏或温度变化而逐渐失效。

一、盘式驻车制动器

图16.39为典型手动操纵的中央盘式驻车制动器及其机械传动机构示意图，它主要由驻车制动操纵杆、前后制动蹄、制动蹄臂、拉杆臂、调整螺钉等机件组成。制动盘与变速器输出轴花键凸缘连接，制动蹄支架用螺钉固定于变速器壳体的后壁上。

当向后拉动驻车制动操纵杆时，操纵杆通过传动拉杆带动拉杆臂逆时针方向摆动，推动前制动蹄臂和制动蹄后移，同时通过蹄臂拉杆拉动后制动蹄臂，压缩定位弹簧，使后制动蹄前移，两制动蹄即夹紧制动盘，产生制动作用，并由棘爪将操纵杆锁止在制动位置上。

当按下操纵杆上端的拉杆按钮，使下端的棘爪脱开，将驻车制动操纵杆推回最前端位置，前后制动蹄在定位弹簧的作用下回位，驻车制动解除。

不制动时，制动蹄下端被制动蹄拉紧弹簧拉紧，上端由制动蹄调整螺钉限制，使制动蹄片与制动盘上、下端有均匀的间隙。也可通过制动臂拉杆后端的调整螺母和两个制动蹄调整螺钉来调整制动蹄与制动盘之间的间隙。

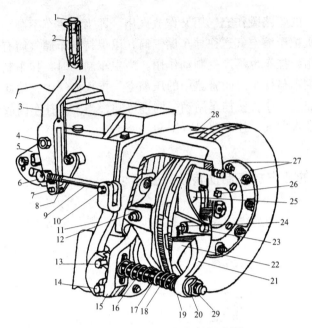

图 16.39　中央盘式驻车制动器

1—锁扣按钮；2—拉杆弹簧；3—手制动杆；4—螺栓和螺母；5—齿板；6—轴形销；7—锁扣轴；8—锁扣；
9、16—拉杆；10、13、14—销子；11—连接臂；12—前制动臂；15—前制动蹄臂；17—蹄臂拉杆弹簧；
18—制动蹄拉紧弹簧；19—制动盘；20—调整螺母；21—后制动蹄臂；22—后制动蹄；
23—制动蹄销锁片；24—制动蹄销；25—制动蹄臂销；26—止动螺钉；
27—坚固螺钉；28—制动器支架；29—锁止螺母

二、鼓式驻车制动器

鼓式驻车制动器的基本结构与前面所述的车轮制动器相同，常用的有凸轮张开式和自动增力式两种。

1. 凸轮张开式驻车制动器

（1）结构特点。图 16.40 是凸轮张开式鼓式驻车制动器的结构分解图，图 16.41 是它的机械传动机构。

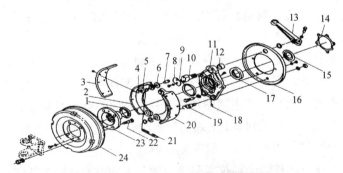

图 16.40　凸轮张开式驻车制动器分解图

1—甩油环；2—制动蹄；3—摩擦片；4—挡圈；5、6—滚轮；7—滚轮轴；8—限位片；9—挡油盘；10—凸轮轴；
11—支座；12—衬套；13—凸轮摆臂；14—支座衬垫；15—甩油圈；16—制动底板；17—油封；18—泄油塞；
19—制动蹄轴；20—制动蹄总成；21—回动弹簧；22—定位螺栓；23—凸缘；24—驻车制动鼓

制动鼓通过螺栓与变速器第二轴的凸缘盘紧固在一起，制动底板固定在变速器后端壳体上。两制动蹄通过偏心支承销支承在制动底板上，上端装有滚轮，在回位弹簧的作用下，滚轮紧靠在凸轮的两侧，凸轮轴支承在制动底板的上部，轴外端与摆臂连接，摆臂的另一端与拉杆相连。拉杆的上端装有球面调整螺母和锁紧螺母，下端与摇臂一端铰接。摇臂中部用销子与变速器壳体连接并作为支点，另一端连接拉丝软轴。拉丝软轴的上端连接操纵杆。

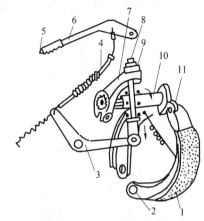

图 16.41 驻车制动器

1—制动蹄；2—偏心支承销；3—摇臂；4—拉丝软轴；
5—按钮；6—驻车制动操纵杆；7—摆臂；8—拉杆；
9—调整螺母；10—凸轮轴；11—滚轮

（2）工作情况：

① 制动时。拉动操纵杆，通过拉丝软轴使摇臂绕支承销顺时针转动，拉杆通过摆臂带动凸轮轴转动，使两制动蹄张开而产生制动，用棘爪和齿扇锁住操纵杆，保持制动状态。

② 解除制动时。按下棘爪按钮，将操纵杆推到向前的极限位置。两制动蹄片在回位弹簧作用下回位，解除制动。

制动蹄片与制动鼓的间隙通过可调拉杆上的调整螺母进行调整。但若间隙过大，需调整摆臂与凸轮的相互位置。

2. 自动增力式驻车制动器

自动增力式驻车制动器工作原理与行车鼓式制动器自动增力原理相同，可参阅本章第二节。

第八节　制动系的自动控制技术

为了确保汽车的安全性，汽车制动系统总是最先运用各种新技术，下面仅讨论以下主要的几种：ABS 系统用于解决汽车滑移问题；ASR 系统用于解决汽车滑转问题；电子稳定程序 ESP 是一个非独立的主动安全系统，通过有选择性的分缸制动及发动机管理系统干预，防止车辆滑移；电子制动力分配装置 EBD 是对 ABS 系统的补充，和 ABS 组合使用，可以提高 ABS 的功效。

一、ABS 的概述

ABS 系统是英文 Antilock Braking System 的缩写，是自动防止车轮在制动时被完全抱死的装置，其目的是获得最佳制动效果。汽车在制动过程中，ABS 系统自动辅助制动控制系统，通过控制制动压力来控制车轮的转速，避免车轮被完全抱死，以减小制动距离，提高制动时汽车行驶稳定性。

ABS 的工作原理可以简述为自动点刹。

高速行驶的汽车制动时，车轮被抱死的危害：

（1）制动距离增加；（2）方向失灵（3）轮胎局部磨损；（4）损坏路面。

如何防止高速行驶的汽车制动时车轮被抱死的措施就是点刹（即制动时，轮胎在将被抱死时放松、再制动、再放松循环中车轮逐渐停止下来。）点刹有人工点刹和自动点刹两种，凭驾驶员的技术和经验完成人工点刹，频率为 0.5 ~ 1 Hz，现在广泛使用的是 ABS 系统，实现自动点刹频率为 4 ~ 10 Hz。

汽车高速行驶，又必须紧急制动时，在制动过程中，制动力过猛或路面摩擦系数太小都会造成车轮被完全抱死。车轮不转，汽车在惯性作用下带着完全不转动的车轮在地面继续滑行的现象称为滑移，滑移时汽车质心前进的线速度 v_1 高于车轮与路面接触点的线速度 v_2。正如"船不行，舵不灵"一样，汽车滑移时车轮不转，会产生转向失灵（汽车将保持原来的速度方向沿切线移动，而不是沿着与轮胎轴线垂直的方向前进，汽车不听驾驶员操纵，前轮抱死产生甩头、后轮抱死产生摆尾现象）、制动距离加长、轮胎局部快速磨损及损坏路面四大问题，这是非常危险的。有经验的驾驶员采用"点刹"的办法来避免车轮被抱死，要精确防止车轮被完全抱死，必须靠一套自动控制系统才能实现，这样就产生了 ABS 系统，它能够自动避免制动过程中车轮被完全抱死，故现代汽车上必须安装 ABS 系统。

1. ABS 的基本组成

（1）ABS 的基本组成。在传统制动系统中串入轮速传感器、电子控制系统、制动压力调节器 3 大部分构成了 ABS 系统。ABS 工作过程中，制动压力在增压压力（强制制动）、保持压力（温柔制动）、放松压力（放松制动）3 种压力的制动状态中循环，达到自动防止制动时车轮被抱死的目的，如图 16.42 所示。

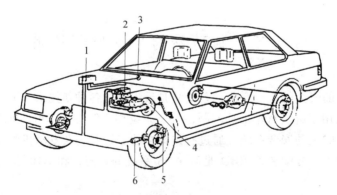

图 16.42 ABS 的基本组成

1—ABS 的 ECU；2—ABS 控制器总成；3—警报灯；4—制动总缸；
5—制动轮缸；6—车轮转速传感器

（2）ABS 的特点。与传统行车制动系统相比，ABS 系统有两大改变，一是零件精度大大提高，因而制动动作准确性提高；二是增加了轮速传感器、ABS 的 ECU、工况转换电磁阀、回油泵及其电机、储能器组成的 ABS 总成。

（3）滑移率与附着系数。

① 滑移率。在汽车制动过程中，随着制动强度的增加，车轮的运动状态逐渐从纯滚动向抱死变化，车轮滚动成分逐渐减少，而滑移成分逐渐增加。这种状态可用滑移率来说明。滑移率是指制动时，在车轮运动中滑移成分所占的比例，用 S 表示

$$S = (v_1 - v_2)/v_1 \times 100\% = (v_1 - \omega r)/v_1 \times 100\%$$

式中　v_1——汽车质心移动线速度（m/s）（也等于轮胎中心的移动速度）；

　　　v_2——轮胎与地面接触处的线速度（m/s）；

　　　r——车轮与地面接触处的滚动半径（m）；

　　　ω——车轮角速度（rad/s）；

　　　ωr——轮胎与地面接触处的线速度（m/s）。

车轮纯滚动，$v_1 = v_2$，$S = 0$；纯滑动（车轮被抱死），$v_2 = 0$，$S = 100\%$；边滚动边滑动，S 在 0 ~ 100%变化。

② 附着系数。在汽车制动过程中，车轮与路面间的附着系数随车轮滑移率的变化而变化。实验表明，当滑移率为 $S_p = 20\%$ 左右时，纵向附着系数最大，制动时能获得的地面制动力也最大，汽车的制动效率最高，$0 < S \leqslant S_p$ 称为稳定区域，$S_p \leqslant S \leqslant 100\%$ 称为非稳定区域，S_p 称为稳定界限。此外，随着滑移率的增加，侧向附着系数减小，当车轮抱死滑移率 $S = 100\%$ 时，侧向附着系数接近零，此时很小的侧向力即会导致侧滑，同时还会失去转向能力。

2. ABS 的分类

（1）根据 ABS 对制动液压的控制方式可分为机械式和电子式，电子式 ABS 被广泛应用。

（2）根据 ABS 制动压力调节器布置形式可分为整体式 ABS 和分离式 ABS。整体式 ABS 制动压力调节器与制动主缸制成一体；分离式 ABS 独立布置制动压力调节器和制动主缸。

（3）根据 ABS 制动管路布置方式可分为六种（分类图见图 16.43）。

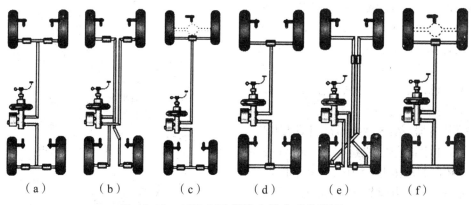

图 16.43　ABS 制动管路布置方式分类图

① 4 通道、4 个传感器、前后式 ABS 制动回路[见图 16.43（a）]。

② 4 通道、4 个传感器、左前右后和右前左后交叉式 ABS 制动回路[见图 16.43（b）]。

③ 3 通道、3 个传感器、前后式 ABS 制动回路[见图 16.43（c）]。

④ 2 通道、3 个传感器、前后式 ABS 制动回路[见图 16.43（d）]。

⑤ 2 通道、2 个传感器（一般布置在对角的两个车轮上）；前后式 ABS 制动回路[见图 16.44（e）]。

⑥ 单通道、1 个传感器；单通道 ABS 一般对两后轮按低选原则一同控制，其主要作用是提高汽车制动时的方向稳定性[见图 16.43（f）]。

其中（b）、（e）两种是普遍采用的布置形式。

3. ABS 部件的结构与工作原理

（1）轮速传感器。可以是霍耳式、光电式和磁感应式。3 种类型的传感器本教材前面章节都有详细分析，为节约篇幅，此处不再赘述。

磁感应式车轮轮速传感器的基本构造如图 16.44 所示。3 种传感器产生的交流感应电压频率代表了车轮转速，见图 16.45。此感应电压传送给 ECU，ECU 就知道车轮的转速和角加速度。

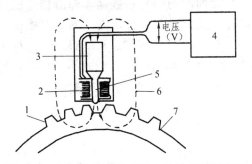

图 16.44　轮速传感器的基本构造与工作原理

1—轮齿；2—感应线圈；3—磁铁；4—电子控制器；
5—磁极；6—磁力线；7—传感齿圈

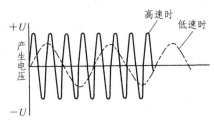

图 16.45　轮速传感器产生的感应电压信号

（2）ABS 的 ECU。ECU 的主要功用是接收转速传感器送来的电信号，对电信号进行测量比较、分析放大的判别处理，然后通过精确的计算，得出制动滑移率和车轮转动角加速度，再输出电信号指令，送到电磁阀和液压泵电机，控制液压系统以控制制动力，防止制动轮抱死。

（3）执行器。ABS 执行器是制动压力调节器，主要作用是接收并执行来自 ECU 的控制指令，控制制动压力的增压、保持和降低。图 16.46 是制动压力调节器的元件布置图。

① 构造。ABS 的制动压力调节器主要由 3 个工况转换电磁阀、1 个电动回油泵和 2 个储能器组成，电路控制系统的电磁阀继电器和电动回油泵继电器插装在 ABS

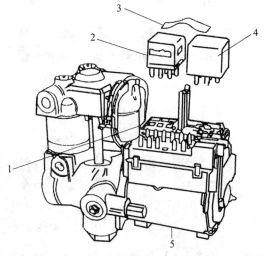

图 16.46　ABS 的制动压力调节器的元件布置图

1—工况转换电磁阀；2—调压电磁阀继电器；3—压板；
4—电动回油泵继电器；5—电动回油泵

调压器上，并用罩盖封闭起来。ABS 调压器的两个进液口分别与双腔制动主缸的两个出液口通过制动管路相连，3 个出液口分别与左前轮制动轮缸、右前轮制动轮缸和后轮制动轮缸通过制动管路相连。ABS 调节器与制动主缸形成分离式结构，在汽车上可以灵活布置。因此 ABS 调节器在不同车型上的安装位置也不尽相同。

在制动防抱死控制的过程中，工况转换电磁阀接收来自 ABS 电子控制器的电流信号，不同强度的通电电流使工况转换电磁阀处于不同的状态，对 3 个控制通道的制动压力分别进行制动力增大、保持和减小的 3 种调节。

两个储液器分别用于接收在制动压力减小阶段有两个前制动轮缸和两个后制动轮缸流出的制动液，并缓和制动液的压力脉冲。

电动回油泵由直流电动机和柱塞泵构成，电动机受电子控制器控制。在防抱死压力调节的过程中，电动回油泵将两个储液器中的制动液输送回制动主缸。

② 工作原理。ABS 压力调节器的工作原理如图 16.47 所示（此图只反映一个通道）。

a. 强制制动工况（ABS 不工作）。当车速高于设定值时踩下踏板，ABS 只起监督系统的作用，不起控制制动的作用：A 阀打开，B 阀关闭，如图 16.47（a）所示。制动主缸与制动轮缸之间的通道贯通，与储液器之间的通道封闭。轮缸处于建立油压状态，实现强制制动，此时的制动效果与没有装 ABS 一样，与 ABS 不工作状况不同之处是 ECU 仍然在监视车轮转速。此时工况转换电磁阀和电动油泵均不通电，电磁阀如图 16.48（a）所示。系统出故障后，制动系统就处于这种工作状态。

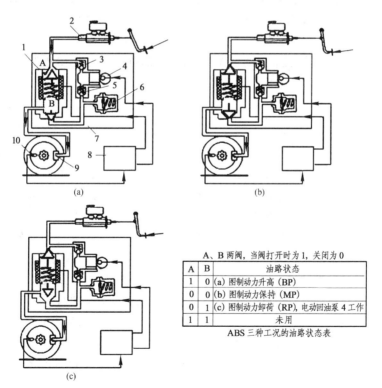

A、B 两阀，当阀打开时为 1，关闭为 0		
A	B	油路状态
1	0	(a) 图制动力升高（BP）
0	0	(b) 图制动力保持（MP）
0	1	(c) 图制动力卸荷（RP），电动回油泵 4 工作
1	1	未用

ABS 三种工况的油路状态表

图 16.47　ABS 调节器的工作原理

1—工况转换电磁阀；2—制动主缸；3—出液单向阀；4—电动回油泵；5—进液单向阀；
6—储液器；7—ABS 调节器；8—电子控制器；9—制动轮缸；10—轮速传感器

b. 温柔制动工况（ABS 系统工作）。当车速低于设定值时继续踩住踏板，ECU 向该通道的工况转换电磁阀线圈中输送小电流，使电磁阀的 A 阀关闭，B 阀仍然处于关闭状态，如图16.47（b）所示。A、B 两阀关闭的结果，使制动主缸与制动轮缸之间的通道和制动轮缸与储液器之间的通道均封闭。制动轮缸中制动液的液压处于保持油压状态，实现温柔制动，此时的制动效果不听驾驶员指挥。

　　c. 放松制动工况（ABS 系统工作）。当 ECU 检测到当车即将被抱死时，尽管驾驶员还在继续踩住踏板，但 ECU 命令 A 阀关闭，B 阀打开，如图 16.48（c）所示。轮缸处于卸油压状态，为了低压状态下的轮缸能够卸油，ECU 同时命令电动回油泵通电运转，强制将轮缸中的低压油送回由于驾驶员踩踏形成的高压状态下的制动主缸中（此时驾驶员右脚有轻微的振动感觉属正常），实现放松制动。车轮在汽车惯性作用下，将要加速，直至车轮转速增至需要再次强制制动时，ECU 命令 A 阀打开，B 关闭。如此按 4～10 Hz 的频率循环，直到车轮安全地停止转动。

　　ABS 系统中设置储液器是为了在高频率的制动放松循环中，尽管制动轮缸中的液压变化快，也能得到及时的补油或排油，以确保制动器动作迅速准确。

　　由于 ABS 的作用，高速状态制动时，驾驶员只管踩下制动踏板，车轮的滑移率自动控制在合适的范围内，实现最佳制动，确保制动安全。

　　装有 ABS 的汽车，在制动后期，车轮会被抱死，轮胎在地面留下印痕。这时由于车速低于 7～10 km/h 时，ABS 不起作用的缘故，属正常现象。但是，ABS 在紧急制动时轮胎在地面留下短而淡淡的印痕与没有装备 ABS 的制动系统紧急制动时轮胎在地面上留下的长拖印是截然不同的。

　　ABS 系统有故障时，仪表板上的 ABS 警告灯会闪烁，或是 ABS 电脑盒上的发光二极管闪烁直接显示故障码。

二、ASR 的概述

　　ASR 是英文 accelerate slip regulation 的缩写，中文全称防滑转电子控制系统。

　　ASR 是驱动防滑系统的简称，它的基本原理是当电脑检测到汽车起步、加速过程中某个驱动轮有打滑趋势时，就会自动降低发动机的输出功率或变速器传出的转速或转矩，并对打滑的车轮施加制动，直到车轮恢复正常的转动。汽车不只在紧急刹车时车轮抱死会出危险，起步时车轮打滑一样有危险，为保证此时的安全，出现了 ASR 控制系统。

　　当车轮转动而车身不动或汽车的移动速度 v_1 低于驱动轮轮缘的线速度 v_2 时，车轮胎面与地面之间就有相对的滑动，这种滑动称为滑转。滑转会使驱动轮产生的牵引力下降，导致汽车在起步、加速和在滑溜路面上行驶时行驶稳定性降低。ASR 对滑转车轮施加制动力或控制发动机、变速器动力输出来抑制车轮的滑转，以避免汽车牵引力和行驶稳定性的降低。这种防滑转控制系统也称为牵引力控制系统，也有的简称 TRC（traction control）。

　　1. ASR 系统的组成和原理

　　ASR 和 ABS 的工作原理方面有许多共同之处，因而常将两者组合在一起使用，构成具有自动防抱死和驱动轮防滑转控制（ABS/ASR）系统。该系统主要由轮速传感器，ABS/ASR ECU，ABS 执行器，ASR 执行器，副节气门控制步进电机和主、副节气门位置传感器等组成。在汽车起步、加速及运行过程中，ECU 根据轮速传感器输入的信号，判定驱动轮的滑移率或者滑转率超过极限值时（10%～20%），就进入防滑转过程：首先 ECU 通过副节气门步进电机使副节气门开度减小，以减少进气量，使发动机输出转矩减小，同时 ECU 还可以命令变速器自动升降挡位（对无级变速器控制带轮传动比）。ECU 判定需要对驱动轮进行制动介入时，会将信号传送到 ASR 执行器，独立地对驱动轮进行控制，以防止驱动轮滑转，并使驱动轮的滑移率保持在规定范围内。

控制信号有以下几种：

（1）控制滑转车轮的制动力。控制信号起动 ASR 制动压力调节器，使滑转车轮有一个适当的制动力，将车轮的滑转率控制在理想的范围内。

（2）控制发动机的输出功率。控制信号起动辅助节气门驱动器，使辅助节气门的开度适当改变，以控制发动机的输出功率，抑制驱动车轮的滑转。

发动机输出功率控制的另两种方式是：

① 控制信号直接输入发动机电子控制器，改变汽油喷射量。

② 控制信号直接输入发动机电子控制器，改变点火时间。

（3）同时控制发动机输出功率和驱动车轮的制动力。控制信号同时起动 ASR 制动压力调节器和辅助节气门开度调节器，在对驱动车轮施以制动力的同时，减小发动机的输出功率，以达到理想的控制效果。

（4）控制变速器的传动比。

根据上述内容，可以对 ASR 与 ABS 进行下列比较：

ABS 和 ASR 都是用来控制车轮相对地面的滑动，以使车轮与地面的附着力不下降，ABS 控制的是汽车制动时车轮的"滑移"率，主要是用来提高制动效果和确保制动安全；ASR 控制车轮的"滑转"率，用于提高汽车起步、加速及在滑溜路面行驶的牵引力和确保行驶稳定性。

ASR 与 ABS 的不同还有，ABS 只控制车轮的制动力大小，ASR 不仅控制驱动车轮的工作状态，还要通过 ECU 去影响发动机和变速器的工作状态。

2. ASR 系统的构件

（1)ASR 系统的传感器。ASR 系统的传感器主要是车轮转速传感器和节气门开度传感器。车轮转速传感器与 ABS 系统共用。

ASR 专用的信号输入装置是 ASR（TRC）切断开关，将 ASR（TRC）切断开关关闭，ASR 系统就不起作用。比如，在需要将汽车驱动车轮悬空转动来检查汽车传动系统或其他系统故障时，ASR 系统就可能对驱动车轮施以制动，影响故障的检查。这时，关闭 ASR 开关中止 ASR 系统的作用，就可避免这种影响。

（2）ASR 系统的控制器。ASR 系统的控制器也是以微处理器为核心，配以输入输出电路及电源等组成。

ASR 和 ABS 的一些信号输入和处理都是相同的，为减小电子器件的应用数量，使结构紧凑，ASR 控制器与 ABS 控制器常组合在一起。

（3）ASR 系统的执行器：

① 制动压力调节器。制动压力调节器执行 ASR 控制器的指令，对滑转车轮施加制动力和控制制动力的大小，以实现控制滑转车轮的滑转率在目标范围之内。

② 节气门驱动装置。ASR 系统通过改变发动机辅助节气门的开度对发动机的输出功率进行控制的方法是应用较广泛的方法。在 ASR 不起作用时，辅助节气门处于全开的位置；当需要减小发动机的输出功率来控制车轮滑转时，ASR 控制器就输出控制信号，使辅助节气门驱动机构工作，改变辅助节气门的开度，从而控制发动机的输出功率，抑制驱动轮的滑转。

以 BOSCH ASR 2E 为例，节气门驱动装置一般由步进电机和传动机构组成。步进电机根据 ABS 控制器输出的脉冲电信号转动一定的角度，通过传动机构带动辅助节气门转动。

图 16.48 是节气门调节机构的示意图。

ASR 控制器通过节气门电位计检测节气门的开度，一旦 ABS 控制器检测并判断到有驱动轮发生空转，就发出控制信号，通过控制电动机的

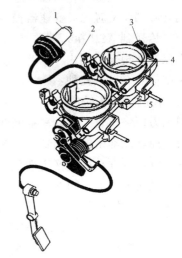

图 16.48　ASR 节气门开度调节器的工作原理
1—电动机；2—拉索；3—双轨电位计；
4—主节气门；5—副节气门

拉索的动作减少副节气门的开度，从而减少发动机的输出转矩。

（4）ABS 及 ASR 系统指示灯。如图 16.49 所示，仪表盘上有一个 ABS 故障指示灯、一个 ASR 故障指示灯、一个 ASR 工作指示灯、一个位于 ASR 开关上的指示灯（在关掉 ASR 功能时，该指示灯亮）。

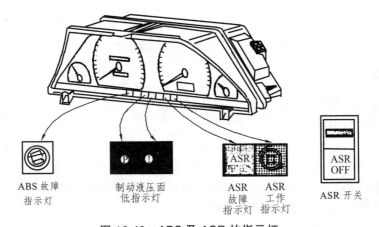

ABS 故障　　制动液压面　　ASR　　ASR　　　ASR 开关
指示灯　　　低指示灯　　　故障　　工作
　　　　　　　　　　　　指示灯　指示灯

图 16.49　ABS 及 ASR 的指示灯

每当接通点火开关，ABS 及 ASR 控制器会对上述指示灯进行故障检查，指示灯会持续亮 2~3 s。如果控制器没有检测到系统有故障，在 3 s 后所有的指示灯会熄灭。

（5）ASR 系统在汽车行驶过程中的状态包括：

① ASR 功能的消除和起动：按下 ASR 开关可以消除或起动 ASR 功能。若选择驾驶过程中不启用 ASR 功能，那么仪表盘上 ASR 故障/指示灯和 ASR 开关上的指示灯会常亮。

② ASR 工作：一旦 ASR 系统进入车轮滑转调节状态，则 ASR 工作指示灯会闪亮。

③ ABS/ASR 系统出现故障时，指示灯会因故障的不同情况产生不同的显示：

a. 当 ABS 有故障时，ABS 和 ASR 功能均消除，ASR 故障指示灯和 ABS 故障指示灯常亮。

b. 当 ASR 有故障时，只有 ASR 功能失效，ABS 仍可以正常工作，只有 ASR 故障灯常亮。

三、电子稳定系统 ESP 简介

为提高汽车行驶的安全性能，在原有装备基础上，又增加了电子稳定系统 ESP。ESP 是英语 Electronic Stability Program 的缩写，意为电子稳定程序。它是一个主动的、建立在其他牵引控制系统之上的非独立的系统，通过有选择性的分缸制动及发动机管理系统干预，防止转向时车辆滑移造成的转向不稳。

1. ESP 电控系统

ESP 电控系统由传感器、控制单元和执行元件三部分组成。

按下 ESP/TCS 功能开关，可关闭 ESP/TCS 功能，并由仪表上的警告灯指示出来，再次按压此开关可重新激活 TCS/ESP 功能。如果司机忘记重新激活 TCS/ESP，再次起动发动机后系统可被重新激活。下列情况下，有必要关闭 ESP。

（1）在积雪路面或松软路面上，让车轮自由转动，前后移动车辆。

（2）安装了防滑链的车辆。

（3）在测功机上检测车辆。

如图 16.50 所示为控制单元的外形，主要功能有：

① 控制 ESP，ABS，EDL，TCS，EBD 及 EBC。

② 连续监控所有电气部件。

③ 支持自诊断。

打开点火开关后，控制单元将做自测试。所有的电器连接都将被连续监控，并周期性检查电磁阀功能。

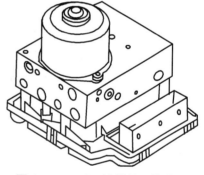

图 16.50　ESP 控制单元的外形

2. ESP 的工作过程

（1）ESP 与其他安全系统的关系。装备 ESP 的车辆，同时也具有牵引力控制系统 TCS（traction control system）、电子差速锁 EDL（electronic differential lock）、制动防抱死系统 ABS（anti-lock brake system）功能。其中 TCS 通过发动机管理系统干预及制动车轮，防止驱动轮打滑。EDL 两驱动轮在附着系数不同的路面上，出现单侧车轮打滑时，制动打滑车轮，保证车辆行驶的稳定。

ABS/TCS 系统就是要防止在车辆加速或制动时出现我们所不期望的纵向滑移。而 ESP 就是要控制横向滑移，是车辆在各种工况下行驶的一个主动安全系统，能处理各种异常情况，减轻驾驶员的精神紧张及身体疲劳。

（2）ESP 的工作分析。ESP 工作时首先通过方向盘转角传感器及各车轮转速传感器识别驾驶员转弯方向（驾驶员意愿），定义为 a，通过横摆角速度传感器识别车辆绕垂直于地面轴线方向的旋转角度，通过侧向加速度传感器识别车辆实际运动方向，定义为 b。若 a > b，ESP 判定为出现不足转向，将制动内侧车轮，使车辆进一步向驾驶员转弯方向偏转，从而稳定车辆。若 a < b，ESP 判定为出现过度转向，ESP 将制动外侧前轮，防止出现甩尾，并减弱过度转向趋势，稳定车辆。

如果单独制动某个车轮不足以稳定车辆，ESP 将通过降低发动机转矩输出的方式或制动其他车轮来满足需求。

比较装有 ABS 与装有 ESP 的制动过程，在制动初速度均为 50 km/h，路面摩擦系数为 0.15 的情况下，装有 ESP 的车辆制动距离、制动时间、车辆侧滑等制动性能明显优于只装有 ABS 的车辆。

3. ESP 起动检测

某车型的 ESP 检测用于检查传感器（G200、G201、G202）信号的可靠性，拆卸或更换 ESP 部件后，必须进行 ESP 检测。具体方法如下：

（1）连接 VAG1551 或 VAS5051，打开点火开关，进入 03 地址。

（2）进入 04 基本设定，选择 093 通道，按 Q 键。

（3）显示屏显示 ON，ABS 报警灯亮。

（4）拔下自诊断插头，起动发动机。

（5）用力踩下制动踏板（制动力应大于 35 bar），直到 ESP 报警灯 K155 闪亮。

（6）以 15 ~ 30 km/h 试车，时间不超过 50 s，行车时应保证 ABS、EDS、ASR、ESP 不起作用。

（7）转弯并保证方向盘转角大于 90°。

（8）ABS 报警灯和 ESP 报警灯熄灭，则 ESP 检测顺利完成。

若 ABS 灯不灭，说明 ESP 检测未顺利完成，应重复上述操作；若 ABS 灯不灭且 ESP 灯亮起，说明系统存在故障，查询故障存储器，并予以排除后，再重新进行 ESP 检测。

四、EBD 制动力自动分配系统

EBD 是 electronic brake force distribution 的缩写，即电子制动力分配装置。汽车在制动时，因为四只轮胎所附着的地面条件不同，与地面的摩擦力也不同，制动时就容易产生滑移、倾斜和侧翻等现象。为了有效地避免这些现象，电子制动力分配装置的作用就是在汽车制动的瞬间，通过对四只轮胎附着的不同地面情况进行感应、计算，得出不同的摩擦力数值，使四只轮胎的制动装置根据不同的情况采用不同的方式和分配制动力矩，并在运动中不断高速调整，保证车辆的平稳、安全。

EBD 是 ABS 系统的有效补充，和 ABS 组合使用，可以提高 ABS 的功效。当发生紧急制动时，EBD 在 ABS 作用之前，可依据车身的重量和路面条件，自动以前轮为基准去比较后轮轮胎的滑移率，如发觉差异程度必须被调整时，刹车油压系统将会调整传至后轮的油压，以得到更平衡且更接近理想化的制动力分布。

☆第九节 机械设计概述

一、机械设计的概念

1. 机械设计的两种类型

一类是规划设计以前没有的新机械，另一类是针对已有的旧机械，对其不足之处进行改进和完善设计，两类设计都有一个构思、推敲、设计的过程。

2. 机械设计的两种要求

（1）一般要求。能满足使用要求，性能好，美观大方。

（2）基本要求。工作可靠，成本低廉。

3. 机械设计的主要内容和思路

（1）两种设计内容。整体设计与局部设计：整体设计主要是解决结构方面的问题，满足工作功能要求；局部设计主要是解决最薄弱环节的安全问题，满足工作能力要求。最薄弱环节都安全了，其余地方一定是安全的，故找出最薄弱环节是局部设计的关键，一般是在局部设计的基础上再进行整体设计。

（2）两种设计思路。计算设计与非计算设计：计算设计是要经过严格科学的计算，得出计算结果或范围；非计算设计是根据前人的成果进行对比，通过使用经验公式、查标准、查手册等方法确定所选用的结果或范围。

（3）两种设计计算方法。设计计算和校核计算：没有实物，依靠设计计算公式（工作能力计算准则），经过计算确定零件基本尺寸的计算称为设计计算，这样设计出来的零件一定能满足设计计算公式条件下的安全要求；而校核计算是先根据一定依据（如类比、经验、估算等），假设出实物的基本尺寸，再分别按工作能力计算准则计算两边的数据，代入不等式，判断不等式是否成立，如果成立则这个零件满足安全要求，否则就应重新设计。

4. 设计者的任务

（1）回答和解决技术方面的问题。

（2）论证管理问题。

5. 机械零件设计

零件作为机械的一部分，其设计的基本思路与设计机械是完全一致的，不同点是设计零件更细更具体，也就有了它自己的特殊矛盾，设计零件主要是解决好承载能力和贯彻标准两个问题。

6. 机械设计的名词解释

（1）失效：机械零件由于某种原因不能正常工作称为失效。

（2）承载能力（工作能力）。不失效，安全工作的能力。

（3）失效形式：

① 由强度问题引起的失效：断裂、塑变。

② 由刚度问题引起的失效：弹性变形。

③ 由稳定性问题引起的失效：受力平衡、振动平衡。

④ 由耐磨性问题引起的失效：磨损。

⑤ 由其他问题引起的失效：打滑、松弛、蠕变等。

为了解决以上问题，是不是把零件设计得尽可能大就好？不是，为什么？这就是设计的基本要求规定的既要安全可靠又要成本低廉，这是设计要解决的基本问题，以上这些问题几乎是普遍存在的，不可避免的（如变形，只要有力作用就一定会有变形）。如何判断是否失效，这就提出一个准则问题。

（4）工作能力计算准则。即是否失效的判断条件：零件最薄弱环节的实际最大计算量≤制成零件的材料在相同条件下的许用量。

① 按强度条件判断：实际应力≤许用应力。

② 按刚度条件判断，实际变形量≤许用变形量。

③ 稳定性条件判断：稳定安全系数大于极限安全系数。

压杆丧失其直线形状的平衡而过渡为曲线形状的平衡的现象，称为丧失稳定，这时的压力称为临界压力，是已发生弹性变形，但应力又未超过压缩极限所表现出来的一种失效，其他形式的构件也存在稳定性问题。

④ 按耐磨性条件判断：在规定条件下，实际磨损≤允许磨损量。

7. 机械零件设计的步骤

（1）拟定机构运动简图。

（2）确定载荷。

（3）选材料。

（4）根据失效形式确定最薄弱部位尺寸。

（5）进行整体结构设计。

（6）绘制工作图并标注技术条件。

二、零件整体强度（受载零件较大体积内产生的应力）

1. 名词解释

（1）名义载荷。在理想的平稳工作条件下作用在零件上的载荷。

（2）载荷系数。考虑各种附加载荷而引入的系数 K。

（3）工况系数。考虑工作情况而引入的系数。

（4）计算载荷。载荷系数与名义载荷的乘积。

（5）名义应力。按名义载荷计算的应力。

（6）计算应力。按计算载荷计算的应力。

（7）判断条件。① 找出构件各截面上的应力大小（与此有关的因素有载荷大小、载荷类型、载荷作用位置、几何尺寸、支承形式等）；② 比较上述应力，找出危险截面；③ 用危险截面上的应力与许用应力比较。

（8）许用应力。材料的极限应力除以安全系数。

极限应力取决于什么？第一，与应力的种类有关（如拉、压、外载荷一样大，但极限应力相差很大,这是因为循环特性对极限应力的影响是相当大的);第二,与材料的种类有关(在相同载荷作用下,任何材料做成的相同尺寸的构件的应力大小是相同的,但变形不相等,不同材料做成的相同构件,能够承受的最大载荷是不相等的,使它们产生相同变形的载荷也是不一样大的);第三,与安全系数有关。为研究方便,只讨论正应力,如需要研究切应力只需将正应力换成切应力即可。

2. 应力的状态

(1)静应力。不随时间变化,或随时间变化很缓慢的应力。静应力主要使零件产生断裂或塑性变形两种破坏。静应力主要是由静载荷引起的。

(2)变应力。随时间变化的应力,变应力由变载荷引起。

(3)循环变应力。周期性变化的应力,由循环变载荷引起。有四大要素:

① 周期 T:一次循环的时间。

② 频率 t:一秒钟循环的次数。

③ 平均应力。

④ 应力幅。

(4)循环特性。最小应力与最大应力之比。

(5)对称循环变应力。最小应力与最大应力之比 = -1。

(6)脉动循环变应力。最小应力与最大应力之比 = 0。

(7)静应力。最小应力与最大应力之比 = 1。

三、许用应力

1. 静应力下的许用应力

前面已讲在静应力下主要破坏形式是断裂或塑变。

(1)对塑性材料而言,按不发生塑性变形为条件。

(2)对脆性材料以不发生断裂为条件。

2. 变应力下的许用应力

变应力作用下零件的主要破坏形式是疲劳破坏。

(1)疲劳破坏的定义。变应力反复作用,形成微小裂纹损伤,随着变应力的继续作用,损伤积累、扩展,到一定程度突然断裂。

(2)疲劳破坏的特征。疲劳破坏是与应力循环次数有关的破坏。

(3)疲劳曲线。表示应力与应力循环次数之间的关系曲线:

① 循环基数为横坐标。

② 疲劳极限为纵坐标。

③ 疲劳曲线的性质:表示对应于循环次数无限大的对称循环变应力下的弯曲疲劳极限(极大值)。

④ 对应于任意循环次数的对称循环变应力下的弯曲疲劳极限。

（4）许用应力。前面已学过：

① 极限应力是材料能承受的最大应力，用σ_{lim}表示，许用应力是零件材料确保正常工作的最大应力，用$[\sigma]$表示。

② S：安全系数，为了给强度以必要的安全储备，规定把极限应力除以大于1的系数，这个系数称为安全系数，安全系数的许用值已由国家标准规定出来了，许用应力等于极限应力除以安全系数。

（5）极限应力除了与应力种类、材料种类、循环特性等有关外，对于具体的零件，还与零件表面引起应力集中的因素（切口、沟槽、截面突变）和零件的绝对尺寸大小，表面状态等有关，这些因素用应力集中系数和尺寸系数加以考虑。

思 考 题

1. 汽车是怎样实现制动的？制动系的作用是什么？对它有哪些要求？
2. 汽车上为什么至少要装两套各自独立的制动装置？各自由哪两部分组成？
3. 车轮制动器由哪几部分组成？
4. 鼓式车轮制动器有几种形式？各有何特点？
5. 盘式制动器常见的形式有几种？各有何特点？
6. 液压制动传动装置由哪些主要部件组成？
7. 分析液压制动的优缺点。
8. 分析气压制动传动装置的特点。
9. 增压式伺服制动系工作特点是什么？
10. 真空增压器的作用是什么？真空增压与气压增压有何不同？
11. 助力式伺服制动系工作特点是什么？
12. 制动力矩调节装置有几种形式？各有何特点？
13. 驻车制动器的作用是什么？有几种常见的形式？
14. 比较盘式制动器与鼓式制动器的优缺点。
15. 为什么要设置 ABS 装置？说明其基本组成及工作原理。
16. ABS 制动系统与常规制动系统的主要区别是什么？
17. ABS 系统有几类传感器？各有多少个？分别安装在什么部位？
18. ASR 系统的作用是什么？有哪些主要组成部件？
19. ASR 的控制信号有几种？
20. 汽车在行驶过程中 ASR 有几种工作状态？
21. 机械零件设计的基本要求是什么？
22. 机械零件设计的计算准则是什么？不等式两边分别如何计算？
23. 安全系数为什么既不能太小，也不能太大？

第四篇　汽车空调

　　汽车的密封性成为现代汽车的一个重要指标，密封的结果使汽车内部形成一个小的独立空间，人们在这个空间内工作、休息的时间越来越长，这个小生态系统的舒适性自然成为掌握了高科技的人类追求的目标之一。汽车空调的作用就是将这个小生态系统的所有指标调节到最宜居的状态，这种调节主要是通过制冷装置、采暖装置、通风换气装置和空气净化装置来实现。现代汽车的这 4 大装置充分体现了高科技改造小环境的魅力。

第十七章　汽车空调系统

第一节　概　述

如第三章所述，汽车空调系统有制冷装置、采暖装置、通风换气装置和空气净化装置四大装置，因而就有四种功能。以上 4 种装置可以根据用户要求灵活配置，如供北部高寒地区使用的车辆只装采暖通风装置，而供热带地区使用的车辆则只加装制冷装置，这样可以简化结构，降低成本。

制冷装置主要用于夏季车内空气的降温除湿，这一任务由一套制冷系统完成；采暖装置最主要的作用是在冬季为挡风玻璃和后视镜除霜除雾，同时也为车内提供暖气，改善车内环境。轿车上多采用发动机的冷却剂作为热源，大型客车上多采用独立的采暖系统；通风装置有自然通风和强制换气并使车内空气保持循环流动两类；空气净化装置主要利用空气清新剂、空气滤清器、空气消毒设备等，对车内空气进行净化与消毒，去除异味。

车内的污染物主要是苯、甲苯、甲醛等，目前解决车内空气污染的方法主要有喷洒光触媒催化剂、安装空气净化装置两种，目的是去除这 3 种污染物。

光触媒催化剂是将催化剂喷洒在汽车内壁和装饰品上，当光线照射在涂膜表面时，光触媒催化剂便可进行光合作用，迅速分解空气中的甲醛、苯等污染物，这是一种先进的车内空气净化技术；车用空气净化器利用高分子筛技术，像筛子一样将车内空气中的有机小分子过滤掉，将甲醛、苯的浓度降到 0.12 mg/m³ 以下。本书不再多述。

大、中型客车的各种装置通常独立安装，并可单独使用，如在车顶上安装两个或 3 个独立的强制换气扇用于车内通风换气，冬季用独立的燃油燃烧加热器为车内供暖，夏季由专门的副发动机（空调发动机）驱动的独立制冷系统为车内提供冷气。

小型客车和轿车大多将上述各装置组成同时具有采暖、通风、降温除湿、挡风玻璃除霜除雾等功能的冷-暖一体化空调系统（称为全空调系统）。这种空调系统冷、暖、通风合用一只鼓风机和一套统一的操纵机构，采用冷暖混合调温方式和多种功能的送风口，使得整个空调系统总成数量减少、占用空间小、安装布置方便，操作调控简单，温湿度调节精度高，出风分布均匀，易实现空调系统的自动化控制。本章主要介绍目前轿车中普遍采用的冷、暖一体化全空调系统的组成及工作原理。

一、制冷装置及其工作原理

汽车空调系统不再采用具有破坏臭氧层的 R12（氟利昂沸点 −30 ℃）为制冷剂，改用无氟环保型 R134a（沸点 −26.6 ℃）为制冷剂。

制冷系统由制冷元件和保护控制元件两部分组成，按制冷剂循环顺序，制冷元件由蒸发器（evaporator）、压缩机（compressor）、冷凝器（condenser）、干燥器（dryer）、热力膨胀阀（thermal expansion valve）TX 阀（或节流孔管）五元件及密封件组成；保护控制元件主要有：向车内吹风的风扇、向车外鼓风的风扇、控制风向的翼片组、各种保护开关、传感器、仪表等六类元件组成。

制冷系统各部件用耐压金属管道或特制的耐氟耐压橡胶软管依次连接而形成一个封闭的系统，系统内充有一定量的制冷剂。如图 17.1 所示为汽车空调制冷系统的组成，其制冷原理可由图 17.2 说明。

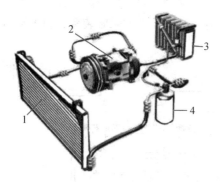

图 17.1　汽车空调制冷系统的组成

1—冷凝器；2—压缩机及离合器；
3—蒸发器；4—储液干燥器

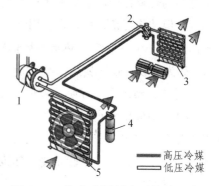

█ 高压冷媒
▭ 低压冷媒

图 17.2　汽车空调制冷系统的制冷原理

1—压缩机；2—热力膨胀阀；3—蒸发器；
4—储液干燥器；5—冷凝器

压缩机由发动机曲轴皮带轮驱动旋转，将蒸发器中因吸热而汽化的低压常温制冷剂蒸汽吸入压缩机，压缩成温度为 70 ℃ 左右、压力为 1.3 ~ 1.5 MPa 的高温高压制冷剂气体，经高压管送入冷凝器，经冷凝器冷却使高温高压的制冷剂气体冷凝为温度为 常温、压力为 1.3 ~ 1.5 MPa 的高压低温制冷剂液体后送入储液干燥器。在储液干燥器中除去制冷剂中的水分和杂质，然后经高压液体管道送入热力膨胀阀，经膨胀阀节流膨胀变为压力为 0.15 ~ 0.30 MPa、温度为 10 ℃ 左右 的中温低压液体制冷剂后进入蒸发器迅速汽化，接近沸点（ − 26.6 ℃ ）的低压低温气体。低压低温的液体制冷剂通过蒸发器壁面吸收蒸发器及其周围空气中的热量而沸腾汽化，使蒸发器表面及其周围空气的温度降低至 2 ~ 8 ℃ 温度。风扇将车外空气或车内空气强制吹过蒸发器表面时,空气便被蒸发器冷却而变为调定温度的冷气送进车厢内,在蒸发器内吸热汽化后的常温低压制冷剂蒸汽再次被压缩机吸入，然后重复上述过程。制冷剂的热力循环过程如图 17.3 所示，横坐标轴上高压、下低压；纵坐标左气右液。制冷剂在制冷系统中不断循环，便可使蒸发器始终保持很低的温度，以便使车内空气降温除湿。

制冷效果取决于单位时间内蒸发器内制冷剂汽化量的多少，汽化量受压缩机工作时间和膨胀阀开度的控制。

压缩机工作与否是由压缩机皮带轮内的电磁线圈是否通电来决定，线圈通电，压缩机主轴随皮带轮一同转动，制

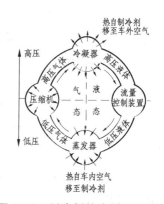

图 17.3　制冷剂热力循环过程

冷系统工作；线圈断电，皮带轮空转，压缩机主轴不转，系统不工作，而线圈通电与否是由驾驶员通过 A/C 开关控制或由 ECU 自动控制。

二、采暖装置及其原理

采暖装置是汽车空调系统中的重要组成部分，根据获取热源的方法不同，汽车采暖装置可分为独立式采暖装置和非独立式采暖装置两种类型。独立式采暖装置，是利用柴油或煤油等燃料在一个专门的燃烧器内燃烧所产生的热量为车内提供暖气，特点是供暖充分，不受汽车运行状态的影响，但结构复杂，耗能多，用于大、中型客车。非独立式采暖装置，利用发动机工作时冷却水的余热（80 ~ 95 ℃ 的热水）为车内提供暖气，称为水暖式暖气装置，结构简单、成本低、不耗能、操作维修方便，采暖量较小（小于 29 308 kJ/h），对小型客车和轿车来说，足以满足车内供暖的需要，故广泛用于小型客车和轿车上，缺点是采暖量受汽车发动机运转工况的影响较大。

图 17.4 所示是水暖式采暖装置的采暖原理，发动机水套内的冷却水经热水管道和热水阀进入采暖装置中的热交换器（暖气芯）而使其温度升高，当空气吹过热交换器时，空气便被加热变为暖气后送入车内。

采暖装置与制冷装置是两个各自独立的系统。

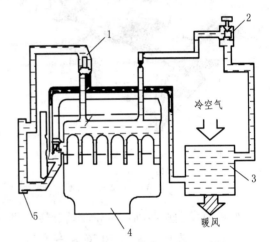

图 17.4　水暖式暖气装置的采暖原理
1—节温器；2—热水阀；3—热交换器（暖气芯）；
4—发动机；5—冷却水箱

三、通风换气装置及其空气调节过程

图 17.5 所示的是目前轿车上普遍采用的冷-暖一体化空调系统中的通风换气装置结构简图，图 17.6 所示为空调操纵面板。

轿车上将提供冷气的蒸发器和提供暖气的热交换器安置在同一送风通道内，由空调操纵面板上的 A/C 开关控制制冷系统工作，热水阀的开闭则由面板上调温推杆控制，并与调温风门一起联动。

控制风向的翼片组根据驾驶员的选择或由 ECU 自动选择位置操纵进风口，以选择风道。进气翼片组位置决定从车内进气（内循环）、从车外进气（外循环），或是从车内和车外同时进气。送气翼片组位置决定不同的送风口，一般有面部送风（用于送冷气），面部、腿部同时送风（多用于通风），腿部送风（用于送暖风），腿部和除霜器送风以及除霜器送风等多挡可供选择或自动控制。

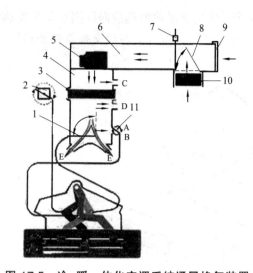

图 17.5　冷–暖一体化空调系统通风换气装置

1—足部风门；2—热水阀；3—加热器；4—空气分布箱；
5—鼓风机；6—进风罩；7—真空阀；8—进风风门；
9—进风罩滤网；10—蒸发器；
11—除霜风门

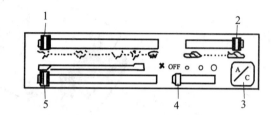

图 17.6　空调操纵面板

1—送风口选择推杆；2—空气进口选择推杆
3—空调 A/C 开关；4—鼓风机挡位开关
5—温度调节推杆

夏季空调系统用于为车内提供冷气，使用时先接通鼓风机挡位开关，使鼓风机以适当的速度转动送风，按下空调 A/C 开关后制冷系统开始工作，蒸发器温度下降。鼓风机将车内或车外空气吸入后，首先经过过滤器，滤除空气中的尘土和杂质后再送入蒸发器，经蒸发器降温除湿，成为湿度适宜的清洁冷气，在通过调温风门时被分为两部分，一部分冷气被送入暖气芯再次加热（再热）后进入空气混合室；另一部分冷气则绕过暖气芯直接进入空气混合室，在空气混合室内冷热空气重新混合后，由配风门、配风管道及相应的送风口送入车内。调节面板上调温推杆可改变调温风门的位置，改变进入暖气芯的冷气量，使进入混合室内冷暖空气的比例改变而达到调节送风温度的目的。

冬季使用时，可不按空调 A/C 开关，即制冷系统不投入工作，将调温推杆推到右侧便可获得暖气，送出的暖气温度也可由调温推杆进行调节。

春秋两季时，空调系统可作为强制通风换气装置使用。使用方法是将空气进口选择推杆扳到车外进气位置（最右侧），温度调节推杆置于最左侧以关闭热水阀开关，然后接通鼓风机挡位开关，车外新鲜空气便被强制送入车内，从而达到通风换气的目的。

四、空调系统结构简介

图 17.7 所示的是某型轿车采用的冷-暖一体化全空调系统，由采暖、制冷通风、操纵及控制机构 4 部分形成一个整体，安装相对容易集中。

1. 采暖系统

采用水暖式结构，以发动机的冷却水为热源，采暖系统的设备主要有热交换器和热水阀。热交换器相当于一个散热水箱，安装在鼓风机所在的箱体内。当发动机工作时，打开水调节阀，发动机水套内的高温水经调节阀流入热交换器，热交换器被加热后向周围空间散发热量，冷却水在水泵的作用下不间断地循环。此时，开动鼓风机，空气流经热交换器被加热送入车内达到取暖或除霜的目的。

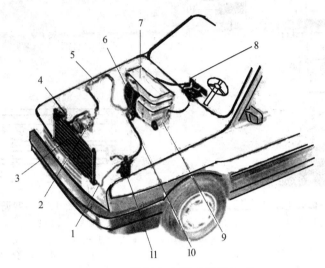

图 17.7　某轿车空调系统的组成

1—低压低温汽态管；2—空调压缩机；3—冷凝器；4—低压常温汽态管；5—高压高温汽态管；6—蒸发箱；
7—进风罩；8—暖风与空调控制装置；9—加热器；10—高压常温液态管；11—储液干燥器

2. 制冷系统

制冷系统的装置主要由蒸发器、压缩机、冷凝器、储液干燥器、热力膨胀阀（有些车型采用节流管代替热力膨胀阀）以及电气控制元器件等组成，其工作原理与前面所述汽车空调制冷装置的工作原理相同。

3. 通风系统

通风系统主要由鼓风机、翼片组、风道、风口、风门等组成，如图 17.5 和图 17.8 所示。可以利用空调鼓风机将冷风或暖风经各风口输送到车内各处，对车内的空气品质进行调节以实现强制性通风。

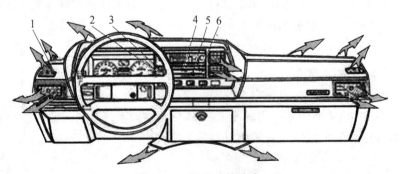

图 17.8　通风口的分布

1—仪表板风口；2—风量旋钮；3—空调开关；4—足部风门控制键；
5—热水阀控制键；6—除霜风门控制键

438

4. 控制机构

空调系统中的压缩机、鼓风机等主要装置和新鲜空气进风门均采用电动控制。

第二节　汽车空调系统的主要部件

一、压缩机

压缩机是蒸汽压缩式制冷系统中的主要设备,作用是压缩制冷剂蒸汽以提高热交换效率,为制冷剂流动提供能量。汽车空调压缩机的结构形式较多,常见的有曲柄连杆往复活塞式压缩机、转子叶片压缩机、滚动活塞式和斜盘往复活塞式压缩机(见图 17.9),摇板式压缩机和斜盘式压缩机用主轴和摇板(或斜盘)取代曲轴和连杆,活塞在缸内仍作直线往复运动,结构及工作原理与传统型往复活塞式不同。

（a）往复活塞式　　（b）转子叶片式　　（c）滚动活塞式　　（d）斜盘往复活塞式

图 17.9　常见种类的压缩机结构图

1. 摇板式压缩机

摇板式压缩机,目前使用比较广泛。

（1）工作原理。摇板式压缩机的工作原理如图 17.10 所示。各气缸以压缩机的轴线为中心沿圆周均匀分布,连接杆两端用球形万向节连接活塞和摇板,摇板中心用钢球作支承,摇板只能摇动而不能转动,主轴与楔形传动板固定在一起,可以随主轴旋转。

压缩机工作时,主轴与传动板一同旋转,楔形传动板的转动迫使摇板沿轴向摆动,同时带动活塞在气缸内做往复直线移动。摇板和传动板之间的摩擦力有使摇板转动的趋势,但被固定的一对圆锥直齿轮限制。

压缩机壳体一端设有进、排气阀片,其工作循环包括进气、压缩、排气等过程。当活塞向右运动时,该气缸进行吸气,当活塞向左运动时,该气缸进行压缩和排气(简称压气)。主轴转动一周,每个气缸完成一个工作循环。

（2）摇板式压缩机的结构。摇板式压缩机的结构及组成如图 17.11 所示,主要包括压缩机壳体、气缸、主轴、传动板、摇板、连杆、活塞、阀板、前后端盖、轴承及密封装置等,壳体上均匀分布了若干个气缸与相同数量的活塞,气缸轴线与主轴轴线平行,连杆两端通过球形万向节把活塞与摇板连在一起。传动板与前端盖和摇板之间均装有滚柱轴承,变滑动摩擦为滚动摩擦,减少了阻力和零件的磨损,提高了使用寿命。

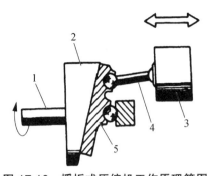

图 17.10　摇板式压缩机工作原理简图

1—主轴；2—传动板；3—活塞；4—连杆；5—摇板

图 17.11　摇板式压缩机的结构

2. 斜盘式压缩机

斜盘式压缩机也是一种轴向往复活塞式压缩机。活塞轴向往复运动是依靠主轴带动斜盘或楔形传动板转动时产生的轴向推力使活塞运动，摇板式活塞工作中只产生单向压气作用，而斜盘式活塞工作中能产生双向压气作用。

（1）斜盘式压缩机的结构。如图 17.12 所示，斜盘式压缩机的主要零件有缸体、前后端盖、前后阀板、主轴、斜盘、活塞、钢球与滑靴、轴承及密封装置等。斜盘与主轴固定在一起，斜盘通过钢球推动活塞移动。活塞、斜盘、滑靴、缸体等零件均采用硅铝合金材料制作。由于斜盘式活塞采用双向压气作用，因而缸体的两端都装有阀板总成，各总成上装有吸气簧片和排气簧片。前后端盖上有各自相通的吸气腔和排气腔，吸、排气腔用阀垫隔开。

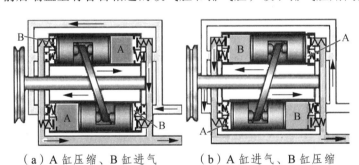

（a）A缸压缩、B缸进气　　　（b）A缸进气、B缸压缩

图 17.12　斜盘式压缩机的结构简图

（2）工作原理。斜盘式压缩机的工作原理如图 17.13 所示。

当主轴带动斜盘一起转动时，斜盘通过钢球推动活塞在气缸内作轴向移动，活塞两端形成的两个气缸工作腔容积反向变化，一侧增大，另一侧缩小，相当于两个气缸在同时工作。当活塞由左端极限位置向右端方向移动时，左端气缸排气阀片关闭，余隙容积内的气体首先膨胀，随着气缸容积的增大，缸内压力略小于吸气腔压力时，吸气阀片打开，低压蒸汽吸入气

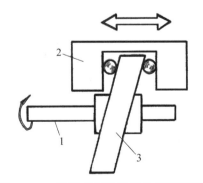

图 17.13　斜盘式压缩机工作原理简图

1—主轴；2—活塞；3—斜盘

缸，直到活塞到达右端极限位置时吸气过程结束；当活塞调转方向，向左端开始移动时，缸内的蒸汽被压缩，当缸内的压力超过排气腔压力时，排气阀打开，处于排气过程，一直到活塞移动至左端极限位置时为止，至此，一个工作循环完成。与此同时，活塞另一端，即右端工作腔以相反的顺序同时完成了一个工作循环。

二、电磁离合器

电磁离合器的作用是根据需要接通或断开发动机与压缩机之间的动力传递，它是汽车空调控制系统中最重要的部件之一，受温度控制器、空调 A/C 开关、空调放大器、压力开关等元件的控制。

电磁离合器安装在压缩机前端，成为压缩机总成的一部分，主要由电磁线圈、皮带轮、压盘、轴承等零件组成，如图 17.14 所示。皮带轮通过 1 根三角皮带由发动机曲轴前端的皮带轮驱动；压盘通过 3 只片簧或橡胶弹簧与压盘轮毂相连接，压盘轮毂则通过花键与压缩机前端伸出来的轴相连接；电磁线圈固定在皮带轮内压缩机前端盖上。

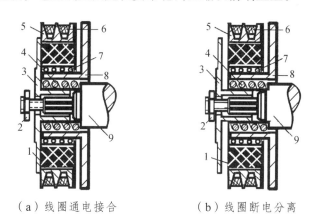

（a）线圈通电接合　　　　（b）线圈断电分离

图 17.14　电磁离合器结构

1—电磁线圈；2—定位螺钉；3—压盘；4—回位弹簧；5—皮带轮；
6—皮带；7—轴承；8—轴承机壳；9—压缩机轴

当电磁线圈不通电时，在 3 只片簧的作用下使压盘与皮带轮外端面之间保持一定的间隙（0.4~1.0 mm），皮带轮在皮带带动下空转，压缩机不工作，如图 17.14（b）；当电磁线圈通电时，在皮带轮外端面产生很强的电磁吸力，将压盘紧紧地吸在皮带轮端面上，皮带轮便通过压盘带动压缩机轴一起转动，从而使压缩机工作，如图 17.14（a）所示。

三、储液干燥器

储液干燥器的作用是储存、干燥、过滤制冷剂。它安装在冷凝器的出口处，并固定在冷凝器框架上。

储液干燥器的结构如图 17.15 所示，采用圆柱形金属罐，内装干燥剂、过滤网，内部不可拆卸。从冷凝器来的高压液态制冷剂从上部进入储液干燥器，经过滤、干燥后，从底部经引出管流向膨胀阀。顶部的观察孔正对流出来的制冷剂。

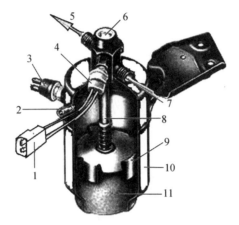

图 17.15　储液干燥器

1—接插件；2—充气阀；3—低压力开关；4—高压力开关；
5—出口接头；6—观察窗；7—进口接头；8—输液管；
9—过滤网；10—干燥罐体；11—干燥剂

四、冷凝器

冷凝器的作用是将制冷剂从蒸发器中吸收的热能和压缩机做功能量散发给外界，使高温高压的蒸汽变为低温高压的液体。冷凝器安装在车头或侧面散热比较好的位置。

冷凝器多采用管带式或管翅式结构，如图 17.16 所示。

五、蒸发器

蒸发器的作用是让经过膨胀阀（或节流阀）降压后的液态制冷剂在蒸发器内蒸发汽化，吸收蒸发器表面周围空气的热量，产生冷源以达到制冷的目的。冷-暖一体化空调系统中，蒸发器安装在空调箱内。蒸发器的结构如图 17.17 所示。

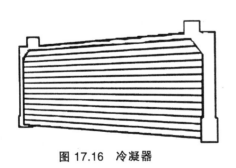

图 17.16　冷凝器

图 17.17　蒸发器

六、膨胀阀（TX 阀）

膨胀阀有两个作用：

（1）降低液态制冷剂的压力，使其成为低温低压的饱和液体，以保证在蒸发器内能在室温下沸腾汽化。

（2）调节供给蒸发器的制冷剂流量，以适应制冷负荷变化的需要，起到调节温度的作用，膨胀阀安装在蒸发器的入口管处。

膨胀阀的种类较多，外平衡式热力膨胀阀，由感温器、膜片、针阀、过热弹簧和阀体等组成。其结构如图 17.18 所示。调整过热弹簧的预紧力，即可调整流量的大小。流量过大，蒸发器易结霜而降低制冷能力；流量过小会使车厢内得不到足够冷气。

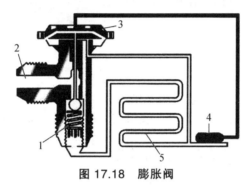

图 17.18　膨胀阀

1—过热弹簧；2—高压液体；3—膜片；4—感温器；5—蒸发器

另外还可以通过细长节流孔的阻尼作用完成膨胀阀的功能，有的轿车上就是用 1 根细长铜管作节流管实现节流降压，效果不错。管内没有运动件，也不用调整，如果管孔堵塞，换新即可。

七、制冷系统的保护

制冷系统有低温保护、高温保护、低压保护、过电流保护四类。前三类保护都是由传感器给 ECU 信号，ECU 命令皮带轮电磁阀通电或断电，适时起动或关闭制冷系统，达到保护的目的，过电保护属于电气控制，本书不讨论，有兴趣的读者可参阅有关书籍。

（1）低温保护是防止制冷系统温度过低造成的破坏，依靠调温器实现低温保护，调温器的工作原理是密封容积热胀冷缩引起压力变化来控制开关通断，使 CEU 得到低温相关信息，如果超过规定值（2~8 ℃），关闭制冷系统，温度升高后又自动起动。

（2）高温保护是利用温度传感器实现，温度传感器（双金属片式或热敏电阻式）给 CEU 发出系统工作温度的信息，当制冷系统温度过高，超过规定值，CEU 就会发出关闭系统的命令，制冷系统自动关闭，温度降下来后再自动起动。

以上两个保护就把空调系统的温度控制在驾驶员设定的范围内了。

（3）利用压力传感器可实现对系统的低压保护，压力传感器始终监视着系统的压力，并把这一信号发给CEU，如果制冷剂泄漏，造成系统压力降低，超过规定值后，ECU发出中断系统供电的指令，皮带轮电磁阀断电，系统停止工作，避免压缩机空转。

☆第三节 弹 簧

弹簧是机械设备中承受变载荷作用的弹性元件，主要作用有：控制运动元件的运动或位置、缓冲吸振、储存能量、测量力的大小，如图17.19所示弹簧起到关闭气门的作用。

图17.19 弹簧用于
关闭气门

一、弹簧的分类

1. 按重要性分类

Ⅰ类：受变载荷作用次数在 10^6 以上或很重要的弹簧，如发动机气门弹簧。

Ⅱ类：受变载荷作用次数在 $10^3 \sim 10^5$ 的弹簧。

Ⅲ类：受变载荷作用次数在 10^3 以下的弹簧。

2. 按形状分类

① 螺旋弹簧；② 环形弹簧；③ 碟形弹簧；④ 盘形弹簧；⑤ 板形弹簧；⑥ 扭杆弹簧，每一种类型的弹簧又有不同的结构，如图 17.20 所示。因为螺旋弹簧用得最多，下面以螺旋弹簧为例，认识弹簧的有关设计常识。

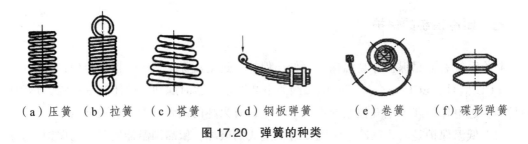

（a）压簧 （b）拉簧 （c）塔簧 （d）钢板弹簧 （e）卷簧 （f）碟形弹簧

图17.20 弹簧的种类

二、弹簧设计

螺旋弹簧有圆柱形、圆锥形，每种又可分为拉伸弹簧与压缩弹簧。

1. 压缩弹簧的结构尺寸（见图17.21）

（1）弹簧中径 D_2。弹簧钢丝中心所在直径。

（2）螺旋升角 α。弹簧螺旋线与垂直于弹簧轴线的平面之间的夹角，一般很小，$\alpha = 5° \sim 9°$。

（3）弹簧的法截面。通过弹簧轴线的平面。

（4）旋绕比。$c = D_2/d$ 也称弹簧指数，d 为弹簧钢丝直径，D_2 为弹簧中位。

（5）曲度系数 K。弹簧丝曲率和切向力对扭应力的修正系数。

（6）弹簧刚度 k 也称为弹簧常数。是使弹簧产生变形量所需的载荷。

$$k = F/y = Gd/8c3n$$

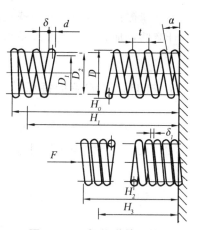

图 17.21　螺旋弹簧结构

式中　G——材料的切变模量（N/mm^2）；

$\quad\quad\ \ d$——弹簧钢丝直径；

$\quad\quad\ \ c$——旋绕比。

（7）支承圆（死圈）。使弹簧站得平直。两端各占 3/4 ~ 7/4 圈；工作圈 n；总圈数 $n_1 = n + $（1.5 ~ 2.5）。

（8）间距。$\delta \geqslant y_2/0.8n$　y_2 为最大载荷时的变形量，即最大允许变形量。

（9）节距。$t = d + \delta$　一般 $t = $（0.3 ~ 0.5）$D_2$。

（10）自由高度 H_0（不受载荷时的长度）$H_0 = n\delta + HS$

① 两端不磨平：$H_0 = n\delta + $（$n_1 + 1$）$d$；

② 两端磨平：$H_0 = n\delta + $（$n_1 - 0.5$）$d$。

（11）弹簧展长 $L = \pi D_2 n_1/\cos\alpha$。

（12）细长比：$b = H_0/D_2 < 3.7$。

保证弹簧受压稳定，如果必须要超过 3.7，则应加导杆或导向套，并搞好润滑。

（13）弹簧内径 D_1。

（14）弹簧外径 D（公称直径）。

2. 压缩弹簧的载荷–变形特性线

由虎克定律可知，在弹性变形范围内：$\sigma = E\varepsilon$；$F = ky$，其中 $y = 8Fc3n/Gd$，$k = Gd/8c3n$。

从上述公式出发，可以分析以下概念：

（1）F_1 是最小工作载荷，即预紧载荷使弹簧可靠地稳定在安装位置。$F_1 = $（0.2-0.5）$F_2$

F_1 使弹簧产生 y_1 变形量，弹簧长度由 H_0 变成 H_1，$H_1 = H_0 - y_1$

（2）F_2 是最大工作载荷，在 F_2 的作用下，弹簧丝的最大应力 $\tau \leqslant [\tau]$，在 F_2 的作用下，弹簧由原始高度缩了 y_2，为了使此时弹簧不并紧（因为并紧就起不到弹簧作用）。$y_2 \leqslant 0.8n\delta$，弹簧在 F_2 的作用下高度由 H_0 变成 H_2。弹簧的工作高度 $y_0 = h = H_2 - H_1$ 也叫做工作行程。

（3）变形能 U：弹簧在由 H_1 被压缩到 H_2 的过程中所积蓄的能量。

（4）极限载荷 F_{lim} 达到材料剪切屈服极限 τ 的载荷对于拉伸弹簧和压簧来讲是使弹簧刚好并紧的载荷。F_{lim} 使弹簧产生极限变形 y_{lim}，压簧高度达到 $H_{lim} = nd$。

（5）特性线（表示弹簧的刚度特性）

不计摩擦：加载与卸载曲线重合，特性线与 y 轴之间的面积代表了变形能的大小。

计摩擦：加载与卸载曲线不重合二线之间所夹面积代表了损耗的能量 U。

3. 拉伸弹簧的结构特点

（1）结构特点。最大特点是 $\delta = 0$，同时两端有挂钩。

（2）尺寸特点。与压簧对应。

思 考 题

1. 汽车空调系统由哪些组成？各有什么功能？
2. 制冷装置有哪些主要部件？各自的主要作用是什么？用方框图表示制冷循环过程。
3. 目前主要使用什么冷媒制冷？为什么不提倡使用 R12？
4. 采暖装置如何分类？除了向车内供暖风外，采暖装置还有什么重要功能？
5. 压缩机电磁离合器有什么重要作用？为什么在压缩机皮带轮要设计一电磁离合器？
6. 弹簧的主要作用有哪些？
7. 按形状分类，弹簧主要有哪些类型？

附录一 汽车常用英语单词与缩写

A

A（Automatic）自动变速器

A4 四速自动变速器

AAE（American Association of Engineers）美国工程师协会

A/C switch 空调开关

A/C compressor 空气压缩机

A/C receiver-drier 空调储液干燥器

AC（alternating current）交流电

ACC 附件

AB（air bag）安全气囊

ABC 车身主动控制系统

ABS（anti-lock brake system）防抱死制动系统

ABV（air bypass valve）旁通空气阀

ADL（automatic door clock）自动门锁

AEC（automobile emission control）汽车排放控制

AIAE（American institute of automobile engineers）美国汽车工程师协会

AIME（American institute of mechanical engineers）美国机械工程师协会

AMP 电流表

AMT（automatic machanical transmission）机械式自动变速器

A-TRC 车身主动循迹控制系统

A/M（automatic/manual）自动/手动

AP 恒时全轮驱动

APC（automatic performance control）爆震自动控制系统 Az 接通式全轮驱动

AS 转向臂

ASC（anti-slip control）驱动防滑控制系统

ASM 动态稳定系统

ASR（acceleration slip regulation）加速防滑转调节（控制）系统

AT（automatic transmission）自动变速器

AYC 主动偏行系统

ATA（anti-thief alarm）防盗报警

ATC（automatic temperature control）自动温度控制

A-TRC 车身主动循迹控制系统

ATS（anti-thief system）防盗系统

AWD（all-wheel drive）全轮驱动

AWS（all-wheel steering）全轮转向

AYC 主动偏行系统

AZ 接通式全轮驱动

AC（air conditioner）空调器

AC（automobile club）汽车俱乐部

AC（air cleaner）空气滤清器

Air cleaner housing 空气滤清器壳体

Alternator 交流发电机

Air-power steering 气压式动力转向

Ait jet，idling 怠速空气量孔

B

B 水平对置式排列多缸发动机

BAS 制动辅助系统

BAT 蓄电池液量警告灯

BCM 车身控制模块

BEAM 远光指示灯

BELT 安全带警告灯

BWI（body in white）白车身

BF 钢板弹簧悬挂

BCS（back-up camp switch）倒车灯开关

BCL（baggage compartment lid）行李箱盖

Blower 鼓风机

Bearings 轴承

C

CAD（computer-aided design）计算机辅助设计

CAN（controller area network）控制器区域网络

CAM[computer-aided management] 计算机辅助设计

CCM（central control module）中央控制模块

CCS[cruise control switch（system）] 巡航控制开关（系统）

CDM（chassis dynamometer）底盘测功仪

CHE 充电指示灯

CIM（computer-integrated manufacturing system）计算机集成制造系统

CKP（crankshaft position）曲轴位置

CNG（compressed natural gas）压缩天然气

CPS（camshaft position sensor）凸轮轴位置传感器

CR-V（comfortable recreational vehicle）（本田）舒适休闲车

CVT 无级变速控制机构

CVT[continuouslyvariable（belt）transmission]（带式）无级变速器

CVTC 连续可变气门正时机构

CC（cleaner cartridge）空气滤清器芯

CV（control valve）控制阀

CJ（camshaft journal）凸轮轴轴颈

CVUJ（constant velocity universal joint）等速万向节

CCC（central cable connector）中央接线盒

Clutch 离合器

Condenser 冷凝器

Choke 阻风门

D

D 柴油发动机（共轨）

DAC 下坡行车辅助控制系统

DC（drag coefficient）风阻系数

DCM（diagnostic control mode）诊断控制模块

DCI（direct cylinder injection）直接喷入气缸

DCS（deceleration control system）减速控制系统

DCS 车身动态控制系统

DB 减震器支柱

DD 德迪戎式独立悬架后桥

DD 缸内直喷式柴油发动机

Dynamic.Drive 主动式稳定杆

DEFI（digital electronic fuel injection）数字式电子控制燃油喷射

D-EFI 压力计量空气流量的电控燃油系统

DFI（digital fuel injection）数字式燃油喷射

DI（direct injection）直接喷射

DI diesel engine 直喷式柴油发动机

DI gasoline engine 直喷式汽油发动机

DOHC（double overhead camshaft）双顶置凸轮轴

DOOR 车门警告灯

DPB（dual power brake）双回路助力制动

DQL 双横向摆臂

DS 扭力杆

DSC 车身稳定控制系统

DTC（diagnostic trouble code）诊断故障码

DFICdirect fuel injection 直接燃油喷射

DC（digital control）数字控制

DV（displacing valve）排气阀门

DC（direct current）直流电

DP（drain plug）放油塞

DHC（decorating hub cover）车轮饰板

DSHL（dimmer switch，head lamp）大灯变光开关

DL（dome lamp）顶灯

Distributor 分电器

Dipstick 油尺

E

EAS[electronic（control）air suspension]电子控制空气悬架

EAT（electronic automatic transmission）电控自动变速器

ECD（electronic control diesel）电子控制柴油机

ECM（engine control module）发动机控制模块

ECI（electronic control injection）电子控制喷射

ECI-turbo（electronic control injection turbo）电子控制燃油喷射涡轮增压发动机

ECS（Engine Control System）发动机控制系统

ECTS（engine coolant temperature）发动机冷却液温度传感器

ECU（electronic control unit）电子控制模块

ECVT[eletro-continuously variable（belt）transmission] 电子控制（带式）无级变速器

Electronic control suspension 电子控制悬架

EBA 紧急制动辅助系统

EBD[electronic brake（force）distribution]电子控制的制动力分配（系统）

EBS（electronic brake system）电子制动系统

EBTC（electronic brake and traction control）制动和牵引力电子控制

ED 缸内直喷式汽油发动机

EDS 电子差速锁

EEC（European economic community）欧共体

EECS（evaporative emission control system）燃油蒸发排放控制系统

EFI（electronic fuel injection）电子控制燃油喷射

EGI（electronic gasoline injection）电子汽油喷射

EGR（exhaust-gas recirculation）废气再循环

EHPS（electronic hydrostatic power steering）电子液压助力转向

EHV（electric and hybrid vehicle）电动和混合动力汽车

EM 多点喷射汽油发动机

EPI（electronic petrol injection）电子汽油喷射

EPS 电子方向助力

ES 单点喷射汽油发动机

ESC（electronic spark control）电子点火控制

ESCS（electronic suspension control system）电子悬架控制系统

ESP（electronic stability program）电子控制稳定系统

ESP 电子稳定程序系统

ETC（electronic traction control）电子牵引力控制装置

ETCC（European touring car championship）欧洲房车锦标赛

ETS（exhaust-gas-turbo-supercharger）废气涡轮增压器

EVAP 炭罐净化控制电磁阀

EVAP 油箱压力控制阀

EXH TEMP 排气温度警告灯

Euro 2 欧洲第二阶段排放限制标准

EH（engine hood）发动机罩

EM（exhaust manifold）排气歧管

EP（exhaust pipe）排气管

EICV（electromagnetic idling cutoff valve）电磁怠速关闭阀

EC（electromagnetic clutch）电磁离合器

Enriching plunger，Vacuum control 真空控制加浓柱塞

Evaporator 蒸发器

F

F1（Formula 1）一级方程式（汽车赛）

FB 弹性支柱

FES（Federal emission standard）（美）联邦排放标准

FF①（front front）（发动机）前置前驱动

FF② 前轮驱动

FF③ 前置引擎前轮驱动

Fi 前置发动机（纵向）

FMS（flexible manufacturing system）柔性制
造系统

FPR（fuel pump relay）燃油泵继电器

Fq 前置发动机（横向）

FR 前置引擎后轮驱动

FR（front rear）（发动机）前置后驱动

FR 后轮驱动

FRR 后置引擎后轮驱动

FSI 直喷式汽油发动机

FVEL 燃油表

FWD（four wheel drive）四轮驱动

FWS（four-wheel steering）四轮转向

FWD（front wheel drive）前轮驱动

FLS（fog lamp switch）雾灯开关

FL（fog lamp）雾灯

FM（fan motor）风扇电机

FD（front door）前车门

FF（front fender）前翼子板

FRG（flywheel ring gear）飞轮齿圈

FO（fuel outlet）出油口

FI（fuel inlet）进油口

FS（fuel strainer）集滤器

FS（fuel-air separator）油气分离器

FSC（fuel-air separator cartridge）油气分离
器滤芯

FLS（fuel level sensor）油面传感器

FP（filler pipe）加油管

FT（fuel tank）油箱

FRP（fuel return pipe）回油管

FINV（fuel inlet needle valve）进油针阀

FP（fixing plate）压板

Fuel 燃油表

Float 浮子

G

GF 橡胶弹簧悬挂

GPS（global positioning system）全球卫星定
位系统

GPS 车载卫星定位导航系统

GT（grand touring）（轿车分类）高性能类，
房车类，旅游类

GTCC（German touring car championship）德
国房车冠军赛

GTOP（gear type oil pump）齿轮式机油泵

Gasket 密封垫

H

HAC 坡道起车控制系统

HC（hydrocarbon）碳氢化合物

HBA 液压刹车辅助系统

HDC 坡道控制系统

HF 液压悬架

HP 液气悬架阻尼

Hi 后置发动机（纵向）

HOS（heated oxygen sensor）加热型氧传感器

HP 液气悬架阻尼

Hq 后置发动机（横向）

HTV（hybrid test vehicle）混合动力试验车

HUD（head up display）抬头显示，前窗玻璃
映像显示

HV（hybrid vehicle）混合动力车

HT（hydraulic tappet）液压挺柱

HPS（high pressure switch）高压力开关

HL（head lamp）大灯

Heater 加热器

I

IAC（idle air control）怠速空气控制

IAT（intake air temperature）进气温度

IC 点火

ICM 点火控制模块

ICE（internal combustion engine）内燃机

ICS（intercooler system）中冷系统

IDI（indirect fuel injection）间接燃油喷射

IDL（idle throttle position sensor）怠速节气
门位置传感器

IEEE（institute of electrical and electronics engineers）（美）电气与电子工程师学会

IFS（independent front suspension）前轮独立悬架

IGT[ignitor（primary frigger）]点火装置（初级触发器）

Inflatable restraint（仪表板字符）安全气囊指示灯

ISO（international standard organization）国际标准化组织

ISC（idle speed control）怠速控制

IH（intake hose）进气软管

IM（intake manifold）进气歧管

IS（intermediate shaft）中间轴

ICV（inlet check valve）进油单向阀

IAS（idling adjusting screw）怠速调整螺钉

IAJ（idling air jet）怠速空气量孔

IC（ignition coil）点火线圈

IM（ignition module）点火控制器

K

KNK knock sensor 爆震传感器

L

L4 直列 4 缸

LAN（local area network）局域网

LCD（liquid crystal display）液晶显示

LF 空气弹簧悬挂

LL 纵向摆臂

Llengtn 气缸排列法，代表直列

LMG（liquefied methane gas）液化甲烷气

LNG（liquefied natural gas）液化天然气

LPG（liquefied petroleum gas）液化石油气

LL（licence lamp）牌照灯

LPS（low pressure switch）低压力开关

M

MA 机械增压

MAF（mass air flow）质量空气流量

MAN（manual）手动的

MAP 空气流量计

MAP（manifold absolute pressure）进气歧管绝对压力

MAT（manifold air temperature）进气歧管空气温度

Mi 中置发动机（纵向）

MIL（malfunction indicator lamp）故障指示灯

Mivec-Mitsubishi（三菱）创新气门正时和升程电子控制发动机

ML 多导向轴

MPFI（multi port fuel injection）多点燃油喷射

MPI（multi point injection）多点喷射

MPV（multi purpose vehicle）多用途车

Mq 中置发动机（横向）

MT（manual transmission）手动变速器

Multitronic 多极子——无级自动变速器

Main bearing bush 主轴承轴瓦

N

NCAP（new car assessment program）新型汽车鉴定程序

NG（natural gas）天然气

NOX（nitrogen oxide）氮氧化物

NOS 氧化氮气增压系统

O

OBD（system on-board diagnostic system）车载诊断装置

OFF 断开

OHC 顶置气门，上置凸轮轴

OHV 顶置气门，侧置凸轮轴

OIL 油压警告灯

ON 接通

OF（oil filter）机油滤清器

OPS（oil pump strainer）机油集滤器

OPS（oil pressure switch）机油压力开关

OPS（oil pressure sensor）机油压力传感器

OP（oil pan）机油盘

OCR（oil control ring）油环

OCV（outlet check valve）出油单向阀

Operating lever, accelerating pump 加速泵操纵杆

P

PCM 动力控制模块

PCV（positive crankcase ventilation）曲轴箱强制通风

PD 泵喷嘴

PS（power steering）动力转向

PUC（pickup car）客货两用小汽车，皮卡

PU（foam polyurethane foam）聚氨酯泡沫塑料

PVC（polyvinyl chloride）聚氯乙烯

PP（pressure plate）压盘

PR（pressure rod）顶杆

PWFI（preheating wrap for intake）进气预热罩

Push rod, accelerating pump 加速泵推杆

Q

Quattro 全时四驱动系统——奥迪车广泛采用如"奥迪 TT 1.8T quattro""奥迪 A8 6.0Lquattro"

QL 横向摆臂

QS 横向稳定杆

R

RA（rocker arm）摇臂

RD（rear door）后车门

RF（rear fender）后翼子板

Radial-ply tyre 子午线轮胎

Radiator 散热器

Rack and pinion steering gear 齿轮齿条式转向器

Regulator 调节器

Rotor 转子

S

S 盘式制动

SA 整体式车桥

SAHR 主动性头枕

SDI 自然吸气式超柴油发动机

SF 螺旋弹簧悬挂

SFI 连续多点燃油喷射发动机

Si 内通风盘式制动

SL 斜置摆臂

SRS 双安全气囊

ST 起动

Starter 起动机

ST 无级自动变速器

STOP 制动信号灯

SW 开关

Stator 定子

SR（snap ring）卡环

SP（spark plug）火花塞

SB（safety belt）安全带

SWD（spoked wheel disk）轮辐板

T

T 鼓式制动

TA-Turbo（涡轮增压）

TCS 牵引力控制系统

TDi-Turbo 直喷式柴油发动机

TEMP 水温表

Tiptronic 轻触子——自动变速器

TSL（turn signal lamp）转向指示灯

Tensioner 张紧轮

TH（thrust halfring）止推环

TS（thermostat switch）温控开关

TS（thermal switch）热敏开关

Thermostat 节温器

Transmission 变速器

TS（transverse stabilizer）横向稳定杆

Transmitting rod, accelerating pump 加速泵传动杆

V

V-belt pulley V 带轮

Vacuum controller, choke 阻风门真空控制器

VB（vacuum booster）真空助力器

V（6、8、12）：即其气缸排列在两侧，成"V"字形，"6、8、12"表示气缸数量

V6 表示"6 缸 V 型发动机"，其优点是发动机的布置紧凑，占用空间小

VAC 真空度警告灯

VIN 机动车身份条形码

VL 复合稳定杆式悬架后桥

VOLT 电压表

VSC 车身稳定控制系统。

VVT-i 电控可变气门正时机构——是丰田公司的智能可变气门正时系统的英文缩写

V-V 型气缸排列发动机即 W 型——如"大众辉腾（W8），奥迪 A8（W12）"

VVTL-i 电控可变气门正时机构——VVTL-i 结合了 VVT-i 的连续式可变正时与重叠角

与 VTEC 式的凸轮转换，可以说是近似完美的引擎

V 化油器

VTEC 可变气门正时和升程电子控制系统——是本田的专有技术，它能随发动机转速、负荷、水温等运行参数的变化，而适当地调整配气正时和气门升程，使发动机在高、低速下均能达到最高效率

W

WASH 洗涤器液量警告灯开关

WA 汪克尔转子发动机——马自达专利

WR（wheel rim）轮辋

WPS（water pump shaft）水泵轴

WPP（water pump pulley）水泵带轮

附录二 汽车常用专业术语英汉对照表

（按章节列出）

第一章 绪论

序号	中 文	英 语	备 注
1	卡尔·奔驰	Karl Benz	[kɑ:l][benz]
2	特里勃·戴姆勒	Daimler	
3	亨利·福特	Henry Ford	
4	汽车	Motor vehicle	['məutə] ['viːɪkl]
5	乘用车	Passenger car	['pæsindʒə] [kɑ:]
6	商用车	Commercial vehicle	[kə'məːʃəl] ['viːɪkl]
7	普通乘用车	Saloon（sedan）	[sə'luːn]([si'dæn])
8	活顶乘用车	Convertible saloon	[kən'vəːtəbl] [sə'luːn]
9	高级乘用车	Pullman saloon	['pulmən] [sə'luːn]
10	小型乘用车	Coupe	['kuːpei]
11	敞篷车	Convertible（open toner）	[kən'vəːtəbl]
12	仓背乘用车	Hatchback	['hætʃbæk]
13	旅行车	Station wagon	['steiʃən] ['wægən]
14	多用途乘用车	Multipurpose passenger car	['mʌltipəːpəs] ['pæsindʒə] [kɑ:]
15	短头乘用车	Forward control passenger car	['fɔːwəd] [kən'trəul] ['pæsindʒə] [kɑ:]
16	越野乘用车	Off-road passenger car	[ɔ:f] [rəud] ['pæsindʒə] [kɑ:]
17	专用乘用车	Special purpose passenger car	['speʃəl] [pəːpəs] ['pæsindʒə] [kɑ:]
18	旅居车	Motor caravan	['məutə] ['kærəvæn]
19	防弹车	Armored passenger car	['ɑ:məd] ['pæsindʒə] [kɑ:]
20	救护车	Ambulance	['æmbjuləns]
21	殡仪车	Hearse	[həːs]
22	客车	Bus	[bʌs]
23	小型客车	Minibus	['minibʌs]
24	城市客车	City bus	['siti] [bʌs]
25	长途客车	Enter ban coach	['entə] [bæn] [kəutʃ]
26	旅游客车	Touring coach	['tuəriŋ] [kəutʃ]
27	铰接客车	Articulated bus	[ɑ:'tikjulitid] [bʌs]

序号	中文	英语	备注
28	无轨客车	Trolley bus	['trɔli] [bʌs]
29	越野客车	Off-road bus	[ɔ:f] [rəud] [bʌs]
30	专用客车	Special bus	['speʃəl] [bʌs]
31	半挂牵引车	Semi-trailer towing vehicle	['semi] ['treilə] [təuiŋ] ['vi:ɪkl]
32	货车	Goods vehicle	[gudz] ['vi:ɪkl]
33	普通货车	General purpose goods vehicle	['dʒenərəl] ['pə:pəs] [gudz] ['vi:ɪkl]
34	多用途货车	Multipurpose goods vehicle	['mʌltipə:pəs] [gudz] ['vi:ɪkl]
35	全挂牵引车	Trailer towing vehicle	['treilə] [təuiŋ] ['vi:ɪkl]
36	越野货车	Off-road goods vehicle	[ɔ:f] [rəud] [gudz] ['vi:ɪkl]
37	专用作业车	Special goods vehicle	['speʃəl] [gudz] ['vi:ɪkl]
38	专用货车	Specialized goods vehicle	['speʃəlaiz] [gudz] ['vi:ɪkl]
39	挂车	Trailer	['treilə]
40	牵引杆挂车	Draw bar trailer	[drɔ:] [ba:] ['treilə]
41	客车挂车	Bus trailer	[bʌs] ['treilə]
42	牵引杆货车挂车	Goods draw bar trailer	[gudz] [drɔ:] [ba:] ['treilə]
43	通用牵引杆挂车	General purpose draw bar trailer	['dʒenərəl] ['pə:pəs] [drɔ:] [ba:] ['treilə]
44	专用牵引杆挂车	Special draw bar trailer	['speʃəl][drɔ:] [ba:] ['treilə]
45	半挂车	Semi trailer	['semi] ['treilə]
46	客车半挂车	Bus semi tailor	[bʌs] ['semi] ['treilə]
47	通用货车半挂车	General pose goods semi trailer	['dʒenərəl] [pəuz] [gudz] ['semi] ['treilə]
48	专用半挂车	Special semi trailer	['speʃəl] ['semi] ['treilə]
49	旅居半挂车	Caravan semi trailer	['kærəvæn] ['semi] ['treilə]
50	中置轴挂车	Central trailer	['sentrəl] ['treilə]
51	旅居挂车	Caravan	['kærəvæn]
52	汽车列车	Combination vehicles	[,kɔmbi'neiʃən] ['vi:ɪkl]
53	乘用车列车	passenger car trail recombination	['pæsindʒə][ka:][treil] ['ri:kɔmbi'neiʃn]
54	客车列车	Bus road train	[bʌs] [rəud] ['treilə]
55	货车列车	Goods road train	[gudz] [rəud] [trein]
56	牵引杆挂车列车	Draw bar tract recombination	[drɔ:] [ba:] [trækt] ['ri:kɔmbi'neiʃn]
57	铰接列车	Articulated vehicle	[a:'tikjulitid] ['vi:ɪkl]
58	双挂列车	Double road train	['dʌbl] [rəud] [trein]
59	双半挂列车	Double semi trailer road train	['dʌbl] ['semi] ['treilə] [rəud] [trein]
60	平板列车	Platform road train	['plætfɔ:m] [rəud] [trein]
61	机动车身份条形码	Vehicle identification number	['vi:ɪkl] [ai,dentifi'keiʃn] ['nʌmbə]
62	计算机辅助设计	Computer aided design	[kəm'pju:tə]['eidid] [di'zain]

第二章 能源与汽车

序号	中文	英语	备注
63	汽油	Motor gasoline	['məutə] ['gæsəli:n]
64	爆震	Detonation	[,detə'neiʃən]

序号	中　文	英　语	备　注
65	轻柴油	Light diesel oil	[lait] ['di:zəl] [ɔil]
66	重柴油	Heavy diesel oil	['hevi] ['di:zəl] [ɔil]
67	充电蓄电池电动汽车	Electric vehicle	[i'lektrik] ['vi:ɪkl]
68	太阳能电动汽车	Solar power vehicle	['səulə] ['pauə] 'vi:ɪkl]
69	燃料电池电动汽车	Fuel-cell move vehicle	[fjuəl] [sel] [mu:v] ['vi:ɪkl]

第三章　汽车的一般布置及车身

序号	中　文	英　语	备　注
70	货车	Truck	[trʌk]
71	轿车	Passenger car	['pæsindʒə] [kɑ:]
72	汽车车身	Motor vehicle body	['məutə] ['vi:ɪkl] ['bɔdi]
73	货车车身	Goods vehicle body	[gudz] ['vi:ɪkl] ['bɔdi]
74	驾驶室	Cab	[kæb]
75	轿车车身	Saloon body	[sə'lu:n] ['bɔdi]
76	承载式车身	Chassis and Body integral construction	['ʃæsi][ænd]['bɔdi] ['intigrəl][kən'strʌkʃən]
77	非承载式车身	Chassis frame and Body construction	['ʃæsi][freim][ænd] ['bɔdi] [kən'strʌkʃən]
78	普通轿车	Saloon	[sə'lu:n]
79	微型轿车	Mini car	['mini] [kɑ:]
80	独立式通风取暖装置	Independent heating	[,ɪndi'pendənt] ['hi:tiŋ]
81	非独立通风取暖装置	Un dependent heating	[ən] [di'pendənt] ['hi:tiŋ]
82	风窗玻璃刮水器	Windshield wiper	['windʃi:ld] ['waipə]
83	门　锁	Door lock	[dɔ:] [lɔk]
84	车速里程表	Speedometer and odometer	[spi'dɔmitə [ænd] ɔ'dɔmitə]
85	水温表	Water temperature gauge	['wɔ:tə]['tempəritʃə] [geidʒ]
86	电流表	Ammeter	['æmitə]
87	八气囊式 SRS 系统	Supplemental restraint system	['sʌplimənt][ris'treint] ['sistəm]
88	音响系统	Acoustic system	[ə'ku:stik] ['sistəm]

第四章　汽车发动机总体构造与工作原理

序号	中　文	英　语	备　注
89	汽油机 （点燃式发动机）	Gasoline engine （Spark Ignition　engine）	['gæsəli:n] ['endʒin] （[spɑ:k] [ig'niʃən]] ['endʒin]）
90	柴油机 （压燃式发动机）	Diesel engine （Compression Ignition　engin）	['di:zəl] ['endʒin] （[kəm'preʃən] [ig'niʃən]] ['endʒin]）
91	四冲程发动机	Four strokes engine	[fɔ:] [strəuks] ['endʒin]
92	二冲程发动机	Two strokes engine	[tu:] [strəuks] ['endʒin]
93	水冷式发动机	Water cooled engine	['wɔ:tə] [ku:l] ['endʒin]
94	风冷式发动机	Air cooled engine	[ɛə] [ku:l] ['endʒin]
95	转子发动机	Rotary engine	['rəutəri] ['endʒin]

序号	中 文	英 语	备 注
96	往复活塞式发动机	Reciprocating piston engine	[ri'siprəkeitiŋ] ['pistən] ['endʒin]
97	上止点	Top dead centre	[tɔp] [ded] ['sentə]
98	下止点	Bottom dead centre	['bɔtəm] [ded] ['sentə]
99	活塞行程	Piston stroke	['pistən] [strəuk]
100	燃烧室容积	Combustion chamber Volume	[kəm'bʌstʃən]['tʃeimbə] ['vɔlju:m]
101	气缸总容积	Maximum cylinder Volume	['mæksiməm] ['silində] ['vɔlju:m]
102	工作容积	Cylinder capacity	['silində] [kə'pæsiti]
103	压缩比	Compression ratio	[kəm'preʃən] ['reiʃiəu]
104	进气冲程	Intake stroke	['inteik] [strəuk]
105	压缩冲程	Compression stroke	[kəm'preʃən] [strəuk]
106	做功冲程	Power stroke	['pauə] [strəuk]
107	排气冲程	Exhaust stroke	[ig'zɔ:st] [strəuk]
108	压力	Pressure	['preʃə]
109	容积	Volume	['vɔlju:m]
110	机体组	Group of engine block	[gru:p] [ɔv] ['endʒin] [blɔk]
111	曲柄连杆机构	Connecting rod	[kə'nektiŋ] [rɔd]
112	配气机构	Valve mechanism	[vælv] ['mekənizəm]
113	供给系	Fuel system	[fjuəl] ['sistəm]
114	点火系	Ignition system	[ig'niʃən] ['sistəm]
115	冷却系	Cooling system	['ku:liŋ] ['sistəm]
116	润滑系	Lubrication system	[ˌlu:bri'keiʃən] ['sistəm]
117	起动系	Starting system	['sta:tiŋ] ['sistəm]

第五章　机体组与曲柄连杆机构

序号	中 文	英 语	备 注
118	直列式发动机	In-line engine	[in]- [lain]- ['endʒin]
119	V 型发动机	V-type engine	V-[taip] ['endʒin]
120	水平对置发动机	Horizontal opposed engine	[ˌhɔri'zɔntəl] [ə'pəuzd] ['endʒin]
121	气缸体	Cylinder block	['silində] [blɔk]
122	气缸套	Cylinder jacket	['silində] ['dʒækit]
123	气缸盖	Cylinder head	['silində] [hed]
124	气缸垫	Cylinder head gasket	['silində] [hed] ['gæskit]
125	气缸盖罩	Cylinder head cover	['silində] [hed] ['kʌvə]

457

序号	中　文	英　语	备　注
126	活塞	Piston	['pistən]
127	活塞环	Piston ring	['pistən] [riŋ]
128	活塞销	Piston pin	['pistən] [pin]
129	连杆	Connecting rod	[kə'nektiŋ] [rɔd]
130	连杆螺栓	Connecting rod bolt	[kə'nektiŋ] [rɔd] [boult]
131	连杆盖	Connecting rod cap	[kə'nektiŋ] [rɔd] [kæp]
132	曲轴	Crankshaft	['kræŋkʃɑ:ft]
133	曲轴带轮	Crankshaft pulley	['kræŋkʃɑ:ft] ['puli]
134	飞轮	Flywheel	['flaiwi:l]

第六章　配气机构

序号	中　文	英　语	备　注
135	正时齿轮	Timing gear	['taimiŋ] [giə]
136	正时链	Timing chain	['taimiŋ] [tʃein]
137	正时齿形皮带	Timing toothed belt	['taimiŋ] [tu:ðd] [belt]
138	侧置气门式配气机构	Side valve mechanism	[said] [vælv] ['mekənizəm]
139	顶置气门式配气机构	Over head valve mechanism	[over] [hed] [vælv] ['mekənizəm]
140	气　门	Valve	[vælv]
141	气门弹簧	Valve spring	[vælv] [spriŋ]
142	液压挺柱	Hydraulic valve tappet	[hai'drɔ:lik] [vælv] ['tæpit]
143	推　杆	Valve push rod	[vælv] [puʃ] [rɔd]
144	摇　臂	Rocker arm	['rɔkə] [ɑ:m]
145	摇臂轴	Rocker arm shaft	['rɔkə] [ɑ:m] [ʃɑ:ft]
146	气门间隙调整螺钉	Valve lash adjusting screw	[vælv] [læʃ] [ə'dʒʌstiŋ] [skru:]
147	排气门	Inlet & exhaust valve	['inlet] [ig'zɔ:st] [vælv]

第七章　汽油机燃料供给系

序号	中　文	英　语	备　注
148	进气管	Intake manifolds	['inteik] ['mænifəuld]
149	化油器	Carburetor	['kɑ:-bjuretə]
150	汽油箱	Fuel Tank	[fjuəl] [tæŋk
151	汽油滤清器	Fuel filter	[fjuəl] ['filtə]
152	催化转化器	Catalytic converter	[ˌkætə'litik] [kən'və:t]
153	热反应器	Thermal reactor	['θə:məl] [ri'æktə]
154	空气喷射反应系统	Air injection reaction system	[ɛə] [in'dʒekʃən] [ri'ækʃən] ['sistəm]
155	进气歧管	Intake manifolds	['inteik] ['mænifəuld]
156	排气歧管	Exhaust manifolds	[ig'zɔ:st] ['mænifəuld]
157	电控燃油喷射系统	Electronic fuel injection	[ilek'trɔnik] [fjuəl] [in'dʒekʃən]

序号	中　文	英　语	备　注
158	单点喷射系统	Single point injection	['siŋgl] [pɔint] [in'dʒekʃən]
159	多点喷射系统	Multi-point injection	['mʌltipɔint] [in'dʒekʃən]
160	进气系统	Air supply system	[ɛə] [sə'plai] ['sistəm]
161	空气流量传感器	Air measurement sensors	[ɛə] ['meʒəmənt] ['sensə]
162	电动燃油泵	Fuel pump	[fjuəl] [pʌmp]
163	燃油滤清器	Fuel filters	[fjuəl] ['filtə]
164	燃油压力调节器	Fuel pressure regulator	[fjuəl] ['preʃə] ['regjuleitə]
165	喷油器	Fuel Injector	[fjuəl] [in'dʒektə]
166	电子控制单元即	Electronic control Unit	[ilek'trɔnik] [kən'trəul] ['juːnit]

第八章　汽油机（点火系）

序号	中　文	英　语	备　注
167	电子点火系	Electronic ignition system	[ilek'trɔnik] [ig'niʃən] ['sistəm]
168	蓄电池	Storage battery	['stɔːridʒ] ['bætəri]
169	点火线圈	Ignition coil	[ig'niʃən] [kɔil
170	点火开关	Ignition switch	[ig'niʃən] [switʃ]
171	火花塞	Spark plug	[spaːk] [plʌg]
172	分电器	Distributor	[dis'tribjutə]
173	分电器主轴	Distributor shaft	[dis'tribjutə] [ʃaːft]
174	分电器盖	Distributor cap	[dis'tribjutə] [kæp]
175	绝缘盖	Insulating head	[Insulating] [hed]
176	电容器	Capacitor	[kə'pæsitə]
177	点火控制器	Ignition module	[ig'niʃən] ['mɔdjuːl]
178	初级线圈	Primary winding	['praiməri] ['waindiŋ]
179	次级线圈	Secondary winding	['sekəndəri] ['waindiŋ]
180	真空提前装置	Vacuum advance device	['vækjuəm] [əd'vaːns] [di'vais]
181	离心提前装置	Centrifugal advance mechanism	[sen'trifjugəl][əd'vaːns] ['mekənizəm]
182	发电机及调节器	Regulator	['regjuleitə]

第九章　发动机起动系

序号	中　文	英　语	备　注
183	起动机	Starter	['staːtə]
184	起动开关	Starting switch	['staːtiŋ] [switʃ]
185	冷起动	Cold start	[kəuld] [staːt]
186	电流表	Ammeter	['æmitə]

第十章　润滑系

序号	中文	英语	备注
187	润滑方式	Lubrication Type	[ˌluːbriˈkeiʃən] [taip]
188	压力润滑	Pressure Lubrication	[ˈpreʃə] [ˌluːbriˈkeiʃən]
189	飞溅润滑	Splash type lubrication	[splæʃ] [taip] [ˌluːbriˈkeiʃən]
190	油底壳	Sump	[sʌmp]
191	机油泵	Oil pump	[ɔil] [pʌmp]
192	齿轮式机油泵	Gear type oil pump	[giə] [taip] [ɔil] [pʌmp]
193	转子式机油泵	Rotor type oil pump	[ˈrəutə] [taip] [ɔil] [pʌmp]
194	机油滤清器	Oil Filter	[ɔil] [ˈfiltə]
195	机油集滤器	Primary oil filter	[ˈpraiməri] [ɔil] [ˈfiltə]
196	机油细滤器	Fine oil filter	[fain] [ɔil] [ˈfiltə]
197	机油标尺	Indicator	[ˈindikeitə]

第十一章　冷却系

序号	中文	英语	备注
198	组成	Radiator	[ˈreidieitə]
199	风冷却系	Air cooling system	[ɛə] [ˈkuːliŋ] [ˈsistəm]
200	液体冷却系	Liquid cooling system	[ˈlikwid] [ˈkuːliŋ] [ˈsistəm]
202	风扇	Fan	[fæn]
203	节温器	Thermostat	[ˈθəːməstæt]
204	百叶窗	Radiator shutter	[ˈreidieitə] [ˈreidieitə]

第十二章　柴油机燃料供给系

序号	中文	英语	备注
205	燃料供给系	Fuel system for diesel engine	[fjuəl] [ˈsistəm] [fə] [ˈdiːzəl] [ˈendʒin]
206	喷油器	Fuel Injector	[fjuəl] [inˈdʒektə]
207	柴油发动机的两泵	Fuel Injection pump	[fjuəl] [inˈdʒekʃən] [pʌmp]
208	燃烧室	combustion chamber	[kəmˈbʌstʃən] [ˈtʃeimbə]
209	空气燃油混合气	air/fuel mixture	[ɛə]/ [fjuəl] [ˈmikstʃə]
210	调速器	Governor	[ˈgʌvənə]
211	全程调速器	All-speed governor	[ɔːl]- [spiːd] [ˈgʌvənə]
212	输油泵	Lift pumps	[lift] [pʌmps]
213	PT 供油系统	Fuel oil filter	[fjuəl][ɔil] [ˈfiltə]

第十三章　汽车传动系

序号	中文	英语	备注
214	底盘	chassis	[ˈʃæsi]
215	传动系	Vehicle drive line transmission	[ˈviːikl][draiv][lain] [trænzˈmiʃən]
216	舒适型	Comfort	[ˈkʌmfət]
217	运动型	Sport	[spɔːt]

序号	中　文	英　　语	备　　注
218	超级运动型	Advanced	[əd'vɑːnst]
219	离合器	Clutch	[klʌtʃ]
220	摩擦式离合器	Friction clutch	['frikʃən] [klʌtʃ]
221	单片式离合器	Single-plate clutch	['siŋgl]- [pleit] [klʌtʃ]
222	双片式离合器	Double-plate clutch	['dʌbl] - [pleit] [klʌtʃ]
223	膜片弹簧离合器	Diaphragm spring clutch	['daiəfræm] [spriŋ] [klʌtʃ]
224	离合器工作原理	Principle of clutch	['prinsəpl] [ɔv] [klʌtʃ]
225	离合器操纵机构	Clutch operating device	[klʌtʃ] ['ɔpəreitiŋ] [di'vais]
226	变速器与分动器	Transmission & Transfer box	[trænz'miʃən] [træns'fəː] [bɔks]
227	手动变速器	Manual transmission	['mænjuəl] [trænz'miʃən]
228	自动变速器	Automatic transmission	[,ɔːtə'mætik] [trænz'miʃən]
229	同步器	Synchronizer	['siŋkrənaizə]
230	惯性锁环式同步器	Inertial type of synchronizer	[i'nəːʃəl][taip][ɔv] ['siŋkrənaizə]
231	变速器操纵机构	Transmission control	[trænz'miʃən] [kən'trəul]
232	分动器	Transfer case	[træns'fəː] [keis]
233	泵　轮	Impeller	[im'pelə]
234	涡　轮	Turbine	['təːbin]
235	导　轮	Stator	['steitə]
236	液力偶合器	fluid coupling	['fluːɪd] ['kʌpliŋ]
237	液力变矩器	torque coverter	[tɔːk] ['kʌvət]
238	周转齿轮变速器	Planetary transmission	['plænitəri] [trænz'miʃən]
239	经济模式	Economy	[i'kɔnəmi]
240	动力模式	Power	['pauə]
241	标准模式	Normal	['nɔːməl]
242	电子控制液压自动变速器	Electronic controlled automatic transmission	[ilek'trɔnik] [kən'trəuld] [,ɔːtə'mætik] [trænz'miʃən]
243	电子控制机械式自动变速器	Electronic controlled automatic gearbox of machine type	ilek'trɔnik][kən'trəuld] [,ɔːtə'mætik] ['giəbɔks] [ɔv] [mə'ʃiːn] [taip]
244	万向传动装置	Universal joint	[,juːni'vəːsəl] [dʒɔint]
245	传动轴	Drive shaft	[draiv] [ʃɑːft]
246	单（多）轴驱动	Single（multi）　drive axle	['siŋgl]([multi]) [draiv] ['æksl]
247	主减速器	Final drive	['fainəl] [draiv]
248	单级主减速器	Single reduction final drive	['siŋgl] [ri'dʌkʃən] ['fainəl] [draiv]
249	双级主减速器	Double reduction final drive	['dʌbl] [ri'dʌkʃən] ['fainəl] [draiv]
250	双速主减速器	Two-speed final drive	[tuː]- [spiːd] ['fainəl] [draiv]
251	轮边主减速器	Wheal reduction gear	[(h)wiːl] [ri'dʌkʃən] [giə]

461

序号	中 文	英 语	备 注
252	差 速 器	Differential	[ˌdifə'renʃəl]
253	无级自动变速器	Continuously variable transmission	[kəntɪnjʊəslɪ veəriəbl trænsmɪʃn]
254	自动变速器油液	ATF (Automatic transmission Fluid)	[ɔtəmætɪk trænsmɪʃən fluɪd]
255	内齿圈	annulus	['ænjuːləs]
256	行星架	planetary case	[plæntɛri kes]
257	双离合系统变速器,	简称 DSG (Direct Shift Gearbox)	[dɪrɛkt ʃift giəbɔks]
258	单向制动器	one way brake	[wʌn wei breik]
259	单向离合器	one way clutch	[wʌn wei klʌtʃ]
260	加速踏板	Power pedal	[pauə] [piː'dɑː]
261	制动踏板	brake pedal	[breik] [piː'dɑː]
262	离合器踏板	clutch pedal	[klʌtʃ] [piː'dɑː]

第十四章 汽车行驶系

序号	中 文	英 语	备 注
263	车桥	Axle	['æksl]
264	转向桥	Steering axle	['stiəriŋ] ['æksl]
265	转向驱动桥	transmission and Engine axle	[trænz'miʃən] [ænd] ['endʒin] ['æksl]
266	车轮	Wheel	[hwiːl]
267	轮胎	Tire	['taiə]
268	轮毂	Hub	[hʌb]
269	轮辋	Rim	[rim]
270	平式轮辋	Drop center rim	[drɔp] ['sentə] [rim]
271	可拆式轮辋	Divided rim	[di'vaidid] [rim]
272	普通斜交轮胎	Diagonal-ply tire	[dai'ægənl]- [plai] ['taiə]
273	子午线轮胎	Radial ply tire	'reidiəl] - [plai] ['taiə]
274	悬架	Suspension	[sə'spenʃən]
275	独立悬架	Independent suspension	[ˌɪndi'pendənt] [sə'spenʃən]
276	非独立悬架	Dependent suspension	[di'pendənt]
277	钢板弹簧非独立悬架	Leaf spring dependent suspension	[liːf] [spriŋ] [di'pendənt] [sə'spenʃən]
278	螺旋弹簧	Coil helical spring	[kɔil] ['helikəl] [spriŋ]
279	扭杆弹簧	Torsion-bar spring	['tɔːʃən]- [bɑː] [spriŋ]
280	气体弹簧	Air spring	[ɛə] [spriŋ]
281	减振器	Shock absorber	[ʃɔk] [əb'sɔːbə]

第十五章　汽车转向系

序号	中　文	英　语	备　注
282	转向系	Steering system	['stiəriŋ] ['sistəm]
283	液压式动力转向系	Hydraulic power steering systems	[hai'drɔ:lik] ['pauə] ['stiəriŋ] ['sistəm]
284	转向盘	Steering wheel	['stiəriŋ] [hwi:l]
285	转向柱	Steering column	['stiəriŋ] ['kɔləm]
286	转向器	Steering gear	['stiəriŋ] [giə]
287	转向器传动比	Steering gear ratio	['stiəriŋ] [giə] ['reiʃiəu]
288	转向减振器	Steering damper unit	['stiəriŋ] ['dæmpə] ['ju:nit]
289	转向轴	Steering shaft	['stiəriŋ] [ʃa:ft]
290	转向节	Steering knuckle	['stiəriŋ] ['nʌkl]
291	转向臂	Steering arm	['stiəriŋ] [a:m]
292	转向减振器	Steering shock absorber	['stiəriŋ] [ʃɔk] [əb'sɔ:bə]
293	转向管柱	Steering column	['stiəriŋ] ['kɔləm]

第十六章　汽车制动系

序号	中　文	英　语	备　注
294	鼓式制动器	Drum brake	[drʌm] [breik]
295	盘式制动器	Disc brake	[disk] [breik]
296	液压制动传动装置	Hydraulic brake	[hai'drɔ:lik] [breik]
297	气压制动传动装置	Air brake drive	[ɛə] [breik] [draiv]
298	驻车制动器	Parking brake	['pa:kiŋ] [breik]
299	制动压力升高工况	Building up pressure	['bildiŋ ʌp] ['preʃə]
300	制动压力保持工况	Maintaining pressure	[mein'tein] ['preʃə]
301	制动压力卸载工况	Reducing pressure	[ri'dju:siŋ] ['preʃə]
302	防滑转电子控制系统	Accelerate slip regulation	ASR[æk'seləreit][slip] [,regju'leiʃən]
303	牵引力控制系统	Traction control	['trækʃən] [kən'trəul]
304	电子稳定系统	Electronic stability program	[ilek'trɔnik][stə'biliti] ['prəugræm]
305	牵引力控制系统	Traction control system	['trækʃən] [kən'trəul] ['sistəm]
306	电子差速锁	Electronic differential lock	[ilek'trɔnik] [,difə'renʃəl] [lɔk]
307	自动防抱死系统	Anti-lock brake system	ABS['ænti] [lɔk] [breik] ['sistəm]
308	制动力自动分配系统	Electronic brake force distribution	[ilek'trɔnik][breik][fɔ:s] [,distri'bju:ʃən]
309	制动盘	Brake disc	[breik] [disk]
310	制动液储液罐	Brake fluid reservoir	[breik] ['flu:id] ['rezəvwa:]
311	制动踏板	Brake pedal	[breik] ['pedl]
312	制动蹄	Brake shoe	[breik] [ʃu:]
313	制动鼓	Brake drum	[breik] [drʌm]
314	制动主缸	Master cylinder	['ma:stə] ['silində]

463

第十七章　汽车空调系统

序号	中　文	英　语	备　注
315	空调系统	Regulating system	['regjuleitiŋ] ['sistəm]
316	蒸发器	Evaporator	[i'væpəreitə]
317	压缩机	Compressor	[kəm'presə]
318	冷凝器	Condenser	[kən'densə]
319	空调器	air conditioner	[εə] [kən'diʃənə]
320	鼓风机	Blower	['bləuə]
321	真空阀	Vacuum valve	['vækjuəm] [vælv]
322	加热器芯	Heater core	['hi:tə] [kɔ:]
323	出水口	Water outlet	['wɔ:tə] ['autlet]
324	进水口	Water inlet	['wɔ:tə] ['inlet]
325	制冷剂进口	Refrigerant inlet	[ri'fridʒərənt] ['inlet]
326	制冷剂出口	Refrigerant outlet	[ri'fridʒərənt] ['autlet]
327	热力膨胀阀 TX 阀	Expansion valve thermal expansion valve	[iks'pænʃən] [vælv]
328	蒸发器芯	Evaporator core	[ivæpəreitə] [kɔ:]
329	温控器	Thermostat	['θə:məstæt]
330	干燥器	dryer	['draiə]
331	进风罩滤网	Suction canal filter	['sʌkʃən] [kə'nʌl] ['filtə]
332	进风罩	Suction canal	['sʌkʃən] [kə'næl]
333	环境温度开关	Ambient temperature switch	['æmbiənt] ['tempəritʃə] [switʃ]

参考文献

[1] 杨维和. 汽车构造[M]. 北京：人民交通出版社，1998.

[2] 黄海波. 燃气汽车结构原理与维修[M]. 北京：机械工业出版社，2002.

[3] 北京吉普车有限公司. 吉普车切诺基汽车结构图册[M]. 北京：机械工业出版社，1994.

[4] 广州市交通委员会. 汽车维修工中级培训教材[M]. 北京：人民交通出版社，2002.

[5] 蒋向佩. 汽车柴油机构造与使用[M]. 北京：机械工业出版社，1991.

[6] 王志友. 轿车构造与维护[M]. 北京：北京理工大学出版社，1997.

[7] 高进军. 汽车构造（下册）[M]. 北京：人民交通出版社，1998.

[8] 陈家瑞. 汽车构造[M]. 北京：人民交通出版社，1995.

[9] 赵新民. 汽车构造[M]. 北京：人民交通出版社，1999.

[10] [美] J·厄尔维. 汽车手动变速器和变速驱动桥[M]. 林海，马盛明，译. 北京：机械工业出版社，1998.

[11] 边焕鹤. 汽车电器与电子设备[M]. 北京：人民交通出版社，1997.

[12] 姚国忱. 康明斯柴油机构造与维修[M]. 沈阳：辽宁科学技术出版社，1997.

[13] 黄海波. 压缩天然气汽车改装与维修[M]. 成都：四川科学技术出版社，1999.

[14] [日] GP 企画室. 汽车发动机图解[M]. 刘若南，译. 长春：吉林科学技术出版社，1995.

[15] 李文新. 进口汽车构造与修理（底盘）[M]. 长沙：湖南科学技术出版社，1995.

[16] [日] 庄野欣司. 四轮驱动汽车构造图解[M]. 刘茵，译. 长春：吉林科学技术出版社，1995.

[17] 唐艺. 新编汽车构造[M]. 北京：机械工业出版社，1998.

[18] 刘雅琴. 上海桑塔纳轿车结构图册[M]. 上海：上海科学技术出版社，1997.

[19] 吉普车有限公司. 中国轿车丛书——切诺基[M]. 北京：北京理工大学出版社，1998.

[20] [日] GP 企画室. 汽车车身底盘图解[M]. 宁桔桔，译. 长春：吉林科学技术出版社，1995.

[21] 中国第二汽车制造厂. 东风 EQ1090E 载货汽车结构图册[M]. 北京：人民交通出版社，1991.

[22] [日] 出射忠明. 汽车构造图解[M]. 郝长文，译. 长春：吉林科学技术出版社，1995.

[23] 中国第一汽车制造厂. 奥迪 100 型轿车构造图册[M]. 长春：吉林科学技术出版社，1997.

[24] 浙江省交通学校. 汽车构造图册[M]. 北京：人民交通出版社，1991.

[25] 杨可祯. 机械设计基础[M]. 北京：高等教育出版社，2003.

[26] 周林福. 汽车底盘构造与维修[M]. 北京：人民交通音像电子出版社，2005.

[27] 汤定国. 汽车发动机构造与维修[M]. 北京：人民交通音像电子出版社，2005.

[28] 美国米切尔维修信息公司编.进口汽车自动变速器检测与维修[M]. 中国机动车辆安全鉴定检测中心编译. 北京：人民交通出版社，2003.

[29] 细川武志编. 汽车构造图册[M]. 魏朗，译. 北京：人民交通出版社，2004.

[30] 杨妙梁. 现代车用发动机可变气门正时——宝马"Valvetronic"、保时捷"Vario·Cum·plus"和本田"Nonthrottling" [J]. 汽车与配件，2002（42）.

[31] 宋学忠，马丽娜. 发动机可变气门升程技术概述[J]. 内燃机与配件，2013（1）.

[32] 颜培钦. 凌志 400 改进型轿车智能可变配气正时系统[J]. 公路与汽运，2001（85），4.

[33] 舒华，姚国平. 汽车新技术[M]. 北京：国防工业出版社，2005.

[34] 张西振. 汽车发动机[M]. 沈阳：辽宁科学技术出版社，2002.

[35] 张建俊. 汽车检测技术[M]. 北京：高等教育出版社，2006.

[36] 唐德修. 液压传动在汽车精细控制中的巧妙应用[J]. 液压与气动，2007（9）.

[36] 陈勤学，崔可润，朱国伟. 可变气门系统的研究与发展[J]. 车用发动机，2002（3）.